ANALECTA BIBLICA
INVESTIGATIONES SCIENTIFICAE IN RES BIBLICAS

— 120 —

P. Stanislas Lyonnet, SJ – Prof. exeg. et theol. bibl. N.T.

STANISLAS LYONNET

ETUDES SUR
L'EPÎTRE AUX ROMAINS

EDITRICE PONTIFICIO ISTITUTO BIBLICO – ROMA 1989

Vidimus et approbamus ad normam Statutorum

Pontificii Instituti Biblici de Urbe
Romae, die 25 mensis Ianuarii anni 1989

R. P. ALBERT VANHOYE, S.J.
R. P. LUIS ALONSO SCHÖKEL, S.J.

BS
2665. 2
.L9
1989

ISBN 88-7653-120-3

EDITRICE PONTIFICIA UNIVERSITÀ GREGORIANA
EDITRICE PONTIFICIO ISTITUTO BIBLICO
Piazza della Pilotta, 35 - 00187 Roma

TABLES DES MATIÈRES

PRÉFACE

Durant toute sa longue carrière exégétique, le Père Stanislas Lyonnet n'a jamais cessé d'approfondir le message de l'épître aux Romains. Sa compétence sur ce sujet était universellement reconnue. De tous côtés, on lui demandait de publier en français un commentaire de l'épître qui rendît plus largement accessibles les richesses contenues dans son enseignement. Mais, constamment sollicité pour des entreprises apostoliques auxquelles il se donnait avec un zèle infatigable, le P. Lyonnet ne trouvait jamais la possibilité de s'atteler à cette tâche.

En désespoir de cause, le P. Maurice Gilbert, alors recteur de l'Institut Biblique, l'invita chaleureusement à réunir au moins dans un volume ses principales études sur le diverses sections de l'épitre. Le P. Lyonnet se laissa convaincre. Parmi ses innombrables articles, conférences, feuilles de cours, il fit un choix de ce qui lui paraissait plus important, plus suggestif ou plus vital, cherchant en même temps à n'omettre aucune partie de cette oeuvre maîtresse de l'apôtre Paul. Certains des textes choisis avaient déjà paru en français et n'avaient donc qu'à être reproduits. Mais d'autres étaient rédigés en latin, la langue d'enseignement à l'Institut Biblique jusqu'en 1973; d'autres encore, en italien. Comme le P. Lyonnet n'était guère porté à renoncer à d'autres activités pour prendre le temps de les traduire, on eut recours au dévouement du P. Charles Morel, latiniste et helléniste chevronné, qui se mit de bon coeur à cette tâche, consultant le P. Lyonnet en cas de difficulté ou de doute. Je lui exprime ici notre chaleureuse reconnaissance.

C'est le résultat de cette entreprise que le présent volume met à la disposition des lecteurs. L'annonce de sa publication a suscité une vive satisfaction de la part de tous ceux qui ont connu le P. Lyonnet et ont eu la joie de profiter de ses dons éminents d'exégète, de maître spirituel et d'apôtre.

Le fait que tous les textes de ce recueil ont été choisis par le P. Lyonnet lui-même rend leur ensemble particulièrement significatif. Ils cherchent tous à révéler le vrai visage de l'apôtre Paul et sa doctrine authentique, en insistant sur les points les plus essentiels et en écartant les interprétations insatisfaisantes. Un souffle puissant anime cet ouvrage; il portera le lecteur à respirer plus largement, en renonçant aux atmosphères confinées et aux théories trop étroites. Dès le début, le ton est donné avec une étude sur «l'universalisme de S. Paul». Aussitôt après, une perspective positive est ouverte sur le mystère de la rédemption, grâce à la mise en lumière de «la valeur sotériologique de la résurrection». L'inspiration initiale ne fait ensuite que se confirmer progressivement jusqu'à la fin. Elle donne à tout le volume une unité profonde.

Mais on sera en même temps émerveillé de la variété des thèmes étudiés et des genres utilisés, variété qui reflète les multiples aspects de l'activité du P. Lyonnet et les multiples ressources de sa personnalité. On trouvera ici des conférences éloquentes et des discussions scientifiques minutieuses, des articles rédigés avec grand soin et de simples notes de cours riches de contenu mais sans prétention pour la forme. Les points de vue vont de la pure philologie à la haute spiritualité, en passant par les discussions exégétiques et théologiques et par les perspectives ecclésiales, apostoliques et oecuméniques.

Dans l'étude des textes pauliniens et leur exégèse, le P. Lyonnet se montre attentif à une multitude de rapports. Il met en lumière l'enracinement profond de la pensée paulinienne dans l'Ancien Testament, ainsi que ses liens avec le judaïsme intertestamentaire, que nous pouvons connaître en pariculier par les Targums. Il met à profit les commentaires patristiques, citant Origène, Cyrille d'Alexandrie, Jean Chrysostome, Ambroise, Augustin et d'autres. Loin de dédaigner les scolastiques, il se réfère souvent à leur meilleur représentant, Thomas d'Aquin, dont il se plaît à citer des exégèses très pertinentes sur «la loi de l'Esprit», la «Nouvelle Alliance» et d'autres sujects d'importance capitale. Avec les initiateurs de la Réforme, Luther et Calvin en particulier, le P. Lyonnet engage un dialogue ouvert. Il n'hésite pas à montrer le bien-fondé de certaines de leurs positions, traditionnellement critiquées par les controversistes catholiques, et à souligner, par exemple, que le «sola fide» de Luther se trouve déjà chez Thomas d'Aquin. Mais il n'en est que plus libre pour centester leurs interprétations en d'autres cas. Les oeuvres des commentateurs modernes, évidemment, sont prises en considération avec une attention spéciale. Le concile Vatican II, enfin, est pour le P. Lyonnet un point de référence très fréquent et la source d'un nouvel élan pour la recherche exégétique.

Ce sont là autant de raisons qui feront apprécier, j'en suis sûr, le présent volume comme une oeuvre pleine de vie, où la recherche exégétique, menée avec toute la rigueur possible, est au service de la vérité et de la divine charité.

Rome, 30 octobre 1988

A. Vanhoye S.J.
Recteur de l'Institut Biblique

NOTICE BIOGRAPHIQUE

Né dans la ville de Saint-Étienne le 23 août 1902, benjamin d'une famille de huit enfants, Stanislas Lyonnet reçut une excellente éducation catholique. A l'âge de huit ans, il fut admis à recevoir pour la première fois la communion et il écrivit alors au Pape Pie X, avec toute l'application d'un petit écolïer bien doué, une lettre de remerciement. Pie X, en effet, venait de modifier la discipline de l'Église catholique pour permettre la communion aux jeunes enfants. La lettre du petit Stanislas lui fut renvoyée avec quelques lignes de résponse écrites par le Pape lui-même. Le P. Lyonnet conserva toujours précieusement cet autographe et se montra toujours plein de dévouement généreux envers les successeurs de Pierre, pour le service de l'Église.

Aussitôt après ses études secondaires, faites au collège des jésuites de sa ville natale, Stanislas entra le 16 octobre 1919 au noviciat de la Compagnie de Jésus à Sainte-Foy-lez-Lyon, avec le désir de devenir missionnaire. Le noviciat terminé, il prépara la licence-ès-lettres, qu'il obtint en 1924 à l'Université de Grenoble. Pendant trois ans il enseigna le grec et la philologie classique au juvénat des jésuites à Yzeure. Il étudia la linguistique indo-européenne à Paris, à l'École Pratique des Hautes Études, où il suivit les cours du célèbre professeur A. Meillet. Le mémoire qu'il rédigea pour obtenir le diplôme de l'École, *Le parfait en arménien classique*, fut publié en 1933 dans la collection de la Société de Linguistique de Paris. Le P. Lyonnet fut alors invité par le P. Lagrange à rédiger pour *l'Introduction à l'étude du Nouveau Testament. II: Critique textuelle*, les chapitres concernant les versions arménienne et géorgienne. Il s'ensuivit une longue correspondence très cordiale entre le jeune linguiste et le célèbre exégète.

Après ses études de philosophie et de théologie, le P. Lyonnet fut pressenti pour la chaire d'arménien à l'École des Langues Orientales vivantes de Paris, et il était tout disposé à s'engager dans cette voie, mais ses supérieurs préférèrent l'orienter vers les études bibliques. Il arriva donc à l'Institut Biblique en 1936 et y prépara la licence. En 1938, il retourna à Lyon-Fourvière pour y enseigner l'Écriture à la place du P. Huby, tombé malade. En 1942, le P. Lyonnet reprit le chemin de Rome. Il était nommé professeur d'arménien et de géorgien et appartenait à la Faculté Orientale de l'Institut Biblique. Mais dès l'année suivante, 1943-44, il donnait aussi des cours d'exégèse paulinienne et les *Acta P.I.B.* lui reconnaissent alors une double appartenance, Faculté Orientale et Faculté Biblique, situation qui dura jusqu'en 1951. En 1950, le P. Lyonnet publiait sa thèse de doctorat sur *Les origines de la version arménienne des Évangiles et le Diatessaron*. L'année suivante, il laissa au P. Joseph Smith l'enseignement de l'arménien et du géorgien et se consacra entièrement à l'exégèse et à la théologie du N.T. Nommé en 1945 doyen de la Faculté Biblique, il remplit cette charge jusqu'en 1967, année où il fut nommé pour deux ans Vice-Recteur de l'Institut. Il fut aussi pendant plus de quinze ans directeur de la collection «Analecta Biblica», où paraît maintenant ce volume.

Sa longue carrière de professeur a été extrêmement féconde. Il était connu dans toutes les parties du monde comme un maître en exégèse paulinienne et en théologie biblique. C'est à lui que fut confié le soin de traduire et d'annoter les lettres aux Romains et aux Galates dans la Bible de Jérusalem. *Le Supplément au Dictionnaire de la Bible* lui doit l'article «Péché. Judaïsme, Nouveau Testament. Péché originel». Il publia un grand nombre d'études exégétiques, certaines très techniques, comme son articles sur le *eph'hō* de Rm 5,12, d'autres plus accessibles. Dans ses cours, il analysait les textes avec beaucoup de précision et discutait habilement les questions difficiles, mais il communiquait en même temps à ses étudiants son enthousiasme pour les aspects les plus lumineux de la foi et de la vie chrétienne, mettant toujours au premier plan la révélation de l'amour de Dieu dans le mystère du Christ. Il encourageait la recherche en bien des secteurs divers et dirigea un nombre impressionnant de thèses de doctorat. Dans sa façon de pratiquer l'exégèse, il était attentif aux problèmes de notre temps et aux grands courants de la vie de l'Église, en particulier à la recherche de l'unité chrétienne. Il avait de multiples relations oecuméniques, en particulier avec le Prof. O. Cullmann et avec Frère Roger, fondateur de la communauté de Taizé.

Son ouverture d'esprit lui attira d'innombrables sympathies, mais elle suscita aussi des oppositions. Juste avant le Concile, une campagne fut menée contre lui en haut lieu. En 1962, le P. Lyonnet dut suspendre son enseignement exégétique; il restait cependant doyen de la Faculté Biblique. Il supporta cette épreuve avec un optimisme spirituel admirable. Rétabli dans ses droits en 1964, après l'élection du Pape Paul VI, il fut par la suite nommé non seulement membre de la Commission Biblique, mais aussi consulteur de la Congrégation pour la Doctrine de la Foi.

A son travail de recherche intellectuelle, le P. Lyonnet a toujours ajouté de nombreuses activités apostoliques: direction spirituelle, conférences, sessions et retraites en France, en Italie, au Canada et en Afrique. En 1982, il fut invité à prêcher la retraite de carême au Vatican, en présence du Pape. Il parla avec son ardeur habituelle. A la fin, le pape le félicita chaleureusement de sa vivacité et de sa jeunesse de coeur. Il avait alors 79 ans. Il continua ensuite à accepter des ministères jusqu'à épuisement de ses forces.

En décembre 1985, son état de santé rendit nécessaire son hospitalisation à l'infirmerie de l'Université Grégorienne. Malgré les soins les plus attentifs, il s'affaiblit progressivement. Il s'éteignit doucement dans l'après-midi du 8 juin 1986, laissant à tous ceux qui l'ont connu le souvenir d'un professeur éminent et d'un apôtre fraternel, rempli de l'amour qui vient de Dieu.

ALBERT VANHOYE S.J.

1.

L'universalisme de S. Paul
d'après l'épître aux Romains *

De toutes les lettres qui constituent le «corpus» paulinien, l'épître aux Romains n'est pas seulement la plus longue. Elle est aussi, en raison même des circonstances dans lesquelles elle fut composée, celle où s'exprime peut-être avec le plus d'éclat ce qu'on pourrait appeler la «catholicité» de saint Paul, cet aspect si caractéristique de son esprit, à la fois épris d'universalisme et d'unité, ou si l'on préfère, soucieux d'un universalisme qui sauvegarde pleinement l'unité essentielle de l'Église comme de la Révélation elle-même.

En effet, les circonstances qui suggérèrent à Paul d'écrire à la communauté romaine, le but qu'il se propose, les dangers dont il a déjà fait l'expérience et qu'il sait toujours menaçants, tout l'invitait à réfléchir sur ces problèmes cruciaux pour l'avenir de l'Église.

I.

Si la lettre aux Romains ne nous renseigne guère sur la communauté chrétienne de Rome, que Paul n'a point fondée et qu'il ne connaît pas personnellement, en revanche elle nous fournit, soit au premier chapitre soit surtout au chapitre 15, un bon nombre de détails qui nous permettent de déterminer avec précision l'occasion qui l'a motivée et plus encore l'état d'âme de saint Paul quand il se décida à appeler son secrétaire Tertius et à lui dicter ce long message.

Paul ne se propose pas, en effet, comme lorsqu'il avait écrit à deux reprises aux Corinthiens ou bien encore aux Galates, de corriger des abus ou de rétablir son autorité en repoussant des attaques dirigées contre sa personne ou sa doctrine. Il veut seulement prendre un premier contact avec la communauté de Rome afin de préparer sa venue qu'il espère prochaine (Rom 15,14 s. 22-24; cf. 1,11-15). A cette fin, quoi de plus naturel que d'exposer précisément aux Romains les principaux problèmes qui occupaient alors sa pensée et la solution qu'il leur donnait, celle qui justement constitue ce qu'il nomme son «Évangile» (2,16). Ce sont en effet ces problèmes-là, beaucoup plus que ceux des Romains, que nous rencontrons dans l'épître.

---

* Conférence prononcée à Milan, en avril 1961.

Or nous savons par le même chapitre 15 que S. Paul se trouve à un moment capital de sa carrière apostolique. Il estime avoir achevé sa tâche en Orient (15,18-20) et se dispose à inaugurer en Occident un nouveau champ d'apostolat, précisément à partir de Rome et jusqu'en Espagne: «A présent, comme je n'ai plus d'occupation dans ces contrées et que depuis des années j'ai un vif désir d'aller chez vous, quand je me rendrai en Espagne ...» (15,23-24). «Je partirai pour l'Espagne en passant par chez vous» (15,28). Auparavant il lui reste une mission à remplir. Il va quitter la Grèce, la ville de Corinthe d'où il écrit, pour se rendre à Jérusalem et y consigner à l'Église-mère le produit de la «collecte», c'est-à-dire des aumônes recueillies dans les différentes Églises de la Gentilité: «Maintenant je me rends à Jérusalem pour le service des saints; car la Macédoine et l'Achaïe ont bien voulu prendre quelque part aux besoins des saints de Jérusalem qui sont dans la pauvreté» (15,25-26). D'ailleurs, c'est là un devoir de leur part: «Si les païens ont participé à leurs biens spirituels, ils doivent à leur tour les servir de leurs biens temporels» (15,27). Cette «collecte» avait été, depuis l'Assemblée de Jérusalem qui l'avait instituée vers l'an 50, — donc depuis 7 ou 8 ans —, l'une des grandes préoccupations de saint Paul: il la rappelle dans l'épître aux Galates (2,10), à nouveau dans la Première aux Corinthiens (16,1-4); il y consacre deux chapitres entiers dans la Seconde aux Corinthiens (ch. 8-9) et enfin dans ce chapitre 15 des Romains il explique pourquoi il y attachait tant d'importance: bien plus qu'une aumône destinée à soulager des miséreux, c'est une obligation de justice dont l'accomplissement doit affirmer et proclamer publiquement l'unité entre les chrétiens d'origine païenne et ceux d'origine juive.

Car l'Apôtre avait appris à ses dépens quel danger menaçait l'unité de l'Église: elle risquait bel et bien de se scinder comme en deux chrétientés ennemies, l'une héritière de la Synagogue et l'autre, celle des Gentils, dont Paul se savait l'Apôtre, coupée de la première et par surcroît, sans lien visible avec le passé, comme si la première seule avait eu le droit de s'appeler «l'Israël de Dieu» (Gal 6,16). Pour maintenir cette essentielle unité, faute de quoi il craignait, comme il l'avoue aux Galates, «de courir ou d'avoir couru pour rien» (Gal 2,2b), il était jadis «monté à Jérusalem», lors du premier Concile (Gal 2,2a; Act 15,2); selon Luc, il y avait accepté les «clausules» de Jacques (Act 15,22 ss.) et fait appliquer le «décret des Apôtres» en Syrie et en Cilicie et même en Lycaonie (Act 16,4), du moment que la liberté de l'Évangile n'était point en jeu.

Et pourtant Paul a conscience qu'en dépit de tous ces efforts, de toutes ces concessions, le péril demeure: les crises toutes récentes qui ont ébranlé les Églises de Galatie et celle de Corinthe n'ont pu que souligner la gravité de la situation: sa personne et son autorité d'Apôtre y ont été odieusement attaquées et cela par des prédicateurs chrétiens venus de Jé-

rusalem et se réclamant — à tort — de l'évêque de Jérusalem, le propre
«frère du Seigneur», Jacques, l'une des «colonnes de l'Église» avec Pierre
et Jean (Gal 2,9 et 12)! Bien plus, au moment même où il dicte sa lettre
aux Romains, chose vraiment stupéfiante, il n'est pas sûr de l'accueil que
l'Église-mère réserve à ces aumônes recueillies avec tant de soin et de fati-
gues! En une émouvante supplication, à la fin de ce même chapitre 15, il
implore les chrétiens de Rome de «lutter avec lui dans les prières qu'ils
adressent à Dieu» non seulement afin qu'il «échappe aux incrédules de
Judée», autrement dit aux embûches des Juifs, mais aussi afin que «le secours apporté par lui à Jérusalem soit agréé des saints» (15,30-31)!

De fait, ces craintes n'étaient que trop fondées. A peine sorti de Corinthe, un complot fomenté par les Juifs le contraint à modifier son itiné-
raire et, au lieu de s'embarquer directement pour la Palestine, de faire le
détour par la Macédoine (Act 20,3); d'ailleurs, «le Saint Esprit, confie-t-il
aux Anciens d'Éphèse, l'avertit de ville en ville que chaînes et tribulations
l'attendent à Jérusalem» (Act 20,23), et en cours de route, à Césarée de
Palestine, le prophète Agabus lui annonce explicitement que «les Juifs le
lieront et le livreront», comme son Maître le Christ, «aux mains des Gentils» (Act 21,11), ainsi que l'événement ne devait pas tarder à le montrer
(Act 21,27).

Mais l'accueil qu'il va recevoir des chrétiens de Jérusalem, tel que le
décrit saint Luc dans les Actes, justifie également dans une large mesure
ses appréhensions. Salué sans doute avec joie par les frères, il se voit cependant, en présence de Jacques et des Anciens, obligé de répondre à des
accusations en bonne et due forme, provenant, précise saint Luc, de ces
«milliers de Juifs convertis, zélés partisans de la Loi» (Act 21,20): «Ils ont
entendu dire, à ton sujet, explique Jacques à Paul, que dans ton enseignement tu pousses les Juifs — entendez les convertis du Judaïsme — qui vivent au milieu des païens à la défection vis-à-vis de Moïse, leur disant de
ne plus circoncire leurs enfants et de ne plus suivre les coutumes» (Act
21,21).

Assurément, prise à la lettre, l'accusation était fausse. Paul avait même fait circoncire Timothée dont la mère était juive. Cependant on ne
peut nier que ses principes menaient logiquement à une telle conclusion.
En tout cas, son attitude pratique à l'égard de la Loi différait profondément de celle des judéo-chrétiens. L'Assemblée de Jérusalem n'avait en effet statué que pour les convertis du paganisme. Pour Paul comme pour le
Christ, la «nouvelle loi» accomplissait l'ancienne; mais pour l'un comme
pour l'autre, elle le faisait à la façon dont l'événement «accomplit» la prophétie ou l'antitype «accomplit» le type, c'est-à-dire en le dépassant toujours (Mt 5,17; Rom 3,31; 8,4; 10,4).

Quoi qu'il en soit, sur le conseil de Jacques, afin d'apaiser les esprits
et de donner un gage de son attachement à la Loi, Paul accepte de facili-

ter à quatre Juifs convertis l'accomplissement de leur vœu de naziréat, en se chargeant lui-même des frais relativement considérables exigés en la circonstance. Ainsi «tout le monde saura qu'il se conduit lui aussi en observateur de la Loi» (Act 21,24).

On voit au milieu de quelles préoccupations saint Paul écrit à la communauté de Rome pour y préparer sa venue. En ces conditions, comment s'étonner que la plupart des problèmes dont il l'entretiendra s'ordonnent autour du problème central de l'Évangile et de la Loi, qu'il venait d'ailleurs de traiter en écrivant aux Églises de Galatie ébranlées par la prédication des judéo-chrétiens et sur le point de passer, au dire de l'Apôtre lui-même, à «un autre Évangile» (Gal 1,6). Avec les Romains, la polémique directe n'a plus de raison d'être; mais, si le ton change, les questions abordées demeurent substantiellement les mêmes: justification et salut indépendamment de la loi, œuvre rédemptrice du Christ qui nous est communiquée par la foi en sa personne, liberté chrétienne et vie de l'Esprit, et aussi le problème fondamental de l'unité de la Révélation, c'est-à-dire du dessein rédempteur, depuis Adam jusqu'à la Parousie. Au reste, n'était-ce pas le meilleur moyen de prévenir, s'il était possible, des difficultés qui ne pouvaient manquer de surgir en Occident, comme elles n'avaient cessé jusque-là d'entraver son activité apostolique en Orient? Y réussira-t-il? L'Épître aux Philippiens, si l'on admet la date traditionnelle, montre que les prédicateurs judéo-chrétiens poursuivront à Rome même leur œuvre d'hostilité à saint Paul durant sa première captivité, et l'isolement dans lequel il sera laissé durant sa seconde captivité, comme en témoigne sa dernière lettre à son disciple Timothée, quelques semaines avant qu'il soit réuni au Christ par le glaive du bourreau (cf. Rom 8,35), pourrait suggérer que ses adversaires n'ont pas travaillé en vain: «La première fois que j'ai eu à présenter ma défense, personne ne m'a soutenu. Tous m'ont abandonné. Qu'il ne leur en soit pas tenu rigueur!» (2 Tim 4,16).

II.

Mais si tels sont les problèmes agités dans l'épître aux Romains, on voit aussitôt à quel point les circonstances où elle fut composée la rendaient apte à illustrer magnifiquement ce que nous avons nommé la «catholicité» de son auteur.

Pour plus de clarté, nous envisagerons cette «catholicité» sous deux aspects et comme sous deux dimensions, que l'on pourrait appeler, l'une, horizontale, et l'autre, verticale: autrement dit, en termes plus simples, nous essayerons de montrer comment, selon l'enseignement de l'épître, le dessein rédempteur réalisé dans et par le Christ opère à la fois l'unité de toute la création et l'unité de l'histoire. Evidemment, il ne peut s'agir ici que de poser quelques jalons.

* * *

A l'époque de Paul, de même que la société civile était divisée en deux mondes radicalement séparés, celui des hommes libres et celui des esclaves, de même, du point de vue religieux, l'humanité se trouvait divisée — et cela en fonction de la Révélation divine elle-même — en deux mondes hétérogènes, celui des Juifs, d'une part, et celui des païens, d'autre part, non moins radicalement séparés l'un de l'autre. Cette division, Paul ne songe pas à la nier; mais il la dépasse dans une unité supérieure. La formule apparaît dès le v. 16 du premier chapitre, dans la définition même qu'il donne de l'Évangile: «une force de Dieu pour le salut de tout croyant, du Juif d'abord, puis du Grec», c'est-à-dire du païen (1,16); on la retrouve au ch. 2, v. 9: «Tribulation et angoisse à toute âme humaine qui s'adonne au mal, au Juif d'abord, puis au Grec; gloire, honneur et paix à quiconque fait le bien, au Juif d'abord, puis au Grec». Et de nouveau 3,9; 10,12, etc. Autant de passages d'ailleurs où l'Apôtre entend affirmer la situation privilégiée du Juif en vertu de l'élection d'Israël. Et c'est bien ce qu'au témoignage de saint Luc, l'Apôtre déclare dès son premier discours à Antioche de Pisidie: «C'est à vous, Juifs, qu'il fallait d'abord annoncer la Parole de Dieu» (Act 13,46). Les païens obtiennent justification et salut dans la mesure où ils entrent en participation des privilèges d'Israël; et au ch. 11 de notre épître, Paul n'hésite pas à les comparer à des branches d'olivier sauvage greffées sur le tronc de l'olivier franc qui représente Israël.

Mais cette situation privilégiée a conduit le peuple élu au «particularisme»: au lieu de s'ouvrir aux autres, il s'est refermé sur lui-même; comme le fils aîné de la parabole, il n'arrive pas à comprendre la miséricorde divine à l'égard du prodigue. Celle-ci devient pour lui un scandale et la conversion des païens contribuera de fait à l'endurcissement d'Israël.

Aussi tout l'effort de l'Apôtre tend-il à contraindre non seulement le païen — chose relativement aisée — mais le Juif lui-même à renoncer à toutes ses prétentions par rapport à la justification et partant au salut. Dans l'admirable chapitre 2, avec une habileté consommée, Paul interpelle, mais sans le désigner d'abord par son nom, celui qui s'imagine être à l'abri de la condamnation divine; successivement, il va le déloger de tous les refuges où il se croyait en sûreté. Le Juif, sans doute, appartient au peuple élu, choisi entre tous les peuples de la terre; mais Dieu ne fait pas acception des personnes! Le Juif a reçu le don de la Loi et les tables de l'alliance; mais la Loi ne sert qu'à celui qui la met en pratique et les païens eux-mêmes possèdent une Loi écrite par Dieu au fond de leur cœur! Du moins le Juif observe-t-il, par définition, le précepte essentiel de la Loi, celui qui l'agrège au peuple de Dieu, la circoncision; mais seule compte la circoncision du cœur, œuvre de l'Esprit! Quant aux promesses inconditionnées de Dieu, que l'infidélité de l'homme ne saurait annuler, puisqu'elle ne fait que donner plus de relief à l'indéfectible fidélité de

Dieu, elles constituent assurément le plus grand des privilèges d'Israël; mais, comme Paul l'expliquera plus longuement par la suite en traitant du problème de l'infidélité actuelle d'Israël, ces promesses concernent le peuple comme tel et non point chaque individu en particulier; d'ailleurs, comment ôter à Dieu sa prérogative de juge suprême frappant de sa colère tout pécheur obstiné, à moins d'admettre, comme certains accusaient outrageusement saint Paul de le prétendre, qu'il faut faire le mal pour qu'en sorte le bien!

En réalité, devant la justification et le salut, Juifs et païens se trouvent aussi dépourvus les uns que les autres: tous pécheurs, tous condamnés, tous contraints à n'attendre cette justification et ce salut que de la pure miséricorde de Dieu; car pour l'homme il ne saurait y avoir ici d'autre moyen de participer à ce don de Dieu qu'est la communication ineffable de sa propre vie, sinon de commencer par renoncer à y prétendre comme à un dû. Jadis Job avait cru, en des propos qualifiés ensuite d'insensés, que pour voir sa justice reconnue par Dieu, il lui suffisait d'obtenir que Dieu veuille bien user à son égard d'une balance exacte: «Qu'il me pèse sur une balance exacte; lui, Dieu, reconnaîtra mon innocence!» (Job 31,6). Or, pour être juste devant Dieu, il lui faut d'abord renoncer à s'appuyer sur sa propre justice et se reconnaître coupable: «J'ai parlé à la légère..., je mettrai plutôt ma main sur ma bouche» (40,4). «Je ne te connaissais que par ouï-dire, mais maintenant mes yeux t'ont vu. Aussi je retire mes paroles, je me repens sur la poussière et la cendre» (42,5-6). «Afin, dira S. Paul à son tour, au terme de cette dialectique, que toute bouche soit fermée, et le monde entier — juif et païen — reconnu coupable devant Dieu» (Rom 3,19).

Justification et salut, tous, tant Juifs que païens, peuvent les obtenir, non par l'observation d'une loi, mais par l'œuvre rédemptrice de Dieu accomplie dans la mort et la résurrection du Fils unique du Père devenu l'un d'entre nous, en qui, parce que tout en étant Dieu il est aussi pleinement homme, toute l'humanité, sans plus de distinction entre Juif ou païen, opère elle aussi son «retour à Dieu». Sans doute, comme il s'agit du retour d'êtres libres, d'un retour «d'amour», il faut bien que chaque homme y participe personnellement par un acte de sa liberté. Mais, comme le précise saint Paul en ce même passage, cet acte ne consiste pas à observer une loi; il consiste à croire (Rom 3,27); c'est l'acte de foi, au sens paulinien et biblique du terme, une adhésion de l'homme tout entier, intelligence et volonté, à Dieu tel qu'il se révèle en Jésus-Christ: acte pleinement libre et donc pleinement humain, mais dans lequel en même temps l'homme atteste explicitement son insuffisance radicale, puisqu'il voit dans une lumière qui apparaît à sa conscience comme lui venant d'un Autre; acte qui est en fait essentiellement un «accueil», une «obéissance» comme dira S. Paul, ou encore, selon S. Thomas, le libre consentement de l'homme à l'œuvre que Dieu opère en lui: «En croyant en Dieu qui justifie, déclare le Docteur Angélique, l'homme se soumet à cette activité justifiante de Dieu et en reçoit ainsi l'effet» (in Rom 4,5).

Un tel mode de justification exclut donc toute suffisance. Il exclut aussi, par le fait même, tout particularisme. Paul le note explicitement. De ce point de vue, Israël ne peut plus s'opposer au païen: l'un et l'autre reçoivent aussi gratuitement leur justice de Dieu seul, par un acte de foi identique chez l'un comme chez l'autre (Rom 3,28-30). L'opposition religieuse entre le Juif et le Grec se résout en une unité supérieure.

D'ailleurs, en cette même unité nouvelle se résorbent toutes les autres oppositions. Un passage de l'épître aux Galates, que reprendra l'épître aux Romains à propos du baptême et de ses effets, le déclare avec une rare audace: «Vous êtes tous fils de Dieu par la foi au Christ Jésus. Vous tous en effet, baptisés dans le Christ, vous avez revêtu le Christ: il n'y a plus ni Juif ni Grec, il n'y a plus ni esclave ni homme libre, il n'y a plus homme et femme» — toutes les oppositions disparaissent jusqu'à celle que Dieu lui-même a inscrite dans notre nature d'être humain, qu'il a créé, dit l'Ecriture, «mâle et femelle» (Gen 1,27). «Car, ajoute l'Apôtre, tous vous ne faites qu'un dans le Christ Jésus» (Gal 3,26-28). Désormais tous les baptisés ne forment plus qu'«un seul» être vivant — *heis*, au masculin —, «plus unis, remarque S. Jean Chrysostome, que s'ils étaient un seul corps». S. Thomas d'Aquin n'hésite pas à dire: «quasi una persona mystica» (Somme théologique, III, q. 48, a. 2). C'est que l'union des chrétiens avec le Christ ne s'opère pas sur un plan simplement juridique; elle est d'un ordre qu'il faut bien appeler «ontologique», si l'on veut respecter le sens des mots employés par l'Apôtre. Dans l'épître aux Romains, en effet, au début du chap. 6, à propos du baptême mentionné en passant comme dans l'épître aux Galates, il fournit toutes les explications désirables: unis par leur baptême à la mort et à la résurrection du Christ, les chrétiens sont devenus à la lettre un même être avec le Christ; ils participent à sa «nature», *symphytoi*; ils vivent déjà de la vie céleste du Christ ressuscité, d'une vie comme celle du Christ, toute entière à Dieu (Rom 6,5-10). De même que le Christ, par sa mort et sa résurrection, est passé de la condition «charnelle» à la condition «spirituelle» en vertu d'une transformation qui ne saurait se limiter à un pur changement de rapports juridiques, de la même façon le chrétien, justifié par le sacrement de la foi qu'est le baptême, «n'est plus dans la chair» mais «dans l'Esprit» (Rom 7,5; cf. 8,9). Et tout le chapitre 8 sera consacré à décrire cette vie nouvelle du baptisé, dont le principe n'est autre que le propre Esprit du Fils, la Troisième Personne de la Très Sainte Trinité; si bien que pour saint Paul le chrétien est «fils de Dieu» précisément en tant qu'il est animé de l'Esprit même du Fils unique: «Ce sont en effet, déclare-t-il, ceux qui sont mus par l'Esprit de Dieu, qui sont fils de Dieu» (Rom 8,14): «ceux qui sont mus», «*agontai*», non pas seulement guidés ou conduits, comme de l'extérieur, mais «mus» de l'intérieur par un principe nouveau d'opération, celui-là même qui animait le Christ, Fils unique du Père, et qui partant nous permet d'invoquer Dieu du même nom d'Abba dont le Fils invoquait son Père et en qui s'exprimait toute la tendresse, la familiarité, l'intimité avec laquelle l'enfant juif invoquait le père qui lui avait donné la vie; car en toute vérité c'est une vie nouvelle que dans le Christ Dieu nous a communiquée, celle-là même dont le Fils vit dans l'Esprit.

Il s'agit donc bien, à la lettre, selon le mot de saint Paul, d'une «nouvelle création» (Gal 6,15; 2 Cor 5,17), en laquelle se trouvent dépassées et surmontées toutes les oppositions qui marquaient l'ancienne, non seulement celles qu'y avait introduites le péché, mais celles-là mêmes qui sont inscrites dans la nature: «Il n'y a plus ni Juif ni Grec, il n'y a plus ni esclave ni homme libre, il n'y a plus homme et femme».

III.

Or cette nouvelle unité supérieure ne concerne pas seulement l'état présent du monde tel que le contemple saint Paul; elle commande aussi sa vision de l'histoire tout entière de ce monde, tant son passé que son avenir. Là encore, comme nous allons le constater, on ne saurait concevoir vision plus universelle, plus «catholique».

S'il est une hérésie que réfute par avance l'épître aux Romains, c'est bien celle qui fut peut-être la première à se manifester au grand jour, l'une assurément des plus dangereuses et dont Marcion, au IIe siècle, se fera l'un des champions les plus célèbres. Pour Marcion, le dualisme radical des gnostiques préside également à l'histoire: au démiurge créateur, dieu de colère, tel que le révélerait l'A. T., s'oppose du tout au tout le Dieu d'amour de la révélation chrétienne; à l'œuvre mauvaise du premier s'est substituée celle, seule bonne et salutaire, du second. Rejetant des livres entiers du N. T. et taillant sans scrupule dans les autres, il arrivait à dissocier les deux Testaments, comme s'ils n'étaient pas l'œuvre d'un seul et même Dieu! Nous avons vu, au contraire, combien les circonstances dans lesquelles Paul a composé son épître l'invitaient à souligner avec force l'unité des deux Alliances et à montrer que la révélation du Christ, en dépit de sa nouveauté radicale, s'insérait dans le dessein rédempteur du Dieu unique, à la fois créateur d'un monde qu'il avait fait essentiellement bon, sauveur d'Israël et Père de notre Seigneur Jésus-Christ.

En tout cas dès les premières lignes de l'épître nous entendons l'Apôtre déclarer solennellement que le message proprement chrétien, concernant le Fils de Dieu, se trouve dans la continuité du plan salvifique divin: ce message est appelé un «Évangile», une «bonne nouvelle», mais un «Évangile de Dieu», c'est-à-dire du seul Dieu que Paul connaisse, le Dieu créateur de l'A. T.; «Évangile de Dieu», précise saint Paul, «que d'avance il avait promis par ses prophètes dans les saintes Écritures concernant son Fils, issu lui-même de la lignée de David selon la chair» (Rom 1,2). Comment affirmer plus clairement que le N. T., loin de constituer une rupture par rapport à l'Ancien, en est l'achèvement, l'accomplissement?

Inlassablement, le même enseignement sera rappelé durant tout le cours de la lettre. Certes, le message à transmettre concerne la personne de Jésus-Christ; mais Paul a grand soin de ne jamais s'exprimer comme si le Christ venait pour ainsi dire se substituer à la personne du Père: la nouveauté consiste en ce que Dieu agit dans et par son Fils, mais c'est le même Dieu qui agit et opère le salut du monde; c'est encore lui seul, comme par le passé, qui «appelle» à la grâce et à la gloire, et c'est lui seul qui «justifie», comme dans l'A. T., et lui encore, le plus souvent, qui «réconcilie» et qui «sauve». Le Christ joue un rôle essentiel, mais c'est celui de médiateur.

Certes, Paul oppose la justification par la foi à la justification par la Loi, telle que la concevaient les Juifs. Mais si la justification par la foi s'opère indépendamment de la Loi entendue comme une économie de salut, *chôris nomou*, la nouvelle économie constitue si peu une rupture avec l'A. T., que la Loi et les Prophètes, nous dit saint Paul, l'annonçaient déjà et ne cessent de lui rendre témoignage (Rom 3,21). En réalité, la justification par la foi n'est que l'effet de cette activité salvifique qu'appelait de ses vœux le Psalmiste, cité justement par Paul au verset précédent, sous le nom de «justice de Dieu»: «Yahvé, écoute ma prière; prête l'oreille à mes supplications dans ta fidélité; exauce-moi dans ta justice ... A cause de ton nom, Yahvé, rends-moi la vie dans ta justice...» (Ps 142,1 et 11). D'ailleurs, si cette «justice de Dieu» s'est révélée au grand jour, *pephanerôtai*, dans l'œuvre rédemptrice du Christ, elle n'a pas attendu cette «plénitude des temps» pour s'exercer en fait, et le chapitre 4 de l'épître a précisément pour but de montrer qu'Abraham, considéré par les Juifs contemporains comme le modèle par excellence des «justifiés», n'avait pas obtenu sa justice en vertu d'un autre principe.

Mais pour inculquer cette unité du plan rédempteur, Paul ne se contente pas de déclarations répétées: elle est affirmée, si l'on peut dire, par chacun des termes qu'emploie l'Apôtre pour désigner les réalités nouvelles révélées en Jésus-Christ. Déjà l'A. T. avait recouru à un procédé analogue pour souligner de même l'unité du dessein salvifique, et la libération de l'exil babylonien, par exemple, y était décrite comme une seconde libération de la servitude égyptienne, l'une et l'autre annonçant la future libération des temps messianiques; de même que dès les origines du peuple d'Israël, voire dès le renouvellement du «cosmos» après le déluge ou même dès la création du premier homme, le déroulement du plan salvifique est exprimé sous la forme d'une série d'*alliances* successives, ou, selon le terme qui nous est plus familier, de «Testaments». De ce procédé, l'épître aux Romains fournit dès ses premiers versets un exemple typique: c'est, en effet, afin de marquer la continuité entre les deux Testaments que Paul se désigne lui-même comme un «serviteur de Jésus-Christ», un «appelé», un «mis à part», reprenant le terme déjà employé dans l'épître aux Galates (1,15), où il avait décrit sa «vocation» à l'aide des expressions mêmes dont s'était servi Jérémie (1,5). Quant aux chrétiens, ce sont des «amis de Dieu», des «appelés», des «saints» (Rom 1,7): autant de termes qui dans l'A.T. désignent le peuple d'Israël. C'est toute l'épître qu'il faudrait parcourir de ce point de vue: on verrait, pour la même raison, l'œuvre salvifique décrite non seulement comme une «justification», mais comme une «rédemption», une «acquisition», une «expiation», grâce auxquelles les chrétiens ont désormais «accès auprès de Dieu», lui sont «réconciliés», ont cessé de vivre «dans la chair» pour «marcher dans la nouveauté de l'Esprit», etc. Il n'est pas jusqu'à la formulation des préceptes moraux que Paul n'emprunte de préférence à l'A.T., au point que l'on s'étonne de rencontrer chez lui si peu d'allusions explicites aux propres paroles du Christ. Au chapitre 12 par exemple, qui traite de la charité qui doit régner dans la communauté chrétienne, au lieu de quelques maximes du sermon sur la montagne, ce sont trois citations des Proverbes qui viennent spontanément sous sa dictée: non qu'il eût ignoré les premières, mais les secondes offrent l'avantage de montrer à quel point Jésus est venu «achever» et non pas «détruire». Bien plus, quand, au chapitre 15, il évoque l'amour suprêmement désintéressé du Christ, qui «n'a pas recherché ce qui lui plaisait», Paul préfère le contempler encore à travers les prophéties qui l'annonçaient, autrement dit dans le plan même de Dieu, et il cite le mot du Psaume: «Les insultes de tes insulteurs sont tombées sur moi!» (Ps 69(68),10).

Il est vrai que saint Paul a des paroles fort dures pour le régime de la Loi, qu'il présente dans l'épître aux Galates comme un instrument de malédiction et non pas de bénédiction, destiné à multiplier les transgressions (Gal 3,10 et 19); régime tellement lié au péché que l'épître aux Romains déclare sans ambages le chrétien désormais à l'abri du péché pour la raison qu'il est libéré de la loi (Rom 6,14). Et pourtant la même épître, sans contradiction aucune, déclare avec autant de netteté que «la loi est bonne, sainte, spirituelle» (Rom 7,12-14). Comment ne le serait-elle pas, puisque pour Paul comme pour les Juifs elle est un don du Dieu très bon? Car, pour n'être pas dans la pensée divine une source de justification, comme se l'imaginaient à tort les Juifs, elle n'en a pas moins joué dans l'histoire du salut un rôle capital, comme «pédagogue», pour «amener au Christ», selon l'expression de l'épître aux Galates (3,24), ou plus profondément, comme l'explique l'épître aux Romains (7,7 et suiv.), pour démasquer le péché, le contraindre pour ainsi dire à s'extérioriser sous la forme de transgressions, exposant ainsi sans doute le pécheur à provoquer la colère divine (Rom 4,5), mais le forçant en même temps à recourir à sa miséricorde, d'où seule peut venir le salut.

Le temps de la Loi, pour être une période où «abonda le péché», n'en fait donc pas moins partie de l'histoire du salut. C'est que, pour saint Paul, la «sagesse de Dieu», «infinie en ressources» (*polypoikilos*, Eph 3,10), sait tirer parti même du péché des hommes. Ainsi l'histoire du passé jusqu'à Jésus-Christ, si sombre soit-elle aux yeux de l'Apôtre, puisqu'elle n'est que l'histoire de l'invasion du péché dans le monde et des rébellions successives d'Israël, le peuple «à la nuque raide», ou, si l'on préfère, l'histoire des efforts quasi désespérés de Dieu lui-même pour reprendre inlassablement son plan de salut, cette histoire s'illumine dans les lettres pauliniennes et notamment dans celle aux Romains de clartés inattendues. Guidé par la réflexion des Sages d'Israël — en particulier les chapitres 10 et suiv. de la Sagesse — mais surtout éclairé par la révélation du Christ, saint Paul ose formuler cette loi qui résume toute sa théologie de l'histoire: «Dieu n'a enfermé tous les hommes dans l'infidélité et la désobéissance que pour faire miséricorde à tous!» (Rom 11,32; cf. Gal 3,22). «O abîme, s'écrie alors l'Apôtre en une exclamation d'admiration reconnaissante devant cet extraordinaire dessein qui par des voies impénétrables assure le triomphe de la miséricorde, ô abîme de la richesse, de la sagesse et de la science de Dieu!» (Rom 11,33) Exclamation à laquelle feront écho les tout derniers mots de l'épître: «A Dieu seul sage, *monô(i) sophô(i) Theô(i)*, par Jésus-Christ, à lui soit la gloire aux siècles des siècles! (Rom 16,27).

Or ces déclarations d'un singulier optimisme se trouvent conclure les longs développements que l'Apôtre a consacrés durant trois chapitres (9, 10 et 11) au problème angoissant de l'infidélité d'Israël à l'égard du message chrétien. Paul s'était cru appelé à convertir au Christ ses anciens coréligionnaires. Il en a fait la confidence aux Juifs de Jérusalem, comme le rapporte saint Luc dans les Actes. La première fois qu'il vint dans la ville sainte après sa propre conversion, un jour, nous dit-il, qu'il priait dans le Temple, il lui arriva de tomber en extase; il vit le Seigneur Jésus qui lui dit: «Hâte-toi, sors vite de Jérusalem, car ils n'accueilleront pas ton témoignage à mon sujet». L'Apôtre objecte que son passé aurait dû au contraire rendre son témoignage plus efficace. Mais la voix reprend: Va, c'est au loin, vers les païens, que je t'envoie (Act 22,17-21). De fait, en dépit des efforts persévérants de Paul, non seulement les Juifs dans leur ensemble refusent de croire à l'Evangile, mais jaloux de voir la «parole de salut» offerte aussi aux païens détestés, ils feront tout pour y mettre obstacle; comme Paul s'en plaindra aux Thessaloniciens, après avoir «mis à mort le Seigneur Jésus», «ils nous ont persécutés, ils ne plaisent pas à Dieu, ils sont les ennemis de tous les hommes, quand ils nous empêchent de prêcher aux païens pour leur salut» (1 Thess 2,15-16). Devant un refus aussi obstiné, non seulement le cœur de l'Apôtre saigne, lui qui «souhaite-rait d'être anathème, séparé du Christ, pour ses frères, ceux de sa race se-lon la chair» (Rom 9,3); mais ce refus semble mettre en question les Pro-messes divines. Il s'agit d'un véritable scandale d'ordre religieux. Le peu-ple d'Israël, unique dépositaire des promesses de salut pour le monde en-tier, seul instrument choisi de Dieu pour le salut du genre humain, semble avoir cessé de l'être, tandis que les païens, ennemis d'Israël et de Dieu, sont entrés en masse dans l'Église. Contradiction d'autant plus flagrante que les promesses divines à l'égard d'Israël étaient inconditionnées, c'est-à-dire ne dépendaient pas de la fidélité des hommes. La Parole de Dieu ne saurait faillir. Alors comment l'Évangile de Paul, en opposition aussi manifeste avec la parole infaillible de Dieu, serait-il encore un Évan-gile authentique, une authentique «Parole de Dieu»?

Trois chapitres ne seront pas de trop pour tenter de résoudre l'appa-rente contradiction. Et l'on connaît la solution donnée par l'Apôtre: les promesses de Dieu envers le peuple d'Israël n'empêchent pas la possibilité d'une infidélité de la part des individus; cette infidélité est d'ailleurs par-tielle; elle n'atteint pas tous les Israélites; elle est providentielle, ordonnée au salut de tous: sans elle, en effet, on peut se demander comment la mas-se des païens se serait convertie, et si le petit nombre des convertis du ju-daïsme a rendu l'apostolat de saint Paul aussi difficile, comme nous l'a-vons signalé, quel obstacle eût constitué la conversion d'Israël dans son ensemble? En toute vérité Paul peut écrire que «les païens ont obtenu mi-séricorde grâce à la désobéissance des Juifs» (Rom 11,30). Mais surtout, l'infidélité d'Israël n'est pas définitive. A son tour, Israël obtiendra un jour miséricorde. Et Paul révèle aux Romains le «mystère» de la conver-sion future du peuple juif (Rom 11,25), dont il attend pour le monde en-tier un tel bienfait qu'on peut seulement la comparer à «une résurrection d'entre les morts» (Rom 11,15). Car, si le refus des Juifs de reconnaître le Christ, simple «faux-pas» passager, a permis la conversion des païens, que ne produira pas leur entrée en masse dans l'Église! «Si leur faux-pas a fait la richesse du monde et leur amoindrissement la richesse des païens, que ne fera pas leur totalité! ... Si leur mise-à-l'écart fut une réconciliation pour le monde, que sera leur admission, sinon une résurrection d'entre les morts?» (11,12 et 15).

L'universalisme, la «catholicité» de la solution envisagée par saint Paul devient plus manifeste encore, quand on songe à la réponse qu'à la même époque tentait de fournir au même problème un écrit juif comme le 4e livre d'Esdras. L'auteur n'est pas moins angoissé que Paul devant le spectacle du monde pécheur, «auquel le cœur mauvais a enseigné les sen-tiers de la perdition en l'éloignant des chemins de la vie, et cela, non pour quelques-uns seulement, mais pour presque tous ceux qui ont été créés»

(7,45 ss.). Or, pour toute consolation, l'ange de Yahvé lui rappelle que la rareté d'un joyau en fait aussi le prix: «Lorsqu'on possède un petit nombre de pierres précieuses — les élus — on ne va pas leur ajouter des objets de plomb ou d'argile» (7,51 ss.). Ailleurs, il est vrai, une solution moins «aristocratique» est proposée. Comme dans le célèbre parallèle paulinien entre Adam et le Christ (Rom 5,15), elle repose sur le principe que le bien est plus puissant que le mal: «Si un grain de mauvaise semence a produit tant de fruits de mort, quand seront semés les bons épis, quelle immense moisson ne porteront-ils pas!» (4,30 s.). Mieux encore, c'est à l'amour de Dieu envers sa créature que l'on doit s'en remettre en toute confiance, sans chercher à scruter les voies impénétrables par lesquelles il conduit le monde: «Tu t'émeus grandement au sujet d'Israël: l'aimes-tu plus que son Créateur?» (5,33). Et un peu plus loin, tandis que le Pseudo-Esdras supplie Dieu «de ne plus se mettre en colère contre son peuple, d'avoir pitié de son héritage», il reçoit cette réponse admirable: «Pour aujourd'hui, le présent; pour demain, l'avenir; car il s'en faut de beaucoup que tu puisses aimer ma créature plus que je ne l'aime!» (8,45-47).

Certainement nous atteignons là l'un des sommets de la pensée juive. Et cependant deux différences au moins marquent encore la distance qui la sépare de celle d'un saint Paul. Première différence: l'horizon du Pseudo-Esdras se limite exclusivement au destin d'Israël; même quand il évoque l'amour de Dieu pour sa créature, le contexte prouve clairement qu'il songe au seul peuple de Dieu; le salut des autres et leurs péchés ne le préoccupent pas. La pensée de Paul, elle, est essentiellement universaliste. Le problème qu'il se pose est celui du salut du genre humain tout entier. Seconde différence: Paul sait que l'amour de Dieu s'est révélé en Jésus-Christ. Aussi bien, à la fin du chapitre 7 de notre épître, au cri d'angoisse semblable à celui de l'auteur juif: «Qui me délivrera de ce corps qui me voue à la mort?» (Rom 7,24), il peut ajouter le cri de reconnaissance: «Grâces soient rendues à Dieu par notre Seigneur Jésus-Christ!» (Rom 7,25). Tous ont désobéi, tous ont péché, juifs et païens; c'est que Dieu voulait faire miséricorde également à tous, païens comme juifs! (Rom 11,32).

Et pourtant, quelle que soit l'universalité que reflète cette théologie de l'histoire, elle ne représente pas encore la vision paulinienne dans toute son ampleur, telle que la décrit l'épître aux Romains. Il nous faudrait étudier le célèbre passage du chapitre 8 où l'Apôtre associe l'univers tout entier aux destinées de l'homme, «l'un des passages, note le P. Joseph Huby, qui souvent surprennent, jusqu'à les déconcerter, des lecteurs même chrétiens», et cependant «l'un des plus remarquables par l'ampleur et la profondeur des vues», non moins, ajouterais-je volontiers, que par leur extraordinaire actualité à l'époque des navettes extra-terrestres!

Contentons-nous d'une brève allusion pour finir. Pour saint Paul comme pour toute la Bible, Ancien et Nouveau Testament, c'est assurément la personne humaine qui est au centre du plan salvifique, comme elle est au terme de la création; c'est sa destinée qui commande celle de l'univers; mais de même que le corps de l'homme n'est pas seulement l'instrument qui permet à l'âme d'obtenir le salut, comme s'il était destiné à périr après avoir servi, mais est appelé à participer lui aussi à la gloire du Christ ressuscité, de même l'univers matériel créé pour l'homme est appelé à en partager, à sa façon, la destinée. Et de fait, l'Apôtre ne recule pas devant les images les plus hardies pour décrire la création tout entière dans l'espérance de sa délivrance comme une personne qui, le cou tendu en avant, *apokaradokia*, fixe le regard sur le point de l'horizon d'où avec le retour triomphal du Christ et «la résurrection de la chair» doit briller enfin la nouvelle aurore de l'humanité en pleine possession de la gloire réservée aux enfants de Dieu. Or, déclare l'Apôtre sans hésitation aucune, l'univers matériel ne se contentera pas d'assister à la rédemption définitive de l'homme; il sera lui aussi, comme le corps humain, objet de rédemption. «Il sera libéré», *eleutherôthèsetai*, de ce qui est en son état actuel «vanité, servitude et corruption», pour «participer à la liberté de la gloire des enfants de Dieu»; il abandonnera donc sa condition actuelle pour entrer en cette nouvelle condition que Paul ne craint pas de nommer une «liberté», *eis tèn eleutherian*. Cette affirmation repose, aux yeux de l'Apôtre, sur une certitude de foi: «Nous savons, en effet, poursuit-il, que l'univers matériel est en travail d'un état meilleur, *ôdinei*, le travail de l'enfantement». A des regards purement humains, incapables de dépasser les apparences, l'univers semble parfois se débattre sous l'effet d'un mal qui le torture: la foi nous enseigne que ce n'est point là le signe d'une agonie, mais l'annonce d'une parturition. Enfantement d'un univers transformé, qui encore une fois ne saurait se concevoir indépendamment de la rédemption de l'homme, plus précisément de la résurrection du corps de l'homme dont il n'est qu'un corollaire. Doctrine par conséquent d'ordre purement religieux et non pas scientifique, qui ne saurait fournir au physicien aucune donnée nouvelle, pas plus que le dogme de la résurrection de la chair n'en fournit au biologiste; mais doctrine qu'à la suite de saint Paul la tradition patristique ne cessera de reprendre. Dans la splendeur du corps du Christ ressuscité elle ne contemple pas seulement par avance la résurrection future des hommes mais celle de l'univers tout entier, selon les paroles de saint Ambroise bien dignes d'être rappelées ici: «Resurrexit in eo mundus, resurrexit in eo caelum, resurrexit in eo terra; erit enim caelum novum et terra nova» (*De fide resurrectionis*; P.L. 16, 1403).

* * *

Tels sont quelques-uns des aspects de ce que nous avons nommé la «catholicité» de saint Paul. Celle-ci apparaît sans doute à travers toutes les lettres que la tradition nous a conservées. Mais on a pu constater que l'épître aux Romains, en raison même des problèmes particuliers que l'Apôtre dut y affronter, en fournissait un témoignage vraiment exceptionnel, qu'il valait peut-être la peine de rappeler en une conférence commémorative du 19e centenaire de la venue de saint Paul à Rome, notamment à la veille d'un Concile destiné à promouvoir l'unité des chrétiens et à donner un relief tout particulier à la «catholicité» de l'Église.

2.

La valeur sotériologique de la résurrection du Christ selon saint Paul *

> «...établi Fils de Dieu avec puissance selon l'Esprit de sainteté par sa résurrection des morts» (Rom 1,4)
> «...ressuscité pour notre justification» (Rom 4,25)

Le sujet proposé par le titre de cette conférence n'est pas nouveau. Dès la première édition de sa *Théologie de saint Paul*, le P. Prat consacrait déjà quelques pages excellentes, — vraiment nouvelles pour l'époque, — à exposer un enseignement paulinien qu'il estimait «de la plus haute importance»: la valeur sotériologique de la résurrection [1]; et il concluait: «La résurrection de Jésus n'est plus un luxe surnaturel offert à l'admiration des élus, ni une simple récompense accordée à ses mérites, ni seulement le soutien de notre foi et le gage de notre espérance; c'est un complément essentiel et une partie intégrante de la rédemption elle-même» [2].

Mon prédécesseur le R. P. Alfred Vitti a repris le sujet dans une étude publiée par la *Civiltà Cattolica* en 1930 [3], plus particulièrement dans les deux dernières parties où il expose «la valeur efficiente *in genere* de la résurrection de Jésus» et «le Christ ressuscité agent efficient de la justification». En 1935 une thèse était défendue à l'Université Grégorienne par Don Castro Salvador sous le titre espagnol: *El valor soteriológico de la Resurrección de Cristo*, et en 1952 le P. David Stanley défendait la sienne à l'Institut Biblique sur la place de la résurrection du Christ dans la sotériologie paulinienne. Entretemps, divers ouvrages ou articles apparaissaient sur le même sujet en Allemagne, en Amérique, en Belgique, en Espagne, en France, en Italie [4]. Il suffit de rappeler le remarquable travail

---

* Extrait de «Christus Victor Mortis», *Gregorianum* 39, 1958, pp. 295-318.
[1] F. Prat, *Théologie de saint Paul*, II, 6e éd. p. 250-256.
[2] *Ibid.*, p. 256.
[3] *Civiltà Cattolica*, 1930, vol. 2, p. 97-109 et 298-314.
[4] Ainsi W. Goossens, *De valore soteriologico resurrectionis et ascensionis Christi*, dans *Collationes Gandavenses* 24 (1937), p. 9-17; T. Tschipke, *Die Menschheit Christi als Heilsorgan der Gottheit*, Freib. in B. 1940; A. Hulsbosch, *Resurrectio Christi in doctrina soteriologica S. Pauli*, dans *Divus Thomas* (Piacenza), 47-49 (1944-1946), p. 193-205; D.M. Stanley, *Ad historiam exegeseos Rom 4,25*, dans *Verbum Domini* 29 (1951), p. 257-274; Bruce Vawter, *Resurrection and Redemption*, dans *Catholic Biblical Quarterly* 15 (1953), p. 17-23; F. Holtz, *La valeur sotériologique de la Résurrection du Christ d'après saint Thomas d'Aquin*, dans *Ephemerides Theologicae Lovanienses* 29 (1953), p. 609-647; José

du R. P. François-Xavier Durrwell, aujourd'hui provincial des Pères Ré-
demptoristes, dont les éditions successives attestent le succès: *La Résurrection du Christ, mystère de salut* [5].

Cette conférence ne se propose donc pas de reprendre intégralement
un sujet déjà traité abondamment. Plus modestement elle voudrait apporter quelques précisions destinées à répondre à certaines difficultés plus ou
moins latentes et à dissiper, autant que possible, certaines équivoques qui
ont parfois empêché, semble-t-il, plus d'un théologien, voire quelques
exégètes, de rendre pleine justice aux affirmations de l'Écriture. Notamment plusieurs ne voient pas comment pouvoir donner une place essentielle à la résurrection dans l'œuvre rédemptrice du Christ sans renoncer à
la distinction traditionnelle entre rédemption objective et rédemption subjective, ce qu'à bon droit ils se refusent de faire.

I.

Rien de plus révélateur à cet égard que de parcourir à travers l'histoire de l'exégèse les interprétations successives données à un même texte
de l'Écriture, en l'occurrence à l'affirmation de S. Paul à la fin du chapitre
4 de l'épître aux Romains, où voulant montrer que la justification d'A-
braham par la foi en la toute-puissance d'un Dieu fidèle à ses promesses
était le type de notre justification à nous, il ajoute cette précision: «à nous
qui croyons en celui qui ressuscita des morts Jésus notre Seigneur, livré
pour nos péchés et ressuscité pour notre justification» (Rom 4,25) [6].

Cette dernière assertion, à savoir que «Jésus-Christ est ressuscité
pour notre justification» ne semble offrir aucune difficulté aux Pères grecs
depuis Origène jusqu'à Théophylacte.

Ainsi pour Origène, si la foi justifiante d'Abraham est le type de la
nôtre, c'est que lui aussi crut à une vie surgissant d'un tombeau — la
vieillesse inféconde de Sara et d'Abraham lui-même et l'immolation acceptée de l'unique héritier de la promesse, Isaac — et à une vie qui renfermait en soi le destin de tous les peuples «en figure» (ἐν παραβολῇ; cf.
Heb 11,19): «C'est donc, ajoute Origène, du grand et magnifique mystère
de la résurrection que la foi d'Abraham contenait par anticipation la forme et l'image. Car il croyait, en recevant l'ordre de sacrifier son fils unique, que Dieu était assez puissant pour le ressusciter des morts... Aussi le
sacrifiait-il avec joie, parce qu'il n'y voyait pas l'anéantissement de sa
postérité mais la restauration du monde et le renouvellement de toute la

---

Capmany Casamitjana, *La resurrección del Señor. Ensayo de síntesis teológica*, Barcelona,
Seminario Conciliar, 1956.
    [5] La première édition est de 1950; une 2e a paru en 1954; une 3e est en préparation.
    [6] Voir en particulier les articles du P. Vitti signalés à la note 3 et ceux des PP. Stanley
et Vawter signalés à la note 4.

nature, qui fut rétablie par la résurrection du Seigneur. C'est pourquoi le Seigneur dit de lui: Abraham votre père exulta à la pensée de voir mon jour, il l'a vu et il s'est réjoui» (Jean 8,56) [7]. Le lien de causalité affirmé par S. Paul entre la résurrection du Christ et la justification du chrétien est donc pour Origène chose obvie. Selon le contexte paulinien qui compare la foi du chrétien à celle d'Abraham, c'est même l'affirmation essentielle; l'allusion à la mort du Christ dans le stique parallèle est presque une affirmation subordonnée et l'on pourrait traduire: «à nous qui croyons en celui qui ressuscita des morts Jésus notre Seigneur, lequel fut livré sans doute pour nos péchés, mais fut ressuscité pour notre justification».

Pour S. Jean Chrysostome la mention de la résurrection s'impose après celle de la mort: «car, dit-il, le Christ en mourant n'avait point certes l'intention de laisser des coupables dans la damnation, mais de leur faire du bien; c'est pour les justifier qu'il est mort et ressuscité» [8]. On le voit, pour le grand exégète grec, mort et résurrection constituent un tout indissoluble. Ainsi en va-t-il de tous les autres Pères grecs dont il serait fastidieux de reproduire l'exégèse de ce passage.

Or parmi les latins, un bon nombre conservent la même notion de la rédemption, tel S. Hilaire qui n'hésite pas à écrire, commentant le Psaume 135: «Redemit nos cum se pro peccatis nostris dedit: redemit nos per sanguinem suum, per passionem suam, per resurrectionem suam. Haec magna vitae nostrae pretia sunt...» [9]. S. Hilaire veut expliquer comment le Christ s'est livré pour nos péchés: or sans hésitation aucune, à la mention du sang et de la passion il joint celle de la résurrection; bien plus il les place sur le même plan et les nomme «magna vitae nostrae pretia». Pareillement on trouverait chez S. Augustin de nombreux textes qui, tout en distinguant la causalité de la mort et celle de la résurrection, attribuent précisément à cette dernière la communication à l'humanité de la vie nouvelle.

Cependant à mesure que les siècles s'écoulent, les auteurs latins — avec, notons-le, de brillantes exceptions — paraissent de plus en plus embarrassés devant l'affirmation de saint Paul.

Ainsi déjà l'anonyme romain qui écrivait au temps du Pape Damase et que tout le Moyen Age jusqu'à Érasme a pris pour S. Ambroise (d'où son nom d'*Ambrosiaster*). De fait la tendance profondément juridique de sa pensée ne devait guère lui faciliter la solution [10]. En tout cas, la seule

---

[7] MIGNE P.G., 14, 984; cité par le P. Vitti, *art. laud.* p. 300. On sait que le *Targum* mentionne explicitement (avec insistance dans le *Targum* dit «fragmentaire») la joie avec laquelle Abraham accueillit l'ordre divin; Flavius Josèphe dit également qu'Isaac «accueillit avec joie» la décision de Dieu quand son père la lui manifesta (*Ant. Iud.*, I, 14, 4).

[8] MIGNE P.G., 60, 467.

[9] MIGNE P.L., 9, 776 A.

[10] Cf. R. BALDUCELLI, *Il concetto teologico di carità attraverso il maggiori interpretazioni patristiche e medievali di 1 Cor 13*, Roma 1951, p. 55-72: «L'esegesi dell'Ambrosiastro».

causalité qu'il croit pouvoir attribuer à la résurrection du Christ par rapport à notre justification est d'ordre purement extrinsèque: en ressuscitant, le Christ a conféré à ses préceptes une autorité qui autrement leur eût manqué, «resurgens praeceptis suis auctoritatem praebuit»[11]. Pélage va plus loin encore: au Christ qui avait aboli nos péchés, c'est-à-dire qui nous avait justifiés, par sa mort (conçue en prescindant de sa résurrection), il ne restait plus qu'à «confirmer la justice des croyants», et pour cela il était nécessaire qu'il ressuscitât des morts et apparût à ses disciples, «necessario resurgens apparuit, ut iustitiam credentium confirmaret»[12]. Pour une telle fin on comprend que la résurrection ne suffise pas; celle-ci n'est même plus que la condition indispensable des apparitions.

Parmi les exégètes plus récents nous n'en citerons que deux, au reste fort représentatifs, dont l'explication de notre verset semble particulièrement instructive: le Cardinal Cajetan O.P. et le Cardinal Tolet S.J. En effet, sans se référer explicitement à la distinction entre rédemption objective et rédemption subjective, ils fondent tous deux clairement leur explication sur cette distinction: pour eux la résurrection entre comme élément essentiel dans la rédemption subjective, mais elle ne saurait jouer aucun rôle dans la rédemption objective.

Le commentaire de Cajetan parut à Rome en 1531. A son accoutumé son auteur s'y montre aussi clair que concis: «*Et resurrexit propter iustificationem nostram*. Nisi Christus resurrexisset, non fuissemus nos iustificati a peccatis nostris, quamvis mortuus fuisset et solvisset pretium pro nobis: quoniam non credidissemus. Sed ex eo quod resurrexit, credimus, et per hoc pervenit ad nos iustificatio. Et propterea dicitur: *et resurrexit propter iustificationem nostram*, hoc est propter hoc ut perveniret ad nos iustificatio»[13].

Quant au Cardinal Tolet, artisan bien connu de la réconciliation du roi de France Henri IV avec l'Église et premier cardinal de la Compagnie de Jésus, son commentaire sur l'épître aux Romains parut à Rome en 1602, trois quarts de siècle après celui de Cajetan. Tolet commènce par exclure l'explication de Cajetan comme «violenta expositio et inaccommodata», en raison du parallélisme entre la causalité attribuée à la mort du Christ dans le premier stique et celle attribuée à la résurrection dans le second; d'ailleurs, ajoute-t-il, ce que Cajetan affirme de la résurrection

---

[11] Migne P.L., 17, 92.
[12] Ed. A. Souter, dans *Texts and Studies*, IX, 2, p. 41.
[13] Caietanus, *Epistolae Pauli et aliorum apostolorum iuxta sensum litteralem enarratae*, Parisiis 1542. — Toutefois, dans le commentaire à la Somme de saint Thomas il professe la doctrine de son maître: par sa résurrection «Christus homo instrumentum efficax constitutus est ad ressuscitandos homines ad vitam aeternam» (*in* III, q. 56, a. 1), ce qui est vrai du corps, mais plus encore de l'âme (a. 2); voir les principes exposés à propos de III, q. 13, a. 2.

vaudrait également de chacun des miracles opérés par le Christ durant sa vie terrestre, dont on ne dit pourtant jamais qu'ils causent la justification tout en excitant la foi. Mais, comme le reconnaît le P. Vitti, l'explication de Tolet ne diffère pas essentiellement de celle de Cajetan: «Tout bien nous ayant été mérité par la mort du rédempteur, rémission des péchés, justification, résurrection corporelle, hoc totum tamen non satis erat, ut nos huius redemptionis effectum consequeremur (il s'agit donc de la rédemption subjective): oportebat enim haec annuntiari mundo ut credentes et ea exhibentes quae ordinata ab eo erant tanquam media quibus virtus redemptionis applicaretur, iustitiam et salutem consequeremur; si enim nihil aliud esset quam Christum mori et pretium redemptionis exhibere, omnes periremus... Oportebat ergo mittere apostolos et annuntiatores salutis et redemptionis ut ii qui redempti erant (= rédemption objective par la mort du Christ) iustificarentur et salutem consequerentur fide et remediis institutis a Deo (= rédemption subjective): propter hoc resurrexit Christus, nam ante resurrectionem non erant apostoli mittendi nec salus facta annuntianda, Deo sic ordinante». La conclusion est limpide: «Et ideo dicitur resurrexisse propter iustificationem nostram, nempe ut redemptio per mortem eius facta, nobis applicaretur, et nos fructu eius participaremus... Aeterna nimirum sua dispositione Deus decrevit, ut Spiritus Sanctus non descenderet nec apostoli salutem mundo annuntiarent nisi post Christi resurrectionem, ut, quamvis morte fuerit facta redemptio et satisfactio completa ex parte Christi, non tamen communicaretur hominibus generaliter et in universum, nisi post resurrectionem».

Bien plus, dans son commentaire à la Somme de S. Thomas, composé probablement avant le commentaire de l'épître aux Romains mais demeuré inédit jusqu'en 1869, non seulement il propose la même solution, mais il rejette explicitement la solution défendue par S. Thomas, comme nous allons le voir, à savoir que la résurrection du Christ exerce une causalité efficiente instrumentale sur notre justification: «Dico Christum resurrexisse propter iustificationem, quia resurrectio fuit magnum argumentum veritatis fidei nostrae qua iustificamur, non tamen quod fuerit gratiae instrumentum: hoc enim fuit ipsius passionis» [14].

---

[14] FRANCISCI TOLETI, *In Summam theologiae S. Thomae enarratio*, Romae 1870, vol. 3, p. 373, commentant la question 48 de la IIIᵉ partie refuse d'attribuer à la passion du Christ une causalité autre que méritoire et de se ranger à l'opinion de saint Thomas qui a enseigné, dit-il, «in praesenti et multis aliis in locis — fuit enim nimis in ea opinione perseverans — Christi humanitatem et actiones et passiones fuisse non solum meritoriam causam, sed etiam instrumentum effectivum nostrae iustificationis, quatenus a Verbo movebantur» (p. 374).

De fait, telle était l'explication que S. Thomas avait donnée de ce verset qu'il cite très souvent dans ses œuvres et qui semble avoir joué un rôle important dans l'élaboration de sa synthèse théologique de la rédemption. Bien que le R. P. Van Roo ait déjà touché le sujet[15], on nous permettra d'y revenir un instant, d'autant que le commentaire de S. Thomas sur ce point présente un exemple caractéristique de la manière dont se comporte le Docteur angélique dans un problème théologique de première importance, en face d'une affirmation de l'Écriture. Il faut lire tout le passage également parce que ni le P. Prat ni le P. Vitti, qui s'y réfèrent l'un et l'autre, ne semblent en avoir aperçu toute la portée.

«*Et resurrexit propter nostram iustificationem*, id est ut n o s r e- s u r g e n d o i u s t i f i c a r e t». Tel est de fait le sens obvie des termes employés par S. Paul. Notez de surcroît que le gérondif «resurgendo» semble désigner l'acte même de la résurrection, c'est-à-dire la résurrection *in fieri* et non pas seulement *in facto esse*[16]. Mais une difficulté se présente à la pensée de S. Thomas, difficulté provenant des catégories théologiques selon lesquelles on a coutume d'exposer le mystère de la rédemption, en l'espèce la catégorie de la cause méritoire, qui s'applique bien à la mort du Christ mais non point à sa résurrection: «Et quod propter delicta nostra sit traditus in mortem, manifestum videtur ex hoc quod s u a m o r- t e m e r u i t nobis deletionem peccatorum, sed r e s u r g e n d o n o n m e r u i t, quia in statu resurrectionis non fuit viator sed comprehensor». En présence de la même difficulté nous avons vu comment se sont comportés Cajetan et Tolet, c'est-à-dire en renonçant, malgré le sens obvie du texte, à attribuer à la résurrection une véritable causalité, du moment que la causalité méritoire se limite à la passion et à la mort. En fait, ils adaptaient l'affirmation de l'Écriture à un système théologique, ou plus exactement philosophique, préétabli. Saint Thomas lui, au contraire, adapte le système à l'affirmation de l'Écriture. Sans nier, évidemment, que la mort du Christ soit cause méritoire de la justification, il cherche une autre catégorie qui lui permette de situer mort et résurrection dans la même causali-

---

En tout cas l'exégèse de Rom 4,25 telle que l'ont proposée l'Ambrosiaster, Cajetan et Tolet semble avoir été assez courante; ainsi le Card. Seripando explique le verset exactement de la même façon: «*Traditus est propter nostra delicta*, ... ut poenae nostris peccatis debitae satisfaceret ...; *resurrexit propter iustificationem nostram*, nempe ea potissimum ratione de morte triumphare voluit, ut cum pro peccatis nostris mortem suscepisse c r e d e- r e m u s, quod nisi t a m c i t o e mortuis surrexisset, n e m o u n q u a m c r e d i d i s- s e t» (*In D. Pauli Epist. ad Rom. et ad Gal. commentaria*, Neapoli 1601, p. 76).

[15] *The Resurrection of Christ: Instrumental Cause of Grace*, dans *Gregorianum* 39, 1958, pp. 271-284.

[16] Cf. F. HOLTZ, *art. cit.* à la note 4, p. 618. En sens contraire, le P. M. DE LA TAILLE, *Mysterium Fidei*, p. 146 note: «Cum legis apud doctores resurrectionem Christi esse causam nostrae resurrectionis vel iustificationis (v. g. S. THOMAE, *Summa theologica* III, q. 56, a. 1 et 2) praesertim efficientem, noli intelligere resurrectionem *in fieri* (quod praeteritum est) sed *in facto esse* (quod perseverat)».

té. En effet on s'attendrait à le voir mentionner la seule résurrection puisque c'est la causalité de celle-ci qui est seule en question. Or il parle de la mort du Christ: «Et ideo, poursuit-il, c'est-à-dire parce que le Christ en ressuscitant n'a pas mérité, dicendum est quod mors Christi fuit nobis salutaris non solum per modum meriti, sed per modum cuiusdam efficientiae». Il invoque alors l'axiome bien connu de S. Jean Damascène: «Cum enim humanitas Christi esset quodammodo instrumentum divinitatis eius, ut Damascenus dicit, omnes passiones et actiones humanitatis Christi fuerunt nobis salutiferae, utpote ex virtute divinitatis provenientes». Du point de vue de la causalité efficiente la résurrection est donc étroitement associée à la passion [17].

Mais ce qui suit a induit en erreur le P. Prat et le P. Vitti, leur faisant croire que le Docteur Angélique réduisait cette causalité efficiente à une causalité exemplaire [18]. En réalité, S. Thomas affirme deux choses: 1. La mort et la résurrection agissent comme causes efficientes à la fois de la rémission des péchés et de la vie nouvelle ou justification, qui pour S. Thomas comme pour la théologie catholique, sont deux aspects d'une unique réalité [19]. 2. Pour rendre raison de la distinction introduite par S. Paul entre ces deux effets non dissociables, rémission des péchés et justification, S. Thomas invoque alors la causalité exemplaire soit de la mort soit de la résurrection: «Sed quia effectus habet aliqualiter similitudinem causae, mortem Christi qua extincta est in eo mortalis vita, dicit esse causam extinctionis peccatorum nostrorum; resurrectionem autem eius, qua redit ad novam vitam gloriae, dicit esse causam iustificationis nostrae, per quam redimus ad novitatem iustitiae». Du reste, pour se convaincre que telle est bien la pensée de S. Thomas, il suffit de se reporter à un passage de la Somme qui traite le même problème en termes presque identiques. Il se

---

[17] En ceci d'ailleurs, la *glossa ordinaria* a pu le mettre sur la voie de la solution; bien qu'il ne la cite pas en commentant Rom 4,25, il la connaissait certainement et il s'y réfère dans le *de Veritate* q. 27, a. 3 ad 7, c'est-à-dire dans la première œuvre où il attribue à la résurrection du Christ une causalité instrumentale par rapport à la grâce: «Resurrectio est causa resurrectionis animae in praesenti et corporis in futuro». Sur l'évolution de la pensée de saint Thomas à cet égard, voir ci-dessous la note 32.

[18] Le P. Prat résume ainsi l'opinion de saint Thomas: «Si notre justification est rapportée à la résurrection plutôt qu'à la mort, c'est, dira saint Thomas, parce que dans sa mort Jésus-Christ est cause méritoire, dans sa résurrection, cause exemplaire de notre justification» (*Théologie de saint Paul*, II, p. 252). De même le P. Vitti: «Causa sì, ma solo in quanto *effectus habet aliqualiter similitudinem causae*, e per tanto causa esemplare e niente altro» (*art. cit.*, p. 302). Le P. Stanley lui aussi semble tomber dans la même erreur, quand il prétend que «pour spécifier cette causalité, saint Thomas recourt à la causalité exemplaire» (*art. cit.*, p. 271).

[19] Cf. *Summa theologica* I-II, q. 113, a. 2: «Non posset intelligi remissio culpae si non adesset infusio gratiae»; et le titre même de l'article: «Utrum ad remissionem culpae quae est iustificatio impii, requiratur gratiae infusio». Voir aussi *Comp. theol.* vc. 239.

demande si la résurrection du Christ est cause de la résurrection des âmes, autrement dit de la justification, et il objecte que la résurrection des âmes se fait par la rémission des péchés, elle-même opérée par la passion du Christ; il s'ensuit que la résurrection des âmes doit être attribuée à la passion du Christ plutôt qu'à sa résurrection. Or la réponse distingue explicitement les deux causalités, efficiente et exemplaire: «Dicendum quod in iustificatione animarum duo concurrunt, scilicet remissio culpae et novitas vitae per gratiam. Quantum ergo ad efficientiam quae est per virtutem divinam, tam passio Christi quam resurrectio est causa iustificationis quoad utrumque. Sed quantum ad exemplaritatem, proprie passio et mors Christi est causa remissionis culpae per quam morimur peccato; resurrectio autem est causa novitatis vitae, quae est per gratiam sive iustitiam. Et ideo Apostolus dicit quod *traditus est*, scilicet in mortem, *propter delicta nostra*, scilicet tollenda, *et resurrexit propter iustificationem nostram*»[20].

Le Docteur Angélique ne distingue donc pas d'un côté la mort du Christ qui serait cause méritoire et de l'autre la résurrection qui serait seulement cause exemplaire, comme le supposait le P. Prat. Pour S. Thomas, la résurrection cause exemplaire de la vie nouvelle ne s'oppose pas à la mort en tant que cause méritoire, mais à la mort en tant que cause exemplaire de la mort au péché, et toutes deux, mort et résurrection, s'unissent sur le même plan comme causes efficientes. Réduire la causalité de la résurrection à la seule exemplarité ne serait donc pas seulement contraire à la pensée de S. Paul, mais aussi à celle de S. Thomas.

Toutefois de cette longue exégèse il convient peut-être de retenir surtout la méthode adoptée par le Docteur Angélique: pour rendre pleine justice à une affirmation de S. Paul qui, de prime abord, semblait mal s'accorder avec une conception de l'œuvre rédemptrice du Christ fondée sur la seule considération de la causalité méritoire, il n'a pas hésité à sortir de la catégorie du mérite et à invoquer une autre catégorie qui ne nie pas la première mais s'y ajoute, celle de la causalité efficiente, selon laquelle mort et résurrection au lieu de se trouver nécessairement dissociées, peuvent s'associer étroitement comme elles sont de fait associées dans l'Écriture. En cela d'ailleurs S. Thomas se montrait disciple fidèle de son maître S. Albert le Grand qui écrivait à propos du même problème de la causalité de la résurrection du Christ: «In hac quaestione... sanctis divinam inspirationem habentibus omnino consentiendum esse videtur. Et quia ipsi dicunt quod Christi resurrectio sit causa efficiens et sacramentalis nostrae resurrectionis, ideo etiam hoc dico, nihil mutando de dictis eorum»[21].

---

[20] *Summa theologica* III, q. 56, a. 2 ad 4.
[21] *In IV Sent.* Dist. 43, 5; cité par le P. DE LA TAILLE, *Mysterium Fidei*, p. 149.

II.

Ces quelques sondages dans l'histoire de l'exégèse de Rom 4,25 permettent de conclure sans aucun doute que saint Paul entend affirmer une véritable causalité de la résurrection du Christ par rapport à la justification: les voix discordantes provenaient toutes d'un certain malaise à faire rentrer une telle affirmation dans les cadres habituels de la théologie de la rédemption. Aujourd'hui l'exégèse de ce verset ne fait plus difficulté, au moins parmi les catholiques [22]. Mais on ne doit pas oublier un passé encore récent: il n'y pas trente ans que le P. Maurice de la Taille exprimait son étonnement devant l'affirmation de saint Paul: «Admirationem habet quod scripsit Paulus, Christum traditum esse propter delicta nostra et resurrexisse propter iustificationem nostram, causam ponens iustificationis resurrectionem» [23].

Cependant une nouvelle question se pose: de telles considérations regardent-elles le traité *de Christo redemptore*, où l'on a coutume de ne parler que de la rédemption objective, fondée exclusivement sur la catégorie du mérite? Ne s'agirait-il pas plutôt de la rédemption subjective, étudiée généralement dans d'autres traités de théologie, *de gratia, de sacramentis*, etc., si bien que dans l'enseignement théologique courant la résurrection du Christ se trouve complètement séparée de la passion et de la mort? Ici l'accord est loin d'être fait et c'est maintenant que nous abordons le point délicat de cette conférence, dont ce qui précède n'avait pour but que de préparer l'examen [24].

Disons aussitôt que nous n'avons aucunement l'intention d'inviter les théologiens à renoncer à la distinction entre rédemption objective et

---

[22] On ne peut en dire autant, ce semble, des non-catholiques: cf. A. Vitti, *art. cit.*, p. 301-303. J. M. Shaw, dans un article de *Religion in Life* 14 (1945), p. 246-257, intitulé «The Centrality of the Resurrection of Jesus to the Christian Faith», se plaint de ce que le christianisme moderne a trop uniquement souligné la Croix et la mort du Christ aux dépens de la Résurrection. On connaît la caricature du «Credo» attribué à Bultmann: «J. C. ... qui n'a pas été conçu du S. E., n'est pas né de la Vierge Marie, a bien souffert sous Ponce Pilate, a été crucifié, est mort, a été enseveli, mais n'est pas descendu aux enfers, ni ressuscité des morts le 3e jour, ni monté aux cieux...» (*Kerygma und Mythos*, I, p. 234).

[23] *Mysterium Fidei*, p. 146.

[24] Ainsi L. Hardy, *La doctrine de la rédemption chez S. Thomas*, 1936 (avec préface du R. P. Hocedez, professeur à l'Université Grégorienne) ayant eu le malheur de consacrer tout un chapitre aux «prolongements de la Passion» à savoir «la Résurrection, l'Ascension et les Sacrements» (p. 151-191), se voit reprocher vivement par J. Rivière ce qu'il appelle «un vaste hors d'œuvre par rapport au véritable sujet»; et celui-ci ajoute: «Pour flottant que puisse être le terme de rédemption dans le langage courant, un théologien ne devrait pas en être dupe jusqu'à fondre en une masse hétérogène, sous prétexte de synthèse, le problème *objectif* de notre réconciliation avec Dieu, qui fait toute la question, et les conditions requises en vue de son *application* à notre profit» (*Le dogme de la Rédemption dans la théologie contemporaine*, p. 107). L'ensemble des manuels, avouons-le, donne raison à J. Rivière.

rédemption subjective, distinction traditionelle sinon dans les termes au moins quant à la chose, distinction au reste rendue nécessaire par la conception que le protestantisme libéral s'était fait et se fait encore de l'œuvre rédemptrice du Christ. Je voudrais seulement examiner si une telle distinction conduit nécessairement à dissocier, comme on le fait généralement, mort et résurrection, ou si elle permet de les associer en un même mystère, comme le font l'Écriture et la Liturgie.

Or sur ce point l'accord, disions-nous, est loin d'être établi. Ou plutôt on pourrait presque dire qu'il est établi pour rattacher la résurrection à la seule rédemption subjective. Le P. Prat lui-même, qui eut certainement le mérite d'attirer l'attention des exégètes et des théologiens — son ouvrage fut aussi lu des uns que des autres — sur la valeur sotériologique de la résurrection et qui semble parfois faire rentrer la résurrection dans la rédemption objective, par exemple quand il déclare que «la mort n'est que la moitié de l'œuvre rédemptrice qui réclame la résurrection comme son complément nécessaire»[25], ailleurs cependant s'exprime comme s'il la rattachait à la seule rédemption subjective: ainsi quand il conclut son exposé avec une citation de Newman où celui-ci oppose très clairement la «réconciliation» opérée par la mort du Christ sur la Croix et la «justification» opérée par l'envoi du Saint-Esprit: «L'œuvre du Christ comprend deux choses: ce qu'il a fait pour tous les hommes et ce qu'il fait pour chacun d'eux; ce qu'il a fait une fois pour toutes et ce qu'il fait sans discontinuer; ce qu'il a fait pour nous et ce qu'il fait en nous; ce qu'il a fait sur la terre et ce qu'il fait au ciel; ce qu'il a fait en sa personne et ce qu'il fait par son Esprit: il réconcilie en s'offrant lui-même sur la croix, il justifie en nous envoyant son Esprit». Au texte de Newman le P. Prat se contente d'ajouter: «et en opérant lui-même en nous comme esprit»[26]. Ainsi donc, pour Newman et apparemment pour le P. Prat, la «réconciliation» est ce que le Christ a fait pour tous les hommes, une fois pour toutes, pour nous, sur la terre, en personne, c'est-à-dire précisément ce que l'on appelle la rédemption objective; la justification, au contraire, est ce que le Christ a fait pour chacun de nous, continue de faire en nous, du ciel, en nous envoyant son Esprit, c'est-à-dire très exactement ce qu'on nomme la rédemption subjective[27]. L'affirmation de saint Paul en Rom 4,25 ratta-

---

[25] *Théologie de saint Paul*, II, p. 252.

[26] *Lectures on Justification*, IX, §2, cité par le P. PRAT, *op. cit.*, p. 253-254.

[27] En fait une telle dissociation entre «réconciliation» et «justification» semble impliquer une dissociation réelle entre rémission des péchés et justification ou infusion de la grâce et partant une notion bien peu biblique du péché, ou bien laisserait entendre que le Christ est venu exercer sur son Père une véritable action destinée à changer ses sentiments à notre égard (comme le P. Prat paraît l'admettre pour réfuter plus aisément la doctrine de Ritschl, v. g. *Théologie de saint Paul*, II, p. 261; il va même jusqu'à dire qu'en Dieu «la colère n'est pas plus anthropomorphique que l'amour», p. 257), contre le fameux adage augustinien: «iam diligenti nos reconciliati sumus» et la doctrine explicite de saint Tho-

chant notre justification à la résurrection du Christ ne concerne donc que la rédemption subjective; elle n'entre pas en ligne de compte dans un traité de la Rédemption[28].

Disons d'abord que la distinction entre réconciliation et justification ici supposée par le P. Prat à la suite de Newman est certainement peu conforme, pour ne rien dire de plus, au vocabulaire paulinien. En Rom 5,10, de fait, l'Apôtre identifie pratiquement les deux concepts: les «justifiés» des versets 1 et 9 sont identiquement les «réconciliés» du verset 10[29]. En 2 Cor 5,18-20 où saint Paul semble distinguer ce qu'on appellera plus tard rédemption objective et rédemption subjective, il emploie dans les deux cas le même terme de «réconciliation»: il explique qu'à partir de la mort et de la résurrection du Christ — celle-ci est explicitement mentionnée au v. 15 — «l'être ancien a disparu, un être nouveau est là» (v. 17). Puis il poursuit: «Et le tout vient de Dieu qui nous a réconciliés avec lui par le Christ et nous a confié le ministère de la réconciliation. Car c'était Dieu qui dans le Christ se réconciliait le monde — à l'imparfait pour désigner une action qui dure — ne tenant plus compte des fautes des hommes, et mettant sur nos lèvres la parole de la réconciliation» (v. 18-19); «in quantum, commente justement S. Thomas, dedit virtutem et inspiravit in cordibus nostris ut annuntiemus mundo hanc reconciliationem esse factam (= rédemption objective) et haec faciendo inducamus homines ut conforment se Christo per baptismum (= rédemption subjective)».

Quant à S. Thomas et à ses considérations sur la causalité efficiente de la résurrection, je laisse aux spécialistes le soin de déterminer si elles appartiennent à la rédemption objective ou subjective[30]; ce qui est certain, c'est que le plan adopté dans la Somme Théologique et sa synthèse de la rédemption fondée non sur la seule cause méritoire, mais sur la cause efficiente, lui ont permis de ne pas séparer l'étude de la passion du

---

mas, comme l'a justement montré le P. J. Lécuyer, *Note sur une définition thomiste de la satisfaction,* parue dans *Doctor Communis,* 1955, p. 21-30, notamment p. 29. Cf. sur ce point notre opuscule *De notione peccati,* 1957, p. 62 s. et 89 s.

[28] Telle est sans doute la pensée du P. Galtier qui dans son traité *De Incarnatione et Redemptione,* éd. 1947, s'inspire souvent du P. Prat: en tout cas, dans le scholion consacré au rôle de la résurrection et intitulé: «De sacrificio Christi per resurrectionem consummato» (p. 426), il ne fait aucune allusion à Rom 4,25; pour lui ce texte ne concerne visiblement que la rédemption subjective.

[29] Ceux qui établissent une distinction entre ces deux notions, tels F. Büchsel (*Theol. Wört, I,* p. 258) et le P. J. Dupont, *La réconciliation dans la théologie de saint Paul,* 1953, p. 29, 31 s., 39, placent la justification avant la réconciliation comme son fondement, c'est-à-dire à l'exact opposé de Newman.

[30] On notera, en tout cas, que saint Thomas mentionne la résurrection du Christ parmi les articles «de quibus est fides» et non parmi ceux destinés «ad fidei comprobationem» (III, q. 29, a. 1 ad 2), comme le signale le P. Vitti, *art. cit.,* p. 299 n. 1.

Christ de celle de la résurrection et de l'ascension. En fait, comme l'a bien montré le P. J. Lécuyer dans son article sur «la causalité efficiente des mystères du Christ selon saint Thomas» [31], pour le Docteur Angélique l'humanité du Christ est devenue instrument de la divinité en passant successivement à travers tous les mystères de la vie, de la mort et de la glorification. A cet égard résurrection et ascension n'ont pas une part moins grande que la passion: elles constituent au même titre que la mort un élément essentiel de la rédemption [32].

Or il est bien certain qu'une synthèse de la rédemption fondée sur la causalité méritoire permet de distinguer très nettement entre un aspect objectif, en tant que le Christ a mérité notre salut, et un aspect subjectif, en tant que ces mérites nous sont appliqués au moyen de la foi et des sacrements, et partant sauvegarde pleinement l'œuvre propre du Christ contre ceux qui tendent à considérer seulement la part de l'homme, devenu, grâce à l'exemple du Christ, capable de se sauver lui-même. Mais ne faut-il pas en dire autant d'une synthèse fondée sur la notion de cause efficiente? Elle aussi permet de distinguer deux étapes dans la justification de chacun d'entre nous: une première dans laquelle l'humanité du Christ est devenue capable de justifier les hommes, c'est-à-dire d'être utilisée comme instrument par la divinité à cette fin, étape qui comprend l'ensemble des mystères du Christ, spécialement sa mort et sa glorification en qui tous les autres mystères trouvent leur consommation; puis une seconde étape — *posterior natura* — dans laquelle cette causalité instrumentale s'exerce effectivement sur chacun de nous par la foi et les sacrements. On le voit, la distinction de ces deux étapes correspond exactement à la distinction classique entre rédemption objective et rédemption subjective et permet de sauvegarder tout aussi parfaitement l'objectivité de l'œuvre propre du Christ.

Mais tandis que la première conception, fondée sur la causalité méritoire, dont se réclamaient Cajetan et Tolet et se réclament encore aujourd'hui la plupart des manuels de théologie, tend à exclure la résurrection de la rédemption objective pour la rattacher à la seule rédemption subjective et par conséquent à en renvoyer l'étude à d'autres traités, quitte à y consacrer dans le traité *de Christo redemptore* quelque allusion discrè-

---

[31] L'article a paru dans la revue *Doctor Communis*, 1953, p. 91-120.

[32] Au temps du commentaire sur les *Sentences*, saint Thomas n'appliquait l'axiome de saint Jean Damascène qu'à la guérison des corps, non à la production de la grâce; par rapport à celle-ci l'humanité du Christ jouait seulement le rôle de cause «dispositive» (J. Lécuyer, *art. cit.* p. 98 s.). C'est dans le *de Veritate* (vers 1256-1259) qu'il lui attribue pour la première fois une causalité instrumentale efficiente par rapport à la grâce et qu'il la nomme «instrumentalis causa iustificationis» (*ibid.*, p. 100). Quant à la causalité instrumentale des mystères du Christ, elle est surtout mentionnée à partir du jour où saint Thomas se mettra à commenter *ex professo* les épîtres de saint Paul (pour la première fois à Orvieto en 1259-1265) (*ibid.*, p. 103).

te, la seconde conception, fondée sur la causalité efficiente permet d'associer étroitement dans la rédemption objective elle-même mort et glorification. Une telle conception paraît commander la synthèse de S. Thomas sur la rédemption [33]. En tout cas, seule elle semble permettre de rendre pleine justice aux affirmations de l'Écriture sur le rôle de la résurrection dans l'œuvre salvifique du Christ, comme il nous reste à le montrer.

III.

Ici la preuve est aisée et les textes principaux sont présents à toutes les mémoires. Il suffit d'ailleurs de consulter des ouvrages comme celui du Prof. Joseph Schmitt sur *Jésus ressuscité dans la prédication apostolique* ou de Mgr Lucien Cerfaux sur *Le Christ dans la théologie de saint Paul*.

Je n'insisterai pas sur la prédication de l'Église primitive. Tout le monde sait que la résurrection du Christ y occupe la place centrale, qu'il s'agisse de la prédication de saint Pierre ou de saint Paul telle que la rapportent les Actes [34]. Les deux termes caractéristiques désignant la glorification du Christ sont ceux-là mêmes que le Livre d'Isaïe avait employés au début du dernier chant du Serviteur de Yahvé, qui avant de décrire la passion du Serviteur commence par souligner son exaltation et sa glorification: «Voici que mon Serviteur prospérera; il montera, grandira, s'élèvera très haut»; selon le grec des LXX: ὑψωθήσεται et δοξασθήσεται. Ainsi dans le premier discours de S. Pierre: ὑψωθείς (Act 2,33), dans le second discours, après la guérison du boiteux de la Belle Porte: δοξάζειν (Act 3,13), dans le second discours devant le sanhédrin: ὕψωσεν (Act 5,31). C'est en vertu de cette exaltation ou glorification que le Christ est devenu «le prince de la vie», ἀρχηγὸς τῆς ζωῆς (Act 3,15), pierre angulaire du nouveau Temple, en dehors duquel il n'y a pas de salut (Act 4,11). Si «Dieu l'a exalté par sa droite» — ou «à sa droite», selon une traduction également possible —, «le faisant Chef et Sauveur», c'est «afin d'accorder par lui à Israël la conversion et la rémission des péchés» (Act 5,31) [35].

Les discours de Paul à Antioche et à Athènes offrent exactement la même conception. Mais pour saint Paul, nous pouvons recourir à ses épîtres.

---

[33] Cf. l'article cité plus haut note 31.

[34] Prédication de saint Pierre à Jérusalem, le jour de la Pentecôte (Act 2,23-40) et après la guérison du boiteux de la Belle Porte (3,13-26), discours devant le sanhédrin (4,10-12 et 5,30-31), catéchèse au centurion Corneille et à sa famille (10,37-43). Discours de saint Paul à Antioche de Pisidie (13,30-38) et à Athènes (17,31). Le résumé de sa prédication à Thessalonique mentionne à la fois mort et résurrection (17,3; cf. en général 26,23).

[35] Cf. d'ailleurs 1 Petr. 1,3: «Béni soit Dieu... qui vous a régénérés par la résurrection de Jésus-Christ d'entre les morts».

Or pour se convaincre que Paul ne saurait concevoir le Christ sauveur et rédempteur indépendamment de sa résurrection, il suffit de lire le chapitre 15 de la Première épître aux Corinthiens. Il n'y déclare pas seulement que si le Christ n'était pas ressuscité, les Corinthiens n'auraient jamais cru en lui, faute de motif suffisant de crédibilité, comme le suppose l'interprétation que nous avons vu l'*Ambrosiaster*, Cajetan ou Tolet donner à Rom 4,25; il affirme que la foi des Corinthiens serait ματαία, c'est-à-dire non seulement manquerait de fondement solide, mais d'objet, comme le pense le P. Prat; ou mieux encore, selon le sens de l'adjectif μάταιος, qui n'est pas identique à celui de κενός, leur foi serait sans efficace, trompeuse, illusoire. Aussi Paul ajoute-t-il: «en ce cas vous êtes encore dans vos péchés» (v. 17). Comme l'explique très justement le P. Spicq: «Si le Christ n'est pas ressuscité, la foi est stérile, les fidèles sont encore dans leurs péchés. En d'autres termes il n'y a pas de rédemption ni de salut éternel, ce qui est tout le contenu de l'Évangile ... Rédemption et résurrection sont intrinsèquement liées ... On ne saurait trop insister sur cette doctrine centrale de la théologie paulinienne»[36].

Ce lien entre rédemption et résurrection est peut-être encore plus clairement affirmé au v. 45 de ce même chapitre, quand saint Paul déclare que le nouvel Adam est devenu par sa résurrection «esprit vivifiant», πνεῦμα ζῳοποιοῦν. Non certes que la seconde personne de la Très Sainte Trinité soit devenue la troisième; mais par sa résurrection l'humanité du Christ est passée de l'état charnel à l'état spirituel, bien plus à un état spirituel qui lui permette de donner la vie, *vivificans*, à tous les hommes, précisément en leur communiquant le Saint-Esprit.

Cette doctrine paraît trouver une confirmation décisive dans le célèbre texte christologique par quoi débute l'épître aux Romains, texte d'autant plus important qu'il revêt la forme d'une confession de foi dérivant probablement de quelque formulaire de la catéchèse primitive, et qu'il se présente comme les lettres de créance de l'Apôtre destinées à accréditer devant l'Église de Rome sa personne et sa doctrine (Rom 1,3-4).

Or saint Paul y déclare que le Christ, fils de Dieu de toute éternité, devenu à un certain moment du temps l'un d'entre nous par la descendance davidique, partageant notre condition d'êtres humains par opposition à la condition dont il jouira après sa résurrection, fut établi fils de Dieu, c'est-à-dire constitué dans sa fonction messianique de sauveur avec la puissance qui convient à un tel rôle, en vertu de la résurrection des morts qui l'a précisément placé dans l'état d'esprit vivifiant: tel est le sens le plus probable de l'expression «selon l'esprit de sainteté», parallèle à la formule «selon la chair» du premier membre. Avec la plupart des commentateurs nous pensons que les mots «avec puissance», ἐν δυνάμει,

---

[36] Dans L. Pirot et A. Clamer, *La Sainte Bible*, XI, 2, p. 280-281.

joints à «constitué fils de Dieu», ne désignent pas directement la puissance de Dieu le Père qui resplendit dans le «miracle» de la résurrection, mais la puissance que le Père communique en ce mystère au Fils, plus précisément à sa nature humaine, et qui le rend capable d'accomplir sa mission de sauveur et de rédempteur, autrement dit, de donner la vie au monde, «spiritus vivificans» [37].

Si l'on désirait un commentaire autorisé de ces versets si chargés de doctrine, on le trouverait, croyons-nous, dans le discours que saint Luc met sur les lèvres de saint Paul au chapitre 13 des Actes. Après avoir brièvement rappelé comment Dieu, «selon sa promesse, suscita de la descendance de David Jésus comme sauveur», puis comment sa venue en ce monde fut préparée par Jean-Baptiste, comment les habitants de Jérusalem et leurs chefs ont, sans le savoir, accompli les promesses en le mettant à mort, comment il fut enseveli et comment Dieu le ressuscita, l'auteur souligne l'importance de la résurrection et voit en elle l'accomplissement de la prophétie du Psaume 2,7: *Tu es mon fils, aujourd'hui je t'ai engendré* [38]. Ainsi donc, exactement comme en Rom 1,4, le Christ est déclaré «constitué fils de Dieu» par la résurrection. Non certes fils de Dieu en lui-même, puisqu'il l'était depuis toujours, comme le suggère la première mention qu'en fait l'Apôtre au v. 3, mais fils de Dieu pour nous, c'est-à-dire capable de nous communiquer une participation à sa filiation, comme l'ont compris les Pères: «Fils, dit saint Cyrille d'Alexandrie, par le moyen duquel nous sommes faits fils nous aussi et, dotés du même Esprit, nous pouvons dire: Abba, Père» [39]. De même la liturgie romaine de la fête de la Transfiguration, anticipation de la glorification du Christ, discerne dans la proclamation du Père: *Hic est filius meus dilectus, ipsum audite*, l'annonce de notre filiation adoptive: «Adoptionem filiorum perfectam, voce delapsa in nube lucida, mirabiliter praesignasti» [40].

Inutile de montrer combien parfaitement s'adapte à de telles affirmations une synthèse de la rédemption qui rattache la résurrection à la ré-

---

[37] Voir J. Huby, *Épître aux Romains*, nouvelle édition, 1957, p. 564-565.

[38] L'interprétation ici proposée, qui est celle de la Vulgate «resuscitans» et de la plupart des exégètes modernes, me paraît s'imposer en raison soit du contexte immédiat (cf. v. 34), soit de l'emploi du verbe ἀνίστημι au sens transitif dans les Actes pour désigner la résurrection du Christ (2,24.32; 3,26; 13,32.34; 17,31) et en dehors des Actes (Mc 14.58; Jean 6,39.40.44.54), parallèlement à ἐγείρω (Act 3,7.15; 4,10; 5,30; 10,40; 13,30.37; 26.8). D'ailleurs dans tout le N. T. le verbe n'a pas d'autre emploi, au sens transitif, sauf dans deux citations de l'A. T.: Deut 25,5 cité en Mt 22,24, et Deut 18,15 cité en Act 3,22 et 7,37. Bien plus en Act 3,26 où le mot du Deut. est repris pour être appliqué au Christ, il s'agit visiblement de la résurrection.

[39] Migne P. G., 74,773; éd. Pusey, III, p. 175.

[40] Collecte de la Fête. Voir d'ailleurs les remarques de saint Thomas inspirées des Pères, sur la signification du baptême du Christ (III, q. 39, a. 8) et de sa transfiguration (III, q. 45, a. 4).

demption objective, comme la synthèse que nous avons vue proposée par S. Thomas, fondée sur la doctrine de l'humanité du Christ devenue instrument de la divinité à la fois par la mort et la glorification.

Si nous voulions pourtant chercher comment saint Paul lui-même, qui n'a certainement pas songé au concept de cause instrumentale, s'est représenté l'œuvre rédemptrice du Christ, il me semble qu'on pourrait sans danger d'erreur lui attribuer la représentation suivante, entièrement basée sur des notions tirées de l'Écriture et qui lui étaient familières.

Saint Paul nous paraît se représenter l'œuvre rédemptrice du Christ essentiellement comme le retour de l'humanité à Dieu, dont le péché l'avait irrémédiablement séparée, retour opéré d'abord dans le Christ mort et ressuscité comme prémices de cette humanité selon 1 Cor 15,20 (= rédemption objective), puis en chaque chrétien qui meurt et ressuscite à son tour avec le Christ dans le baptême selon Rom 6,3-4 (= rédemption subjective).

De fait, par son péché en Adam, l'humanité s'était pour toujours séparée de Dieu son Père. Car, une fois séparé de Dieu, l'homme ne peut que s'en éloigner toujours davantage; il devient l'objet de la «colère de Dieu», métaphore biblique qui exprime à travers l'effet produit dans le pécheur l'absolue incompatibilité entre Dieu et le péché: aussi cette colère se révèle-t-elle soit au jugement final, quand l'homme se fixe définitivement dans sa rébellion, soit au cours de l'histoire, quand par la multiplication même des péchés, il ne cesse d'élargir l'abîme qui le sépare de Dieu (Rom 1,18 ss.).

En un mouvement d'amour suprême pour sa créature, Dieu décide de sauver cette humanité, autrement dit de la ramener à Lui; entre tous les moyens il choisit celui qui témoigne du plus grand amour et respect pour l'homme; il veut que, en un certain sens, celui-ci se sauve lui-même, c'est-à-dire retourne lui-même vers son Père. Il envoie donc son propre fils se faire en toute vérité l'un d'entre nous: sans prendre notre péché, il prend notre condition de pécheurs, la condition même de l'enfant prodigue ou de la brebis égarée, et accomplit le premier ce retour à son Père; il passe de la condition de pécheur à une condition divine; ou, comme dira saint Jean en évoquant la signification du terme de «Pâques», «il passe de ce monde à son Père» (Jean 13,1). Ce retour de l'humanité à Dieu ne s'opère donc pas par une sorte de fiction juridique, ni même par une réparation d'ordre simplement morale — bien qu'une telle réparation ne soit pas exclue, évidemment (cf. Rom 5,18) —, mais essentiellement en ce que le Christ assume une chair infirme et passible comme une chair de péché sans devenir pour autant pécheur lui-même — «in similitudine carnis peccati» (Rom 8,3) —, et meurt à ce corps charnel pour ressusciter avec un corps glorieux, devenu «esprit vivifiant» (1 Cor 15,45): de la sphère du péché à qui il appartenait s'étant rendu solidaire de l'humanité pécheresse, il est passé à la sphère divine à qui depuis sa résurrection il appartient désormais pour toujours (Rom 6,9). En ce sens sa mort fut une mort au péché, une fois pour toutes, et sa vie est une vie à Dieu (Rom 6,10).

Or, non seulement le Christ retourne le premier à son Père, mais, d'une certaine façon, nous y retournons tous avec lui: la participation à la mort et à la résurrection du Christ dans le baptême de chaque chrétien selon Rom 6,3 paraît en effet supposer, comme la chose sera plus tard affirmée explicitement par les Pères, que, en un certain sens, le Christ portait en lui tous les hommes appelés à participer un jour personnellement à ce mystère. Nombreux sont les textes pauliniens qui suggèrent ou supposent une telle inclusion de l'humanité dans le Christ, sans qu'il soit nécessaire pour autant d'attribuer à saint Paul une philosophie platonicienne que certainement il ne professait pas [41]; les catégories judaïques lui permettaient parfaitement de concevoir une telle inclusion, notamment la notion de «prémices» qu'il évoque précisément à propos de la résurrection du Christ (1 Cor 15,20): en effet, dans les prémices est contenue toute la moisson si bien que l'offrande des prémices est identiquement l'offrande de la moisson entière. Affirmer que le Christ est ressuscité comme prémices, ἀπαρχή, c'est affirmer que tous les hommes sont ressuscités avec lui et partant morts avec lui, car il n'y a pas de résurrection sans mort préalable. D'ailleurs saint Paul ne pouvait ignorer la doctrine communément admise autour de lui selon laquelle l'univers constitue un unique être animé, ἓν ζῷον, dont tous les hommes sont dits les membres [42]. Aussi pour exprimer l'unité absolument *sui generis* existant entre le Christ et les chrétiens a-t-il pu déclarer en étant compris de ses lecteurs ou auditeurs: «Comme le corps est un et a plusieurs membres, ainsi le Christ» (1 Cor 12,12); «vous êtes un corps qui est le Christ» (v. 27) [43].

Retourné à Dieu dans le Christ, chaque chrétien étant un être libre doit participer à ce retour par un acte personnel de sa liberté, et donc, à son tour, mourir et ressusciter: retour personnel à Dieu qui s'accomplit par la foi et par le baptême, sacrement de la foi. Ainsi chacun de nous

---

[41] Voir les justes remarques du P. D. MOLLAT, *Théologie paulinienne*, dans *Rech. Sc. Rel.* 45 (1957), p. 240 et suiv.

[42] Ainsi, entre beaucoup d'autres, MARC AURÈLE 4, 40: Ὡς ἓν ζῷον τὸν κόσμον μίαν οὐσίαν καὶ ψυχὴν ἐπέχον συνεχῶς ἐπινοεῖν. — CHRYSIPPE, cité par PLUTARQUE, *De Stoic. rep.*, 44, 6: τέλειον μὲν ὁ κόσμος σῶμα ἐστιν. — SÉNÈQUE, *Lettres à Lucilius* 92, 30: «Totum hoc quo continemur, et unum est et deus; et socii sumus eius et membra»; 95, 52: «Omne hoc quod vides, quo divina atque humana conclusa sunt, unum est; membra sumus corporis magni».

[43] Sur la traduction de 1 Cor 12,12 ici adoptée, voir *Biblica* 32 (1951), p. 284 s. Au v. 27 nous comprenons Χριστοῦ comme un génitif de définition; ce n'est que dans les épîtres aux Colossiens et aux Éphésiens que saint Paul emploiera la formule définitive avec l'article τὸ σῶμα τοῦ Χριστοῦ, «le corps du Christ».

passe à son tour de l'état charnel à l'état spirituel, de la cité du mal, qu'a édifiée l'amour de soi, à la cité céleste qu'édifie l'amour de Dieu.

On le voit, une telle représentation permet de distinguer aussi clairement que toute autre, les aspects objectif et subjectif de la rédemption.

IV.

Toutefois une objection se présente qui va nous permettre de préciser en quel sens l'Écriture et saint Paul en particulier attribuent à la résurrection du Christ une valeur salvifique.

En effet, une attention trop exclusive accordée à la résurrection pourrait suggérer que ce retour de l'humanité à Dieu dans le Christ s'est opérée un peu à la façon d'un processus d'ordre biologique. Or il est évident que c'est par un acte de liberté que l'Homme-Dieu accomplit un tel retour. La comparaison utilisée par le Christ en saint Jean, du grain qui doit pourrir en terre pour pouvoir porter du fruit, ne saurait induire en erreur. Il s'agit d'une simple image. Pour saint Jean comme pour saint Paul, c'est par un acte d'obéissance et d'amour que le Christ a «passé» lui-même et nous a fait «passer» avec lui au Père [44]. Bien plus, si la mort du Christ a une valeur rédemptrice, ce n'est point en tant qu'elle constitue un processus d'ordre biologique, mais en tant qu'elle est l'expression suprême de l'amour et de l'obéissance [45]. Saint Thomas, entre autres, ne cesse de le répéter; par exemple en commentant Rom 5,10, il tient à noter: «Mors Christi ex communi mortis ratione non fuit sic Deo accepta, ut per ipsam reconcilietur, quia Deus non laetatur in perditione vivorum, ut dicitur Sap 1,13»; si elle a pu être cause méritoire de notre salut, «meritoria et satisfactoria pro peccatis nostris», c'est en tant qu'elle procéda «ex voluntate Christi patientis, quae quidem voluntas informata fuit ad mortem sustinendam cum ex obedientia ad Patrem (cf. Phil 2,8), tum etiam ex caritate ad homines (cf. Eph 5,2)» [46]; autrement dit, c'est en tant qu'elle fut la «médiation» du

---

[44] Saint Jean: 10,11; 13,1; 14,31; 15,13; 17,23; 1 Jean 3,16. Saint Paul: Gal 2,20; Rom 5,8.18 s.; Phil 2,5,8; Eph 5,2.25. Au reste, fort justement, saint Thomas ramène l'obéissance du Christ à l'amour pour son Père et pour les hommes, et, par exemple, à propos de Rom 5,19 il rappelle Phil 2,8 et ajoute: «Hoc ipsum quod obedivit processit ex dilectione quam habuit ad Patrem et ad nos» (In epist. ad Rom., Cap. 5, lect. 5 sub finem).

[45] N'est-ce pas précisément ce que veut souligner la synthèse de la rédemption fondée sur la causalité méritoire? En tout cas, c'est là ce qui différencie radicalement la conception chrétienne du salut par la mort et la résurrection du Christ, de la conception païenne sous-jacente aux mythes d'Attis ou de Dionysos, où mort et résurrection sont considérées essentiellement comme des processus biologiques évoquant précisément la succession des saisons, la nature semblant mourir avec l'hiver et renaître avec le printemps. Voir la conférence du P. Prümm, Gregor. 39 (1952), p. 411 ss.

[46] In epist. ad Rom. Cap. 5, lect. 2 sub finem.

plus grand acte d'amour qu'un homme puisse éliciter, car «il n'est pas de plus grand amour que de donner sa vie pour ceux que l'on aime» (Jean 15,13).

Or, à cet égard, mort et résurrection, loin de s'opposer, se trouvent indissociablement unies: la mort implique déjà la résurrection. En effet, étant par définition vie divine, un tel acte d'amour ne peut qu'être souverainement efficace, essentiellement vivifiant, communiquant la vie tout d'abord à la nature humaine concrète du Christ, âme et corps [47], puis en elle à toute la nature humaine qu'il assume [48]. Sans doute, sur le plan de la réalité sensible, vu les conditions de notre humanité, un certain intervalle temporel devait séparer la mort du Christ de sa résurrection corporelle, sans quoi la mort n'eût point apparu à nos regards humains comme une mort véritable, encore moins comme une mort vérifiable; toutefois une telle mort est nécessairement liée à la résurrection, si bien que l'on doit dire que l'acte d'amour dont elle est l'expression se trouve en fait «médiatisé» à la fois par la mort et par la résurrection [49]. En réalité, il s'agit de deux aspects d'un seul et unique mystère, un peu comme la rémission des péchés et l'infusion de la vie divine, ainsi que saint Paul le suggère précisément en Rom 4,25 [50]. On sait avec quelle force le Nouveau Testament inculque cette indissoluble unité. Saint Luc, par exemple, place tout le long récit de la montée de Jésus vers sa passion et sa mort sous le signe de l'Ascension (Lc 9,51) [51] et en revanche quand il décrit la vie glo-

---

[47] Le Christ par sa mort «mérite» sa résurrection.

[48] C'est à cet acte suprême d'obéissance et d'amour que le chrétien participe dans le baptême (Rom 6,3).

[49] Aussi les prodiges, qui marquent l'efficacité de la mort du Christ et sa victoire sous l'échec apparent, n'attendent pas la résurrection pour se produire: c'est dès l'instant de la mort du Christ que, d'après les trois synoptiques, le voile du Temple se déchire du haut en bas, et que, d'après saint Matthieu, la terre tremble et les tombeaux s'ouvrent. Dans la pensée de saint Jean le prodige de l'eau et du sang qui s'épanchent du côté de Jésus ouvert par la lance offre sans doute la même signification fondamentale (en relation avec la prophétie de Zach 13,1).

[50] En fait, la dissociation qu'on établit entre mort et résurrection est corrélative d'une égale dissociation entre rémission des péchés et infusion de la grâce (condamnée au concile de Trente), qui suppose d'ailleurs une notion du péché aussi peu biblique que thomiste (cf. ci-dessus, n. 27). A cet égard le texte suivant du P. de Condren est significatif: «Tant s'en faut que J. C. ait consommé la justification des hommes par son immolation sur la Croix, qu'*il ne l'a même pas commencée*, mais a simplement par sa mort et immolation *levé l'empêchement de nos péchés*, qui nous rendaient indignes de la justification; ensuite de quoi, étant ressuscité..., il nous a sanctifiés par la communion et la participation de la vie nouvelle» (*L'idée du sacerdoce et sacrifice de J. C.*, p. 122; cité par F. X. Durrwell, *La résurrection du Christ*, 1ère éd., p. 39).

[51] Le terme employé par saint Luc ἀνάλημψις semble une allusion très claire à l'Ascension: dans le N. T. le verbe ἀναλαμβάνεσθαι n'est dit de Jésus que dans ce sens (Mc 16,19; Act 1,2.11.22; 1 Tim 3,16); si dans son évangile (24,51) Lc emploie ἀναφέρεσθαι, c'est manifestement pour décrire la montée du Christ au ciel (noter l'imparfait ἀνεφέρετο après l'aoriste διέστη). Au reste, «dans l'A. T. ἀναλαμβάνεσθαι a toute l'apparence d'un

rieuse du Christ il ne cesse d'évoquer la passion et la mort (Lc 24,7.26.39.46, et déjà 9,31). Pareillement saint Paul, alors même qu'il ne semble songer qu'à la mort, pense toujours aussi à la résurrection, comme le prouvent les allusions constantes à la «vie», qu'il ne conçoit pourtant jamais sinon comme une participation à la vie du Christ ressuscité (par exemple Gal 2,20; 6,15; Rom 6,4.11; 8,2.5; etc.). Quant à saint Jean, il va jusqu'à employer, évidemment à dessein, un terme unique pour désigner à la fois la passion et la glorification du Christ, celui-là même que la caté-chèse primitive avait emprunté au dernier chant du Serviteur de Yahvé pour désigner l'exaltation et la glorification de Jésus: δοξάζειν, ὑψοῦν. De son côté le P. Hermann Schmidt nous a montré que tel était aussi l'en-seignement de la liturgie pascale: dans la passion et la mort resplendit la victoire de la résurrection et dans le Christ ressuscité demeurent les vesti-ges de la passion et de la mort[52].

Comme la tradition a tenu à le souligner, c'est bien par sa mort que le Christ nous réunit à Dieu, mais en tant que cette mort est le suprême acte d'amour et donc essentiellement une victoire sur la mort: *regnavit a ligno Deus*. Or, si l'on fait abstraction de la résurrection, la mort du Christ risque de ne point apparaître comme une victoire, mais tout au plus comme l'acquittement d'une dette. C'est pourquoi l'Écriture et les Pères, y compris saint Thomas, ont évité de construire leur synthèse de la rédemption exclusivement sur la considération de la causalité méritoire: saint Thomas a tout ordonné autour de la causalité efficiente instrumen-tale de l'humanité du Christ; l'Écriture présente le schème plus imaginatif du retour à Dieu: dans les deux cas mort et glorification du Christ restent étroitement associées. Et l'on comprend sans peine que saint Paul puisse déclarer que le Christ «a été livré pour nos péchés et qu'il est ressuscité pour notre justification» (Rom 4,25).

---

terme technique de la littérature biblique pour désigner un enlèvement définitif au ciel: 4 Reg 2,9-11; Eccli 48,9; 49,14; 1 Macc 2,58» (P. Benoit, *Rev. Bib.* 1949, p. 190, n. 1). A la rigueur, on peut parler d'expression «relevée et théologique pour désigner le trépas de Jé-sus» (ibid. p. 186, n. 1), car «théologiquement» le «trépas» de Jésus est précisément un «passage au Père», donc évoque le fait de «l'Ascension» (cf. Jean 20,17). L'affirmation de G. Delling dans le *Theol. Wört.* IV, p. 9, selon laquelle l'ἀνάλημψις de Lc 9,51 se rappor-terait d'abord («zunächst») à la mort de Jésus ne tient pas suffisamment compte de ces données bibliques; de même, le P. Joüon, *L'Évangile de notre Seigneur Jésus Christ*, p. 358, oppose à tort «enlèvement de Jésus, aux siens» par sa mort (Act 1,22) et son «enlèvement au ciel» (Act 1,2.11): il s'agit dans les deux cas de l'Ascension, comme le supposent le vo-cabulaire et le contexte.

[52] H. SCHMIDT, *Paschalibus initiati mysteriis*, Gregor. 39 (1952) p. 463 ss.

3.

Rom 1,9 et la terminologie cultuelle du N. T.*

« Dieu à qui je rends un culte spirituel »

1. Les mots λατρεύω, λατρεία désignent en général dans le *grec profane* un service rendu contre un salaire (λάτρον = μισθός, salaire, récompense; λατρίς = mercenaire), et rarement le culte rendu aux dieux par des sacrifices et des prières (le mot ordinaire est alors θεραπεύειν). Mais dans la *Septante* ces mots ont pris un sens technique: le verbe se rencontre 90 fois, le nom 9 fois, toujours en un sens religieux, plus précisément rituel, même dans Deut. 28,48, où Israël doit «servir» ses ennemis parce qu'il n'a pas voulu «servir» Dieu [1].

Il ne s'agit pas cependant de la pure exécution des rites, mais d'un service rendu «avec tout son cœur» (Deut 10,12 s.; Jos 24,19). Bien plus, le verbe est employé une fois en un sens métaphorique, ou plutôt spirituel: à propos du service de la Sagesse, par la vie morale: «Ceux qui la servent (οἱ λατρεύοντες αὐτῇ, à savoir la Sagesse) rendront un culte au Saint, λειτουργήσουσιν Ἁγίῳ» (Sir 4,14[15]). Ainsi la voie était ouverte, qui aboutirait à la signification de ces mots dans le N. T. D'ailleurs, sur la spiritualisation du culte en général dès l'Ancien Testament, voir avant tout Sir 35 (LXX 33), 1-3.

2. Dans le *Nouveau Testament*, en effet, le sens religieux est le seul qui se rencontre, comme dans la Septante; et de plus, quand il s'agit des chrétiens, les mots λατρεύω et λατρεία désignent uniquement un culte spirituel (non pas rituel).

---

* Paru en latin dans *Verbum Domini* (1963) p. 52-59. Cf. *TWNT*, s. v. λατρεύω, λειτουργῶ, θυσία, ἱερουργῶ. – A. M. Denis, «La fonction apostolique et la liturgie nouvelle en esprit. Étude thématique des métaphores pauliniennes dans le culte nouveau», *RSPT*, 42 [1958], p. 401-436 et 617-656. — Cf. H. Wenschkewitz, «Die Spiritualisierung der Kultusbegriffe Tempel, Priester und Opfer in N. T.» *Angelos*, 4 [1932], p. 71-230). — M. Fraeyman, «La spiritualisation de l'idée de Temple dans les épîtres pauliniennes» *ETL*, 23 [1947], p. 378-412. — Ph. Seidensticker, *Lebendiges Opfer*, Münster 1954. — K. H. Schelkle, *Jüngerschaft und Apostelamt*, Freiburg 1957. — J. Colson, *Ministre de Jésus-Christ ou le sacerdoce de l'Évangile*, Paris 1966, notamment p. 40-54 et 137-176.
[1] «Servir Yahvé et lui seul» (Deut 6,13; 10,12 cité en Mt 4,10, qui ajoute «lui seul» d'après le grec), c'est pratiquement refuser d'offrir des sacrifices à d'autres dieux (Deut 6,14), c'est «pratiquer le culte devant Yahvé», comme traduit le Targum en Deut 10,12, et ne point succomber à la grande tentation d'Israël qui fut toujours de joindre au culte de Yahvé celui des Baals.

a) Ces mots s'appliquent bien au culte rituel des *faux dieux*: ainsi Rom 1,25; Act 7,42 (au sujet des Israélites que Dieu livra au culte des idoles, selon Amos 5,25 ss.). Peut-être faut-il rattacher à cela Jn 16,2: «L'heure vient où qui vous tuera estimera rendre un culte à Dieu».

b) Ils s'appliquent aussi au *culte israélite*: ainsi Mt 4,10 et Lc 4,8 (= Deut 6,13: «Tu serviras le Seigneur seul»); Lc 2,37 (sur Anne la prophétesse qui «ne s'éloignait pas du Temple, servant (λατρεύουσα) nuit et jour dans le jeûne et la prière»); Act 7,7 (= Gen 15,14; «ils me serviront en ce lieu»); Rom 9,4 (sur les privilèges d'Israël); Heb 9,1 et 6.

Il faut rapporter à cela, certainement, des passages tels que Apoc 7,15, sur les élus «qui servent Dieu nuit et jour dans son temple» et Apoc 22,3, sur les saints dans la Jérusalem céleste où «sera le trône de Dieu et de l'Agneau et où ses serviteurs (δοῦλοι) lui rendront un culte (λατρεύσουσιν)». De même, probablement, Act 26,7, sur les 12 tribus d'Israël qui attendent l'accomplissement des promesses, «servant nuit et jour avec un soin constant». Peut-être encore Lc 1,75, dans le Benedictus: «pour que nous le servions dans la sainteté et la justice», à moins qu'il ne s'agisse, comme dans Sir 4,14(15), d'un sens déjà spirituel, c'est-à-dire de l'unique sens dans lequel sont employés ces mots quand il s'agit des chrétiens.

c) Quand il s'agit des *chrétiens*, que ce soit Paul (ces mots se rencontrent toujours sur les lèvres de Paul) ou que ce soient les fidèles, ces termes désignent soit le *ministère apostolique* soit la vie chrétienne, en particulier la *vie de charité*.

Ainsi Rom 1,9 (à propos du ministère apostolique de Paul), de qui il faut rapprocher des passages tels que Act 24,14 (à Félix: «Je sers le Dieu de mes pères, croyant à tout ce qui a été écrit..., ayant en Dieu l'espérance... qu'il y aura une résurrection des morts»); et Act 27,23 («...le Dieu auquel j'appartiens et que je sers»). De même 1 Tim 1,3: «Je rends grâces à Dieu, que je sers, comme mes ancêtres, avec une conscience pure». Un tel culte, selon Paul, continue le culte authentique de l'A. T., compris de façon spirituelle (comme déjà Sir 4,14). Dans ces passages, Paul parle de lui-même.

Ailleurs, il s'agit toujours des chrétiens; et le culte «nouveau» s'oppose toujours à l'ancien culte d'Israël. Ainsi Rom 12,1 où ce culte est dit explicitement «spirituel» (λογικὴ λατρεία); Phil 3,3: «C'est nous qui sommes les circoncis, qui servons l'Esprit de Dieu (πνεύματι Θεοῦ λατρεύοντες)» ou «servons Dieu en esprit». De même Heb 12,28: «Recevant la possession d'un royaume inébranlable (la Jérusalem céleste), retenons fermement la grâce par laquelle nous pouvons servir de la façon qui plaît à Dieu», c'est-à-dire plus que par les sacrifices de l'A. T.

3. Que les termes λατρεύω, λατρεία ne soient pas employés par hasard pour le culte spirituel seul, dans le N.T., cela est confirmé par l'emploi des termes analogues:

a) les mots λειτουργῶ, λειτουργία avaient dans le grec classique une signification le plus souvent profane, celle d'un service public, rendu au peuple; mais ils avaient pris aussi un sens religieux (inscriptions, Denys d'Halicarnasse, Plutarque, papyrus). Chez les *Septante*, ils ont une valeur exclusivement religieuse (100 fois le verbe, 40 le nom); plus précisément, ils désignent la fonction des prêtres et des lévites, non un acte des simples fidèles. Une seule exception: 2 Sam 19,19, où le substantif désigne le service du roi.

Dans le N.T. ces mots s'appliquent:

aux *Israélites*: ils désignent le culte israélite, comme dans Lc 1,23 (le service liturgique du prêtre Zacharie) ou Heb 9,21 (les objets du culte, aspergés de sang); et encore 10,11.

au Christ lui-même: ils désignent la mort et la glorification du Christ assimilées au ministère du grand prêtre dans Heb 8,6.

aux *chrétiens*: sauf une seule exception, Act 13,2, où il s'agit des prophètes et des docteurs de l'Église d'Antioche qui «servaient le Seigneur (λειτουργούντων) et jeûnaient», il s'agit toujours d'un culte purement spirituel: de la vie chrétienne (Phil 2,17; la foi des Philippiens est appelée un sacrifice et une liturgie, θυσία καὶ λειτουργία); surtout, des secours de la charité, soit ceux des fidèles pour aider Paul (Phil 2,30), soit ceux de l'Église de la gentilité en faveur de l'Église-mère de Jérusalem, c'est-à-dire la collecte faite pour elle (Rom 15,27; 2 Cor 9,12 (cf. *Didachè* 15,1, et Cornely sur 1 Cor 12,28, p. 386, n. 1).

b) Le mot θυσία, qui chez les Grecs comme dans la Septante a un sens exclusivement cultuel (la spiritualisation apparaît déjà dans le Ps 51(50),19, «le sacrifice, pour Dieu, c'est un esprit brisé»!), présente évidemment le même sens dans le N.T. quand il s'agit des Israélites. C'est la signification exclusive dans les Évangiles et les Actes: Mt 9,13 = 12,17 = Os 6,6: «Je veux la miséricorde, et non le sacrifice»; Mc 9,49; 12,33; Lc 2,24; 13,1; Act 7,41 (à propos du veau d'or); 7,42 (= Amos 5,25). De même, Heb 5,1; 7,27; 8,3; 9,9; 10,1.5.8.11; 11,4 (sacrifice d'Abel). Mais dans d'autres passages, il s'agit soit du sacrifice du Christ (Eph 5,2: «Il s'est livré lui-même pour vous en oblation et en sacrifice à Dieu»; Heb 9,23.26; 10,12.26), soit de la vie morale des chrétiens.

Ainsi chez Paul: Rom 12,1 («Je vous exhorte... à offrir vos corps [vos personnes] en hostie vivante, sainte», par opposition aux sacrifices de l'A.T.); Phil 2,17 («le sacrifice de votre foi»); 4,18 (au sujet des aumônes des Philippiens, que Paul a reçues d'Épaphrodite, «parfum de bonne odeur, sacrifice agréé de Dieu»);

chez Pierre: 1 P 2,5, qui appelle les chrétiens «un sacerdoce saint» pour «offrir des sacrifices spirituels agréables à Dieu»;

dans Heb 13,16, ce mot désigne la bienveillance et la «communion» (κοινωνία, avec le même sens que dans Act 2,42, à savoir la mise en commun de tous les biens): «Quant à la bienveillance et à la *koinônia*, ne les oubliez pas, car c'est dans de tels sacrifices que Dieu prend plaisir». Notons qu'en Heb 13,15 l'expression de l'A.T. «sacrifice de louange» est employée, semble-t-il, à propos des prières des chrétiens.

c) Il faut en dire autant des autres termes désignant le culte dans l'A.T., tels que «offrande» (προσφορά), «suave parfum» (εὐωδία). Dans le N.T. ils ne se disent jamais du culte rituel chrétien, mais seulement du culte israélite (Act 21,26; probablement 24,17; Heb 10,5.8.10), ou du sacrifice du Christ (Eph 5,2; Heb 10,10.14) ou du culte spirituel des chrétiens (2 Cor 2,15: le ministère apostolique; Phil 4,18: les aumônes des Philippiens; Rom 15,16: le ministère apostolique).

d) Paul emploie enfin deux autres termes du vocabulaire spécifiquement sacré à propos du ministère apostolique: ἱερουργεῖν dans Rom 15,16 et σπένδω dans Phil 2,17; 2 Tim 4,6.

Dans Rom 15,16 Paul assimile tout le ministère apostolique à un sacrifice liturgique: «Afin d'être un officiant (λειτουργός) du Christ Jésus auprès des païens, prêtre de l'évangile de Dieu (ἱερουργοῦντα τὸ Ἐυαγγέλιον), (c'est-à-dire comme il le dit au v. 19 «procurant l'accomplissement de l'Évangile du Christ», en faisant que sa puissance pour le salut produise ses fruits de conversion et de transformation), «afin que l'oblation des païens devienne agréable» (les païens mêmes sont la matière du sacrifice offert à Dieu par le ministère de Paul), «sanctifiée par l'Esprit-Saint», (à savoir comme transformée par le feu de l'Esprit-Saint en une matière impalpable, pour pouvoir monter comme une fumée ou un parfum jusqu'auprès du trône de Dieu; (voir *Verbum Domini* 37 [1959], p. 338, n. 5).

Dans Phil 2,17 Paul lui-même se présente comme une libation (σπένδομαι) répandue sur le sacrifice (θυσία) et l'offrande (λειτουργία) de la foi des Philippiens, selon l'usage de l'A.T. (voir en particulier Lev 23, et Nb chap. 15, 23, 29). Le même mot, avec le même sens, se rencontre dans 2 Tim 4,6: toute la vie apostolique de Paul est comparée à une libation (σπένδομαι).

4. Cet enseignement est nettement confirmé par l'examen du vocabulaire concernant les *ministres du culte*, les prêtres, selon l'appellation usuelle[2].

---

[2] *TWNT*, au mot ἱερεύς; et surtout C. Spicq, *Les épîtres pastorales*, Paris 1947, introduction p. 44 ss., et commentaire p. 175 ss. Sur la notion de «prêtre» et son évolution, telle qu'elle ressort du Rituel de l'ordination, voir J. Bligh, *Ordination of the Priesthood*, New-York 1956. Sur l'usage de l'Église primitive, J.A. Jungmann, *Missarum Sollemnia*, Paris 1951-1953, I, p. 51-53.

Il est connu que le N. T. n'a employé pour désigner les prêtres aucun des mots usuels dans l'A. T. et chez les païens pour désigner les ministres du culte. Le Christ est l'unique «prêtre» (ἱερεύς) qui soit nommé, dans l'Épître aux Hébreux, ainsi que l'ensemble des chrétiens, en tant qu'ils constituent l'«Israël nouveau» (1 P 2, 5-9; Apoc 1,6; 5,10; 20,6).

> *Remarque. – Cela, évidemment, n'est pas nié par Pie XII quand il fait allusion, dans son encyclique Mediator Dei*, à ceux qui «revenant à des erreurs autrefois condamnées (par le Concile de Trente, Denz n. 960) enseignent que dans le N. T. il faut comprendre sous la notion de sacerdoce uniquement ce qui appartient à tous les hommes purifiés par l'eau du saint baptême» (AAS, 1947, p. 553). Pie XII n'a pas en vue le terme précis de ἱερεύς, ἱεράτευμα, qui de fait s'applique à tout le peuple chrétien, mais la notion de sacerdoce, désignable par d'autres mots, en tant que classe d'hommes distincte de celle des simples fidèles et revêtue de *pouvoirs* spéciaux, comme il ressort du contexte. Et il dénonce l'erreur de ceux qui en nient l'existence quand ils enseignent «que le commandement laissé par Jésus-Christ aux Apôtres à la dernière Cène, de faire ce qu'il avait fait, concerne directement toute l'Église de ceux qui croient en lui, et que c'est après coup seulement que le sacerdoce hiérarchique est arrivé».

Le Christ a offert un sacrifice non pas à vrai dire au moyen d'un rite déterminé (à moins qu'on ne veuille avec le P. de La Taille comprendre de cette façon la dernière Cène, ce dont la Lettre aux Hébreux ne souffle mot), mais en tant que par sa mort et sa glorification, en d'autres termes, par son retour au Père, il a ramené à Dieu la famille humaine tout entière, détournée de lui par le péché, et la lui a unie. Ce qui du reste est en parfait accord (rien d'étonnant, elle est tirée de là) avec la définition augustinienne du sacrifice [3]: «Le vrai sacrifice, c'est toute œuvre bonne accomplie pour que nous adhérions à Dieu par une sainte association».

Pour désigner les hommes revêtus de la «dignité sacerdotale», les mots utilisés sont ἀπόστολοι («envoyés», comme le Christ lui-même, envoyé par le Père: Jn 5,36, etc. et surtout 20,21: «Comme mon Père m'a envoyé, moi aussi je vous envoie»), ποιμένες («pasteurs»: Eph 4,11; Act 20,28; cf. Jn 21,16; comme le Christ lui-même: Jn 10,11 ss.; 1 P 2,25; Heb 13,20), ἐπίσκοποι («surveillants» Act 20,28; Phil 1,1; 1 Tim 3,2; Tite 1,7; comme le Christ: 1 P 2,25), ἡγούμενοι («guides»: Heb 13,7.17.24; cf. Act 15,22; comme le Christ, Mt 2,6), enfin πρεσβύτεροι (Act 11,30, etc.; chez Paul, seulement dans les Pastorales: 1 Tim 5,1.17.19; Tite 1,5; Heb 11,2; Jac 5,14; 1 P 5,1.5: seul titre qui ne soit jamais appliqué au Christ).

Il s'agit maintenant de titres qui désignent soit chez les païens, soit chez les Juifs, non pas ceux qui accomplissaient les fonctions sacrées,

---

[3] *Cité de Dieu*, 10,6. Voir F. Bourassa, «Le vrai sacrifice», dans *Sciences ecclésiastiques*, 3 (1950), p. 146 ss.

mais ceux qui avaient *la charge de la communauté*, c'est-à-dire, pour le
N. T., ceux qui travaillaient à ce que la communauté des fidèles revienne
à Dieu et lui soit unie, autrement dit, qui s'acquittaient de la fonction même du Christ; et dès lors cette distinction entre le rôle du prêtre et celui
des fidèles dans la célébration du sacrifice eucharistique, d'après l'encyclique *Mediator Dei*, vient de ce que «le ministre de l'autel représente la personne du Christ en tant qu'il est la Tête, offrant au nom de tous ses membres» (AAS, 1947, p. 556). La distinction» est donc essentiellement de l'ordre hiérarchique, et plus précisément sacramentel (en tant que le prêtre
représente le Christ), et c'est de cette façon, en fait, que le Concile de
Trente, dans le texte cité par l'Encyclique, résout le problème: «Si quelqu'un dit que tous les chrétiens sans distinction sont prêtres du N. T. ... il
ne fait, semble-t-il, que mettre la confusion dans la hiérarchie ecclésiastique, comme si, contrairement à l'enseignement de S. Paul, tous étaient
Apôtres ... tous docteurs» (Denz-B., 950).

   Cela reste confirmé nettement, en tout cas, par l'évolution de la liturgie pour le sacrement de l'ordre. Voir J. Bligh, op. cit., p. 32-35: les prêtres sont ordonnés pour aider les successeurs des Apôtres, «tout comme
Moïse a choisi 70 anciens pour l'aider dans le gouvernement du peuple»
(cela, déjà depuis Hippolyte).

Conclusion

   On ne saurait assurément conclure de tout cela que les chrétiens n'ont
pas de culte liturgique propre, ce qui contredirait de nombreuses assertions
du N. T.: non seulement Act 2,42, etc. (sur la fraction du pain), mais aussi
plus explicitement 1 Cor 10,21; 11,23 s.; 14,16. A quoi s'ajoutent d'assez
nombreuses allusions dans les Épîtres pastorales, par exemple 1 Tim 2,1.

   Il y a plus: une fois au moins le verbe λειτουργεῖν s'applique à ce
culte liturgique (Act 13,2); une fois aussi l'expression «sacrifice de louange» désigne probablement les prières (Heb 13,15).

   Il est cependant permis de conclure, si je ne me trompe, que si le
Nouveau Testament a pu employer le vocabulaire cultuel en premier lieu
pour la vie de charité, c'est que le culte chrétien n'est pas séparé de la vie
morale. Cela apparaît clairement dans le tableau de l'Église primitive fait
par Act 2,42 (et aussi 4,32-35), où l'aspect cultuel est nettement présenté
(la fraction du pain et les prières), mais seulement après «l'enseignement
des apôtres» et la «communion», et en lien étroit avec eux: l'Eucharistie
n'est que l'expression de cette communion, et en même temps sa source [4].

   Rien là d'étonnant, au reste, si l'on remarque que le sacrement de
l'Eucharistie est participation au sacrifice même du Christ, et un acte d'a-

---

[4] Voir: *La Koinônia de l'Église primitive et la sainte Eucharistie*, dans les *Actes du 35ᵉ
Congrès eucharistique international de Barcelone*, 1952, vol. I, p. 511 ss.

mour suprême, et si l'on a sous les yeux les paroles de l'encyclique *Miserentissimus Redemptor* de S.S. Pie XI:

> «C'est pourquoi l'immolation des ministres et des autres fidèles doit s'unir à l'auguste sacrifice eucharistique, afin qu'ils se présentent eux-mêmes comme des hosties vivantes, saintes, agréables à Dieu. Bien plus, S. Cyprien n'hésite pas à affirmer que le sacrifice du Seigneur n'est pas célébré avec la sainteté requise, si notre oblation et notre sacrifice ne sont pas notre réponse à sa passion».

L'Encyclique met en lumière *l'unité du sacerdoce*, celui du Christ, et du «prêtre», et des fidèles:

> «C'est pourquoi l'Apôtre nous exhorte à ce que portant les signes de la mort de Jésus dans notre corps..., devenus participants de son sacerdoce éternel, nous offrions des dons et des sacrifices pour les péchés (Heb 5,1). A ce sacerdoce mystérieux, en effet, et à la grâce de pouvoir satisfaire et sacrifier, ceux-là seuls ont part avec fruit, dont notre grand prêtre le Christ Jésus se sert comme de ministres pour offrir l'oblation...; mais aussi le peuple chrétien tout entier, appelé à juste titre sacerdoce royal par le Prince des Apôtres, doit pour lui-même et pour tout le genre humain faire l'offrande pour les péchés, de la même façon à peu près qu'un prêtre et un pontife pris parmi les hommes est établi en faveur des hommes dans leur relation avec Dieu (Heb 5,1)».

Cela est mis dans une magnifique lumière par l'enseignement de S. Thomas, selon lequel le sacrement de l'Eucharistie doit être appelé le «sacrement de la charité, de même que le baptême est le «sacrement de la foi».

> «Le baptême est le sacrement de la mort et de la passion du Christ, en tant que l'homme est régénéré dans le Christ en vertu de sa passion. Mais l'Eucharistie est le sacrement de la passion du Christ, en tant que l'homme reçoit sa perfection dans l'union au Christ qui a souffert. C'est pourquoi, de même que le baptême est dit "sacrement de la foi", laquelle est le fondement de la vie spirituelle, de même l'Eucharistie est dite "sacrement de la charité", qui est le lien de la perfection, comme il est écrit dans Col 3,14» (III, q. 73, a. 3, ad 3).

Le corps de l'article contient la réflexion suivante:

> «La réalité signifiée par ce sacrement est la charité, non seulement quant à l'habitus, mais aussi quant à l'acte». De même q. 73 a. 2, *sed contra*: l'Eucharistie est le sacrement de l'unité de l'Église.

On peut donc le dire avec raison: si la doctrine de la justification par la foi n'exclut pas l'existence d'un rite sacramentel, le baptême, qui n'est rien d'autre que le «sacrement de la foi», la façon dont est employé dans le N.T. le vocabulaire cultuel n'exclut pas l'existence d'un culte liturgique et plus précisément sacramentel, car seul le culte chrétien, c'est-à-dire le culte eucharistique, n'est rien d'autre que le «sacrement de la charité».

4.
La connaissance naturelle de Dieu

Rom 1,18-23 *

§ 1. **Préliminaires**

Le passage est fameux par le rôle qu'il a joué au Concile Vatican I, lequel cite explicitement le v. 20 (Dz. 1785). Mais on ne saurait comprendre ce verset avec exactitude sans expliquer tout le contexte où il s'insère (v. 18-23). Alors apparaît en vive lumière un autre problème non moins important: de quelle nature est *le péché des hommes qui ont rejeté cette connaissance de Dieu*, péché qui, selon l'Apôtre, est à l'origine de tous leurs autres péchés (v. 24 s.)?

I. *Contexte*

Aux v. 16 et suiv. l'Apôtre a indiqué le sujet qu'il doit traiter dans toute son épître: l'Évangile n'est pas un simple système philosophique, une belle explication de l'Univers, à la façon des systèmes qui charmaient l'âme grecque. Il n'est pas non plus une «sagesse de ce monde», comme Paul l'avait déclaré déjà aux Corinthiens (1 Cor 1,17 ss.). Il est une sorte

---

* Paru en latin dans *Quaestiones in Epistulam ad Romanos*, I, pp. 57-88. — Outre les commentaires, avant tout J. HUBY, on peut consulter: Max LACKMANN, *Vom Geheimnis der Schöpfung*, Stuttgart 1952, p. 34-95 et 176-212 (histoire de l'exégèse). — J. DUPONT, *Gnosis*, Bruges-Paris 1949, chap. I, surtout p. 1-30. — F. CEUPPENS, *Quaestiones selectae ex epistolis S. Pauli*, Turin, 1951, p. 20-27; *Theologia biblica*, Rome 1938-1939, I, p. 11-18. — A. FEUILLET, «La connaissance naturelle de Dieu par les hommes d'après Romains», 1,18-23, dans *Lumière et Vie* n. 14 (mars 1954), p. 63-80 (et dans le même fasc. CH. LARCHER, «La connaissance naturelle de Dieu d'après le livre de la Sagesse», p. 53-62; R. AUBERT, «Le concile du Vatican et la connaissance naturelle de Dieu», p. 21-52). H. SCHLIER, *Die Zeit der Kirche*, Freiburg 1956, p. 29-37, et trad. française, Tournai, 1961. — H. DE LUBAC, *Sur les chemins de Dieu*, Paris 1956, surtout p. 260 ss.

En outre: Joseph QUIRMBACH, *Die Lehre des hl. Paulus von der natürlichen Gotteserkenntnis und dem natürlichen Sittengesetz*, Freib-i-Br. 1906. — G. BORNKAMM, «Die Offenbarung des Zorns Gottes», dans *ZNW* 34 (1935), p. 239-262; l'article a paru de nouveau avec de notables additions dans son ouvrage: *Das Ende des Gesetzes*, Paulusstudien, Munich 1952 (= Beiträge zur evangelischen Theologie, 16), p. 9-33. — G. KUHLMANN, *Theologia naturalis bei Philo und bei Paulus*, Gütersloh, 1930 (= Ntl. Forsch. 1-7). — E. NORDEN, *Agnostos Theos*, Darmstadt 1971, p. 128 ss. Sur la relation avec l'«apologétique» telle qu'on la trouve dans Act 17, voir B. GÄRTNER, *The Areopagus Speech and Natural Revelation* (Acta Sem. neotest., Uppsala, 21), Lund 1955.

d'«économie», où Dieu lui-même est à l'œuvre, une *puissance de Dieu*, c'est-à-dire une activité de Dieu opérant le *salut* des hommes, et cela non seulement pour le peuple d'Israël, mais pour tous les hommes sans distinction de race, à condition qu'ils répondent à cet appel divin par un acte personnel, l'*acte de foi*, puisque le salut est offert «à tout homme qui croit».

Cette assertion est prouvée en deux étapes dans le corps de l'épître:

a) Dans l'Évangile est révélée la justice salvifique de Dieu, c'est-à-dire l'activité de Dieu ordonnée au salut du peuple élu, celle par laquelle Dieu avait promis aux Pères de justifier son peuple au temps messianique; et comme la seule condition requise est la foi, toute limitation à un peuple choisi particulier cesse «ipso facto». Ainsi aux chap. 1-4.

b) Cette justification une fois possédée (5,1) est le fondement de l'espérance du salut (eschatologique, qui ne sera accompli qu'à la résurrection générale), en tant qu'il atteste l'amour de Dieu pour nous. Ainsi aux chap. 5-11.

Le v. 16 énonce donc le sujet de toute la partie dogmatique de l'épître. Le v. 17 annonce directement la première section seule (Chap. 1-4)[1].

II. *Lien entre les vv. 17 et 18, c'est-à-dire entre la révélation de la justice de Dieu et celle de la colère de Dieu.*

Cette première section se développe d'une façon assez étonnante pour nous. Car l'exposé du sujet semble ne commencer qu'en 3,21: «Mais maintenant (au temps messianique) la justice de Dieu a été manifestée...». En 1,18 – 3,20 le sujet traité semble tout différent, ou plutôt opposé, puisqu'il s'agit non pas de justification, mais de privation de justice.

Tel n'est pas cependant l'avis de Paul, qui a joint le v. 18 au précédent au moyen de la particule γάρ.

Certains traducteurs, il est vrai, ou bien omettent la particule, comme si elle ne signifiait qu'une pure liaison de forme, ou bien la traduisent de façon assez large. Ainsi C. H. Dodd traduit «mais» (*but*); et il explique: «La conjonction adversative *but* en 1,18 montre que la révélation de la colère de Dieu s'oppose à celle de la justice de Dieu et ne s'identifie pas à elle», ce qui est tout à fait vrai. D'autres par contre penchent à cause de cette particule pour l'identification de l'une et l'autre révélation[2], ce qui me paraît contraire à tout le contexte.

---

[1] Un peu autrement A. FEUILLET, *NTS* 6 (1959), surtout p. 52-54; la citation d'Hab 2,4 annonce la double partie de l'épître, «l'homme est justifié par la foi» (I), «un tel homme vivra» (II).

[2] Par exemple K. BARTH, G. STÄHLIN dans *TWNT*, 5, p. 427, 22-30; mais voir p. 432, 21-36 et p. 434, 15.

Pour résoudre la difficulté il faut examiner ce que Paul entend par la *colère de Dieu*[3].

L'expression est empruntée directement à l'A. T., où elle se rencontre très souvent pour désigner le mode d'agir de Dieu contre le péché et les pécheurs. C'est évidemment une métaphore, comme la jalousie, la haine, etc., et elle ne met aucun sentiment changeant en Dieu lui-même, ainsi que S. Thomas le fait souvent remarquer[4], comme si Dieu s'irritait d'abord, puis s'apaisait; le changement, dit S. Thomas, n'est que dans l'effet, c'est-à-dire dans l'homme lui-même: «Ce qui est changement, c'est l'effet que Dieu cause...; on dit par métaphore qu'il s'irrite, en tant qu'il cause en punissant l'effet que produirait un homme irrité» (C. G. 96, fin). «L'amour de Dieu envisagé du côté de l'acte divin, est éternel et immuable; mais envisagé dans l'effet qu'il produit en nous, il s'interrompt parfois, dans la mesure où nous nous soustrayons parfois à lui» (Iª IIᵃᵉ, q. 113, a. 2)[5].

En fait, cette métaphore vise à travers l'effet produit dans le pécheur *l'incompatibilité absolue qui existe entre Dieu et le péché*, et par suite entre Dieu et le pécheur, en tant qu'il est séparé de Dieu par son péché. Rien d'étonnant dès lors que le lieu par excellence de la colère divine soit le jugement eschatologique, quand l'homme s'ancre et se fixe définitivement dans son péché et sa séparation d'avec Dieu. Mais cette colère ne se limite pas au temps eschatologique, même dans le N. T.: elle apparaît aussi *au cours de l'histoire* (non sans relation probable avec le temps eschatologique); seulement, elle se manifeste ou se révèle *dans la multiplication même des péchés*, par laquelle l'homme se détourne de Dieu de jour en jour davantage.

Or dans l'A. T. la manifestation de la colère divine est assez souvent liée à la proclamation du *salut*: la colère divine contre les ennemis d'Israël (et par conséquent contre les pécheurs à l'intérieur même d'Israël) occupe une place capitale dans «le Jour du Seigneur», qui est celui où l'Israël pieux est sauvé.

> Ainsi par ex. Ps 69(68), 25-29 (colère de Dieu), 30-37 (salut d'Israël). De même, Soph 3,1 ss. (colère), 3,9 ss. (salut); le livre entier, d'une façon générale, se divise ainsi: 1,14-18 (jour de colère, ce jour-là); 2,1-3 (l'espoir du salut est entrevu); 2,4-3,8 (destruction des ennemis d'Israël et des impies au sein du peuple élu); 3,8-20 (annonce du salut définitif: «Réjouis-toi, fille de Sion, jubile, Israël, sois heureuse et tressaille d'allégresse, fille de Jérusalem ...»).

---

[3] Voir BJ, *Rom* (fascicule) p. 53 et p. 70 n.a; *TWNT*, au mot ὀργή; Robert-Feuillet, II, p. 846-850.

[4] Par ex. C. G. I, chap. 89 et 91; III, 96, à la fin; Iª IIᵃᵉ q. 113, a. 2; etc.

[5] Voir J. Lecuyer, «Note sur une définition thomiste de la satisfaction», dans *Doctor communis*, VIII 1955, p. 29 ss.

Il y a plus. La révélation de la *colère* de Dieu et celle de sa *justice* sont *liées* parfois de façon telle que la première précède la seconde.

Mich 7,9: «Je porte la colère de Yahvé, puisque j'ai péché contre lui ... Il me fera sortir à la lumière, je verrai sa justice» (au même sens que dans Mich 6,5, où le prophète rappelle la justice de Yahvé, c'est-à-dire «les hauts faits de Yahvé qui tient ses engagements d'allié», selon la note de la Bible de Jérusalem. Même usage du mot, assez souvent, à Qumrân dans le *Manuel de discipline*, I,21; X,23,25; XI,3).

Ps 85(84) tout entier: «Tu reviens de la fureur de ta colère (v. 4) ... Montre-nous, Seigneur, ton amour et donne-nous ton salut (v. 8). Proche est son salut pour ceux qui le craignent, et la gloire habitera notre terre (cf. Jn 1,14). L'amour (de Dieu) et la fidélité (celle du peuple, probablement, d'après le v. 12) se rencontrent, la justice (de Dieu) et la paix s'embrassent (v. 10-11). La fidélité germera de la terre et la justice regardera du haut du ciel (v. 12). La justice marchera devant lui, et le salut sera sur ses pas (v. 14)».

Un rapprochement semblable se rencontre aussi, assez souvent, dans la littérature juive de l'époque, par exemple:

Dans le *Livre des paraboles d'Hénoch* (37-71). Le royaume céleste se révèle à Hénoch dans une double parabole, chap. 38-44 et 45-47: or l'une et l'autre de ces paraboles comporte une double description, celle du sort des impies, puis celle du sort des justes:

Hen 38,1-39,3 (omettre 39,1-2, qui est une glose): le sort des impies; 39,4 et suiv.: le sort des justes, en un lieu où la justice coule comme l'eau en leur présence, et la miséricorde comme la rosée sur la terre; et en ce lieu mes yeux ont vu l'Élu (c'est-à-dire le Messie) de la justice et de la fidélité» (v. 5 et suiv.).

Hen 45,1-2: le sort des impies; 45,3 et suiv.: le sort des justes, «au jour où je ferai habiter mon Élu au milieu d'eux et transformerai les cieux»; à la suite, la vision de l'Ancien des jours et du Fils de l'homme (cf. Dn 7,9 et suiv.) qui «possède la justice, et la justice habite avec lui» (46,3), en un lieu où Hénoch a vu «la source perpétuelle de la justice» (48,1; cf. Is 55,1 ss. et Apoc. 7,16).

De même le *4ᵉ Livre d'Esdras* commence par la vision du chap. 3 (les chap. 1-2 n'appartiennent pas à l'ouvrage juif primitif), vision qui fait connaître comment le péché a envahi jusqu'à présent le monde entier. Voir J. Huby, *Rom.*, p. 548-550.

De la même façon la Secte de Qumrân considère le temps qui a précédé le sien comme le «temps de la colère» (*Doc. Dam.* 1,5).

Il n'est donc pas étonnant qu'avant de décrire la révélation de la justice salvifique de Dieu (Rom 3,21 ss.), Paul fasse connaître une autre révélation, celle de la colère de Dieu.

Il faut ajouter que dans la dialectique de l'Apôtre la révélation de la colère de Dieu joue un rôle essentiel: pour recevoir la justification comme un *don de Dieu purement gratuit*, il faut que l'homme soit tout à fait conscient de son péché (Rom 3,19-20).

Conclusion: il semble donc qu'il faille comprendre de la façon suivante le *lien des deux révélations*:

a) La justice de Dieu est révélée dans l'Évangile seul; *car* ce qui est révélé hors de l'Évangile n'est pas la justice de Dieu mais son contraire, la colère de Dieu.

b) La justice de Dieu est révélée aux temps messianiques, c'est-à-dire maintenant (Rom 3,21), dans l'Évangile: rien d'étonnant, *car* la colère de Dieu est révélée aussi.

Le vocabulaire employé est dès lors le vocabulaire eschatologique, avec d'autant plus de facilité que beaucoup de Juifs pensaient que le temps précédant immédiatement la venue du Messie serait le temps de la perversité la plus grande: cf. Mc 13,8 et suiv. (discours eschatologique des Synoptiques), IV Esdr 5,1 et suiv. et 2 Tim 3,1 ss., où bien des traits rappellent Rom 1,29 ss.[6]

Division de la péricope. — Le lien du v. 18 avec les vv. précédents étant établi, la division de la péricope semble assez obvie. La colère de Dieu se révèle dans les péchés même des Gentils: on suppose donc en eux une véritable culpabilité. Le nœud de toute la péricope est donc au v. 20: «si bien qu'ils sont inexcusables».

Paul avance en deux temps, marqués nettement par la répétition de la conjonction διότι, «c'est pourquoi», v. 19 et 21.

La suite du chapitre est divisée de la même façon par une phrase répétée trois fois: «C'est pourquoi (διό) Dieu les a livrés...» (v. 24); «aussi (διὰ τοῦτο) Dieu les a-t-il livrés...» (v. 26); «Et comme... Dieu les a livrés» (v. 28)[7].

§ 2. **Exégèse de la première partie (v. 18-20), ou révélation de Dieu par le monde créé.**

I. *Exégèse du v. 18.*

Ἀποκαλύπτεται. Le mot suppose de soi quelque chose de caché, maintenant découvert; il ne faut pas cependant trop en presser le sens,

---

[6] Voir J. Bonsirven, *Le Judaïsme palestinien*, (éd. abrégée, Paris 1950), p. 164.

[7] Voir *Biblica* 38 (1957), p. 35-40.

puisqu'il s'agit d'un mot relevant du genre apocalyptique. En tout cas, il ne faut certainement pas le comprendre en ce sens qu'une révélation divine nous apprendrait que les pécheurs doivent être punis; car il ne s'agit pas d'une simple connaissance communiquée à l'intelligence humaine, mais d'une activité objective de Dieu à l'égard des pécheurs, encore que cette activité de Dieu se manifeste à l'intelligence. En outre, il est vrai aussi que la révélation du N. T. met en plus vive lumière l'état misérable des impies, et surtout son origine. ... ἀπ' οὐρανοῦ: expression usuelle, à propos du «jour de Yahvé». Cf. Ps 14(13)2: «Des cieux le Seigneur regarde ...»; Nb 16,46 (17,11): «La colère est sortie de devant Yahvé».

... ἐπί: «sur», c'est-à-dire «contre».

... ἀσέβειαν ... ἀδικίαν: on comprend souvent «impiété» à l'égard de Dieu, «injustice» à l'égard du prochain, comme si Paul faisait allusion aux deux tables de la Loi (Schlatter). Cette interprétation est tout à fait possible du point de vue philologique. De plus, Paul pourrait faire allusion aux vices mentionnés aux v. 28 et suiv.: l'interprétation serait donc possible aussi du point de vue du contexte, pourvu que l'on ne comprenne pas que les Gentils en sont venus à l'impiété à cause de leur injustice envers le prochain (v. 18b), car Paul affirme tout le contraire.

Ces deux mots cependant peuvent être compris sous la même idée: l'Apôtre viserait directement la façon dont l'homme agit envers Dieu, mais à «impiété» il a ajouté «injustice», pour faire mieux apparaître l'opposition de cette façon d'agir avec la justice de Dieu; car certainement, à la justice de Dieu s'oppose l'injustice de l'homme qui refuse Dieu. Or l'injustice au v. 18a ne peut signifier autre chose que l'injustice au v. 18b: «... de ceux qui tiennent la vérité captive dans l'injustice», où est annoncé, je pense, ce qui sera dit au v. 21: «Ils n'ont pas glorifié Dieu». Il s'agit donc de l'injustice envers Dieu. Ainsi de nombreux exégètes aujourd'hui: Lagrange, Huby, Nygren, etc.

... κατεχόντων: a) de lui même le verbe grec peut signifier «refuser accueil», «empêcher l'accès»: les hommes ont refusé accueil à la vérité, à cause de leur iniquité. Même sens peut-être dans 2 Thess 2,6: «ce qui le retient (l'Adversaire)»; mais pas nécessairement, car «l'Adversaire» est censé agir déjà.

b) Mais le verbe signifie beaucoup plus souvent dans le N. T.: «retenir avidement un bien possédé»; ainsi Lc 4,42: «Ils le retenaient près d'eux, l'empêchant de les quitter»; 1 Thess 5,21: «Ce qui est bon, retenez-le». Alors, «dans l'injustice» signifie «comme dans des chaînes, comme dans une prison». S. Thomas dit très bien: «Ils retiennent la vérité comme emprisonnée». Ce second sens s'accorde parfaitement avec le v. 21.

II. *Exégèse du v. 19.*

L'argumentation est classique chez les Juifs polémiquant contre les Gentils: par ex. Sag. 13-14; Bar. Syr. 54,17-18; IV Esdr 7,22-24; Test. Nepht. 3,3 et suiv. Souvent dans Philon[8], dans Flavius Josèphe[9], ou la *Lettre d'Aristée*, 132 (voir Str. Bill. II, 33-36). Cf. Act 14,17: «Dieu ne s'est pas laissé sans témoignage, dispensant du ciel ses bienfaits» (discours de Paul à Lystres).

Le but de Paul n'est certes pas d'exalter la raison humaine, mais de prouver directement que les hommes sont inexcusables, parce que Dieu s'est manifesté suffisamment à tous, même en dehors de la révélation positive faite aux Juifs; mais en même temps est affirmée *le pouvoir de la raison* de connaître Dieu, bien plus, *le fait* de cette connaissance (v. 21).

... τὸ γνωστὸν τοῦ Θεοῦ: a) «Ce qui est connu de Dieu». Ainsi les Pères et les auteurs anciens, en très grand nombre, surtout les Latins, avec la Vulgate. Tel est en effet le sens du mot γνωστός dans la langue courante et dans tous les exemples du N. T.: ainsi Jn 18,15: «Il (le disciple) était connu du grand-prêtre»; Lc 2,44: «Parmi leurs parents et leurs connaissances»; 23,49; et 10 ex. dans les Actes. Mais on a l'impression d'une tautologie.

b) Dans la langue classique les adjectifs verbaux en -τος indiquent une possibilité; surtout, dans la langue philosophique, γνωστός signifie: «ce qui est connaissable». Ainsi la plupart des modernes, et à bon droit, je pense. Car ici Paul emploie un vocabulaire d'un ordre un peu plus élevé, comme va le montrer la suite, en particulier peut-être l'usage des mots κτίσις et γνόντες, inhabituels également dans le N. T.

... φανερόν: de fait, cela se manifeste: aucune tautologie.

... ἐν αὐτοῖς: philologiquement, trois sens sont possibles:

1. «en eux», c'est-à-dire dans leur esprit et leur cœur; 2. simplement, «à eux»; 3. «parmi eux». Le 3e sens est préféré par un assez grand nombre d'auteurs (Lietzmann, Lagrange après Estius): il s'agit en effet d'une manifestation extérieure. A cause du contexte, cependant, nous aimons mieux le 1er sens; cf. Gal 1,16: l'extériorité de la vision de Damas n'empêchait pas la nécessité d'une lumière intérieure, ici surnaturelle, dans Rom 7,19, naturelle. Ainsi S. Thomas: «ex eo quod in illis est, i.e. ex lumine intrinseco», «en vertu de ce qui est en eux, c'est-à-dire d'une lumière intérieure».

«Car Dieu l'a manifesté»: ce n'est pas une pure tautologie, car l'accent est mis sur l'action de Dieu: il en a été ainsi parce que Dieu lui-même a manifesté.

---

[8] PHILON, *Leg. alleg.* 3,97; *De Spec. Leg.*, 1,30 ss.; 45 ss.; *De Opif. mundi* 7; *De praemiis et poenis* 38 ss.

[9] FLAV. JOSÈPHE, *Contre Apion*, 2, 192.

III. *Exégèse du v. 20.*

Ce verset explique *comment* Dieu a fait la manifestation. Ce n'est pas par une révélation positive, juive ou chrétienne, ni par une révélation dite «primitive», accordée à Adam et transmise à sa postérité; c'est *par le monde créé et une lumière intérieure* (νοούμενα). Aucune allusion à une grâce actuelle; bien sûr, une telle grâce n'est pas exclue. Est-elle implicitement supposée? Nous le verrons plus loin.

A vrai dire, ce v. 20 est énoncé comme une parenthèse: l'argumentation reprendra au v. 21.

... τὰ ἀόρατα. Dieu, par lui-même invisible, surtout pour les Juifs («Personne n'a jamais vu Dieu», Jn 1,18), s'est rendu d'une certaine façon visible. L'idée se trouve aussi chez les Gentils; par ex. Ps. Aristote, *De mundo*, 6: «Invisible (ἀθεώρητος) pour toute nature mortelle, Dieu se fait voir (θεωρεῖται) par ses œuvres mêmes». D'une façon générale [10] le mot ἀόρατος appliqué à Dieu ne se rencontre jamais dans la LXX (appliqué à d'autres, 4 ex.); il se rencontre souvent, par contre, chez Philon; dans le N. T. il se rencontre soit dans la formule «les êtres visibles et invisibles» (Col 1,16), soit appliqué à Dieu (Col 1,15: le Christ, image du Dieu invisible; 1 Tim 1,17: doxologie; Heb 11,27, «comme s'il voyait l'invisible»).

Le pluriel est peut-être employé ici parce que souvent Dieu est conçu chez les Sémites comme une pluralité d'attributs, ce qui se manifeste dans l'emploi au pluriel du mot qui le désigne: *elohim* (Hébreu), *ilani* (Assyrien), *elim* (Phénicien). Ainsi Lagrange. Ou simplement parce que dans la suite deux attributs sont nommés de fait: puissance et divinité [11].

... ἀπὸ κτίσεως κόσμου: la phrase comporte une double interprétation, selon le sens donné au mot κτίσις.

1. «Depuis la création du monde», selon la plupart des modernes, en prenant κτίσις au sens actif: l'acte de créer. Bien que ce sens ne se rencontre nulle part dans le N. T. ni dans la LXX, on le trouve souvent dans les auteurs profanes, par exemple à propos de la fondation des villes. Il a en sa faveur, de plus, des expressions parallèles: depuis le commencement du monde, la fondation du monde. Il cadre très bien avec le contexte.

2. «A partir de l'univers créé», selon quelques auteurs anciens et modernes [12], à cause du sens passif qu'a d'ordinaire le mot dans le N. T. et la LXX: «nouvelle créature», «le premier-né de toute créature», etc. Cette interprétation n'est pas impossible de soi: alors «du monde», κόσμου, serait un génitif explicatif; et ceci n'implique peut-être pas nécessairement une tautologie, car les mots «à travers ce qui a été fait, à travers ses

---

[10] Voir MICHAELIS dans le *TWNT*, 5, 369.
[11] Ainsi le *TWNT* 5, 370, n. 10.
[12] Tel F. PRAT, I, 233 n.

œuvres» pourraient être compris ainsi: «en tant que ce monde a été formé par Dieu». Mais cette interprétation paraît assez recherchée; et l'emploi du mot «création» au sens actif, inhabituel dans le N. T., ne doit pas étonner tout de même dans le contexte.

... νοούμενα: «perçus par l'esprit de l'homme», ou moyennant une opération de l'intelligence, à rapprocher de ἀναλόγως dans Sag 13,5.

... τοῖς ποιήμασιν: au sens très large, semble-t-il, comme pour l'hébreu «ma'aśeh»; ne comprend donc pas seulement les choses visibles pour nous, mais aussi ce qui ne relève pas de l'ordre de la sensation. Ainsi interprètent les Pères grecs et latins, selon lesquels l'homme créé à l'image de Dieu peut découvrir cette image en lui-même. Voir de nombreuses références dans Huby, p. 84 n. 3.

... καθορᾶται: le mot est employé certainement à cause de son assonance avec le mot «invisibles», ἀόρατα. De soi ce verbe composé signifie une vue de haut et par conséquent, dans une certaine mesure, synthétique; de là, assez souvent une vue intellectuelle (la LXX, et surtout Philon)[13]. Le verbe simple ὁρᾶν, dans le N. T. et surtout chez Paul, dit toujours vision sensible (à part la formule: «Vois à ne pas ...» = «prends garde de ...»). Ici, au contraire, l'aspect de connaissance intellectuelle est prédominant (cf. νοούμενα), ce qui apparaît encore en plus vive lumière quand on rapproche Rom 1,20 et Sag 13,1 ss. (voir ci-dessous).

... δύναμις: le même attribut est mentionné dans la *Lettre d'Aristée*, n. 132: «Il a montré avant tout que Dieu est unique et que sa puissance se manifeste en tout (φανερὰ γίνεται), puisque tout lieu est pleinement soumis à son empire (δυναστείας) et que rien ne lui échappe» (providence et omniscience de Dieu). Notons qu'il s'agit d'une *puissance bienveillante et salvifique* (comme dans Act 14,17), en lien, semble-t-il, avec l'alliance noachique (Gen 9,9-17).

... ἀΐδιος: «éternelle», hapax du N. T.; un seul exemple dans la LXX (Sag 7,26); le mot se rencontre souvent chez les philosophes.

... θειότης: «divinité», hapax aussi du N. T.; se rencontre d'abord une fois dans la LXX (Sag 18,9). Cf. Col 2,9: θεότης, «déité». Il désigne ici la majesté divine, que l'homme doit adorer.

... εἰς τὸ εἶναι ἀναπολογήτους: «en sorte qu'ils sont inexcusables». Ainsi donc, ils n'ont pas seulement perçu que Dieu existe, mais qu'ils avaient l'obligation de le reconnaître et de l'adorer.

... εἰς τὸ indique-t-il finalité ou simple conséquence? On en discute[14]. En fait, la question ne peut être résolue que par le contexte. Or Dieu n'a certainement pas voulu la faute des Gentils; mais il a voulu

---

[13] Voir MICHAELIS, *TWNT*, 5, 379.
[14] Voir ZERWICK, *Graecitas biblica*, 4e éd. p. 112, n. 246(351).

qu'ils aient toutes les aides voulues, et ne puissent alléguer aucune excuse. Il s'agit donc d'une consécutive, mais d'une consécutive intentionnelle.

... ἀναπολογήτους: mot grec de l'époque hellénistique, ignoré de la LXX; dans le N. T., ici seulement et dans 2,1. Mais on a l'idée semblable dans Sag 13,8; les idolâtres sont dits «impardonnables».

§ 3. Comparaison de Rom 1,20 et Sag 13,1-9.

Il n'est pas du tout sûr que Rom 1,20 dépende littérairement de Sag 13,1 ss. Mais il existe une assez notable ressemblance entre les idées développées dans l'un ou l'autre passages; et il est donc très utile de comparer ces passages, afin de comprendre le texte paulinien avec plus d'exactitude.

I. *Traduction de Sag 13,1-9*

Les Égyptiens ont été punis justement:

1. «Vains en effet, par nature (φύσει, c-à-d réellement, foncièrement»; cf. Gal 4,8: «à des dieux qui en réalité (φύσει) n'en sont pas») tous les hommes en qui se trouve l'ignorance de Dieu, et qui, en partant des biens visibles (ὁρωμένων), n'ont pas su connaître celui qui est (τὸν ὄντα; cf. Ex 6,3); et qui, en considérant les œuvres, n'ont pas reconnu (ἐπέγνωσαν) l'artisan (τὸν τεχνίτην).

2. Mais c'est le feu ou le vent (le πνεῦμα des Stoïciens) ou l'air rapide ou la ronde des astres ou l'eau impétueuse ou les luminaires du ciel qu'ils ont regardés comme des dieux, gouverneurs du monde (régissant le monde par leur providence).

3. Si ravis par leur beauté (τῇ καλλονῇ), ils ont vu en eux des dieux, qu'ils sachent combien leur Maître (δεσπότης) est supérieur (βελτίων); car c'est la source première de la beauté (γενεστάρχης) qui les a créés (ἔκτισεν).

4. S'ils ont été frappés par leur puissance (δυνάμει) et leur activité (ἐνεργείᾳ), qu'ils comprennent (ils doivent comprendre), qu'ils en déduisent combien plus puissant est celui qui les a formés (ὁ κατασκευάσας).

5. Car, à partir de la grandeur et de la beauté des créatures (κτισμάτων), par analogie (ἀναλόγως, c'est-à-dire par une conclusion s'appuyant sur une comparaison), l'auteur de leur existence (γενεσιουργός) se laisse contempler (θεωρεῖται).

6. Néanmoins, ceux-ci ne méritent qu'un blâme léger (moins grave que les adorateurs d'idoles ou d'animaux). Peut-être en effet errent-ils en cherchant Dieu et en voulant le trouver.

7. Attentifs à ses œuvres, ils les scrutent et ils cèdent à leurs yeux (ils s'arrêtent à l'apparence extérieure), tant est beau l'objet de leurs regards.

8. Eux non plus ne sont pas pardonnables (συγγνωστοί).

9. Car s'ils ont été capables d'assez de science pour pouvoir chercher à atteindre les secrets du monde (aller à la découverte de l'univers entier avec ses lois, στοχάσασθαι τὸν αἰῶνα), comment n'ont-ils pas plus vite (ou plus facilement) découvert le Maître (δεσπότην)?

II. *Remarques principales.*

a) Dans l'un et l'autre passage l'argumentation est suggérée plutôt que développée. Cela est clair pour Sag 13,1-9, où le P. Larcher fait observer avec raison (art. cité, p. 61): L'auteur entend «certainement affirmer que le Dieu unique, transcendant, créateur, peut être connu à partir de la nature; que l'esprit humain est capable de parvenir à cette vérité par une démarche intellectuelle, sinon spontanée, du moins relativement facile. Les païens sont blâmés de n'y être pas parvenus, et déclarés impardonnables» (v. 2). Cependant l'auteur donne les conclusions d'une démonstration plutôt qu'il ne développe la démonstration même.

b) A fortiori faut-il en dire autant de Rom 1,20. Là manquent par exemple les mots qualifiant Dieu dans Sag, tels que artisan (v. 1), source première (v. 3), auteur de l'existence (v. 5). Surtout manque le mot qui dans Sag indique, au moins de façon vague, quelle est la démarche de l'esprit, à savoir par analogie (v. 5); le mot qui y correspond dans Rom, «perçus par l'esprit» (νοούμενα) est certes moins précis.

c) L'influence des idées grecques apparaît davantage dans Sag que dans Rom; par exemple la considération de la beauté du monde visible, idée éminemment grecque (cf. le nom même de κόσμος), ne se rencontre que dans Sag (v. 3 et 5).

d) Dans Sag 13 il s'agit directement des seuls doctes; voir le v. 9. Dans Rom 1,20, il s'agit certainement de tous les hommes, bien que certains auteurs anciens aient voulu objecter l'emploi du mot σοφοί au v. 22.

e) De fait, Rom 1,20 est plus proche des lieux communs de la prédication juive populaire, tels qu'on les trouve par exemple dans la *Lettre d'Aristée*, n. 132.

Les différences apparaissent plus sérieuses dans les versets suivants, où Paul explique comment les Gentils en sont arrivés à l'idolâtrie, et où il emploie à nouveau un vocabulaire tout biblique.[15]

---

[15] Voir A. FEUILLET, art. cité de *Lumière et Vie*, p. 72-74; de même J. DUPONT, *Gnosis*, p. 21-30.

§ 4. Exégèse de la seconde partie (v. 21-23) sur le péché des Gentils.

Ces versets 21-23 expliquent pourquoi les Gentils sont inexcusables, c'est-à-dire en quoi consiste *le péché des Gentils*.

I. *Exégèse du v. 21a.*

«Alors qu'ils avaient connu Dieu». Au v. 20 Paul avait affirmé un principe général, valable en tout temps, et donc énoncé au présent; il passe maintenant à un *fait historique*, et les verbes sont donc à l'aoriste. Le contexte suppose non seulement une connaissance de l'existence de Dieu, mais aussi la conscience de l'obligation morale qu'ont les hommes de reconnaître et d'adorer ce Dieu dont ils ont connaissance.

Une difficulté surgit cependant. Les Juifs affirment habituellement la possibilité de la connaissance de Dieu à partir des créatures (c'est un lieu commun de la prédication contre les Gentils; voir ci-dessus le commentaire du v. 19). Mais ils refusent aux Gentils, non moins habituellement, la connaissance actuelle de Dieu; bien plus, Paul lui-même, dans 1 Cor 7,20, avait affirmé expressément: «Le monde n'a pas connu Dieu (οὐκ ἔγνω)».

Les commentateurs ont des réponses diverses.

Que faut-il penser?

a) Paul ne parle certainement pas des philosophes seuls; ni d'une connaissance de Dieu qui aurait sa source dans une révélation positive, comme si son argumentation s'appuyait sur la légende rabbinique selon laquelle la révélation de la Loi aurait été faite non seulement aux Juifs mais aux Gentils eux-mêmes (au moins quant aux enseignements dits «noachiques»)[16], lesquels les auraient repoussés; ni d'une connaissance de Dieu qui viendrait seulement de la conscience de l'obligation morale (opinion qui paraît attribuée par Feuillet au P. Huby dans l'article cité, p. 73, et note 13). Cette connaissance se fait jour à *partir de l'univers créé*.

b) Selon A. Feuillet, les Juifs, et Paul lui-même dans d'autres passages, refusent aux Gentils la connaissance de Dieu, parce qu'ils pensent aux Gentils de leur époque; mais dans Rom 1,21 l'Apôtre la leur reconnaît parce qu'il pense aux *Gentils des premiers temps*, avant qu'ils ne soient tombés dans l'idolâtrie, selon l'enseignement même de l'histoire biblique, résumé dans Sag 14,12-14:

> 12. «L'origine de la fornication a été l'idée (ἐπίνοια) de faire des idoles, et leur invention (εὕρεσις) a corrompu la vie.
>
> 13. Car elles n'existaient pas à l'origine (ἀπ' ἀρχῆς) et elles n'existeront pas toujours.

---

[16] Chez des auteurs même Juifs il semble qu'il s'agisse assez souvent de la «loi naturelle» et du «dictamen de la conscience»; par ex. 4 Esdr 7,20-24; cf. Rom 2,15 ss.

14. C'est par la vanité des hommes (κενοδοξίᾳ) qu'elles sont entrées dans le monde (εἰσῆλθεν εἰς κόσμον), et c'est pourquoi rapide a été prévue (ἐπενοήθη) leur fin».

Cf. v. 27: «Car le culte des idoles innombrables est le commencement (ἀρχή), la cause (αἰτία) et le terme (πέρας) de tout mal».

c) Selon une opinion plus commune, Paul n'attribue pas ici aux Gentils la même connaissance de Dieu qu'ailleurs il leur refuse (surtout dans 1 Cor 1,20): car dans 1 Cor 1,20 le verbe «connaître» (γινώσκειν) est employé avec sa valeur proprement sémitique et prégnante, incluant l'amour et un culte au moins intérieur; ici, au contraire, avec sa valeur surtout grecque (encore qu'elle ne soit pas ignorée des Juifs; voir Rom 2,18), indiquant simplement l'information de l'intelligence. Or, dans ce passage plus philosophique, il est naturel que Paul emploie les mots avec leur valeur surtout philosophique, comme cela ressort de la présence d'autres mots: τὸ γνωστόν, ἀόρατος, κτίσις, ἀναπολογήτους, ἀΐδιος, θειότης.

d) Peut-être l'une et l'autre opinions contiennent-elles quelque chose de vrai, et faut-il éviter de n'en choisir qu'une.

Pour étayer en effet la seconde, il est bon de lui comparer la façon dont le Siracide, 17,4-14, paraît retracer synthétiquement toute l'histoire primitive du monde, depuis la création jusqu'à l'alliance sinaïtique inclusivement:

«4. Il a inspiré la terreur de l'homme à toute chair, et l'homme a dominé bêtes sauvages et oiseaux (comme dans Gen 1,28, et plus directement 9,2)

6. Il leur a donné le conseil (διαβούλιον, c'est-à-dire le pouvoir de délibérer, de juger; Knabenbauer), et une langue, des yeux, des oreilles et un cœur pour réfléchir (διανοεῖσθαι; cf. νοούμενα, Rom 1,20).

7. Il les a remplis du savoir d'intelligence (ἐπιστήμην συνέσεως, d'une intelligence réfléchie, de la lumière naturelle de l'intelligence et de la vraie science; Knabenbauer), et il leur a indiqué le bien et le mal (cf. Gen 2,17, mais avec une expression qui rappelle beaucoup plus Deut 30,15 et 19, sur la loi du Sinaï) [17].

8. Il a mis (ἔθηκεν) son œil dans leur cœur, pour leur montrer la magnificence (τὸ μεγαλεῖον) de ses œuvres (c'est-à-dire qu'il a éclairé l'esprit de l'homme de façon qu'il puisse connaître les merveilles de Dieu; Knabenbauer).

9-10. Et ils loueront (αἰνέσουσιν) son nom de sainteté (ou "son saint nom", ὄνομα ἁγιασμοῦ), pour publier la magnificence de ses œuvres (ce que

---

[17] Cf. JUSTIN, *Apolog.* I, 44,1, où les mêmes mots sont employés à propos du commandement du Paradis (voir HUBY, *Rom.* 2ᵉ éd. p. 600).

justement les hommes n'ont pas fait, selon Paul; ce verset se rapprochera davantage encore de Rom 1,20 si l'on ajoute avec quelques manuscrits et la Vulgate: "et le glorifient (καυχᾶσθαι) de ses merveilles").

11. Il leur accorda encore le savoir (ἐπιστήμην) et les dota de la loi de la vie (νόμον ζωῆς) [18].

12. Il a conclu avec eux une alliance éternelle (διαθήκην αἰώνιον) et leur a fait connaître ses jugements (κρίματα; ce qui vise l'alliance noachique selon Knabenbauer, d'après Gen 9,9-17).

13. Leurs yeux ont vu la grandeur de la gloire et leur oreille a entendu la magnificence de sa voix (rappelle la théophanie du Sinaï).

14. Et il leur dit: Gardez-vous de toute injustice; et il donna à chacun des commandements au sujet de son prochain» [19].

Ainsi, comme le fait remarquer avec raison A. Feuillet dans son article (p. 219), Paul *remonte ici à l'origine même de l'humanité*, comme il le fait aux chap. 5 et 7; et il ne soutient pas une explication du «mal» différente de celle du chap. 5, ainsi qu'on l'affirme souvent, comme si la première explication se basait sur les péchés personnels seuls, et la seconde sur le seul péché d'Adam. Car ni dans les chap. 1 et 7 il ne semble faire abstraction de l'histoire primitive et du péché d'Adam, ni dans le chap. 5 des péchés personnels des hommes [20].

II. *Exégèse du v. 21b.*

«Ils n'ont pas rendu à Dieu comme à un Dieu gloire ou action de grâces»: cette ligne décrit la façon dont les Gentils se sont comportés envers Dieu, et d'abord de façon négative (ce sera de façon positive en 22c), avec deux mots que relie la particule ἤ, les mots dont use d'ordinaire l'Écriture Sainte pour exprimer de façon très précise le devoir de l'homme envers Dieu: «*glorifier Dieu*» ou «rendre gloire à Dieu», c'est proprement reconnaître Dieu et affirmer que tout procède de lui, et comme il s'agit d'un bienfait, cette reconnaissance de Dieu devient *action de grâces*.

Cette signification est claire dans Luc 17,15-18, par exemple, à propos du Samaritain lépreux guéri par Jésus. «Il revint sur ses pas en glori-

---

[18] KNABENBAUER y voit «la loi naturelle inscrite dans tous les cœurs». La version syriaque porte: «Il a mis sous les yeux son pacte», et le P. VACCARI (*Theol. biblica V. T.*, II, 1, Rome 1935, p. 15) estime qu'il s'agit là du seul «pacte avec Adam», sans aucune allusion à celui du Sinaï (à cause du v. 14, ou dans RAHLF, 17); cf. Os 6,7: «Mais comme Adam ils ont transgressé le pacte». Mais en réalité l'auteur semble contempler d'un regard d'ensemble tout le temps écoulé.

[19] Voir une formule semblable sur cette Loi du Sinaï dans 4 Macc 2,6, citée dans J. HUBY, *Rom*, p. 244, «La Loi nous avertit de ne pas convoiter».

[20] Sur Rom 7, voir HUBY, 2e éd., p. 599-607; sur Rom 5, p. 521-557, et *Biblica* 41 (1960), p. 325-355.

fiant (δοξάζων) Dieu à haute voix, et il tomba sur la face en rendant grâces (εὐχαριστῶν)... Il ne s'en est pas trouvé pour revenir rendre gloire à Dieu, sinon cet étranger».

Même clair enseignement dans le récit de la mort d'Hérode Agrippa, Act 12,21-22: «Vêtu de ses habits royaux, il était acclamé comme un dieu: C'est un dieu qui parle, ce n'est pas un homme! Or à l'instant même l'ange du Seigneur le frappa parce qu'il n'avait pas rendu gloire à Dieu, et rongé par les vers, il expira». Hérode n'a pas rendu gloire à Dieu, parce qu'il s'est attribué à lui-même ce qu'il avait de bon, et non pas à Dieu.

De même, les Pharisiens conseillaient à l'aveugle-né de rendre gloire à Dieu, c'est-à-dire de reconnaître que sa guérison venait de Dieu seul et non du Christ (Jn 9,24); dans Rom 4,20, il est dit d'Abraham qu'il rendit gloire à Dieu, en tant qu'il crut en Dieu.

S. Thomas commente donc très heureusement le v. 21b: «Ils attribuaient ce qu'ils possédaient de bon plutôt à leur talent et à leur énergie».

La même idée se rencontre encore dans Philon, par ex. *De specialibus legibus*, I, 210-211: action de grâces pour la création de l'univers, de l'homme, etc.[21]

III. *Exégèse du v. 21c.*

'Αλλά introduit un second membre, qui dit la même chose, mais de façon positive. Aussi ce stique ne doit-il pas être compris comme signifiant le châtiment de la coupable méconnaissance de Dieu; le châtiment de ce péché est décrit proprement à partir du v. 24: «C'est pourquoi Dieu les a livrés...». Cependant ce stique 21c se présente implicitement comme une conséquence de 21b: si les Gentils avaient rendu grâces, ils auraient été préservés des erreurs qu'il indique. L'aspect intellectuel et l'aspect moral sont en connexion étroite.

«Ils sont devenus vains». Le mot μάταιοι désigne les idolâtres dans Sg 13,1, comme du reste très souvent dans l'A. T.; par ex. Ps 94(93),11 (en lien avec διαλογισμοί), que Paul avait cité dans 1 Cor 3,20. Le mot hébreu évoque l'idée d'inutilité ou plutôt de vide, de néant; ainsi Jer 2,5: «Ils ont marché derrière la Vanité, et sont devenus vains»; Jer 10,14, cité ci-dessous. De même dans Act 14,15: «...d'abandonner ces riens... pour vous tourner vers le Dieu vivant, qui a fait le ciel et la terre...».

Le sens est donc: l'intelligence qui avait une certaine saisie de Dieu, est devenue *vide de toute réalité*; Dieu a été remplacé par l'idole, c'est-à-dire *le rien*.

---

[21] Voir à ce sujet A.-M. FESTUGIÈRE, *La Révélation d'Hermès Trismégiste*, II, *Le Dieu cosmique*, Paris 1949, p. 537 ss. Sur l'importance actuelle de cette idée, on pourrait voir J. DANIÉLOU, «Foi et mentalité contemporaine», dans la revue *Études*, t. 283 (1954), p. 297.

Il faut rapprocher de tout cela Esdr 7,21 ss.:

«Dieu éclaire chacun des hommes qui viennent en ce monde, leur enseignant des leçons de vie; mais ils ne lui ont pas obéi et se sont opposés à lui, ils se sont forgé un savoir de néant, ont mis en œuvre de coupables sophismes, ont affirmé que le Très-Haut n'existe pas et n'ont pas connu ses voies».

«Dans leurs raisonnements»: Le mot grec διαλογισμοί n'a pas de lui-même un sens péjoratif; mais il l'a toujours, je crois, dans le N. T., et souvent dans l'A. T.; il désigne proprement l'exercice de la raison à l'exclusion de toute influence de la grâce, car il est employé à propos des pensées mauvaises, de la pensée du mal.

Telles, les pensées mauvaises qui procèdent du cœur (Mt 15,19; Mc 7,21); les pensées des ennemis de Jésus (Lc 5,22 et 6,8); les pensées des Apôtres orgueilleux ou incrédules (Lc 9,46-47; 24,38).

De même en 1 Cor 3,20: «pensées vaines»; Rom 14,1: «les pensées de celui qui est faible dans la foi»; Phil 2,14, en lien avec γογγυσμῶν, «murmures»; 1 Tim 2,8, en lien avec ὀργῆς, «colère»; Jac 2,4, à propos de «juges aux pensées perverses».

L'unique exemple douteux, dans le N. T., est celui de Lc 2,35: «afin que se révèlent les pensées intimes de bien des cœurs». Mais l'interprétation la plus probable est qu'il s'agit de la prévarication consommée d'Israël, qui sera manifestée par la passion du Christ, comme il est dit dans Rom 9,33: «Je pose en Sion une pierre d'achoppement et un rocher qui fait tomber»; de telle façon cependant que tout aboutisse au dessein salvifique de Dieu, selon l'enseignement de Rom 11,31 [22].

«Et leur cœur s'est enténébré»: à la lumière succèdent les ténèbres. On trouve le même enchaînement d'idées dans Eph 4,17 et suiv., au sujet des Gentils «qui se conduisent selon la vanité de leur esprit, enténébrés ...».

«Leur cœur» au sens sémitique, siège de la vie de l'esprit, aussi bien par la connaissance que par le vouloir et le sentiment (Zorell).

«Leur cœur inintelligent»: cette faculté, qui auparavant comprenait (νοούμενα), est devenue maintenant sans intelligence (ἀσύνετος), parce qu'en refusant de dépendre de Dieu, elle s'est du fait même coupée de la source de la lumière. On peut rapprocher d'Is 5,21: «Malheur à ceux qui sont sages à leurs propres yeux, οἱ σύνετοι ἐν ἑαυτοῖς».

S. Thomas commente très bien: «Celui qui se détourne de Dieu, comptant sur lui et non sur Dieu, s'enténèbre spirituellement».

---

[22] Voir T. Gallus, «De sensu verborum Lc 2.35...», *Biblica* 29 (1948), p. 220-229. Sur le sens du mot grec en général, voir G. Schrenk, *TWNT*, 2, 96-98.

IV. *Exégèse du v. 22.*

Ce verset se lie étroitement au v. 21, qu'il développe en montrant quels sont ces raisonnements dans lesquels les Gentils ont perdu le sens.

Selon Klostermann[23], qu'ont suivi plusieurs exégètes[24], les vv. 22-23 sont comme la protase d'une phrase dont le v. 24 serait l'apodose. Le rythme ne me semble pas favoriser cette hypothèse; et de plus dans Paul οἵτινες se rencontre toujours en apodose, jamais en protase (sauf peut-être en Rom 6,2): Rom 2,15 (voir Lagrange sur ce verset); 9,4; 11,4; 16,4.6.7.12; 1 Cor 3,17; 2 Cor 8,10; Gal 5,4; Eph 4,19; 2 Thess 1,9[25].

L'Apôtre poursuit en employant le vocabulaire de l'A.T., en l'espèce le vocabulaire en usage dans la polémique contre la sagesse humaine; il l'avait employé déjà dans 1 Cor 1,20. De même, en Rom 1,21, il avait fait allusion au Ps 94(93),11, qu'il avait expressément cité dans 1 Cor 3,20. Dans 1 Cor 1,20, il était fait allusion à Is 19,12 et suiv., où il s'agit des sages conseillers du Pharaon, dont le conseil se révélera stupide (μωρανθήσεται);

«Stupide» (μωρός, *nâbâl*) se dit proprement de l'homme qui nie l'existence de Dieu (Ps 14[13],1), invective Dieu (Ps 74[73],22) ou les siens (Ps 39[38],9), ou qui d'une façon générale ne reconnaît pas les bienfaits de Dieu: «Peuple stupide et sans sagesse, μωρὸς καὶ οὐχὶ σοφός, n'est-ce pas lui ton père, qui t'a fait sien et t'a formé?» (Deut 32,6).

Cela fait saisir la force du mot dans Mt 5,22: «Celui qui dit à son frère μωρέ, sera passible de la géhenne de feu».

L'idée est assez fréquente chez les prophètes, par ex. Jer 10,14, où μωραίνω est en parallèle avec μάταιος: «Tout homme est devenu stupide (ἐμωράνθη), sans comprendre (mot à mot, «loin de la science», celle de Dieu; cf. Sag 13,1; une autre interprétation, celle de S. Thomas, n'est pas absolument impossible, avec un *min* causal: «à cause de la science» dont il se faisait fort). Chaque artisan a honte de ses idoles, car ce qu'il a coulé est mensonge (ψεύδη; cf. Rom 1,25), et il n'y a pas de souffle en elles (car elles sont quelque chose de vide, du néant, de l'inconsistant, de l'illusoire). Vaines (μάταια) sont ces œuvres de l'homme, et ridicules».

V. *Exégèse du v. 23.*

L'Apôtre découvre explicitement sa pensée: il entend parler de l'*idolâtrie*.

---

[23] *ZNW* 32 (1933), p. 2ss.

[24] Huby, Viard, Feuillet dans *RB* 57 (1950), p. 345; auparavant Nestle.

[25] Voir J. Jeremias, «Zu Röm 1,22-32», dans *ZNW* 45 (1954), p. 119-121; J. Dupont, dans *RB* 62 (1955), p. 392, n. 3. Ils défendent fortement la division proposée par Klostermann. En sens contraire, *Biblica* 38 (1957), p. 35-40; J. Huby, 2ᵈᵉ éd., p. 570. Au reste, même dans l'hypothèse de Klostermann, les vv. 22-23 sont censés reprendre l'assertion du v. 21.

Certains auteurs ont estimé que Paul avait emprunté les éléments de cette description de l'idolâtrie à ce qu'il avait vu lui-même, telles les statues des dieux dans les temples, ou encore à ce que lui apprenait l'histoire, dans la mesure où il ferait allusion directe et précise à l'idolâtrie égyptienne, avec ses représentations d'oiseaux par exemple.

Cela est vrai de Sag 11,15 ss.; 12,23 ss.; 13,10-13; 15,18 ss.; et à plus forte raison de Philon, qui distingue trois formes d'idolâtrie, l'adoration des éléments et des forces de la nature (cf. Sag 13,1-9), l'adoration des statues, ouvrages de mains d'hommes (cf. Sag 13,10 ss.), l'adoration des animaux (cf. Sag 15,18, etc.) [26].

Mais Paul a tiré directement sa description de l'A. T.: du Deut 4,16, où est formellement interdite toute fabrication d'image sculptée. Cette interdiction contient de fait une allusion à l'idolâtrie égyptienne, allusion qui sera donc indirecte de la part de Paul. Voici le texte: «Vous n'avez vu aucune figure le jour où Dieu vous a parlé à l'Horeb du milieu du feu, de crainte qu'abusés vous n'alliez vous faire quelque représentation sculptée, une image, une figure d'homme ou de femme (Rom: «une image d'homme»), une figure de bête quelle qu'elle soit (Rom: «de quadrupèdes»), ou d'oiseau (Rom) et de reptile (Rom: «serpent») ou de poisson; de crainte que levant les yeux vers le ciel, voyant le soleil, la lune et tous les astres, vous n'alliez les adorer, surpris par l'erreur». C'est que le Dieu d'Israël est un Dieu *transcendant*, qui s'est manifesté du milieu du feu et ne peut être représenté par *aucune image*.

Personne ne s'étonnera que Paul se réfère à l'Écriture sainte; car les mots dont il use au v. 23 montrent qu'il fait allusion explicite à l'histoire du veau d'or; ces mots sont empruntés au Ps 106(105),19-20:

19. «Ils fabriquèrent un veau à l'Horeb, et adorèrent une idole d'or fondu;

20. et ils échangèrent (ἠλλάξαντο) leur *Gloire* contre la figure (ἐν ὁμοιώματι) d'un taureau mangeur d'herbe.

21. Ils oublièrent le Dieu qui les sauva ...».

Voir aussi le v. 40: Et la fureur du Seigneur s'enflamma contre son peuple et il prit en horreur son héritage.

41. Et il les livra (παρέδωκεν) aux mains des païens...

«Leur Gloire»: Yahvé lui-même, dont la gloire habite avec le peuple d'Israël, selon une idée familière, qui se rencontre par exemple dans Jer 2,11: «Une nation change-t-elle de dieux? Or ce ne sont pas même des dieux! Et mon peuple a échangé sa Gloire contre ce qui est impuissant». Cf. Os 4,7: «J'échangerai leur Gloire contre l'ignominie».

Or cette allusion au Veau d'or apporte une lumière qui n'est pas négligeable. Car Paul assigne à l'idolâtrie elle-même la signification et la fi-

[26] Ainsi par exemple dans le *De Decalogo* 58-31, le *De Specialibus legibus*, I, 13,31.

nalité que l'Écriture Sainte assigne à l'adoration du Veau d'or, telles qu'elles apparaissent clairement d'après Ex 32, surtout vv. 1-6. Yahvé était invisible et immatériel, très haut, transcendant (Deut 4,15): or les Israélites ont voulu un dieu à leur image, à la mesure de leur intelligence limitée et de leur médiocrité, un dieu sur lequel ils puissent agir par leurs sacrifices, qu'ils puissent porter à leur guise partout où ils le voudraient. «Fais-nous des dieux qui aillent devant nous» (Ex 32,1). Pas comme la colonne de feu, à laquelle ils devaient obéir: «Les Israélites partaient sur l'ordre du Seigneur, et sur son ordre ils campaient... Aussi longtemps que la nuée reposait sur la Demeure, ils restaient au même lieu...» (Nb 9,18-22). Cf. Ps 99(98),7: «Dans la colonne de nuée, il parlait avec eux: ils écoutaient ses commandements, et l'ordre qu'il leur donnait».

De même, il semble qu'on puisse expliquer à partir de Deut 4,16 l'expression assez étrange employée par l'Apôtre au v. 23: «contre une représentation d'image», ἐν ὁμοιώματι εἰκόνος, c'est-à-dire, avec un génitif épexégétique, «une représentation qui est une image...». Point n'est besoin de recourir au sens philosophique d'«image», tel qu'on le trouve par exemple chez Philon; comme si Paul avait voulu dire: il s'agit d'une ressemblance de l'image, non de l'image même, c'est-à-dire de cette qualité divine accordée aux créatures, que Philon appelle image.

Tout cela confirme donc ce que nous avons dit en commentant le v. 21a: Paul traite ici de l'origine de l'idolâtrie, c'est-à-dire d'un fait historique, qu'il explique à la lumière de la révélation vétérotestamentaire, telle qu'elle est présentée par exemple dans Sag 14,12-14 (passage cité plus haut).

§ 5. L'exégèse de Rom 1,20-23 comparée aux assertions du Concile du Vatican, I [27].

I. État de la question.

Rom, 1,20 est cité explicitement dans la Constitution *de Fide* de Vatican I, chap. II, sur «la nécessité de la Révélation», pour établir la *possibilité de la connaissance de Dieu «par la lumière naturelle de la raison humaine à partir des choses créées»* (Dz 1785).

---

[27] *Bibliographie.* — A. Vacant, *Études théologiques sur les Constitutions du Concile du Vatican*, I, p. 288-317 (résumé p. 315); mais surtout I, p. 654 et suiv., spécialement 656-7, et II, p. 434-436 (rapports de Vincent Gasser les 4 et 19 avril 1970); R. Aubert, «Le Concile du Vatican et la connaissance naturelle de Dieu», dans *Lumière et Vie*, 14, mars 1954, p. 21-52 (surtout p. 32, n. 34, et conclusion p. 43 et suiv.). Les Actes du Concile sont reproduits dans Mansi (continué par Petit et Martin, vol. 49-53, Leipzig, 1923-27; la discussion sur Rom 1,20 se trouve dans le vol. 51, col. 137ss.

La valeur probante du passage paulinien a été formellement mise en question au Concile, en particulier par l'évêque d'Urgel, Joseph Caixal y Esdrade, dont l'exposé est reproduit in extenso dans les Actes du Concile (Mansi, vol. 51, col. 137 et suiv., surtout 137-142).

L'évêque d'Urgel admet certes que le point de doctrine affirmé dans le schéma est vrai, mais non que Paul l'ait visé dans ce passage, pour cette raison surtout que des Pères ont interprété en d'autres sens les paroles de l'Apôtre. Il pense en outre que Paul ne parlait pas seulement des Gentils, mais aussi des Juifs, avec S. Anselme et d'autres Pères et docteurs.

> «Dieu leur a manifesté»: il a instruit Adam et par Adam a manifesté au genre humain la réalité de Dieu (c. 139, D) ... Ils se donnent bien du mal, les commentateurs qui s'efforcent de démontrer que Paul a parlé non pas d'une connaissance de Dieu révélée et transmise aux hommes ..., mais des seules forces de leur raison, leur donnant le pouvoir de connaître la divinité par une appréhension convenable et de l'adorer avec un cœur pur, sans qu'aucune idée positive de Dieu leur ait été communiquée. Or d'autres commentateurs développent et expliquent avec la plus grande facilité la pensée de l'Apôtre. Car dans le domaine religieux, la vérité est première, l'erreur seconde. Les hommes ont bien connu d'abord et adoré Dieu ...; mais l'orgueil, l'envie et la malice de leur cœur les ont «rendus vains dans leurs raisonnements» ..., avec l'abandon et le mépris de la simplicité de la foi et de la vérité (c. 140 D). Cette façon d'expliquer les paroles de Paul répond très bien 1) au but de l'Apôtre, qui ne se proposait nullement de parler des hommes tels qu'on les conçoit, par une hypothèse scolastique, dans l'état de nature pure, en dehors de toute révélation (et Paul n'y pense aucunement), mais des hommes à qui a été faite en Adam la promesse du salut et de la rédemption, les amenant à croire et à espérer dans le Christ; 2) S. Paul parle de l'économie présente de la foi, laquelle est toujours nécessaire au salut» (c. 141 A).
>
> «Je pourrais ajouter d'autres arguments ... pour démontrer plus clairement que S. Paul n'a jamais parlé de l'homme considéré avec les seules forces de ses lumières naturelles, quand il s'agit de connaître Dieu ... Il me suffit de vous avoir livré tant bien que mal ces observations sur une question très grave ... C'est pourquoi ...».
>
> Sur ce, le discours fut interrompu, et il est noté dans les Actes du Concile: «Comme les Pères s'ennuyaient et donnaient de tous côtés des signes d'impatience, le vénérable orateur ajouta à mi-voix: «Comme je n'ai jamais voulu vous importuner, je livrerai le reste à la Commission». Et il remit une protestation en forme au cardinal Bilio, président de la Députation de la foi (c. 141, note).

La position du vénérable évêque est claire: Paul entend parler de la connaissance de Dieu venant d'une *révélation positive* faite par le Seigneur et transmise à la postérité, et donc d'une connaissance *par la foi*, au sens strict.

II. *Brève histoire de l'exégèse.*

On en appelle explicitement dans le Concile à l'interprétation des Pères, et avec raison, puisque l'interprétation catholique d'un passage théologique de l'Écriture ne peut guère se faire indépendamment de la tradition exégétique.

Les principaux témoins de cette tradition sont mentionnés par J. Huby. Nous en citerons quelques-uns, qui semblent plus importants pour notre sujet, afin qu'on voie bien si de fait ils parlent d'une connaissance de Dieu venant d'une révélation positive (primitive, faite à Adam) ou d'une connaissance de Dieu *à partir des créatures*, en dehors de toute révélation positive; et si cette connaissance à son tour, et en quel sens, peut et doit être dite *naturelle*.

A. *Pères grecs*

Chrysostome (P. G. 60, 411-414) [28].

«Dieu a donné dès le début aux hommes la notion de son Être; mais les Gentils, reportant cette notion sur des objets de bois et de pierre, ont fait injure à la vérité... Comment cette notion leur était-elle manifestée? Dieu a-t-il fait entendre du ciel une voix? Pas du tout. Mais il a fait ce qui pouvait les attirer plus qu'une voix, il a mis sous leurs yeux la création, en sorte que sage et simple, Scythe, barbare, découvrant par leurs yeux la beauté des êtres visibles, puissent s'élever jusqu'à lui».

Notons qu'il ne s'agit pas des seuls doctes, ni d'une connaissance venue d'une révélation positive.

«Paul ajoute la raison pour laquelle les Gentils sont tombés dans leur grande folie. Quelle est-elle donc? Ils s'en sont remis complètement à leurs raisonnements. Ou plutôt, il n'a pas dit ainsi, mais d'une façon beaucoup plus énergique: "Ils sont devenus vains dans leurs raisonnements"... De même que si l'on veut faire route au loin ou se lancer sur la mer par une nuit sans lune, on ne parvient pas au but, et qu'on a même tôt fait de périr, de même, prenant le chemin qui conduit au ciel, mais s'ôtant à eux-mêmes la lumière pour se confier aux ténèbres de leurs raisonnements, cherchant dans les corps celui qui n'a pas de corps, dans des figures celui qui est sans figure, ces hommes ont fait un très grave naufrage».

Notons qu'il s'agit d'une *connaissance ordonnée au salut*; la faute de ces hommes est d'avoir mis leur confiance dans leurs seules forces.

Théodoret (PG 82,62) reprend l'affirmation de Chrysostome:

«Ils ont suivi leurs stupides raisonnements, et accepté de leur plein gré les ténèbres de l'incrédulité (ἀπιστίας)».

---

[28] Cf. FRANZELIN, *De Deo Uno*, 3e éd., p. 89 (il cite seulement la première partie du texte).

Par le mot d'«incrédulité», Théodoret a-t-il voulu signifier proprement un péché contre la foi? Ce n'est pas sûr.

Basile dans sa *Lettre 233 à Amphiloque* (PG 32,865) décrit le péché d'idolâtrie, mais sans faire référence explicite à Rom 1,20; aussi est-il difficile de dire s'il a voulu ou non viser la même connaissance de Dieu que Paul dans ce verset.

Il faut en dire autant de Grégoire de Nazianze, *Discours Théol.*, 2 (PG 36,45). Aucun des deux ne traite formellement de la foi; mais l'un et l'autre mentionnent explicitement, outre la raison naturelle, la «grâce de Dieu».

Cyrille d'Alexandrie, *in Ep. ad Rom.* (PG 74,776), dans un fragment conservé par les Chaînes, explique les mots «sa puissance éternelle et sa divinité» d'une façon telle que manifestement il entend parler de la connaissance de Dieu obtenue par l'argument de la contingence du monde.

Maxime le Confesseur (VIIᵉ siècle; PG 91,1328) fait allusion en passant à une révélation de Dieu par la création: il rappelle «le grandiose ouvrage des choses visibles, par lequel Dieu se fait connaître, proclamé par une prédication silencieuse».

Photius (IXᵉ siècle; voir K. Staab, *Pauluskommentare*, p. 447-9). Pas la moindre allusion à une révélation positive quelconque.

Théophylacte (XIᵉ siècle, PG 124,356) résume la tradition grecque.
«Il (Paul) indique la raison pour laquelle ils (les Gentils) sont tombés dans une pareille folie. Ils s'en sont remis complètement à leurs raisonnements (= Chrysostome), et en voulant saisir sous une figure celui qui est sans figure, et dans un corps celui qui n'a pas de corps, ils se sont révélés vains, puisqu'ils ne pouvaient atteindre le terme de leurs raisonnements. Paul parle de «leur cœur stupide», parce qu'ils n'ont pas voulu comprendre le Tout par la foi (πίστει τὸ πᾶν περιλαβεῖν). D'où vient qu'ils sont tombés dans une pareille erreur, s'en remettant complètement à leurs raisonnements? C'est qu'ils se croyaient «sages»; et c'est pourquoi «ils sont devenus stupides ...».

De la même façon, le Pseudo-Œcuménius oppose la foi aux raisonnements (PG 118,344): «Dans leurs raisonnements»: après avoir dit qu'ils se sont volontairement aveuglés, il (Paul) en indique la cause; c'est qu'ils s'en sont remis complètement à leurs raisonnements, et non à la foi (λογισμοῖς... καὶ οὐχὶ πίστει)».

Il faut remarquer que seuls ces deux derniers Pères parlent formellement de foi, et qu'il n'est pas certain qu'ils donnent à ce mot son sens précis; d'autant qu'ils ne recourent pas à lui quand ils commentent les mots pauliniens: «alors qu'ils connaissaient», mais les mots suivants: «ils ne lui ont pas rendu gloire et action de grâces, mais ils sont devenus vains dans leurs raisonnements».

B. *Pères latins.*

Les Pères latins sont pour le fond d'accord avec les Pères grecs.

L'Ambrosiaster (pris pour S. Ambroise jusqu'à Érasme; PL 17,59). Sur le v. 18: «Il (Dieu) accuse le genre humain en vertu de la loi naturelle; car les hommes ont pu par la loi naturelle saisir, grâce au témoignage de l'ouvrage du monde, que Dieu doit être seul aimé comme son auteur, ce que Moïse a consigné par écrit (Deut 6,5); mais ils sont devenus impies en n'adorant pas le Créateur...».

Sur le v. 19: «Ce qu'on peut connaître de Dieu a été manifesté par l'ouvrage du monde... Dieu en effet le leur a manifesté, c'est-à-dire a fait une œuvre par laquelle il pût être connu». (Telle est la leçon de l'édition romaine; cependant les manuscrits et les anciennes éditions lisent: «... par laquelle il pût être connu grâce à la foi (per fidem)». On attend encore une édition critique de l'Ambrosiaster) [29].

Augustin, *Expos. quarumdam propositionum epist. ad Rom.* (vers l'an 394-5; PL 35,2064).

«Le commencement de tout péché est l'orgueil; si les Gentils avaient rendu grâces à Dieu, qui avait donné cette sagesse, ils ne se seraient pas attribué quelque chose dans leurs raisonnements. C'est pourquoi ils ont été livrés par le Seigneur aux désirs de leur cœur, pour faire ce qui ne convient pas...».

Une explication plus précise se trouve dans le *De Spir. et Litt.* 12(19), en 412 (PL 44,212; CSEL 60,172):

«Puisque ayant connu Dieu..., ils sont devenus vains dans leurs raisonnements. La vanité est proprement la maladie de ceux qui se font illusion à eux-mêmes, en croyant qu'ils sont quelque chose, alors qu'ils ne sont rien. S'enfonçant dans l'obscurité, du fait de cette bouffissure de l'orgueil dont le Psalmiste suppliait que «le pas ne vienne pas jusqu'à lui» [30], lui qui venait de chanter: «Dans ta lumière nous verrons la lumière», ils se sont finalement détournés de la lumière même de l'immuable vérité, et leur cœur, bien qu'ils aient connu Dieu, était plutôt stupide, puisqu'ils ne l'ont pas glorifié comme Dieu et n'ont pas rendu grâces... et dès lors, en se disant sages (ce qui veut dire tout simplement en s'attribuant cela), ils sont devenus stupides».

Au chap. 12(20), Augustin oppose explicitement la connaissance de Dieu par les créatures, qu'il attribue aux Gentils, et la connaissance de Dieu par la Loi, qui est le propre des Juifs, comme l'Ambrosiaster:

---

[29] L'édition du CSEL (par H. J. Vogels), vol. 81, 1, 1966, p. 40, n'a pas cette addition «per fidem» et ne la mentionne même pas dans l'apparat critique.

[30] Ps 36(35),12: «Que les pas des superbes ne m'atteignent»; voir v. 10, cité ensuite.

«De même que ces hommes qui ont connu Dieu par la création n'ont retiré aucun profit de cette connaissance pour leur salut, parce que tout en connaissant Dieu ils ne l'ont pas glorifié comme Dieu..., de même ceux qui connaissent par la Loi de Dieu comment l'homme doit vivre ne sont pas justifiés par cette connaissance, parce qu'en voulant établir leur propre justice ils ne se sont pas soumis à la justice de Dieu (Rom 10,3)».

Au chap. 13(22), Augustin distingue encore «l'esprit qui est de Dieu, pour que nous sachions ce qui nous a été donné par Dieu», et «l'esprit de ce monde, qui n'est autre que l'esprit d'orgueil, par lequel s'est enténébré le cœur stupide de ceux qui n'ont pas glorifié comme Dieu, avec action de grâces, le Dieu qu'ils connaissaient».

Voir aussi *Enarr. in Ps.* 99 (PL 37,1273 et suiv.).

Prosper d'Aquitaine, *De vocatione omnium gentium*, I,4 (PL 51,651) [31]: «Puisque certains ont appliqué la pénétration de leur esprit... à la recherche du Souverain Bien, et ont connu les perfections invisibles de Dieu au moyen des choses créées; puisqu'ils n'ont pas cependant rendu grâces à Dieu et n'ont pas reconnu qu'ils lui étaient redevables de ce pouvoir, mais se sont proclamés eux-mêmes sages, c'est-à-dire ont mis leur gloire non en Dieu mais en eux-mêmes, comme s'ils avaient accédé à la vérité par leurs propres efforts et leurs raisonnements, ils sont devenus vains dans leurs pensées, et ce qu'ils avaient trouvé par l'illumination de la grâce de Dieu, ils l'ont perdu par l'aveuglement de l'orgueil, retombant ainsi de la lumière d'en haut dans leurs ténèbres, c'est-à-dire du Bien éternel et immuable dans leur nature changeante et corruptible».

Ce texte est le plus clair et le plus étudié de tous; il mentionne explicitement l'illumination de la grâce de Dieu; le mot «foi» manque cependant, et il n'est pas sûr qu'il s'agisse pour l'auteur de la grâce de la foi proprement dite; aucune allusion n'est faite à une révélation positive.

S. Thomas résume toute la tradition quand il explique 1 Cor 1,21 et Rom 1,20-22 (l'un et l'autre passages sont objet du commentaire que le saint Docteur a rédigé lui-même).

Sur 1 Cor, ch. 1, leçon 3: «La divine sagesse, en faisant le monde, a mis des marques d'elle-même dans les êtres du monde... Les créatures faites par la sagesse de Dieu sont à la sagesse de Dieu dont elles portent les marques ce que sont les paroles d'un homme à sa sagesse, qu'elles signifient... L'homme pouvait parvenir à connaître la sagesse de Dieu en considérant les créatures faites par lui, selon Rom 1,20: «Les perfections invisibles... etc.». Mais l'homme a quitté le droit chemin de la connaissance de Dieu à cause de la vanité de son cœur. Aussi est-il dit par Jean, 1,10: «Il était dans le monde, et le monde a été fait par lui, et le monde ne

---

[31] On discute de l'attribution à S. Prosper; cf. HUBY, p. 89, n. 1; B. ALTANER, *Précis de patrologie* (Mulhouse 1961), p. 627, lui est favorable.

l'a pas connu». Et c'est pourquoi il a amené les fidèles à la connaissance salutaire de son Être par d'autres signes, qui ne se trouvent pas dans la considération des créatures... Ces signes-là sont les enseignements de la foi». (Ed. R. Cai n° 55).

S. Thomas oppose explicitement la connaissance par les créatures à la connaissance par la foi (qui par ailleurs est seule dite salutaire); la connaissance dont parle Rom 1,20 est donc supposée *distincte de la connaissance de foi*.

Sur Rom 1, leçon 7: «Ils sont devenus vains dans leurs raisonnements», parce qu'ils mettaient leur confiance en eux-mêmes et non pas en Dieu, s'attribuant à eux-mêmes leurs qualités, et non à Dieu... «Leur cœur est devenu stupide», c'est-à-dire privé de cette lumière de la sagesse grâce à laquelle l'homme connaît vraiment Dieu (cf. Augustin). De même qu'un homme détournant ses yeux du soleil matériel tombe dans l'obscurité corporelle, de même celui qui se détourne de Dieu (cf. Augustin), comptant sur lui et non sur Dieu, s'enténèbre spirituellement. Où est l'humilité, par laquelle l'homme se soumet à Dieu, là est la sagesse; où est l'orgueil, là est l'insolence (Prov 11,2). «Tu as caché ces choses aux sages», en tant qu'ils se croyaient tels, «et tu les as révélées aux tout-petits» (Mt 11,25). «En se vantant d'être sages», c'est-à-dire en s'attribuant leur sagesse, comme si elle ne venait pas de Dieu (cf. Augustin) (éd. R. Cai, n. 129-131).

D'après tout le contexte, la connaissance dont il s'agit ne peut être dite connaissance par la foi; cependant, pour l'avoir ou au moins la conserver, il est requis d'avoir l'humilité, la confiance en Dieu et non en soi, c'est-à-dire des conditions d'ordre moral, et S. Thomas ne voit rien de contradictoire dans cette double affirmation.

III. *Conclusion générale.*

1. Paul entend parler certainement non des philosophes seuls, mais de *tous les Gentils* (en général, sans particulariser). Ainsi ont pensé la plupart des Pères cités; seul Prosper d'Aquitaine fait allusion à «certains».

2. Il s'agit sûrement des attributs divins *manifestés par l'univers créé* (τοῖς ποιήμασιν) et perçus à la lumière de *la raison humaine* (νοούμενα), non par une révélation positive, qu'elle soit juive ou chrétienne, ou que ce soit une révélation «primitive» faite à Adam et transmise à sa postérité. Ainsi encore ont compris la plupart des Pères cités; aucun n'invoque une révélation de ce genre; Chrysostome l'exclut explicitement; seuls Théophylacte, le Pseudo-Œcuménius et peut-être l'Ambrosiaster emploient le mot «foi», mais on peut douter avec raison qu'ils aient entendu désigner par ce mot la foi au sens strict que lui donnait le Concile du Vatican, celle par laquelle nous adhérons aux vérités positivement révélées, à cause de l'autorité de Dieu les révélant, et non en un sens plus large.

3. Il est pratiquement certain qu'il s'agit d'une connaissance non pas purement abstraite, mais *vitale*, par laquelle l'homme *s'ordonne vers sa fin*, comme il convient (à cause du contexte, bien qu'il faille concéder que les païens sont dits formellement inexcusables non pour n'avoir pas connu Dieu, mais pour ne l'avoir pas glorifié comme Dieu et ne lui avoir pas rendu grâces).

4. Il s'agit certainement, non du seul pouvoir de la raison humaine, mais de l'*exercice* de ce pouvoir (γνόντες).

5. Il s'agit certainement des hommes existant dans l'ordre concret, tel qu'il est maintenant, et par conséquent d'hommes *ordonnés de fait à la fin surnaturelle* (Chrysostome le dit explicitement: «... ayant pris la route qui conduit au ciel»; et implicitement, tous les Pères cités).

6. Les *dispositions de la volonté* sont mentionnées explicitement, au moins pour la conservation et la perfection de cette connaissance (vv. 18, 21 et 28), surtout l'*humilité*. Ces dispositions sont détaillées avec insistance dans les commentaires des Pères (Chrysostome, Augustin, Thomas, etc.).

7. Paul semble traiter directement et proprement de l'*origine de l'idolâtrie*, et donc des hommes du lointain passé qui sont tombés dans l'idolâtrie (d'où l'emploi de l'aoriste aux vv. 21-23). Mais ce qu'il dit s'applique à bon droit à l'idolâtrie de tous les temps, puisque au v. 20 c'est le présent qui est employé: καθορᾶται. Ainsi, tous les Pères.

Il y a donc entre les affirmations de Paul et celles du Concile Vatican I une essentielle ressemblance, avec cependant quelques différences.

a) La ressemblance la plus notable, et fondamentale, est celle dont il s'agit plus haut au n. 2: contre le fidéisme et le traditionalisme le Concile s'est proposé avant tout de défendre la possibilité d'une *connaissance de Dieu indépendante de toute révélation positive*, qu'elle soit juive ou, à plus forte raison, chrétienne, ou même d'une révélation dite «primitive», qu'invoquait un traditionalisme mitigé. Telle était la problématique principale du Concile [32]. Voilà pourquoi l'évêque d'Urgel était d'avis d'omettre la citation paulinienne dans la déclaration conciliaire; il pensait que Paul mentionnait là une connaissance de Dieu provenant d'une révélation positive, soit qu'il s'adressât aussi aux Juifs, soit qu'il supposât une révélation primitive [33].

b) La différence la plus importante se situe au n. 4: le Concile n'entend traiter que du *pouvoir* qu'a la raison humaine de connaître Dieu,

---

[32] Voir le rapport explicatif de l'évêque de Brixen Mgr. VON GASSER le 4 avril 1970, dans A. VACANT I, 656, ou dans H. LENNERTZ, *De Deo uno*, n. 18 ss.
[33] Voir MANSI, 51, col. 139 B et 141 A.

(pouvoir actif, bien entendu, et non purement passif), et cela seulement en général, quoi qu'il en soit des individus, *en faisant abstraction formellement de l'exercice* de ce pouvoir [34].

Dès lors le Concile pouvait faire abstraction aussi plus facilement des *dispositions de la volonté*, lesquelles concernent plutôt, évidemment, l'exercice du pouvoir de la raison.

Il faut en dire autant du *secours de grâces actuelles*, distinctes de l'habitus de la foi, et par lesquelles l'homme est dirigé vers sa fin surnaturelle; plusieurs au moins des Pères cités en font explicitement mention.

On sait que les théologiens discutent pour savoir si le Concile a supposé un tel secours ou bien a voulu en faire abstraction, comme plusieurs d'entre eux l'affirment, et comme von Gasser le rapporteur paraît de fait le supposer (par ex. dans son rapport du 4 avril, dans Lennertz, op. cit., n. 24 et n. 26, ou A. Vacant, p. 1657: «Des moyens dont dispose l'homme pour connaître Dieu, même dans l'ordre naturel»; p. 659: sur l'amendement 11).

c) Même si le Concile visait à trancher la question de droit, il pouvait avec raison s'appuyer sur l'assertion paulinienne.

Car si Paul et les Pères cités plus haut ne semblent pas avoir eu nettement en vue cette hypothèse, cependant: 1°) chez Paul la connaissance vivifiante dont il est parlé ci-dessus au n. 5 comprend aussi une certaine connaissance de Dieu par l'esprit humain en tant qu'il est esprit, et à partir des choses créées; et 2°) la plupart des Pères, tout en mentionnant en outre le secours de la grâce, paraissent discerner une connaissance de cette espèce dans ce passage paulinien (surtout Cyrille d'Alexandrie, S. Thomas, etc.).

Il n'est donc pas arbitraire de dégager des assertions pauliniennes l'affirmation que la raison humaine comme telle est capable de connaître le vrai Dieu.

d) Nous pouvons conclure de là en quel sens on peut parler d'une «théologie naturelle» (par ex. Nygren, *Rom.* p. 78-92) en accord avec la doctrine catholique et avec Paul lui-même.

Nous reconnaissons volontiers avec S. Thomas que l'homme, tel qu'il existe actuellement, a l'obligation de se diriger lui-même, quand il commence à avoir l'usage de sa raison, vers la bonne fin. «Et s'il se dirige vers la bonne fin, il obtiendra *par la grâce* la rémission du péché originel; s'il ne se dirige pas lui-même vers la bonne fin, capable de discernement comme il l'est à cet âge, il pèche mortellement, ne faisant pas tout ce qui est en lui» [35].

---

[34] Voir encore le rapport de von Gasser évêque de Brixen le 19 avril 1970 dans A. Vacant, 2, p. 434.

[35] Iᵃ, IIᵃᵉ q. 89, a. 6 in c. et ad 3; cf. 2 Sent. dist. 42, q. 1, a. 5, ad 7; Ver. q. 24, a. 12, ad 2; Mal. q. 5, a. 2, ad 8; q. 7, s. 10, ad 8.

Ainsi donc, l'assertion que l'homme tel qu'il est par nature, en prescindant d'une aide surnaturelle gratuitement accordée par Dieu, «jouirait du pouvoir de se frayer un chemin vers Dieu» (das Vermögen, sich einen Weg zu Gott zu bahnen; Nygren) doit être dite à bon droit avec Nygren non seulement étrangère à la pensée de Paul, mais aussi incompatible avec la théologie catholique, selon l'enseignement de S. Thomas.

Il ne s'ensuit pas cependant, selon S. Paul et à plus forte raison selon le Docteur Angélique, que l'homme en tant qu'homme soit démuni de tout pouvoir dans l'ordre moral et religieux, comme paraît l'insinuer Nygren dans le même passage.

5.

Le «païen» au «cœur circoncis» ou «le chrétien anonyme»

selon Rom 2,29 *

Le passage de l'épître aux Romains où saint Paul oppose aux Juifs transgresseurs de la loi des païens qui sont censés l'observer demeure encore aujourd'hui l'un des plus discutés de l'épître. Cependant, en ce qui concerne ces «païens» que l'Apôtre mentionne soit en Rm 2,14-15, soit en Rom 2,26-29, un premier «consensus» tend à s'établir, dont la traduction œcuménique de la B i b l e (TOB) est un témoignage significatif. L'affirmation est en effet catégorique:

> «Non pas le chrétien d'origine païenne, comme le proposent de nombreux commentateurs, mais, d'après le contexte, le païen qui accomplit naturellement les œuvres prescrites par la loi (cf. 2,14)»[1].

Formulée à propos du v. 27, cette note vise donc aussi, et même plus directement encore, les vv. 26-29 où plus d'un exégète qui excluait toute allusion à des chrétiens convertis du paganisme dans les vv. 14-15, continuait pourtant à expliquer les vv. 26-29 en fonction de cette interprétation, tel F. Godet ou Th. Zahn[2].

Déjà Fr.-J. Leenhardt s'était prononcé avec non moins de clarté à propos de Rm 2,15:

> «Depuis Augustin on a plusieurs fois soutenu (Luther, K. Barth) que Paul parle, dans ces versets, non des païens, mais des pagano-chrétiens... Cette opinion ne peut être retenue... Notons encore que l'évidence des faits aurait dû prévenir une telle interprétation. Calvin s'est bien gardé de suivre Augustin sur ce point; le juriste qu'il était savait que les païens ont élaboré des systèmes de lois révélant une connaissance morale certaine... L'exégèse, l'histoire et la grammaire conspiraient contre cette interprétation» (p. 49). — Voir Appendice I.

A la décharge de saint Augustin, il faut d'ailleurs ajouter: — 1) qu'il avait adopté une telle interprétation seulement à partir de la crise péla-

---

* Le texte correspond substantiellement à celui qui a été publié dans *L'Évangile, hier et aujourd'hui, Mélanges offerts au Prof. Franz-J.* LEENHARDT, p. 87-97, sauf les appendices.

[1] *Traduction Oecuménique de la Bible, l'épître aux Romains*, p. 42, note à Rom 2,27; cf. p. 40 note à 2,12.

[2] F. GODET, *L'épître de Paul aux Romains*, 2e éd. 1883, p. 296 ss.; TH. ZAHN, *Der Brief an die Römer*, 3e éd. par HAUCK, p. 145 s.

gienne, pressé par les objections de ses adversaires qu'il pensait ainsi réfuter plus aisément et plus sûrement (comme il le fera pour l'interprétation
de Rm 7,14-23); — 2) qu'il a toujours affirmé, aussi clairement après
qu'avant la crise pélagienne, que les païens, non seulement connaissent
une telle «loi naturelle», mais que plusieurs d'entre eux l'observent,
quitte à préciser qu'ils n'en deviennent pas justes pour autant, mais obtiendront seulement par là une mitigation à leur châtiment. Bien plus, il
ne semble écarter l'interprétation de Julien d'Éclane que dans la mesure
où l'on ferait dire à Paul que ces païens peuvent se sauver sans le Christ,
auquel il ne voyait pas comment ils pouvaient se rattacher sinon par une
foi explicite.

> Augustin en effet envisage deux hypothèses: ou bien les païens dont
> parle saint Paul sont des croyants (*fideles*) ou bien, s'ils n'ont pas la foi au
> Christ, ils ne sont pas non plus des justes et ils ne plaisent pas à Dieu à qui
> l'on ne peut plaire sans la foi; mais leur châtiment sera plus tolérable
> (*tolerabilius*) parce qu'ils auront naturellement pratiqué de quelque façon
> (*utcumque*) ce que la loi prescrit [3].

Ce texte montre parfaitement les raisons purement dogmatiques qui
ont conduit Augustin à adopter l'interprétation en question.

La solution aujourd'hui la plus généralement adoptée e s t de supposer qu'ici saint Paul entend seulement affirmer la condamnation de ces
païens authentiques, loin d'envisager pour eux une justification possible
quelconque. C'était déjà celle de Calvin:

> «Si ceux-là seuls sont justifiés par la loi qui accomplissent la loi, il
> s'ensuit que nul n'est justifié parce qu'on ne trouve personne qui puisse se
> vanter de l'accomplir» [4].

Assurément le contexte général favorise une telle solution: depuis
Rom 1,18 jusqu'à Rom 3,20 Paul traite non pas de la justice salvifique de
Dieu mais de sa colère; tous, Juifs comme païens, sont objet de cette colè-
re, la justice de Dieu se révélant en Jésus-Christ seul (Rom 3,21 ss.).

Si l'on s'en tient aux vv. 12-16, la solution ne se heurte pas à des difficultés insurmontables, bien que ce ne soit pas, il faut le reconnaître, le
sens obvie des expressions de l'Apôtre. En évoquant ces païens qui font
naturellement ce qu'ordonne la loi que leur dicte leur conscience, Paul entend prouver ce qu'il vient d'affirmer, à savoir: ce qui compte aux yeux de
Dieu pour être justifié, ce n'est pas de connaître la loi mais bien de l'observer; à cette fin il semble opposer déjà aux Juïfs, objet de la condamnation de Dieu parce qu'ils n'observent pas la loi, non seulement un païen
qui serait sauvé non moins que le Juïf si l'audition de la loi suffisait (Go-

---

[3] S. AUGUSTIN, *C. Jul.* IV, 4,25; PL 44,750 s.
[4] CALVIN, *Opera omnia*, vol. 49, c. 37.

det), mais des païens qui, observant la loi, peuvent être justifiés par Dieu au jugement dernier; bien qu'il ne dise évidemment pas que ce soit en vertu de cette observation de la loi qu'ils sont justifiés; mais celle-ci, sans être la source de la transformation intérieure requise, peut néanmoins en être le signe.

En tout cas, la difficulté principale me paraît venir des affirmations pauliniennes des vv. 25-29. Ici Paul considère, à coup sûr, des païens qui «observent les préceptes de la loi», qui «accomplissent la loi»; bien plus, Paul déclare qu'ils possèdent «la circoncision du cœur», voire une circoncision «qui r e l è v e de l'Esprit et non de la lettre», comme traduit la TOB, à la suite de la Bible du Centenaire, ou, comme traduit Fr.-J. Leenhardt, «celle qu'opère l'Esprit, non celle que commande la lettre». La tentation signalée ci-dessus de séparer les deux péricopes en considérant les païens mentionnés aux vv. 14-15 comme de vrais païens et les «incirconcis» des vv. 25-29 comme des chrétiens convertis du paganisme, solution désespérée, met du moins en tout son relief le problème que posent ces derniers versets par la double allusion à la circoncision du cœur et à l'opposition entre la l e t t r e et l'E s p r i t.

1. Lettre et Esprit

Les commentateurs hésitent, — sauf naturellement ceux qui ont opté pour des chrétiens convertis du paganisme. — Ainsi le P. Lagrange interprète la circoncision du cœur par référence à Jr 9,26 (allusion aux «peuples qui ont le cœur incirconcis»), sans mentionner le Deutéronome; et surtout, il ajoute que la mention de l'esprit opposé à la lettre montre que Paul «ne fait pas allusion à l'action de l'Esprit Saint»; car, précise-t-il, «où serait l'opposition entre l'Esprit Saint et la lettre?»[5].

Le P. Lagrange invoque saint Thomas: «une circoncision de l'ordre de l'esprit (*en pneumati*; Thom. *per spiritum facta*)». Or l'expression de saint Thomas *per spiritum facta*, bien loin d'exclure une «action de l'Esprit Saint», l'inclut expressément: à preuve les nombreux passages où il traite la même question, par exemple, son commentaire à Rom 8,2 où il oppose la loi ancienne comme une loi «donnée par l'Esprit» et appelée pour cela «spirituelle» et la loi nouvelle qui est *lex spiritus*, ce qu'on peut comprendre, explique-t-il, de deux façons: «ou bien la loi qu'est le Saint-Esprit lui-même ou bien celle que le Saint-Esprit fait en nous» (vel est ipse *Spiritus Sanctus, vel eam in cordibus nostris Spiritus Sanctus facit*), avec la référence à Jr 31,33[6].

---

[5] M. J. Lagrange, *Saint-Paul, Epître aux Romains*, p. 57.
[6] S. Thomas, *Sur Romains*, ch. 8, leç. 1; éd. R. Cai, n° 603. Voir ci-dessous note 8 – et Appendice II et IV.

De son côté, Fr.-J. Leenhardt se rangerait volontiers à cette interprétation: elle «serait la meilleure», dit-il, mais en ajoutant aussitôt: «n'était
la signification que les textes parallèles semblent donner à l'opposition
Esprit-lettre» (p. 53).

Chose étrange, c'est cette opposition qui empêchait le P. Lagrange de
voir ici une allusion au Saint-Esprit; tandis que, on l'a vu, soit la Bible du
Centenaire, soit Fr.-J. Leenhardt, soit la TOB écrivent le mot Esprit avec
une majuscule.

> Dans la Bible de Jérusalem, il est vrai, j'avais employé une minuscule;
> mais la note ne laissait aucun doute sur le sens à donner à l'expression:
> «Cette rénovation intérieure (à savoir la circoncision du cœur) non seule-
> ment est de l'ordre de l'esprit mais a pour principe le Saint-Esprit», ce que
> confirmait la référence à «Rom 8,2 avec la note». Il y était dit que «le mot
> esprit désigne soit la personne même du Saint-Esprit, soit l'esprit de l'hom-
> me renouvelé par cette présence», et la 3e édition précisait la pensée de l'A-
> pôtre en fonction de la doctrine de Jérémie sur «la loi intérieure gravée
> dans le cœur» (Jr 31,33) qu'Ézéchiel (36,27) avait identifiée à l'Esprit même
> de Yahvé; Ézéchiel avait repris en effet à la lettre, la formule même de Jéré-
> mie: «Je mettrai ma loi dans l'intime de leur être», se contentant de substi-
> tuer au terme de loi celui d'Esprit, et avait déclaré: «Je mettrai mon Esprit
> en l'intime de votre être».

La pensée de saint Paul apparaît en toute clarté dans le passage de la
2 Co 3,3 ss. où se trouve longuement développée l'opposition entre lettre
et Esprit: ici l'Apôtre se réfère très explicitement à ces deux oracles, celui
de Jérémie et celui d'Ézéchiel, dont il cite plusieurs formules et qui constituent le meilleur commentaire des affirmations pauliniennes. A une alliance caractérisée par le don d'une loi «gravée sur des tables de pierre»,
essentiellement extérieure à l'homme et donc incapable de le changer,
comme le notera Rom 8,3a («ce qui était impossible à la loi»), est substituée une «alliance nouvelle» (Jr 31,31) caractérisée selon Jérémie également par le don de la loi, mais cette fois-ci la loi «gravée sur le cœur» et
donc essentiellement intérieure à l'homme, opérant en lui un «renouvellement» et une «transformation» (TOB sur Rom 8,2) qui le font passer d'u-
ne condition charnelle à une condition spirituelle: la première ne peut, par
elle-même, l'homme étant charnel, aboutir qu'à une condamnation; elle
«tue»; la seconde au contraire «vivifie» (2 Co 3,6).

Il est vrai que le P. Prat, puis le P. Allo, ont vulgarisé chez les catholiques une interprétation selon laquelle le terme *pneuma*, opposé à celui de
gramma, ne désignerait pas le Saint-Esprit ou son activité dans le chrétien
mais «l'intelligence spirituelle de l'Écriture» [7].

---

[7] F. PRAT, *Théologie de saint Paul*, 6e éd. 1923, II, pp. 526-529 (note T.). — E. B.
ALLO, *Deuxième épître aux Corinthiens*, Exc. VII (notamment pp. 107-108). — Pour Origène, voir Appendice III.

L'un et l'autre invoquent eux aussi saint Thomas qui parle, en effet, de *lex Christi spiritualiter intellecta*. Mais cette formule ne signifie pas du tout ce que le P. Prat et le P. Allo entendent par «l'intelligence spirituelle de l'Écriture», elle désigne ce que S. Thomas appelle la «loi nouvelle» qui pour lui est l'activité même du Saint-Esprit dans les chrétiens, fondement de la liberté chrétienne, comme il l'explique aussi clairement que possible dans le même passage [8], ainsi que dans son commentaire de Rom 8,2 et dans les articles de la «Somme théologique» qui traitent le même sujet.

Une telle interprétation avait principalemment à leurs yeux, ce semble, l'avantage d'éviter d'identifier au v. 17 le Christ avec l'Esprit Saint [9]. Mais ce n'est évidemment pas celle que suggèrent les oracles de Jérémie et d'Ézéchiel auxquels cependant Paul se réfère; quant au «midrash» sur le voile de Moïse, qui suit immédiatement, il ne lui fournit aucun appui, surtout si on le rapproche de l'interprétation juive des passages de l'Exode dont s'inspire l'Apôtre et du passage parallèle de Nb 7,89.

Le Targum y décrit en effet la conversation de Yahvé avec Moïse comme un entretien où Yahvé parle à Moïse «par son Esprit Saint» (Tg. Ex 33,16) et où Moïse «entend la voix de l'Esprit» (Tg, Nb 7,89) [10].

C'est précisément ce que Paul rappelle à ses lecteurs en déclarant au v. 17a que «le Seigneur», c'est-à-dire Yahvé, mentionné dans le texte de l'Exode est en fait, comme le disait explicitement le Targum, l'esprit de Yahvé, son «Esprit Saint», celui-là donc qu'Ézéchiel identifiait à la loi intérieure gravée sur le c œ u r dont parlait Jérémie, comme Paul vient de l'expliquer, et qui, en conséquence, peut donner la vie, tandis que la lettre, en provoquant la «malédiction» (v. 9) et la «colère» (Rom 4,15), ne peut que tuer (v. 7).

Une autre conséquence est la liberté du chrétien par rapport à la loi extérieure que Paul se hâte d'affirmer: «Là où est l'Esprit, là est la liberté» (v. 17b). Le chrétien «mû par l'Esprit» (Rom 8,14) n'agit plus en vertu d'une loi qui s'impose à lui du dehors, mais d'abord en vertu d'une exigence intérieure, effet de l'activité en lui du propre Esprit de Dieu et du Christ, si bien, commente saint Thomas,

«qu'il ne s'abstient pas du mal en raison d'un précepte du Seigneur mais par amour, comme si la loi divine le lui commandait; et de la sorte, il est libre, non qu'il ne soit pas soumis à la loi divine, mais parce que son dynamisme intérieur le porte à faire ce que prescrit la loi divine» [11].

---

[8] S. Thomas, *Sur 2 Corinthiens*, ch. 3, leç. 3; éd. R. Cai, n° 111-112.

[9] A. Feuillet, *Le Christ, Sagesse de Dieu*, Paris 1966, p. 119, la qualifie de «pure échappatoire apologétique».

[10] Voir R. Le Déaut, «Traditions targumiques dans le Corpus paulinien?», dans *Biblica* 42 (1961) 28-48 (spéc. 43-48); et surtout M. McNamara., *The New Testament and the Palestinian Targum to the Pentateuch*, Rome, 1966, pp. 168-188 (spéc. 182-188).

[11] Saint Thomas, *Sur 2 Corinthiens*, ch. 3, leç. 3; éd. R. Cai, n. 112. Cf. «La vie selon l'Esprit, condition du chrétien», pp. 192-195.

Or, la même opposition entre la lettre et l'Esprit, entendue exactement dans le même sens, est sous-jacente aux affirmations de Rom 8,2-4, et notamment à la formule «la loi de l'Esprit de la vie» à laquelle Paul attribue la «libération» du chrétien de «la loi du péché et de la mort»: formule qui peut-être «a quelque chose d'étrange» (Godet) pour qui veut comprendre Paul avec ses catégories à lui et non avec celles de l'Apôtre, mais qui est parfaitement limpide pour qui a présent à l'esprit les deux oracles de Jérémie et d'Ézéchiel dont elle offre un «résumé», comme le note justement la TOB.

Le génitif *toû pneumatos* est à comprendre vraisemblablement comme un génitif de définition, au sens où nous disons la vertu de patience ou la ville de Rome: «la loi (Jr 31) qu'est l'Esprit (Ez 36) de la vie (Ez 37)» libère le chrétien (v. 2; cf. 2 Co 3), «afin que la justice exigée par la loi, — ou encore «le précepte de la loi» en qui tous les autres sont compris, à savoir celui de l'amour du prochain (Rom 13,8-10), — soit accomplie en nous», — au passif, parce que c'est encore plus l'œuvre de l'Esprit que la nôtre, — «en nous qui ne marchons pas selon la chair mais selon l'Ésprit» (v. 4), exactement comme chez Jérémie (31,34) et chez Ézéchiel (36,27)[12].

Sans doute Rom 8,2-4 ne se réfère pas explicitement, comme 2 Co 3, aux oracles de Jérémie et d'Ézéchiel et non pas même à l'opposition lettre-Esprit: mais celle-ci se trouve mentionnée en Rom 7,6, c'est-à-dire précisément dans le verset qui contient la seule mention du mot *pneuma* dans le chapitre 7 et, selon un procédé cher à saint Paul[13], annonce les développements du chapitre 8.

Le parallélisme des trois formules successives en Rom 6,4; 7,6 et 8,2-4 est significatif. La «nouveauté de la vie» dans laquelle le chrétien est appelé à «marcher» (Rom 6,4), devient «la nouveauté de l'Esprit», opposée à la «vétusté de la lettre» (Rom 7,6) pour aboutir aux explications de Rom 8,2-4 que nous venons d'analyser.

La signification de l'opposition lettre-Esprit, dans tous les passages où Paul l'évoque, non seulement dans 2 Co mais également dans Rom, ne laisse donc pratiquement aucun doute. Comme le remarque la TOB à propos de Rom 7,6, «il s'agit de l'opposition entre la loi écrite de Moïse et la loi de l'Esprit (Rom 8,2) et nullement de la distinction entre la lettre d'une loi et son esprit». Il serait donc naturel qu'elle présente le même sens en Rom 2,29. D'autant plus qu'ici une raison nouvelle s'ajoute aux précédentes, à savoir l'allusion explicite à la «circoncision du cœur».

---

[12] Voir «Le Nouveau Testament à la lumière de l'Ancien. A propos de Rom 8,2-4», dans *NRT* 87 (1965), 561-587 ou *Storia della Salvezza*, pp. 131-166.
[13] Ainsi, pour nous limiter à la seule lettre aux Romains, 6,14, annonçant les développements du chapitre 7 sur la loi et le péché, préparés d'ailleurs par diverses incises au cours des développements précédents: 3,20b; 5,20a.

2. La circoncision du cœur

La notion est connue. Elle est, on le sait, propre au Deutéronome (10,16 et 30,6) et à Jérémie (4,4; cf. 9,26), ainsi qu'à quelques textes qui semblent bien en dériver (Lv 26,41; Ez 44,7 et 9). Jérémie lui-même paraît l'avoir empruntée au Deutéronome.

Assurément la parenté entre Jérémie et le Deutéronome est une question «fort controversée». La «parenté spirituelle» n'est pas mise en doute, mais le problème de la dépendance est complexe.

H. Cazelles [14] admet une dépendance mutuelle, en distinguant deux éditions du Deutéronome, la seconde comprenant les ch. 1-4 et 28 à la fin (p. 10). Il estime que le rédacteur de Jérémie (sans doute Baruch) a utilisé le Deutéronome dans sa première édition, mais qu'à l'inverse la seconde édition du Deutéronome a eu souvent recours aux images et aux pensées de Jérémie (p. 36).

En tout cas, il note que les ch. 30-33 de Jérémie sont «plus chargés que les autres de formules deutéronomiques» (p. 13) et, en faveur de la dépendance de Jérémie par rapport au Deutéronome (première édition), il cite justement la formule «ôter le prépuce du cœur» (Jr 4,4). En effet, pour désigner le «cœur» Jérémie n'emploie pas ici le terme *leb* qui lui est familier (58 ex. sur 65), mais le terme *lebab* qui est habituel à la première édition du Deutéronome, les trois exemples de *leb* appartenant tous trois à la seconde édition (Dt 4,11; 28,65 et 29,3). En outre, en Dt 10,16 l'image de la circoncision est soutenue par une allitération, indice que la formule y est originale: «Circoncisez votre cœur (litt. «ôtez le prépuce, *'rl*, de votre cœur») et ne raidissez plus votre nuque (*'rp*)» (p. 10).

La notion se retrouve dans le Judaïsme contemporain de Paul, par exemple dans le Livre des Jubilés et à Qumrân.

Jub 1,23: «Après cela ils se tourneront vers moi (cf. Jr 24,7) en toute droiture et de tout leur cœur et de toute leur âme (Dt 6,5), et je circoncirai le prépuce de leur cœur et le prépuce du cœur de leur race (Dt 30,6) et je créerai en eux un esprit saint (Ps 51,13), etc.».

Commentaire d'Habacuc 11,13: «L'interprétation de ceci (Hab 2,16) concerne le prêtre dont la honte fut plus grande que la gloire; car il n'a pas circoncis le prépuce de son cœur, mais il a marché dans les voies de l'ivresse ...».

Manuel de discipline 5,5: «... pour pratiquer la vérité, l'union et l'humilité, la justice et le droit et l'amour bienveillant..., de sorte que nul ne s'avance dans l'obstination de son cœur..., pour que dans la communauté soit circoncis le prépuce du (mauvais) penchant et de la nuque raide...» (avec la même allitération qu'en Dt 10,16).

---

[14] Voir H. CAZELLES, «Jérémie et le Deutéronome», dans *RSR* 38 (1951) 5-36 (Mélanges Lebreton, I).

Or en Dt 10,16 la formule «circoncisez votre cœur» semble bien résumer les versets précédents à partir du v. 12 qui eux-mêmes ne font que reprendre la formule du «schema» (Dt 6,4-5) et l'explicitent par autant d'expressions pratiquement équivalentes: «craindre Yahvé», «suivre toutes ses voies», «l'aimer», «servir Yahvé t o n Dieu de tout ton cœur et de toute ton âme», «garder les commandements de Yahvé et ses lois» (vv. 12-13). Bien plus, les vv. 17-19, à leur tour, semblent expliquer ce que signifie concrètement un «cœur circoncis».

> Ils rappellent que Yahvé est «un Dieu qui ne fait pas acception de personnes et ne se laisse pas corrompre par des présents» (v. 17), ce que rappelle justement Paul en Rom 2,11, un Dieu dont la conduite est dictée par un amour souverainement désintéressé, «qui fait droit à l'orphelin et à la veuve» et «qui aime l'étranger, auquel il donne pain et vêtement» (v. 18). La conclusion s'impose: «aimez donc l'étranger», à l'exemple de votre Dieu qui vous a aimés de la sorte «quand vous étiez vous-mêmes des étrangers au pays d'Égypte» [15].

C'était déjà suggérer que l'amour désintéressé du prochain résume toute la loi, comme l'enseignera Hillel et plus clairement encore tout le Nouveau Testament, et par conséquent insinuer pour le moins que le païen au cœur circoncis observe les préceptes de la loi dans la mesure exacte où il pratique le précepte: «Tu aimeras ton prochain comme toi-même», exactement ce que saint Paul dira du chrétien en Rom 13,8-10.

Mais le Deutéronome ne se contente pas de proclamer la nécessité de la «circoncision du cœur». Selon Dt 30,6 celle-ci suppose qu'elle est opérée non plus par l'homme qui «circoncit son cœur», mais par Dieu lui-même: «Yahvé ton Dieu circoncira ton cœur et le cœur de ta postérité en sorte d'aimer Yahvé ton Dieu de tout ton cœur et de toute ton âme, afin que tu vives» [16].

> A cet égard le Deutéronome est beaucoup plus proche de Jérémie que ne le suppose Mgr J. Coppens. En effet, celui-ci n'a pas tenu compte de Dt 30,6. Il écrit: «Le Deutéronome considère la présence de la loi dans le cœur des fidèles comme l'aboutissement d'actes que les enfants d'Israël auront à

---

[15] Sans doute l'étude littéraire du passage montre que le v. 19a n'appartient pas au contexte primitif et qu'en conséquence il ne présente pas un *echtes Hauptgebot* (N. Lohfink, «Das Hauptgebot», p. 223, n. 14; cf. J. Becker, «Gottesfurcht im Alten Testament», p. 100). Mais il est clair que saint Paul et les Juifs ses contemporains lisaient le texte dans son contexte actuel et ne pouvaient le comprendre qu'en fonction de ce contexte. On notera qu'en Lv 19,34 le précepte d'aimer l'étranger «comme soi-même» est rattaché de la même manière à la condition d'étranger qu'Israël connut en Égypte.

[16] C. Wiéner a bien montré ce qu'il y avait de nouveau et d'extraordinaire dans cette formule du Deutéronome. Cf. «Recherches sur l'amour pour Dieu dans l'Ancien Testament», Paris 1957, spécialement pp. 43-46.

accomplir généreusement pour s'assimiler les commandements divins. Le texte de Jérémie au contraire entrevoit la présence future de la loi dans le sein des croyants comme un don de Dieu»[17]. Rien de plus vrai si l'on considère les passages du Deutéronome auxquels il renvoie, du moins Dt 6,6 et 11,8, car Dt 30,14 que Paul invoque précisément en Rom 10,8 semble bien parler d'un don de Dieu. En tout cas tel est certainement le cas de Dt 30,6, qui de fait, n'est pas cité avec les autres passages.

Dans la pensée du Deutéronome la circoncision du cœur implique donc un véritable renouvellement de l'homme, celui-là même que Jérémie exprimera en des termes différents par le don d'une l o i   i n t é r i e u r e , inscrite sur le c œ u r de l'homme (Jr 31,33) et Ézéchiel par le don de l ' e s p r i t   même   d e   Y a h v é (Ez 36,27; le don de «l'esprit saint de Yahvé», selon le Targum). De fait le Judaïsme contemporain rapproche assez visiblement la circoncision du cœur et le don de l'esprit saint.

C'est le cas, par exemple, du Livre des Jubilés (1,21-25) dans la vision inaugurale accordée à Moïse et à laquelle il a été déjà fait allusion. Moïse demande à Dieu pour les enfants d'Israël de «créer en eux un esprit ferme» (Ps 51,12) et de ne point «laisser l'esprit de Béliar dominer sur eux» (Jub 1,20), de «créer en eux un cœur pur et un esprit saint» (Ps 51,12). A quoi Dieu répond en annonçant la «circoncision du cœur» opérée par Dieu lui-même selon Dt 30,6; puis il poursuit: «Et je créerai en eux un esprit saint et je les purifierai (Ps 51,12-13; cf. Jr 33,8; Ez 36,25-27a), de sorte qu'ils ne se détourneront plus de moi désormais, et leurs âmes s'attacheront à moi et à mes commandements et ils a c c o m p l i r o n t mes commandements (cf. Jr 31,34; Ez 36,27b), et je serai leur Père et ils seront mes enfants» (cf. Jr 31,33b; Ez 36,28b, à la seule différence que la formule est celle du pacte avec David, 2 S 7,14).

Le rapprochement de l'oracle de Jérémie sur la nouvelle Alliance avec la circoncision du cœur que Dieu devait opérer lui-même dans le cœur de l'homme pour lui permettre d'aimer D i e u de tout son cœur et de toute son âme pourrait expliquer un détail de la traduction des Septante en Jérémie 31 (LXX: 38), 33 à savoir l'emploi du terme *dianoia* parallèlement à *kardia*.

C'est en effet le seul passage où l'hébreu *qereb* est rendu par le grec *dianoia*, si bien qu'on a le parallélisme: «je mettrai ma loi dans leur esprit (*eis tèn dianoian autôn*), je la graverai sur leurs cœurs (*epi kardias autôn*)». Or la formule deutéronomique «de tout ton cœur et de toute ton âme» est traduite tantôt avec *kardia* et *psychè* tantôt avec *dianoia* et *psychè*, tandis qu'en Mt 22,37 on a les trois mots: *kardia, dianoia, psychè*.

---

[17] J. COPPENS, *La Nouvelle Alliance en Jér 31,31-34*, dans *CBQ* 25 (1963), p. 16; cf. pp. 17-18.

On sait que 1 Jn 5,20, où le P. Boismard a vu fort justement une allusion aux textes de Jérémie sur la nouvelle Alliance [18], présente un emploi analogue de *dianoia*: «Le Fils de Dieu est venu et nous a donné une *dianoia* afin que nous connaissions le Véritable». C'est le seul exemple du terme dans les écrits johanniques; dans les Synoptiques il n'apparaît que dans la formule deutéronomique du premier précepte (Mt 22,37; Mc 12,30; Lc 10,27), outre l'emploi sporadique de Lc 1,51. Le P. Boismard a rapproché Jr 24,7: «Je leur donnerai un cœur (*kardian*) pour connaître que je suis Yahvé. Ils seront mon peuple et je serai leur Dieu; car ils reviendront à moi de tout leur cœur». On pourrait également songer au passage, si voisin pour le sens, de Jr 31 (LXX: 38), 33: «Je donnerai mes lois dans leur *dianoia* et les écrirai sur leur *kardia*. Alors je serai leur Dieu et ils seront mon peuple».

Quoi qu'il en soit, en déclarant que ces «païens» o n t «le cœur circoncis», Paul suppose ce qu'avait déjà suggéré le sens qu'il attache partout ailleurs à l'opposition entre la lettre et l'Esprit. Il entend parler de gens intérieurement transformés par une opération de Dieu lui-même.

Tel est assurément le sens obvie des affirmations pauliniennes, celles qu'en bonne exégèse il convient de leur donner, à moins cependant que ne s'y oppose absolument soit ce que nous savons par ailleurs de la théologie paulinienne, soit ce qu'imposerait le contexte où elles se trouvent insérées.

3. **Réponse à deux difficultés**

a) Il est évident que si Paul entendait par là déclarer que l'homme peut être justifié ou observer la loi — qu'elle soit «mosaïque» ou «naturelle» — en vertu des propres forces de sa nature, c'est-à-dire indépendamment de la grâce du Christ, comme le supposaient précisément les Pélagiens, une telle affirmation contredirait diamétralement tout ce qu'il enseigne par ailleurs; l'interprétation ne correspondrait certainement pas à sa pensée.

Pour Paul la «loi naturelle» dont il parle n'est évidemment pas un principe de justification, non plus que la loi mosaïque. Ce n'est certes pas elle qui opère ce renouvellement indispensable que Paul appelle, à la suite du Deutéronome et de Jérémie, la «circoncision du cœur», une circoncision que Dieu seul, par son Esprit, peut opérer dans l'homme.

O. Kuss souligne avec raison que pour saint Paul «le païen, même en agissant conformément à sa conscience, selon cette loi inscrite dans son cœur, ne pourra jamais obtenir le salut par le seul fait qu'il agit ainsi» («durch ein… entsprechendes Tun») [19]. Il ne suffit même pas de dire que,

---

[18] M.-E. BOISMARD, «La connaissance dans l'Alliance Nouvelle, d'après la première lettre de saint Jean», dans *RB* 56 (1949), pp. 365-391.

[19] O. KUSS, «Der Römerbrief», Regensburg 1957, p. 74; trad. Brescia 1962, p. 107.

pour Paul, indépendamment de la grâce du Christ, l'homme ne peut observer la loi, naturelle ou mosaïque, de façon à obtenir moyennant cette simple observation le salut, mais il faut ajouter qu'il ne peut en aucune façon
l'observer, comme Paul le déclare explicitement en Rom 7,18: l'homme
«naturel» dont il s'agit, ainsi qu'on le reconnaît de plus en plus, peut «aspi-
rer» au bien, selon le sens du verbe *thelein*, mais non pas «l'accomplir»
(*katergazesthai de ou*).

Si donc l'on entendait par «loi naturelle» une loi que l'homme pourrait, de fait, observer en vertu des seules forces de sa nature, il faudrait
simplement concéder que Paul ignore l'existence d'une telle loi. C'est parce que le même auteur interprète d'une activité purement naturelle l'expression *physei poieîn* en Rom 2,14[20] qu'il est amené nécessairement à
exclure toute allusion à une justification possible et à comprendre soit la
circoncision du cœur, soit l'opposition lettre-Esprit en un sens différent de
celui que ces expressions offrent partout ailleurs chez l'Apôtre.

Car il concède, à la suite de H. Asmussen, que soit la «circoncision
du cœur» soit l'opposition entre «la lettre et l'Esprit», «comprises strictement», c'est-à-dire comme saint Paul les comprend en fait dans tous les
passages parallèles, conduisent à adopter l'interprétation ci-dessus proposée. Mais il l'écarte avec nombre d'exégètes contemporains parce qu'elle
«ne cadrerait aucunement, selon l'expression empruntée à H. Asmussen
(«keineswegs passt») a v e c l'ensemble des idées exposées par l'Apôtre
dans cette première partie de l'épître»[21].

b) Telle est la seconde difficulté provenant du contexte de Rom
2,12-29. Mais on peut se demander si le contexte paulinien exclut vraiment une telle interprétation, ce que évidemment, soit dit en passant,
n'ont pas estimé les nombreux exégètes anciens et modernes pour qui
Paul opposerait ici aux Juifs violateurs de la loi des chrétiens baptisés. En
tout cas, pour montrer que le contexte ne constitue pas une difficulté insurmontable, il suffit peut-être de déterminer exactement ce que l'Apôtre
entend prouver.

Voulant établir que sans le Christ il n'y a pas de justification et donc
de salut possible, autrement dit que tous les hommes sont l'objet de la colère de Dieu et non de sa justice salvifique, Paul a d'abord considéré le
monde païen. Avec le chapitre 2 il aborde le monde juif: il s'agit de le persuader que, lui aussi, tout autant que le païen qu'il condamne, se trouve

---

[20] O. Kuss, o.c., p. 69; trad. it. p. 106: «Les païens accomplissent les œuvres de la loi
mosaïque en vertu de leur nature d'homme ("auf Grund ihres Menschenwesens") qui a
été faite ainsi par Dieu créateur ("das von dem Schöpfer Gott so eingerichtet ist")», ou,
comme traduit l'italien, «perché la loro natura è stata fatta così».
[21] O. Kuss, op. cit., p. 91; l'italien (p. 128) atténue quelque peu en traduisant: «mal si
inserisce».

en dehors de cette justice salvifique dans la mesure où il s'imagine obtenir le jugement favorable de Dieu indépendamment du Christ. La tâche est singulièrement plus délicate, car le Juif, en tant précisément qu'il s'oppose au païen, se croyait comme par définition à l'abri de cette condamnation [22]. Aussi Paul modifie-t-il son argumentation: son but est d'ôter au Juif sa sécurité. Certes, il ne renie aucun des privilèges d'Israël, mais il s'efforce de montrer que, pour ce qui concerne la justification de chacun des membres du peuple élu, la situation du Juif n'est pas meilleure que celle du païen; l'un tout autant que l'autre, ni plus ni moins, ont besoin du Christ. D'où l'insistance avec laquelle, dans cette section, Juif et païen sont placés l'un à côté de l'autre (2,9-10.12.25-26; 3,9), et de nouveau, dans la section suivante (3,29-30; 4,12). Là se trouve sans doute la pointe de l'argumentation.

En bon dialecticien, Paul amène son interlocuteur à reconnaître que la seule chose qui compte aux yeux de Dieu, ce n'est pas la possession mais la pratique de la loi, et que celui qui arriverait à la pratiquer, même sans la connaître, n'est pas dans une condition inférieure; voire, s'il la pratique tandis que le Juif se contente de la connaître, qu'il est dans une situation meilleure: il est, lui, «le vrai circoncis». De la première péricope (vv. 12-16) à la seconde (vv. 25-29), il y a donc progression. A dessein, Paul s'exprime d'abord de façon plus ou moins voilée, de même qu'il avait attendu le v. 17 pour nommer explicitement le Juif auquel il songe pourtant dès le début du chapitre. C'est pourquoi la clé du passage se trouve dans la seconde péricope qui éclaire ainsi rétrospectivement le sens de la première.

Bien que la section entière, depuis 1,18 jusqu'à 3,20, tende à prouver que tous, païens et Juifs, sont sous la colère de Dieu, rien n'empêche que saint Paul, du moment qu'il se proposait ici spécialement de souligner l'égalité foncière du Juif et du païen par rapport à la justification, ait envisagé un instant et comme en passant une éventuelle justification pour le païen, *sous-entendant évidemment que cette justification serait chez le païen l'effet de cette grâce du Christ dont ne voulait pas dépendre le Juif à qui la loi suffisait.* D'ailleurs se contente-t-il de le «sous-entendre»? Il paraît l'insinuer, voire le déclarer en termes fort clairs par cette double allusion à la «circoncision du cœur» et à l'opposition entre «la lettre et l'Esprit», à la condition, bien entendu, qu'on ait présent à la pensée ce que signifiaient l'une et l'autre pour Paul comme pour l'Écriture.

Et c'est pourquoi la TOB, comme Fr.-J. Leenhardt et comme déjà la Bible du Centenaire, pour me limiter à quelques versions françaises, n'ont pas eu tort, ce semble, d'écrire avec un E majuscule «la circoncision qui relève de l'Esprit» ou «la c i r c o n c i s i o n qu'o p è r e l'E s p r i t».

---

[22] «Recevoir la circoncision donnait une garantie contre la géhenne» (Fr.-J. LEENHARDT, sur Rom 2,25, qui cite le mot du P. BONSIRVEN: «Le principe est si souvent répété qu'on peut le tenir pour traditionnel»).

APPENDICES

I.

Les «païens» de Rom 2,14 ne sont pas des «convertis du paganisme»

De même H. Schlier, «Le temps de l'Eglise», p. 53, n. 1 (contre l'interprétation augustinienne qu'avait reproposée W. Mundle, *Theol. Blätter*, 13 [1934], p. 749-756) fait remarquer combien «il est peu vraisemblable que Paul ne reconnaisse aux chrétiens-païens qu'une connaissance pratique de la Loi dans leurs actions et qu'il veuille montrer l'origine de cette connaissance dans la parole de Dieu inscrite dans leur cœur». En réalité, d'après Schlier, l'interprétation de Mundle s'explique par «une théologie s'appuyant sur le principe que le mystère du Christ pour le monde était caché dans le Créateur et n'est apparu que par l'Évangile des apôtres; d'où la conclusion que le mystère caché dans le Créateur ne peut agir parmi les païens... Même dans le monde païen... le Christ agit et on peut en trouver les traces».

Pareillement H. Bouillard, à propos de K. Barth qui avait, au reste, interprété d'abord le passage paulinien des «païens ignorant le Christ» (ainsi dans «Römerbrief», p. 40-43; trad. fr. de P. Jundt, 1972, p. 68 ss.), puis des «pagano-chrétiens» dans la «Dogmatik» (cf. H. Bouillard, «Karl Barth», III, p. 237) ainsi que dans le «Petit commentaire de l'épître aux Romains», (trad. fr. 1956, p. 34; cf. p. 38), note que la seconde interprétation «ne paraît pas conforme au mouvement de la phrase» et ajoute: «Comment d'ailleurs l'Apôtre, qui commentait sans cesse la Loi, i.e. l'A. T., aurait-il pu dire aux chrétiens qu'ils ne connaissaient pas cette Loi ou qu'elle ne les touchait aucunement? Le commandement de la Loi inscrit dans le cœur ne peut être que la loi de la conscience morale» — Voir également ci-dessous IV, la pensée d'Origène et de S. Thomas.

II.

Le sens de l'opposition lettre et Esprit chez S. Thomas

Il suffit d'ailleurs de se reporter au contexte même de S. Thomas: «*Circumcisio* vera est, quae est *cordis in spiritu*, i.e. p e r s p i r i t u m f a c t a, per quam superfluae cogitationes a corde praescinduntur» (in Rom 2, lect. 4; éd. R. Cai, n° 244). En effet, S. Thomas renvoie à Phil 3,3:

> «Nos sumus circumcisio, qui spiritu Deo servimus». Les éditeurs écrivent partout «spiritus» avec une minuscule, mais l'explication qu'en donne S. Thomas et à laquelle il convient naturellement de se reporter, ne permet aucun doute; il songe clairement au Saint Esprit: «Est autem duplex circumcisio, scl. corporalis et spiritualis». Or S. Thomas renvoie à Rom 2,28-29 qu'il cite entièrement jusqu'aux mots: «circumcisio cordis in spiritu, non littera»; puis il poursuit: «Circumcisio enim carnis est, quae est de superfluo carnis, sed c i r c u m c i s i o s p i r i t u s, per quam S p i r i t u s S a n c t u s abscindit superfluas interiores concupiscentias», où l'on retrouve la formule même utilisée pour expliquer Rom 2,29. La suite n'est pas moins claire: «Et ideo dicit: *Nos sumus circumcisio qui spiritu servimus Deo*, i.e. qui

(Spiritus Sanctus) i n t e r i u s circumcidit nos Deo» (in Phil 3, lect. 1; éd. R. Cai, nº 104). Puis au nº suivant: «Ille ergo circumciditur, qui i n t e r i u s p e r S p i r i t u m S a n c t u m renovatur in Christo, qui est veritas circumcisionis» (ibid. nº 105).

Cette interprétation est pleinement confirmée par l'exégèse de Rom 2,15 que S. Thomas explique en se référant à 2 Co 3,3 et à Jr 31,33 (in Rom 2, lect. 3; éd. R. Cai, nº 214-218).

Les païens à qui «la loi n'a pas été donnée» et par conséquent «non peccabant non observando caerimonias legis» (nº 214), «faciunt *quae sunt legis*, i.e. quae lex mandat, scl. quantum ad praecepta moralia, quae sunt de dictamine r a t i o n i s n a t u r a l i s, sicut et de Job dicitur» (nº 215). Au .v. 15, Paul montre «quomodo ipsi sunt sibi lex, quod accipere possumus ad similitudinem legis quae a b e x t e-r i o r i homini proponitur», loi généralement communiquée aux hommes «scrip-to», pour aider leur mémoire; «similiter illi qui legem observant a b s q u e e x t e-r i o r i a u d i t u l e g i s, ostendunt *opus legis scriptum*, non quidem a t r a m e n-t o, sed primo quidem et principaliter S p i r i t u D e i v i v i (2 Co 3,3)... Unde et hîc (in Rom 2,15) sequitur *in cordibus suis*, non pergameno aut t a b u l i s l a-p i d e i s sive aeneis. Jer 31,33: Dabo legem meam in visceribus eorum et in corde eorum superscribam eam» (nº 218).

III.

Exégèse d'Origène (connue par la traduction latine de Rufin)

S. Thomas s'inspire manifestement d'Origène, dont l'exégèse aide à mieux comprendre celle de S. Thomas lui-même.

En Rom 2,14 ss. Origène explique que par les mots «quae legis sunt» S. Paul n'entend pas parler des lois concernant le sabbat, les sacrifices, etc.; car «cette loi-là n'est pas écrite dans le cœur des païens». Il s'agit de «la loi qui dit: Tu ne tueras pas, etc. ou peut-être que Dieu est l'unique créateur de toutes choses». Cependant, ajou-te Origène, «ces lois que Paul déclare écrites dans les cœurs me semblent correspon-dre davantage aux l o i s é v a n g é l i q u e s, où tout se rapporte à l'équité n a-turelle. Qu'y a-t-il en effet d'aussi proche des s e n t i m e n t s n a t u r e l s (ita naturalibus sensibus proximum), que la loi qui nous commande de n e p a s f a i-r e a u x a u t r e s c e q u e n o u s n e v o u l o n s p a s q u ' i l s n o u s f a s-s e n t. Or la loi naturelle ne peut être identifiée (concordare) à la loi de Moïse que s e l o n l ' e s p r i t e t n o n s e l o n l a l e t t r e».

Origène explique qu'il ne peut être question, par exemple, «de la circoncision le 8º jour (Lv 12,3) ou de la défense de tisser le lin avec la laine (Deut 22,11)», etc.: autant de préceptes dont nous faisons remarquer aux Juifs «l'inutilité», à quoi ils se contentent de répondre que «tout ceci a été décrété par le Législateur».

«Mais nous, réplique Origène, qui savons que tout ceci doit être c o m p r i s s p i r i t u e l l e m e n t, nous croyons que les observateurs de la loi doivent être justifiés (factores legis iustificandos), non pas cependant de la loi s e l o n l a l e t-t r e, qui en vérité ne peut être observée par l'homme en raison de sa nature même (quae utique pro sua impossibilitate non potest habere factorem, c'est-à-dire, je pense, comme l'expliquera S. Thomas, parce qu'elle est une loi purement e x t é-rieure, gravée sur la pierre), mais s e l o n l ' E s p r i t, par lequel seulement la loi peut être accomplie (per quem solummodo impleri potest)».

L'opposition «sens littéral / sens spirituel» est donc ramenée à l'opposition entre la loi e x t é r i e u r e, simple norme de conduite, et la loi i n t é r i e u r e, principe d'activité qui est l ' E s p r i t S a i n t lui-même. Origène, en effet, poursuit: «Telle est l'œuvre de la loi (opus legis) dont l'Apôtre dit que les païens eux-mêmes peuvent l'accomplir naturellement. En effet, en agissant comme la loi le demande (cum agunt quae legis sunt), ils paraissent avoir la loi écrite dans leurs cœurs par Dieu, non avec de l'encre mais avec l ' E s p r i t d u D i e u v i v a n t (2 Co 3,3)» (P. G. 14, 892).

A propos de Rom 2,29, Origène renvoie, exactement comme le fera S. Thomas, à Ph 3,2-3: «Circumcisio sumus, qui spiritu Deo servimus, et non in carne confidimus».

> «Telle est, je pense, explique Origène, la circoncision dont l'Apôtre dit qu'elle est utile, si tu observes la loi: non pas la l o i d e l a l e t t r e (legem litterae), dont assurément tu ne reçois pas la circoncision dans la chair (cuius utique circumcisionem in carne non recipis), mais la l o i d e l ' E s p r i t (legem Spiritus), selon laquelle tu es circoncis dans le cœur. En effet, la lettre tue, mais l'Esprit vivifie (2 Co 3,6), parce que la loi de Dieu également n'est pas relatée écrite avec de l'encre (quia et lex Dei non refertur atramento scripta), mais par le doigt de Dieu, qui est s o n E s p r i t, et non pas sur des tables de pierre mais sur les tables du cœur (2 Co 3,3)». L'opposition est manifeste, ici encore, entre la loi e x t é r i e u r e (la loi mosaïque gravée sur les tables de pierre) et la loi i n t é r i e u r e, annoncée par Jérémie, écrite sur le cœur.

IV.

Païens de bonne foi ou chrétiens convertis du paganisme pour Origène et S. Thomas?

1. En commentant Rom 2,29, O r i g è n e déclare «qu'il lui semble (videtur) qu'ici Paul considère le cas de païens devenus chrétiens (gentes quae in praeputio carnis ad f i d e m C h r i s t i venerunt)». Paul comparerait aux Juifs transgresseurs de la loi mosaïque, ces chrétiens observant la loi spirituelle. Il semble que «ici» désigne exclusivement la péricope Rom 2,25-29; car la façon dont il explique Rom 2,12-16 ne laisse aucunement entendre qu'il songe à des chrétiens et non pas à des gens qui sont encore païens.

2. Quant à S. T h o m a s, à propos du «naturaliter» de Rom 2,14, il signale les deux explications.

> La première, celle de saint Augustin, dont il emploie la formule (bien qu'il ne le nomme pas): «*Naturaliter*, i.e. per naturam g r a t i â r e p a r a t a m»; en ce cas, Paul «loquitur de g e n t i l i b u s a d f i d e m c o n v e r s i s».
> La seconde est celle qui paraît avoir été l'interprétation d'Origène dans cette péricope, celle que suppose habituellement S. Thomas quand il invoque Rom 2,14-15: «Vel potest dici *naturaliter*, i.e. per l e g e m n a t u r a l e m ostendentem eis quid sit agendum, sec. illud Ps 4,7: 'Signatum est super nos lumen vultus tui', quod est lumen r a t i o n i s n a t u r a l i s, in qua est imago Dei. Et tamen non excludit quin necessaria sit g r a t i a a d m o v e n d u m a f f e c t u m, sicut etiam *per legem* est cognitio peccati (Rom 3,20) et tamen requiritur g r a t i a a d m o v e n d u m a f f e c t u m» (In Rom 2, lect. 3; éd. R. Cai n° 216).

Dans tout le commentaire de Rom 2,12-16 et 25-29, c'est la seule allusion à des païens convertis. Bien plus, à propos de Rom 2,27, S. Thomas reprend les mêmes formules, mais ne mentionne plus que la seconde explication.

> Paul, explique-t-il, «comparat circumcisionem Gentili ... Praeputium, i.e. Gentilis incircumcisus consummans, i.e. implens mandata legis, ex natura, i.e. per naturalem rationem, ut supra dictum est quod naturaliter quae sunt legis faciunt» (In Rom 2, lect. 4; éd. R. Cai, n° 241).

> On notera que S. Thomas ajoute ici les mots «ex natura» qui ne se trouvent ni dans l'original grec ni dans la Vulgate qu'il commente. Or il ne reproduit plus que l'explication par la loi naturelle en tant qu'elle joue le rôle de la loi extérieure, manifestant à l'homme ce qu'il doit faire, restant bien entendu que, pour le Juif en possession de la loi comme pour le païen sans elle, la grâce du Christ demeure nécessaire exactement autant pour l'un que pour l'autre.

C'est également des païens qu'il interprète Rom 2,14 dans la Somme théologique, le plus souvent, par exemple I-II, q. 91 a. 2 (sed contra), surtout q. 106 a. 1 ad 2, où il oppose la «lex naturalis» dont parle Rom 2,14 (objection 2) qui est «aliquid inditum naturae», et la «lex nova» ou «lex Novi Testamenti», annoncée par Jérémie (sed contra) et qui est «aliquid superadditum naturae per gratiae donum».

V.

Le salut des païens de bonne foi ou du «chrétien anonyme»

Quant aux difficultés théologiques qui ont empêché S. Augustin d'admettre la possibilité d'une justification au sens propre et donc d'un salut pour des païens, fussent-ils de bonne foi, en raison de la nécessité supposée d'une foi explicite dans le Christ, on peut en trouver un témoignage très clair dans le «Contra Julianum» (a. 421), 4,4,25 (P. L. 44, 750 s.).

> A Julien d'Éclane qui invoquait Rom 2,14 pour déclarer que «des étrangers à la foi du Christ peuvent posséder une justice véritable», S. Augustin reproche d'introduire ainsi le «dogme pélagien», à savoir que «l'on peut plaire à Dieu sans la foi du Christ, par la loi de nature». Les affirmations de S. Paul en effet, explique Augustin, ne prouvent pas ce que Julien veut prouver, à savoir, que les infidèles peuvent posséder de vraies vertus; car les païens dont parle saint Paul dans ce passage sont des «fidèles» (des chrétiens convertis du paganisme).

> Puis il poursuit: «Ou bien, s'ils n'ont pas la foi du Christ, assurément ils ne sont pas davantage des justes, ni ne plaisent à Dieu, à qui on ne peut plaire sans la foi. Toutefois, au jour du jugement, ils trouveront dans leurs pensées une sorte de justification (cogitationes suae defendent eos: cf. Rom 2,15), qui diminuera leurs tourments, parce qu'ils auront accompli de quelque façon (utcumque) naturellement (que Augustin semble bien comprendre: «sans la grâce du Christ») les prescriptions de la Loi, et montré que l'œuvre de la Loi était écrite dans leur cœur, leur inspirant de ne pas faire aux autres ce qu'ils ne voulaient pas souffrir».

Ailleurs S. Agustin admet que, si la loi de Moïse ne pouvait pas plus justifier que la loi naturelle, cependant la grâce du Christ pouvait avoir été accordée avant l'Incarnation du Christ, mais, semble-t-il, exclusivement dans le peuple Juif, dans lequel la foi explicite au Messie à venir était possible.

D'où des affirmations comme la suivante, à propos de Rom 5,14:

«Regnavit mors ab Adam usque ad Moysen... Hoc regnum mortis sola in quolibet homine destruit gratia Salvatoris, quae operata est etiam in antiquis sanctis, quicumque antequam in carne Christus veniret, ad eius tamen adiuvantem gratiam, non ad legis litteram, quae iubere tantum, non adiuvare poterat, pertinebant. Hoc namque occultabatur in V. T., quod nunc revelatur in Novo» (*De pecc. mer. et rem.* I, 11 [13]; P. L. 44, 116).

Mais on sait que les grands Scholastiques, S. Thomas, S. Bonaventure, etc. et les exégètes du temps de la Réforme, comme Salmeron, Justinianus, etc. ont admis la possibilité d'une foi implicite au Christ même chez les païens, et par conséquent un accès à la grâce du Christ, qui leur permettait d'appartenir, sans le savoir, «ad eius adiuvantem gratiam, non ad legis litteram».

Ainsi très clairement S. Thomas (Somme III, q. 60, a. 5 ad 3).

A l'objection prétendant que la loi divine (= la loi mosaïque) et plus encore la loi du Christ ne devraient pas restreindre les possibilités de salut pour les hommes, ce qu'elles font en établissant que celui-ci est communiqué par le moyen de «sacrements», S. Thomas répond en déclarant que Dieu a établi diverses sortes de «sacrements» selon les diverses époques (chez lui, le terme de «sacrement» n'est aucunement réservé à ceux de la loi nouvelle; il venait de parler, par exemple, des «sacramenta veteris legis» [a. 2 ad 2]).

Or parmi ces «époques», la première est celle de la «loi de nature», qui a précédé celle de la «loi mosaïque», extérieure, révélée: «Et ideo, sicut in statu legis naturae nulla lege exterius data, solo interiori instinctu movebantur homines ad Deum colendum, ita etiam ex interiori instinctu determinebatur eis quibus rebus sensibilibus (= les sacrements) ad Dei cultum uterentur. Postmodum vero necessefuit exterius legem dari: tum propter obscurationem legis naturae ex peccato hominis, tum etiam ad expressiorem significationem gratiae Christi, per quam humanum genus (= à toutes les époques et dans toutes les conditions) sanctificatur».

De même S. Bonaventure n'est pas moins catégorique.

Après avoir affirmé que «sine dono gratiae in nulla lege (naturae aut Scripturae) contingit ad salutem pervenire», il ajoute: «Quamvis autem lex naturae, destituta auxilio gratiae, non possit aliquid dictare de ipso Mediatore; prout tamen est adiuta per gratiam, dum sentiebat infirmitatem suam et miseriam (selon saint Paul la loi extérieure, en multipliant les «transgressions», permet précisément à l'homme d'en prendre conscience) et advertebat Dei iustitiam et misericordiam, satis dictare poterat, quod homo reparatore indigebat, et quod divina bonitas dare disponebat. Unde semper fuerunt aliqui famosi Dei cultores ab initio mundi, qui haec profiterentur suis oblationibus, ad quorum aspectum et exemplum alii poterant erudiri» (III Sent. dist. 25, a. 1 q. 2 ad 5).

La réponse à la 6e objection reprend le même argument: «Divina gratia omnibus praesto erat et natura manuducere poterat ex consideratione suae miseriae et curvitatis et ex eruditione quadam generali, quam accipere poterant a viris qui erant in cultu Dei famosi, tum etiam ex Dei inspiratione qui se offert omnibus qui eum requirunt humiliter».

Pie IX le rappellera (Denz. Sch. 2866), mais beaucoup plus clairement Vatican II.

«Dei Verbum» affirme que «dès les origines, sans interruption, Dieu montra sa sollicitude pour le genre humain, afin de donner la vie éternelle à tous ceux qui par la constance dans le bien cherchent le salut» (n° 3).

«Lumen Gentium» déclare plus explicitement: «Ceux qui, sans faute de leur part, ignorent l'Évangile du Christ et son Église et cherchent Dieu d'un cœur sincère, et qui, s o u s l ' i n f l u e n c e d e l a g r â c e, s'efforcent d'accomplir dans leurs actes sa volonté qu'ils connaissent par les injonctions de leur conscience, ceux-là peuvent obtenir le salut éternel». Bien plus, cela vaut pour ceux-là même «qui ne sont pas encore arrivés à la claire connaissance de Dieu», mais «s'efforcent, avec l ' a i d e d e l a g r â c e d i v i n e, de mener une vie droite» (n° 16).

Et de nouveau, en se référant d'ailleurs à ce dernier texte, «Gaudium et Spes», après avoir décrit le chrétien qui «associé au mystère pascal, devenant conforme au Christ dans la mort, fortifié par l'espérance, va au-devant de la résurrection»; ajoute: «Cela ne vaut pas seulement pour c e u x qui croient au Christ, mais bien pour t o u s l e s h o m m e s d e b o n n e v o l o n t é, dans le cœur desquels, i n v i s i b l e m e n t, a g i t l a g r â c e» (n° 22, 4 et 5).

C'est pourquoi, alors que, durant des siècles, le principe a commandé la législation: «in canone Missae non oratur pro his qui sunt extra Ecclesiam» (Somme, III, q. 79 a. 7 ad 2, qui invoque S. Augustin: «Quis offerat corpus Christi nisi pro his qui sunt membra eius?»), depuis Vatican II, la 4e prière eucharistique nous fait prier explicitement pour «tous les hommes qui cherchent Dieu avec droiture», mention dont beaucoup sans doute n'ont pas remarqué combien elle était nouvelle.

6

Le sens de πάρεσις en Rom 3,25 *

1. *État de la question.* — L'accord des exégètes est loin d'être fait sur le sens à donner à l'expression διὰ τὴν πάρεσιν τῶν προγεγονότων ἁμαρτημάτων en Rom 3,25: de la signification qu'on lui attribue dépend cependant en partie la manière dont on envisage la Rédemption[1]. La Vulgate traduit: «propter remissionem praecedentium delictorum», c'est-à-dire comme si le texte portait διὰ τὴν ἄφεσιν. Convaincu de l'inexactitude de cette version, le P. Merk a proposé de corriger «remissionem» en «tolerantiam». De fait, une sorte de *consensus* s'était établi peu à peu entre les commentateurs du passage, catholiques ou non, sur une interprétation que le P. Prat, avec sa clarté coutumière, résumait en ces termes: En exposant son Fils comme instrument d'expiation, Dieu veut «réparer la négligence qu'il semble avoir montrée à l'égard du péché...; le mot πάρεσις désigne l'action de laisser faire, laisser passer les crimes des hommes sans paraître y prendre garde... et cette patience extraordinaire, cette apparente indifférence à l'égard du péché se justifie par le dessein que Dieu nourrissait de rendre plus éclatante la manifestation de sa justice, quand le moment serait venu»[2].

Cette interprétation passe même pour traditionnelle[3]; mais, on l'avouera, il est malaisé d'appeler de ce nom une explication à laquelle per-

---

* Paru dans *Biblica* 38, 1957, pp. 40-61.

[1] Plusieurs articles récents ont été consacrés au sens de ce terme en Rom 3,25: R. BULTMANN, dans le *Theol. Wörterbuch*, 1 (1933), p. 507 s. (s. v. ἄφεσις); V. TAYLOR, *Great Texts reconsidered: Rom 3,25 s.*, dans *The Expository Times* 50 (1938-1939), p. 295-300; J. M. CREED, *Πάρεσις in Dionysius of Halicarnassus and in St. Paul*, dans *The Journal of Theological Studies* 41 (1940), p. 28-30; Ernst KÄSEMANN, *Zum Verständnis von Rom 3,24-26*, dans *Zeit. f. neut. Wiss.* 43 (1950-1951), p. 150-154; W. G. KÜMMEL, Ἔνδειξις *und πάρεσις.* Ein Beitrag zum Verständnis der paulinischen Rechtfertigungslehre, dans *Zeit. f. Theologie und Kirche* 49 (1952), p. 154-167; T. FAHY, *Exegesis of Romans 3:25f*, dans *The Irish Theological Quarterly* 23 (1956), p. 69-73. Nous avons écrit sur le sujet dans *Verbum Domini* 25 (1947), p. 136-144 et 28 (1950), p. 282-287.

[2] *Théologie de saint Paul*, I⁸ (1920), p. 244 s. Ainsi comprennent l'ensemble des auteurs; par exemple, pour ne citer que quelques noms plus représentatifs parmi les non-catholiques: F. GODET: «A l'exception de quelques grands exemples de châtiment, la justice divine semblait dormir; plusieurs se demandaient même si elle existait ... C'est cette impunité relative qui a rendu nécessaire, dans la plénitude des temps, une solennelle manifestation de la justice» (*Commentaire sur l'Épître aux Romains*, 2ᵉ éd. 1883, I, p. 362 s.); M. GOGUEL: «La mort du Christ révèle aussi la justice de Dieu, c'est-à-dire explique que Dieu n'a pas été injuste lorsqu'il paraissait ne pas punir le péché» (*Introduction au N. T.* IV, 2, p. 220). Voir d'ailleurs, W. G. KÜMMEL, *art. cit.*, p. 154 s.

[3] Ainsi V. TAYLOR, tout au long de son article; de même T. FAHY.

sonne n'a songé avant le 16ᵉ siècle. Les versions anciennes, quand elles traduisent le terme πάρεσις, lui donnent toutes le sens de «rémission» ou «pardon» (Vulgate, arménien, copte)⁴, et les premières versions «indépendantes» ne se comportent pas autrement: latine, française, allemande, anglaise, hollandaise, italienne. Au début du 17ᵉ s. Estius (1614) et Cornelius a Lapide (1624) ignorent encore entièrement une interprétation devenue courante seulement aux 18ᵉ et 19ᵉ s., aussi bien d'ailleurs chez les catholiques que chez les non catholiques⁵.

En tout cas, depuis quelques années, les exégètes en nombre de plus en plus grand paraissent y renoncer et rejoindre sur ce point les anciens. A Lietzmann, qui dès la première édition de son commentaire (1906) traduisait διὰ τὴν πάρεσιν «en pardonnant» («in so fern er ... vergiebt») et maintenait cette interprétation jusqu'à la dernière édition (1933), se joignirent successivement K. Barth⁶, C. A. A. Scott⁷, puis R. Bultmann, qui dans le *Theologisches Wörterbuch* étudie en même temps et identifie pleinement πάρεσις et ἄφεσις⁸; de même W. Mundle⁹, E. Stauffer¹⁰, A. Nygren¹¹, H. Asmussen¹², W. G. Kümmel¹³. Parmi les exégètes catho-

---

⁴ Le syriaque et l'éthiopien omettent le mot πάρεσις.

⁵ Les commentateurs anciens comprennent «rémission» (Origène) ou «paralysie», «langueur» (Chrysostome et ses disciples). Les premiers traducteurs «indépendants» donnent tous à πάρεσις le sens de «rémission» ou «pardon»: ainsi l'*Authorized version* («for the *remission*»), la version anglaise de Genève, 1560 («by the *forgiveness*»), celle de Cranmer, 1557 («in that he *forgeveth*»), la version hollandaise, les versions latines de Châtillon (Seb. Castalio, 1556: «ad demonstrationem iustitiae Dei, qui pro sua facilitate praeteritis peccatis *veniam dat*») et Théodore de Bèze 1556, la version française de Genève, 1562 («pour la *rémission*»; dernière éd.: «par la *rémission*»), la version italienne de Brucioli, 1545, et celle de Diodati, 1607 («per la *remissione* dei peccati»), sans compter la version allemande de Luther («in dem, das er Sünde *vergibt*»). Calvin, de son côté, interprétait: «in hunc finem ut *peccata deleret*»). Le premier auteur à avoir adopté une autre traduction semble être Théodore de Bèze (dans l'édition de 1598, tandis que celle de 1556 portait encore «remissio»). Cocceius qui l'adopte au milieu du 17ᵉ s. suppose qu'elle est nouvelle. D'ailleurs ni Bèze ni Cocceius, tout en distinguant πάρεσις d'ἄφεσις, ne l'entendent d'une négligence que Dieu aurait mis à punir le péché (cf. ci-dessous p. 61 n. 3). Au contraire cette interprétation apparaît chez Bengel, *Gnomon N. T.* (1742). Voir notre article dans *Verbum Domini* 28 (1950), p. 282-287 et J. Morison, *A Critical Exposition of the Third Chapter of St. Paul's Epistle to the Romans*, 1866, p. 323-334.

⁶ *Der Römerbrief*, 2ᵉ éd. 1921, p. 79: «in der Vergebung».

⁷ C. A. Anderson Scott, *Christianity according to St. Paul*, 1927, p. 72, cité par W. G. Kümmel, *art. cit.*, p. 155 n. 1.

⁸ Voir ci-dessus, p. 89 n. 1.

⁹ *Der Glaubensbegriff des Paulus*, 1932, p. 87 s.

¹⁰ *Die Theologie des N. T.*, 1941, p. 125. Il traduit: «im Erlass der Sünden».

¹¹ Edition originale suédoise, 1944; traduction allemande, 1951.

¹² *Der Römerbrief*, 1952: «in dem, dass er Sünde vergibt» (p. 71); cependant p. 82, au cours du commentaire: «von wegen dem Hinterlassen der vorher geschehenen Sünden».

¹³ Article signalé ci-dessus p. 89 n. 1. L'auteur cite (p. 156 n. 1) dans le même sens H. D. Wendland, *Die Mitte der paulinischen Botschaft*, 1935, p. 31; mais si Wendland

liques, plusieurs se sont récemment prononcés dans le même sens: les uns, comme L. Cerfaux [14], A. Kirchgässner [15], E. Osty [16] donnent à πάρεσις le sens de «rémission»; les autres, comme le P. Bonsirven [17], tout en maintenant une distinction entre πάρεσις et ἄφεσις, entendent que durant le temps qui a précédé le Christ, Dieu a «laissé passer» les péchés, non pas «sans les punir», mais «sans les remettre».

Un nouveau *consensus* tend donc à s'établir, sinon positivement, car il admet bien des diversités dans le détail de l'interprétation, du moins négativement, en tant qu'il s'oppose au *consensus* précédent [18]. En effet,

---

commente brièvement les vv. 24-25, je ne vois rien qui permette de décider en quel sens précis il interprète les mots διὰ τὴν πάρεσιν, etc. et la différence qu'il établit entre, d'une part, le «Vollzug der richtenden Gerechtigkeit Gottes» et, d'autre part, la «Vergebung der Sünde, als Freisprechung», ne laisse guère supposer qu'il ait admis l'interprétation de W. G. Kümmel; de même le fait que Wendland semble opposer au v. 26 «juste» et «justifiant»: «Nun steht Gott da als der Gerechte, der *doch* gnädig vergibt».

Par contre il aurait pu citer en sa faveur R. Bultmann à qui il attribue (p. 155, n. 1) l'interprétation courante. Dans le *Theol. Wört.* nous venons de voir que Bultmann identifie πάρεσις et ἄφεσις, et les deux passages de la *Theologie des N. T.* (p. 48 et 160, ce dernier sans doute par erreur) auxquels se réfère Kümmel ne fournissent aucune donnée en sens contraire.

[14] Déjà dans *Une lecture de l'épître aux Romains*, 1947, où l'auteur suit d'ordinaire la version du P. Lemonnyer, il la corrige expressément sur ce point et traduit: «en vue de manifester sa justice, *en remettant* les péchés passés, dans sa patience miséricordieuse» (p. 41). Même interprétation dans *Le Christ dans la Théologie de saint Paul*, 1951, p. 113 (dans la note 3; lire «avec» et non «contre» Lietzmann, Bultmann, Mundle, Kümmel).

[15] *Erlösung und Sünde im N. T.*, 1949, p. 102-104.

[16] Dans les éditions précédentes (1ère éd. 1945), le Chanoine Osty traduisait: «Ainsi affirme-t-il sa justice, après avoir, au temps de sa divine patience, *laissé impuni* les péchés de jadis»; mais dans l'édition de 1953 on lit: «Ainsi affirme-t-il sa justice *en pardonnant* les péchés commis jadis, au temps de la longanimité divine».

[17] Dans l'*Évangile de Paul*, 1948, l'auteur explique que si Dieu veut montrer sa justice, c'est parce qu'il a «laissé les péchés *sans les remettre*» et «les pécheurs sans leur accorder la justice intérieure»; même pour les Juifs, à la fête de l'Expiation, «Dieu ne remettait pas vraiment les fautes, il les laissait passer..., il prononçait sur elles une sentence de 'relaxe', tant que durait cette période qu'on peut appeler de patience ou de 'tolérance' divine» (p. 164). On voit en quel sens le P. Bonsirven parle de «tolérance». De même p. 208: «La justice de Dieu apparaît d'abord en ce que pour Jésus les péchés sont réellement remis, ce qui ne se produisait pas antérieurement dans la période de la tolérance divine». Cf. *Théologie du N. T.*, 1951, p. 325 s.: «La thèse de l'épître aux Romains oppose au temps de la patience, pendant lequel Dieu tolérait les péchés, le temps présent où il les efface véritablement».

C. H. Dodd, que W. G. Kümmel range lui aussi parmi les tenants de l'exégèse courante, semble bien interpréter le passage de la même façon, à en juger par le commentaire qu'il donne p. 60 (cf. *infra*, p. 101, n. 57).

[18] Plusieurs auteurs ajoutent une pointe de polémique contre «la théorie anselmienne de la satisfaction»: ainsi W. Mundle, p. 87; W. G. Kümmel, p. 186. Nous pensons au contraire que leur interprétation, qui était d'ailleurs celle des anciens, fournit une base au moins aussi solide à la doctrine de la satisfaction vicaire bien comprise, par exemple telle

l'interprétation dite traditionnelle se heurte, semble-t-il, à deux difficultés principales: le sens général du passage, en particulier la notion de «justice de Dieu» à laquelle saint Paul paraît se référer, et la signification du substantif πάρεσις.

2. *La notion de justice de Dieu en Rom 3,25*. — Quand l'Apôtre déclare que le sacrifice du Christ a pour but de montrer à l'œuvre [19] la justice de Dieu, reprenant au v. 25 ce qu'il vient d'affirmer au v. 21, il doit se référer à la même notion de «justice de Dieu»: activité salvifique qui s'est manifestée (πεφανέρωται, v. 21) aux temps messianiques (νῦν), justifiant l'homme (δικαιούμενοι, v. 24), le libérant de la servitude du péché (διὰ τῆς ἀπολυτρώσεως, v. 24), à condition que celui-ci se l'approprie par la foi (διὰ πίστεως, v. 22,25; τὸν ἐκ πίστεως v. 26).

Qu'il s'agisse d'ailleurs d'une notion proprement biblique, S. Paul le déclare explicitement: cette justice de Dieu est «attestée par la loi et les prophètes» (v. 21); et de fait, la Bible, notamment la seconde partie d'Isaïe et les Psaumes, connaît fort bien cette justice salvifique en vertu de laquelle Yahvé, fidèle à son alliance, doit restaurer son peuple et le rétablir dans les biens qu'il lui a promis [20]. C'était elle précisément qu'invoquait le Psaume 142(143) que Paul vient de citer au v. 20:

«Yahvé, écoute ma prière,
    entends ma supplication en ta fidélité,
    réponds-moi en ta justice.
N'entre pas en jugement avec ton serviteur;
    car nul vivant n'est justifié devant toi» [21].

---

que l'expose S. Thomas. Cf. J. LÉCUYER, *Note sur une définition thomiste de la satisfaction* (= *Doctor Communis*, 1955, p. 21-30).

[19] Pour le sens de ἔνδειξις dans ce passage, voir W. G. KÜMMEL, *art. cit.*, p. 158 s. et 162: cf. 2 Cor 8,24 et, pour le verbe, en outre, Eph 2,7; 1 Tim 1,16; 2 Tim 4,14; Tit 2,10.

[20] Cette nuance d'activité divine qui opère *en vertu d'une promesse* semble appartenir en propre à la notion biblique de justice de Dieu: d'où le parallélisme si fréquent entre δικαιοσύνη et ἀλήθεια et le lien étroit avec l'alliance (pour S. Paul avec la «Promesse»). C'est toujours en s'appuyant sur l'alliance que le Juif invoquait la justice de Dieu, si bien qu'une telle invocation devient un véritable acte de foi en la fidélité de Yahvé: cf. *Biblica*, 36 (1955), p. 209.

[21] Pour établir avec plus de sûreté le sens que Paul donne ici à la notion de justice de Dieu, la citation du v. 20 est très éclairante. En effet, de nombreux exemples des épîtres montrent qu'en citant un passage de l'A. T. Paul se réfère à tout le contexte, et plus d'une fois c'est un mot ou une expression non cités explicitement qui rend compte du développement paulinien. Ainsi en 1 Cor 1,30, seul est cité Jer 9,23a, mais Paul depuis le v. 26 commente en fait Jer 9,22; en Rom 9,27 la citation d'Isaïe sur «les fils d'Israël nombreux comme le sable de la mer» suit immédiatement une citation d'Osée 1,10b; or Os 1,10a annonce précisément que «le nombre des enfants d'Israël sera comme le sable de la mer». Rom 11,36 développe Job 41,3b; or Paul vient de citer 3a.

Si Dieu se met à le juger, le psalmiste a conscience de ne jamais pouvoir être justifié[22]; il en appelle donc à ce qu'il nomme la fidélité (ἀλήθεια) de Dieu et sa justice (δικαιοσύνη)[23]. On ne pouvait désigner plus clairement cette justice de Dieu que le sacrifice du Christ a pour but de montrer à l'œuvre: l'activité de salut par laquelle Dieu arrache l'homme au péché, c'est-à-dire «remet» le péché.

Bien plus, la révélation de la justice de Dieu ne caractérise pas seulement l'ère messianique; elle s'oppose encore à la révélation de la colère de Dieu qui caractérise l'ère prémessianique (1,18-3,20). L'idée que la justice vindicative de Dieu, c'est-à-dire, en langage biblique et paulinien, la colère de Dieu[24], aurait été comme obscurcie par la négligence dont Dieu aurait fait preuve en ne punissant pas le péché, contredirait donc ouvertement, ce semble, tout ce que l'Apôtre vient d'exposer durant près de trois chapitres et ce qu'il rappellera bientôt en affirmant que le salaire du péché, — autrement dit, sa punition —, est la mort, temporelle, mais surtout éternelle (6,23) et que celle-ci a précisément régné jusqu'à Jésus-Christ (5,12-21; 7,7-25)[25].

Durant la période qui a précédé l'avènement du Christ, la seule «négligence» concevable de la part de Dieu ne peut concerner que la rémission du péché, sa destruction, mais non sa punition: ce qui n'apparaissait point encore aux regards des hommes, ce n'était pas sa colère, mais sa justice, c'est-à-dire son activité salvifique; et c'est elle que révèle le sacrifice du Christ[26].

---

[22] Il est donc peu vraisemblable que Paul ait conçu la justification du chrétien essentiellement comme un acte judiciaire, forensique.

[23] En Rom 3,4 ss., saint Paul a justement opposé le Dieu fidèle, constant, véridique, dont la parole ne saurait tromper, à l'homme inconstant et menteur, en qui on ne peut se fier: toute l'argumentation du passage repose sur le parallélisme πίστις, ἀλήθεια et δικαιοσύνη d'une part, ἀπιστία, ψεῦσμα et ἀδικία d'autre part.

[24] C'est bien d'elle que les auteurs en question entendent parler: d'où les termes de «colère» ou de «courroux» qui viennent spontanément sous leur plume. Ainsi F. GODET, Commentaire sur l'épître aux Romains, 1, p. 361: «Il s'agit de cette perfection du caractère divin qui réclame la manifestation du courroux de Dieu contre le péché par le châtiment»; F. PRAT, Théologie de saint Paul, II, p. 255: «Devant cette démonstration de la justice divine, il (l'homme) apprend à redouter la colère de Dieu et à se confier en sa miséricorde»; G. DELUZ, La justice de Dieu. Explication de l'épître aux Romains, 1945, p. 63 s.: «Il fallait que la justice de Dieu fût démontrée autrement que par des châtiments partiels ou indirects... En vérité, dans les châtiments naturels et les épreuves humaines, la colère de Dieu ne se manifeste pas de manière suffisante». S. Thomas, au contraire, qui n'ignore certes pas l'existence de la notion biblique de «colère de Dieu» («ira Dei, id est vindicta iustitiae», v. g. à propos de Rom 9,22 et souvent ailleurs), se garde dans notre passage de faire allusion à cette «colère»; il ne parle que de la «fidélité» de Dieu à ses promesses», c'est-à-dire de cette notion biblique de «justice de Dieu» à laquelle il se réfère, par exemple, dans Ver. q. 88, a. 1, où après avoir cité S. Anselme: «Cum parcis peccatoribus, iustus es; decet enim te» (Proslogion, c. 10), il explique: «Et haec est quod in Ps. 30,1 dicitur: In iustitia tua libera me».

[25] Voir Biblica 36 (1955), p. 448 et 452; Rech. Sc. Rel. 44 (1956), p. 66 s.

[26] On sait que les théologiens de la Réforme (et à leur suite un certain nombre de ca-

On ne saurait pourtant concevoir cette activité salvifique comme un pur acte de Dieu qui ne comporterait aucun changement dans l'homme. Assurément, si Paul concevait le péché à la manière d'une simple dette que l'homme aurait contractée à l'égard de Dieu, une telle transformation ne serait point nécessaire; Dieu pardonnerait en se contentant de dispenser l'homme d'acquitter sa dette. Mais, en dépit de ce que pourrait suggérer la formule consacrée, ἡ ἄφεσις τῶν ἁμαρτιῶν, pour saint Paul comme pour la Bible, le péché est bien plus qu'une dette[27]; il a profondément atteint l'homme en changeant son orientation même, en le «polarisant» pour ainsi dire à rebours; il l'a arraché à Dieu, le privant de la «vie», privilège de Dieu et de ses amis[28]; il l'a arraché à ses semblables[29]; il l'a enfin arraché à lui-même[30].

L'activité salvifique par quoi Dieu «remet» ou «pardonne» le péché consistera donc essentiellement à libérer l'homme (ἀπολύτρωσις)[31] de ce

---

tholiques) ont aimé à se représenter le Christ en croix objet de la colère de Dieu et révélant ainsi cette colère; on trouvera une série de citations des uns et des autres dans J. RIVIÈRE, *Le Dogme de la Rédemption. Étude théologique*, p. 233 ss.; L. MAHIEU, *L'abandon du Christ en croix* (= *Mélanges de Science Religieuse* 2 [1941] p. 209-242); PHILIPPE DE LA TRINITÉ, *Dieu de colère et Dieu d'amour*, dans *Amour et Violence* (Études Carmélitaines, 1946), p. 83-162, spécialement 105-128. Il faut cependant ajouter que les premiers Réformateurs ne déduisaient pas une telle doctrine de Rom 3,25 s.: il n'est pour s'en rendre compte que de parcourir les commentaires qu'ont laissés de ce passage Luther, Calvin, Mélanchton, Grotius (cf. *Verbum Domini* 25 [1947] p. 259-261), ou même la traduction de la Bible de Luther (cf. W. G. KÜMMEL, *art. cit.*, p. 155 n. 2), ainsi que les premières traductions protestantes (cf. ci-dessus, p. 90 n. 5).

[27] Cette notion fait pratiquement son apparition dans la Bible avec la version des LXX, qui pour désigner l'acte de pardonner le péché emploie couramment un verbe signifiant la remise d'une dette: ἀφιέναι. Elle connut un grand développement dans le Judaïsme, parallèlement à la doctrine de la rétribution, et le mot «dette» y devint un des noms du péché: ḥôbāh en grec ὀφείλημα. La catéchèse synoptique empruntera ses formules au Judaïsme, mais en les chargeant d'un sens nouveau. Si le terme ὀφείλημα, inconnu cependant des LXX, s'y rencontre une fois dans le «Pater» (Mt 6,12; cf. aussi la parabole du serviteur impitoyable, Mt 18,23 ss.), c'est dans un but fort précis: nous apprendre à imiter notre Père céleste en remettant à notre tour les dettes de notre prochain. La véritable notion du péché selon la catéchèse synoptique se dégage moins des formules employées que de l'ensemble de cette catéchèse, par exemple de la parabole de l'enfant prodigue. Avec S. Paul et S. Jean, un tel emploi de ἀφιέναι ou ἄφεσις se fera de plus en plus rare: une seule fois dans le 4ᵉ évangile (20,23) et deux fois dans la première épître (1,9 et 2,12); chez Paul, outre la citation du Ps 31,2 en Rom 4,7, seulement en Col 1,14 et dans le passage parallèle de Eph 1,7, où dans les deux cas l'expression ἡ ἄφεσις τῶν παραπτωμάτων (ἁμαρτιῶν) ne saurait donner le change, puisqu'elle glose le terme ἀπολύτρωσις.

[28] Tel était déjà l'enseignement du texte fondamental de Gen 3, où Adam qui jadis s'entretenait familièrement avec Dieu (2,25) ne peut plus maintenant que le fuir (3,8) et se voit chassé du Paradis, privé de l'accès à l'arbre de vie (3,22-24). Chez S. Paul la doctrine est partout supposée, v. g. Rom 1,20 ss.; 5,12 ss.; 6,23; 8,7.

[29] Ainsi déjà dans le couple primitif Adam-Ève (Gen 3,16b), puis chez les enfants d'Adam: Caïn et Abel (Gen 4,1-16) et le «règne» de la haine avec son «cantique» (Gen 4,23 s.), à quoi répondra le mot du Christ à saint Pierre rapporté en Mt 18,21 s.

[30] Cet aspect est insinué en Gen 3,7 et 16b (l'homme devient incapable de maîtriser ses passions), mais sera surtout développé chez Paul: Rom 7,14 ss.

[31] Cf. Col 1,14; Eph 1,7, où ἄφεσις ἁμ. est identifiée à ἀπολύτρωσις.

péché qui le tient en esclavage (Rom 7,24 et 8,2) et à lui conférer les biens promis: libération qui pour l'homme ne peut qu'être douloureuse, puis-qu'il lui faut renoncer à son péché, autrement dit, passer de l'égoïsme à la charité. Afin d'opérer cette libération, Dieu, librement, envoie son Fils partager la condition de «l'enfant prodigue» (Rom 8,3; 2 Cor 5,21): ainsi le Christ accomplira-t-il le premier ce «retour à son Père» par sa mort et sa résurrection; sans avoir connu personnellement le péché (2 Cor 5,21), le premier de frères sans nombre (Rom 8,29), il meurt au péché pour vivre à Dieu (Rom 6,10), passant et nous entraînant à sa suite de l'état charnel à l'état spirituel.

Si donc par «punition du péché» on entend désigner précisément cet arrachement douloureux qui a pour effet de détruire le péché en restaurant l'homme dans l'ordre où Dieu l'avait créé, on peut et on doit dire assuré-ment qu'avant l'avènement du Christ Dieu «avait laissé le péché impuni», qu'il avait «laissé passer les péchés des hommes sans exiger réparation» et que partant la justice de Dieu «exigeait la réparation du péché»; à condi-tion toutefois de ne pas distinguer cette justice de «sa volonté miséricor-dieuse et fidèle de sauver les hommes», de «cette activité salvifique qui communique aux croyants la sainteté divine»[32]. C'est l'ensemble de ce pro-cessus que Paul appelle «justification»: aussi, reprenant l'affirmation du v. 25 au terme de cette longue période, déclare-t-il, non certes que Dieu est juste *bien qu'il justifie*[33] ni même qu'il est juste *et aussi qu'il justifie*[34],

---

[32] Toutes ces expressions sont empruntées au commentaire du P. Huby dans la col-lection *Verbum Salutis*, dont une nouvelle édition est sous presse. — Dans le même sens on peut comprendre la définition que A. Feuillet donne de la justice de Dieu en notre passage: «cette activité divine qui en premier lieu, par bonté, crée ou recrée le peuple de l'alliance, et en second lieu punit les infractions à l'alliance» (*Rev. Bibl.* 57 [1950] p. 350). Ceci n'est cependant vrai qu'à condition de préciser que cette punition est en réalité une «purification», et partant toute différente de la peine des «damnés», effet de la «colère» es-chatologique qui ne tend aucunement à «restaurer» le coupable. Justice n'est pas colère. Même remarque pour l'affirmation de la p. 349, n. 1 et surtout p. 353 n. 2.

[33] L'interprétation découle nécessairement de celle qui entend la «justice» de Dieu au v. 25 au sens de «colère». Ainsi F. Godet (cf. ci-dessus, p. 45 n. 4): «Si Dieu punissait sim-plement le pécheur, où était sa grâce? Il était *juste*, mais non *justifiant*. Si, au contraire, il se bornait à le gracier, où était sa justice? Il était *justifiant*, mais non pas *juste*» (I, p. 368). Le P. Lagrange, du moins dans son *excursus* sur la justice de Dieu, p. 120, paraît s'inspirer d'une telle exégèse: «La justice vient de Dieu... Elle est justice, parce que quelqu'un, et c'est Jésus-Christ, a répandu son sang, et que cette fois, Dieu se montre juste, *même en pardonnant*» (dans le commentaire, p. 77, il interprète autrement; voir ci-dessous n. 2). De même J. B. Colon, dans l'article «Paul» du *Dict. de Théol. Cath.* vol. 11, col. 2436: «L'A-pôtre veut montrer comment cette justice de Dieu est source de justice pour l'homme, *tout en atteignant le péché*». Nous avons déjà signalé ces textes et d'autres dans *Verbum Domini* 25 (1947), p. 133.

[34] Ainsi par exemple P. Althaus: «Gottes richterlichen Strafernst *und* sein gnädiges Heilsschaffen». Qui voit dans la justification paulinienne un acte essentiellement «judiciai-re» est quasi nécessairement conduit à adopter une telle distinction (ainsi V. Taylor, dans l'article cité p. 89 n. 1, traduit lui aussi, p. 299: «just and declaring just»); mais la notion

mais qu'il est juste *en ce qu'il justifie*[35]. *Bref, en langage paulinien et biblique, ce qui révèle combien Dieu hait le péché et avec quelle sévérité il le punit, c'est ce que la Bible appelle la colère de Dieu. Si le sacrifice sanglant du Christ, destiné selon Paul à montrer à l'œuvre la justice salvifique de Dieu,* nous révèle aussi l'abîme du péché, c'est comme par contre coup, en tant qu'il nous révèle ce que par amour le Christ a daigné souffrir pour nous en libérer, d'autant plus que les théologiens ont soin de préciser que de telles souffrances et la mort même n'étaient aucunement nécessaires[36] et ne sauraient finalement s'expliquer que comme un mystère d'amour[37].

3. *La signification de* πάρεσις. — Tout autant que la notion de justice de Dieu à laquelle se réfère S. Paul au v. 25, la signification du substantif πάρεσις semble incompatible avec l'interprétation devenue courante à partir du 18e s.[38]

Le mot πάρεσις, «hapax legomenon» dans le N. T., est inconnu des LXX; il ne se rencontre pas davantage dans les papyrus[39]; mais la littéra-

---

biblique de justice de Dieu ne semble pas se rapporter essentiellement à Dieu en tant qu'il «juge son peuple»: cf. le Ps. 142(143) dont la citation en Rom 3,20 introduit le développement sur la révélation de la justice de Dieu qui justifie (ci-dessus p. 92 et n. 21).

[35] Ainsi le P. Lagrange quand il commente ex professo le verset: «pour que Dieu soit, c'est-à-dire se montre juste... *et justifiant*, ce qui revient à dire *en justifiant* celui qui s'inspire de la foi en Jésus» (p. 77). De même SANDAY-HEADLAM et beaucoup d'autres. Le P. PRAT, lui aussi, non sans quelque scrupule: «Le résultat définitif de tout ce plan de Dieu, c'est d'être juste... en agissant ainsi et de justifier le croyant. On pourrait presque dire: d'être juste *en justifiant* ceux qui croient» (I, p. 245).

[36] Par exemple, S. Thomas le note souvent, contre une interprétation que pourraient suggérer (sans doute faussement) certaines affirmations de S. Anselme. Ainsi *Summa theologica* III, q. 46, a. 3 ad 3: «Si Deus voluisset absque omni satisfactione hominem a peccato liberare, contra iustitiam non fecisset»; a. 5 ad 3: «minima passio suffecisset»; etc.

[37] Amour tant du Père que du Fils: telle est bien la réponse du N. T.; non moins claire chez S. Paul que chez S. Jean. En dehors de Rom 3,25, la passion du Christ est toujours présentée comme une expression de l'amour du Père et du Fils, ou encore de l'obéissance du Fils à son Père, elle-même expression de l'amour du Fils pour le Père et pour les hommes, selon la juste remarque de S. Thomas: «Hoc ipsum quod obedivit processit ex dilectione quam habuit ad Patrem et ad nos» (commentaire de Rom 5,19). On voit que Rom 3,25 ne constitue pas une exception.

[38] Sur la signification de πάρεσις outre les articles signalés p. 89 n. 1, on peut consulter les pages que lui consacre TRENCH, *Synonyms of the N. T.* 2e éd., 1858-1862. Voir aussi *supra* p. 90 n. 5, notamment l'ouvrage signalé de J. MORISON.

[39] La mention du papyrus *Berl. Griech. Urk*: II, 624[21] (Fayûm, époque de Dioclétien) cité avec une constance digne d'une meilleure cause (J. M. MOULTON- J. MILLIGAN, *The Vocabulary of the N. T.*, p. 493, avec cependant quelque hésitation: «if this is correct...»; J. M. CREED, *art. cit.*, p. 30, n. 1: «an obscure papyrus... where it (πάρεσις) probably has the same meaning»; V. TAYLOR, *art. cit.*, p. 298; W. G. KÜMMEL, *art. cit.*, p. 157 n. 2; même W. BAUER, *Wörterbuch*[4] p. 1140 et R. BULTMANN, *Theol. Wört.* 1, 508, n. 10, avec cependant un «vielleicht»; tout récemment encore O. MICHEL, *Der Brief an die Römer*, p. 94, n. 1), provient d'un contre-sens dû à une distraction de A. Deissmann. Celui-ci, au reste, s'en est vraisemblablement aperçu, car il mentionne ce papyrus, non comme le prétend O. Michel, dans son *Paulus* (2e éd. 1925), mais uniquement dans ses *Neue Bibel*

ture hellénistique en offre plus d'un exemple où le sens est parfaitement clair: quand le terme n'est pas employé au sens médical de «paralysie», «langueur», cas le plus fréquent [40], il s'agit toujours de la remise d'une dette ou d'un impôt ou d'une faute [41], ou encore du fait de «laisser par-

---

Studien (Marburg, 1897, p. 94; trad. anglaise *Bible Studies*, 1901, p. 266); par la suite il s'est gardé d'y faire la moindre allusion: dans son *Paulus*, il affirme seulement (p. 134) qu'entre les deux mots πάρεσις et ἄφεσις dont use S. Paul, il ne voit pas grande différence, tous deux signifiant une remise de dette. D'ailleurs en signalant l'emploi de πάρεσις dans BGU, 624[21], Deissmann ajoutait: «Der Sinn ist mir... nicht völlig klar»! Le passage en effet n'offre absolument aucun sens si l'on comprend παρέσει comme le datif du substantif πάρεσις; mais il en offre un très satisfaisant, comme me le suggère le P. des Places, si l'on y voit la 2e pers. de l'ind. fut. du verbe παρεῖναι: «tu te présenteras à lui...». Fr. Preisigke avait donc raison de ne point signaler de mot πάρεσις dans son *Wörterbuch der griechischen Papyrusurkunden*, Berlin 1925.
   Voici un essai de traduction: «A [   ]os à son cher Apollonios, salut! ... Le tas de fumier qui est au delà ne néglige pas; donne à l'ânier un autre plat de purée (?); il m'a prié avec instance, disant qu'il servirait d'une façon digne de nous; la ferme du lot d'Anténore ne néglige pas; si tu trouves un bon fermier à gage, la dette sacrée du fermier ne néglige pas: sacs de blé 6 et drachmes 44; à Capiton demande drachmes 20; *tu te présenteras à lui* (παρέσει ἐπ' αὐτόν); pour le frêt demande drachmes 10; au conducteur de l'attelage demande drachmes 16; au fils de Tchanasis drachmes 6; les loyers des bâtiments réclame. Pour le reste, à toi de voir. Porte-toi bien. Salue tous les tiens».
   [40] C'est l'emploi le plus fréquent; Philon n'en connaît pas d'autre.
   [41] Nous avons cité les exemples connus dans *Verbum Domini* 28 (1950) p. 283-285. J. M. Creed, *art. cit.*, refuse l'exemple de Denys d'Halicarnasse, *Ant. Rom.* 7,37,2 (déjà cité par H. Estienne dans le *Thesaurus linguae graecae*) sous prétexte qu'il ne s'agit pas d'un acquittement, mais «to drop the matter». A quoi W. G. Kümmel, *art. cit.*, p. 157, nous semble avoir parfaitement répondu. En effet, l'historien grec raconte que Marcius Coriolan a offensé le peuple romain qui l'accuse devant le sénat. Les consuls essaient d'abord d'apaiser le peuple en lui distribuant des vivres, puis de «persuader ses magistrats de renoncer par égard pour le sénat à leur projet et de ne pas traduire Coriolan en justice (παύσασθαι καὶ μὴ παράγειν τὸν Μάρκιον), sinon de retarder l'affaire le plus longtemps possible (εἰ δὲ μή, εἰς μακροτάτους ἀναβάλλεσθαι χρόνους), jusqu'à ce que la colère du peuple se soit apaisée». Or, ajoute l'historien, «malgré toutes leurs prières auprès des démarques, τὴν μὲν ὁλοσχερῆ πάρεσιν οὐχ εὕροντο, τὴν δὲ εἰς χρόνον ὅσον ἠξίουν ἀναβολὴν ἔλαβον»: ce que la version latine de A. Kiessling et V. Prou (éd. F. Didot) traduit: «cum *remissionem integram* impetrare non possent, dilationem iudicii impetrarunt». C'est-à-dire: ils ne purent obtenir que le peuple renonce entièrement à ses griefs contre Coriolan, autrement dit: lui pardonne tout à fait; ils n'obtinrent qu'un sursis. Admettons que πάρεσις ne se confonde pas entièrement avec ἄφεσις, comme le suggère le fait qu'ailleurs Denys d'Halicarnasse emploie ἄφεσις, v. g. 7,34,2; 46,2; il ne s'ensuit aucunement que πάρεσις désigne une «négligence mise à punir quelqu'un»; il s'agit incontestablement d'une «remise». D'ailleurs ἄφεσις, lui non plus, ne s'emploie pas uniquement pour désigner la remise d'une dette ou d'une faute; on en use également, par exemple, pour le renvoi d'un prisonnier (ainsi *Sylloge* 197[21]: λαβὼν αὐτοῖς ἄφεσιν, comme Lc 4,18) ou la dispense de quelque charge publique (ainsi Pap. Oxy. 7,1020[6], d'après Moulton-Milligan). Chez Josèphe, ἄφεσις signifie parfois «pardon», mais aussi la «délivrance» d'un prisonnier, «l'acquittement» d'une personne dans un procès, ou encore un «lâcher» de projectiles (voir H. St. John Thackeray, *A Lexicon to Josephus*).

tir» quelqu'un [42]. Le substantif ne signifie jamais par lui-même une «négligence mise à punir quelqu'un qui le mérite».

En faveur de cette signification, on pourrait, à la rigueur, invoquer une acception que signalent les dictionnaires grecs, tel celui de Liddel-Scott-Jones à la suite du *Thesaurus* d'H. Estienne [43]: outre les acceptions plus courantes de «renvoi» (v. g. d'un prisonnier), de «remise» (v. g. d'une dette) ou de «paralysie», ils mentionnent celle de «négligence», se contentant d'ailleurs de citer à l'appui une phrase d'Appien, empruntée elle-même à Suidas. Le lexicographe byzantin explique, de fait, τὴν πάρεσιν par un τουτέστι ἀμέλειαν, τὴν καταφρόνησιν. Mais le contexte est clair: les latins, en effet, reprochent aux Romains la πάρεσις dont ils ont fait preuve en *négligeant d'aider* des gens qui étaient pourtant leurs alliés et leurs parents. En toute hypothèse, un tel exemple ne peut donc servir à expliquer l'emploi du mot en Rom 3,25, et de fait, les commentateurs ne semblent pas en faire usage [44].

En revanche on cite d'ordinaire des exemples où, sinon le substantif πάρεσις, du moins le verbe παριέναι signifierait «négliger de punir»: ainsi Xénophon parle de «péchés qu'il ne faut pas laisser sans châtiment» (*Hipparque*, 7,10) et de même Denys d'Halicarnasse de «laisser une faute impunie» (*Ant. Rom.*, 2,25,4). Mais dans les deux cas, pour obtenir un tel sens, l'auteur a dû joindre à παριέναι un adjectif signifiant «impuni»: παριέναι ἀκόλαστα, παρίεμεν ... ἀζήμιον, ce qui suggère pour le moins que le verbe à lui seul n'offrait point un tel sens.

---

[42] C'est le cas souvent cité de PLUTARQUE, *Comp. Dionis cum Bruto*, c. 2: Dion eut tort de «laisser partir» de Syracuse le tyran Denys.

[43] En tout cas, ces dictionnaires n'attribuent point une telle signification à Rom 3,35, qu'ils citent pour le sens de «rémission».

[44] On peut même se demander si Suidas, en mentionnant cet exemple d'Appien, entend signaler une *nouvelle* acception de πάρεσις. Voici le texte: Πάρεσις· νέκρωσις. Ἀππιανός· οἱ δὲ Λατῖνοι ἐγκλήματα εἰς Ῥωμαίους ἐποιοῦντο τὴν τε πάρεσιν αὐτῶν τὴν ἐπὶ σφᾶς ὄντας ἐνσπόνδους καὶ συγγενεῖς· τουτέστι τὴν ἀμέλειαν, τὴν καταφρόνησιν. A en juger d'après les notices voisines (v. g. πιμελή, πηνίον, πλώσιμον, πύρος, etc.), l'exemple cité par Suidas a toujours pour but de vérifier l'acception qu'il vient de signaler, fût-ce en des cas où le lecteur ne la découvrirait pas de prime abord: d'où la glose qui suit parfois la citation comme ici. Si donc Suidas avait voulu ajouter au sens de νέκρωσις celui de ἀμέλεια, il aurait écrit comme partout ailleurs: πάρεσις· νέκρωσις ἢ ἀμέλεια. Ἀππιανός, etc. Et c'est bien ce qu'a fait la traduction latine ajoutée par BERNHARDY: «Πάρεσις. Membrorum relaxatio. Item negligentia et contemptus. Appianus: Latini vero Romanos incursarunt, etc.». En réalité Suidas a cru voir dans l'exemple d'Appien la vérification du sens médical de πάρεσις (en fait de beaucoup le plus ordinaire): l'ankylose d'un membre qui cesse ses fonctions. Les Latins reprochent précisément aux Romains de n'être plus, dans ce grand corps que constitue toute société, que «des membres ankylosés qui ont cessé de remplir leur fonction en négligeant et méprisant leurs alliés et leurs parents». On ne saurait donc affirmer sans plus avec J. M. Creed: «In Appian Reg. fr. 13 (quoted by Suidas) it (= πάρεσις) means 'negligence', ἀμέλεια (Suidas)» (*art. cit.*, p. 30, n. 1).

Dans tous les autres exemples du verbe παριέναι, le sens de «laisser impuni» ne s'impose aucunement, comme dans l'exemple de Flavius Josèphe cité par J. M. Creed et W. Bauer à la suite des deux précédents [45], ou comme en Eccli, 23,2, invoqué plus souvent encore [46]. En effet, si le sage ne demande pas que ses péchés ne soient pas *pardonnés*, il ne demande pas davantage qu'ils ne soient pas *laissés impunis*, mais que, grâce à une prudente «éducation» de ses pensées et de son cœur, il évite de commettre des péchés, littéralement: qu'une telle «éducation» «ne laisse pas échapper les péchés de ses pensées et de son cœur». Comme l'explique justement le P. Vaccari, «pour ne pas tomber dans le péché, il est nécessaire de réfréner l'esprit, le cœur et la bouche» [47]. L'exemple prouve donc que παριέναι ne se limite pas au sens de «pardonner», — non plus d'ailleurs qu'ἀφιέναι [48] —, mais nullement qu'il signifie «laisser une faute impunie».

Au reste, que le verbe παριέναι signifie parfois «omettre», «négliger» (litt. «mettre de côté: ἰέναι–παρά), nul ne le conteste, et Lc 11,42 écrit: «il fallait faire ceci et ne pas négliger (omettre) cela, κἀκεῖνα μὴ παρεῖναι». Mais il ne s'ensuit pas qu'un Grec ait pu interpréter πάρεσις ἁμαρτιῶν

---

[45] FLAVIUS JOSÈPHE, *Ant. Jud.* 15,3,2 (§ 48). Il est raconté qu'Hérode, mis au courant des intrigues d'Alexandra, «laissa celle-ci aller (ἐάσας προελθεῖν) jusqu'à l'exécution et la surprit en flagrant délit d'évasion»; cependant, continue le récit, «παρῆκεν τὴν ἁμαρτίαν, n'osant, malgré le vif désir qu'il en avait, prendre contre elle aucune mesure de rigueur, car Cléopâtre ne l'eût pas souffert ...; il se donna donc les apparences de la générosité en paraissant pardonner par bonté (ἐξ ἐπιεικείας ... συνεγνωκέναι)». Théodore Reinach a parfaitement raison de traduire les mots παρῆκεν τὴν ἁμαρτίαν: «il lui fit grâce». Il s'agit d'une «remise», non d'une «négligence à punir».

[46] Ainsi J. M. CREED, W. BAUER, O. MICHEL, pour ne citer que les auteurs plus récents. W. G. KÜMMEL n'ose en tirer parti, vu que l'explication du passage ne lui paraît pas certaine (*art. cit.*, p. 157 n. 6).

[47] *La Sacra Bibbia*, 5, p. 224. J. M. CREED (*art. cit.*, p. 30) a donc raison d'approuver TRENCH (*Synonyms*, p. 110) contre R. BULTMANN (*Theol. Wört.* I, p. 507[7]) en affirmant que «οὐ μὴ παρῇ n'équivaut pas ici à οὐ μὴ ἀφῇ» (du moins au sens de «pardonner»), mais il est moins certain que le Sage «only asks that he may not be without a wholesome chastisement following close on his transgressions». Le parallélisme entre οὐ μὴ παρῇ et μὴ φείσωνται («qu'elles [sans doute μάστιγες: les verges] n'épargnent pas») a induit en erreur. Mais il suffit de lire attentivement texte grec et contexte pour que le sens apparaisse assez nettement. La *Bible de Jérusalem* traduit un peu librement: «Qui appliquera le fouet (μάστιγας) à mes pensées et à mon cœur la discipline de la Sagesse (παιδείαν σοφίας), afin qu'on n'épargne pas mes erreurs et que *mes péchés n'échappent pas*». En fait le grec ne dit pas: «*mes péchés*», mais: «*leurs péchés*» (τὰ ἁμαρτήματα αὐτῶν), c'est-à-dire les péchés qui naissent «de pensées non contrôlées et d'un cœur inattentif» (Spicq): ils s'agit d'appliquer à ces pensées et à ce cœur l'éducation de la Sagesse, pour qu'elle (sans doute, la παιδεία σοφίας), ne «*laisse pas échapper*» de péchés, selon le sens ordinaire de παριέναι. Le Sage ne demande donc point que ses péchés ne *restent* pas *impunis*, mais de n'en point commettre.

[48] On songe naturellement à l'emploi bien attesté chez JOSÈPHE tant de ἀφιέναι que de ἄφεσις pour le renvoi d'un prisonnier ou le «lâcher» d'un projectile. Cf. H. St. John THACKERAY, *A Lexicon to Josephus*, s. v. et ci-dessus, p. 97 n. 41.

au sens d'une *négligence à punir* des péchés. De même que ἀφιέναι signifie aussi parfois «omettre», «négliger», comme en Mc 7,8 où le Christ reproche aux pharisiens de «négliger le précepte de Dieu» (ἀφέντες τὴν ἐντολήν) et en Mt 23,23 de «négliger les points les plus graves de la Loi» (ἀφήκατε); et cependant personne ne songera à traduire ἄφεσις ἁμαρτιῶν autrement que le «pardon des péchés».

4. *L'interprétation de la formule διὰ τὴν πάρεσιν.* — Parmi les sens du mot πάρεσις réellement attestés dans la littérature grecque, il faut donc revenir, ce semble, sinon à celui de «paralysie» ou «langueur» qu'ont préféré l'ensemble des Pères grecs et plusieurs exégètes de la Renaissance, du moins à celui de «rémission», adopté jadis par Origène et la Vulgate, puis, au 16e s., par H. Estienne dans le *Thesaurus linguae graecae*[49].

a) De fait, plus d'un exégète moderne traduit «rémission» ou «pardon», identifiant purement et simplement πάρεσις et ἄφεσις[50]. Par le sacrifice expiatoire du Christ, Dieu voulait montrer à l'œuvre sa justice salvifique *en pardonnant* enfin les péchés commis au temps de sa patience; littéralement: «*au moyen du pardon*», selon une acception de διὰ avec l'accusatif que n'ignore vraisemblablement pas le grec du N.T.[51] ou mieux peut-être: «*en vue du pardon*», selon une autre acception de διὰ avec l'accusatif, plus certainement attestée dans le N.T. et notamment chez S. Paul[52].

Une telle interprétation convient parfaitement au contexte. Au temps de la colère de Dieu (1,18-3,20) s'oppose l'ère de la justice salvifique caractérisant l'époque messianique (νῦν de 3,21; ἐν τῷ νῦν καιρῷ de 3,26), annoncée depuis longtemps par la Loi et les prophètes, mais actuée seulement dans le sacrifice du Christ que l'homme s'approprie par la foi. Si Paul mentionne ici la «patience de Dieu», — les péchés commis au temps de la patience de Dieu —, c'est que, tout en étant une révélation de la colère de Dieu par la multiplication même des péchés creusant de plus en plus l'abîme qui séparait l'homme de Dieu, l'ère prémessianique, comme le prouve la révélation de la justice de Dieu elle-même, était aussi un temps d'attente et de préparation: dans son dessein éternel, Dieu ne permettait cette multiplication des péchés que parce qu'il se proposait de

---

[49] Voir ci-dessus p. 90 n. 5.

[50] Ainsi H. LIETZMANN, R. BULTMANN, A. NYGREN, L. CERFAUX, W. G. KÜMMEL, E. OSTY. De même le dictionnaire de Liddel-Scott-Jones.

[51] Ainsi Rom 8,20; Jean 6,57 (LIETZMANN). Mais l'interprétation de ces passages, surtout du premier, est fort controversée.

[52] Ici, au contraire, l'emploi ne fait pas de doute (cf. M. ZERWICK, *Graecitas biblica*[2], n. 82), et S. Paul en offre plusieurs exemples certains: v. g. Rom 4,25 («le Christ ressuscité *en vue de* notre justification»). Cf. la formule courante: διὰ τοῦτο... ἵνα (Rom 4,16; Phm 15; 1 Tim 1,16). De même, à notre avis, Col 1,8 («en vue des biens espérés»). Nous avons proposé cette exégèse de Rom 3,25 dans *Verbum Domini* 28 (1950), p. 285-287.

pardonner un jour. L'Apôtre le dira clairement en 11,30-32 et, en 9,22, ne craindra pas d'associer dans le même verset la colère de Dieu et sa patience longanime [53].

b) D'autres exégètes cependant hésitent devant une assimilation complète de πάρεσις à ἄφεσις. Sans doute, il n'est guère licite d'affirmer, comme on le fait souvent, que ἄφεσις appartient au vocabulaire habituel de saint Paul: en réalité la formule ἡ ἄφεσις τῶν ἁμαρτιῶν (τῶν ἁμαρτημάτων) n'est utilisée par lui que deux fois et encore s'agit-il de passages parallèles, Col 1,14 et Eph 1,7, tandis que le verbe ἀφιέναι, si fréquent dans le N. T. pour désigner la rémission des péchés, ne se rencontre qu'une seule fois chez Paul et encore dans une citation de l'A. T. (Rom 4,7) [54]. Mais dans la langue du N. T. il s'agit certainement d'un terme consacré. Si donc l'Apôtre a eu recours à un autre terme, relativement rare, et totalement étranger au vocabulaire biblique, on peut supposer qu'il ne voulait pas parler exactement de la même chose. Quant à invoquer, avec R. Bultmann et E. Käsemann, un usage prépaulinien [55], cela semble une gageure, vu qu'ἄφεσις et ἀφιέναι font précisément partie de ce vocabulaire de l'Église primitive emprunté au Judaïsme [56].

En fait, il est possible de conserver à πάρεσις le sens de «laisser passer» sans se heurter à la plupart des difficultés que nous avons signalées, en particulier sans contredire la notion de *justice de Dieu* évoquée par saint Paul: au lieu de faire dire à Paul que Dieu a voulu montrer à l'œuvre sa justice parce qu'il avait laissé passer les péchés des hommes *sans les punir*, il suffit de comprendre qu'il a voulu montrer sa justice à l'œuvre parce qu'il avait laissé passer les péchés des hommes *sans les remettre*.

Telle était l'exégèse que suggérait J. B. Lightfoot [57]. Tout en s'harmonisant parfaitement avec ce que Paul a dit ailleurs de la punition des péchés, effet de la colère de Dieu, elle justifie l'emploi de πάρεσις au lieu de l'habituel ἄφεσις, et, de surcroît, permet de donner à la préposition διὰ suivie de l'accusatif, son sens de beaucoup le plus ordinaire: «*parce qu*'il avait laissé passer...».

---

[53] Cf. l'interprétation de ce passage dans *Verbum Domini* 34 (1956), p. 262-268, ou *Quaestiones in epistulam ad Romanos*, Series altera, 1956, p. 49-55.

[54] Ainsi W. G. Kümmel, *art. cit.*, p. 165.

[55] R. Bultmann, *Theologie des N. T.*, 1948, p. 47 s.; plus affirmativement encore E. Käsemann, *art. cit.*, p. 150: «Die Annahme eines vorliegenden Zitates ... erklärt weiter die Häufung einer zum mindesten für Paulus nicht charakteristischen Terminologie: πάρεσις etc.».

[56] Voir ci-dessus, p. 94 n. 27.

[57] *Notes on Epistles of St. Paul from unpublished Commentaries*, 1895, p. 273: «It was because the sins had been passed over and *had not been forgiven*, that the exhibition of God's righteousness in the Incarnation and Passion of Christ, was necessary. Till Christ came, the whole matter was, as it were, kept in abeyance». Ainsi paraît comprendre également C. H. Dodd, à en juger du moins par le commentaire qu'il donne du passage, p. 60:

Cette exégèse offre pourtant l'inconvénient de ne pas entendre πάρεσις au sens que présente le substantif partout où il se rencontre dans un contexte similaire: s'il n'est jamais question de laisser une faute *sans la punir*, il ne s'agit pas davantage de la laisser *sans la remettre*: partout le contexte suppose que la dette ou la faute est «remise» ou «pardonnée». Aussi, après l'avoir proposée, avons-nous cru devoir y renoncer et adopter, faute de mieux, l'interprétation qui entend πάρεσις au sens de ἄφεσις [58].

c) Une autre solution paraît cependant possible. En évitant d'employer le terme habituel ἄφεσις et en en choisissant un autre, beaucoup plus rare, mais dont le sens fondamental est aussi «rémission», saint Paul n'aurait-il pas voulu évoquer une «rémission» en effet absolument *sui generis* et en particulier totalement distincte de la rémission des péchés que procure la plénitude des temps? Seule une réflexion sur le rapport des deux Testaments pouvait la suggérer. Or, depuis le v. 21 l'Apôtre est en train de méditer sur ce rapport: notion de «justice de Dieu» annoncée par la Loi et les prophètes, notion de «gloire de Dieu», dont l'absence caractérisait les temps prémessianiques (Ez 9,3; 10,4; etc.) et la présence, les temps messianiques (Is 40,5; 60,1 ss.; Ez 43,2 ss.; etc.), notion de «rédemption» ou ἀπολύτρωσις, et enfin au v. 25 notion «d'expiation», qui rappelait certainement dans un pareil contexte à la pensée de Paul et vraisemblablement à celle de ses lecteurs à qui la Bible est supposée familière (cf. chap. 1-4 et 9-11), l'aspersion du propitiatoire à la fête de *Kippur* [59].

«God's righteousness is revealed, if, over against the terrible spectacle of the wrath at work (as Paul has described it in ch. 1), there is a divine intervention by which man is *delivered from sin and wrath*. And now ... such an intervention has taken place, and it proves finally that God is *just in that he justifies man*». Vraisemblablement B. Weiss entend de la même manière la «richterliche Gerechtigkeit» de Dieu qui se révèle dans le sacrifice du Christ (p. 168), bien qu'il parle ailleurs (p. 170 n. 1) d'un «Strafunterlass», d'une «einstweilige Vorbeilassung, die doch nur einen *Aufschub der Strafe* beabsichtigen kann»; en tout cas, il exclut l'interprétation de son prédécesseur H. A. W. Meyer, qui, avec «la majorité des exégètes», parlait de la «Strafgerechtigkeit Gottes, welche heilige Befriedigung haben musste, diese ihre Befriedigung aber am Sühnopfer Christi empfangen hat und somit tatsächlich erwiesen ist». Une telle exégèse, selon lui, «widerspricht entschieden dem Kontext» (p. 168).

[58] *Verbum Domini* 25 (1947), p. 138 ss. et 28 (1950), p. 285 ss.

[59] Comme l'a justement noté L. Moraldi, *Sensus vocis ἱλαστήριον in Rom 3,25* (dans *Verbum Domini* 26 [1948] p. 257-276), le «propitiatoire» était beaucoup plus qu'un simple «couvercle» de l'arche. Tout en or massif, il constituait l'objet le plus précieux du Tabernacle, si bien que 1 Par 28,11 nomme le Saint des Saints «la maison du propitiatoire»; surmonté des deux chérubins d'or, il sert de trône à Yahvé (d'où le titre: «qui sedet super cherubim»), lieu par excellence de la présence de Dieu, d'où il communique à Israël ses volontés (aussi S. Jérôme traduit-il plusieurs fois «oraculum»), et surtout, en relation avec le rite de l'aspersion du sang, lieu par excellence de la miséricorde de Dieu, d'où il «efface» les péchés de son peuple. En particulier, il n'y avait pas de rémission de péché *collectif* sans aspersion de sang sur le propitiatoire (au grand jour de l'Expiation, selon Lev 16,2 et

Depuis le sacrifice du Christ Paul a compris, — il l'affirme ici explicitement —, que seul le sang du Fils de Dieu procure l'authentique rémission des péchés, capable de justifier l'homme, de lui donner «le cœur nouveau et l'esprit nouveau» dont parlait Ezéchiel (36,25 s.; cf. 2 Cor 3,3), et partant de montrer à l'œuvre la justice salvifique de Dieu. Par le fait, le sacrifice du Christ a dépouillé les sacrifices anciens de toute efficacité, mais a révélé en même temps leur signification réelle: ceux-ci le préparaient, l'annonçaient, le préfiguraient. Notamment la rémission des péchés d'Israël que proclamait chaque année la fête de l'Expiation n'était pas un vain mot; sans doute ne justifiait-elle pas l'homme, comme Paul avait pu le penser avant sa conversion[60], mais elle annonçait la justification future: en vue de cette justification, Dieu «laissait passer» les péchés d'Israël, n'en tenait pas compte, maintenait au peuple élu son rôle providentiel, bref lui accordait ce qu'on peut bien appeler son «pardon»: un pardon provisoire appelant nécessairement le pardon définitif, comme toute prophétie appelle sa réalisation. C'est à ce pardon d'un genre si particulier que Paul ferait allusion dans notre verset: il ne pouvait évidemment le nommer ἄφεσις, puisque seul le Christ confère l'ἄφεσις τῶν ἁμαρτιῶν, identique à l'ἀπολύτρωσις (Col 1,14; Eph 1,7); il recourt donc à un mot rare que les Grecs, ses contemporains, employaient pour désigner la «rémission» d'une faute ou d'une dette.

Le sens du passage devient fort clair et l'on n'est plus obligé de donner aux mots une signification que l'usage contredit. La répétition εἰς ἔνδειξιν... πρὸς τὴν ἔνδειξιν qui gêne visiblement les commentateurs[61],

---

12-16, ou bien, les autres jours où l'entrée du Saint des Saints était interdite, «devant le voile» en direction du propitiatoire, Lev 4,3-6 et 13-17). Or tel est précisément le cas envisagé par l'Apôtre, car «tous ont péché» (v. 23). D'ailleurs PHILON, lui aussi, voit dans le propitiatoire» un symbole de la puissance bienveillante de Dieu», σύμβολον τῆς ἵλεω τοῦ Θεοῦ δυνάμεως (De vita Mosis, 2, 96; éd. COHN, 4, 223; cf. De fuga et inventione 100; éd. WENDLAND, 3, 132; τῆς δ' ἵλεω δυνάμεως τὸ ἐπίθημα τῆς κιβωτοῦ). Que, d'autre part, le propitiatoire ait été caché aux regards du peuple et dans une certaine mesure du grand-prêtre lui-même (cf. Lev 16,2), ceci ne saurait infirmer cette interprétation, même pour qui traduit προέθετο: «a exposé en public»; bien au contraire, car, avec le sacrifice du Christ, le voile du Temple est déchiré (cf. Mt 27,51 et par.) et le grand jour de la réalité a succédé au rite symbolique accompli dans le secret du Saint des Saints.

[60] Cf. J. BONSIRVEN, Le judaïsme palestinien, éd. abrégée, p. 108: «La grande expiation liturgique ... est celle de la fête de l'Expiation (le Kippur) ...: on croyait que quiconque y participe entièrement voit toutes ses fautes pardonnées. Quelle impression inoubliable devaient produire les confessions du grand-prêtre, revêtu d'habits spéciaux, les divers sacrifices, le sang répandu dans le Saint des Saints, en tremblant et sous la protection d'un nuage d'encens, l'envoi au désert, vers Azazel, du bouc émissaire: certains rapportaient que, lorsque le bouc s'était abîmé dans le précipice, la bandelette rouge suspendue dans le Temple devenait blanche, attestant par là que tous les péchés étaient remis (barayta de R. Ismaël: Yoma, 6,8 et gemara correspondante).

[61] E. KÄSEMANN, (art. cit.), faute d'explication plus satisfaisante, tente de justifier cette répétition en supposant que Paul cite, puis corrige une formule préexistante.

s'explique même de façon assez obvie: comme dans tout le contexte éloigné (chap. 1-3) ou immédiat (v. 22, v. 29), Paul songe aux deux groupes qui divisent le monde, Juifs et Gentils; quand il déclare aux v. 21 s. que «tous ont péché», il entend bien signifier, comme en 11,32: tous, Juifs autant que Gentils (cf. 3,9); en parlant de καύχησις au v. 27, il pense certainement aux Juifs [62], et il nommera explicitement les uns et les autres au v. 29. On ne saurait donc s'étonner qu'il songe aux Juifs au v. 25: de même qu'il a consacré un chapitre et demi à leur prouver qu'ils étaient des pécheurs comme les Gentils et avaient tout autant besoin que se manifeste la justice de Dieu dans et par le Christ, ainsi leur déclare-t-il maintenant que le sacrifice annuel du Kippur, loin de les dispenser d'avoir recours au Christ pour obtenir la justification, l'exige pour ainsi dire à un titre supplémentaire, ce pardon provisoire accordé par Dieu dans sa patience n'ayant lui même de sens qu'en tant qu'il annonçait et préfigurait la véritable rémission des péchés.

D'ailleurs la formule «dans la patience de Dieu» semble confirmer que Paul songe ici aux Juifs: en tout cas, l'Apôtre ne parle jamais de l'ἀνοχή de Dieu ou de sa μακροθυμία qu'à l'occasion d'Israël [63]. On peut en outre rattacher directement la formule à πάρεσις, — construction certainement plus normale —, et traduire littéralement sans être contraint d'ajouter avec la plupart des commentateurs: «*au temps* de la patience de Dieu»: car c'est bien «dans sa patience» ou «en vertu de sa patience» que Dieu «pardonnait» les péchés d'Israël. Et l'on comprend enfin qu'il soit parlé des seuls péchés *passés*, puisque dans notre hypothèse ils sont seuls en question. Autant d'avantages qui semblent recommander cette exégèse.

Tout récemment O. Michel a tenté lui aussi d'expliquer διὰ τὴν πάρεσιν à l'aide des notions juives concernant le sacrifice du grand jour de l'Expiation, mais dans un sens assez différent. L'Apôtre assimilerait le temps prémessianique à celui qui précédait chaque année la fête des *Kippurim*: de même qu'alors «les péchés d'Israël s'amassaient pour ainsi dire jusqu'au jour du règlement de compte» et qu'en attendant «Dieu leur accordait un sursis (Aufschub)», ainsi jusqu'à l'expiation du Christ, Dieu, en vertu de sa patience, laisse passer les péchés de l'humanité, surseoit à leur condamnation [64]. L'interprétation est séduisante. Elle semble éviter

---

[62] Cf. LAGRANGE, *in h.l.* qui spontanément commente: «Le Juif ne peut se glorifier ...».

[63] Rom 2,4 ἀνοχή et μακροθυμία; 9,22: ἤνεγκεν ἐν πολλῇ μακροθυμίᾳ; en 1 Tim 1,16, il s'agit de Paul lui-même. Enfin 1 Petr 3,10 mentionne la μακροθυμία de Dieu au temps de Noé.

[64] *Der Brief an die Römer*, p. 94: «Es (πάρεσις) bedeutet hier, dass Gott Aufschub gewährt, bis dass der Tag der Abrechnung kommt. So nimmt das Judentum an, dass Sünden im Lauf eines Jahres aufgespeichert werden, bis dass der grosse Versöhnungstag kommt und sühnt (Joma 8,8). Der Karfreitag tritt dann als eschatologisches Ereignis an das Ende der alten Weltzeit und beendet die Periode der Geduld».

la première des difficultés que nous avons reconnue à l'interprétation dite traditionnelle; l'auteur, en effet, comme W. G. Kümmel, exclut positivement le sens de «Beweisführung» donné habituellement à ἔνδειξιν [65] et paraît concevoir l'expiation du péché essentiellement comme sa destruction qui libère l'homme de son esclavage [66] rejoignant ainsi l'explication que nous avons signalée plus haut [67]. Dautre part, l'idée que Dieu accorde aux pécheurs un *sursis* qui leur permette de se repentir est parfaitement biblique: il «ferme les yeux sur les péchés des hommes pour qu'ils se repentent» (Sap 11,23; cf. Act 17,30), et, de soi, pour exprimer une telle idée un Grec aurait pu se servir de παριέναι ou de πάρεσις.

Malheureusement l'usage ne donne pas ce sens à παριέναι et encore moins à πάρεσις. La Bible, dans les deux exemples cités, emploie un composé non du verbe ἰέναι, mais du verbe ὁρᾶν: soit παρορᾶν (Sap 11,23), soit ὑπερορᾶν (Act 17,30). Or si παρορᾶν signifie «regarder à côté», donc «ne pas voir», le verbe simple ἰέναι, à lui seul, signifie déjà «lâcher», «remettre» [68]. Bien plus, dans l'exemple souvent invoqué de Denys d'Halicarnasse, πάρεσις s'oppose précisément au terme qui désigne un «sursis», ἀναβολή [69], et quand Philon veut, de son côté, contre-distinguer l'idée de «sursis» de celle de «rémission», le terme qu'il oppose à ἄφεσις n'est point πάρεσις, mais ὑπέρθεσις [70]. A la différence du simple «sursis» par quoi la décision est seulement *suspendue*, la πάρεσις comporte déjà une certaine *rémission*: d'où l'emploi du mot dans un sens presque identique à ἄφεσις.

Aussi paraît-il plus conforme à l'usage de la langue grecque d'entendre ici la «πάρεσις des péchés passés», non pas des péchés de l'humanité qui s'amassaient avant le grand jour de l'Expiation et sur lesquels Dieu «suspendait sa décision», mais des péchés d'Israël qu'à chaque fête des *Kippurim* Dieu «laissait passer», c'est-à-dire auxquels il accordait déjà, comme par anticipation, un pardon initial, une sorte de «non-imputa-

---

[65] Il semble être, en effet, d'accord avec W. G. Kümmel (non cité) pour exclure l'interprétation d'après laquelle Paul aurait voulu dire: «wegen der Gerechtigkeit Gottes war die Verurteilung notwendig, weil er sich als Gerechter behaupten wollte» (p. 94).

[66] «Eine eschatologische Befreiungstat Gottes» (p. 95).

[67] Cf. ci-dessus p. 101 s.

[68] Cf. *Verbum Domini*, 28 (1950) p. 285. Déjà J. Morison refusait d'assimiler ces passages à Rom 3,25: *A Critical Exposition of the Third Chapter* ..., p. 330.

[69] O. Michel le note expressément, sans en tirer les conséquences: «Eine wichtige Rolle spielt das Vorkommen von πάρεσις in Dionys. Hal., *Ant. Rom.* 7,37: dort steht πάρεσις im Gegensatz zu ἀναβολή».

[70] *In Flaccum* 84 (éd. Cohn, 6, 135): Ὁ καιρὸς ἐδίδου πρὸς ὑπέρθεσιν τιμωρίας, οὐκ ἄφεσιν παντελῆ. R. Bultmann avec raison rapproche ce texte de celui de Denys d'Halicarnasse où s'opposent ἀναβολή et πάρεσις ὁλοσχερής (*Theol. Wört.* 1, p. 508 n. 11).

tion», en attendant de les remettre véritablement, c'est-à-dire de restaurer Juifs et Gentils, sans aucune distinction, dans l'héritage promis à Abraham [71].

---

[71] Nous avons adopté cette exégèse dans la *Bible de Jérusalem* (cf. notes à Rom 3,25) sans pouvoir alors la justifier, faute de place. Elle se rapproche, pour le sens du moins, de celle de H. Lietzmann (voir notamment la 3e éd. où l'auteur précise sa pensée), tout en évitant d'admettre une double manifestation de la «justice de Dieu» (celle-ci pour S. Paul semble réservée à l'ère messianique, comme la «justification») et surtout de traduire διὰ τὴν πάρεσιν: «en pardonnant». Elle rejoint en tout cas celle du P. Bonsirven, qui paraît interpréter ainsi notre passage (voir les textes cités plus haut, p. 91 n. 17). Tel est également le sens qu'ont donné à πάρεσις les premiers auteurs qui ont songé à le distinguer de ἄφεσις (sans pourtant l'interpréter au sens médical de «paralysie»), à savoir Théodore de Bèze (dans l'édition de 1598) et, en dépendance de lui, Cocceius. Voir aussi dans le même sens J. MORISON, *op. cit.*, p. 331-333.

La justification par la foi selon Rom 3,27-4,8 *

I. Exégèse de Rom 3,27-31, sur la loi de la foi et la loi des œuvres.

I. *Contexte*

La justice de Dieu, au sens expliqué à propos de Rom 3,5, a été manifestée (verbe au parfait, état durable, πεφανέρωται, v. 21) par l'œuvre que Dieu a opérée dans le Christ rédempteur et qui libère chaque homme du péché et lui communique la vie divine, dans la mesure où cet homme répond à l'œuvre de Dieu par un acte de foi, dont la personne du Christ est à la fois l'objet et la source: «justice de Dieu par la foi en Jésus Christ» (v. 22); «instrument de propitiation par son sang moyennant la foi» (v. 25); (Dieu) juste, et justifiant celui qui se réclame de la foi en Jésus» (v. 26).

Aux v. 27-31 Paul déduit les conséquences de cette économie: toute glorification de l'homme par lui-même est exclue (v. 27-28) et en même temps toute limitation au seul peuple élu, càr cette économie s'étend à tous les hommes, juifs ou païens, dans une égale mesure (v. 29-30). Cependant, loin de contredire l'économie ancienne, elle l'accomplit vraiment (v. 31).

II. *Exégèse du v. 27a: l'idée de glorification*

Le mot καυχᾶσθαι est typiquement paulinien [1]. Il est employé 30 fois par Paul (2 seulement par Jacques); les substantifs en -σις (indiquant plutôt l'action de se glorifier) et en -μα (désignant ce dont on se glorifie), 20 fois (une fois seulement par Jacques). Par ailleurs, ce mot est ignoré des Stoïciens, rare chez les philosophes et même dans Philon (une fois); il se rencontre assez souvent dans la Septante.

1. *Dans la Septante*, les mots se rattachant à ce radical désignent d'ordinaire une façon de se comporter devant Dieu, et ont donc un aspect surtout religieux, alors que les mots latins ou français servant le plus souvent à les traduire désignent une façon de se comporter devant les hommes; ils ont donc un aspect profane, tels que «gloriari», «se glorifier», «se

---

* Paru en latin dans *Quaestiones in Epistulam ad Romanos* I, pp. 104-145.
[1] Sur ce mot et ses dérivés, voir l'article de R. BULTMANN dans le *TWNT*; C. SPICQ, sur 2 Cor 12,9, dans la *Bible Pirot-Clamer*, XI 2, p. 392 ss.; O. KUSS, *Rom* p. 219-224.

vanter», etc. Plus précisément καυχᾶσθαι et ses dérivés désignent la façon dont les impies se comportent devant Dieu, et ils expriment donc comme par antonomase le péché des hommes qui s'opposent à Dieu:

Ps 52(51),3: «Pourquoi te glorifier du mal...?»
Ps 74(73),4: «Tes adversaires se sont glorifiés (LXX)...».

De fait, celui-là «se glorifie» qui se présente devant Dieu comme un être indépendant, et dès lors se fie en lui-même, d'où le mot du Ps 49(48),7: «Ils se fient à leur fortune et se glorifient du surcroît de leurs richesses».

L'homme pieux au contraire est celui qui se confie en Yahvé comme en son unique appui, son unique «rocher». Ainsi le Ps 5,12: «Ils se réjouissent, tous ceux qui espèrent en toi...; ils se glorifieront (LXX), tous ceux qui aiment ton nom»; Ps 32(31),11: «Exultez de joie, les justes, et glorifiez-vous (LXX)...»; et dans l'ensemble le Ps 18(17),2 ss.

«Se glorifier en Dieu», c'est donc tout simplement, en fait, proclamer que Dieu est l'unique refuge, ou plus simplement encore louer Dieu, le reconnaître comme le Dieu d'Israël, le Dieu de l'alliance, etc., et pratiquement, par suite, faire un acte de *foi*.

2. *Chez Paul*, également, l'accent est mis sur l'aspect de la *confiance*, plus que sur celui de la gloire, si bien que «se glorifier en Dieu» à la façon dont les Juifs le prétendent, revient simplement à «se reposer sur la Loi» (Rom 2,17), ou même «se glorifier dans la Loi» (v. 23), par une pure «confiance dans la chair», à quoi s'oppose «se glorifier dans le Christ Jésus». Ainsi par ex. Phil 3,3: «Nous qui nous glorifions dans le Christ Jésus et ne mettons pas notre confiance dans la chair (πεποιθότες).

La seule gloire légitimement prise en Dieu, excluant toute confiance prise en soi, l'est «par notre Seigneur Jésus Christ» (Rom 5,11), en rejetant toute complaisance dans un bien que l'on verrait en soi «comme si on ne l'avait pas reçu» (1 Cor 4,7).

Paul concède bien à l'homme de «se glorifier dans sa faiblesse», d'après 2 Cor 12,9: «De grand cœur je me glorifierai de mes faiblesses, afin que repose sur moi la puissance du Christ»; ou, de façon paradoxale, dans la croix même du Christ (Gal 6,14: «Absit mihi gloriari...»), parce qu'elle exprime la faiblesse suprême, sottise pour le Grec et scandale pour le Juif (1 Cor 1,18 ss.). Car cela, c'est «se glorifier dans le Seigneur» (1 Cor 1,31).

III. *Exégèse du v. 27b: loi de la foi et loi des œuvres*

... διὰ ποίου νόμου; : «par quel genre de loi? par une loi des œuvres?» c'est-à-dire une économie dans laquelle l'homme doit essentiellement *œuvrer*? «Nullement; mais par la loi de la foi», c'est-à-dire une économie dans laquelle l'homme doit essentiellement *croire*. Ainsi s'opposent non tant la loi et la foi que les œuvres et la foi.

La même opposition des deux économies est indiquée dans Gal 3,12: qui dit «loi» appelle à *faire* quelque chose, selon Lev 18,5: «Qui les accomplira (mes lois et mes coutumes) y trouvera la vie»; et il appelle du fait même à une économie qui se distingue comme son contraire de l'économie de la foi: «la loi ne procède donc pas de la foi», elle ne correspond pas dès lors à l'économie dont parle Hab 2,4: «Le juste vivra par la foi».

Par conséquent, ce ne sont pas l'économie de l'A. T. et celle du N. T. qui s'opposent, au sens strict, parce que, selon Paul lui-même, l'accomplissement des œuvres, même dans l'économie de l'A. T., n'était pas le principe de la justification, mais la foi (voir Rom 4 et Gal 3,21); et cette économie ne se fondait pas seulement sur l'alliance sinaïtique, mais aussi, et premièrement selon l'Apôtre, sur la *Promesse* (Gal 3,18).

S. Thomas en fait la juste remarque:

«Sous l'ancienne Loi la foi était nécessaire, comme sous la nouvelle ... Bien plus, même sous la nouvelle Loi, certains actes sont requis: la pratique de certains sacrements ("Faites ceci en mémoire de moi", Lc 22,19) et aussi celle de préceptes moraux ("Soyez des hommes qui mettent en pratique la parole", Jac 1,22).» Ainsi, selon le Docteur Angélique, l'opposition se situe entre "une loi proposée et formulée à l'extérieur, par laquelle sont dirigés les actes humains extérieurs, soit qu'elle prescrive ce qui doit être fait, soit qu'elle montre par interdiction ce dont on doit s'abstenir" (c'est la loi des actes); et d'autre part, une "loi inscrite à l'intérieur, qui non seulement dirige les actes extérieurs, mais les mouvements mêmes du cœur, dont le premier est le mouvement de la foi": "Car la foi du cœur obtient la justice" (Rom 10,10). Et Paul dit plus loin de cette loi: «La loi de l'esprit de vie dans le Christ Jésus» (8,2); or S. Thomas explique clairement et nettement ce qu'il entend par «loi écrite intérieurement» [2]. Il propose en effet une double explication qui en fait se réduit à une: cette loi doit être identifiée soit avec la personne même de l'Esprit Saint, soit avec l'effet principal de sa présence:

«Cette loi peut être dite: a) d'une première façon, l'Esprit-Saint..., qui, en habitant l'âme, ne lui enseigne pas seulement ce qu'il faut faire, en éclairant l'intelligence, mais encore incline le cœur à agir comme il se doit; b) d'une autre façon, la loi de l'Esprit est dite l'effet propre de l'Esprit-Saint, c'est-à-dire la foi opérant par la charité [3], laquelle instruit inté-

---

[2] *In Rom* 3, lect. 4; éd. Cᴀɪ n° 316.
[3] Voir S. Augustin, *De Spir. et litt.*, 14, 26; PL 44,217.

rieurement de ce qu'il faut faire ... et incline le cœur à le faire ... Et cette loi de l'Esprit est dite "loi nouvelle", laquelle ou bien est l'Esprit-Saint, ou bien est mise dans nos cœurs par l'Esprit-Saint. De la loi ancienne Paul a dit plus haut (Rom 7,14) qu'elle était spirituelle, c'est-à-dire donnée par l'Esprit-Saint» [4].

C'est là un enseignement tout à fait ordinaire chez le Docteur Angélique; par ex. sur 2 Cor 3,6: «L'Esprit-Saint, en mettant en nous la charité qui est la plénitude de la Loi, est le Testament nouveau»; sur Heb 8,10 (Jer 31,33): «Il y a deux façons de transmettre: a) l'une par des moyens extérieurs, par exemple en énonçant des paroles pour faire connaître quelque chose; cela l'homme peut le faire, et c'est ainsi que fut donné l'Ancien Testament; b) l'autre en agissant intérieurement, et c'est le propre de Dieu ...; c'est de cette façon que fut donné le Nouveau Testament, parce qu'il consiste dans une *effusion intérieure de l'Esprit-Saint*, qui instruit au dedans ... De même, il incline le cœur à bien agir ... «Je les écrirai (mes commandements) dans leur cœur», c'est-à-dire qu'en plus de la connaissance j'y graverai la charité ...» [5], (*in 2 Cor 3*, lect. 2 e *Heb* 8, lect. 2; éd. R. CAI, nᵒ 90 et 404).

S. Augustin avait déjà élaboré cet enseignement, surtout dans le *De Spiritu et littera* [6]:

21(36): «Quelles sont donc les lois de Dieu (dont parle Jer 31,33), écrites par Dieu lui-même dans les cœurs, sinon la présence même de l'Esprit-Saint, qui est le doigt de Dieu, qui par sa présence répand dans nos cœurs la charité, plénitude de la Loi et fin du précepte?».

14(26): «Ce commandement, s'il est observé par crainte du châtiment et non par amour de la justice, est observé servilement, et non de plein gré, et dès lors ne l'est pas. Pas de bon fruit qui ne procède de la racine de la charité. Mais que la foi soit là, œuvrant par l'amour, et l'on commence à se complaire dans la loi de Dieu selon l'homme intérieur, même si l'on sent dans ses membres une autre loi opposée à la loi de l'esprit, tant qu'enfin toute la vétusté se transforme en cette nouveauté qui s'épanouit de jour en jour dans l'homme intérieur, la grâce de Dieu nous libérant de ce corps de mort, par Jésus-Christ notre Seigneur».

13(22): «Ce que la loi des œuvres commande en menaçant, la loi de la foi l'obtient en croyant; celle-là dit: Tu ne convoiteras pas, et celle-ci dit: Sachant que personne ne peut être chaste si Dieu ne donne de l'être — et c'était déjà sagesse que de savoir de qui vient le don — je me suis adressé au Seigneur et l'ai supplié (Sag 8,21)».

---

[4] *In Rom* 8, lect. 1; éd. CAI nᵒ 602 ss.

[5] *In 2 Cor 3*, lect. 2 et *Heb* 8, lect. 2; éd. CAI nᵒˢ 90 et 404.

[6] Voir J. PLANIEUX, «Le chrétien en face de la Loi d'après le "De Spiritu et littera" de S. Augustin», dans *Theologie in Geschichte und Gegenwart* (Mélanges en l'honneur de M. SCHMAUS), 1957, p. 725-744.

«Voilà cette sagesse qui a nom piété, par laquelle est adoré le Père des lumières, duquel vient tout don excellent, toute donation parfaite (Jac 1,17). Or il est adoré, par le sacrifice de louange et d'action de grâces, de telle sorte que l'adorateur se glorifie non en lui-même, mais dans ce Père.

«Par la loi des œuvres, Dieu dit: Fais ce que j'ordonne; par la loi de la foi on dit à Dieu: Donne ce que tu ordonnes. La loi ordonne en effet en indiquant ce que doit faire la foi; il faut que celui qui reçoit l'ordre sache ce qu'il doit demander, s'il ne peut encore l'exécuter; et s'il le peut tout de suite et l'exécute docilement, il doit savoir aussi qui lui donne de le pouvoir» [7].

Nous ferons bientôt remarquer que Luther a omis les derniers mots en citant ce passage.

Ce thème sera repris, et repris sans cesse par la tradition. Ainsi, après même que les Réformateurs en avaient infléchi le sens, S. Robert Bellarmin, dans ses *Controverses* sur la justification, au Collège romain.

«La loi des œuvres chez l'Apôtre est celle qui ordonne ce qu'il faut faire; la loi de la foi, c'est la foi elle-même, qui obtient de faire ce qu'ordonne la loi des œuvres... La loi des œuvres nous donne de connaître, la loi de la foi fait que nous fassions. Par la loi des œuvres, Dieu dit: Fais ce que j'ordonne; par la loi de la foi nous disons à Dieu; Donne ce que tu ordonnes. Bref, la loi des œuvres est la lettre, qui tue en ordonnant sans aider; la loi de la foi est l'Esprit qui vivifie en venant en aide, pour que la justice de la loi s'accomplisse en nous (Rom 8,4).

«Il s'ensuit que non seulement la loi de Moïse, mais encore la loi du Christ, en tant qu'elle commande, est loi des œuvres; et la loi de la foi est l'Esprit de la foi, par lequel non seulement nous, les chrétiens, mais aussi les Patriarches et les Prophètes et tous les anciens justes ont obtenu la grâce de Dieu, et, justifiés gracieusement, ont observé au moyen de cette grâce les commandements de la loi» [8].

Il s'agit donc d'un principe tout à fait général qui vaut autant pour l'économie de l'A. T. que pour celle du N. T. Voir S. Thomas, I^a II^{ae} q. 106, a. 12: La loi nouvelle justifie seulement en tant qu'elle est non écrite, c'est-à-dire en tant qu'elle est la *grâce même*, à savoir un principe dynamique et non une simple norme d'action.

«Mais en tant qu'elle contient les enseignements de la foi et les préceptes qui dirigent les affections et les actes de l'homme... la loi nouvelle ne justifie pas... Car la lettre tue. Et Augustin explique (*De Sp. et litt.* chap. 14 et 17) qu'on entend par la lettre tout texte écrit à l'extérieur de l'homme, même celui des préceptes moraux contenus dans l'Évangile. Aussi la lettre même de l'Évangile tuerait-elle, si la grâce médicinale de la foi n'était là intérieurement».

---

[7] Comparer avec la collecte de la 3e férie après le 2^d dimanche de Carême: «Perfice... benignus in nobis observantiae sanctae subsidium, ut quae Te auctore facienda cognovimus, Te operante impleamus» («tu as pris l'initiative de nous faire connaître ce que nous devons faire; œuvre en nous pour que nous l'accomplissions»).

[8] *De Justif.* 1.19, vers le début; éd. de Naples, IV, p. 492 b.

Remarquons qu'en expliquant Rom 3,27, Luther accepte l'opposition augustinienne entre loi des œuvres et loi de la foi, mais qu'il la modifie notablement, de manière à un déduire logiquement toute sa doctrine sur la justice simplement imputée de l'extérieur. On pourra voir au vol. II (Scholia), p. 99, son développement sur le passage du *De Spiritu et litt.* (13,22) cité plus haut; mais des deux hypothèses avancées par Augustin: «s'il ne peut pas encore... s'il peut tout de suite», il omet complètement la seconde, si bien que le chrétien est censé toujours incapable de pouvoir accomplir la loi, et ne jamais devenir juste:

> «Il faut noter, comme il a été dit plus haut par Augustin, que la loi des œuvres déclare: «Fais ce que j'ordonne», et la loi de la foi: «Donne ce que tu ordonnes». Le peuple de la loi, par suite, répond à la loi et à Dieu qui lui parle par la loi: «J'ai fait ce que tu as ordonné, il a été fait comme tu as commandé». Le peuple de la foi, lui, dit: «Je ne puis le faire, je ne l'ai pas fait, mais donne-moi ce que tu ordonnes; je ne l'ai pas fait, mais je désire le faire. Et comme je ne puis pas, je demande et sollicite de toi de quoi pouvoir». De ce fait, celui-là devient orgueilleux et fier, celui-ci humble et vil à ses propres yeux. De là, la différence de l'un et l'autre peuple: celui-là dit: «J'ai accompli»; celui-ci: «Je demande de pouvoir accomplir»; celui-là dit: «Commande ce que tu veux et je le ferai», celui-ci: «Donne-moi ce que tu m'as commandé de faire»; celui-là a confiance d'avoir acquis la justice, celui-ci aspire à l'acquérir».

IV. *Exégèse des v. 28-30*

Au v. 28, il est prouvé que l'économie proclamée par Paul exclut vraiment toute jactance parce qu'elle justifie non par les œuvres, mais par la foi.

Λογιζόμεθα: «nous estimons», nous jugeons d'après des raisons bien pesées.

... πίστει: datif instrumental, «au moyen de» la foi.

... χωρίς: sans les œuvres de la Loi, phrase qui exclut certainement les œuvres morales, et pas seulement les œuvres relatives au culte, comme S. Thomas le fait remarquer avec justesse, en invoquant Act 15,9.

Le v. 29 proclame l'universalité de l'économie nouvelle. Si la justification procédait en effet de la Loi, il s'ensuivrait que seuls les Juifs pourraient être justes, parce qu'ils possèdent seuls la Loi de Dieu, et qu'ainsi Dieu serait en fait le Dieu des Juifs seulement (avec un génitif possessif). Dans l'économie de la justification par les œuvres de la Loi les Juifs s'étaient comme approprié Dieu. De fait on rencontre dans les écrits juifs un assez grand nombre de textes où Dieu est présenté comme le Dieu d'Israël seul; par exemple ce texte de Siméon b. Yohai: «Je suis le Dieu de tous ceux qui viennent au monde, mais à vous seuls j'ai uni mon Nom; je ne suis pas appelé le Dieu des idolâtres, mais le Dieu d'Israël»[9].

Mais Dieu ne peut pas ne pas être le Dieu unique, selon l'enseignement de la confession même de foi dans le Shema Israël (Deut 6,4): «Écoute, Israël, le Seigneur notre Dieu est l'unique Seigneur».

Le v. 30 conclut, en revenant au v. 28.

... εἴπερ: «puisque», non pas «s'il est vrai que» (affirmatif, et non dubitatif, bien que la Vulgate traduise d'ordinaire «si quidem»; ici, elle lisait ἔπειπερ avec le texte reçu, et traduit «quoniam, quidem»).

... ὅς δικαιώσει: ce Dieu unique sera l'unique auteur de la justification de *tous* les hommes. Le futur est à entendre comme exprimant une conséquence logique et immédiate, c'est-à-dire que Dieu justifiera selon que et dès que chacun fera l'acte de foi; il ne s'agit pas d'une justification «eschatologique».

... ἐκ πίστεως... διὰ πίστεως. De soi, la préposition ἐκ indique la provenance, et διά avec le génitif l'instrument, le moyen. Cela ne veut pas dire que pour Paul le rôle de la foi ne serait pas le même pour la justification des Juifs et pour celle des Gentils, comme certains auteurs anciens l'ont supposé; ailleurs, de fait, les païens aussi sont dits justifiés ἐκ πίστεως, «ex fide» (par ex. Gal 3,8). Déjà Augustin indiquait la vraie raison de cette différence: «ad varietatem locutionis», par une variation de style (*De Spir. et litt.* 29,50).

Il faut néanmoins se reporter peut-être à un usage assez fréquent chez Paul et chez les écrivains profanes, celui de multiplier les prépositions afin de signifier la causalité sous tous ses aspects, par exemple celle de Dieu pour le monde créé: Rom 11,36; 1 Cor 8,6; Col 1,16; Eph 4,6[10].

Une autre différence est à noter dans le 2ᵈ stique: l'usage de l'article; l'explication la meilleure est donnée par SANDAY-HEADLAM: διὰ τῆς πίστεως, «par le moyen de cette même foi», par laquelle sont justifiés les circoncis. Aucune différence dans la justification, comme il n'y en avait aucune dans l'état de péché (3,9 et 22 et suiv.).

V. *Sens du mot «loi» au v. 31*

La plupart des modernes entendent cette loi de la Tôrah en tant qu'elle est la révélation de Dieu et comprend tout le Pentateuque (comme dans la formule «la Loi et les Prophètes»); bien plus, en tant qu'elle comprend tout l'A.T. sauf les Prophètes (comme dans 3,19, où les textes cités

---

[9] *Exod R* 29,3; cité par J. BONSIRVEN, *Le Judaïsme* ..., I, p. 100, n. 4; autres citations dans *Textes rabbiniques* ..., n. 88, 97, 98, 127, etc.

[10] Voir E. PERCY, *Die Probleme der Kolosser- und Epheserbriefe*, Lund 1946; et *Biblica* 32 (1951), p. 572.

étaient tirés surtout des Psaumes), ou même avec les Prophètes (par ex. dans 1 Cor 14,21, où est cité Is 28,11 ss., mais aussi Deut 28,49, ou dans Jn 12,34, etc.).

Cette interprétation cadre très bien avec le contexte, soit précédent (cf. 3,21: «...attestée par la Loi»), soit suivant (tout le chap. 4). C'est pourquoi beaucoup voient dans le v. 31 une introduction au chap. 4; par ex. J. Huby; parmi les auteurs plus récents J. Dupont[11], J. Jérémias[12]. Depuis, G. Friedrich a soutenu la même interprétation[13], y compris pour la «loi de la foi» au v. 27: bien loin que la justification par la foi enlève toute signification à l'A. T., elle lui confère sa signification, en tant qu'il annonce déjà la justice de la foi; bien plus, en tant qu'il la contient, comme le montrent l'exemple d'Abraham et la citation de Dt 30,12 ss., faite dans Rom 10,5 ss. (la parole dont fait mention Moïse est la parole de la foi, τὸ ῥῆμα τῆς πίστεως, v. 8).

Que faut-il penser?

a) Telle est certainement la véritable signification du mot «Loi» au chap. 4, comme de l'assertion de 3,21, et déjà de 1,2. Ce chapitre ne peut être tenu pour un simple excursus ou une pure digression; il fait partie de l'argumentation de Paul, à tel point que s'il manquait, toute la construction croûlerait, non seulement pour les Juifs et les judéo-chrétiens, mais pour Paul lui-même, qui estime que l'A. T. est une véritable et authentique révélation de Dieu. Si donc la justification par la foi contredisait la révélation de l'A. T., elle devrait être à priori rejetée. Il faut en dire autant des chap. 9-11 par rapport aux chap. 5-8.

b) Il me semble cependant que l'usage du mot νόμος sans l'article soulève une difficulté, et à dire vrai insurmontable.

Bien sûr, G. Friedrich s'est efforcé de montrer, à la suite de P. Bläser[14], que les règles d'emploi de l'article admettent dans la Koiné d'innombrables exceptions, en particulier pour le mot νόμος, qui est devenu une sorte de nom propre; et il faut avouer que de fait la présence ou l'absence de l'article ne permet pas de décider s'il s'agit de la loi mosaïque ou de la loi en général.

Cependant, dans tous les exemples où νόμος désigne non pas la législation mosaïque mais la *révélation* de l'A. T. au sens indiqué plus haut, l'article est employé. Ainsi, tous les exemples cités dans F. Zorell quand il traite ce mot au n. 4 (col. 879 s.), mis à part Rom 7,1 (où je ne crois pas

---

[11] *RB* 62 (1955), p. 372, n. 1.

[12] J. JEREMIAS, dans *Studia Paulina in honorem J. de Zwaan*, Haarlem 1953, p. 147.

[13] G. FRIEDRICH, «Das Gesetz des Glaubens» (dans *Theologische Zeitschrift*, 10 (1954), p. 401-417, surtout p. 413-417.

[14] P. BLÄSER, *Das Gesetz bei Paulus*, Münster 1941.

qu'il s'agisse de la révélation de l'A. T., mais de la loi en général!). Prenons l'exemple de Gal 4,21, où l'on a l'un et l'autre sens: «Vous qui voulez être sous la Loi (c'est-à-dire sous la législation mosaïque, ὑπὸ νόμον), n'entendez-vous pas la Loi (c'est-à-dire la révélation telle qu'elle se présente dans le Pentateuque, τὸν νόμον, avec l'article). Il est écrit en effet qu'Abraham eut deux fils ...».

C'est pourquoi il faut revenir, si je ne me trompe, à l'interprétation qui est celle des anciens, lesquels dans ce passage comprennent le terme au sens de «régime légal».

VI. *Sens de l'assertion du v. 31*

... καταργεῖν, composé de κατά, de α-privatif, et d'un radical εργ- (travail, activité), c'est «rendre inactif ou inefficace» (Zorell). Le mot se rencontre souvent chez Paul au sens de «réduire à l'inactivité ou à l'impuissance», par ex. la loi (ici, Rom 3,31; Eph 2,15), la promesse (Rom 4,14; Gal 3,17), la fidélité de Dieu (Rom 3,3), les mauvais anges (1 Cor 2,6; 15,24 etc.), le ventre et les aliments (1 Cor 6,13; dans l'autre vie ils seront inutiles). Le P. Joüon explique par l'araméen BṬL, «annuler, réduire à l'incapacité, annihiler»[15]. De même H. Schlier, sur Gal 3,17 (p. 102, n. 7).

Dans la Vulgate le mot est traduit le plus souvent par «evacuare», «rendre vide», et avec raison; par ex. dans Rom 4,14, en parallèle avec κεκένωται.

Le sens de l'assertion est le suivant: la justification par la foi semble abolir tout régime légal; le chrétien semble devenir libre de toute loi, et par suite un homme sans morale, au-dessus de la loi! L'objection n'est pas purement hypothétique: voir Rom 3,8; 6,1; Gal 5,13.

L'Apôtre répond, après le Christ lui-même («Je ne suis pas venu abolir, mais accomplir»): bien loin d'être un homme sans morale, le chrétien peut seul vivre une vie pleinement morale, telle que la Loi l'exigeait, car il accomplit tous les préceptes de la loi, et même peut seul les accomplir, et cela avec une certaine plénitude et aisance (πληροῦν), parce qu'il est animé et mû par l'Esprit-Saint. Paul le dira explicitement dans Rom 8,4: «... afin que la justice de la loi (celle que la loi exigeait des hommes) soit accomplie (πληρωθῇ) en nous»; de même, dans Rom 13,8-10 (rappelons ce qui a été dit plus haut, de la loi de l'Esprit). Rom 3,31 répond donc à Rom 3,27 (la loi de la foi), comme Rom 8,4 répond à Rom 8,2 (la loi de l'Esprit)[16].

---

[15] *RSR* 15 (1925), p. 534 ss.
[16] Sur le mot πληροῦν, voir A. DESCAMPS, *Les justes et la justice dans les évangiles et le christianisme primitif*, Louvain 1950, p. 123-132, et *Biblica* 35 (1954) p. 488.

... ἱστάνομεν: forme hellénistique du présent classique ἵστημι, avec le sens transitif de «faire tenir debout», «dresser sur ses pieds», «établir sur une base ferme». En vérité seuls les chrétiens donnent à la loi son établissement ferme, en l'accomplissant: voir Rom 13,9 ss.: «Tous les préceptes de la loi se résument (ἀνακεφαλαιοῦται) en cette formule: Tu aimeras ton prochain ... La charité est donc la loi en sa plénitude»; Gal 5,14: «La loi toute entière (ὁ πᾶς νόμος) est contenue en plénitude (πεπλήρωται, parfait) en une seule parole: Tu aimeras ton prochain ...».

S. Augustin commente (*De Spir. et litt.*, 30,52): «Par la grâce, nous enlevons toute valeur au libre arbitre? A Dieu ne plaise! Nous donnons au contraire toute sa valeur au libre arbitre ... De même que la foi n'enlève pas sa valeur à la loi, mais l'assure, en obtenant la grâce par laquelle on peut accomplir la loi, de même la grâce n'enlève pas sa valeur au libre arbitre, mais l'assure, parce que la grâce guérit la volonté pour qu'elle aime librement la justice».

Le v. 31, plutôt que d'introduire directement au chap. 4, énonce donc une affirmation qui sera développée ensuite en 8,4 et dans toute la partie parénétique. Ainsi fait d'ordinaire l'Apôtre; par exemple le v. 3,20c annonce 5,20 et tout le chap. 7.

II. La justification par la foi seule

I. *État de la question*

En 1521, Luther incarcéré au château de Wartburg travaillait à sa version de l'Écriture sainte; il traduisit alors de cette façon le v. 28: «Nous tenons donc (il lisait οὖν avec le texte reçu) que l'homme est justifié sans les œuvres de la loi, seulement par la foi (allein durch Glauben)».

D'où ires et vitupérations dans le camp catholique contre le «faussaire» (Cornelius a Lapide) qui a osé altérer la sainte Écriture «pour établir son hérésie nouvelle sur la foi seule justifiante» (Cornély). De même F. S. Porporato[17]: «Luther traduit adroitement et de mauvaise foi». Les Protestants luthériens rétorquent que si Luther a ajouté, c'est vrai, le mot «allein», «seul», il l'a fait en plein accord avec le contexte[18]. Quelques-uns, peu nombreux, concèdent que l'addition n'a pas été opportune, parce qu'elle amène une certaine ambiguïté (H. Oltramare, F. Godet).

Le problème n'est peut-être pas tellement simple; et il ne faut pas oublier qu'il a été agité en plein Concile de Trente. Voir le *Dict. de Théol. Cathol.*, article «Justification», col. 2166-2167; *Acta Concilii*, éd. Ehses, vol. V, p. 295: L'évêque de La Cava, Thomas Sanfelice, soutient que nous

---

[17] *VD* 16 (1936), p. 319, n. 3.
[18] Par ex. A. Oepke, *Gal*, p. 19; F. J. Leenhardt, *Rom*, p. 65; A. Nygren, *Rom* 3,28 défend vigoureusement Luther.

sommes justifiés par la foi seule; p. 147: le même évêque défend son point de vue par une distinction malheureuse: «Par la foi seule, nous acquérons, nous, la grâce de Dieu et la justification, mais nous acquérons la vie éternelle par la charité et l'espérance qui suivent la justification»; p. 137, on raconte la discussion qui opposait les évêques de La Cava et de Chiron sur ce problème. Aussi, quand dans son Canon le Concile repousse explicitement la doctrine luthérienne de la justification par la foi seule, il explique en quel sens la phrase incriminée doit être rejetée. (Denz. 819).

II. *Quelques données pour la solution du problème*

1. La locution «par la foi seule» («sola fide» ou «per solam fidem»), à propos de ce problème, se rencontre plus d'une fois avant Luther. S. Robert Bellarmin le concède spontanément dans son *De justificatione*, ch. 25, où «est réfuté l'argument tiré des anciens Pères en faveur de la foi seule»; et il cite Origène, Hilaire, Basile, Chrysostome, Augustin, Cyrille d'Alexandrie, surtout peut-être l'Ambrosiaster et S. Bernard. L'argument est exposé abondamment aux chap. 12-25.

L'Ambrosiaster, sur Rom 3,24: «Ils ont été justifiés gratuitement, parce que, sans rien opérer et sans payer de retour, ils ont été justifiés par la seule foi, grâce au don de Dieu». Mais le contexte met en lumière le vrai sens: l'auteur entend exclure les œuvres de la loi, et à vrai dire les seules œuvres relatives au culte, comme le montre le commentaire de Rom 3,28 ss.: «L'auteur dit que le païen est justifié en croyant, sans accomplir les œuvres de la Loi, c'est-à-dire sans la circoncision, ou les néoménies, ou le respect du sabbat».

S. Bernard [19] est assez souvent cité: «C'est pourquoi tout homme qui, regrettant vivement ses péchés, a faim et soif de la justice, doit croire en toi, qui justifies l'impie; et justifié par sa seule foi il sera en paix avec Dieu» (*In Cant.*, Serm. 22,8). S. Robert Bellarmin donne la réponse juste: «Il parle de la foi vive et unie à la charité».

On aurait pu ajouter le témoignage de S. Thomas: le passage du Docteur Angélique va même davantage à notre sujet que celui de l'Ambrosiaster, parce qu'il oppose la foi justifiante non seulement aux œuvres cultuelles, mais aussi aux œuvres morales.

Sur 1 Tim 1,8: «Nous savons que la loi est bonne, si l'on en fait un usage légitime». Après avoir donné la solution de la Glose, distinguant œuvres morales et cultuelles, le saint Docteur présente la sienne: «Mais l'Apôtre semble parler des œuvres morales, car il ajoute que la loi a été

---

[19] Selon G. BARUZI, «C'est chez S. Bernard qu'il faut chercher la source véritable de Luther dans le moyen-âge classique. Ficker remarque à cet égard que les écrits de S. Bernard sont imprimés alors dans l'Allemagne du centre et sont même lus à l'Université de Wittenberg» (*Rev. Hist. Phil. Rel.*, 11 [1931], p. 468).

établie à cause des péchés (v. 9), et il s'agit là de préceptes moraux. L'usage de ces derniers est légitime, pourvu que l'on ne leur attribue pas plus qu'ils ne contiennent. La loi a été donnée pour faire connaître le péché; car «si la loi ne disait pas: tu ne convoiteras pas, j'ignorerais la convoitise» (Rom 7,7); ceci est contenu dans le Décalogue. Il n'est donc en eux aucun espoir de justification, mais dans la foi seule». Or pour prouver cela S. Thomas invoque précisément Rom 3,28: «Nous estimons que l'homme est justifié par la foi, sans les œuvres de la loi.» (Lect. 3; éd. R. Cai, n. 21).

De fait, il y a ici opposition entre toutes les œuvres morales, d'une part, et la foi seule, d'autre part; mais comme dans S. Paul, il s'agit de la *foi vive*.

Il faut même dire que ne manquaient pas, avant la réforme, les versions de la sainte Écriture où est ajouté le mot «seulement» ou un mot semblable, comme dans la version de Luther.

Ainsi par exemple la Bible germanique imprimée à Nuremberg en 1483 lit ainsi Gal 2,16: «Sachant que l'homme n'est pas justifiée par les œuvres de la loi, mais seulement par la foi, nur durch den Gelauben (sic!)». H. Oltramare, I, p. 340, n. 1, cite trois versions italiennes: Gênes 1476, Venise 1538 et 1546, où on lisait: «ma solo per la fede» ou «per la sola fede»; je n'ai pu toutefois vérifier (la première référence est certainement inexacte, comme le montre le catalogue général des incunables).

Il est donc permis de conclure: c'est moins la formule qui est en défaut, que le sens que lui ont attribué ensuite les Protestants.

2. Quel était le sens que Luther lui-même entendait alors lui donner? Ce n'est pas absolument certain.

a) Dans son commentaire de l'épître aux Romains, non seulement il n'exclut pas les œuvres *après* la justification, mais il n'entend nullement les exclure *avant* même la justification, à condition qu'elles soient faites «pour chercher la justification»:

> «Quand l'Apôtre dit que nous sommes justifiés sans les œuvres de la loi, il ne parle pas des œuvres qui se font pour chercher la justification. Car ce ne sont pas là les œuvres de la loi, mais celles de la grâce et de la foi, puisque celui qui les accomplit ne compte pas être justifié par elles, mais désire être justifié, et qu'il ne pense pas avoir par elles accompli la loi, mais cherche son accomplissement. Les œuvres de la loi, pour Paul, sont celles dont les auteurs affirment que la justification est accomplie du seul fait de leur accomplissement, et qu'ils sont justes parce qu'ils les ont accomplies. Ils ne les accomplissent donc pas pour chercher la justice, mais pour se glorifier d'avoir acquis la justice» (II, p. 100).

Seules sont donc exclues les œuvres dont l'homme peut se glorifier; or ces œuvres, la doctrine catholique les exclut pareillement; mais avec

S. Augustin, cité plus haut et qu'ici Luther son disciple abandonne, elle enseigne que l'homme ne peut pas se glorifier de la justice même acquise, parce qu'il sait «par le don de qui il est devenu capable», «scit quo donante possit».

b) Il faut avouer toutefois que la pensée de Luther est devenue par la suite beaucoup plus rigide, afin de s'opposer davantage, si je ne me trompe, à la doctrine catholique.

Ainsi dans la fameuse déclaration que cite Cornélius a Lapide: «Le Docteur Martin Luther veut qu'il en soit ainsi et dit: Un papiste et un âne, c'est tout un. Ainsi je veux, ainsi j'ordonne, que mon vouloir serve de raison. Nous ne voulons pas des élèves, mais des juges des Papistes. Luther veut ainsi et affirme être un Docteur supérieur à tous les docteurs de la Papauté entière». Et Cornélius poursuit: «Vous avez entendu Lucifer parler par la bouche de Luther».

Remarquons que S. Robert Bellarmin, faisant allusion à la même phrase, évite soigneusement les paroles trop offensantes: «M. Luther a bien édité une Bible germanique en insérant le «seule» dans Rom 3, mais l'astuce a été vite découverte ... Interrogé à ce sujet, il n'a pu nier que ce mot ne soit une addition, mais il a répondu avec sa modestie coutumière: Ainsi je veux, ainsi j'ordonne, que mon vouloir serve de raison. Voyez sa réponse à deux articles, écrite à un ami»[20].

Il ne s'agit pas là, malheureusement, d'un simple paradoxe; des assertions semblables se rencontrent assez souvent dans les écrits de Luther.

Par ex. dans son commentaire de l'épître aux Galates: «La foi justifie sans et avant la charité». Bien plus: «A moins d'être là sans aucune œuvre, fût-ce la plus petite, la foi ne justifie pas, ou plutôt elle n'est pas la foi[21]».

La même doctrine est enseignée expressément dans la «Solide déclaration», art. 3: «Ni la contrition ni l'amour, ni aucune vertu, mais la foi seule est le moyen et l'instrument par lequel nous pouvons faire nôtre la grâce de Dieu, les mérites du Christ et la rémission de nos péchés».

Par contre, c'est d'une façon plus douce et plus nuancée, semble-t-il, que parle Philippe Mélanchton dans son traité des *Lieux communs*[22].

«Nous enseignons clairement que doivent exister dans l'homme la connaissance des articles de foi, de même, la contrition, le bon propos, un commencement d'amour. Nos adversaires (les catholiques) ferraillent à ce sujet, et cependant nous reconnaissons nous-mêmes que ces dispositions doivent exister dans l'homme. Mais nous ajoutons que la foi doit s'y ajouter, c'est-à-dire la confiance en la miséricorde, parce que nous pouvons avoir la rémission de nos péchés à cause du Fils de Dieu et non pas à cause de nos vertus».

---

[20] *De justificatione*, I, ch. 16, éd. de Naples, IV, p. 487a.
[21] Voir aussi S. Robert Bellarmin, *De justif.* I, ch. 13.
[22] Cité encore par S. Rob. Bellarmin, *De justif.* I, ch. 12, p. 479.

Il est bien évident que ceci se rapproche davantage de Paul [23].

3. Sur S. Paul lui-même, voici ce qui nous semble devoir être dit.

a) L'Apôtre n'enseigne pas dans ce seul passage que l'homme est justifié par la foi, et non par les œuvres; il le fait surtout dans les trois suivants:

Gal 2,16, où la traduction germanique avait inséré le mot «seulement» déjà avant Luther; et de fait la locution ἐὰν μή, comme εἰ μή, peut être traduite «mais seulement». Cf. Gal 1,19: «Je n'ai pas vu d'autre apôtre, mais seulement Jacques, le frère du Seigneur».

Phil 3,9: «... n'ayant plus ma justice à moi, celle qui vient de la loi, mais la justice par la foi au Christ, celle qui vient de Dieu et s'appuie sur la foi (ἐπὶ τῇ πίστει)»; cf. Eph 2,8-10.

b) Mais l'Apôtre n'entend certainement pas exclure les œuvres après la justification; il les exige des fidèles dans toutes ses Lettres!

Il faut citer en premier lieu les textes où il unit la foi et les œuvres:

Gal 5,6: «... la foi opérant par la charité», où le verbe grec ἐνεργουμένη doit être compris au sens actif (voix moyenne), et de même, semble-t-il, le mot latin de la Vulgate, selon la leçon qui se rencontre souvent dans S. Thomas: «la foi opérant par la charité».

Eph 2,8-10: «Car c'est par la grâce que vous êtes sauvés, moyennant la foi; et ce salut ne vient pas de vous, c'est un don de Dieu; il ne vient pas des œuvres, car nul ne doit pouvoir se glorifier. Nous sommes en effet son ouvrage (l'œuvre divine est mise en lumière), créés dans le Christ Jésus (même affirmation), en vue des bonnes œuvres (à faire, ἐπὶ ἔργοις ἀγαθοῖς, nécessité de la coopération de l'homme) que Dieu a préparées d'avance (ces œuvres sont donc accomplies par nous, mais Dieu donnant de le faire) pour que nous les pratiquions (l'homme doit donc coopérer)».

Cf. Rom 8,4: «... afin que la justice de Dieu soit accomplie en nous (la voix passive met en lumière l'action de Dieu, de l'Esprit-Saint), dont la conduite n'obéit pas à la chair, mais à l'Esprit (nécessité de notre coopération)».

De même 1 Cor 15,10: «C'est par la grâce de Dieu que je suis ce que je suis, et la grâce à mon égard n'a pas été stérile; au contraire, j'ai travaillé plus qu'eux tous (les autres Apôtres); non pas moi, mais la grâce de Dieu avec moi».

Tous les auteurs catholiques ont compris de la sorte Rom 3,28; par exemple S. Thomas: «Sans les œuvres de la loi, c'est-à-dire non seulement sans les œuvres cultuelles (ainsi l'Ambrosiaster), mais même sans les œuvres

---

[23] Sur la signification positive de la doctrine de la «foi seule» on pourra voir L. Bouyer, *Du protestantisme à l'Église*, Paris 1954, p. 13-17, ainsi que les chap. II (Le salut gratuit) et V (Justification par la foi et religion personnelle).

demandées par les préceptes moraux, selon cette parole à Tite, 3,5: «Non pas à la suite des œuvres de justice que nous avions accomplies...». Mais cela, en comprenant: sans les œuvres précédant la justice, mais non sans les œuvres qui la suivent».

c) L'Apôtre n'entend certainement pas exclure les sacrements, tel que le baptême, auquel il fait expressément allusion en même temps qu'à la foi dans Gal 3,26 ss.: les chrétiens sont fils de Dieu par la foi et en même temps en tant que baptisés dans le Christ; or Paul ne trouve aucune difficulté à affirmer l'un et l'autre, comme si l'un excluait l'autre; ailleurs il ne fait allusion qu'au baptême, et on ne peut penser qu'il ait modifié son enseignement [24].

La solution la meilleure est donnée par S. Thomas, quand il remarque, dans son commentaire de Gal 3,27: «Le baptême ne s'accomplit que dans la foi, sans laquelle nous n'obtenons aucun de ses effets». C'est que le baptême est le sacrement de la foi, le signe efficace de la foi, et ne peut donc être contredistingué de la foi [25].

En outre, selon la problématique de S. Paul, il est bien certain qu'un sacrement ne peut être dit une «œuvre», entendons une œuvre de l'homme, dont l'homme puisse se glorifier; c'est par excellence une œuvre de Dieu, beaucoup plus encore que les œuvres de l'homme après la justification.

d) Paul n'entend certainement pas exclure la contrition ni d'autres actes, pourvu qu'ils procèdent de la foi et soient pour ainsi dire «informés» par la foi, car il comprend tout cela sous le seul mot de «foi».

En d'autres termes, chaque fois que Paul parle de la foi justifiante, il comprend toujours sous le mot de foi ce que la théologie postérieure appellera la «foi vive». S. Thomas l'a expressément noté (par ex. sur Rom 3,22), et après lui, en plein Concile de Trente, le futur cardinal Seripando.

Cependant, à cause de la notion de la foi qui sera indiquée plus loin, il n'est pas sans importance que la justification soit attribuée proprement et exclusivement à l'acte par lequel l'homme atteste expressément et formellement son insuffisance radicale, c'est-à-dire un acte dont il ne puisse nullement se glorifier!

III. Exégèse de Rom 4,1-3, sur la justification d'Abraham par la foi

Le chapitre 4 se rattache à la péricope 3,21-31 à la façon d'une preuve par l'Écriture Sainte, au sens qui sera expliqué à propos du v. 3. Il ne

---

[24] Voir A. GRAIL, «Le baptême dans l'épître aux Galates», dans *RB* 58(51), p. 503 ss., surtout 517 ss.

[25] Voir J. HAMER, «Le baptême et la foi», dans *Irénikon* 23 (1950), p. 387-405; J. DUPLACY, «Le salut par la foi et le baptême», dans *Lumière et Vie* 27 (1956), p. 3-52.

faut donc pas le regarder comme un simple excursus, presque hors du contexte (par ex. encore C. H. Dodd, p. 72).

Il était en effet très important pour Paul d'établir l'accord de l'A. T. et du N. T., ce qui lui a toujours tenu à cœur. En outre, il était capital de rectifier les idées juives sur la justification d'Abraham, qui était devenu peu à peu comme le type de la justification par les œuvres.

A partir de l'histoire même d'Abraham, telle qu'elle est racontée par le Livre saint, l'Apôtre va montrer que le dessein salvifique de Dieu est unique et constant dans l'une et l'autre économie, c'est-à-dire que la foi est l'unique et véritable voie de la justification et, par suite, du salut, non seulement à l'époque actuelle après le Christ, mais aussi, de la même façon, avant le Christ. Ce qu'il avait affirmé déjà en 1,17, d'après Hab 2,4: «Le juste vit de la foi», il le développe maintenant à partir de l'histoire d'Abraham.

I. *Exégèse de 4,1-2*

Le v. 1 présente une difficulté textuelle: trois variantes sont recensées (voir l'apparat critique de Merk):

a) Le texte reçu (avec la plupart des manuscrits en minuscules) lit εὑρηκέναι après ἡμῶν, si bien que le sens est: «Que dirons-nous qu'Abraham notre ancêtre a trouvé selon la chair», entendons: «par la circoncision»? Si, en effet, la justification se fait par la foi, à quoi bon pour lui la circoncision, qui, selon la doctrine juive, est le moyen précisément de devenir membre du peuple élu? Le sens est bon, mais la leçon est certainement la plus facile, et par suite rejetée par Merk, qui hésite entre les leçons b et c.

b) Le codex Sinaïticus, avec un petit nombre d'autres et la tradition latine, lit aussi εὑρηκέναι, mais après ἐροῦμεν, si bien que «selon la chair» doit se relier à «notre ancêtre», et que survient une difficulté qu'évitait la leçon précédente. Cependant la leçon c est encore plus difficile, et donc peut-être préférable.

c) La tradition alexandrine avec B, celle de Césarée avec le ms. 1739 et Origène, la tradition syriaque ancienne avec Éphrem omettent tout simplement le mot εὑρηκέναι. Cette leçon n'est pas impossible cependant, parce que l'accusatif Ἀβραὰμ τὸν προπάτερα peut être compris comme un accusatif de relation: «Que disons-nous par rapport à Abraham...». Cf. Jn 1,15: «C'est celui dont j'ai dit... (ὃν εἶπον)».

Au v. 2 l'argumentation progresse à la façon d'un syllogisme: Si Abraham avait obtenu la justice à la suite de ses œuvres (mode irréel, quant au sens), il aurait une raison de se glorifier, il aurait sur quoi s'appuyer. Or une telle raison, il ne l'a pas devant Dieu. Il n'a donc pas été justifié par ses œuvres.

La mineure est prouvée: l'Écriture sainte, grâce à laquelle nous connaissons le jugement de Dieu, quoi qu'il en soit de celui des hommes, n'en appelle pas aux œuvres, mais à la foi, c'est-à-dire à une démarche qui d'après ce qui précède (3,27) exclut toute possibilité de se glorifier, puisqu'en croyant l'homme ne peut, par définition, s'appuyer sur lui-même.

... καύχημα: ce dont on se glorifie (Zorell).

... πρὸς Θεόν: l'homme «a de quoi se glorifier devant Dieu» (et non «contre Dieu», comme le pense Cornely). Peut-être Paul entend-il combattre indirectement la façon de voir des Juifs, qui de fait prisaient beaucoup les œuvres d'Abraham: «Quoi que puissent penser les hommes, — devant Dieu, ou au jugement de Dieu, que nous révèle la sainte Écriture, Abraham n'a pas eu de quoi se glorifier».

II. *L'argumentation par l'Écriture au v. 3*

La vraie difficulté du v. 3 porte sur la façon dont l'Apôtre exploite l'affirmation de Gen 15,6. Des auteurs du plus haut rang concèdent qu'il incline ici vers la méthode rabbinique.

Ainsi P. Althaus, *Rom*, p. 39. B. Weiss est à peu près du même avis: «L'Apôtre a lu et interprété l'A.T. de son propre chef. Ce n'était pas là, certainement, usage illégitime de l'A.T., mais une méthode d'interprétation commune de son temps, laquelle, sans aucune référence aux conditions historiques, explique les textes en se demandant simplement ce qu'ils nous disent à nous, et les comprend selon le sens que nous attachons, nous, aux mots».

Même un excellent exégète catholique comme G. Thils écrit: «A la façon des docteurs juifs, Paul prescinde du contexte de la citation et la considère en elle-même, comme une parole proférée par Dieu, se suffisant à elle-même et complète, et à interpréter à la lumière de la parfaite révélation néotestamentaire. Voir J. Bonsirven, *Exégèse rabbinique et exégèse paulinienne*, p. 252-259»[26]. Le même G. Thils, traitant ailleurs[27] de notre citation, affirme une pleine ressemblance entre Paul et Jacques: «Ils ne se sont guère préoccupés que du passage cité. Le contexte de la vie d'Abraham ne les intéresse pas... Le sens précis que le passage cité peut avoir dans la vie du Patriarche ne les inquiète pas non plus. La citation est prise telle quelle, isolée, extraite de tout milieu temporel».

A fortiori les commentateurs Juifs ont coutume d'accuser Paul. Par ex. Jacob[28]: «Notre passage n'a aucun rapport avec l'explication des exégètes chrétiens, qui fondent sur ce texte leur foi chrétienne. Ni *he'emîn* n'est la foi ni *ṣedāqâ* la justification paulinienne».

[26] CEULEMANS-THILS, *Rom*, p. 37.
[27] Dans son excellent opuscule *Pour mieux comprendre S. Paul*, Paris 1942, p. 90.
[28] B. JACOB, *Das erste Buch der Tora*, Berlin 1934, p. 393.

Par contre, en abordant l'explication de Rom 4, Lagrange a cette belle affirmation: «Il faut toujours répéter que le génie de S. Paul, les lumières qu'il reçut de Dieu ne parurent jamais mieux que dans l'accord qu'il perçut entre les deux Testaments. Si préoccupé qu'il soit de montrer l'originalité du christianisme, il ne le détache jamais complètement des anciens desseins de Dieu, ou plutôt les desseins de Dieu, toujours les mêmes, sont seulement aujourd'hui mieux connus et réalisés par l'œuvre de Jésus-Christ» (p. 81).

1. *Forme de la citation* [29].

L'Apôtre cite Gen 15,6 selon la LXX, comme il a l'habitude de faire. Le texte massorétique porte: «Et Abraham crut en Yahvé, et il (Yahvé) le lui compta comme justice».

2. *Sens de la citation.*

a) Tels que se présentent texte et contexte, il semble qu'il s'agisse non pas d'une première justification, mais d'une seconde: Abraham est censé être juste déjà.

b) Bien plus, surtout d'après le texte massorétique, il semble que le texte doive être compris de la façon suivante: Abraham a fait un acte de foi concret, qui a plu à Yahvé, et Yahvé a tenu cet acte pour un acte bon, ou même un acte méritoire. Ainsi le P. de Vaux interprète: «Dieu lui reconnaît le mérite de cet acte». Et il invoque avec raison Deut 24,13, où il est question d'un gage à ne pas conserver et à rendre aussitôt à un pauvre: «Tu ne passeras pas la nuit en gardant son gage..., et cela sera pour toi une justice *(ṣedāqâ)* aux yeux de Yahvé ton Dieu, καὶ ἔσται σοι ἐλεημοσύνη»; et le Ps 106(105),31 où il est dit de Phinas: «...et cela lui fut compté comme justice *liṣedāqā)* pour toutes les générations»; le Psautier latin de Pie XII traduit même: «...et cela lui fut compté comme mérite»!

---

[29] *Bibliographie.* — Outre les commentaires sur Rom 4,3 et Gal 3,6, peuvent être consultés: A. Fernandez, «Credidit Abraham ...» dans *VD* 11 (1931), p. 326-330. H. W. Heidland, *Die Anrechnung des Glaubens zur Gerechtigkeit*, 1936, et *TWNT*, s.v. λογίζομαι (voir *Rev. Bibl.* 1937, p. 609 et *Biblica* 1945, p. 122-125). G. von Rad, «Die Anrechnung des Glaubens zur Gerechtigkeit», dans *Theol. Lit. Zeit.*, 76 (1951) col. 128-132.

En outre, sur la foi dans l'A. T.: S. Virgulin, «La fede nel Profeta Isaia», dans *Biblica* 31 (1950), p. 346 ss., 483 ss. P. Michalon, «La foi, rencontre de Dieu et engagement envers Dieu dans l'A. T.», dans *Nouv. Rev. Théol.* 75 (1953), p. 587-600. J. Dupont, *Gnosis*, p. 403-407. A. Gelin, «La foi dans l'A. T.», dans *Lumière et Vie* n° 22 (1955), p. 432-442.

Sur cette question en général, on pourra voir A. Weiser et R. Bultmann, dans *TWNT*, 6, p. 174-230.

3. Solution assez fréquente.

a) On résout assez communément au moins la première difficulté de la façon suivante: on concède qu'il s'agit dans la Genèse d'une seconde justification, et l'on suppose que Paul a fait un raisonnement a fortiori ou au moins a pari: juste déjà, Abraham l'est devenu davantage, selon l'Écriture, non par les œuvres, mais par la foi. A fortiori ou au moins a pari il est donc d'impie devenu juste par la foi, non par les œuvres. Ainsi Estius, Cornely, Ceulemans, Fernandez, etc.

S. Robert Bellarmin avait déjà dit clairement: «Paul se sert de l'exemple d'Abraham non pour signifier qu'Abraham a été alors pour la première fois justifié de ses péchés, mais pour montrer que l'impie n'est pas justifié par des œuvres faites sans la foi et la grâce, mais par la foi et la grâce de Dieu. Car si Abraham, un juste, n'est pas devenu plus juste par les œuvres sans la foi, à bien plus forte raison un impie ne pourra-t-il devenir juste par les œuvres sans la foi»[30]. Le saint Docteur a comme souci d'exclure les œuvres faites sans la foi.

b) Pas la moindre trace cependant d'une pareille argumentation dans le texte paulinien. Il faut donc procéder plutôt par une autre voie, en conformité plus grande avec la façon d'agir habituelle de l'Apôtre.

4. Solution préférable.

A. D'une manière générale, il faut remarquer avec soin que dans notre cas, comme dans tous les cas semblables, Paul ne part pas de l'A. T. pour y découvrir quelque vérité non encore révélée[31]. Il part du N. T., c'est-à-dire d'une vérité déjà révélée dans le Christ, et il s'efforce de découvrir si cette vérité a été annoncée et entrevue dans l'A. T., afin qu'apparaisse l'unité de la Révélation.

Les rabbins, d'ailleurs, ne procédaient pas autrement, quand ils tâchaient de montrer que les traditions en usage de leur temps étaient déjà enseignées par des textes de la sainte Écriture.

La méthode de Paul me semble cependant toute différente de celle des rabbins, même s'il use le plus souvent des mêmes formules. Quand ils commentent un passage de l'Écriture, les rabbins ont coutume de prescinder complètement du large contexte scripturaire. Paul au contraire s'appuie sur ce contexte; il éclaire, c'est vrai, un passage de l'A. d'une lumière

---

[30] De justific., 4,18; éd. de Naples 4,597a.
[31] En ce sens O. MICHEL, Paulus und seine Bibel, Gütersloh 1929, p. 133, déclare avec justesse: «Paulus folgert nicht aus einem Schriftwort, sondern beweist mit ihm; er geht nicht von ihm aus, sondern bestätigt mit ihm seine Behauptung». Sur l'usage paulinien de l'Écriture, voir les excellentes observations de P. SEIDENSTICKER, Lebendiges Opfer, Münster 1954, p. 142 ss., 167, 191. Cf. RB 62 (1955), p. 623.

nouvelle, mais il va au-delà de ce texte dans la mesure où le contexte favorise l'interprétation nouvelle, loin de la contredire.

La chose est rendue claire, si je ne me trompe, pour Rom 4,3, par une comparaison avec la manière dont la citation de Gen 15,6 est faite dans 1 Macc 2,52 et Jac 2,22. Dans ces derniers textes, en effet, la citation est comprise en dehors de son contexte propre, elle l'est dans le contexte de Gen 22, où est raconté le sacrifice d'Isaac, bien que la Genèse, qui lie foi et justice au chap. 15, ne le fasse nullement au chap. 22! Certes, rien de faux dans ce rapprochement, car l'assertion de Gen 15,6 peut être appliquée aussi à la foi d'Abraham allant immoler Isaac; mais on ne peut nier néanmoins qu'en faisant cette application, on détache la citation de son contexte propre et que par suite on incline d'une certaine façon vers la méthode rabbinique. Paul, au contraire, non seulement ne cite pas Gen 15,6 dans le contexte du chap. 22, mais il invoque explicitement Gen 15,6 en le mettant dans son propre contexte, c'est-à-dire en le situant à l'époque où Abraham n'avait pas encore contracté alliance avec Dieu ni reçu la circoncision comme signe de cette alliance (ce qui sera raconté dans Gen 17; cf. Rom 4,9 ss.).

Aussi, pour percevoir la force de l'argumentation de l'Apôtre, il faut que le lecteur, bien loin de faire abstraction du contexte, ait devant les yeux *tout* le contexte, proche et éloigné, de l'histoire d'Abraham.

Il faut remarquer avant tout l'ordre des événements:

Gen 12,1 ss.: vocation d'Abraham et première promesse. Écoutons le P. de Vaux: «Rompant toutes les attaches terrestres, Abraham part pour un pays inconnu, avec sa femme stérile (Gen 11,30), simplement parce que Dieu l'appelle et lui promet une postérité bénie. L'existence même et l'avenir du peuple élu dépendent de cet acte absolu de foi. Cf. Heb 11,8» (Bible de Jérusalem, sur ce passage).

Gen 13,14-17: renouvellement de la Promesse; récits divers.

Gen 15,1 ss.: la Promesse est répétée pour la troisième fois: «Ne crains pas Abraham, je suis ton bouclier, ta récompense sera très grande» (v. 1). Cependant aucun espoir de postérité n'a été donné encore: «Seigneur mon Dieu, que me donneras-tu? Je m'en vais sans enfant... Voici qu'un des gens de ma maison héritera de moi! — Celui-ci ne sera pas ton héritier; mais quelqu'un issu de ton sang, lui, sera ton héritier... Lève les yeux au ciel et compte les étoiles, si tu peux,... telle sera ta postérité. — *Abraham crut à Yahvé, et celui fut compté comme justice*».

Ensuite seulement, en 15,9 ss., la promesse est scellée par un sacrifice, et le mot «*alliance*», διαθήκη, apparaît pour la première fois: «Ce jour-là Yahvé conclut une alliance avec Abraham en ces termes: A ta postérité je donnerai cette terre» (v. 18). A nouveau, quand Ismaël fut né d'Agar, Dieu offre l'alliance: «J'établis mon alliance entre moi et toi, et je t'accroîtrai extrêmement» (17,2). C'est alors seulement qu'est changé le nom d'Abraham, et que sont stipulées les *conditions de l'alliance*: «Tu observeras mon alliance ... Voici l'alliance que tu observeras ... Tous vos mâles seront circoncis ... en signe de l'alliance entre moi et vous» (17,9-11).

Enfin, quatrièmement, promesse d'un fils, à naître de Sara nonagénaire (17,15 ss.). Le fils «de la promesse» naît (chap. 21), mais il doit être immolé, par un *nouvel acte de foi* d'Abraham, afin qu'il puisse être véritablement le fils de la promesse (chap. 22; cf. Heb 11,17-19).

Ainsi l'ordre même du récit, tel qu'il était lu par Paul, montre bien que la foi n'a pas eu seulement le plus grand rôle dans l'histoire d'Abraham, mais surtout qu'Abraham a été déclaré juste par sa foi avant qu'aucune alliance n'ait été conclue avec Dieu. D'autant plus que le mot δικαιοσύνη apparaît ici pour la première fois. L'adjectif «juste», «δίκαιος», avait jusque-là été employé deux fois, à propos de Noé, Gen 6,9 *(ṣaddiq tamin)*, mais le substantif n'avait jamais encore été utilisé.

Or attribuer la justice à un homme avant tout contrat paraissait aux juifs quelque chose de contradictoire: avant que le pacte soit conclu, personne ne peut acquérir la justice, étant donné que la justice est essentiellement fidélité à un pacte! Cette notion était si commune, que les Juifs ont imaginé qu'Abraham avait observé la loi sinaïtique elle-même.

Toute l'argumentation de Paul est basée là-dessus. L'Écriture sainte ne considère pas la chose de la même façon que les Juifs, puisque *la justice est attribuée à Abraham avant tout pacte* et qu'elle est *liée à l'acte de foi, et non aux œuvres*, dont il n'est fait nulle mention.

Peu importe qu'Abraham ait été déjà juste ou non. Une chose est certaine: L'Ancien Testament rattache la justice à la foi, tout comme le Nouveau, et non aux œuvres, comme les Juifs. C'est pourquoi, bien loin d'être en contradiction avec l'enseignement paulinien, l'Ancien Testament est en sa faveur, il l'esquisse déjà, et même, en ce sens, la justification par la foi non seulement n'enlève pas sa valeur à la révélation de l'Ancien Testament, mais plutôt la lui confère (voir Rom 3,31).

B. En particulier il faut examiner soigneusement deux points: la notion de foi, celle dont il est parlé dans Gen 15,6, pour voir si elle correspond à la foi paulinienne, et la relation énoncée par le mot ἐλογίσθη entre cette foi et la justice.

a) La notion de foi

Nous avons noté déjà que pour de très nombreux auteurs (par ex. Jacob) il existe entre la foi d'Abraham et la foi paulinienne une véritable ambiguïté.

Il faut avouer que les rabbins parlent plutôt de la constance ou de la fidélité d'Abraham que de sa foi. Nous reconnaissons volontiers, de plus, que la foi d'Abraham n'est pas la simple adhésion à une vérité proposée [32].

Mais d'une part, la foi paulinienne, sans pouvoir se réduire à la foi «fiduciale» des protestants, garde néanmoins, essentiellement, un aspect de confiance donnée [33]. Le P. Prat l'a décrite avec précision: «Pour Paul, l'Évangile n'est pas un système, une théorie, un ensemble de dogmes, mais une divine économie comprenant des vérités à croire, une morale à pratiquer et des institutions salutaires à mettre en œuvre. Et la foi n'est pas une simple adhésion intellectuelle à la vérité révélée, mais l'entrée spontanée de l'homme dans l'économie évangélique, le don total qu'il fait de lui-même au Dieu Sauveur, en même temps qu'une prise de possession anticipée de tous les bienfaits divins [34]».

Les théologiens font remarquer d'ailleurs que l'objet premier de la foi n'est pas une vérité, mais Dieu lui-même, et cela *en tant qu'il est notre fin surnaturelle* [35]. Aussi la définition donnée dans la *Bible de Jérusalem* à propos d'Is 7,9, pour «la foi chez les Prophètes», doit-elle être dite entièrement valable pour la foi dans le N. T.: «La foi chez les Prophètes est moins la croyance abstraite que Dieu existe et qu'il est unique, que la confiance en lui, fondée sur l'élection: Dieu a choisi Israël, il est *son* Dieu, Deut 7,6, et seul il peut le sauver». Seulement, il faut noter avec soin que cette «confiance» n'est pas «aveugle», mais se fonde sur la «vérité» de Dieu, tant dans l'A. T. que dans le N. T.

D'autre part, dans la foi d'Abraham, en tant que fondée sur la promesse de Dieu, l'aspect intellectuel ne manque nullement; car elle s'appuie sur Dieu en tant qu'il est bon et aussi, et même d'abord, en tant qu'il est vrai, sur Dieu qui non seulement «est assez puissant pour faire ce qu'il a promis» (Rom 4,21), mais qui avant tout dit vrai.

Sur la notion vétérotestamentaire de la foi, on peut voir ce que S. Virgulin, traitant de la foi chez Isaïe d'après Proksch, R. Kittel, Dürr, Eichrodt, etc., expose dans *Biblica* 31 (1950), p. 348. Par exemple Dürr [36]: «La foi pour lui est l'essence de la religion. ... Isaïe est le prophète de la foi, le Paul de l'A. T.». Selon B. Eichrodt [37], Isaïe, emploie ce mot (la foi) «comme expression condensée pour décrire la relation totale qui existe

---

[32] Voir de Vaux, dans *BJ*, sur ce passage.

[33] Voir A. Merk, «Justus ex fide vivit», dans *VD* 3 (1923), 193-198, 231-237, 257-264.

[34] F. Prat, *Saint Paul* (coll. Les Saints), Paris 1922, p. 130; cité par J. Huby, *Rom* p. 71.

[35] H. Vignon, *De virtutibus infusis*, thèse IV. (Cours de l'Université Grégorienne, Rome 1943).

[36] *Wollen und Wirken der alttestamentlichen Propheten*, Düsseldorf 1926, p. 64.

[37] «Glauben im A. T.» *(Festschrift G. Beer)*, Stuttgart 1935, p. 93.

entre Dieu et l'homme». A propos du sens du verbe *he'emîn*, surtout quand son objet est introduit par *l^e* (en grec εἰς) et plus encore par *b^e* (en grec ἐπί), le même auteur fait l'observation suivante[38]: «L'idée primitive marquée par la racine *'MN*, qui originairement semble signifier l'action physique de porter, est celle de sécurité, de fermeté, de certitude. La forme causative «hiphil» exprime l'assurance de la sécurité. *He'emîn* dénote avant tout un état subjectif, l'état intérieur de l'homme qui se sent solide. Le fondement de cette attitude intérieure se trouve en dehors de l'homme, dans l'objet vers lequel il est tendu et sur lequel il se repose.... La relation entre l'objet et le croyant s'exprime de différentes façons... On rencontre souvent la construction utilisant la préposition *l^e*. La caractéristique de cette formule, c'est d'indiquer un «se tourner vers», par consentement au témoignage proposé. Si l'objet est une parole ou un énoncé, le verbe prend directement le sens de «reconnaître ou tenir pour certain ce qui est présenté». La construction qui exprime de façon complète la fonction vitale et fondamentale de la foi est celle du verbe suivi de la préposition *b^e*. La préposition introduit l'objet en qui l'on croit ou mieux sur qui en croyant on s'appuie comme sur une base inébranlable.

«Quand le terme est une personne, le rapport personnel est mis en pleine valeur...; l'acte de croire a dans ce cas non pas la signification formelle de donner un assentiment, mais bien de se confier, de s'appuyer, de s'abandonner à l'objet, avec toutes les conséquences pratiques que cela entraîne. Le mot prend son sens prégnant quand le terme est directement Dieu lui-même considéré comme appui de la confiance assurée du croyant. Nous sommes alors en présence de la notion la plus profondément religieuse de la foi».

Le P. Michalon ne s'exprime pas autrement dans un article[39] dont le titre dit déjà beaucoup: «La foi rencontre de Dieu et engagement envers Dieu selon l'A. T.»; et il conclut, p. 600: «La foi est l'entrée de l'homme dans l'économie divine, une participation totale de tout lui-même à la fermeté du plan de Dieu: l'homme tout entier est engagé et il donne un assentiment total à l'œuvre de Dieu».

En vérité, aucune description ne peut convenir plus exactement à la notion de la foi paulinienne!

Le verbe grec πιστεύειν, en tant que son acception dérive de l'A. T., où il traduit le verbe *'aman* à la forme causative (et non en tant qu'il désigne une opinion incertaine, selon un usage ordinaire chez les Grecs) doit donc être rendu proprement par «je me rends ferme, solide, etc.», autrement dit, «je deviens participant de l'attribut propre à Dieu quand on dit de lui par antonomase qu'il est "le rocher", "la pierre", "l'appui", "la citadelle", celui à qui l'on peut se confier par opposition à l'homme insta-

---

[38] Art. cité, p. 349.
[39] Ci-dessus p. 128.

ble, menteur, etc. (Rom 3,4)». Le terme du «je crois» (indiqué en grec au datif, ou avec la préposition εἰς ou ἐπὶ) indique donc «*celui sur qui ou ce sur quoi je m'appuie, recevant* de lui *ma fermeté*, c'est-à-dire *Dieu lui-même* ou *la parole de Dieu*[40].

Au contraire, la foi dont parle l'épître de Jacques semble bien loin de la foi ainsi comprise, car c'est une foi qui n'agit pas, et donc qui n'est pas «vivante», telle la foi qui se trouve même chez les démons: «toi, tu crois qu'il y a un seul Dieu? Tu fais bien; les démons le croient aussi, et ils tremblent» (2,19). Il est clair qu'une telle foi doit être qualifiée de «morte», νεκρά, c'est-à-dire incapable d'agir, comme un cadavre!

b) Relation entre foi et justice

Par le verbe ἐλογίσθη est certainement affirmée une certaine équivalence entre foi et justice. Or cette équivalence a été expliquée de trois manières par les exégètes.

1. Selon les rabbins l'acte de foi d'Abraham a été tenu par Dieu pour une *œuvre méritoire*, à cause de laquelle Abraham a obtenu la justice.

Ainsi par exemple *Mekilta* sur Ex 14,31: «Et ils crurent... Semblablement, Abraham eut en héritage ce siècle et l'autre à cause du mérite de sa foi, selon qu'il est dit: Abraham crut, et Il le lui compta comme justice»[41]. Bien plus, le *Targum Onkelos* et celui de *Jérusalem* lisent tout simplement «mérite» *(z^ekut)* au lieu de «justice» *(ṣ^edâqâ)*, soit dans Gen 15,6, soit dans le Ps 106(105),31 (dans ce dernier texte, le Psautier de Pie XII traduit également «meritum»).

L'Apôtre rejette explicitement cette interprétation au v. 4-5; de fait, elle est en contradiction avec la notion même de la foi paulinienne, qui exclut toute espèce de glorification (cf. Rom 3,27, et plus haut).

2. Selon les Luthériens orthodoxes, la foi d'Abraham, bien qu'elle ne soit pas justice, a été tenue cependant par Dieu comme justice, grâce à une sorte de *fiction juridique*.

On arguë maintes fois du sens du verbe λογίζεσθαι, «porter en compte», selon la convention commerciale par laquelle les gens tiennent comme pratiquement équivalentes des choses cependant toutes différentes. Telle est la base de la doctrine de la justice extrinsèquement imputée à l'homme, qu'un assez grand nombre de Luthériens abandonnent aujourd'hui.

3. La plupart des catholiques comprennent de la façon suivante: à cause de la foi d'Abraham, mais *gratuitement* (et par là ils s'écartent com-

---

[40] Cela d'autant plus que selon la remarque pertinente de S. Thomas, «l'acte du croyant ne se termine pas à l'énoncé, mais à la réalité (IIª IIᵃᵉ, q. 1, a. 2, ad 2ᵘᵐ).

[41] Cf. J. Bonsirven, *Textes rabbiniques ...*, n. 82.

plètement de l'explication des Juifs), un don plus élevé lui est conféré, ou porté à son compte. «Compter la foi comme justice, pour Dieu, revient à accepter la foi, qui d'elle-même n'est pas la justice et ne produit pas la justice; cela pour communiquer la justice en tant que celle-ci consiste formellement dans la grâce et la charité répandue par l'Esprit-Saint» (Tolet, cité par Cornely).

Si je ne me trompe, ces exégètes raisonnent ainsi: Dieu a estimé justice la foi d'Abraham, et comme les choses sont bien telles que Dieu les estime, il faut dire que la foi d'Abraham est justice; mais comme d'autre part la foi, par elle-même, n'est pas la justice, il faut conclure que Dieu a conféré la justice à Abraham.

L'exégète moderne H. W. Heidland, protestant, en arrive de fait à la même interprétation [42]: il raisonne surtout à partir du sens du verbe λογί-ζεσθαι, quand il traduit dans l'A. T. le verbe hébreu ḥāšab.

Le verbe grec indique par lui-même un jugement objectif de simple constatation; mais le mot hébraïque, et par suite le mot grec quand il le traduit, signifient souvent un *jugement subjectif de valeur*, c'est-à-dire la réaction du sujet devant une chose ou une personne, l'estimation de leur valeur à ses yeux. Ce n'est pas que le mot implique par lui-même la gratuité de l'imputation, comme paraît le supposer A. Nygren (*Rom.* p. 128); mais il est compatible avec elle, et Paul peut donc la déduire à bon droit du contexte de la Genèse. Voici donc l'explication de Gen 15,6: «La foi lui est reconnue (wird anerkannt) comme justice, ou mieux: à celui qui croit la justice est communiquée (wird zugeteilt)» [43]. Et l'auteur poursuit, en rejetant toute fiction juridique: «La déclaration de la justice de l'homme n'est pas une fiction. Dieu tient la foi pour justice, parce que l'homme devant Dieu est pleinement juste... Moyennant le λογίζεσθαι de Dieu, l'homme devient une créature nouvelle. Aussi dans Gal 3,2-3 la justification peut-elle être assimilée à la réception de l'Esprit-Saint, et pour preuve de cette justification on peut alléguer le texte même de Gen 15,6» [44].

L'exégète catholique acquiesce volontiers et avec joie à ces assertions. Je crains cependant que l'auteur ne veuille tirer trop de choses de la pure philologie. Une quatrième explication est donnée, qui sera peut-être préférée par la plupart. C'est l'interprétation soutenue par Lagrange, autant que je puis voir, et par J. Huby, et proposée déjà par S. Robert Bellarmin.

4. Le verbe hébraïque peut signifier une simple estimation; le contexte seul permet de voir si elle est fausse (par ex. dans 1 Sam 1,13) ou vraie (par ex. 2 Sam 19,20). Quant au verbe grec, P. Fernandez (art. cit., *VD*

---

[42] Voir *Biblica* 26 (145), p. 122-125.
[43] *TWNT* 4, p. 294, 20.
[44] Ibid., lignes 38-43.

1931, p. 329) a noté très justement: «Porter en compte ... peut se faire d'u-
ne double façon: ou bien Dieu tient formellement la foi pour justice ou
bien il fait tant de cas de la foi qu'à cause d'elle il confère la justice». A
cause de l'emploi de la préposition εἰς il préfère personnellement la seconde interprétation; mais la raison apportée semble faible, étant donné que
selon l'usage sémitique la préposition connote simplement un prédicat
(bien plus, le texte massorétique n'a même pas ici la préposition l^e!). La
première explication semble s'accorder davantage avec tout le contexte et
surtout avec la notion paulinienne de la foi. Et c'est de cette façon que
Philon a interprété Gen 15,6: «Abraham crut à Dieu et il fut estimé juste»
(δίκαιος ἐνομίσθη) [45]. Cf. Rom 9,8: λογίζεται εἰς σπέρμα.

Ainsi J. Huby: l'auteur sacré présente comme équivalentes foi et justice (p. 166). De même, si je ne me trompe, Lagrange.

S. Robert Bellarmin avait déjà, bien avant, proposé la même exégèse
dans *Controversia de justificatione* 1,17 [46]. Contre les Réformateurs, selon
qui «nous faisons nôtre par la foi la justice du Christ», le saint Docteur
affirme que la foi est la cause formelle de la justification. Il le prouve par
la Sainte Écriture: «L'Apôtre enseigne cela surtout dans Rom 4,5, quand
il dit: "A qui croit en celui qui justifie l'impie, on compte sa foi comme
justice": la foi elle-même est considérée comme justice; et donc la foi ne
fait pas sienne la justice, mais la foi dans le Christ *est* elle-même la justice.
L'apôtre Pierre en donne aussi la preuve: "purifiant leurs cœurs par la foi"
(Act 15,9): la foi est dite purifier les cœurs, ce qu'elle fait non tant par effi-
cience que formellement, de la même façon que la lumière en entrant
chasse les ténèbres, puisque lumière et ténèbres ne peuvent demeurer ensemble».

Cela vaudrait même de la foi «informe», que Bellarmin n'hésite pas à
appeler la cause formelle inchoative de la justification: «Et si la foi est vive et parfaite par la charité, elle sera la parfaite justice, sinon, elle sera du
moins justice imparfaite et commençante» (Ibid.).

Il faut avouer que ces affirmations ne manquaient pas d'audace,
alors que le Concile de Trente avait rejeté si clairement des formules
équivalentes quand on y discutait de la causalité de la foi et que la
plupart des Pères étaient inclinés à ne placer la foi que dans les
dispositions requises, et cela dans une discussion présidée par l'oncle
même de S. Robert Bellarmin, Marcel Cervin, cardinal de la Sainte Croix,
le futur Pape Marcel II [47].

De plus, s'il s'agit de la foi informe, ces assertions présentent une difficulté, car la foi informe ne peut être dite simplement la justice; le saint

---

[45] *Leg. All.* 3, 228.
[46] Voir «De Rom 3,30 et 4,3-5 in Concilio Tridentino et apud S. Robertum Bellarminum», dans *VD* 29 (1951), p. 88-95, en particulier p. 94.
[47] Voir l'art. cité de *VD*, p. 90-92.

Docteur, faisant en 1607 une révision de ses œuvres, prit donc soin d'expliquer et d'amender son texte, et revint pour la foi informe au langage habituel: «La foi justifie proprement et simplement par manière de disposition, mais formellement, on ne peut dire simplement et absolument qu'elle justifie.» (ibid. p. 96).

Il faut reconnaître que l'explication du saint Docteur sur la foi informée par la charité concorde pleinement avec l'interprétation de S. Thomas, par lequel la foi n'est pas tenue d'ordinaire pour quelque chose d'extérieur à la justice, comme précédant la justice, mais pour une partie de la justice.

> Ainsi sur Rom 3,22: «Il est dit que la justice de Dieu est par la foi en Jésus-Christ, non que nous méritions en quelque sorte la justification par la foi, comme si la foi même venait de nous, et que nous méritions par elle la justice de Dieu ainsi que les Pélagiens l'ont dit; mais parce que dans la justification elle-même, dans l'acte par lequel nous sommes justifiés par Dieu *le premier mouvement de l'âme vers Dieu se fait par la foi*... C'est pourquoi la foi elle-même est comme *la première partie de la justice* que nous tenons de Dieu... Mais cette foi d'où vient la justice n'est pas la foi informe... elle est la foi informée par la charité» [48].

Évidemment, cela ne se vérifie au sens plein, comme S. Thomas le remarque, que dans la foi informée par la charité; mais il ne faut pas oublier que la foi informe est considérée elle aussi par l'Aquinate, en tant qu'elle est foi, comme une certaine participation à la vie même de Dieu [49]. Ajoutons l'assertion suivante que le P. Malevez oppose à une opinion de E. Brunner: «La foi, qui est un don de la grâce, incline l'homme à croire en vertu d'un certain amour du bien («*secundum aliquem affectum boni*»), même si elle est informe (II[a] II[ae] q. 5, a. 2, ad 2[um])» [50].

IV. Excursus sur la causalité de la foi [51]

«Ce point, dit le P. Lagrange, passe pour un des plus obscurs de ceux qui touchent à la justification» (*Rom* p. 137).

---

[48] Voir *in Rom* 4,5; *in Gal* 5,6; I[ae] II[ae], q. 113, a. 4, et ad 1[um].

[49] Sur la notion de foi pour S. Thomas, telle qu'il l'a puisée dans l'Écriture, voir l'art. de C. Spicq dans *RSPT* 31 (1947), p. 234.

[50] L. Malevez, dans la *NRT* 71 (1949), p. 874, compte-rendu de l'ouvrage de L. Volken, *Der Glaube bei Emil Brunner*, Freiburg 1947.

[51] *Bibliographie*. — F. Prat, II, p. 295-297. — J. M. Vosté, *Studia Paulina*, 2e éd., Rome 1941, p. 103 ss. — A. Merk dans *VD* 1923, p. 264. — J. Bonsirven, *L'Évangile de Paul*, Paris 1948, p. 202, et *Théologie du N. T.*, Paris 1951, p. 322. — J. Huby, p. 169, n. 2.

La question a été discutée au Concile de Trente: *Acta Concilii*, éd. P. Ehses, vol. 5, surtout p. 696 ss., 733 ss. et 740-743. Voir l'art. «De Rom 3,30 et 4,3-5 in Concilio Tridentino et apud S. Robertum Bellarminum», dans *VD* 29 (1951), p. 88-97.

Selon F. Prat (II, p. 296), la foi n'est ni cause efficiente principale (c'est Dieu qui justifie), ni cause formelle (l'unique cause formelle, selon le Concile de Trente, est la justice de Dieu, par laquelle il nous rend justes), mais seulement *cause instrumentale* de notre justification.

J. M. Vosté note à bon droit, p. 104: «La cause instrumentale est le sacrement de baptême, qui est le sacrement de la foi» (unique mention de la foi dans le chapitre conciliaire concernant les quatre causes de la justification). Il reste donc que la foi soit appelée *disposition positive* à la justification».

Selon J. Huby, p. 169, n. 2, la foi informée par la charité serait «la disposition ultime à la justification; et dans la doctrine thomiste, identique réellement à la forme elle-même»[52]. La foi informe, par contre, «serait disposition préparatoire à la justification, mais ni seule ni suffisante, et ne pourrait être comptée comme justice».

La solution de S. Robert Bellarmin, exposée plus haut, me plaît davantage.

Du reste, il faut avoir devant les yeux les paroles prononcées par Seripando au Concile de Trente: «Problème difficile, que celui de définir la justification selon les quatre espèces de causes, et de montrer dans laquelle il faut la ranger, ou, si elle ne peut trouver place dans aucune, de quelle façon il faut la présenter selon sa dignité, elle à qui Paul attachait tant d'importance, comme on peut le voir dans presque toutes ses lettres». En fait, Séripando jugeait personnellement que «la foi ne peut être rangée dans aucune espèce de cause, surtout parmi les causes dispositives. Car il est question... de la foi informée par la charité...»[53].

Au sujet du Concile de Trente, il faut faire les remarques suivantes:

1. A cause des controverses avec les Protestants, le Concile considère avant tout la foi informe.

2. La plupart des Pères et des théologiens inclinaient à voir dans la foi une cause simplement dispositive.

3. Cependant, dans la formulation dernière de sa définition de la foi, le Concile a omis avec soin les mots «disposition» ou «cause dispositive» (DB 801).

4. Par les mots «fondement», «commencement», «racine», le Concile paraît avoir voulu mettre *la foi non pas hors de la justification, mais plutôt à l'intérieur d'elle*, bien que dans le même décret la foi et les œuvres soient mises au nombre des démarches qui précèdent la justification; car, selon

---

[52] Sur la causalité réciproque entre «disposition à la forme» et «forme même», voir K. Rahner, *RSR* (1954), p. 494, n. 21.
[53] Voir l'art. cité de *VD* 29 (1951), p. 92.

la juste remarque de Bellarmin, «le fondement, dans un édifice, est une partie et un commencement de l'édifice, lequel est amené à son faîte et à son achèvement par l'addition des murs et du toit» (*De justif.*, I, 17).

5. L'adjectif «omnis» a été ajouté dans le décret («... la foi, fondement et racine de *toute* justification»), parce que selon la remarque du Card. Cervini, «tant dans la préparation (in dispositione) que dans l'instant de la justification, et que dans son exercice aussi et son accroissement, la foi est *toujours* le fondement et la racine de cette justification» (*Acta*, p. 734).

6. Les formules employées dans le décret du Concile, pourvu qu'on les examine avec attention, concernent sans doute directement la foi informe, tandis que Paul parle de la foi informée par la charité, mais cependant ne sont donc pas aussi différentes des formules pauliniennes qu'il peut paraître au premier abord.

> «Ce n'est peut-être pas sans raison que S. Paul a voulu mettre un tel accent sur la foi — informée bien sûr par la charité —. Car parmi tous les actes humains, l'acte de foi est d'une part l'acte le plus libre, et par conséquent l'acte le plus propre à l'homme; mais d'autre part, il est en même temps l'acte par lequel l'homme qui l'émet atteste son insuffisance, car il s'agit proprement d'une activité de foi, non de science, d'un acte dans lequel l'homme connaît, comprend, mais grâce à une lumière versée en lui par un Autre, d'un acte par lequel il voit, mais comme par les yeux d'un Autre, d'un acte par conséquent qu'il ne peut s'attribuer, moins encore que tous ses autres actes. Bien entendu, l'homme ne peut émettre par lui-même aucun acte surnaturel; mais dans l'acte de foi seul cette impuissance est affirmée explicitement et formellement, par l'acte lui-même. C'est pourquoi dans tout le processus de la justification et de la sanctification, comme l'a fait très justement remarquer le Cardinal Cervini en expliquant le mot "*omnis*" du décret, la foi demeure toujours le fondement et la racine» [54].

V. Exégèse de Rom 4,4-8, ou la foi «imputée» comme justice

I.*Exégèse des vv. 4-5*

A partir du v. 4 l'Apôtre étudie plus au long l'exemple d'Abraham, montrant que la justification par la foi exclut nécessairement la justification par les œuvres, du fait que la première est gratuite, tandis que la seconde se base sur la notion de rétribution et de salaire; en outre, l'exemple d'Abraham est appliqué à la justification en général, celle par laquelle l'impie devient juste.

---

[54] *VD* 29 (1951), *art. cit.*, p. 97.

L'argumentation est la suivante: à qui a des œuvres (c'est-à-dire travaille comme un salarié), on ne compte pas le salaire à titre gracieux, mais comme un dû (v. 4); au contraire, à qui n'a pas d'œuvres (c'est-à-dire ne travaille pas), mais croit seulement en celui qui justifie l'impie, on compte sa foi comme justice (v. 5).

... τῷ πιστεύοντι ἐπί correspond au verbe hébraïque accompagné de la préposition *bᵉ*: l'accent est mis sur la confiance qui s'appuie sur un fondement inébranlable.

... τὸν ἀσεβῆ: ce n'est pas que l'impie doive rester un impie, même après la justification! Comme le contexte le montre, il devient juste, comme Abraham lui-même.

II. La «justification de l'impie» au v. 5

Les Protestants arguënt souvent du sens du verbe grec δικαιοῦν, lequel signifierait simplement un jugement au for externe (judicium forense), absolvant un prévenu, mais évidemment sans le changer intérieurement [55].

Ainsi, par exemple, avec force, F. Godet, *Rom. I*, p. 340-342; plus nuancés, Sanday-Headlam, *Rom*, p. 34-39, qui accordent: «There is something sufficiently startling in this. The Christian life is made to have its beginning in a fiction. No wonder that the fact is questioned, and that another sense is given in the words ... The facts of language, however, are inexorable: δικαιοῦν, have rightly said to be forensic; they have reference to a judicial verdict, and to nothing beyond» (p. 36).

Mais cette conclusion d'ordre philologique est complètement rejetée par Lagrange, *Rom*. p. 123-137 [56].

a) Qu'il suffise ici, pour la notion paulinienne, de rappeler des passages tels que 1 Cor 6,11, où «être lavés, sanctifiés, justifiés» sont présentés comme synonymes [57].

---

[55] Il est clair que le juge, par sa sentence même, ne peut faire ni prétendre «changer le prévenu», c'est-à-dire faire qu'un vrai coupable devienne innocent; si le prévenu était innocent, mais considéré faussement comme coupable, la sentence fait que non seulement il est innocent, mais aussi qu'il est considéré comme tel; inversement, s'il était coupable, il le demeure certainement, une sentence d'acquittement faisant seulement qu'il est considéré comme innocent.

[56] Plus au long dans *RB* 23 (1914), surtout p. 337-343 et 481-486. De même H. Schlier, excellement, sur Gal 2,16 (voir *Gal* p. 53 ss.).

[57] Sur ce point, P. Althaus, à propos de Rom 10,10: «Gerechtigkeit und Leben gehören ja unzerreissbar zusammen; wie auf Seiten des Menschen Glauben und Bekennen» (*Rom* p. 93). On peut remarquer avec Lagrange et d'autres auteurs que ni le verbe hébreu *hiṣdîq* ni le verbe grec δικαιοῦν ne sont toujours employés dans l'A. T. avec l'acception juridique de «déclarer juste» un accusé. Par elle-même la forme causative *hiphil* d'un verbe qui à la forme *qal* veut dire «être juste» peut tout à fait signifier «rendre juste» (et pas seulement «déclarer juste»); par exemple Is 53,11, au moins selon le Targum. Ceci vaut a fortiori du N. T., par ex. dans le texte cité 1 Cor 6,11.

Il faut noter de plus avec Lagrange (*Rom.* p. 134 ss.) que le sens judiciaire du mot se rencontre seulement quand il s'agit du jugement ultime de Dieu (au sens eschatologique, tel qu'il se présente souvent chez les Juifs et dans la Septante); or la justification, chez Paul, est attribuée au chrétien comme quelque chose qui a eu lieu déjà (voir Rom 5,1.9 etc.), par opposition au salut qui dans Rom est regardé comme quelque chose de futur (voir Rom 5,9; 8,24, etc.).

b) Un fait, il est vrai, fait difficulté: la locution «qui justifie l'impie» est empruntée certainement à l'A. T., où elle a une acception surtout judiciaire, le verbe «justifier» signifiant certainement «déclarer juste» et non «rendre juste».

Il s'agit d'une locution usuelle pour faire connaître les devoirs d'un bon juge: il doit «justifier le juste et condamner l'impie» (par ex. Deut 25,1), et non inversement «justifier l'impie et condamner le juste» (par ex. Ex 23,7; Is 5,23; 1 R 8,32; 2 Chr 6,23; Prov 17,15). Or on ne peut avoir le moindre doute sur le sens «déclaratif» du verbe; et Prov 17,15 a glosé avec exactitude la locution hébraïque: «Celui qui juge juste l'homme injuste (ὃς δίκαιον κρίνει τὸν ἄδικον), et injuste l'homme juste (ἄδικον δὲ τὸν δίκαιον) est en abomination devant Dieu».

Mais les commentateurs ne remarquent pas, d'ordinaire, *trois faits* non moins indubitables:

1. Dans le N. T., quand Dieu est comparé aux *juges* de l'A. T., il est censé agir de la même façon que ces juges: on l'appelle du même nom, «juge» (κριτής), et l'on déclare qu'il jugera «selon les œuvres» (Rom 2,5; à rapprocher de Ps 62(61),13; etc.) ou, «sans acception de personnes» (Rom 2,11; à rapprocher de Ex 23,7 ss.; Deut 16,19; etc.).

2. Cette représentation de Dieu comme juge est *réservée au jugement eschatologique*; elle ne se rencontre jamais, pas même une fois, quand il s'agit de la justification, mis à part ce passage de Rom 4,5, qui est en question.

Bien plus, chez Paul, l'activité par laquelle Dieu justifie semble être opposée explicitement à l'activité par laquelle il juge, selon le Ps 143(142),1-2, que Paul invoque dans Rom 3,20, au moment où il introduit le thème de la justice de Dieu salvifique et justifiante: «N'entre pas en jugement (ἐν κρίματι) avec ton serviteur; mais écoute-moi en raison de ta fidélité, de ta justice».

3. Si Paul dans Rom 4,5 se référait à l'activité judiciaire de Dieu, telle qu'elle est décrite dans l'A. T., il attribuerait à Dieu la faute la plus sévèrement reprochée aux juges de l'A. T., celle qui, selon Prov 17,15, «est abominable devant Dieu».

De ces trois faits indubitables, il est légitime de conclure, si je ne me trompe, que Paul, paradoxalement, a emprunté cette locution au vocabulaire judiciaire de l'A. T., pour signifier plus clairement que dans la justification Dieu n'exerce pas le rôle de juge, mais un rôle tout différent, se rapprochant plutôt de celui de «*créateur*» ou de «*père*», comme le mettent d'ailleurs en lumière les notions variées qui sont d'ordinaire liées à celle de justification dans le N. T. et nommément dans Paul, telles que celles de «nouvelle création» (2 Cor 5,17) ou de «régénération» (Tit 3,5, cf. Jn 3,3) ou de «filiation» (Gal 3,26; 4,5; Rom 8,14; Eph 1,5), sans parler de la parabole du «fils prodigue» (Luc 15,11 ss.) [58].

III. *Exégèse des vv. 6-8*

v. 6. La preuve par le Pentateuque est confirmée selon l'usage des rabbins par une preuve tirée des Prophètes (cf. Rom 3,31: «... attestée par la loi et les prophètes», en parlant de la justice de Dieu). Ici, la preuve est tirée des Psaumes:

«De la même façon aussi (καί) que David proclame heureux (μακαρίζειν = proclamer heureux; μακαρισμός, félicitation; voir Gal 4,15) l'homme à qui Dieu attribue la justice indépendamment des œuvres (c'est-à-dire «qui ne vient pas des œuvres». Et en effet, aucune œuvre n'est mentionnée! v. 7-8 = Ps 31(32),1-2. «... dont les péchés sont couverts»: Lagrange note avec justesse: ne pas imputer les péchés, les remettre, les cacher, sont des façons diverses d'affirmer que les péchés ne sont plus sous les yeux du Seigneur. Aucune conclusion solide ne peut être tirée du seul emploi de ces mots, comme si les péchés demeuraient, en étant seulement cachés; car le verbe «être couvert» doit être expliqué par le verbe parallèle «être remis». Mais en retour les adversaires peuvent prétendre que le verbe «remettre» doit être expliqué par le verbe «couvrir».

La solution véritable se tire donc de l'enseignement général de l'Apôtre, et non de la pure philologie.

Il faut d'ailleurs remarquer que le verbe ἀφιέναι ne se rencontre à propos de la rémission des péchés qu'ici seulement chez Paul (et cela dans une citation de l'A. T.!); le substantif ἄφεσις dans les seuls passages parallèles Col 1,14 et Eph 1,7 [59].

---

[58] Voir «Justification. Jugement, Rédemption», dans *Rencontres bibliques* (Journées bibliques de Louvain, 1959, p. 166-184, surtout 176-178) (= «*Littérature et théologie pauliniennes*» [*Recherches bibliques* V, 1960]) reproduit ci-dessous pp. ST 117-130.

[59] Voir *Biblica* 38 (1957), p. 47, n. 1.

VI. **Excursus sur la justice imputée extrinsèquement**

Les assertions de l'Apôtre dans Rom 4,3-8 constituent la base philologique principale de la doctrine luthérienne de la justice dite «extrinsèquement imputée». Il est bon à cette occasion de noter quelques points.

Les partisans de cette doctrine insistent de fait très fort sur cette base. Cependant cette doctrine n'a certainement pas sa source dans notre passage, comme le commentaire de Luther sur l'épître aux Romains le montre clairement; c'est après coup seulement que des arguments d'ordre philologique ont été cherchés et trouvés pour étayer une doctrine déduite d'autres prémisses. Son origine véritable me paraît avoir été plutôt d'ordre religieux. Pour Luther la question n'est pas métaphysique, mais religieuse et psychologique. En d'autres termes, le principal aux yeux de Luther n'est pas l'aspect métaphysique de la doctrine, mais son aspect religieux et psychologique, si bien que pour convaincre des Luthériens il ne suffit pas de montrer la faiblesse de la doctrine du point de vue métaphysique (car personne ne peut être déclaré juste sans être de fait un juste, cela de par Dieu même, dont la parole est nécessairement efficace); il faut établir de plus que la doctrine catholique sauve tout aussi bien les principes mêmes que Luther a voulu sauver en élaborant sa doctrine et en la défendant avec énergie, à savoir *la gratuité absolue de la justification et du salut* et par suite l'humilité de l'homme [60].

I. *La pensée de Luther*

La pensée de Luther ne peut faire aucun doute pour qui a lu de bout en bout son *Commentaire de l'Épître aux Romains*. Il faut lire entre autres nombreux passages ses scholies sur Rom 4,6-7 (Ficker, p. 103-106 et 116).

«Aussi ce ne sont pas tant les œuvres de ce genre qui sont blâmées, manifestement, que l'opinion et la fausse estime qu'on a des œuvres. Car les justes font aussi des œuvres semblables, mais d'un cœur tout différent. Les justes, pour demander et obtenir par elle la justice; les impies, pour faire étalage par elles de leur justice et se flatter de l'avoir trouvée. Les premiers, ne se contentent pas des œuvres accomplies, demandent encore que leur cœur soit rendu juste et purifié des convoitises déréglées; les autres, insoucieux de l'intérieur, se contentent d'œuvres accomplies à l'extérieur ... Ils se jugent eux-mêmes justes; les justes, au contraire, demandent d'être regardés tels par le Seigneur. Ceux-là disent et enseignent: "est jus-

---

[60] Voir: «La Lettera ai Romani nell'attuale controversia con i protestanti», dans *La Civiltà cattolica*, 1958/4, p. 141-152 (surtout p. 145-151); ou *Choisir*, nº 17 (mars 1961), p. 19-21. Sur l'expression célèbre de Luther «juste et pécheur à la fois» (employée pour la première fois dans le commentaire de Rom ch. 7), on peut consulter W. JOEST, «Paulus und das lutherische "simul justus et peccator"», dans *Kerygma und Dogma*, I (1955), p. 269-320.

te, celui qui fait ceci et cela"; ceux-ci: "est juste, celui à qui le Seigneur n'impute pas son péché". Ceux-là savent comment et jusqu'à quel point il faut œuvrer pour être juste; ceux-ci ignorent quand ils sont justes, parce qu'ils ne sont justes que grâce à l'imputation de Dieu, imputation que personne ne connaît, et que l'on doit seulement implorer et espérer. Ceux-là ont donc un temps où ils peuvent ne pas penser qu'ils sont pécheurs; ceux-ci savent toujours qu'ils sont pécheurs.

«Pour comprendre le mot du Psaume: "Heureux ceux dont les iniquités sont pardonnées...", il faut donc dire: les Saints sont toujours intrinsèquement pécheurs, dès lors il sont *toujours justifiés extrinsèquement*. Les hypocrites, eux, sont toujours intrinsèquement justes, et dès lors toujours extrinsèquement pécheurs.

«Par "intrinsèquement", je veux désigner la façon dont en nous-mêmes, nous sommes à nos yeux, dans notre estime; par "extrinsèquement", la façon dont nous sommes devant Dieu et dans son estime à lui. Nous sommes donc extrinsèquement justes, quand nous sommes justes non par nous-mêmes, par nos œuvres, mais par la seule imputation de Dieu. Car cette imputation de Dieu n'est pas en nous ni en notre pouvoir...

«Quand les saints gardent toujours leurs péchés devant les yeux et implorent de Dieu la justice au nom de sa miséricorde, ils sont du fait même, toujours, comptés pour justes aussi par Dieu... Pour eux-mêmes, et en vérité, ils sont donc injustes; mais pour Dieu, à cause de cet aveu de leur péché, ils sont en vérité pécheurs, mais par l'estime du Dieu miséricordieux, justes; justes, sans savoir, injustes, le sachant; pécheurs, en réalité; justes, en espérance. C'est ce que dit ici le Psaume: "Bienheureux ceux dont les iniquités sont remises et les péchés couverts". D'où la suite: "J'ai dit: je confesserai contre moi mon injustice" c'est-à-dire, j'aurai toujours sous les yeux mon péchés, pour te le confesser)...» (Ficker, II, p. 104-105). D'après ce qui précède il est clair que le problème est le même que dans S. Paul: tout est ordonné *en vue d'exclure la possibilité de se glorifier.* Cf. Rom 3,27; Eph 2,9.

Le même but était visé par les théologiens allemands qui ont élaboré la doctrine de la *double justice,* que Seripando a défendue au Concile de Trente comme soutenue par des catholiques, bien qu'il ne semble pas l'avoir jamais faite sienne.

II. *La doctrine catholique*

La doctrine catholique, pourvu qu'on la considère en son entier, maintient absolument les mêmes principes, et le Concile de Trente a pris soin expressément de les maintenir.

1. L'homme *ne peut mériter* au sens propre *le premier acte de foi*; c'est pourquoi le commencement de la justification demeure aussi gratuit qu'il l'est aux yeux des Luthériens[61].

Par contre, Luther lui-même n'hésite pas à employer parfois le mot «mériter», par ex. à propos de Rom 3,17: «Nous méritons d'être justifiés» (Ficker, II, p. 84, ligne 12). Expression semblable dans l'explication de Gal 4,4 (selon le commentaire de 1519): «La foi en effet mérite que soit donné l'Esprit, comme il est dit plus haut: «Est-ce par les œuvres ou par l'écoute de la foi que vous avez reçu l'Esprit?».

2. Pareillement, l'homme ne peut mériter cette ultime grâce qu'est la grâce de *la persévérance finale*[62].

Ainsi tout le processus de la justification est entièrement gratuit.

3. *Après la justification, l'homme peut mériter dans la mesure où il est membre du Christ* ou rameau de la Vigne[63], c'est-à-dire dans la mesure où comme chrétien il peut dire avec S. Paul: «Je vis, non plus moi, c'est le Christ qui vit en moi» (Gal 2,20).

Voir les textes de S. Augustin que nous avons cités plus haut, textes tronqués par Luther.

4. *La concupiscence*, bien qu'elle «ne soit pas vraiment et proprement un péché dans les baptisés», est cependant appelée parfois péché par l'Apôtre[64], parce qu'«elle vient du péché et incline au péché» (Denz. n. 792).

En effet, en tant qu'inclination au péché, elle doit être dite un désordre, surtout si on la comprend au sens paulinien, en entendant par elle non pas la seule concupiscence charnelle, mais la tendance de l'homme à référer spontanément les autres à lui, et non à se référer aux autres et à Dieu, bref l'égoïsme.

En outre, une inclination de ce genre ne reste pas d'ordinaire une pure inclination, elle passe aux actes! «Les saints et les justes, quelque saints et justes qu'ils soient, tombent parfois au moins dans des péchés légers, ceux de chaque jour; et c'est pourquoi la prière quotidienne des justes est à la fois humble et vraie: "Remets-nous nos dettes" (Denz. n. 804; cf. 106-108)[65].

5. Dès lors, même une fois absous de la faute qui le grève et par suite vraiment juste, l'homme reste redevable d'une *peine*, laquelle, aux yeux

---

[61] Voir les Décrets du Concile, chap. 8 (*Denz.* n° 801).
[62] Voir S. Thomas, Iª IIᵃᵉ q. 114, a. 9, et ce que déclare le Concile de Trente sur le don de la persévérance, chap. 13 et canon 16 (*Denz.* 806 et 826).
[63] Concile de Trente, chap. 16 (*Denz.* 809).
[64] Dans Rom 7, selon l'interprétation alors commune même chez les catholiques.
[65] Autre interprétation chez A. Kirchgässner, (voir *Biblica* 38 [1957], p. 347-352).

des théologiens et en premier lieu de S. Thomas, a aussi un caractère médicinal: par elle, sur terre ou, après la mort, en purgatoire, il doit être purifié. Auparavant, bien que juste, il n'est pas encore capable de cette union intime avec Dieu qui sera possédée dans la vision intuitive; en d'autres termes, un obstacle qui provient du péché n'a pas encore été pleinement» écarté... C'est pourquoi la doctrine catholique elle-même affirme qu'en un certain sens cet homme est «en même temps juste et pécheur». Il ne semble pas que le fameux axiome de Luther comporte un sens tout différent, au moins tel qu'il se présente dans son *Commentaire des Romains*: «Toujours, l'homme est dans le péché, dans la justification, dans la justice... toujours pénitent, toujours juste» (*in Rom* 12) (Ficker, II, p. 266-267).

6. De là, de très nombreuses formules *liturgiques*. Par ex. quand le prêtre célèbre le sacrifice de la Messe, et qu'il est donc censé être juste, il demande avant la Communion, selon le rite latin, «que le Christ ne regarde pas ses péchés», bien plus «qu'il soit libéré par le Corps et le Sang très saints du Christ de toutes ses iniquités»; en présence du Christ il se tient comme un humble pécheur, «indigne de recevoir» son Corps, au point qu'il demande que «cette réception ne tourne pas à son jugement et à sa condamnation», mais que, par la bonté du Christ (et non par ses mérites à lui) «elle serve à la sauvegarde de son âme et de son corps».

7. Instruits et formés de la sorte, les plus grands *saints* refusaient de considérer leurs œuvres.

On connaît les paroles de S. Jean de la Croix sur son lit de mort, quand ses confrères, pour aviver sa confiance, lui rappelaient tout ce qu'il avait accompli pour le Christ: «Ne me rappelez pas mes œuvres bonnes; mon œuvre est nulle; qu'elle ne m'accuse pas maintenant devant Dieu!»

De même sa fidèle disciple Ste Thérèse de l'Enfant Jésus, disait quatre mois avant sa mort, le 15 mai 1897:

> «Que je suis contente de m'en aller bientôt au ciel; mais quand je pense à cette parole du Bon Dieu: "Je viendrai bientôt et je porte ma récompense avec moi pour rendre à chacun selon ses œuvres" (Apoc 22,12), je me dis qu'il sera bien embarrassé avec moi, car je n'ai pas d'œuvres. Il ne pourra donc pas me rendre selon mes œuvres. Eh bien! Il me rendra selon ses œuvres à Lui» [66].

Qu'il suffise d'ailleurs de rappeler son *Offrande à l'Amour miséricordieux*:

> «Au soir de cette vie je paraîtrai devant Vous les mains vides; car je ne vous demande pas, Seigneur, de compter mes œuvres. Toutes nos justices ont des taches à Vos yeux.! Je veux donc me revêtir de Votre justice, et recevoir de Votre amour la possession éternelle de Vous-même...» [67].

---

[66] *Novissima verba*, p. 16 (voir maintenant *Derniers entretiens*, Paris 1971, p. 206).
[67] Voir encore *Novissima verba* p. 6 ss., 37, 120 ss., 125 ss.; 15 mai, 23 juin, 6 août

Tonalité toute semblable dans ces paroles du B[x] Claude La Colombière, s.j., prononcées à Londres au cours d'une homélie sur la confiance en Dieu: (*Sermon sur la confiance*, péroraison).

> «Domine singulariter in spe constituisti me» (Ps 4,10). Les hommes peuvent me dépouiller et des biens et de l'honneur; les maladies peuvent m'ôter les forces et les moyens de vous servir; je puis même perdre votre grâce par le péché; mais jamais je ne perdrai mon espérance; je la conserverai jusqu'au dernier moment de ma vie... Les autres s'appuient ou sur l'innocence de leur vie, ou sur la rigueur de leur pénitence, ou sur le nombre de leurs aumônes, ou sur la ferveur de leurs prières: «Tu, Domine, singulariter in spe constituisti me». Pour moi, Seigneur, toute ma confiance, c'est ma confiance même....

Les Protestants disent parfois, en opposition avec la doctrine catholique: «Le N. T. n'appelle pas l'homme à se regarder ou à regarder ses œuvres, pour puiser sa confiance en lui-même, mais à regarder Dieu nous révélant son amour dans son Fils, dans la croix du Christ». En fait, c'est exactement ce qu'enseigne la doctrine catholique bien comprise. Nous concédons volontiers que la doctrine luthérienne de la justice imputée obtient cet effet; mais nous prétendons fermement que la doctrine catholique obtient le même effet, avec une non moindre efficacité, sans tomber dans les difficultés ou plutôt les antinomies bien connues de la doctrine de la justice extrinsèquement imputée.

1897. Voir au contraire un exemple de prière pélagienne dans PÉLAGE lui-même, *De Vita Christiana*, ch. 11 (PL 40, 1042): «Il lève à bon droit ses mains vers Dieu, il épanche sa prière avec une conscience bonne, celui qui peut dire: Tu sais, Seigneur, combien elles sont saintes, elles sont innocentes, elles sont pures de toute fraude, injustice et rapine, les mains que je lève pour toi, pour que tu aies pitié» (cité par H. RONDET, dans *Saint Augustin parmi nous*, Paris 1954, p. 203 ss. Sur ce sujet, J. COMÉLIAU, «A propos de la prière de Pélage». dans *Rev. Hist. ecclés.*, 31 (1935), p. 77-89.

8.

Justification, jugement, rédemption, principalement dans l'épître aux Romains *

En tête de l'étude encore inachevée qu'il vient de consacrer à la notion d'*Agapè* dans le Nouveau Testament, le R. P. Spicq fait justement remarquer, à la suite d'ailleurs de O. Cullmann, qu'«une théologie biblique digne de ce nom est intrinsèquement dépendante de l'exégèse philologique», c'est-à-dire, poursuit-il, «que l'on ne peut attribuer aux auteurs inspirés que les seules notions exprimées ou insinuées par le vocabulaire et la langue dont ils se sont servis» [1]. L'unique but de cette conférence est précisément d'attirer l'attention sur un fait de vocabulaire, dont on ne semble peut-être pas toujours tenir suffisamment compte, et qui pourtant conditionne en partie l'idée que l'on se fait soit de la justification soit de la rédemption.

Il est banal en effet d'affirmer que l'une et l'autre s'opèrent «par mode de jugement», parce qu'elles ne sont en réalité que «des anticipations du jugement eschatologique». Ainsi, — pour ne citer qu'un des plus récents commentateurs de l'épître aux Romains, — C. K. Barrett, tout en rejetant l'explication jadis traditionnelle chez les protestants de la «justification par fiction juridique», — «conception la plus populaire», — déclare néanmoins et répète qu'elle «implique le verdict du jugement dernier et que le verbe 'justifier' signifie une anticipation de ce verdict» [2]. Et le professeur Pierre Bonnard, dans un article de 1951 où il se demande «où en est l'interprétation de l'épître aux Romains», conclut en affirmant de même, à propos du baptême et de la rédemption, que, «le réalisme paulinien étant d'ordre essentiellement juridique, Dieu fait réellement peser sur le baptisé la condamnation encourue par le Christ en croix», si bien que la foi «ramenée à son essence» est conçue comme «la soumission personnelle à ce verdict de Dieu en Jésus-Christ» [3].

Certes, de prime abord, tout paraît favoriser une telle conception. Visiblement Paul emprunte à l'A. T. les notions qu'il utilise ici: justice de Dieu, justification, jugement, salut, rédemption. Or toutes, sans excep-

---

* Extrait de «Littérature et Théologie Pauliniennes» (Recherches Bibliques V), 1960, pp. 166-184.

[1] C. SPICQ, *Agapè dans le N. T. Analyse des textes*, I (1958), p. 6.

[2] C. K. BARRETT, *A Commentary on the Epistle to the Romans*, 1957, p. 75; cf. p. 30.

[3] P. BONNARD, *Où en est l'interprétation de l'épître aux Romains*, dans *Revue de théologie et de philosophie*, 1951, p. 225-243 (voir p. 242).

tion, sont des notions essentiellement eschatologiques. Il suffit de songer aux textes de la fin du Livre d'Isaïe, si proches de ceux de Paul quant au formulaire même.

Tel Is 56,1: «Mon salut est près d'arriver, et ma justice près de se révéler». Ou bien 51,5: «Je ferai venir soudain ma justice; mon salut viendra comme la lumière» [4]. Et ici le prophète poursuit: «Mon bras va juger *šāfaṭ)* les peuples». N'était-ce pas dire assez clairement que ce salut d'Israël, identifié à la révélation de la justice de Dieu, s'exercerait précisément au moyen d'un «jugement»?

En effet, l'association entre salut et jugement n'est pas moins constante que celle entre justice et salut: «O Dieu, s'écrie le psalmiste, par ton nom sauve-moi (σῶσόν με, *hôšîʿenî*), par ton pouvoir juge-moi (κρῖνόν με, *tᵉdînênî*)» (Ps 53[54]3). Au chapitre 19 du Livre d'Isaïe, on a inséré, après l'oracle contre l'Égypte, une prophétie «d'un bel universalisme» annonçant que «en ce jour-là», c'est-à-dire aux temps eschatologiques, «par un retournement de la situation de l'Exode, Yahvé se fera le libérateur de l'Égypte opprimée»; or le texte hébreu précise qu'il accomplira cette libération «en leur envoyant un sauveur qui les défendra *(rîb)* et les délivrera» (litt. «les fera sortir»), et la LXX traduit en liant plus étroitement encore les notions de σῴζειν et de κρίνειν: «il enverra un homme qui les sauvera (ὃς σώσει αὐτούς), c'est en jugeant qu'il les sauvera (κρίνων σώσει αὐτούς)» (Is 19,20).

Aussi bien, est-ce sous la figure d'un «juge» suprême qu'Israël a coutume de se représenter le Dieu qui doit le «sauver». Contentons-nous d'un seul exemple emprunté aux Psaumes:

> «Chantez à Yahvé un chant nouveau,
>   car il a fait des merveilles.
> Yahvé a fait connaître son *salut*,
>   aux yeux des païens révélé sa *justice*,
> se rappelant son amour et sa fidélité
>   pour la maison d'Israël.
> Tous les lointains de la terre ont vu le *salut* de notre Dieu.
>
> . . .
>
> Que tous les fleuves battent des mains
>   et les montagnes crient de joie
> à la face de Yahvé, car il vient
> *pour juger* (κρῖναι, *šāfaṭ) la terre*:
> *il jugera* (κρινεῖ, *šāfaṭ) le monde avec justice* [5],
>   et les peuples avec droiture» (Ps 97[98]).

---

[4] Cf. Is 46,13 selon la LXX: «J'ai fait approcher ma justice et ne différerai point mon salut».

[5] La formule κρινεῖ ἐν δικαιοσύνῃ revient une dizaine de fois dans les Psaumes et sera reprise dans le N. T. (Ac 17,31) pour annoncer «la mission de juge et de sauveur» que Jésus doit exercer «à la fin des temps» (*Bible de Jér.*, in h. l.).

Loin qu'une telle conception s'estompât avec le temps, les circonstances mêmes de l'histoire d'Israël contribuèrent à lui donner un relief de plus en plus accusé. Ainsi occupe-t-elle une place centrale dans les Psaumes de Salomon, où l'on entend résonner l'appel au «juge grand et puissant» (4,28), au «juste juge» (2,19; 9,3), contre les «pécheurs» (2,17.18), c'est-à-dire en l'occurrence contre les «païens» envahisseurs (ἔθνη, 2,20; cf. 9,4).

On comprend que, décrivant la théologie de l'A. T., un auteur comme Ludwig Köhler ait pu intituler son avant-dernier chapitre; «salut par jugement» («Heil durch Gericht»), le dernier ayant pour titre: «salut par libération» («Heil durch Erlösung»).

Bien plus, dans l'épître aux Romains Paul semble avoir voulu se référer à cette conception eschatologique et judiciaire de la justification. En 1,17, annonçant le thème qu'il traitera ex professo en 3,21 et suiv., ne recourt-il pas précisément à un vocabulaire eschatologique? Δικαιοσύνη γὰρ Θεοῦ ἐν αὐτῷ (c'est-à-dire dans l'économie évangélique) ἀποκαλύπτεται. Et C. K. Barrett n'a-t-il pas raison de commenter: «Le verbe même employé, et au présent, confirme que Paul songe à la manifestation préliminaire de cette divine justice qui, selon la pensée orthodoxe juive, ne peut être réclamée qu'au jugement dernier. Paul chrétien est convaincu que ce jugement (et en quelque mesure ses conséquences) a été anticipé par Jésus-Christ» (p. 30).

Ne chicanons pas sur les mots. Il importe seulement de savoir ce qu'on entend par «anticipation», et nommément si Paul a conçu une telle «anticipation» comme un «jugement». Toute la question est là.

* * *

Or il semble que saint Paul a opéré, dans la conception synthétique, telle que la lui offrait l'A. T., une double dissociation.

La première est reconnue par tous, mais il convient de la rappeler, car elle fonde en partie la seconde. Il s'agit de la dissociation entre la justification et le salut. On sait que cette dissociation apparaît avec une netteté particulière précisément dans l'épître aux Romains. Pour les membres de la communauté de Rome, la justification, comme d'ailleurs la réconciliation, est une réalité du passé, tandis que le salut est encore à venir. Certes, Paul entend bien prouver que «l'Évangile est une force de Dieu pour le salut» (εἰς σωτηρίαν, 1,16); mais il le fait en deux étapes qui semblent justement constituer les deux grandes parties de l'épître: il prouvera d'abord que dans l'économie évangélique l'homme «est justifié», et cela en vertu de ce qu'il appelle la justice de Dieu, puis, — seconde étape, rattachée celle-ci à l'amour de Dieu, — que l'homme, une fois justifié, «sera sauvé». Les participes aoristes du ch. 5: δικαιωθέντες des vv. 1 et 9, comme καταλλαγέντες du v. 10, ne permettent aucun doute, d'autant qu'ils s'opposent aux futurs σωθησόμεθα des vv. 9 et 10. Et si, au ch. 8, il emploie l'aoriste ἐσώθημεν, il ajoute que ce «salut» censé acquis, ne l'est que «en espérance» (v. 24): ce qui signifie, comme l'explique le v. suivant, que «nous l'attendons» (ἀπεκδεχόμεθα). A s'en tenir au vocabulaire de l'épître aux Romains, le chrétien «est justifié» par la foi et le baptême, mais il ne «sera sauvé» qu'avec la seconde venue du Christ et la résurrection des corps, à la parousie.

A cette première dissociation, entre justification et salut, saint Paul en ajoute une seconde: entre justification et jugement. Autrement dit, si pour lui le salut s'opère effectivement par un jugement, il n'en est pas de même de la justification. L'affirmation étonnera peut-être, voire fera figure de paradoxe. Il me semble qu'elle se fonde sur le vocabulaire même adopté par l'Apôtre, pourvu qu'on l'examine d'un peu près.

Pour s'en rendre compte, il convient cependant d'avoir présente à l'esprit la façon dont saint Paul, et en général le N. T., parle de ce jugement, lié précisément dans l'A. T. au salut. Il en est souvent question dans le N. T. et, comme dans l'A. T., il est essentiellement désigné à l'aide du verbe κρίνειν et de ses dérivés: κριτής, κρίσις, κρίμα, beaucoup plus rarement par les composés avec κατα [6], que précisément l'A. T. n'utilisait jamais dans ce sens «théologique»: sur les 6 exemples de κατακρίνειν, aucun ne désigne le jugement de Dieu [7]. Or, dans le N. T., un tel vocabulaire est pratiquement réservé pour désigner le jugement eschatologique de la fin des temps, explicitement ou implicitement référé à la seconde venue du Christ, notamment dans les Synoptiques, les Actes et les Épîtres, le cas de saint Jean, que nous examinerons à propos de la rédemption, étant un peu à part.

Ainsi 3 fois il est parlé du Christ «juge» (κριτής): dans les 3 cas, il s'agit évidemment de la parousie, mentionnée au moins implicitement en Ac 10,42, explicitement en 2 Tm 4,8 et Jc 5,9. Mais quand l'auteur de l'épître aux Hébreux (12,23) évoque Dieu «juge universel» (κριτὴς πάντων), il ne songe pas à un autre événement.

---

[6] Ils sont utilisés au sens profane de condamnation civile au cours du procès de Jésus (Mt 20,18; Mc 10,33; Mt 27,3; Mc 14,64), ou bien en un sens général (2 Co 7,3; Rom 2,1; 14,23 avec le jeu des préverbes). En dehors de ces cas, les exemples sont extrêmement rares: 2 Co 3,9 (le ministère de condamnation de l'A. T.); Rom 5,16 (amené sans doute par le jeu de mots avec le terme simple, qu'aime saint Paul: Rom 2,1; 14,23) et en conséquence Rom 5,18; 8,1 et 3 (tous exemples liés entre eux); Rom 8,34 (où le κατακρινῶν de Paul remplace un ὁ κρινόμενος chez Isaïe); 1 Co 11,32 («être condamnés avec le monde»); He 11,7 (Noé condamne le monde); 2 P 2,6 (Dieu a condamné Sodome et Gomorrhe); Mc 16,16 (celui qui refuse de croire sera condamné).

[7] Est 2,1 (la condamnation portée contre la reine Vasthi); Sg 4,16 (le juste qui meurt condamne les impies qui vivent); Dn 4,34 (condamnation à mort portée par le roi); Suz 41,48-53 (les deux premiers dans le seul Théodotion). Le seul exemple de κατάκριμα signalé par la Concordance de HATCH-REDPATH, d'ailleurs comme douteux (Si 43,10), est un pseudo-exemple: il faut lire κατὰ κρίμα.

De même avec les substantifs κρίσις ou κρίμα, il s'agit toujours du jugement eschatologique, ce que la théologie appellera le jugement dernier (ou peut-être le jugement particulier); en tout cas il ne s'agit jamais du baptême ou du premier acte de foi, c'est-à-dire du moment où le chrétien «devient juste», «est justifié»: c'est ainsi que l'on évoque, à l'aide du formulaire même de l'A. T., l'ἡμέρα κρίσεως (Mt 10, 15; 11,22,24; 12,36; 2 P 2,9; 3,7; 1 Jn 4,17; Jude 6); ou bien l'on dira plus simplement ἐν τῇ κρίσει (Lc 10,14; 11,31-32 = Mt 12,41-42), et Paul parlera de la δικαία κρίσις (2 Th 1,5) ou de la δικαιοκρισία (Rom 2,5), toujours dans le même sens[8]; ou encore les Actes raconteront que, devant Félix «et sa femme Drusille qui était juive», Paul se mit à «discourir sur le jugement à venir» (24,25: τοῦ κρίματος τοῦ μέλλοντος), ce qui, on le sait, eut pour effet de terrifier le gouverneur romain.

Il n'en est pas autrement du verbe κρίνειν: qu'il soit question du Christ qui «doit venir juger les vivants et les morts» (2 Tm 4,1)[9], ou beaucoup plus souvent (sauf dans saint Jean) de Dieu le Père qui «jugera le monde» (Rom 3,6 etc.), ou des deux à la fois comme dans Ac 17,31, où Paul, «debout devant l'Aréopage», déclare que «Dieu a fixé un jour pour juger l'univers avec justice[10], par un homme qu'il a destiné, offrant à tous une garantie en le ressuscitant des morts».

On notera que ce jugement, exactement comme dans l'A. T., se présente avec toutes les caractéristiques des jugements civils devant les tribunaux humains: celui qui porte la sentence est appelé «juge» (κριτής); celui-ci doit décider «selon les œuvres de chacun» (Rom 2,5)[11], c'est-à-dire avant tout, notation incessamment répétée dans l'A. T., «sans tenir compte des personnes» (Rom 2,11), c'est-à-dire sans se laisser influencer par les présents des riches ou intimider par la puissance des grands[12].

---

[8] En Rom 2,5 le contexte est aussi clair que possible; mais il ne l'est pas moins en 2 Th 1,5, malgré l'aoriste καταξιωθῆναι qui se réfère évidemment à l'avenir, comme le supposent d'ailleurs toutes les traductions: «indice certain du juste jugement de Dieu, en vertu duquel vous *serez estimés dignes* du royaume de Dieu» (B. Rigaux), «où vous *serez trouvés dignes* du royaume de Dieu» *(Bible de Jér.)*.

[9] Cf. 1 P 4,5: même formule, où il semble qu'il s'agisse également du Christ.

[10] On reconnaît la formule de l'A. T.: cf. ci-dessus, p. 145, n. 5.

[11] Ὃς ἀποδώσει ἑκάστῳ κατὰ τὰ ἔργα αὐτοῦ, selon l'adage souvent répété sous des formes plus ou moins équivalentes dans l'A. T. (v.g. Ps 61[62], 13; Pr 24,12; Jr 17,10; 32,19; Ez 33,20), déjà cité en Mt 16,27 ἀποδώσει ἑκάστῳ κατὰ τὴν πρᾶξιν αὐτοῦ) et souvent repris, toujours en relation avec le jugement eschatologique: Rom 14,10 (tribunal de Dieu); 2 Co 5,10 (tribunal du Christ); Col 3,25 (avec le même verbe κομίζεσθαι); 2 Tm 4,14; 1 P 1,17; Ap 22,12.

[12] Dans l'A. T., Ex 23,7-8; Dt 16,19: «tu ne feras pas acception de personnes et n'accepteras pas de présent»; Is 5,23: «ceux qui pour un pot-de-vin acquittent le coupable»; Si 42,1-2. Cf. ci-dessous à propos de la formule «justifier l'impie», pp. 154, 155.

Comme le jugement eschatologique de l'A. T., un tel «jugement» est également lié à la manifestation de la colère divine; il en est, d'une certaine façon, l'expression par excellence: d'où la formule «jour de colère», ἡμέρα ὀργῆς, pratiquement synonyme de «jour de jugement», ἡμέφα κρίσεως, non seulement dans l'Apocalypse, — «le grand jour de la colère de Dieu» (6,16) évoquant «le jour de Yahvé grand et redoutable» de Jl 2,11 et 3,4, — mais aussi chez Paul: «au jour de la colère et du juste jugement de Dieu» (Rom 2,5). C'est que le «jugement du monde» consiste en ce que «Dieu frappe de sa colère» (Rom 3,5-6 ἐπιφέρων τὴν ὀργήν). Aussi l'espérance chrétienne a-t-elle pour objet d'«être sauvé de la colère» (Rom 5,9: σωθησόμεθα ἀπὸ τῆς ὀργῆς).

Tel était précisément «le jour» qu'annonçait la prédication de Jean-Baptiste qui, «voyant beaucoup de Pharisiens et de Sadducéens venir au baptême», les apostrophait véhémentement: «Engeance de vipères, qui vous a suggéré de vous soustraire à la colère à venir» (Mt 3,7 = Lc 3,7: ἀπὸ τῆς μελλούσης ὀργήν). Or on a fait justement remarquer que le comportement historique de Jésus, lors de son premier avènement, ne correspondait guère au portrait brossé par son précurseur, si bien, ajoute le P. Mollat, qu'on «pourrait hésiter à reconnaître en Jésus le justicier annoncé» [13].

C'est que, de fait, Jésus opérait déjà implicitement la dissociation dont nous parlons entre le jugement eschatologique et sa première venue, qui apporte précisément justification et rédemption, et ce n'est sans doute pas un hasard si, quand il se présenta à ses compatriotes de Nazareth comme le messie annoncé par Isaïe 61,1-2, il s'arrêta à l'endroit précis où la prophétie évoque «le jour de vengeance pour notre Dieu» (Lc 4,18-19) [14]. Non qu'il entende mettre en doute la réalité d'un tel jour; mais il veut faire comprendre que «ce jour» ne devait pas coïncider avec sa première venue; il aura lieu à la seconde, quand il apparaîtra sur les nuées du ciel à la droite de la Majesté, selon la prophétie de Daniel, précisément pour le jugement du monde (Dn 7,10: κριτήριον ἐκάθισεν; 7,22: τὴν κρίσιν ἔδωκεν).

En ces conditions on s'étonnera moins peut-être que saint Paul, qui distinguait si clairement la justification rattachée à la première venue du Christ et le salut, lié à la seconde, distingue également justification et jugement.

---

[13] *Dict. de la Bible. Suppl.*, Article «Jugement», vol. IV, col. 1345.

[14] Cf. C. Spicq, *Agapè dans le N. T. Analyse des textes*, I, p. 158, n. 2. Le fait n'est pas propre à Luc; le P. Spicq signale que la même omission apparaît dans Mt 11,5-6 qui se réfère librement à Is 29,18; 35,5; 61,1 et, en tout cas, ne fait aucune mention des allusions explicites aux châtiments que renferme chacun des contextes de ces trois citations: Is 29,20; 35,4; 61,2.

A cet égard, l'un des textes les plus significatifs me semble être le passage du ch. 3 de l'épître aux Romains où Paul traite ex professo le problème de la justification, plus précisément la façon dont au v. 19 il introduit le thème annoncé en 1,17. Ce verset constitue en effet une charnière; il clôt le thème de la révélation de la colère: en dehors de l'économie évangélique, l'homme, qu'il soit païen ou juif, ne saurait être que l'objet de la colère divine; le monde entier doit se reconnaître coupable devant Dieu, ὑπόδικος τῷ Θεῷ, passible de la δίκη divine, que la Vulgate traduit par *ultio* (Ac 28,4) ou *poena* (2 Th 1,9; Jude 7: πυρὸς αἰωνίου δίκην). A cet endroit, comme il l'avait déjà fait précédemment, afin de rendre plus acceptable ou moins scandaleuse aux Juifs l'accusation qu'il porte contre eux et semble atteindre la révélation même de l'A. T., Paul invoque l'Écriture: c'est elle qui a prononcé le verdict par la bouche du psalmiste: «Personne ne sera justifié devant Dieu» (οὐ δικαιωθήσεται πᾶσα σὰρξ ἐνώπιον αὐτοῦ) (Ps 142[143]2). Il est vrai que Paul ajoute au texte ἐξ ἔργων νόμου: «personne ne sera justifié par les œuvres de la Loi». Mais s'il ajoute cette précision, qui d'ailleurs était implicitement dans la pensée du psalmiste, ce n'est certes pas pour insinuer que l'homme pourrait être justifié par d'autres œuvres qui ne seraient pas celles de la Loi: de telles œuvres sont même exclues a fortiori!

Or, comme toujours pour saint Paul, si l'on veut apprécier exactement la portée qu'il donne à une citation, il faut se reporter au contexte[15]. Dans le cas présent celui-ci est particulièrement lumineux. Voici la traduction des deux premiers versets de ce psaume pour laquelle je suis la division des stiques supposée par la LXX, qui est également celle du nouveau psautier:

> «Yahvé, écoute ma prière,
> prête l'oreille à ma supplication dans ta fidélité (ἐν τῇ ἀληθείᾳ σου),
> réponds-moi en ta justice (ἐν τῇ δικαιοσύνῃ σου).
> N'entre pas en jugement avec ton serviteur,
> car nul vivant ne sera justifié devant toi!»

Deux points de grande importance me semblent à relever. En premier lieu, le psalmiste, convaincu de son péché, oppose aux œuvres de l'homme, — et dans le cas concret il s'agit bien en fait d'œuvres de la Loi, — incapables de justifier devant Dieu, ce qu'il nomme de deux termes mis

---

[15] Souvent il est vrai, on prétend que saint Paul, à la façon des rabbins, s'attache à la citation scripturaire comme à un absolu sans lien avec le contexte: ainsi dernièrement A. BERTRANGS, dans *Eph. Theol. Lov.*, t. 30 (1954), p. 392-415 (voir p. 395 et *passim*). Je suis de plus en plus persuadé que saint Paul tient au contraire grand compte non seulement du contexte de la citation, mais aussi de l'interprétation juive contemporaine, soit pour la suivre et la prolonger, soit également d'ailleurs pour la contredire; ainsi dans la seule épître aux Romains: 4,3 (justification d'Abraham); 10,8 (texte du Dt), etc. Je me permets de renvoyer aux notes ajoutées au commentaire de J. HUBY, v.g., p. 582-584, 621-627.

en parallélisme: la «fidélité de Dieu» (en grec son ἀλήθεια, en hébreu son 'eʹmûnah) et la «justice de Dieu» (en grec sa δικαιοσύνη, en hébreu sa ṣeʹdaqah), cette même «justice de Dieu» dont il proclamera au v. 11 qu'elle le «fera vivre»: «A cause de ton nom, Yahvé, tu me feras vivre en ta justice» (ζήσεις με ἐν τῇ δικαιοσύνῃ σου) [16]. Telle est précisément la «justice de Dieu» dont Paul va déclarer, au verset suivant, qu'elle s'est manifestée, πεφανέρωται, à savoir dans le Christ mourant pour nos péchés et ressuscitant pour notre justification, comme il le dira en 4,25 [17]. Citation extrêmement précieuse, parce qu'elle nous permet de discerner le sens qu'il entendait donner ici à l'expression «justice de Dieu», qu'il reprendra quatre fois dans les versets suivants (21-25). A supposer que l'A. T. connût diverses notions de «justice de Dieu», on ne saurait donc guère douter de celle à laquelle l'Apôtre voulait dans le cas présent se référer: il s'agit évidemment de l'activité salvifique de Dieu opérant la justification de l'homme, ou comme le dit le psalmiste en propres termes, «le faisant vivre», avec le même verbe, notons-le, qu'employait déjà Paul en 1,17, quand il annonçait son argument à l'aide de la citation d'Habacuc: «Le juste par la foi vivra» (Ha 2,4).

Mais à cette première opposition, le psalmiste en joint une seconde. Invoquant en effet la fidélité et la justice de Dieu, il supplie celui-ci de «ne pas le juger»: «N'entre pas en jugement avec ton serviteur» (Bible de Jér.), en hébreu: 'al tabo beʹmišpaṭ, en grec: μὴ εἰσέλθῃς εἰς κρίσιν; la Vulgate a traduit: «Non intres in iudicium», et le nouveau Psautier: «Ne vocaveris in iudicium». Au contraire, au Ps 68(69)28, il avait demandé à Dieu pour ses ennemis: «Qu'ils n'entrent point dans ta justice», 'al yabo'û beʹsidqateka, μὴ εἰσελθέτωσαν εἰς δικαιοσύνην σου. Pour entrer dans la δικαιοσύνη de Dieu, il faut donc ne point entrer dans la κρίσις: la ṣeʹdaqah, si souvent ailleurs associé au mišpaṭ, s'oppose ici à lui, la «justice» principe de la justification s'oppose au «jugement». De fait, une justification en vertu d'œuvres est nécessairement une justification par un jugement, et c'est parce que Job était persuadé de sa justice que, dans sa folie, il adressait à Dieu cette unique requête: «Qu'il me pèse sur une balance exacte; lui, Dieu, reconnaîtra mon innocence!» (Jb 32,6; cf. v. 35-37). Le psalmiste adopte ici l'attitude diamétralement opposée: si Dieu se met à le juger, il est perdu; il ne pourra qu'être condamné, non pas «justifié».

---

[16] Ainsi comprend la LXX, comme la Bible de Jér.; le nouveau Psautier rattache «de la justice» à ce qui suit, et l'on notera la traduction privée de toute équivoque qu'il donne ici du terme de justice: «pro clementia tua educ de angustiis animam meam».

[17] Comme il arrive souvent, la citation fournit, dans la partie non citée, le terme même qui va servir au développement subséquent: preuve manifeste que Paul s'appuie bien sur le contexte entier et non seulement sur les mots qu'il cite: cf. Biblica, t. 38 (1957), p. 45, n. 1.

Au reste, on ne saurait souligner davantage la gratuité de la justification, et l'on comprend que saint Paul ait choisi précisément ce passage des Psaumes; car il faut avouer que de telles déclarations sont plutôt rares, même dans les Psaumes[18]. Le plus souvent le psalmiste implore, comme Job, le «jugement de Dieu»: il demande à Dieu de «lui faire justice», de lui accorder ce qu'il estime avoir droit d'obtenir en vertu de son innocence.

Ainsi Ps 7,9: «Le Seigneur *jugera* les peuples (κρινεῖ λαούς, *yādin 'ammîm*). *Juge-moi* (κρῖνόν με, *šofṭēnî*), Seigneur, selon *ma justice* (κατὰ τὴν δικαιοσύνην μου, *keṣidqî*) et selon *mon innocence* (κατὰ τὴν ἀκακίαν μου, *ketummî*). Mets fin à la malice des impies, *confirme le juste* (κατευθυνεῖς δίκαιον), toi qui sondes les reins et les cœurs». C'est parce que Dieu sait que le psalmiste est juste, que son cœur est pur, et en vertu de ce jugement même, qu'il demande qu'on lui fasse droit, en employant le verbe *šāfaṭ*, que la LXX a traduit par κρίνειν, comme le verbe *din* du stique précédent.

De même exactement Ps 25(26), 1, que la Bible de Jérusalem traduit: «*Justice pour moi*, Yahvé, moi qui marche en ma perfection... Scrute-moi, Yahvé, éprouve-moi, passe au feu mes reins et mon cœur». Le vocabulaire est identique, soit en grec: κρῖνόν με ὅτι ἐγὼ ἐν ἀκακίᾳ μου ἐπορεύθην, soit en hébreu: *šofṭēnI... betummî*. Sans doute ici le psalmiste s'appuie-t-il sur Dieu, invoque-t-il son «amour», comme traduit la Bible de Jérusalem (*ḥesed*, ἔλεος), et sa «fidélité» (*'emet*, ἀλήθεια); mais c'est vraisemblablement en tant que cette fidélité de Yahvé le fait marcher dans l'innocence.

Ou bien le Ps 42(43), 1: «*Iudica me, Deus!*» S'il n'invoque pas explicitement «son innocence» ou «sa justice», il demande pourtant à Dieu, comme dans les psaumes précédents, de le «juger» avec tout le vocabulaire juridique des procès: «*Juge-moi* (κρῖνόν με, *šofṭēnî*), défends ma cause (δίκασον τὴν δίκην μου, *rîbāh rîbî*) contre des gens sans merci».

La comparaison de ce double formulaire, l'un avec la seule *ṣedaqah* où l'on demande à Dieu de «ne pas nous juger», et l'autre avec *šāfaṭ* où on Le prie précisément de le faire, me semble fort instructive. Et, s'il n'est pas fortuit que Paul se soit referé au premier pour introduire sa conception de la justification par la foi, il ne l'est peut-être pas moins que les sectaires de Qumrân, tout en offrant parfois (du moins dans le recueil des Hymnes) des accents identiques à ceux du Ps 142(143)[19], aient au contraire choisi l'autre formule dans l'hymne finale du *Manuel de Disci-*

---

[18] Sur les 5 exemples de δικαιοῦσθαι dans les Psaumes, c'est le seul cas où le verbe offre le sens néo-testamentaire de «être justifié par Dieu».

[19] Voir en particulier 1 QH 7,28; 9,14 s.; 13,17; 16,11 (tous exemples avec le verbe *ṣ-dq*); 1 QH 4,11 (sans le verbe *ṣdq*, mais avec la formule *bṣdqtk*). Le plus proche est assurément 1 QH 9,14-15: «Nul n'est juste *(yṣdq)* quand tu le juges (litt. «dans ton jugement», *bmšpṭk*); bien qu'un homme puisse être plus juste qu'un autre (cf. Gn 38,16; Ez 16,52), nul ne peut disputer avec toi» (cf. Jb 9,2-3).

pline, dans un passage où se retrouvent à peu près toutes les notions utilisées par Paul pour exposer sa doctrine de la justification. Voici le passage (1 QS 11,11-15):

> « [11]Si je trébuche, l'amour *(ḥsdy)* de Dieu sera mon salut pour toujours, et si [12]je tombe à cause de l'iniquité de la chair, mon jugement *(mišpāṭî)* est dans la justice *(beṣidqat)* de Dieu, qui demeure éternellement. [13]...Par ses miséricordes il m'a fait approcher, et dans son amour *(beḥsdyw)* il fera entrer yabî' [14]mon jugement *(mšpṭy)*. Dans sa justice fidèle il m'a jugé («fait droit», *šofṭēnî*), et dans l'abondance de sa bonté il expiera *(yekapper)* toutes mes iniquités, et dans sa justice *(beṣidqāto)* il me purifiera *(yiṭahªrēnî)* de la souillure [15]de l'homme et du péché du fils de l'homme».

Exactement comme dans saint Paul, il s'agit ici de la justice de Dieu, justice salvifique, en parallélisme avec l'amour de Dieu, sa miséricorde, sa bonté; justice si intrinsèquement liée à la fidélité que les deux notions ont été réunies en une seule expression: «dans la justice de sa fidélité» *beṣidqat 'ªmittô)*. Comme chez saint Paul, c'est également en vertu de cette justice que l'homme est pardonné, plus précisément que son péché est «expié» par Dieu, c'est-à-dire purifié, effacé, comme l'indique d'ailleurs le verbe parallèle *ṭahar*, et le *Manuel* emploie le terme technique de l'expiation *kipper*, celui-là même qu'évoque saint Paul en déclarant que Dieu a exhibé le Christ comme un ἱλαστήριον, indispensable d'après le Lévitique, dès lors qu'il s'agissait du pardon d'un péché «collectif», comme c'est précisément le cas ici: «Tous ont péché et sont privés de la gloire de Dieu» (Rom 3,23).

Mais, à la différence de Paul et de l'auteur du Ps 142(143), dans le *Manuel de Discipline* le sectaire de Qumrân demande à Dieu de le «juger», autrement dit de «lui faire droit»: «juge-moi», *šofṭenî*. Au contraire, quand le psalmiste et saint Paul à sa suite, implicitement, suppliaient Dieu «de ne pas entrer en jugement avec son serviteur», ne signifiaient-ils pas que la manifestation de la «justice de Dieu» par quoi l'homme serait effectivement «justifié» ne devait pas s'exercer au moyen d'un «jugement»?

Le Juif estimait devoir être justifié par le jugement final, et c'est pourquoi, quand il se place au point de vue du Juif, Paul lui aussi emploie le verbe δικαιοῦν en un sens eschatologique, en connexion avec ce «jugement»: ainsi quand au chapitre précédent de l'épître aux Romains, il déclare que, selon la doctrine juive elle-même, seuls «seront justifiés» (δικαιωθήσονται, au futur) ceux qui accomplissent la Loi et ne se contentent pas d'en entendre la lecture (Rom 2,13); et de même vraisemblablement en 3,20, quand il cite le Ps 142(143), il paraît se placer là encore au point de vue du psalmiste se déclarant incapable d'être justifié au tribunal

de Dieu (ἐνώπιον αὐτοῦ)[20]. Mais précisément le psalmiste soupirait
après une justification d'un autre genre, qui ne s'obtiendrait pas en vertu
d'un «jugement»: «N'entre pas en jugement avec ton serviteur»; c'est elle
que Paul annonce en déclarant que, grâce à la rédemption opérée par Jésus-Christ, elle est devenue possible à qui se réclame de la foi.

* * *

Une objection cependant demeure. Ce n'est pas uniquement quand il
se place au point de vue du Juif et envisage la justification eschatologique
que saint Paul semble employer le verbe δικαιοῦν au sens juridique et
forensique; il le fait aussi quand il traite explicitement de la justification
chrétienne: à preuve la formule par laquelle il définit cette justification en
affirmant que l'homme est justifié «en croyant à *celui qui justifie l'impie*»,
πιστεύων ἐπὶ τὸν δικαιοῦντα τὸν ἀσεβῆ (Rom 4,5), formule littéralement
empruntée au vocabulaire des procès devant les tribunaux humains! C'est
même sur cette formule que se fonde principalement, on le sait, la
conception jadis chère au protestantisme orthodoxe et que C. K. Barrett
dit être encore «la plus populaire», d'après laquelle l'homme serait
regardé par Dieu comme juste (δίκαιος), tout en demeurant un impie
(ἀσεβής).

Il faut reconnaître que la formule est extrêmement remarquable, que
saint Paul l'a évidemment choisie à dessein, et que non moins évidemment elle s'inspire du langage des tribunaux, à savoir de l'axiome même
qui résume tous les devoirs du juge intègre (v.g. Dt 25,1): *hiṣdîq ṣaddîq ...
hiršîaʿ rašaʿ*, dont la LXX a traduit quasi régulièrement le premier membre par δικαιοῦν τὸν δίκαιον et le second de façons variées: καταγινώσ-
κειν τὸν ἀσεβῆ (Dt 25,1), ἀνομηθεῖν τὸν ἄνομον (3 R 8,32) ou dans le
passage parallèle des Chroniques ἀποδιδόναι τῷ ἀνόμῳ (2 Ch 6,23). Au
contraire le crime par excellence des juges, que l'A. T. leur reproche à
maintes reprises, consiste à «justifier l'impie» *(hiṣdîq rašaʿ)*, presque toujours traduit en grec δικαιοῦν τὸν ἀσεβῆ.

Ainsi Ex 23,7: «Tu ne tueras pas l'innocent et le juste, et *tu ne justifie-
ras pas le coupable* à cause d'un présent»; ou bien Is 5,23, que la Bible de
Jérusalem traduit: «Malheur à ceux qui pour un pot-de-vin *acquittent le
coupable*, mais à l'homme droit retirent son droit». Ou encore Pr 17,15:
«Celui qui justifie l'imple *maṣdîq rāšāʿ)* et condamne le juste *(maršîaʿ
ṣaddîq)* est en abomination à Yahvé», que exceptionnellement la LXX tra-

---

[20] En Rom 8,33, Paul évoque sans doute le jugement dernier, comme le suppose tout
le contexte, mais il ne dit pas du tout que Dieu «justifiera» à ce moment-là: il déclare que
le Dieu «qui justifie» le chrétien (δικαιῶν, au présent) ne saurait être celui qui «accusera»
les élus au jugement dernier (ἐγκαλέσει, au futur); de même que le Christ qui est mort et
ressuscité (au passé) et qui prie sans cesse pour nous (ἐντυγχάνει, au présent) ne saurait
être «celui qui condamnera» (κατακρινῶν, au futur).

duit: ὃς δίκαιον κρίνει τὸν ἄδικον, ἄδικον δὲ τὸν δίκαιον, c'est-à-dire «qui déclare dans une sentence judiciaire juste celui qui est injuste et inversement injuste celui qui est juste...». La même prohibition est également formulée par le Siracide 42,2. Car il n'entend certainement pas recommander, comme le suppose la Bible de Jérusalem, de «*rendre justice aux impies*», ceux-ci «désignant ici peut-être les étrangers à traiter comme les Israélites», — la locution δικαιοῦν τὸν ἀσεβῆ se trouvant employée en un sens favorable, véritable anticipation de l'usage paulinien. Le contexte paraît exiger de donner à la formule le sens qu'elle a partout ailleurs: «N'aie pas honte de la Loi du Très-Haut et du précepte (*ḥoq*, que le Siracide traduit toujours par διαθήκη) et du jugement (περὶ κρίματος) *en acquittant le coupable* (δικαιῶσαι τὸν ἀσεβῆ)», autrement dit: Ne cède pas à la tentation de violer la Loi, notamment en ce qui concerne les règles imposées aux juges, te laissant influencer par la personne de l'accusé qui voudrait te séduire par des présents ou t'intimider par des menaces pour obtenir une sentence d'acquittement aux dépens de celui qu'il a lésé, alors que c'est lui le coupable[21].

On ne saurait assurément imaginer un vocabulaire plus juridique et forensique. Mais s'il est clair que saint Paul s'en inspire, ce n'est pas pour attribuer à Dieu ce qui était le propre du juge intègre, comme le fait toujours l'A. T.[22]; c'est pour lui attribuer paradoxalement ce qui constitue le crime par excellence des juges prévaricateurs! N'était-ce point signifier que la justification dont il s'agissait en l'occurrence n'avait précisément rien à voir avec un jugement[23] et que, à la différence du jugement final qui s'exerce toujours selon les règles régissant les tribunaux humains, dans la justification de l'homme Dieu ne se comportait point en juge, comme aussi bien il n'en porte jamais le nom.

Il s'ensuit que non seulement la justification ne s'opère point en vertu d'une fiction juridique, l'homme restant coupable et impie quand Dieu le déclare juste et le tient pour tel[24], mais que l'on peut aller plus loin et ex-

---

[21] «Justification du coupable» et «acception des personnes» sont presque toujours liées dans l'A. T.: v.g. Pr 18,5; 24,23 s.; Ex 23,1-8 (cf. Dt 16,19-20); Is 5,23 (cf. 29,21); Si 35(32), 11-18. En Si 42,2, le P. VACCARI, qui s'inspire d'ailleurs de l'hébreu, traduit aussi «acquitter le coupable». Autre interprétation dans le *Dict. de la Bible. Suppl.*, vol. IV, col. 1444 s. (A. DESCAMPS), et chez N. H. SNAITH, cité *ibid.*

[22] Ainsi dans la prière de Salomon, 3 R 8,32 (= 2 Ch 6,23). De même dans le 4e chant du Serviteur en Is 53,11, c'est la formule δικαιοῦν τὸν δίκαιον que la LXX utilise, en comprenant d'ailleurs que «Yahvé justifiera le Serviteur pour avoir bien servi la multitude» (κύριος βούλεται ... δικαιῶσαι δίκαιον εὖ δουλεύοντα πολλοῖς).

[23] Nous avons noté que le titre de juge était réservé à Dieu ou au Christ dans l'exercice du jugement eschatologique, ci-dessus, p. 147.

[24] D'autant plus que le rôle du juge chez les anciens n'est pas d'appliquer une règle abstraite de droit, mais de protéger les faibles contre les forts, de faire respecter le droit des pauvres injustement lésés par les riches, de les délivrer des mains de leurs créanciers ou de les protéger contre les calomnies des envieux; et nous verrons que la chose est encore bien plus vraie du jugement eschatologique de Dieu sur «les nations» (ci-dessous, p. 158 s.).

clure de la notion de justification chrétienne au sens paulinien toute idée de jugement, réservant ce terme, comme le fait le N. T. en général et Paul en particulier, pour désigner le jugement final. Quand il «justifie l'impie», Dieu n'est pas conçu par saint Paul comme un juge qui prononce une sentence, fût-elle d'acquittement, — encore moins, bien entendu, une sentence qui ne correspondrait pas à la réalité; — il ressemble beaucoup plus au père de la parabole qui, selon la juste remarque de Mgr Cerfaux, ne devrait pas s'intituler «parabole de l'enfant prodigue», mais «parabole du père miséricordieux»[25].

Et ce qui est vrai de saint Paul semble également vrai de saint Jean, bien qu'on aime à souligner le caractère «juridique» de son vocabulaire[26]. Quel sens donnait-il au verbe «justifier»? Notamment entendait-il désigner par là «une déclaration d'innocence résultant d'un procès», comme le suppose le P. Spicq? Il est bien difficile de le dire, vu qu'il ignore complètement le verbe δικαιοῦν, et n'emploie pas davantage le substantif δικαιοσύνη au sens de «justification»[27]. Notons seulement qu'une affirmation comme celle de Jn 5,24 se rapproche singulièrement de la pensée paulinienne opposant «justification» et «jugement»: «Celui qui croit n'est pas soumis au jugement (εἰς κρίσιν οὐκ ἔρχεται), mais il est passé de la mort à la vie». Quand apparaît chez lui le vocabulaire juridique, par exemple en 1 Jn 3,19-21, où le P. Spicq voit décrite «la justification du charitable», il n'est point question en fait de «justification»: le chrétien dont il est parlé est censé déjà «justifié» et se demande bien plutôt si au jugement final Dieu ne le condamnera pas; aussi le P. Spicq n'a-t-il pas tort de rapprocher Rom 8,31 ss. qui traite en effet du salut et du jugement eschatologique. Mais en ce cas le vocabulaire «juridique» s'explique tout naturellement. Au contraire, quand, au chapitre premier, saint Jean fait allusion à ce qui correspond à la «justification», le P. Spicq note à nouveau très justement qu'il n'est plus question de procès, de jugement, de condamnation ou d'acquittement, mais de pardon des péchés et de purification: «Si nous confessons nos péchés, Il est assez fidèle et juste, — fidé-

---

[25] *Recueil L. Cerfaux*, II, p. 51. J. T. BECK, *Römerbrief* (1884), p. 217-222, suivi par Th. ZAHN, nous semble avoir parfaitement raison. G. SCHRENK au contraire refuse de «limiter le vocabulaire juridique au jugement final», tout en concédant que l'*usus forensis* de δικαιοῦν ne se rencontre pas en tous les exemples du N. T. — Ce «père» d'ailleurs pourra et devra «châtier»; mais il s'agira alors de la παιδεία, essentiellement «médicinale», de fait toujours rattachée à Dieu «père» (cf. v.g. Pr 3,11-12), et non plus du «jugement de colère» qui n'est pas, de soi, médicinal.

[26] Th. PREISS, *La justification dans la pensée johannique*, dans *La vie en Christ*, 1951, p. 46-64. En dernier lieu, C. SPICQ, *La justification du charitable*, dans *Studia biblica et orientalia*, Rome 1959, II, p. 347-359 (voir notamment p. 347).

[27] Dans les rares exemples de δικαιοσύνη, il s'agit toujours de «justice», non de «justification»: περὶ δικαιοσύνης Jn 16,8; ποιεῖν δικαιοσύνην 1 Jn 2,29; 3,7-10. L'adjectif δίκαιος n'est dit qu'une fois de l'homme (de Dieu: Jn 17,25; 1 Jn 1,9; du Christ: 1 Jn 2,1; 29) et désigne celui qui «pratique la justice» (1 Jn 3,7).

lité et justice, exactement comme dans le Ps 142(143), — pour nous remettre nos fautes et nous purifier (καθαρίσῃ) de toute injustice» (1 Jn 1,9).

* * *

A s'en tenir au vocabulaire du N. T., il ne semble donc pas légitime à propos de la justification de parler de jugement, ni par conséquent d'une anticipation du verdict du jugement dernier, si l'on entend par là, — comme de fait l'entendent ceux qui parlent de la sorte, — que ce verdict, ce κρίνειν, s'exercerait sur le justifié, en l'occurrence sur le baptisé, qui précisément serait censé passer de la mort à la vie en vertu de ce verdict de condamnation, de ce κρίνειν [28].

Est-il plus légitime de parler de jugement, — d'anticipation du jugement eschatologique, — à propos de la rédemption et de la mort du Christ en croix? Oui, sans aucun doute. A condition cependant de préciser en quoi consiste cette anticipation, c'est-à-dire qui est celui qui «juge», celui qui «est jugé», et ce que signifie le terme «juger».

En effet, à la différence de ce que nous avons constaté pour la justification du chrétien, le vocabulaire propre du jugement, κρίνειν et ses dérivés, est utilisé plusieurs fois par saint Jean et une fois par saint Paul à propos de l'événement du Calvaire. Commençons cette fois-ci par saint Jean, où la relative fréquence de l'emploi permet d'en établir la signification avec certitude. Nous pensons que l'unique exemple de saint Paul en sera d'autant éclairé.

Les écrits johanniques font un large usage du verbe κρίνειν et de ses dérivés, sauf κριτής. Très souvent, comme dans le reste du N. T., ils servent à désigner le jugement final, eschatologique. En ce sens le Christ déclare qu'il n'est pas venu dans ce monde pour le jugement (εἰς κρίμα, 9, 39), que le Père ne l'a pas envoyé à cette fin (ἵνα κρίνῃ τὸν κόσμον, 3, 17). Si l'on hésitait, il suffirait de rapprocher la déclaration identique de 12,47: «Je ne suis pas venu juger le monde» (ἵνα κρίνω τὸν κόσμον), car on lit au v. suivant: «C'est ma parole qui le jugera *au dernier jour*» (κρινεῖ αὐτὸν ἐν τῇ ἐσχάτῃ ἡμέρᾳ).

Mais à côté de ces emplois, il en est d'autres, du moins dans l'Évangile, où ce jugement est censé présent, actuel, et le contexte montre assez clairement que saint Jean le comprend comme une véritable anticipation du jugement final. Ainsi en 12,31, immédiatement avant sa Passion, Jésus déclare: «C'est maintenant le jugement (κρίσις) de ce

---

[28] Ainsi P. Bonnard, cité plus haut, p. 166. Le «verdict encouru par le Christ en croix» et par conséquent par «le baptisé» serait le verdict même du jugement eschatologique condamnant le pécheur à la mort éternelle, la seule, en effet, dont il puisse être question au jugement eschatologique, celle qui est, de fait, signifiée par le κατάκριμα de Rom 8,1 (comme de Rom 5,16-18).

monde; maintenant le prince de ce monde va être jeté bas»
(ἐκβληθήσεται κάτω, selon Θ *sy sa it*, leçon que suit la Bible de Jérusalem). «Maintenant», νῦν, deux fois répété, est dit par opposition manifeste-
te au «dernier jour», comme il est suggéré plus clairement encore
peut-être en 16,11: «Le prince de ce monde est jugé» avec κέκριται au
parfait, c'est-à-dire: sans qu'il soit besoin d'attendre le jugement final.

   «Jugement» donc, jugement de «condamnation», anticipation du
«verdict» eschatologique. Mais on voit qui est le «condamné», le «jugé»:
le «prince de ce monde», celui que l'Apocalypse, dans un passage très voisin par le vocabulaire et le sens, nomme «l'énorme Dragon, l'antique Serpent, le Diable et le Satan, comme on l'appelle, le séducteur du monde entier» (12,9) et, au verset suivant, «l'accusateur de nos frères, celui qui les
accusait nuit et jour devant notre Dieu», et dont on dit précisément, exactement comme en Jn 12,31, qu'il a été «jeté bas» (ἐβλήθη, le verbe étant
quatre fois répété, aux vv. 9-10). Jamais saint Jean n'affirme ou n'insinue
si peu que ce soit que le Christ ait pu être l'objet de ce jugement ou d'une
condamnation quelconque de la part de son Père. Loin d'être jugé, c'est
lui bien plutôt qui juge du haut de sa croix où il a été «exalté» (ὑψοῦσ-
θαι), et d'où «il attire tous les hommes» (12,32): car c'est à lui que «le Père a remis tout jugement» (τὴν κρίσιν πᾶσαν, 5,22), lui qu'il a «constitué
souverain juge» (ἐξουσίαν ἔδωκεν αὐτῷ κρίσιν ποιεῖν, 5,27).

   Quant à ce «jugement», il est tout autre chose qu'une «déclaration de
justice». Il consiste essentiellement en une victoire du Christ sur Satan,
débouté de ses prétentions (cf. Za 3,1-2, évoqué par Ap 12,9), dépossédé
de sa souveraineté, de son royaume: c'est-à-dire que ce jugement est
conçu à l'image du jugement eschatologique qu'attendait Israël et par
quoi les ennemis du peuple devaient être définitivement vaincus. Le
Christ y apparaît comme le cavalier triomphant de Ap 19,11 qui, monté
sur son cheval blanc, s'appelle «fidèle» et «vrai», «juge avec justice et fait
la guerre» (ἐν δικαιοσύνῃ κρίνει καὶ πολεμεῖ), bref celui-là même qu'a-
vait entrevu le prophète, revenant d'Édom et de Boçra, les habits tachés
de pourpre, couvert du sang des ennemis d'Israël que, seul, sans l'appui
de personne, il a piétinés dans sa colère, comme on foule les raisins dans
le pressoir, opérant ainsi la «rédemption» de son peuple (Is 63,1-6). On
remarquera la formule de l'A. T. κρίνειν ἐν δικαιοσύνῃ et le commentaire qu'en fait saint Jean en ajoutant καὶ πολεμεῖ: ce «juge» est un «guerrier», et son jugement est une victoire sur des ennemis.

* * *

   En ce qui concerne saint Paul, nous l'avons dit, l'emploi du vocabulaire du «jugement» est limité à un seul exemple: Rom 8,3 où, à propos de
l'événement du Calvaire, il utilise le verbe κατακρίνειν, et déclare que
«Dieu a condamné le péché dans la chair». En quel sens?

Le passage est fort discuté, et plusieurs (Cornely, Lagrange) ont même pensé que Paul songeait à l'incarnation du Christ et non à sa mort, ou bien à celle-ci exclusivement (P. Benoit). Le contexte, et notamment la double mention explicite de l'Esprit qui encadre l'affirmation de l'Apôtre au v. 2 et au v. 4, suppose que saint Paul songe à l'ensemble du mystère rédempteur, comprenant indissolublement unis mort et résurrection (Huby).

Le κατέκρινεν du v. 3 reprend visiblement le κατάκριμα du v. 1, écho lui-même des deux autres κατάκριμα du ch. 5 (v. 16 et 18), désignant la sentence condamnant à la mort et à la mort éternelle [29] l'humanité entière qui, s'étant opposée à Dieu, en demeure irrémédiablement séparée, sauf précisément intervention toute gratuite et miséricordieuse de Dieu par son Christ. En 8,3 Paul se propose justement de prouver que ce qu'il appelle «la loi de l'Esprit qui donne la vie», — et qui n'est autre que la personne même du Saint Esprit ou en tout cas l'activité de l'Esprit en chacun de nous, — nous a délivrés de la loi du péché et de la mort, dont il vient de décrire au ch. 7 la terrible servitude; et le v. 4 indiquera le résultat de ce κατακρίνειν, la fin que Dieu avait en vue; à savoir que nous puissions enfin «accomplir la justice de la loi» (τὸ δικαίωμα τοῦ νόμου), qui se résume pour Paul en l'unique précepte de l'amour; ou mieux que «cette justice fût accomplie en nous», car ce sera en nous l'œuvre de l'Esprit beaucoup plus que la nôtre, de cet Esprit à nous communiqué par le Christ devenu par sa mort et sa résurrection «Esprit vivifiant». En d'autres termes, cette «condamnation» en quoi s'exprime l'œuvre rédemptrice a pour fin de transformer notre être de charnel en spirituel.

Quant à celui que frappe cette «condamnation», il est explicitement désigné: le Péché, τὴν ἁμαρτίαν, c'est-à-dire cette puissance personnifiée dont il est si souvent parlé dans l'épître aux Romains, notamment à partir du ch. 5, entrée dans le monde avec le péché d'Adam et l'entraînant à la mort éternelle. Or nous savons que pour Paul, comme pour saint Jean, derrière cette puissance s'en dissimule une autre, personnelle celle-ci, Satan ou Bélial (cf. entre autres 2 Co 6,15), si bien que l'Apôtre peut déclarer en Rom 5,12 que «la mort est entrée dans le monde par le Péché», comme la Sagesse 2,24 avait dit qu'elle «était entrée dans le monde par l'envie du Diable»; de même, suivant Rom 7,11, «le Péché a séduit (ἐξηπάτησεν) l'homme», exactement comme la Genèse 3,13 le disait du Serpent primordial. En Rom 8,3 Paul déclare que «le Péché a été condamné», exactement dans le même sens où saint Jean déclarait que «le prince de ce monde avait été condamné». Comme chez saint Jean, il s'agit bien de l'anticipation du jugement eschatologique, mais d'un jugement où 1) le

---

[29] Quel que soit le sens qu'on doive attribuer au terme de «mort» en Rom 5,12, on admet généralement qu'aux vv. 16 et 18 (et a fortiori en 8,2), il ne s'agit pas seulement de la mort «physique», mais aussi et même principalement de la mort éternelle.

«condamné» est le Péché, l'*Hamartia*, non pas le Christ, et où 2) la «condamnation» est tout autre chose que le simple prononcé d'un verdict: c'est la victoire de Dieu par le Christ sur Satan, dépossédé de son royaume, selon la même représentation vétéro-testamentaire qu'utilisait saint Jean et que saint Paul connaissait fort bien pour l'avoir lui aussi utilisée en 1 Co 15,24-28. Aussi les Pères ne se sont-ils pas trompés en traduisant ici le verbe κατακρίνειν par «vaincre» (Chrysostome), «détruire» (plus exactement «réduire à l'impuissance», καταργεῖν, Cyrille d'Alexandrie), ni le P. Prat en commentant par «mater et déloger» [30].

Or cette victoire de Dieu sur Satan et l'*Hamartia* ne s'est pas opérée comme de l'extérieur [31], mais dans et par le Christ devenu homme, ayant assumé non certes le Péché, ni une chair pécheresse, mais une chair «semblable à une chair de péché», c'est-à-dire une condition qui ne serait pas la condition «privilégiée» d'Adam avant son péché, mais la nôtre, afin d'être semblable en tout à ses frères hormis le péché, et qu'en lui ce soit notre humanité même qui en toute vérité triomphe de Satan et passe de la condition charnelle à la condition spirituelle. C'est pourquoi saint Paul peut dire que cette «condamnation» a eu lieu «dans la chair» (ἐν τῇ σαρκί), là même où Satan et l'*Hamartia* s'imaginaient régner en maître à jamais.

Bien plus, «la chair» ne fut pas seulement le terrain où Satan fut «condamné», mais d'une certaine façon l'instrument de cette «condamnation». En effet, le caractère passible et mortel de la chair qu'assuma le Christ et qui permit sa mort et les circonstances très particulières de cette mort, constitua en fait la «conditio optima» de cet acte suprême d'obéissance et d'amour par lequel il passa à son Père et en lui toute l'humanité. Car pour saint Paul, comme d'ailleurs pour saint Jean [32], ce qui nous ar-

---

[30] F. Prat, *Théologie de saint Paul*, II, p. 197; Cyrille d'Alex., P. G., t. 74,796.

[31] Saint Thomas note avec son acribie coutumière que le mode choisi par Dieu pour opérer la restauration de l'humanité et réparer ainsi la chute de l'homme («ad lapsum hominis reparandum») devait convenir à la nature qu'il s'agissait de restaurer. Or, cette nature étant celle d'un être libre, il convenait de «la ramener à l'état de rectitude» (qui consiste «in ordinatione amoris»), non par une contrainte extérieure, mais par une transformation de sa propre volonté («non ex necessitate exterioris virtutis, sed secundum propriam voluntatem»). Ainsi le Christ est-il venu lui apprendre à aimer: ce qu'il a fait non seulement en lui donnant un exemple d'amour suprême, mais en le faisant participer à son acte d'amour. Si je ne me trompe, c'est bien ainsi que le Docteur angélique conçoit la Rédemption, par exemple dans ce bref résumé d'apologétique composé aussitôt après la *Somme contre les Gentils* et intitulé *De rationibus fidei contra Saracenos, Graecos et Armenos*, ch. 5 et 7 (*Opuscula theologica*, éd. R. Spiazzi, Marietti, 1954, I, nᵒˢ 972-1000, en particulier nᵒ 975, auquel sont empruntés les passages cités, et nᵒ 995).

[32] Cf. l'explication de la Passion donnée par Jean 14,30 en conclusion au discours après la Cène, immédiatement avant le «Levez-vous, partons d'ici»: «Le prince de ce monde vient» (= la Passion sera son œuvre); «contre moi il ne peut rien» (= parce que Jésus est sans péché; il ne semble même pas «représenter l'humanité pécheresse», car on ne

rache à la tyrannie de Satan et du Péché, ce qui les «condamne», c'est essentiellement l'amour de Dieu le Père, mais un amour devenu, pour ainsi parler, celui de l'humanité même dans le Christ, et qui en lui atteint sa consommation au moment précis où il se livre à la mort pour ses frères. C'est à ce moment précis, selon saint Jean, que «le prince de ce monde est jeté bas», qu'il est «condamné», et que, selon saint Paul, «Dieu a condamné le péché dans la chair». La loi de l'Esprit de vie s'est substituée à la loi du péché et de la mort. Vivant de la vie même du Christ passé de la condition charnelle à la condition spirituelle en vertu de cet acte suprême d'amour, le baptisé peut «accomplir la justice de la Loi», parce que ce n'est plus lui qui vit, mais le Christ qui vit en lui.

On voit en quel sens, pour saint Paul comme pour saint Jean, le calvaire «anticipe le verdict du jugement eschatologique». Pas plus chez l'un que chez l'autre, il n'est question, pensons-nous, de faire de la personne même du Christ l'objet de ce verdict, et c'est bien pourquoi jamais saint Paul, non plus que le reste du N. T., non seulement n'affirme mais ne suggère que le Christ ait senti peser sur lui la colère de Dieu[33]. Et l'on voit aussi combien nous sommes loin des représentations auxquelles nous faisions allusion au début de cette conférence, et dont les lignes suivantes, que j'emprunte à l'article déjà cité de Pierre Bonnard, me semblent être l'une des expressions extrêmes. Tout en approuvant C. H. Dodd d'avoir opportunément rappelé, à propos de la notion de justice de Dieu, «certains textes vétéro-testamentaires sur la délivrance royale eschatologique que Yahvé promet à son peuple», il lui reproche de n'avoir pas vu «que du Second Ésaïe jusqu'à Paul, en passant par les Psaumes, l'idée de la justice libératrice s'est profondément transformée; l'oppresseur n'est plus l'ennemi de la nation, ni même le péché individuel, ni encore Satan, mais, derrière ces puissances historiques maléfiques que sont la Loi et le Péché, c'est Dieu lui-même qui fait la guerre à l'homme et, à la croix, le plonge dans la mort pour le délivrer de sa colère»[34]. Est-ce vraiment ainsi que

---

pourrait dire alors que Satan ne pouvait rien contre Jésus); si Jésus va souffrir, c'est pour une autre raison: «afin que le monde sache que j'aime le Père» (la véritable explication de la Passion est à chercher dans l'amour du Fils pour le Père) «et que j'agis comme le Père me l'a ordonné» (l'obéissance du Christ est l'expression de son amour pour le Père, obéissance qui consiste en ce que le Christ doit aimer les hommes «jusqu'à la consommation» (εἰς τέλος, Jn 13,1; cf. τετέλεσται, Jn 19,30), jusqu'au point de mourir pour eux sur une croix entre deux malfaiteurs).

[33] Voir sur ce point les hésitations de G. STÄHLIN dans l'article ὀργή du *TWNT*, 5, p. 432, 438, n. 386, qui cependant estime que «Jésus a pris sur lui toute la colère de Dieu sur le monde» («den ganzen Zorn Gottes über die Welt», p. 438), formule répétée p. 447 (sauf l'adjectif «ganz»). Il est vrai que le déluge, «type du baptême», est aussi le type du «jugement de colère» (p. 437 s. et 447); mais, comme le note très exactement la *Bible de Jérusalem*, ce «jugement» préfigure celui des *derniers temps* (Lc 17,26 s.; Mt 24,37), comme le salut accordé à Noé figure le salut par les eaux du baptême (1 P 3,20).

[34] P. BONNARD, *art. cit.*, p. 241.

l'Écriture et saint Paul se représentent les rapports de Dieu le Père avec son Fils et avec les hommes? Et ne pourrait-on pas se demander s'il ne s'agirait pas là d'un de ces «mythes», analogue à celui de la rédemption-fiction juridique, créé par une certaine théologie, — en tout cas étranger à l'ancienne tradition des Pères [35], — et dont une simple étude de vocabulaire permettrait peut-être de débarrasser l'exégèse néo-testamentaire en général et celle de saint Paul en particulier?

---

[35] Comparer par exemple la façon dont saint Thomas explique l'abandon du Christ en croix, et en quel sens «le Père a livré son Fils à la Passion», dans la *Somme*, IIIᵃ q. 47 a. 3. On est surpris que A. Michel, qui a récemment traité la question dans l'*Ami du Clergé*, n'ait pas eu l'idée de se référer à ces textes (1958, p. 250), d'autant plus qu'il traite aussitôt après (p. 251-252) le problème de la descente du Christ aux enfers et le résout en citant quatre longs textes de saint Thomas.

9.

Gratuité de la justification et gratuité du salut *

Le problème de la foi et des œuvres

Le problème de la gratuité de la justification et du salut — ou en d'autres termes celui de la foi et des œuvres — fut sans contredit l'un des plus âprement discuté au temps de la Réforme protestante soit de la part des protestants qui accusaient les catholiques de nier cette gratuité ou de la mettre en péril, soit parmi les catholiques eux-mêmes. Qu'il suffise de rappeler la séance mémorable du concile de Trente du samedi 17 juillet 1546, longuement décrite dans les Actes du concile [1], où «en présence du légat et de presque tous les Pères», l'évêque de La Cava, Thomas Sanfelice voulut défendre, de façon d'ailleurs assez malheureuse, la formule luthérienne de la justification *sola fide*: ce qui lui valut la prison et l'exclusion du concile, mais eut du moins pour heureuse conséquence que le concile dans le 9e canon eut soin de préciser en quel sens il condamnait le *sola fide* [2].

Or, pour être ancien, le problème n'en demeure pas moins actuel: jamais nos frères séparés n'accepteront d'adopter une doctrine qui, à leurs yeux, porterait atteinte si peu que ce soit au *sola gratia* de Luther ou au *soli Deo gloria* de Calvin, c'est-à-dire pratiquement à la gratuité absolue de la justification et du salut telle qu'elle se trouve affirmée dans l'Écriture, tout particulièrement chez saint Paul.

Nous voudrions justement ce soir examiner la pensée de saint Paul à ce sujet. Cela nous permettra peut-être de dissiper quelques équivoques et par là de contribuer, pour notre faible part, à écarter certains obstacles sur la route de l'unité de tous ceux qui se réclament du nom du Christ. Nous verrons dans une première partie comment la question s'est posée pour S. Paul, et dans les deux dernières comment la distinction entre la justification et le salut l'a aidé à trouver une solution qui ne sacrifiât aucune des données du problème, solution d'ailleurs qu'en termes parfois différents a toujours reprise la tradition catholique, notamment au concile de Trente.

---

* Paru dans *Studiorum Paulinorum Congressus Internationalis Catholicus 1961*, Rome 1963, pp. 96-110.

[1] *Acta Concilii Tridentini*, éd. EHSES, vol. 5, p. 347 et 357.

[2] DENZ. n° 819: «Si quis dixerit sola fide impium iustificari, ità ut intelligat nihil aliud requiri, quod ad iustificationis gratiam consequendam cooperetur et nulla ex parte necesse esse eum suae voluntatis motu praeparari atque disponi, anathema sit».

I. La justification par les œuvres de la Loi

Le problème de la gratuité de la justification s'est posé pour saint Paul dans ses controverses avec les Juifs et les Judaïsants et en fonction d'elles. Il est impossible de comprendre exactement la portée et le sens précis des affirmations de l'Apôtre si l'on n'a pas devant les yeux la doctrine juive de la justification par les œuvres de la Loi, telle que Paul la suppose chez ses adversaires et telle qu'en réalité la présente tout ce que nous savons de l'ensemble du monde juif contemporain de saint Paul.

Assurément il serait injuste d'assimiler la doctrine juive de la justification par les œuvres à un pur rationalisme, comme si l'homme fût capable de se justifier lui-même, ainsi qu'on le fait parfois, encouragé en cela par certains auteurs d'origine juive mais qui n'ont de juif que le nom. En fait, pour les Juifs authentiques comme pour saint Paul, Dieu reste le seul auteur de la justification, le seul sujet du verbe δικαιοῦν: c'est «Dieu qui justifie» (Rom 3,30). Seulement, pour justifier l'homme, selon la doctrine juive, Dieu se sert de la Loi, qu'il a précisément donnée à cette fin non à tous les hommes mais à ceux qu'il a choisis, à son peuple Israël ou à tel de ses élus. Don de Dieu par excellence, *mattan torâh*, remède à cet instinct pervers que depuis Adam et son péché tout homme porte en lui [3], la Loi joue pour le Juif le rôle d'un véritable médiateur, beaucoup plus que Moïse, beaucoup plus surtout que le Messie qui, en dehors de son rôle politique, aura tout au plus celui d'enseigner à pratiquer la Loi — il sera à cet égard un «maître de justice» [4] —, voire celui de révéler tel détail de la Loi encore inconnu, par exemple à Qumrân, telle fête à célébrer selon un calendrier spécial [5].

En réalité, ce qui définit la notion de Loi, c'est bien moins son contenu, le détail de ce qu'elle commande ou défend, que cette particularité, à la vérité tout à fait singulière, de jouer le rôle de médiateur dans la justification de l'homme: autrement dit, mérite le nom de Loi tout précepte ou ensemble de préceptes donnés par Dieu afin que l'homme en les pratiquant puisse être justifié.

En ces conditions nul ne s'étonnera que le Judaïsme ait appliqué à la Loi ainsi comprise tout ce que la Bible disait de la Sagesse: «Avant les siècles, dès le commencement, il m'a créée, éternellement je subsisterai... Dans la cité bien-aimée j'ai trouvé mon repos... Je me suis enracinée chez mon peuple plein de gloire, dans le domaine du Seigneur, en son patrimoine... Je suis comme une vigne aux pampres charmants... Venez à

---

[3] Cf. par exemple *Sifre* in Deut 11,18; *Baba Batra* 16a (traduction anglaise par M. Simon, éd. Epstein, p. 80).

[4] C'est en ce sens que d'après le Targum d'Is 53 le serviteur de Yahvé «dans sa sagesse justifiera les justes», i.e. «en soumettant la multitude (des Juifs) à la Loi».

[5] Cf. *Doc. Sadocite* 3,13-16; 6,18 s. Voir *Biblica* 37 (1956) 33.

moi, vous qui me désirez... Mon souvenir est plus doux que le miel...
Ceux qui me mangent auront encore faim, ceux qui me boivent auront
encore soif. Celui qui m'obéit n'aura pas à en rougir et ceux qui font mes
œuvres — littéralement: ceux qui opéreront par moi — ne pécheront
point» (Eccli 24,9-22). Or l'auteur a bien soin de préciser de quoi il entend parler: «Tout cela, ajoute-t-il, n'est autre que le livre de l'Alliance du
Dieu Très-Haut, la Loi promulguée par Moïse, laissée en héritage aux assemblées de Jacob» (v. 23). Il n'hésite même pas à évoquer le Paradis terrestre et ses quatre fleuves, comme si le don de la Loi devait permettre à
l'homme de retrouver quelque chose de la condition adamique. Ainsi que
le déclare le même auteur au ch. 17: «Dieu gratifia l'homme de la Loi de
la vie», conclut avec eux «une Alliance éternelle» (Eccli 17,11-12).

Mais, d'autre part, s'il est vrai assurément que le code mosaïque
constitue la Loi par excellence, l'*analogatum princeps*, la tradition juive
cependant n'éprouvera pas la moindre difficulté à employer le même terme de Loi, de *Torâh*, dans des cas où, de prime abord, il nous semble aussi impropre que possible. Sans recourir aux fantaisies des apocryphes, ou-
vrons le livre de l'Ecclésiastique (44,20): celui-ci déclare d'Abraham, comme la chose la plus obvie, qu'il «observa la Loi du Très-Haut», — «obser-
vavit legem Altissimi», comme nous le disons à l'épître de la messe «Sta-
tuit» des Confesseurs Pontifes —, qu'il «fit alliance avec lui», que «dans
sa chair il établit cette alliance» et enfin «qu'au jour de l'épreuve il fut
trouvé fidèle (πιστός)». Et ce qui est vrai d'Abraham ne l'est pas moins,
toujours dans la pensée juive, de son petit-fils Joseph, dont au Premier livre des Maccabées Mattathias cite l'exemple, après celui d'Abraham, afin
d'inculquer à ses enfants et à tous les Juifs persécutés le zèle pour la Loi
mosaïque, et, sans aucunement avoir conscience de commettre le moindre
«anachronisme», dit de lui ce que le Siracide avait dit d'Abraham: «Au
temps de sa détresse il observa la Loi» [6]. Mais cela est vrai surtout d'A-
dam, au Paradis, dont le Siracide chante la «gloire», au moins d'après le
texte hébreu [7] et que le Targum, tel qu'il se présente dans la recension du
codex *Neofiti* nᵒ 1 retrouvé il y a quelques années à la bibliothèque vati-

---

[6] 1 Macc 2,53. Bien que le grec lise ἐφύλαξεν ἐντολήν, le terme au singulier est synonyme de «Loi» comme en 4 Reg 21,8 et 2 Par 30,16 où l'hébreu lit *tora*. Cf. J. STARCKY,
Bible de Jérusalem (*in* 1 Macc 2,53), qui écrit: «L'auteur doit avoir en vue la fidélité à
Dieu d'une façon générale». En fait, pour lui comme pour le Siracide, qui songeait moins
sans doute au précepte de la circoncision qu'à celui de sacrifier Isaac, «observer la Loi» signifiait «obéir au commandement donné par Dieu». Ce que Paul fera remarquer en Rom
4, c'est que ces commandements n'ont pas été donnés par Dieu à Abraham pour qu'il pût
par ce moyen obtenir une justice déjà possédée en vertu de sa foi (Gen 15,6), avant qu'il
reçût l'ordre de pratiquer la circoncision (Gen 17) et plus encore celui d'immoler son fils
(Gen 22).

[7] Eccli 50,16. Cf. *Man. disc.* 4,22 s.; *Doc. Sad.* 3,20; Targum pal. *in* Gen 3,24 (*in* Gen
2,25 dans le seul Targ. Ps. Jonathan, non dans le Targ. frag. ni dans le *Neofiti*).

cane, déclare sans équivoque possible qu'il a été mis par Dieu dans le jardin d'Eden non pas «pour le cultiver», mais «pour observer la Loi»: «Et le Seigneur Dieu prit l'homme de la montagne de l'adoration où il avait été créé et le fit habiter dans le jardin d'Eden pour servir dans la Loi et garder ses commandements» (traduction de Gen 2,15) [8]. Et, à la fin du chapitre 3, une longue paraphrase exalte l'arbre de vie, auquel le Targum avait symboliquement donné des dimensions gigantesques [9], et l'assimile explicitement à la Loi: «Car la Loi est l'arbre de vie pour tous ceux qui l'observent et en accomplissent les préceptes; ils vivront et demeureront, comme l'arbre de vie, dans le monde à venir. La Loi est bonne à observer en ce monde, comme l'arbre de vie» (paraphrase à propos de Gen 3,23) [10].

D'ailleurs la même doctrine semble affleurer à tout le moins chez le Siracide. Quand celui-ci au chapitre 17 esquisse l'histoire de l'humanité primitive depuis Adam jusqu'à Moïse, non seulement il passe insensiblement de la loi donné à nos premiers parents au Paradis à celle donnée au peuple d'Israël par l'intermédiaire de Moïse, si bien qu'on peut se demander s'il n'a pas l'intention de comprendre sous le terme de «loi» précisément tous les préceptes donnés par Dieu à l'humanité; mais, très à dessein, il paraît vouloir mêler Eden et Sinaï: les expressions utilisées pour désigner le don de la Loi mosaïque au v. 11: «Il leur accorda encore la connaissance et la Loi de la vie» rappellent étrangement les deux arbres du Paradis: l'arbre de la connaissance et l'arbre de la vie; et, d'autre part, le précepte du Paradis énoncé en ces simples termes: «Il les remplit de science et d'intelligence et mit sous leurs yeux le bien et le mal, ἀγαθὰ καὶ κακὰ ὑπέδειξεν αὐτοῖς» évoque certainement, pour ne pas dire davantage, les mots de Moïse, à la fin du Deutéronome (30, 15 et 19), résumant la législation sinaïtique: «Voici que j'ai mis (δέδωκα) devant vous la vie et la mort, le bien et le mal (τὸ ἀγαθὸν καὶ τὸ κακόν)». Et saint Justin ne s'y est point trompé: voulant prouver à ses adversaires que l'homme fut créé libre, il invoque «l'enseignement du Saint-Esprit qui nous a appris par Moïse que Dieu avait dit au premier homme: Voici devant toi le bien et le mal. Choisis le bien!» [11].

---

[8] L'interprétation est ancienne et se retrouve chez plus d'un Père de l'Église, par ex. S. Théophyle d'Antioche, qui lit ἐργάζεσθαι sans αὐτόν (= «pour œuvrer», non «pour le cultiver») et explique: «Les mots: 'pour qu'il œuvrât' ne signifient pas d'autre œuvre que de garder le précepte du Seigneur et de ne pas se perdre par une désobéissance» (ad Autolycum, 2,24; PG 6, 1092; Sources chrétiennes n⁰ 20, p. 159). S. Ambroise offre sinon l'interprétation, du moins la leçon: «Posuit eum in paradiso operari et custodire» (De paradiso 1,4; [24 et 25]).

[9] Le Targum Ps. Jon. lui donne «une hauteur de 500 années de marche» (cf. les dimensions attribuées à Ninive en Jon 3,3).

[10] Cf. les interprétations signalées par PHILON, Quaest. in Gen. 1,108 et Leg. Alleg. 1, 18 (59).

[11] I Apol. 44,1. Cf. J. HUBY, Épître aux Romains, éd. de 1957, p. 600.

A une telle économie fondée sur la médiation de la Loi saint Paul oppose l'unique médiation du Christ: «Si la justice vient de la Loi, le Christ est mort pour rien» (Gal 2,21). Sans doute, le N.T. opposera-t-il aussi le Christ non plus à la Loi mais à la personne même du législateur: «La Loi, déclare saint Jean, fut donnée par l'intermédiaire de Moïse, la grâce et la vérité nous sont venues par Jésus Christ» (Jn 1,17). Et Paul, de son côté, aime comparer à Moïse montant au Sinaï pour recevoir de Dieu la Loi, et la donner aux hommes, Jésus Christ montant au ciel pour donner le Saint-Esprit. Songeons à Eph 4,8 citant le Ps 68,19 selon une forme qui ne correspond ni au texte hébreu ni à celui des Septante, qui parlent de Yahvé recevant les hommes en présent, mais très exactement au Targum qui parle, comme chez S. Paul, de «distribuer des dons aux hommes» et applique le mot explicitement à Moïse: «Tu es monté au firmament — Moïse le prophète —, tu as emmené des captifs, tu as enseigné les paroles de la Loi, tu as distribué des dons aux hommes».

Mais justement ici apparaît le double contraste entre la médiation de Moïse et celle du Christ.

D'abord la Loi donnée par le Christ n'est pas un code de morale à promulguer; elle est principalement un principe d'action, un dynamisme nouveau à communiquer à l'homme, principe intérieur où Jérémie voyait déjà l'essentiel de la «nouvelle Alliance» (Jer 31,31) et qu'Ézéchiel décrira en termes encore plus limpides, puisqu'à l'expression de Jérémie: «Je mettrai ma loi au fond de leur être et je l'écrirai sur leur cœur» (31,33), il substitue celle-ci: «Je mettrai au fond de votre être un esprit nouveau... Je mettrai mon esprit au fond de votre être» (Ez 36,26-27). Si c'est vraiment le propre esprit de Yahvé qui nous est communiqué, on comprend qu'un tel don soit capable de nous faire passer de l'état charnel à l'état spirituel.

Ensuite — seconde différence non moins significative et qui découle partiellement de la première — le Christ ne nous communique pas l'Esprit en tant qu'il promulgue une loi, si parfaite fût-elle, mais en tant que par sa mort et sa résurrection il est devenu lui-même «esprit vivifiant» — *factus est spiritus vivificans* (1 Cor 15,45) — c'est-à-dire en tant qu'il est passé le premier de l'état de chair à l'état spirituel, transformant ainsi de l'intérieur la nature humaine qu'il avait assumée et nous permettant d'opérer à notre tour le même passage en lui et par lui.

Or il est clair qu'un tel passage, une telle transformation, du moment qu'il ne s'agit pas d'une «chose», mais d'un être doué de liberté, ne saurait s'accomplir sans qu'à cette activité divine transformante l'homme, sinon collabore au sens strict à la façon de deux activités agissant en lignes parallèles, du moins participe par un acte de sa liberté: transformation, «conversion» qui est l'œuvre de Dieu par la médiation du Christ; mais transformation, «conversion» d'un être spirituel, qui s'accomplit donc à l'intérieur même d'une liberté.

C'est ce qu'annonçait déjà le Deutéronome en une magnifique expression que le livre des Jubilés rapproche des prophéties de Jérémie et d'Ézéchiel sur la nouvelle Alliance: «Yahvé ton Dieu circoncira ton cœur et le cœur de ta postérité, en sorte que tu aimes Yahvé ton Dieu de tout ton cœur et de toute ton âme, afin que tu vives» (Deut 30,6) [12]. En attribuant la circoncision du cœur à Yahvé en personne, — cas absolument unique dans toute la Bible [13] —, l'hagiographe ne pouvait souligner davantage à quel point ce «retour» devait être l'œuvre de Dieu; en décrivant l'effet de cette œuvre de Dieu comme un amour à susciter en l'homme, il ne pouvait déclarer en termes plus clairs que l'œuvre divine devait atteindre l'homme en son être le plus intime, au cœur même de sa liberté.

Comment la liberté humaine va-t-elle accueillir cette activité divine transformante qui ramènera l'homme à son Dieu, le «convertira», bref lui donnera d'aimer? Plus précisément, comment saint Paul a-t-il conçu cet «accueil»? Sous quelle forme s'est-il représenté cette participation de l'homme à son retour à Dieu, sans que l'absolue gratuité de l'œuvre de Dieu en soit le moins du monde atteinte? La réponse à cette question fera l'objet de nos 2e et 3e parties.

II. Gratuité de la justification

La solution proposée par l'Apôtre nous semble avoir été grandement facilitée par une distinction d'importance capitale que le N.T. avait déjà introduite dans la problématique juive entre la justification et le salut, elle-même fondée sur la distinction entre les deux venues du Christ, ou, si vous préférez, entre sa «venue» et son «retour» [14].

En effet, l'A.T. comme le Judaïsme contemporain associaient constamment les notions de justice de Dieu, de salut de Dieu, comme celles de salut et de jugement: «Mon salut est près d'arriver, et ma justice près de se révéler» (Is 56,1): «Oui je ferai venir soudain ma justice, mon

---

[12] Deut 30,6. On sait que saint Paul voit précisément dans ce passage l'annonce de «l'économie de la foi» (Rom 10,6-8 citant Deut 30,11-14). — Jub 1,23: «Et après cela ils se tourneront vers moi en toute droiture et de tout leur cœur et de toute leur âme (cf. Deut 30,10), et je circoncirai le prépuce de leur cœur et le prépuce du cœur de leur postérité (Deut 30,6) et je créerai en eux un esprit saint (cf. Ez 36,26 s.) et je les purifierai (Ez 36,25; cf. Jer 33,8), en sorte qu'ils ne se détournent plus de moi de ce jour à l'éternité. Et leurs âmes s'attacheront à moi et à tous mes commandements et je serai leur père et ils seront mes fils», selon la formule de l'Alliance (cf. Jer 31,33; Ez 36,28), mais à l'expression «Dieu-peuple» est substitué «père-fils».

[13] Ailleurs elle est présentée comme un précepte imposé à l'homme: «Circoncisez votre cœur» (Deut 10,16; cf. Jer 4,4).

[14] On nous permettra de renvoyer à une étude parue dans *Littérature et théologie pauliniennes* (Recherches bibliques V, 1960), p. 166-184: «Justification, jugement, rédemption, principalement dans l'épître aux Romains»; voir surtout pp. 167-176; ci-dessus, pp. 164-166.

salut viendra comme la lumière; mon bras va juger les peuples» (Is 51,5), etc. Bref, justification et salut s'opèrent simultanément, au moyen du jugement eschatologique.

Or saint Paul, notamment dans l'épître aux Romains qui traite ex professo notre problème, dissocie très nettement la justification de l'homme, qu'il expose dans les quatre premiers chapitres, et son salut, qui fait l'objet des suivants: pour les chrétiens auxquels il s'adresse, la justification est une réalité du passé, liée à la première venue du Christ; le salut est une réalité encore à venir, liée à la seconde venue du Christ et à la résurrection des corps.

Ainsi Rom 5,9: «Combien plus maintenant justifiés (δικαιωθέντες) dans son sang, serons-nous sauvés (σωθησόμεθα) de la colère». L'opposition entre le participe aoriste et l'indicatif futur, comme l'allusion manifeste au jugement dernier, est aussi nette que possible. Si au chapitre 8 (v. 34) Paul emploie le verbe «sauver» à l'aoriste: ἐσώθημεν, il ajoute précisément τῇ ἐλπίδι: «C'est par mode d'espérance que nous avons été sauvés»[15]. Et il s'agit dans le contexte de l'ἀπολύτρωσις τοῦ σώματος, c'est-à-dire de la résurrection de notre corps.

Quant au vocabulaire du jugement (κρίνειν, κρίμα, κρίσις, κριτής) dans le N. T. en général et tout spécialement chez saint Paul, il est habituellement rattaché au salut eschatologique; en tout cas, il ne l'est jamais à la justification. Il s'ensuit que le principe du «jugement selon les œuvres», incontestablement biblique et paulinien, comme nous le verrons, ne saurait s'appliquer à la justification. De fait, dans le cas de celui que Dieu justifie, ses œuvres ne pourraient que provoquer une condamnation. C'est ce qu'avait bien compris le Psalmiste, que Paul cite justement en Rom 3,20 pour introduire le passage où il aborde directement le thème de la justification et de sa gratuité:

> «Yahvé, écoute ma prière,
>   prête l'oreille à ma supplication dans ta fidélité,
>   réponds-moi en ta justice.
> N'entre pas en jugement avec ton serviteur,
>   car nul vivant ne sera justifié devant toi!» (Ps 143,2-3).

Convaincu de son péché, le Psalmiste invoque ce qu'il nomme la fidélité de Dieu (son 'ĕmûnâ, son ἀλήθεια) et la justice de Dieu (sa ṣĕdāqâ, sa

---

[15] Que le salut demeure «futur», n'implique aucunement que le «don de l'Esprit», rattaché d'ailleurs par Paul à la justification (Rom 5,5), n'ait pas eu lieu, ce qui, en effet, contredirait Rom 5,5 et 8,14-16; mais au «justifié» l'Esprit a été donné «comme arrhe» (2 Cor 1,22; Eph 1,14). Pour Paul, dans Rom, le «salut» implique la plénitude de ce don de l'Esprit avec la résurrection corporelle; dans Col et Eph, celle-ci étant censée déjà acquise (Col 2,12; Eph 2,6), il en va naturellement de même du «salut» (Eph 2,5.8). Aussi me semble-t-il difficile de suivre l'interprétation de M. F. Lacan, «Nous sommes sauvés par l'espérance», dans Mémorial Albert Gelin, 1961, p. 332-339.

δικαιοσύνη), celle-là même dont il proclamera au v. 11 du même Psaume qu'elle le «fera vivre» (LXX), celle-là précisément dont saint Paul s'apprête à déclarer (Rom 3,21), qu'elle s'est enfin manifestée (πεφανέρωται) dans le Christ mourant pour nos péchés et ressuscitant pour notre justification (Rom 4,25).

Mais le Psalmiste ne se contente pas d'invoquer cette fidélité et cette justice; il supplie Dieu de ne pas «entrer en jugement avec lui»: en hébreu: *'al tābo bĕmišpaṭ*; en grec: μὴ εἰσέλθῃς εἰς κρίσιν; dans la Vulgate: *non intres in iudicium*; selon le nouveau Psautier: *ne vocaveris in iudicium*. N'est-ce pas, au moins implicitement, opposer, ce que tant d'autres textes bibliques associent, la *ṣᵉdāqâ* de Dieu à son *mišpaṭ*? A l'encontre de Job qui, persuadé de sa «justice», adressait à Dieu cette prière insensée: «Qu'il me pèse sur une balance exacte; lui, Dieu, reconnaîtra mon innocence!» (Job 32,6), le Psalmiste, du moins en ce passage — car, il faut l'avouer, de tels accents sont plutôt rares — adopte l'attitude exactement contraire: si Dieu se met à le juger, à peser ses œuvres dans la plus exacte des balances, il ne pourra qu'être condamné et non pas justifié!

On ne saurait concevoir justification plus gratuite. Comme cause de la justification, nulle œuvre de l'homme, antérieure à cette justification, ne peut entrer en ligne de compte. Mais la nécessaire participation de la liberté humaine à l'activité justifiante de Dieu, dont nous avons parlé, la nécessaire réponse de l'homme à l'appel de Dieu ne va-t-elle pas, elle du moins, remettre en question l'absolue gratuité de la justification? Aux yeux de saint Paul, on doit dire que bien loin de l'offusquer, c'est elle qui la fonde! Car cette «réponse de l'homme» est constituée par l'acte de foi, et la foi, aux yeux de Paul, exclut précisément et par définition toute καύχησις, toute «suffisance».

On connaît les affirmations de l'Apôtre. Contentons-nous de rappeler l'une ou l'autre.

Gal 2,16: «Sachant que l'homme n'est pas justifié par la pratique de la Loi, mais bien par la foi en Jésus Christ, nous avons cru, nous aussi, au Christ Jésus, afin d'obtenir la justification par la foi au Christ et non par la pratique de la Loi, puisque par la pratique de la Loi personne ne sera justifié».

Et surtout Rom 3,21-30: «Sans la Loi la justice de Dieu s'est manifestée, attestée par la Loi et les prophètes, justice de Dieu par la foi en Jésus Christ, à l'adresse de tous ceux qui croient... Où donc est la suffisance (ἡ καύχησις)? Elle a été exclue. Par quel genre de loi? Celle des œuvres? Non, par une loi de foi — c'est-à-dire une loi qui ne consiste pas à "œuvrer" mais à "croire" —. Car nous estimons que l'homme est justifié par la foi sans la pratique de la Loi».

Vous savez que les affirmations de saint Paul ont paru excessives; qu'on a tenté de les édulcorer: l'*Ambrosiaster* par exemple suggérait déjà

que Paul entendait seulement exclure la loi mosaïque dans sa partie rituel-
le et cérémonielle, mais non dans sa partie morale. Bien plus justement
saint Thomas n'hésite pas à prendre les mots de Paul *ut sonant* et explique, imperturbablement: «*Sine operibus legis*, id est non solum sine operibus cerimonialibus sed etiam sine operibus moralium praeceptorum, secundum illud ad Titum 3,5: *non ex operibus iustitiae quae fecimus
nos...*» [16].

Dans son commentaire de la Première épître à Timothée, il ne recule-
ra même pas devant une formule qu'on reprochera si vivement plus tard à
Luther d'avoir inventée et introduite dans sa traduction de Rom 3,28. En
effet, le fameux «sola fides» se trouve à la lettre chez le Docteur Angélique et précisément à propos de Rom 3,28 [17].

Il commente le mot de 1 Tim 1,8: *Scimus autem quoniam bona est lex,
si quis ea legitime utatur.* Là encore saint Thomas rejette la solution facile
qui consiste à distinguer entre préceptes moraux et préceptes rituels:
«Apostolus videtur loqui de moralibus, quia subdit quod lex posita est
propter peccata (v. 9), et haec sunt praecepta moralia. Horum legitimus
usus est, ut homo non attribuat eis plus quam in eis continetur. Data est
lex ut cognoscatur peccatum (Rom 3,20)... Non est ergo in eis (dans ces
préceptes moraux) spes iustificationis sed in sola fide». Ce que saint Thomas prouve en citant justement Rom 3,28: *Arbitramur enim iustificari hominem per fidem sine operibus legis* [18].

Mais si la justification de l'homme s'opère par la foi et exclusivement
par elle, il n'est point nécessaire de longues réflexions pour comprendre
que toute suffisance est par le fait même exclue. Il suffit de nous rappeler
ce que signifie pour saint Paul, comme d'ailleurs pour tous les autres auteurs du N. T., le verbe πιστεύειν.

Ils ne l'ont certes pas emprunté au langage philosophique des Grecs,
où il désigne une connaissance non certaine, une «opinion» (δόξα),
c'est-à-dire précisément ce que la foi n'est pas! Ce terme, essentiellement
religieux, leur était fourni par la Septante, où il traduisait un verbe hébreu
bien connu, appartenant à une racine très largement utilisée, la racine
'aman, dont le sens fondamental est celui de solidité, de fermeté, de
constance. Appliquée à Dieu, elle le désigne comme le rocher sur lequel
on trouve en toute sûreté un appui, sans crainte qu'il puisse céder ou

---

[16] *In Rom 3, lectio 4*; éd. R. Cai, n° 317.

[17] Elle se rencontre d'ailleurs déjà dans l'*Ambrosiaster* (i.e. S. Ambroise, pour tout le
Moyen Age) en Rom 3,24: «sola fide iustificati sunt»; chez S. Bernard, *In Canticum sermo*
22,9: «solam iustificatus per fidem»; et même dans certaines traductions antérieures à la
Réforme, sinon en Rom 3,28, du moins dans le passage «parallèle» de Gal 2,16: ainsi
lit-on en ce passage dans une Bible allemande éditée en 1483 à Nuremberg: «nur durch
den Gelauben» (*sic*).

[18] *In I Tim 1, lectio 3*; éd. R. Cai, n° 21.

tromper: le Dieu fidèle, en qui il n'y pas de «oui et non», ni successivement ni encore moins simultanément, comme dans l'homme, être essentiellement inconstant, contingent, infidèle: *omnis homo mendax* (cf. Rom 3,4).

Or le verbe hébreu que traduit πιστεύω est une forme causative, dont le sens est par conséquent: «je me rends solide, ferme, constant...» et le point d'appui d'où je tire cette solidité, cette fermeté, cette constance, parole de Dieu ou personne même de Dieu, est exprimé en hébreu à l'aide d'une préposition *bĕ* ou *lĕ*, en grec au moyen du datif ou également d'une préposition ἐπί, ἐν, εἰς. Comme le dit avec beaucoup d'acribie A. Gelin: «Croire, c'est exactement s'appuyer sur celui qui mérite, de soi, un crédit sans limite: on mise sur Dieu absolument parce qu'il est ce qu'il est (Gen 15,6). La foi, c'est précisément cette attitude de remise totale»[19]. Et avec le N. T., notamment S. Paul, le «point d'appui» est un Dieu qui ne s'est pas seulement engagé dans une alliance, mais que l'amour a conduit jusqu'à mourir pour les hommes: «Ma vie dans la chair, je la vis dans la foi au Fils de Dieu qui m'a aimé et s'est livré pour moi» (Gal 2,20).

«Je me rends ferme, constant». Je le suis devenu, mais je ne l'étais pas. Croire, c'est donc proclamer en même temps ma radicale insuffisance et ma participation à la fermeté, à la solidité, à la constance de Dieu; c'est affirmer avec la plus absolue certitude, mais sur la parole d'un Autre, «propter auctoritatem Dei revelantis»; c'est voir, mais grâce à une lumière reçue d'un Autre, et comme avec les yeux d'un Autre. Bref, de tous les actes surnaturels, l'acte de foi est celui que je puis le moins être tenté de m'attribuer à moi-même.

Tel est l'acte par lequel, pour saint Paul comme pour saint Jean et pour les Synoptiques, l'homme répond à l'appel de Dieu, à la façon d'Abraham, dont Paul invoque explicitement l'exemple, ou plus précisément encore l'acte par lequel l'homme participe personnellement en tant qu'être libre à l'activité justifiante de Dieu, selon la formule qu'emploie saint Thomas commentant le mot de l'Apôtre sur la foi d'Abraham en Rom 4,5: «*Computabitur haec fides ad iustitiam*, non quidem, explique le Docteur Angélique, ita quod per fidem iustitiam mereatur[20], sed quia ipsum credere est primus actus iustitiae, quam Deus in eo operatur: ex eo enim quod credit in Deum iustificantem, iustificationi eius subicit se, et sic recipit eius effectum»[21].

---

[19] A. GELIN, *La foi dans l'Ancien Testament*, dans *Lumière et Vie*, n° 22 (1955), p. 433.

[20] Luther, à cet égard, s'exprime parfois avec moins d'exactitude. Ainsi, commentant Rom 3,17, il écrit: «mereamur iustificari» (éd. Joh. FICKER, II, p. 84, ligne 12) et expliquant Gal 4,4 dans le commentaire de 1519: «Fides meretur, ut Spiritus detur, sicut et supra: Ex operibus an ex auditu fidei Spiritum accepistis?».

[21] *In Rom 4, lectio 1*; éd. R. CAI, n° 331.

Il faut en convenir, un tel acte, à la fois pleinement libre, par définition, et donc pleinement humain, mais excluant par sa nature même toute suffisance, toute appropriation, était particulièrement apte à constituer cette participation de l'homme, elle-même d'ailleurs don de Dieu (cf. Eph 2,8), à l'activité essentiellement divine en quoi consiste la justification de l'homme.

III. Gratuité du salut

Et cependant saint Paul n'ignore pas plus que le reste du N. T. le «jugement selon les œuvres de chacun»; il y fait même des allusions particulièrement fréquentes, jusque dans cette lettre aux Romains qui exalte la justification par la foi. Ainsi au chapitre 2, dès le début, il déclare que «le jugement de Dieu (τὸ κρίμα τοῦ Θεοῦ) s'exerce selon la vérité sur les auteurs de pareilles actions» (v. 2), à savoir les turpitudes décrites au chapitre précédent: le Juif n'est pas à l'abri de ce jugement; bien au contraire, «par son endurcissement et l'impénitence de son cœur il amasse contre soi un trésor de colère, au jour de la colère où se révélera le juste jugement de Dieu (δικαιοκρισία) qui rendra à chacun selon ses œuvres» (v. 4-6). La formule, fréquemment répétée dans l'A. T. sous des formes plus ou moins équivalentes [22], citée en Mat 16,27, se retrouve mentionnée ou évoquée de nouveau en Rom 14,10, en 2 Cor 5,10, en Col 3,25, en 2 Tim 4,14.

Y aurait-il là une sorte de concession à la doctrine juive de la justification par les œuvres, qui viendrait contredire le principe paulinien de la justification par la foi? une manière de second principe que l'Apôtre juxtaposerait au premier sans trop se soucier de la cohérence et auquel il aurait recours aux moments où il se laisserait entraîné à parler en catégories juives?

Nous pensons qu'une telle explication ne repose sur aucun fondement. L'affirmation simultanée de ces deux principes: justification *ex sola fide* et jugement selon les œuvres ne présente aucune incohérence, car ils ne concernent pas la même chose: le premier concerne exclusivement le passage de l'état de péché à l'état de grâce, — en termes pauliniens, de l'homme sans l'Esprit à l'homme en possession de l'Esprit, de l'homme du chapitre 7 de l'épître aux Romains à l'homme du chapitre 8 —, le second principe concerne exclusivement le jugement eschatologique. Il s'ensuit donc que Paul ne se représente pas exactement de la même façon la gratuité du salut et celle de la justification. D'où le titre de notre conférence.

A s'en tenir au langage même de l'Apôtre, on doit admettre, d'une part, que nulle «œuvre» de l'homme ne concourt, au sens propre du mot, à sa justification, mais non moins certainement, d'autre part, que, l'homme une fois justifié, cette justification même exige de lui l'accomplissement

---

[22] Par exemple Ps 62,13; Prov 24,12; Jer 17,10; 32,19; Ez 33,20.

d'œuvres. C'est ce que Paul a condensé en une formule célèbre quand il a parlé de «la foi qui opère par l'amour», *fides quae operatur per caritatem,* πίστις δι' ἀγάπης ἐνεργουμένη (Gal 5,6), formule dont le sens a été malheureusement obscurci par les controverses théologiques au temps de la Réforme. Plus d'un catholique, par exemple saint Robert Bellarmin, voulait à tout prix y voir affirmée en termes explicites la doctrine de la *fides informis* ou de la *fides formata per caritatem* et, prenant «operatur» et ἐνεργουμένη pour des passifs, traduisait: «la foi qui est informée, perfectionnée par la charité», alors que saint Thomas, entre beaucoup d'autres, qui mentionne souvent le verset en question a toujours compris «operatur» comme un déponent, ainsi que l'atteste la formule si fréquente dans ses œuvres: «fides per caritatem operans»; dans la *Prima Secundae* q. 108, a 1, elle ne revient pas moins de trois fois dans le corps de l'article![23]

Par la foi l'homme a accueilli cette vie de Dieu qui est la vie même du Christ et de l'Esprit: «par la foi le Christ habite en nos cœurs» (Eph 3,17). Or cette vie, si vraiment l'homme y participe, c'est-à-dire si vraiment il est «justifié», ne peut pas ne pas produire en lui les fruits qu'elle produisit dans le Christ lui-même. Et «le fruit de l'Esprit, déclare saint Paul, est amour, joie, paix, longanimité, serviabilité, bonté, confiance dans les autres, douceur, maîtrise de soi» (Gal 5,22-23): tout le cortège des vertus chrétiennes que la Première aux Corinthiens présente comme autant d'expressions variées de l'unique ἀγάπη: «la charité est longanime, la charité est serviable, elle n'est pas envieuse...; elle ne cherche pas son intérêt, ne s'irrite pas, ne tient pas compte du mal; elle ne se réjouit pas de l'injustice, mais elle met sa joie dans la vérité. Elle excuse tout, croit tout, espère tout, supporte tout» (1 Cor 13,4-7).

L'absence de telles œuvres chez un chrétien signifierait tout simplement qu'il n'est pas animé de l'Esprit, c'est-à-dire qu'il n'est pas «justifié». Mais ces œuvres sont l'effet de son «état de justifié» et non pas la source! Si elles sont bien des œuvres de l'homme, elles sont beaucoup plus encore des œuvres du Christ ou de l'Esprit, au sens précis où saint Paul déclarait: «Si je vis, ce n'est plus moi, c'est le Christ qui vit en moi» (Gal 2,20).

Ici la gratuité se fonde précisément sur ce fait que le principe d'opération nouveau, d'où procèdent nos œuvres surnaturelles, c'est-à-dire par définition nos œuvres de justifié, quoiqu'étant en nous, n'est point de nous. Mystère de l'union du chrétien au Christ, à l'Esprit et à Dieu le Père sur lequel saint Paul revient à maintes reprises, préoccupé de ne rien soustraire à l'absolue souveraineté de l'activité divine, première à tous égards, mais non moins soucieux de souligner la réalité de la participation de l'homme à cette activité.

---

[23] «Principalitas legis novae est gratia Spiritus Sancti, quae manifestatur in fide per dilectionem operante...; interiorem gratiam, quae in fide per dilectionem operante consistit; ...convenientiam ad fidem per dilectionem operantem».

Voici deux ou trois textes plus significatifs:

1 Cor 15,9-10. Paul rappelle sa conversion: «Je suis le moindre des apôtres; je ne mérite pas le nom d'apôtre, parce que j'ai persécuté l'Église de Dieu. C'est par une grâce de Dieu (χάριτι Θεοῦ) que je suis ce que je suis et sa grâce à mon égard n'a pas été stérile (οὐ κενὴ ἐγενήθη), mais j'ai travaillé (ἐκοπίασα) plus qu'eux tous, oh! non pas moi (οὐκ ἐγὼ δὲ) mais la grâce de Dieu (ἡ χάρις τοῦ Θεοῦ) avec moi (σὺν ἐμοί)».

Eph 2,8-10: «C'est par la grâce (τῇ χάριτι) que vous êtes sauvés, moyennant la foi (διὰ πίστεως) et ce salut ne vient pas de vous (οὐκ ἐξ ὑμῶν), il est le don de Dieu (Θεοῦ τὸ δῶρον); il ne vient pas des œuvres (οὐκ ἐξ ἔργων), afin que nul ne se glorifie (c'est-à-dire afin que soit exclue toute καύχησις). Nous sommes en effet son ouvrage (αὐτοῦ γάρ ἐσμεν ποίημα), créés dans le Christ Jésus (κτισθέντες ἐν Χριστῷ Ἰησοῦ)»: la justification a donc fait de nous une «nouvelle créature»; on ne pouvait exalter davantage l'œuvre de Dieu. Mais Paul n'oublie pas la participation de l'homme; il ajoute: «en vue d'œuvres bonnes (ἐπὶ ἔργοις ἀγαθοῖς)». Mais ces œuvres elles-mêmes seront dûes à Dieu d'abord et aussi à la collaboration de l'homme: aussi l'Apôtre s'empresse-t-il de compléter la phrase: «en vue d'œuvres bonnes, que Dieu a préparées d'avance (οἷς προετοίμασεν ὁ Θεός) pour que nous les pratiquions (ἵνα ἐν αὐτοῖς περιπατήσωμεν)».

Même souci de souligner ce double aspect dans le célèbre passage de l'épître aux Romains, au début du chapitre 8 (v. 3-4). Ce qui a libéré le chrétien de la loi du péché et de la mort, explique l'Apôtre, c'est ce que Paul appelle «la loi de l'Esprit de vie», c'est-à-dire le fait que Dieu lui a communiqué l'Esprit-Saint en personne qui désormais agit en lui ou, selon l'expression de saint Thomas, «opère en lui l'amour» [24]. Or Dieu nous a communiqué ce dynamisme nouveau, «afin que nous puissions enfin accomplir la justice de la Loi» (τὸ δικαίωμα τοῦ νόμου), cette justice que Paul résume précisément en l'unique précepte de l'amour, précepte au reste d'un genre très particulier, puisqu'il s'agit d'un dynamisme et non plus d'une simple norme de conduite, et que seul le chrétien, animé qu'il est par l'Esprit, peut «accomplir», πληροῦν, et cela avec une surabondance imprévisible, selon le sens que comporte le verbe quand on dit par exemple que l'événement «accomplit» la prophétie. Ou plutôt, afin de montrer que cet «accomplissement» est en nous l'œuvre d'un Autre que nous, celle de l'Esprit-Saint, Paul met le verbe au passif et écrit: «afin que la justice de la Loi fût accomplie πληρωθῇ) en nous (ἐν ἡμῖν)». Mais que nul ne s'y trompe: il entend bien parler de la conduite morale de l'homme,

---

[24] Commentant 2 Cor 3,6, mais en se référant à Rom 8,2: «Et ideo necessarium fuit dare legem Spiritus, qui caritatem in corde faciens, vivificet» (*In 2 Cor 3, lectio 2*; éd. R. Cai, n° 91). Cf. n° 90: «Dum Spiritus Sanctus facit in nobis caritatem, quae est plenitudo legis, est testamentum novum».

et ajoute: «en nous qui ne marchons pas selon la chair mais selon l'Esprit (τοῖς μὴ κατὰ σάρκα περιπατοῦσιν, ἀλλὰ κατὰ πνεῦμα)».

On ne peut guère s'exprimer plus clairement. Paul considère la vie chrétienne comme une activité riche en œuvres bonnes de toutes sortes; ces œuvres sont bien des œuvres de l'homme, puisque c'est lui qui doit agir, «marcher» selon le terme sémitique, et cependant chacune de ces œuvres est non seulement un «don de Dieu», mais une œuvre que Dieu opère en nous et avec nous.

C'est cette compénétration de l'activité divine et de l'activité humaine, compénétration mystérieuse assurément, mais combien paulinienne, que beaucoup de nos frères séparés semblent avoir le plus de peine à admettre, à la suite d'ailleurs de Luther. A cet égard, on me permettra d'attirer l'attention sur une page du commentaire de Luther à l'épître aux Romains qui me paraît révélatrice. Luther explique Rom 3,27 et la célèbre formule de Paul qui oppose la loi des œuvres et la loi de la foi; visiblement le commentateur s'inspire de la non moins célèbre paraphrase de S. Augustin, qu'il reproduit presque textuellement, sauf en un point, comme nous allons le constater [25]. Voici le texte de Luther:

> «La loi des œuvres déclare: Fais ce que je commande; mais la loi de la foi: Donne ce que tu commandes. Ainsi le peuple de la Loi répond à la Loi et à Dieu qui parle par la Loi: J'ai fait ce que tu as commandé; il a été fait comme tu as ordonné. Mais le peuple de la foi dit: Je ne puis faire, je n'ai pas fait; mais donne ce que tu commandes (non possum facere, non feci; sed da quod iubes); je n'ai pas fait, mais je désire faire. Et parce que je ne puis pas, je demande et cherche auprès de toi ce qui me permettra de faire. Et ainsi celui-là (= le peuple de la Loi) devient orgueilleux et superbe; celui-ci (= le peuple de la foi), humble et vil à ses propres yeux. Ce qui distingue donc vraiment les deux peuples, c'est que l'un dit: J'ai fait (ego feci); l'autre: Je demande afin de pouvoir faire (quaero ut possim facere). L'un dit: Ordonne ce que tu veux et je le ferai (impera quod vis et faciam); l'autre: Donne ce que tu as commandé pour que je le fasse (da quod imperasti ut faciam). Celui-là se confie dans une justice qu'il a obtenue (illa adeptam confidit iustitiam), celui-ci soupire après une justice à acquérir (hic pro acquirenda suspirat)» [26].

Pour Luther le chrétien s'identifie donc au pécheur, incapable d'observer la Loi, aspirant à une justice toujours à acquérir, «pro acquirenda suspirat». Or saint Augustin, dans la page du *de Spiritu et Littera*, qui a servi de modèle à Luther, envisageait explicitement deux possibilités:

---

[25] *De Spiritu et littera* (13) 22.
[26] Éd. Joh. FICKER, II, p. 99.

«Par la loi des œuvres Dieu dit: Fais ce que je commande (fac quod iubeo); par celle de la foi, on dit à Dieu: Donne ce que tu commandes (da quod iubes). Car, si la Loi commande, c'est pour rappeler à la foi ce qu'elle doit faire. Celui qui reçoit un ordre, s'il ne peut encore l'accomplir, doit savoir ce qu'il a à demander (si nondum potest, sciat quid petat)». Tel est bien en effet la condition de l'homme pécheur, la seule retenue par Luther; mais saint Augustin s'empresse de signaler également celle du juste: «mais s'il le peut et l'accomplit en obéissant à la Loi (si autem continuo potest et obedienter facit), il doit savoir également en vertu de quel donateur il le peut (debet etiam scire quo donante possit)».

Luther s'est donc séparé à la fois de son maître saint Augustin et de saint Paul. Hanté par le danger de suffisance qui à la vérité nous guette tous, il a négligé une doctrine aussi chère à saint Augustin qu'à saint Paul, à savoir que la grâce peut être en nous sans être de nous et partant sans engendrer de καύχησις. En d'autres termes, si l'absolue gratuité de la justification exige qu'elle soit obtenue, en un sens parfaitement orthodoxe, par la foi seule, l'absolue gratuité du salut n'exige pas que l'on nie la réalité de l'être chrétien; bien au contraire, c'est en affirmant cette réalité de l'être chrétien, que l'on fonde le plus sûrement en dernière analyse l'absolue gratuité du salut.

C'est pourquoi le concile de Trente a tant insisté à la fois sur la gratuité de la justification, du moment que «rien de ce qui précède celle-ci ne saurait la mériter» (Denz. n° 801) et sur la possibilité pour l'homme une fois justifié de «mériter» au sens propre, du moment que «le Christ lui-même ne cesse de nous communiquer sa vie comme la tête aux membres et la vigne aux rameaux» (Denz. n° 809). Mais pour montrer à quel point une telle doctrine appartient à la tradition catholique la plus authentique, permettez-moi de mentionner en guise de conclusion un témoignage emprunté à la liturgie, où se reflète comme on sait, le plus fidèlement peut-être, la spiritualité de nos Pères dans la foi.

Telle cette antique oraison assignée dans le Missel de rite latin au samedi des Quatre-temps de Carême et par laquelle, à Rome, nous avons l'habitude de commencer nos classes: «Actiones nostras, Domine, aspirando praeveni et adiuvando prosequere, ut cuncta nostra oratio et operatio a Te semper incipiat et per Te coepta finiatur». Ou cette autre, assignée au mardi après le deuxième dimanche de Carême: «Perfice... benignus in nobis observantiae sanctae subsidium, ut quae Te auctore facienda cognovimus, Te operante impleamus».

Formules devenues banales à force d'être répétées, mais qui proclament avec autant de clarté que de simplicité non seulement que Dieu est à l'origine de tous nos actes salutaires, qu'il les «prévient»: «praeveni... a Te incipiat», mais aussi qu'il en poursuit lui-même l'exécution et qu'il les achève: «per Te, coepta, finiatur»; bref, «Te auctore... Te operante». Autrement dit: gratuité de la justification, gratuité du salut.

10.

La problématique du péché originel
dans le Nouveau Testament *

Quand on parle à quelqu'un de péché originel, la première question qu'il vous pose est presque invariablement: que pensez-vous d'Adam? Or ce qui intéresse le N. T. au premier chef, c'est beaucoup moins le péché originel *en Adam — peccatum originale originans —* que le péché originel *en nous — peccatum originale originatum.* Autrement dit, c'est beaucoup moins ce qu'a pu faire Adam, que ce que nous faisons, nous, notre péché à nous tel que nous le constatons dans notre expérience quotidienne et surtout telle que la Révélation du Christ nous l'a fait connaître.

I.

Pour être plus clair, on pourrait, sans trahir l'enseignement du N. T., le résumer en une double affirmation:

a) tous les hommes sont pécheurs et tous ont besoin d'être délivrés de leur péché par Jésus-Christ; mieux encore, tous sont pécheurs *parce que* tous ont besoin de Jésus-Christ, parce que Jésus-Christ est le seul et unique sauveur et rédempteur;

b) cette condition pécheresse est rattachée au péché du premier homme, Adam.

Or, aussitôt une constatation s'impose. Tandis que la première affirmation se rencontre pratiquement à chaque page du N. T. où elle est assez souvent explicitement formulée (Romains), beaucoup plus souvent encore implicitement évoquée et surtout partout supposée, par contre la seconde (lien avec le péché d'Adam) est très rarement mentionnée, même implicitement, deux fois seulement formulée explicitement, chez le seul saint Paul, très occasionnellement d'ailleurs: 1 Cor 15,21 et Rom 5,12 (dans ce seul dernier texte le *péché* d'Adam est explicitement mentionné).

Une telle constatation suggère déjà une première conclusion sur la relative importance des deux affirmations; non que la seconde ne s'y trouve pas, mais dans l'enseignement du N. T. elle n'occupe certainement pas la même place que la première.

---

* Paru d'abord dans *Archivio di Filosofia* diretto da Enrico Castelli (Istituto di Studi Filosofici), Roma, 1967, pp. 101-108.

A cela d'ailleurs rien d'étonnant:

a) la première affirmation conditionne vraiment toute la religion du Christ: s'il y a des gens qui n'ont pas besoin de rédemption, le Christ n'est rien pour eux, il n'est plus celui — et celui-là seul — «par qui il nous faut être sauvés» (Act 4,12). C'est en ce sens qu'on peut et doit dire que le dogme du péché originel est le fondement de toute la religion chrétienne;

b) au contraire, la seconde affirmation ne conditionne le dogme chrétien que dans la mesure où, sans elle, la première affirmation ne saurait subsister. Son importance est donc relative. A qui, par exemple, admettrait que tous les hommes sont pécheurs et ne peuvent être sauvés sans le Christ, sans concéder pourtant que cette condition humaine a son origine dans le péché d'Adam, on peut assurément reprocher de ne pas expliquer cette condition de l'homme de la même façon que saint Paul dans les deux passages en question, ou encore de ne pas présenter de l'ensemble du dogme une synthèse suffisamment cohérente, ou enfin de se condamner à attribuer à Dieu Créateur l'origine même du mal; mais on ne peut, sans plus, l'accuser de nier l'universelle rédemption du Christ et par là l'essentiel du dogme chrétien.

II.

Une fois ces prémisses bien établies, voyons comment se présente dans le N. T. cette seconde affirmation, à savoir le lien de cette condition universelle de péché avec le péché d'Adam.

1. Deux seules mentions explicites: 1 Cor 15,21 s. et Rom 5,12, bien que je croie (personnellement) que saint Paul y fasse allusion ailleurs, soit dans Rom (7,7 s. et peut-être 1,21 ss.) soit dans Eph 2,3; mais tous les exégètes ne seraient pas d'accord pour l'affirmer. Il importe donc d'examiner avec soin pourquoi, sous quelle influence, Paul évoque la personne d'Adam et son péché dans ces deux passages et plus spécialement dans le second, Rom 5,12 ss., qui est, de beaucoup, le plus explicite.

1 Cor 15,20-22: «Le Christ est ressuscité, prémices de ceux qui se sont endormis. Car, la mort étant venue par un homme, par un homme aussi vient la résurrection des morts. *De même*, en effet, que tous meurent en Adam, tous revivront dans le Christ».

Rom 5,12: «*De même* que par un seul homme le péché est entré dans le monde et par le péché la mort, et que la mort a passé en tous les hommes de la façon suivante, à savoir: étant réalisée la condition que tous ont péché ...» (ainsi par un seul, le Christ, etc.).

2. Sans entrer dans le détail des explications exégétiques discutées et discutables, tenons-nous en à certaines constatations admises par tous, catholiques ou non.

a) Ce qui est affirmé *in recto*, c'est la rédemption du Christ: dans 1 Cor 15 la résurrection comme prémices; dans Rom 5 l'acte salvifique qui justifie tous les hommes. Le rôle attribué à Adam est toujours affirmé dans des propositions subordonnées, grammaticalement ou au moins pour le sens: «de même que...». Il est donc affirmé par référence à celui du Christ, comme pour le faire mieux comprendre, le justifier, l'expliquer en quelque sorte; le premier membre d'une comparaison, la protase, a toujours pour but de faire comprendre, d'illustrer le second, l'apodose; on part du plus connu pour éclairer le moins connu; telle est la loi de toute comparaison. Et dans les deux cas, 1 Cor 15 et Rom 5, il s'agit d'une comparaison.

b) Ce qui concerne le rôle d'Adam est donc supposé déjà connu ou mieux connu que ce qui concerne le rôle du Christ; c'est celui-ci qui fait l'objet propre de la proclamation de Paul, beaucoup plus que le rôle d'Adam.

De fait, rien ne suggère que Paul en parlant du rôle d'Adam ait entendu proclamer une vérité nouvelle, inouïe.

Il est vrai que plus d'un exégète enseignent le contraire.

Ainsi le P. Lagrange: «Paul a pu être chargé d'éclairer sur ce point les fidèles. Ce qui pourrait le suggérer, c'est qu'après avoir énoncé le fait, il en fournit la preuve par un véritable raisonnement (v. 13-14), ce qu'il ne fait pas pour les grandes lignes de la foi chrétienne connues de tous» (*Rom*, p. 118; le P. Lagrange écrit sous l'impression d'un article du P. Frey qui voulait montrer que le dogme du péché originel était entièrement ignoré de la pensée juive contemporaine).

Mais le P. Prat était d'un avis contraire: «Paul ne se propose pas de prouver l'existence du péché d'Adam. Il se sert seulement de l'universalité de la chute connue et acceptée sur la foi des Écritures, pour expliquer et rendre vraisemblable l'universalité de la Rédemption» (Théologie de saint Paul, I, p. 255). «Paul n'a donc point en vue de prouver la chute originelle; il la suppose connue comme il suppose connu le rapport de solidarité sans lequel la chute originelle serait inintelligible; mais il se sert des deux idées pour expliquer l'œuvre du relèvement» (II, p. 67).

Rien d'ailleurs n'est plus instructif à cet égard que de comparer la façon dont il se comporte quand il entend précisément révéler un mystère encore ignoré de ses lecteurs.

Rom 11,25: «Car je ne veux pas, frères, vous laisser ignorer ce mystère...: une partie d'Israël s'est endurcie, jusqu'à ce que soit entrée la totalité des païens».

1 Cor 13,51: «Oui, je vais vous dire un mystère: nous ne mourrons pas tous, mais tous nous serons transformés».

III.

En se fondant sur cette double constatation, ne pourrait-on pas formuler une *hypothèse de travail*? Je ne sais si elle l'a déjà été telle quelle: je la propose donc sous toutes réserves. La voici.

La référence au rôle joué par Adam serait dans la pensée de Paul essentiellement *un argument ad hominem* à l'adresse de ses adversaires juifs ou judéo-chrétiens pour leur montrer que, dans le plan divin de salut, le rôle, à première vue exorbitant, que la religion chrétienne attribuait au Christ, et notamment tel que Paul le soulignait, n'était pas aussi invraisemblable que des esprits accoutumés à une autre conception du salut et de la justification pouvaient le penser.

La première condition pour comprendre un auteur est de ne pas le lire avec nos catégories, notre problématique à nous, mais avec la sienne. Nous avons donc à nous demander, en nous basant évidemment sur ce que nous pouvons déduire de ses autres affirmations, quelle était la problématique de saint Paul concernant cette universelle rédemption par Jésus-Christ, seul médiateur de justification (Rom 5,18-19), c'est-à-dire l'affirmation que nous avons reconnu être au centre même du passage.

Que le Christ soit le Messie attendu par Israël, en effet, ne fournissait guère une solution au problème; car le Messie dans la pensée du judaïsme contemporain de saint Paul n'occupait pas une place de premier plan, sinon du point de vue politique (aussi le Christ refusa-t-il ce titre fort équivoque jusqu'au moment où les circonstances mêmes firent disparaître toute ambiguïté). Du point de vue spirituel, tout au plus devait-il amener Israël, par sa prédication, par son enseignement, à cette observation parfaite de la Loi prévue justement par les prophètes (Jérémie, Ézéchiel) pour les temps messianiques: ainsi le Docteur de justice à Qumrân. Ce qui permettra à l'homme d'obtenir la justification, ce n'est pas le Messie, mais l'*observation de la Loi*: la loi dont Dieu avait fait la condition même de l'Alliance: «Ceci est le sang de l'Alliance que Yahvé a conclue avec vous *moyennant toutes ces clauses*» (Ex 24,8) et que de fait le peuple s'était solennellement engagé à observer: «Tout ce qu'a dit le Seigneur, nous le mettrons en pratique et nous y obéirons» (v. 7). C'est la Loi qui contient les «paroles de vie» (Act 7,38 dans la bouche de saint Étienne), les «préceptes de vie» (Ez 33,15; Bar 3,9; etc.), la Loi qui est le puits fournissant l'eau capable d'étancher la soif (Doc. de Damas 3,16; 6,5: «le puits c'est la loi»), le rocher frappé par Moïse et d'où jaillit l'eau qui sauva les Israélites dans le désert, le chemin qui conduit à la vérité, la vie, l'arbre de vie du paradis, bref tout ce que la Bible disait de la Sagesse, la Loi unique médiateur de justification et d'ailleurs aussi de création: «Bienheureux sont les Israëlites parce que leur a été donné l'instrument par lequel a été créé le monde» (Pirké Abôt 3,14).

Or c'est précisément ce rôle-là que Paul attribue au Christ. Avec la Loi comme médiateur, certes c'est Dieu qui justifie; mais le moyen dont il se sert pour me justifier est tout de même *mon* observation de la Loi; d'une certaine façon, c'est un peu moi-même qui me justifie, qui me procure ce don de Dieu qu'est la justification. Pour Paul, c'est un autre que moi, le Christ. Du point de vue de la problématique qui avait été celle de Paul et qui était celle à laquelle spontanément se référait tout converti du judaïsme, il y avait là un vrai scandale.

Le P. Lagrange, étudiant l'argumentation de Paul dans l'épître aux Galates, l'a très justement noté: «Dans ses controverses l'Apôtre avait eu l'occasion de sonder les profondeurs de l'âme juive. Le Messie était attendu et eût été salué avec joie comme un libérateur victorieux. Mais reconnaître comme le roi d'Israël un misérable mort sur un gibet (et j'ajouterais: passant pour maudit de Dieu), c'était plus que ne pouvait accepter une orgueilleuse nation. En vain Paul glorifiait-il cette mort par l'auréole de l'expiation, par la victoire remportée sur le péché et sur la mort elle-même. C'était se heurter à un autre obstacle. Les Juifs ne voulaient pas de cette grâce et prétendaient bien s'assurer la récompense *par l'observance personnelle de la Loi*. Lorsque les Juifs devenus chrétiens continuaient à pratiquer la Loi, la Synagogue pouvait fermer les yeux, s'imaginant peut-être que comme eux les chrétiens plaçaient leur espérance dans la Loi. Mais comment des gentils convertis au christianisme avaient-ils chance d'être sauvés? Les disciples de Paul ne disposaient que d'une réponse: par la vertu de la croix, par la mort du crucifié. C'est ce que les Juifs ne pouvaient ni comprendre ni souffrir. Le mouvement chrétien leur parut peut-être d'abord l'utile auxiliaire de leur prosélytisme: c'était la lumière d'Israël répandue chez les gentils. Mais lorsque le nouveau chrétien *plaçait son espérance dans la croix*, les Juifs ne reconnaissaient plus leur messianisme. On compromettait auprès des gentils l'honneur d'Israël, la gloire du Dieu d'Israël. Toute compromission avec la nouvelle secte était impossible» (L'épître aux Galates, Introduction, p. 38-39).

🖎 C'est précisément un tel scandale que saint Paul se proposait d'atténuer en montrant que le plan de salut par Jésus-Christ, et non plus par la Loi, tel qu'il le proposait, n'était peut-être pas aussi contraire aux «mœurs de Dieu» révélées dans les Écritures. En effet, Paul pouvait discerner dans ces Écritures, telles qu'elles étaient alors comprises et interprétées autour de lui et par conséquent telles qu'il pouvait les utiliser pour atteindre le but visé, un cas plus ou moins similaire, qui offrait certainement quelque analogie. Il y était question d'un personnage, Adam, qui avait exercé pour le mal une causalité non moins exhorbitante à première vue, puisque un seul acte de sa part avait eu des effets universels.

Sans doute, un autre courant (livres d'Hénoc, Jubilés) expliquait la corruption universelle par le péché des anges avec les filles des hommes, mentionné par Gen 6,4 en relation immédiate avec le récit du déluge. Mais outre qu'un tel péché constituait un épisode sporadique dont l'A. T., ce semble, ne fait plus aucune mention, le péché d'Adam occupe dans la Genèse une place singulièrement plus importante et surtout beaucoup plus significative: il s'agit de l'histoire de l'ancêtre et l'on sait que ce qui est raconté de l'ancêtre a toujours pour but d'expliquer ce qui arrive aux descendants. Si, au cours de l'A. T., les allusions explicites sont rares — la seule manifeste est Sag 2,24 ainsi que pour le péché d'Ève, Sir 25,24 rappelé en 1 Cor 11,3 — les allusions implicites pourraient être assez nombreuses (le P. Ligier tend à les multiplier peut-être non sans fondement). En tout cas, c'est l'explication la plus fréquemment retenue dans le Judaïsme contemporain de Paul: Vie d'Adam, Apocalypse de Moïse, surtout Apocalypse de Baruch et 4e livre d'Esdras. Bien plus, dans ce dernier ouvrage qui, bien que postérieur à Paul, est au dire de Dodd, «le meilleur représentant d'un aspect de la pensée juive qui lui était évidemment familière», le péché d'Adam et ses incalculables conséquences sur tout le genre humain et notamment sur Israël, constitue le problème auquel dans le livre tout entier l'auteur s'efforce de répondre, sans d'ailleurs y arriver pleinement.

Il est vrai que le Judaïsme contemporain affirme non moins énergiquement la *responsabilité personnelle* de chaque homme devant Dieu et même si énergiquement qu'on y a vu «la négation du péché originel» (Lagrange). Ainsi Apoc. de Baruch 54,19: «Adam n'a été cause que pour lui seul; quant à nous, chacun fut Adam pour soi». Mais il s'agit du «supplice à venir» (54,17), de «ceux que dévore le feu» (48,42). La théologie catholique ne parle pas très différemment quand il s'agit de l'enfer des damnés.

Si Dieu a pu permettre une telle causalité pour le mal d'un seul acte d'un seul homme, source d'un torrent de péchés si impétueux que rien encore n'a pu l'arrêter, comme l'explique 4 Esdr 3, ni le châtiment du déluge et le renouvellement de la création avec Noé, ni le don de la Loi, ni la royauté davidique et la construction du temple, *a fortiori* (ce sera précisément l'argument de Paul en Rom 5,15 et 17) il peut en permettre une analogue pour le bien.

Un tel argument «a fortiori» est justement invoqué en 4 Esdr. 4,30-32: «Un grain de la semence mauvaise a été semé dans le cœur d'Adam, dès l'origine et combien n'a-t-il pas produit de crimes, combien n'en produira-t-il pas jusqu'au temps de la moisson! Examine en toi-même: si un grain de mauvaise semence a produit tant de fruits d'impiété, quand on aura semé de bons épis, dont on ne saurait calculer le nombre, quelle grande moisson ne commenceront-ils pas à produire!».

Cf. Sifra Lev V, 18,27a (J. Bonsirven, *Textes rabbiniques*, n. 171): «Rabbi Yosé: Si tu veux savoir quel est le don du salaire des justes au futur à venir, *va apprendre du premier homme*: il ne lui fut imposé qu'un seul précepte négatif; il le viola, et vois de combien de morts il fut puni, lui et ses générations et les générations des générations jusqu'à la fin de ses générations. Or *la mesure la plus abondante est celle du bien*, plus que celle des punitions; et s'il fut puni de tant de morts, ...celui qui s'abstient des mets impurs et qui s'humilie au jour des Kippurim, à combien plus forte raison méritera-t-il pour lui et pour ses générations et pour les générations des générations, jusqu'à la fin des générations».

On notera non seulement le raisonnement *a fortiori* en vertu du principe supposé, chez Paul comme en 4 Esdras, que le bien l'emporte sur le mal et que ce qui vaut pour le mal vaut à plus forte raison pour le bien, mais aussi l'insistance sur la causalité d'un seul homme, d'un seul acte qui s'exerce sur l'universalité: εἰς – πάντες (Rom 5,12.18 ab).

Ainsi à partir de la causalité universelle du péché d'Adam supposée admise de ses lecteurs ou auditeurs, Paul affirme la causalité universelle de la mort volontaire du Christ présentée ici, par opposition au péché de désobéissance d'Adam, comme un acte d'obéissance, mais ailleurs toujours comme un acte d'amour (Gal 2,20; Rom 8,35; Eph 5,2 et 25), sauf en Phil 2,8 où il s'agit encore d'obéissance parce que, là encore, le Christ est opposé à Adam.

Si maintenant l'on se demandait pourquoi l'auteur de la Genèse rattache la condition humaine, telle qu'il la constate, à une faute primordiale historique, il semble évident que son but principal est de proclamer l'une des vérités qui lui tient le plus à cœur dans ces premiers chapitres, à savoir que, d'une part, le mal ne peut provenir de Dieu: «vidit Deus quod esset bonum», et que, d'autre part, Dieu a tout créé. Le mal qui existe dans le monde vient donc de l'homme, d'un mauvais usage de sa liberté: Dieu n'en est pas responsable, et il saura y trouver finalement un remède (Gen 3,15). Mais c'est un autre problème qui appartient à la problématique de l'A. T., notamment de la Genèse et de la Sagesse, et non à celle du N. T. à laquelle cet exposé entendait se limiter.

Conclusion. Le poids de l'affirmation porte donc chez Paul dans les deux seuls passages où il fait explicitement allusion au péché d'Adam, sur l'universelle rédemption du Christ. Cette universelle rédemption suppose une égale universalité dans le péché. Cette universalité dans le péché trouve son explication dans un péché initial du premier homme, tel que Paul en lit le récit dans l'Écriture. Rien ne suggère que Paul n'a pas fait sienne cette explication; mais il ne la mentionne, semble-t-il, que pour faire admettre plus facilement à ses auditeurs l'universelle causalité du Christ.

11.
Le sens de ἐφ' ᾧ en Rom 5,12 et l'exégèse des Pères grecs*

A considérer les traductions les plus courantes du N.T., un lecteur pourrait s'imaginer que n'offre plus aucun problème l'exégèse ou même la seule traduction du membre de phrase qui a joué un si grand rôle dans l'histoire de la doctrine du péché originel. L'ancienne traduction chère à S. Augustin et à l'exégèse catholique jusqu'à Cajetan — et même bien au-delà, puisqu'en 1876 le P. Patrizi, professeur au Collège Romain, devait encore se défendre pour avoir osé l'abandonner [1] — a été remplacée par une traduction toute nouvelle où le grec ἐφ' ᾧ est rendu par la conjonction qui traduit d'ordinaire ὅτι ou διότι: «parce que», «weil», «because», «for that». Voilà près de cinquante ans que le P. Prat déclarait péremptoirement: «Que la locution signifie 'parce que' et ne puisse signifier autre chose dans ce contexte, c'est maintenant hors de question» (I, p. 256 note). Et le P. Lagrange n'est pas moins catégorique: «Quoi qu'il en soit du latin, en grec ἐπί n'est pas synonyme de *in* 'dans', et ἐφ' ᾧ ne peut signifier 'dans lequel', mais seulement 'parce que'». On a l'impression qu'il faille choisir entre deux seules traductions possibles: ou «dans lequel» ou «parce que».

Mais qui parcourt les commentaires, surtout non catholiques, parus depuis un siècle, tels ceux de C.F.A. Frietzsche, L.J. Rückert, H.A.W. Meyer, H. Oltramare, F. Godet — ces deux derniers par exemple consacrent de longues pages à l'étude de ἐφ' ᾧ et des diverses interprétations qu'on en a données — s'aperçoit que l'accord est bien loin d'être fait. Ainsi un exégète aussi consciencieux que Th. Zahn, sans naturellement adopter la traduction «dans lequel», exclut absolument celle de «parce que»; et l'un des derniers commentaires parus sur l'épître aux Romains, celui de Nygren (1944, trad. anglaise 1949, trad. allemande 1951), ne s'y range pas sans hésitation ni sans exposer les raisons qui l'inclineraient à préférer celle de Zahn, pour qui ᾧ se réfère soit au substantif θάνατος soit plutôt à l'ensemble de la phrase précédente: «en suite de quoi», «sur quoi».

---

* Paru dans *Biblica* 36, 1955, pp. 436-456.

[1] *Delle parole di San Paolo* 'in quo omnes peccaverunt'. Dissertazione di F. S. Patrizi, Roma 1878. Il s'agit d'une réponse aux attaques contre la dissertation du P. Patrizi parue en 1852 sous le titre: *De peccati originalis propagatione a Paulo descripta*. En France, le Chanoine Maunoury renouvela les attaques dans la *Revue des Sciences ecclésiastiques* (Amiens), mai et juin 1877, articles reproduits en appendice à son *Commentaire sur l'épître de saint Paul aux Romains*, Paris 1878, p. 385-419.

Ainsi également jugent des exégètes comme H. Schlier[2], J. Leipoldt[3], tandisque E. Stauffer dans sa *Theologie des N. T.*[4] réfère également ᾧ à θάνατος mais donne à ἐπὶ le sens final qu'offre de fait assez souvent la préposition grecque[5]. De la sorte il peut rapprocher Rom 5,12d de Sap 2,23[6]; à l'œuvre de Dieu créant l'homme «pour l'immortalité», ἐπ᾽ ἀφθαρσίᾳ, s'oppose l'œuvre de l'homme «péchant pour la mort», ἐφ᾽ ᾧ (θανάτῳ). Et le tout dernier interprète de l'épître aux Romains, O. Michel, sans faire sienne cette interprétation, la mentionne cependant avec sympathie[7]. Déjà en 1937 J. Héring, *Le royaume de Dieu et sa venue*, p. 157 proposait une solution analogue: «et c'est pour récolter la mort (ἐφ᾽ ᾧ) que tous ont péché».

D'autres enfin, comme Mgr Cerfaux, *Le Christ dans la théologie de S. Paul*, 1951, p. 178, proposent de traduire: «à cause de celui par qui tous ont péché», estimant non sans raison que, du point de vue du grec, ἐφ᾽ ᾧ peut remplacer non seulement un ἐπὶ τούτῳ ὅτι («propterea quod») mais aussi bien un ἐπὶ τούτῳ ἐφ᾽ ᾧ[8]. Et reproduisant l'affirmation du P. Lagrange, citée plus haut, pour exclure un impossible «dans lequel», il ajoute très justement: «il resterait cependant à prouver que ἐφ᾽ ᾧ peut *seulement* signifier 'parce que'» (p. 178, n. 3).

* * *

En fait, l'équivalence que beaucoup supposent entre ἐφ᾽ ᾧ et ὅτι ou διότι n'est pas aussi commune qu'on pense, tant s'en faut, et, à parcourir les exemples fournis par les lexiques spéciaux des différents auteurs[9], on

---

[2] *Vom Menschenbild des N. T.* «Der alte und der neue Mensch» (Beitr. z. Evangelischen Theologie 8, 1942), p. 26, n. 5.

[3] *Der Tod bei Griechen und Juden*, 1942, p. 61 s.

[4] *Theologie des N. T.*, 1941, p. 248 s. (n. 176).

[5] Aussi bien la langue classique, v. g. ἐπὶ τῷ κέρδει (Xén.), οὐκ ἐπὶ τέχνῃ ἔμαθες, ἀλλὰ ἐπὶ παιδείᾳ (Plat. Prot. 312b), que celle du N. T., v. g. ἐπ᾽ ἐλευθερίᾳ ἐκλήθητε (Gal 5,13), ἐπὶ καταστροφῇ τῶν ἀκουόντων, i. e. «ad perniciem audientium» (1 Tim 2,14).

[6] Ce rapprochement n'aurait rien d'étonnant (malgré W. G. KÜMMEL, *Das Bild des Menschen im N. T.*, 1948, p. 37, n. 72), puisque Rom 5,12 a emprunté selon toute apparence la formule εἰσῆλθεν εἰς τὸν κόσμον au verset suivant de la Sagesse (2,24).

[7] *Der Brief an die Römer*, 1955 (*Kritisch-Exegetischer Kommentar* de MEYER), p. 122.

[8] C'était déjà la pensée du Chanoine Maunoury (*op. cit.*, p. 118 et surtout 391) qui estime que tel est également le sens de la Vulgate (p. 392): *in quo* ne renverrait pas directement à Adam, mais signifierait *in eo* ou *per eum in quo omnes peccaverunt*. Mais, à la différence de Mgr Cerfaux, il veut à tout prix conserver le *in quo* malgré le ἐπὶ grec, parce qu'il ne voit pas d'autre moyen d'éviter de donner à ἥμαρτον le sens de «peccaverunt peccato actuali» (cf. p. 409 s.).

[9] Nous avons pu consulter les lexiques d'Aristophane, Platon, Aristote, Démosthène, Xénophon, Plutarque, Épictète, ainsi que les deux «Index» de GOODSPEED pour les Pères apostoliques et les premiers Apologètes, et enfin, le dernier en date et sans doute le meilleur, le *Lexicon Athanasianum*, du P. MUELLER.

est bien plutôt étonné de l'absence quasi totale d'un tel emploi. D'ailleurs celui-ci n'est signalé ni par le *Thesaurus graecae linguae*, ni par le dictionnaire de Liddell-Scott-Jones, ni par celui de F. A. Sophocles pour le grec de l'époque romaine et byzantine, ni enfin par ceux de F. Preisigke et Moulton-Milligan pour le grec des papyrus.

Bien plus, il arrive que sur les rares exemples cités à l'appui de cet emploi par les exégètes (d'ordinaire à propos de Rom 5,12) et par les dictionnaires du N. T., plus d'un s'avère, après contrôle, sans portée: tel le passage de Diodore de Sicile 19,98 auquel renvoient des exégètes comme H. A. W. Meyer et H. Oltramare, ainsi que les dictionnaires de Zorell et de Bauer (4e éd. 1952), — ces deux derniers écrivent par erreur 19,38 —, où le contexte impose sans aucune hésitation possible le sens de «en suite de quoi» et non pas de «parce que».

> Diodore décrit la région de la mer morte «aux eaux amères et fétides, sans poisson»; il explique qu'on en retire chaque année une masse solide de bitume «dépassant parfois trois plèthres, tantôt inférieur à un plèthre»; «*c'est bien pourquoi* (ἐφ' ᾧ δή), ajoute-t-il, les barbares qui habitent les rives de ce lac ont coutume de nommer la plus grande, 'taureau' et la plus petite, 'veau'». La traduction «parce que» n'offrirait vraiment ici aucun sens et Oltramare qui reproduit la phrase (à partir de ἐφ' ᾧ) n'a pu le faire qu'en la recopiant de Meyer, et celui-ci d'un autre ou d'une fiche où manquait sans doute la phrase précédente. D'ailleurs la version latine de l'édition Didot traduit correctement: «qua de causa» et le grammairien G. B. Winer: «weshalb»[10].

Nous verrons plus loin qu'il en est de même d'un autre exemple, également cité par Bauer, Meyer et d'autres: un passage d'une lettre de l'évêque Synésius qu'invoquait déjà le *Thesaurus*, mais en lui attribuant, avec raison, un autre sens.

Non qu'on ne puisse rencontrer quelques cas où pratiquement ἐφ' ᾧ équivaut «grosso modo» à ὅτι ou διότι; mais ces cas sont rares, du moins dans la littérature conservée jusqu'à nous, la seule où un contrôle soit possible.

Et il n'en va pas autrement, ce semble, de la littérature patristique, autant que la rareté des instruments de travail permette d'en juger. Le lexique de S. Athanase, par exemple, signale un seul cas (*c. Apoll.* I, 20; *P. G.*, 26, 1128 B) où ἐφ' ᾧ doive être traduit «quatenus» (ce qui, au reste, n'est pas tout à fait «parce que») en face de six exemples où la même locution signifie «quare», dont deux opposent même ce «quare» (ἐφ' ᾧ) à un «quia» (ὅτι) voisin: *de Inc. Verbi* 50, et *ep. ad episc. Aegyp.* 22 (*P. G.*, 25, 185 D et 589 A).

---

[10] *Grammatik des ntl. Sprachidioms*, 6e éd., 1855, p. 351; en faveur du sens causal «weil», Winer ne cite aucun exemple en dehors de ceux du N. T.: Rom 5,12; 2 Cor 5,4 et sans doute Phil 3,12, dont nous reparlerons.

On ne saurait donc utiliser sans une extrême prudence des affirmations comme celles de Photius dans la *Question 84ᵉ à Amphyloque*, où, après avoir rappelé les interprétations de Rom 5,12 qui rattachent le relatif ᾧ soit à Adam soit à θάνατος, il déclare que selon lui la locution ἐφ᾽ ᾧ indique simplement la cause, traduit: διότι πάντες ἥμαρτον et ajoute: «et certes les écrivains profanes offrent d'innombrables exemples de cette tournure» [11].

Ou bien celles plus fréquemment citées (v.g. Frietzsche, Rückert, Meyer, Oltramare, Zorell, Bauer) de lexicographes de la Renaissance, Thomas Magister, moine du 14ᵉ s. (Théodule monachus, de son nom de religion) et Favorinus, c'est-à-dire non pas le grammairien-philosophe d'Arles, du 2ᵉ s., mais le moine bénédictin italien, Guarino de Favere, près Camerino, auteur d'un dictionnaire de la langue grecque édité à Rome en 1523 [12].

> Le premier se contente de déclarer: «ἐφ᾽ ᾧ, quand il s'agit du passé, est mis pour διότι, — à l'appui de quoi il cite le passage de Synésius dont nous reparlerons —, et quand il s'agit de l'avenir, il est mis pour ἵνα». Favorinus, lui, après avoir reproduit la première affirmation de Thomas Magister, ajoute que c'est là un usage «attique», et cite deux exemples de son crû: «ainsi: parce que tu as commis le vol (οἷον· ἐφ᾽ ᾧ τὴν κλοπὴν εἰργάσω); ou encore: parce que tu n'observes pas la loi, tu seras châtié (ἔτι καὶ ἐφ᾽ οἷς τὸν νόμον οὐ τηρεῖς, κολασθήσῃ)» [13].

D'ailleurs ces lexicographes voulaient peut-être seulement dire qu'on rencontre des cas où ἐφ᾽ ᾧ en grec équivaut pratiquement à διότι, sans aucunement prétendre, comme on le suppose souvent, qu'il s'agirait là d'un usage courant. Personne, je pense, ne le contestera pour l'équivalence établie par le même Thomas Magister entre ἐφ᾽ ᾧ et ἵνα quand on parle d'un événement futur. Ce dernier sens de ἐφ᾽ ᾧ est attesté, et nous en verrons bientôt un exemple; mais il n'est certes pas ordinaire.

* * *

---

[11] *P. G.* 101,553. Il ne faudrait d'ailleurs pas croire que Photius ignore pour autant la doctrine authentique du péché originel, dont il offre ici même une bonne formule: *Question 91* (ibid. col. 924): ἀνθρωπίνη πᾶσα φύσις ὑπόχρεως τοῦ ἁμαρτήματος, κτλ.

[12] Sur Thomas Magister, voir KRUMBACHER, *Byzantinische Literatur,* 2ᵉ éd. p. 548-550, et sur Favorinus, *ibid.* p. 577.

[13] Sur quoi Rückert note justement: «offenbar nur gemachte Beispiele, weil dem Schreibenden keine anderen zur Hand waren, aber dies ist kein Hindernis der Richtigkeit» (p. 261, n. 3). Oltramare cependant (I, p. 464 n. 27) traduit cette phrase d'une manière vraiment trop tendancieuse: «Favorinus fabrique lui-même les exemples parce qu'il n'en avait pas sous la main, *et que cette forme était assez connue pour qu'il ne crût pas nécessaire d'avoir recours à des citations d'auteur* (Rück.)».

Un examen rapide des principaux emplois de la locution achèvera de nous montrer à quel point l'emploi soi-disant causal est rare. Comme à côté de ἐφ' ᾧ on trouve aussi très fréquemment ἐφ' οἷς sans différence de sens appréciable, à ce qu'il paraît, nous citerons indifféremment les exemples de l'un et de l'autre [14].

Et d'abord les cas où le relatif conserve son sens propre de relatif et renvoie à un antécédent exprimé, demeurent de beaucoup les plus nombreux à toutes les époques. La préposition ἐπί y prendra naturellement les divers sens qui lui appartiennent: «sur», «outre», «pour», «à cause de», etc. Ces cas n'offrent aucune difficulté, mais il faut se rappeler que les autres emplois de la locution n'ont jamais empêché celui-ci de rester le plus normal.

A cet usage on doit joindre celui où l'antécédent du relatif n'est pas un mot particulier, mais toute l'assertion précédente: la locution signifie alors «sur quoi», «à cause de quoi». Ainsi dans l'exemple de Diodore de Sicile cité plus haut.

On notera que, pour Athanase par exemple, cet emploi est pratiquement le seul (avec l'unique exemple mentionné plus haut où la locution signifie «quatenus») où ἐφ' ᾧ équivaille à une conjonction (six exemples) [15].

De même chez Justin, sur les nombreux exemples de la locution mentionnés par l'index de Goodspeed, deux seuls la présentent dans un contexte où un lecteur superficiel pourrait être tenté d'y voir une conjonction. En fait, dans les deux cas, ᾧ conserve toute sa valeur de relatif.

> *Dial.* 56,5. Justin commente l'apparition des «trois hommes» à Abraham sous le chêne de Mambré (Gen 18,1-3): «Ces trois... étaient des anges, dont deux avaient été envoyés pour la ruine de Sodome, et l'autre annonce à Sara qu'elle aura un fils: *c'était l'objet de sa mission* (litt.: «CE POURQUOI il avait été envoyé» ἐφ' ᾧ ἐπέπεμπτο); lorsqu'il l'eut accomplie, il s'éloigna» (trad. G. Archambault, I, p. 251).

Dans le second cas, le même traducteur, G. Archambault, comme d'ailleurs Ph. Heuser dans la *Bibliothek der Kirchenväter*, ont pris ἐφ' ᾧ pour une conjonction causale; mais il suffit d'étudier le contexte d'un peu près pour se rendre compte de l'erreur. En voici une traduction littérale:

---

[14] L'emploi du pluriel serait surtout «attique», et les grammairiens rapprochent l'usage fréquent du pluriel dans des locutions analogues, telle ἀνθ' ὧν qui d'ailleurs offre également les deux sens apparemment opposés de «quapropter» (ainsi Lc 12,3: «*C'est pourquoi* tout ce que vous aurez dit dans les ténèbres sera dit au grand jour») et de «propterea quod» (ainsi Lc 1,20: «*Parce que* tu n'a pas cru...»).

[15] Je ne tiens pas compte naturellement de cas comme: «mettre leur confiance *dans ce qu*'ils ont fait, ἐφ' οἷς πεποιήκασι». (*P. G.* 25,284 C) ou: «croire *en ce que* Dieu a opéré» (*P. G.* 26,1089 A) ou: «se soucier *de ce à cause de quoi* on est haï» (*P. G.* 26,1036 D): tous exemples qui rentrent dans les emplois les plus courants du relatif précédé d'une préposition.

Dial 107,3. Justin évoque l'aventure de Jonas à l'ombre du ricin (Jon 4,6-10): «Jonas s'attristant (ἀνιωμένου) au troisième jour de ce que suivant sa prédiction la ville ne fût pas détruite, comme en vertu d'un plan divin un ricin lui avait surgi de terre et qu'assis à son ombre il se protégeait de la chaleur (le ricin avait poussé tout à coup sans que Jonas l'eût planté ni arrosé, il avait surgi soudain pour lui fournir de l'ombre), et comme selon un autre plan (divin) il avait séché, CE DONT *Jonas était affligé* (ἐφ' ᾧ ἐλυπεῖτο Ἰωνᾶς), alors (Dieu) lui reprocha d'être injustement découragé de ce que la ville de Ninive ne fût pas détruite, en disant: Tu as épargné le ricin pour lequel tu n'avais pas peiné, que tu n'avais pas nourri, qui vint en sa nuit et en sa nuit a péri, et moi je n'épargnerais pas Ninive, la grande ville...». Or G. Archambault fait dire à Justin que le ricin sécha «*parce que* Jonas s'affligeait»: «Tout à coup, suivant un autre plan (divin), il sécha PARCE QUE *Jonas s'affligeait*, et Dieu lui reprocha ...» (2, p. 157); et de même Ph. Heuser: «ferner liess Gott in seiner Vorsehung, *wegen der Erbitterung des Jonas*, den Baum verdorren» (*Bib. d. K.* 33, p. 174) [16].

En grec classique la locution est susceptible d'emplois assez variés.

Le lexique de Xénophon signale ainsi le sens de «quo consilio», «qua de causa»:

Cyr 8,6,2: «On doit bien exposer la question afin qu'ils sachent *pour quelles raisons* (ou à quelle fin) sont envoyés ceux qu'on envoie» (ἐφ' οἷς ἴασιν οἱ ἰόντες).

Ou bien *Cyr* 8,8,24: «Ils n'utilisent plus les chars pour l'usage *pour lequel* Cyrus les a faits» (ἐφ' ᾧ Κῦρος αὐτὰ ἐποιήσατο, i. e. ἐπὶ τούτῳ ἐφ' ᾧ).

Emploi analogue dans Sophocle, *Philoctète* 50: «Il faut *pour ce qui* t'amène (litt. «*pour ce pour quoi* tu es venu»: ἐφ' οἷς ἐλήλυθας) te montrer courageux» (trad. P. Masqueray, coll. Budé).

Le même lexique de Xénophon signale un autre emploi, où la locution équivaut à la simple conjonction finale ἵνα ou ὅπως («pro simplice *ut*») et cite à l'appui le passage suivant de l'Anabase:

An 6,6,22: «Je sais que Dexippe avait été choisi pour commander la pentécontore que nous avions demandée aux Trapézontins *afin de rassembler des bateaux* (ἐφ' ᾧ τε πλοῖα συλλέγειν) qui nous permettraient de nous en aller sains et saufs».

Ce sont des exemples de ce genre vraisemblablement que visait l'affirmation de Favorinus rappelée ci-dessus. Mais on voit que l'équivalence avec ἵνα n'est qu'approximative. P. Masqueray traduit plus exactement: «*sous la condition de* réunir». Il a vu ici un de ces cas nombreux où ἐφ' ᾧ (a fortiori ἐφ' ᾧ τε comme ici) introduit une condition ou une clause an-

---

[16] L'incise fait d'ailleurs allusion à Jon 4,9: «Alors Dieu dit à Jonas: Fais-tu bien de t'irriter *à cause du ricin?*».

nexée à un traité ou à un contrat. Dexippe avait été choisi «*sous la condition* qu'il réunirait des bateaux», condition que l'orateur lui reproche précisément de n'avoir pas remplie; il poursuit: «Je sais aussi qu'il s'est sauvé de Trapézonte et qu'il a trahi les soldats avec lesquels il y était arrivé sain et sauf». Assurément en imposant cette condition les Grecs se proposaient bien de réunir des bateaux pour s'échapper et l'on peut traduire par «afin de» sans changer le sens du tout au tout; mais on ne saurait dire qu'une telle traduction en exprime toutes les nuances. Xénophon n'a pas sans raison écrit ἐφ' ᾧ τε et non ἵνα ou ὅπως.

Or tel est l'usage de ἐφ' ᾧ de beaucoup le plus fréquent, le seul que l'on puisse appeler normal, celui que signalent tous les dictionnaires grecs.

* * *

De cet emploi les exemples abondent dans la langue la plus classique comme dans celle des papyrus. L'exécution de la clause devant avoir lieu dans l'avenir, le verbe qui suit ἐφ' ᾧ sera normalement à l'indicatif futur ou à l'infinitif.

Ainsi Thucydide I, 103: «Les Grecs de l'Ithonée, après plus de neuf ans, incapables de résister davantage, traitèrent (ξυνέβησαν) avec les Lacédémoniens *sous la condition qu*'ils quitteront (ἐφ' ᾧ ἐξίασιν) le Péloponèse sous convention et n'y remettront plus les pieds» (J. de Romilly dans la Collection Budé traduit: «... aux conditions suivantes: ils devaient quitter ...»).

De même Démosthène dans le contre Neraeas 32, mentionne un personnage qui paya vingt mines à deux hommes le prix d'une femme, *à la condition qu*'elle soit libre et n'exerce plus son métier à Corinthe (ἐπ' ἐλευθερίᾳ καὶ ἐφ' ᾧ ἐν Κορίνθῳ μὴ ἐργάζεσθαι).

Dans le contre Spudias 4, il raconte comment «Polyeucte et Léocrate, après querelles et disputes, ont fini par s'entendre *aux conditions suivantes* (ἐφ' ᾧ τε suivi de l'infinitif): Léocrate ne manifesterait plus de malveillance à Polyeucte et il n'y aurait plus entre eux aucune dissension».

En tous ces exemples, on le voit, bien loin de prendre le sens de ὅτι, ἐφ' ᾧ se rapproche de ὥστε, si bien que l'*Index Demosthenicus* range ces emplois dans la même catégorie que ceux de ὥστε.

Tel est encore le seul emploi signalé par le *Greek Lexicon of the Roman and Byzantine Periods* de F. A. SOPHOCLES: «on the condition that» avec le subjonctif aoriste, l'optatif ou l'indicatif futur (p. 549).

Quant à l'usage des Papyrus, le dictionnaire de Fr. PREISIGKE, *Wörterbuch der griechischen Papyrusurkunden*, I (1925), col. 542, ne signale, lui non plus, pas d'autre emploi de la locution ἐφ' ᾧ: «unter der Bedingung, dass ...» et ajoute un choix d'exemples.

Tel ce papyrus du 2ᵉ s. A. C.: «...à la condition que, si je ne te rends pas, je te paie... (ἐφ' ᾧ, ἐὰν μὴ ἀποδιδῶ σοι, ἀποτίσω σοι)», ou cet autre du 1ᵉʳ s. P. C.: «à la condition qu'ils rendent (ἐφ' ᾧ ἀποδώσουσιν οἱ δεῖνα)».

Il joint un emploi tout à fait semblable de ἐπὶ τῷ avec l'infinitif (qui ne signifie donc pas nécessairement le but, mais peut aussi désigner une condition à remplir): par exemple un papyrus du 5ᵉ s. P. C.: «*sous la condition*, si je ne le fais pas, de ne plus réclamer les gages (εἰ δὲ μή τοῦτο ποιήσω, ἐπὶ τῷ μηκέτι με ἐπιζητεῖν τὰ ἐνέχυρα)», ou cet autre du 6ᵉ s. P. C.: «*sous la condition* d'alléger les impôts fonciers (ἐπὶ τῷ ἐκφόρια κουφισθῆναι)».

Le dictionnaire de MOULTON et MILLIGAN qui étudie le grec des papyrus en fonction de celui du N. T. cite deux exemples de ἐφ' ᾧ avec ce même sens.

L'un du 1ᵉʳ s. A. C. mentionne un propriétaire qui loue un champ «*sous la condition que* lui (le propriétaire) fournira 15 mesures de semences (ἐφ' ᾧ δώσει σπέρμα ἀρτάβας ┼-ι–ε)». Dans l'autre, du 2ᵉ s. P. C., une mère lègue son domaine à sa fille «*sous la condition que* celle-ci se chargera des funérailles et de l'ensevelissement de sa mère de manière convenable (ἐφ' ᾧ... ποιήσεται τὴν τῆς μητρὸς κηδίαν καὶ περιστολὴν ὡς καθήκει)».

Les auteurs ajoutent un 3ᵉ exemple où, selon eux, le sens serait plutôt: «à l'effet de» («to the effect that»), mais on verra qu'il s'agit simplement d'un cas particulier de l'emploi précédent. Le papyrus est du 3ᵉ s. A. C.: «Nous avons reçu des ordres (συντετάγμεθα) au sujet des levées des taxes, à savoir de conserver (ἐφ' ᾧ... σωθήσεσθαι) aux dieux les revenus sacrés (τὰ ἱερά) comme par le passé». En fait la proposition introduite par ἐφ' ᾧ suivi de l'infinitif futur expose une clause de cette sorte de contrat passé entre l'État et les percepteurs d'impôts quand ces derniers ont reçu leur charge: «*ils devaient réserver* aux dieux les revenus sacrés...».

Le même dictionnaire cite également un exemple de ἐπὶ τῷ suivi de l'infinitif présent avec exactement le même sens: il s'agit d'un père qui dans son testament désigne certains tuteurs «*sous la condition qu*'ils fourniront nourriture et vêtement à mon fils et héritier sus-nommé» (*Pap. Ryl.* II, 153, 21; 2ᵉ s. P. C.).

Paul M. MEYER, *Griechische Texte aus Ägypten*, Berlin 1926, p. 180 a édité un ostrakon daté du 16 oct. 70 P. C. et donc contemporain des écrits pauliniens, qui fournit un magnifique exemple de ce même emploi.

Il s'agit d'un contrat de fermage où l'acheteur déclare avoir pris à bail tant d'arpents de terre «*sous la condition* d'attribuer le grain récolté partie au trésor, partie à l'Asclépiade, etc. (ἐμισθωσάμην... ἐφ' ᾧ μετρήσω εἰς θησαυρὸν... μετρήσω Ἀσκληπιάδῃ ...)».

C'est à propos de cet exemple que A. Deissmann [17] rapprochait un tel emploi de Rom 5,12 et rappelait comment Moulton dans ses *Prolegomena* [18] attribuait «très justement» à ἐφ' ᾧ le sens général de «in view of the fact that», et estimait que la locution conservait essentiellement la même signification («the meaning is essentially the same»), qu'elle fût suivie d'un verbe à l'indicatif futur ou bien au présent ou à l'aoriste.

Moulton et Deissmann songent à Rom 5,12 et à 2 Cor 5,4, qu'ils citent expressément; quoi qu'il en soit de ce dernier passage dont nous dirons un mot plus loin, la tentative d'expliquer le ἐφ' ᾧ de Rom 5,12 par l'emploi «habituel» de la locution en grec («the common ἐφ' ᾧ») paraît de grand intérêt et peut-être permettrait-elle de résoudre l'une des difficultés principales à laquelle se heurte l'exégèse, qui est celle de l'ensemble des Pères grecs et de la plupart des exégètes modernes non-catholiques, pour qui la formule πάντες ἥμαρτον offre en 5,12 le même sens qu'en 3,23, et désigne non pas directement un péché commis «en Adam», mais les péchés personnels des hommes.

* * *

Dans cette hypothèse, en effet, comme l'a fort bien noté M. Dibelius [19], si l'on donne à ἐφ' ᾧ la signification de ὅτι ou διότι, il s'ensuit presque nécessairement que Paul semble attribuer l'universalité de la mort — le fait qu'elle ait passé en tous les hommes — aux péchés personnels de ces mêmes hommes et non pas à celui d'Adam leur père: ce qui serait en contradiction manifeste avec l'affirmation fondamentale de toute la péricope centrée sur le parallélisme des deux Adam, et faisait dire à Lietzmann que cette incise introduisait dans l'argumentation générale de l'Apôtre «einen mehr störenden als fördernden Nebengedanken».

Aussi M. Dibelius, qui veut maintenir pour ἐφ' ᾧ le sens causal de ὅτι: «auf Grund der Tatsache dass», s'efforce-t-il d'en amenuiser la portée au point de le rendre par un simple «ja»: «sie haben ja alle gesündigt».

> Paul ne se proposerait pas ici d'expliquer l'origine du péché, mais simplement d'affirmer le fait de son universalité; en Rom 5,12 nous aurions seulement quatre affirmations juxtaposées: 1. par un homme le péché est entré dans le monde; 2. par le péché la mort est entrée dans le monde; 3. la mort a passé en tous les hommes; 4. tous les hommes ont péché. La seule différence entre les deux premières affirmations et les deux dernières consisterait en ce que celles-ci substituent au «monde» la formule «tous les hommes» et établiraient ainsi clairement l'universalité du «Unheil», pré-

---

[17] P. M. MEYER, *Griechische Texte aus Ägypten*, p. 180 note.
[18] *A Grammar of New Testament Greek*, I, Prolegomena, 1908, p. 107. A. Deissmann se réfère à l'édition allemande, *Einleitung*, p. 175.
[19] Vier Worte des Römerbriefs, in *Symbolae Biblicae Upsalienses* 3 (1946), p. 7-8.

supposé de l'universalité du salut affirmée en 5,18. Mais une telle exégèse minimise la signification de la péricope: Paul ne s'y contente pas d'affirmer l'universalité de cet «Unheil» et de ce salut; il entend bien déclarer que l'un et l'autre ont leur *origine* dans «un seul» comme le prouve indubitablement le mot ἑνός 12 fois répété en ces quelques versets (vv. 12, 15, 16, 17, 18, 19).

Pour la même raison que M. Dibelius, d'autres interprètes éliminent toute causalité attribuée aux péchés personnels en faisant de ceux-ci non la cause mais la conséquence de ce θάνατος introduit dans le monde par le péché d'Adam: privés de la participation à la vie divine, les hommes n'ont pu que s'éloigner toujours davantage de Dieu par leurs propres péchés. A ce genre d'interprétation se rattache celle de Zahn, signalée au début de cet article (p. 437). Et celles de Stauffer, de Héring, de Mgr Cerfaux, tendent, par d'autres voies, au même but. Sans compter naturellement l'interprétation traditionnelle dans l'Occident latin qui exclut toute allusion aux péchés personnels.

Mais ce n'est pas ainsi qu'ont résolu la difficulté l'ensemble des Pères grecs, et notamment S. Cyrille d'Alexandrie, le meilleur représentant de l'exégèse grecque de ce passage et celui qui l'a exposée, sans doute, avec le plus de détail [20].

Non seulement, comme tous les Grecs sauf Chrysostome [21], il interprète πάντες ἥμαρτον des péchés personnels, mais il leur attribue une véritable causalité.

> «Puisque nous sommes devenus imitateurs de la transgression d'Adam, selon que nous avons tous péché ἐπειδὴ τῆς ἐν Ἀδὰμ παραβάσεως γεγόναμεν μιμηταὶ καθ' ἃ πάντες ἥμαρτον), nous avons encouru une peine semblable à la sienne» (in Rom 5,12). D'ailleurs Cyrille se hâte d'ajouter: «Cependant la terre ne manqua pas de secours: car le péché a été détruit, Satan est tombé, et la mort elle-même a perdu son pouvoir (κατήργηται δὲ καὶ ὁ θάνατος)» (PG 74,784).

Plus loin, commentant Rom 5,18-19, il rappelle la sentence de Deut 24,16 reprise en Ez 18,20, proclamant la responsabilité individuelle: «non morientur patres pro filiis neque filii pro patribus, animaque quae pecca-

---

[20] J'utiliserai principalement la Chaîne sur l'épître aux Romains publiée par le Card. Mai et éditée dans Migne (*P. G.* 74,784 ss.), dont la doctrine correspond exactement à celles des autres œuvres de Cyrille. — Le sens que Cyrille et l'ensemble des Grecs attribuent soit à θάνατος soit à ἥμαρτον dépend assurément d'une interprétation générale de la péricope entière: il ne pouvait s'agir de l'exposer ici; mais on en trouvera les articulations principales brièvement indiquées dans les notes de la *Bible de Jérusalem* et de façon beaucoup plus ample dans *DBS*.

[21] On sait que Chrysostome «traduit» ἥμαρτον de façon pour le moins étrange: γεγόνασιν... θνητοί, et de même au v. 19 ἁμαρτωλοί: ὑπεύθυνοι κολάσει καὶ δεδικασμένοι θανάτῳ.

verit ipsa morietur». Mais il maintient non moins fermement les affirmations pauliniennes sur l'universelle causalité d'Adam, et suggère une solution que reprendra, ce semble, S. Thomas quand il fera du péché originel essentiellement un «peccatum naturae» (cf. 1ᵃ-2ᵃᵉ q. 81, a. 1).

«Adam, en effet, explique Cyrille, créé pour l'incorruptibilité et la vie (ἐπ' ἀφθαρσίᾳ καὶ ζωῇ)... tomba sous le péché (πέπτωκεν ὑφ' ἁμαρτίαν) et glissa dans la corruption (κατώλισθεν εἰς φθοράν)», en subissant dans sa nature même dont devaient hériter ses descendants, toutes les conséquences d'un tel état, notamment la loi de la concupiscence. D'où il conclut: «En raison de la désobéissance d'un seul, Adam, *la nature a donc contracté le péché comme on contracte une maladie* (νενόσηκεν οὖν ἡ φύσις τὴν ἁμαρτίαν). Ainsi la multitude des hommes fut-elle constituée pécheresse, non pour avoir avec Adam commis un péché actuel, puisqu'ils n'existaient pas, mais parce qu'ils appartiennent à la nature d'Adam, elle-même tombée sous loi du péché (οὐχ ὡς τῷ Ἀδὰμ συμπαραβεβηκότες, οὐ γὰρ ἦσαν πώποτε, ἀλλ' ὡς ἐκείνου φύσεως ὄντες τῆς ὑπὸ νόμον πεσούσης τὸν τῆς ἁμαρτίας)» (PG 74,789).

La doctrine de Cyrille est donc parfaitement claire: après S. Paul il affirme que toute l'humanité a été non seulement condamnée en suite du péché d'Adam, mais constituée pécheresse, parce que tous les hommes héritent de lui une nature «tombée sous le péché», «ayant contracté la maladie du péché». Il semble difficile de ne pas reconnaître dans de telles formules les éléments essentiels de la doctrine du péché originel telle qu'elle sera définie au Concile de Trente[22].

Et cependant quand il commente le v. 12, il est non moins malaisé de nier qu'il attribue également un rôle aux péchés personnels des enfants d'Adam. Faudrait-il y voir une certaine incohérence dans la doctrine, comme paraît l'insinuer Mgr Freundorfer?[23]. Nullement.

C'est que pour Cyrille la mort dont Paul déclare qu'elle fut introduite dans le monde par le péché d'Adam et qu'elle a passé en tous les hommes, ne se réduit aucunement à la mort temporelle, à la «mors corporis» des latins; elle atteint, à n'en pas douter, l'âme elle-même qu'elle sépare de Dieu, prive de sa vie et condamne à l'enfer[24]: telle est la mort que le

---

[22] Le P. Boyer, *De Deo creante et elevante*, ed. 5ᵃ, 1957, p. 345, le fait très justement remarquer. Il songe au seul Chrysostome; mais ce qu'il en dit vaut à tout le moins pour Cyrille et maints autres Pères grecs.

[23] J. Freundorfer, *Erbsünde und Erbtod beim Apostel Paulus*, 1927, p. 116.

[24] Qu'il s'agisse bien de l'enfer, le contexte de Cyrille commentant Rom 5,12 le prouve manifestement avec la citation d'Isaïe 5,14: «L'enfer a élargi son âme et ouvert sa bouche sans mesure». Si l'on avait un doute, il suffirait de se reporter à l'explication du passage dans le commentaire cyrillien d'Isaïe (P. G. 70,152 s.). La similitude des deux exégèses confirme d'ailleurs l'authenticité du passage reproduit dans les Chaînes. — Au reste une telle interprétation de θάνατος en Rom 5,12 n'est aucunement propre aux Grecs. Un latin

Christ est venu abolir avec sa cause, le péché, en communiquant aux
hommes la vie, et telle est d'ailleurs la mort qu'évoquait le verset de la Sagesse cité par Paul, dont seuls «font l'expérience les partisans du diable»,
tandis que «les âmes des justes sont dans la main de Dieu» [25].

Mais, en ce cas, une allusion au rôle des péchés personnels, loin d'introduire une considération étrangère au raisonnement de l'Apôtre, s'impo-
sait presque nécessairement, si l'on ne voulait pas s'exposer à paraître nier
la doctrine de la responsabilité personnelle si nettement affirmée par l'Écriture et que les Pères grecs, aux prises avec le manichéisme et le fatalisme, se
montrent toujours si soucieux de sauvegarder. Au reste, la théologie catholique occidentale ne s'en est pas moins préoccupée; elle lui a même donné
un relief particulier en distinguant de plus en plus nettement du sort des
adultes pécheurs celui des «enfants morts avec le seul péché originel»; si
Augustin, pour éviter plus sûrement l'erreur pélagienne, semble assimiler en
tout le sort des uns et des autres, on sait que, selon l'enseignement de
S. Thomas devenu peu à peu celui de «l'ensemble des théologiens», les êtres
humains qui mourraient avec le seul péché originel, tout en étant «privés de
la vision divine et séparés de Dieu quant à l'union que procure la gloire, lui
seront unis par la participation aux biens naturels» et partant «jouiront
corps et âmes d'un réel bonheur» [26].

En ces conditions, on comprend sans peine pourquoi, voulant opposer la vie provenant du Christ à la mort introduite par le péché d'Adam,
S. Paul a envisagé d'emblée non le cas de l'enfant où elle ne produit qu'u-
ne partie de ses effets, mais le cas le plus typique, celui de l'adulte, où
l'œuvre de mort d'Adam apparaît dans tout son relief et, par contraste,
l'œuvre de vie du Christ, et pourquoi, en conséquence, il a tenu à mentionner le rôle des péchés actuels.

Or Cyrille peut leur attribuer une véritable causalité sans supprimer
celle d'Adam, parce qu'il les considère eux-mêmes comme une conséquen-

---

comme S. Augustin ne l'entend pas autrement; v. g. *Civ. Dei*, 13,12: «Cum requiritur, quam
mortem Deus primis hominibus fuerit comminatus, ... utrum animae an corporis an totius hominis an illam quae appellatur secunda, respondendum est: omnes». Et l'on connaît «le chapitre fameux que nous lisons au bréviaire et dans lequel Augustin montre l'humanité entraînée
de péché en péché vers la damnation, à cause de la faute de son premier père» (H. Rondet,
S. Augustin parmi nous, Paris 1954, p. 221). Il s'agit de l'*Enchiridion* c. 27 (*P. L.* 40,245), passage lu au second nocturne de la Septuagésime. Après avoir cité Rom 5,12, Augustin commente:
«Mundum quippe appellavit eo loco Apostolus universum genus humanum. Ita ergo res se
habebant. Jacebat in malis, vel etiam volvebatur, et de malis in mala praecipitabatur totius
humani generis massa damnata, et ... luebat impiae desertionis dignissimas poenas».
    [25] Φθόνῳ δὲ διαβόλου θάνατος εἰσῆλθεν εἰς τὸν κόσμον. On notera la
formule identique en Rom 5,12 et Sap 2,24.
    [26] L'expression est de Mgr Gaudel résumant l'enseignement actuel des théologiens
dans l'article «Limbes» du *Dict. de Théol. Cathol.* IX/1, col. 768. Voir S. Thomas, *De Malo*, q. 5, a. 1-3. On sait que la distinction a été reprise dans le Schéma préparé pour la
Constitution dogmatique du Concile du Vatican (*Acta Coll. Lac.*, 7, 565).

ce du péché d'Adam et de l'état de corruption dans lequel ce péché a fait
«glisser» la nature humaine[27].

Sur ce point encore la pensée de Cyrille ne laisse aucun doute. Commentant le v. 14 il explique que si «la mort régna d'Adam à Moïse», c'est
qu'après Adam elle continua d'envahir toute sa descendance, comme d'u-
ne plante à la racine infectée ne peuvent que germer des rameaux qui
pourrissent (ὥσπερ φυτοῦ παθόντος βλάβος εἰς ῥίζαν πᾶσά πως ἀνάγκη
τοὺς ἐξ αὐτοῦ γεγονότας μαραίνεσθαι κλῶνας»[28].

Pour Cyrille les péchés personnels exercent donc une causalité qui
s'ajoute à celle du péché d'Adam sans la supprimer, qui la renforce plutôt, du moment qu'elle en est, pour ainsi dire, la conséquence.

* * *

Or précisément tel semble être le cas de la causalité exprimée en grec
par la locution ἐφ' ᾧ dans l'emploi que nous avons reconnu être le plus
courant aussi bien dans la langue classique que dans celle des papyrus,
lorsque la locution introduit une clause ou une condition annexée à un
traité ou à un contrat.

Choisissons un cas type: un traité de paix entre le vainqueur et les
vaincus: celui-ci s'engage à évacuer le territoire ennemi *sous la condition
que* le vaincu paiera une indemnité de guerre. Le paiement de cette indemnité exerce une causalité réelle mais non indépendante de celle du traité
lui-même: tant que l'indemnité n'aura pas été acquittée, le pays demeurera occupé: il sera libéré en vertu de ce paiement, mais plus encore en vertu
du traité, sans lequel normalement le paiement n'aurait aucun effet; sans
le traité il n'y aurait même aucun paiement; celui-ci apparaît comme une
conséquence du traité.

Assurément la chose est plus claire parce qu'il s'agit d'une condition
à remplir, qui sera donc exprimée en grec par un verbe à l'infinitif ou au
futur de l'indicatif (parfois au présent). Mais supposons qu'un historien
raconte les événements après le traité de paix, le paiement de l'indemnité
et la libération du territoire, il pourra mettre tous les verbes à un temps
historique du passé (en grec à l'indicatif aoriste) sans modifier en rien la
valeur relative des deux causalités: celle du traité et celle du paiement de
l'indemnité. Sans doute, puisque la condition a été de fait remplie, on

---

[27] Le P. Prat l'a noté justement. Après avoir remarqué que «quelques (?) Pères semblent (?) attribuer la mort aux péchés individuels», il ajoute: «Mais ils font dériver les péchés actuels du péché d'Adam qui cause en définitive la mort de tous les hommes» (*La
Théologie de saint Paul*, 8ᵉ éd., I, p. 257 note).

[28] Une telle affirmation de l'universalité des péchés personnels peut sembler exagérée. Elle ne l'est cependant pas plus que celle de Rom 3,23. Inutile de préciser que l'une et
l'autre doivent s'entendre abstraction faite de la rédemption du Christ et d'une anticipation possible de ses effets.

pourra écrire, en employant un ὅτι, que les ennemis ont libéré le territoire *parce que* l'indemnité a été payée; mais si l'on emploie ἐφ' ᾧ, on introduit une nuance essentielle: à savoir que les ennemis ont libéré le territoire parce qu'un traité de paix stipulant cette libération a été signé et que la *condition annexée* — le paiement d'une indemnité — *a été remplie*, en d'autres termes, on déclare que les ennemis ont libéré le territoire *moyennant le fait* qu'une indemnité a été payée, étant remplie la condition c'est-à-dire le paiement de l'indemnité.

Tel est, ce semble, exactement le sens qu'offre la locution dans l'exemple de Synésius si souvent cité en faveur de l'équivalence prétendue entre ἐφ' ᾧ et ὅτι: ainsi Oltramare, le lexique de Bauer et déjà Thomas Magister.

Synésius parle des dangers de nommer comme gouverneur d'une région des gens mêlés aux affaires du pays et partageant les passions de ses habitants: «J'ai vu, ajoute-t-il, jeter en prison un citoyen parce qu'(ὅτι) il ne voulait pas accuser de concussion l'honnête préfet qui vient de sortir de charge... On a pu torturer autant qu'on a voulu cet infortuné; il n'a revu le soleil qu'*à la condition d'accuser Gennadius* (ἥλιον εἶδεν ἐπὶ ῥητοῖς ἄνθρωπος, ἐφ' ᾧ Γεννάδιον ἔγραψεν)»[29].

La formule classique ἐπὶ ῥητοῖς «à certaines conditions» montre clairement que Synésius entend bien en employant ἐφ' ᾧ désigner la condition en question, et la version latine reproduite dans la Patrologie de Migne traduit avec raison: «*ea lege* solem intueri homini concessum est, *ut* Gennadium accusaret». C'est donc à tort que L. J. Rückert[30] récuse cette version et propose de traduire: «*eam ob causam, quod* accusasset», sous prétexte que Synésius a écrit ἐφ' ᾧ ἔγραψεν et non pas ἐφ' ᾧ γράψει ou γράψοι. L'emploi de ἐπὶ ῥητοῖς est trop connu pour laisser le moindre doute[31], et si l'auteur a mis l'aoriste et non le futur, c'est qu'il voulait dire que, pour sortir de prison, l'homme avait dû *en fait* accuser Gennadius et non pas seulement promettre de le faire: la condition a été non seulement stipulée, mais remplie. Aussi la traduction française: «à la condition d'accuser Gennadius» est-elle ambiguë, elle ne dit pas explicitement si Gennadius fut accusé en fait ou non; nous ne le savons que par le contexte. Par contre, la traduction «parce qu'il accusa Gennadius» ne rend pas la nuance que Synésius a voulu exprimer.

La traduction «parce que» ne rend donc pas la nuance que Synésius a voulu exprimer. Quand on jeta notre homme en prison, l'unique raison fut qu'il refusait d'accuser Gennadius: aussi l'auteur écrit: ἀπὸ τούτου... ὅτι. Mais quand il en sortit, ce fut assurément parce qu'il accepta d'ac-

---

[29] Epistola 73 (*P.G.* 66,1440).
[30] J. Rückert, *Commentar über den Brief Pauli an die Römer*, 2ᵉ éd. (1839) I, p. 261, note 1.
[31] Cf. Liddell-Scott-Jones, s.v. ῥητός: «Att. ἐπὶ ῥητοῖς, on stated terms, on certain conditions, according to covenant».

cuser Gennadius, mais bien plus encore parce qu'il était innocent et ne méritait point la prison: seulement il ne put recouvrer la liberté qu'*après avoir rempli une condition à lui imposée*, après avoir accusé Gennadius (exprimée à l'aoriste parce que le fait est réel et passé), «une fois remplie la condition, qui était d'accuser Gennadius».

Ainsi donc, suivi de l'infinitif ou du futur, la locution désigne une *condition à remplir*[32], suivi de l'aoriste elle désigne une *condition remplie*. Dans les deux cas, comme le remarquait Moulton, «la signification demeure essentiellement la même» (ci-dessus p. 193).

Ainsi en est-il dans l'exemple de Synésius. Ainsi également en Rom 5,12: les hommes n'encourent la mort éternelle de l'enfer qu'à la condition d'avoir eux-mêmes péché gravement: condition nécessaire, sans doute, mais dont Paul affirme, selon l'exégèse grecque, qu'elle a été de fait remplie. Et cependant, d'après la même exégèse, c'est le péché d'Adam qui cause cette universelle damnation du genre humain: «l'enfer a élargi son âme et ouvert sa bouche sans mesure» (ci-dessus p. 195 n. 24). Aucune antinomie, parce que la causalité des péchés personnels est secondaire par rapport à celle du péché d'Adam, subordonnée à elle: la puissance du péché introduite dans le monde par Adam produit son effet de mort éternelle à travers les péchés personnels, qui ratifient en quelque sorte la révolte d'Adam; elle ne produit même cet effet dans sa plénitude qu'à travers eux.

* * *

Toutefois une objection demeure. Nous avons montré qu'en grec la locution ἐφ' ᾧ est susceptible d'exprimer une telle nuance. S'ensuit-il qu'elle l'exprime en Rom 5,12? Ne doit-on pas adopter de préférence le sens qu'elle paraît offrir dans les autres passages où Paul y recourt, notamment Phil 3,12 et 4,10 ainsi que 2 Cor 5,4 et où chaque fois la plupart des modernes traduisent «parce que»?

Assurément, si Paul employait couramment ἐφ' ᾧ au sens de ὅτι, l'usage contraire de la langue écrite et de celle des papyrus ne suffirait sans doute pas à faire attribuer une autre signification à celui de Rom 5,12. Mais un examen de l'interprétation donnée aux passages pauliniens en question montre qu'il n'en est rien, et que, là même, l'équivalence supposée entre ἐφ' ᾧ et ὅτι en Rom 5,12 n'a pas laissé d'exercer une influence peut-être déterminante.

Ainsi en Phil 3,12, beaucoup traduisent, il est vrai, comme si ἐφ' ᾧ équivalait purement et simplement à ὅτι et font dire à S. Paul qu'il

---

[32] Il en est de même quand la locution est suivie de l'indicatif *présent*; ainsi dans l'exemple cité par le P. Abel dans sa *Grammaire du Grec biblique*, p. 237 s.: «Il a été constitué komogrammate de Kerkeosiris *à condition qu*'il cultive à ses propres frais, ἐφ' ᾧ κατεργᾶται τοῖς ἰδίοις ἀναλώμασιν».

«poursuit sa course pour tâcher de saisir (le prix), *parce qu*'il a été lui-même saisi par le Christ Jésus». Par exemple parmi les plus récents traducteurs français: J. Huby, P. Benoit, E. Osty, A. Tricot dans la nouvelle édition de Crampon. Mais d'autres comprennent: «pour tâcher de saisir, *ce pour quoi* j'ai été moi-même saisi par le Christ Jésus»; et Knabenbauer se décide en faveur de la première interprétation uniquement parce qu'elle lui semble «plus conforme à l'usage paulinien». Lightfoot, lui, se déclare résolument en faveur de la seconde, tout en conservant à καταλάβω l'emploi absolu qu'a ἔλαβον dans le premier membre de la phrase, ce qui fournit un sens excellent à l'ensemble: «Ce n'est pas que j'aie déjà atteint (le but) ou sois déjà parfait; je poursuis ma course pour tâcher d'atteindre (le but): ce pour quoi (ἐφ' ᾧ) précisément (καὶ) j'ai été saisi par le Christ Jésus».

En Phil 4,10 Lightfoot ne signale même pas le sens de «parce que». Celui-ci paraît cependant supposé par la traduction du P. Huby: «Je me suis réjoui grandement dans le Seigneur de ce que votre sollicitude pour moi a refleuri; *car* vous aviez bien ce sentiment, mais l'occasion vous manquait». On notera que les autres traducteurs français signalés plus haut suppriment ce «car» (P. Benoit) ou l'atténuent en un simple «certes» (E. Osty, A. Tricot). C'est probablement qu'ils se sont rendus compte qu'une particule causale ne donnerait pas un sens vraiment satisfaisant, ou bien qu'ils ont vu en ἐφ' ᾧ une locution où le relatif renvoie à ce qui précède, comme si souvent dans le grec le plus classique aussi bien que dans celui des Pères (cf. ci-dessus, p. 187) et qu'ils ont compris: «*chose de quoi* vous vous souciez en effet (καὶ), mais l'occasion vous manquait»[33].

Reste 2 Cor 5,4. C'est le seul passage du N.T. où la Vulgate ait traduit ἐφ' ᾧ par «eo quod»[34] et le seul où, de fait, le contexte impose un sens voisin de ὅτι, encore qu'une traduction plus nuancée conviendrait tout aussi bien sinon mieux: soit «dans la mesure où», «pour autant que», c'est-à-dire «quatenus», comme traduit le *Lexicon Athanasium* dans l'unique exemple où ἐφ' ᾧ paraît équivaloir à ὅτι (cf. ci-dessus, p. 187), soit

---

[33] En faveur du sens causal on cite parfois l'interprétation des Pères grecs. Ainsi le P. Huby pour Phil 3,12 invoque Chrysostome, Théodore de Mopsueste, Théodoret. Or si ce dernier paraît, de fait, supposer cette interprétation, on ne peut rien conclure du commentaire de Chrysostome, trop vague, et celui de Théodore de Mopsueste, à en juger par la version latine où il est conservé, favorise plutôt l'autre interprétation: «omnia autem enitescens *adsequi participationem eorum in quibus* ipse oculis meis perspexi esse Christum, quando me persequentem per suam revelationem praeveniens, in suam me cognitionem converterat». Quant à Phil 4,10, Chrysostome ne laisse aucun doute sur son exégèse, car il cite plusieurs fois le membre de phrase εἰς τὸ ὑπὲρ ἐμοῦ φρονεῖν ἐφ' ᾧ καὶ ἐφρονεῖτε comme constituant un tout par lui-même.

[34] Cette traduction de la Vulgate en 2 Cor 5,4 rend assez peu probable l'opinion proposée, ce semble, pour la première fois par le P. F. X. Patrizi dans l'opuscule signalé au

encore «du moment que», «vu que», «vu le fait que», selon le sens fondamental que Moulton attribue précisément à ἐφ' ᾧ (ci-dessus, p. 192).

* * *

De cette enquête trop longue, une conclusion paraît se dégager clairement: en grec la locution ἐφ' ᾧ revêt des sens fort différents selon les divers contextes où elle est employée, et le mémoire déjà ancien de R. Rothe[35], en revendiquant non sans raison pour ἐφ' ᾧ en Rom 5,12 la signification de «unter der Voraussetzung, unter der Bestimmtheit dass, in so
fern als», eut sans doute le tort de ne pas tenir compte de ce fait et de
vouloir expliquer de la même façon tous les exemples du N. T.[36].

L'exégèse des Pères grecs, elle, n'a certainement pas été commandée
par une signification déterminée attribuée d'avance à ἐφ' ᾧ. Elle se fonde
essentiellement sur l'ensemble du contexte, en particulier sur le sens donné à θάνατος et à ἥμαρτον, lui-même établi d'après l'usage habituel de
ces mots dans des contextes analogues. En conséquence, outre la causalité
universelle du péché d'Adam, toujours nettement affirmée et qu'enseigne,
en effet, de façon indubitable l'ensemble de la péricope, elle est amenée à
admettre une autre causalité, celle des péchés personnels de chaque individu adulte, sans pour autant que cette double causalité constitue une antinomie, car la seconde se présente comme secondaire par rapport à la première et subordonnée à elle, les péchés personnels étant eux-mêmes consi-
dérés comme une conséquence du péché d'Adam.

Telle est la doctrine.

En ce cas il n'est pas absolument impossible de voir en ἐφ' ᾧ un simple
équivalent de ὅτι, et de traduire «parce que»: sans doute l'aspect secondaire
et subordonné de la causalité des péchés personnels n'est-il pas ainsi formellement exprimé; on pourra néanmoins le déduire du contexte général.

Cependant Paul avait probablement ses raisons pour employer ici
ἐφ' ᾧ et non ὅτι. Nous avons vu que le prétendu emploi courant de l'un
à la place de l'autre n'était aucunement prouvé et qu'un Grec en lisant ἐφ'
ᾧ n'était certainement pas porté à entendre ὅτι, comme on semble le supposer souvent: supposition qui provient en réalité de certaines déclarations de lexicographes du moyen âge, mais ne correspond pas aux faits ni
même peut-être à la pensée de ces lexicographes (ci-dessus, p. 188). Spon-

---

début de cet article (p. 185, n. 1), p. 36-37, et reprise par Cornely (v. g. in 1 Cor 1,4 n. 2,
etc.) et le P. Prat (I, p. 256 note) selon laquelle l'*in quo* de la Vulgate aurait en Rom 5,12 et
Phil 3,12 le sens causal de *eo quod* en 2 Cor 5,4. En Rom 8,3 *in quo* reproduit littéralement
le grec ἐν ᾧ.

[35] *Neuer Versuch einer Auslegung der paulinischen Stelle Röm 5,12-21*, Wittenberg,
1836, p. 17 ss.

[36] C'est du moins le reproche que lui adresse G. B. WINER, *Grammatik des ntl.
Sprachidioms*, 6ᵉ éd. 1855, p. 351, n. 3: «Jenes ἐφ' ᾧ wollte neuerlich *Rothe* ... überall im
N. T. *unter der Voraussetzung* ... erklärt wissen».

tanément, si l'on en juge par le nombre des exemples et leur répartition à travers toute la littérature grecque tant classique que patristique, le lecteur grec était plutôt incliné à conserver au pronom ᾧ sa valeur de relatif[37], ou bien à penser que la locution ἐφ' ᾧ introduisait non une cause, mais une *condition à remplir*. Si le verbe était au futur ou au présent, personne, je crois, n'hésiterait à comprendre ainsi l'ἐφ' ᾧ de Rom 5,12. Mais avec un verbe au passé, rien ne prouve que la locution doive changer de signification, et tel n'est point l'avis d'un philologue aussi rigoureux que Moulton (ci-dessus, p. 192). Paul a mis le verbe ἥμαρτον au passé simplement parce qu'il voulait souligner que la condition était déjà remplie en fait, exactement comme le fera plus tard, dans un cas du même genre, l'évêque Synésius (ci-dessus, p. 198). Or comprise de cette façon, la locution ἐφ' ᾧ introduit précisément une causalité en tout conforme à celle que réclame le raisonnement de Paul: une causalité réelle, mais subordonnée et non simplement juxtaposée à celle du péché d'Adam.

Ne serait-ce point là, à tout prendre, la raison la plus obvie pour laquelle saint Paul en Rom 5,12 n'a pas écrit ὅτι ou διότι mais ἐφ' ᾧ?

D'ailleurs une telle exégèse, loin de nuire au parallélisme établi par l'Apôtre entre Adam et le Christ, et par là se condamner elle-même[38], paraît tout au contraire lui donner un relief accru.

Non seulement à la vie conférée par le Christ elle ne se contente pas d'opposer une mort purement physique, bien entendu, ni même cette privation du salut simplement négative que subissent les habitants des Limbes; elle envisage directement la damnation éternelle dans laquelle le péché d'Adam, abstraction faite de la rédemption par le Christ, a entraîné l'humanité entière.

Mais le fait de tenir compte des péchés personnels et partant de la responsabilité de chaque homme dans l'œuvre de mort introduite dans le monde par Adam, renforce le parallélisme avec l'œuvre de vie opérée par le Christ, puisque dans les deux cas la liberté humaine entre en jeu et que, si nul ne se damne sans sa faute, nul homme fait ne participe à la rédemption du Christ sans cet acte souverainement libre, tout en étant don de Dieu, que Paul nomme l'acte de foi et dont le baptême est le sacrement.

Et pourtant, dans les deux cas — toutes proportions gardées, d'autant plus que le parallélisme se transforme en un «a fortiori» — la causalité due à l'acte de l'homme ne s'oppose aucunement à la causalité due aux chefs de race: Adam d'une part, le Christ de l'autre.

---

[37] Telle est, par exemple, la solution adoptée pour Rom 5,12 par Zahn, Stauffer, Schlier, etc. Voir ci-dessus, p. 185 s.

[38] A. NYGREN, *Der Römerbrief*, p. 159, a parfaitement raison de déclarer que toute exégèse du passage qui aboutirait à exclure la causalité universelle du péché d'Adam serait à écarter comme certainement contraire à la pensée de Paul dans ce passage, indépendamment même de toute considération d'ordre dogmatique.

12.

L'histoire du salut selon le chapitre VII
de l'épître aux Romains [1]

On sait que le chapitre 7 de l'épître aux Romains est non seulement l'un des plus discutés de toute l'épître, encore aujourd'hui [2], mais peut-être celui dont les différentes interprétations au cours des âges ont exercé l'influence la plus déterminante sur nombre de positions dogmatiques parmi les plus importantes [3]. D'autant plus qu'en raison du parallélisme avec le passage du chapitre 5 concernant le péché d'Adam et ses effets dans le genre humain (v. 12 ss.), parallélisme évident, ce me semble, et admis en fait par la plupart, l'interprétation qu'on donnera à certaines affirmations du chapitre 7 ne pourra guère ne pas commander plus ou moins directement, et en fait commande, chez beaucoup d'exégètes, celles qu'ils donnent à d'autres affirmations du chapitre 5.

Après avoir écarté brièvement une interprétation qui a jadis connu un grand succès, mais est de plus en plus abandonnée, nous verrons qu'il y a deux façons fort différentes de se représenter l'histoire du salut supposée décrite ici par saint Paul et nous demanderons laquelle a le plus de chances de correspondre à la pensée de l'Apôtre.

En effet, déjà plusieurs anciens, notamment S. Augustin dans sa lutte contre Pélage, avaient pensé que saint Paul, en cette page célèbre, du moment qu'il parlait à la première personne, entendait exprimer sa propre expérience de la loi, du péché et de sa tyrannie [4]. Bien plus, comme l'Apô-

---

[1] Conférence donnée à l'Institut Biblique Pontifical de Rome le 18 décembre 1960, parue dans *Biblica* 43 (1962), pp. 117-151.

[2] Le dernier commentaire, celui de l'exégète catholique O. Kuss (*Der Römerbrief*, 2. Lieferung 1959) note que les difficultés offertes par ce chapitre sont «d'autant plus grandes que Paul n'a pas dit de façon assez claire à qui précisément se rapportent ses descriptions» (p. 433; cf. p. 481 s.). Nous verrons que les formules pauliniennes deviennent beaucoup plus claires, ce semble, quand on les remet dans le contexte historique de la polémique paulinienne contre la justification par la loi, notamment quand on a présent à l'esprit les conceptions juives auxquelles Paul se réfère.

[3] W. G. Kümmel, dont l'ouvrage, *Römer 7 und die Bekehrung des Paulus,* paru en 1929, demeure fondamental, rappelle dans son introduction quelques unes de ces positions, entre autres: le chapitre fournit une preuve pour ou contre l'opinion qui admet l'existence d'une moralité relative, même en dehors du christianisme; les Réformateurs y ont trouvé l'argument fondamental à leur thèse représentant le chrétien comme «simul iustus et simul peccator», tandis que le piétisme a discerné un danger moral dans l'affirmation du «non posse non peccare».

[4] C'est à réfuter cette interprétation que s'emploie principalement W. G. Kümmel, durant tout son ouvrage.

tre poursuivait, à partir du v. 14, en mettant tous les verbes au présent de l'indicatif, on pouvait penser qu'il se proposait de décrire une expérience encore actuelle: «Je suis un être de chair, vendu au pouvoir du péché... Je ne fais pas ce que je veux, mais je fais ce que je hais... Car je me complais dans la loi de Dieu, mais j'aperçois une autre loi dans mes membres qui lutte contre la loi de ma raison et m'enchaîne à la loi du péché... Malheureux homme que je suis!». Si bien que cette sombre description, dans la pensée même de saint Paul, se serait appliquée, directement et d'abord, non pas à l'homme encore pécheur, comme le même Augustin l'avait cru autrefois, — avant d'avoir à répondre aux arguments de Pélage, — mais à l'homme juste, à celui que nous appelons l'homme en état de grâce, celui-là seul qui par conséquent «reconnaît que la loi est bonne» (v. 16), «qui veut le bien» (v. 18), qui «se complaît en la loi de Dieu» (v. 23). Au nom de cette exégèse le docteur de la grâce, avec tout le Moyen Age qui sur ce point l'a suivi, estimait pouvoir sauvegarder plus sûrement la gratuité du salut et lutter plus efficacement contre l'hérésie pélagienne. Il ne prévoyait certes pas les corollaires dogmatiques, que, assez logiquement il faut l'avouer, Luther en déduirait.

Mais que Paul, à partir du v. 14, en affirmant: «Nous savons que la loi est spirituelle, mais moi je suis un être de chair, vendu au pouvoir du péché», n'entend pas décrire son expérience personnelle de chrétien régénéré, la chose paraît absolument certaine, et n'est plus aujourd'hui pratiquement mise en discussion par les exégètes [5].

Non pas qu'on ne puisse appliquer aussi *mutatis mutandis* et *cum grano salis* à l'homme en état de grâce, quoique non encore pleinement spiritualisé, tel que se trouve être le chrétien ici-bas, un certain nombre d'expressions de l'Apôtre en ce passage, comme l'ont fait bien des Pères, en suivant d'ailleurs l'exemple de saint Paul lui-même, qui, dans l'épître

---

[5] De cette interprétation F. J. Leenhardt, *Épître aux Romains* (1957), écrit: «Les exégètes sont rares parmi les défenseurs de cette opinion, qui réunit les suffrages de dogmaticiens assez divers, tels Thomas d'Aquin, Luther, K. Barth, Nygren avec beaucoup d'autres» (p. 104 n. 3). Parmi les commentateurs récents, seul A. Nygren paraît expliquer tout le passage en fonction de cette interprétation; mais F. J. Leenhardt le classe non sans raison parmi les «dogmaticiens». Il n'en serait pas de même si on se limitait à telle ou telle expression: ainsi C. K. Barrett, *A Commentary on the Epistle to the Romans*, p. 150, assimile «l'homme intérieur» de Rom 7,22 à «l'homme nouveau» de Rom 6,6. Cf. la note suivante. Et F. J. Leenhardt lui-même reconnaît à une telle exégèse «une part de vérité, qui d'ailleurs va très loin et ne saurait être exagérée dans la réponse à donner au problème» (p. 104 s.). Il l'expose de fait p. 112-114; mais, ce faisant, il parle lui aussi peut-être plus en «dogmaticien» qu'en «exégète»: Paul y décrirait la «situation» du chrétien qui, «oublierait qu'il est sous la grâce et se mettrait à nouveau sous la loi», qui «judaïserait», «qui voudrait compléter le salut par grâce au moyen des œuvres (de la loi) et parfaire le pardon de Dieu par les mérites de son obéissance humaine... Défaillance caractéristique de la foi, glissement dans le légalisme, dans le moralisme, dont les chrétiens ont très tôt donné des signes qui déjà inquiétaient l'apôtre Paul» (p. 114).

aux Galates, avait affirmé du chrétien régénéré, que chez lui «la chair convoite contre l'Esprit et l'Esprit contre la chair» (Gal 5,16 s.). Mais précisément il était question de l'Esprit. L'épître aux Romains décrira au chapitre 8 cette expérience du chrétien régénéré, en état de grâce, c'est-à-dire par définition «animé de l'Esprit» (8,14), tandis qu'à dessein la description du chapitre 7 évite soigneusement toute mention de l'Esprit et, par exemple, évoque la loi de la raison (νοῦς) au lieu de parler de la loi de l'Esprit (πνεῦμα) [6], signe indubitable que l'Apôtre veut décrire l'expérience de l'homme pécheur, c'est-à-dire par définition de l'homme non encore en possession de l'Esprit [7].

Quant à ceux qui, pour éviter cette difficulté, ont cru voir en cette page, bien que Paul s'y exprimât au présent, la description de son expérience personnelle avant sa conversion, ils se heurtent au fait qu'une telle description contredit les aveux les plus clairs de l'Apôtre chaque fois que dans ses lettres il évoque le temps qui a précédé cette conversion, «quand il surpassait bien des compatriotes de son âge en partisan acharné des traditions de ses pères» (Gal 1,14). Ne déclare-t-il pas aux Philippiens que, «circoncis dès le huitième jour, de la race d'Israël, de la tribu de Benjamin, Hébreu fils d'Hébreux», scrupuleux observateur de la loi en tant que «pharisien», voire zélé persécuteur de l'Église, il se reconnaissait, «pour la justice que peut donner la loi, un homme irréprochable» (Phil 3,5 s.) [8]. Même en admettant que dans l'épître aux Romains l'Apôtre interprète en chrétien sa propre expérience juive d'autrefois, tandis que dans les épîtres aux Galates et aux Philippiens il se placerait d'un point de vue strictement historique et objectif, l'opposition paraît trop catégorique pour rendre vraisemblable une telle exégèse, qui n'a d'ailleurs aujourd'hui plus guère de défenseurs [9]. Au reste, l'Apôtre n'a pas l'habitude de fonder l'affirmation de vérités dogmatiques de ce genre sur l'introspection psychologique!

---

[6] Verset 23; cf. v. 25. De même au v. 22 il est question de l'homme intérieur, ὁ ἔσω ἄνθρωπος, qui est la partie «rationnelle» de l'homme, selon une notion empruntée au langage de la philosophie populaire et qu'il ne faut pas confondre, comme le fait par exemple C. K. BARRETT (p. 150), avec la notion de «l'homme nouveau» par opposition à «l'homme ancien» (v. g. Rom 6,6), transposition chrétienne de la conception juive des deux «éons», elle-même dérivée de l'A. T. (cf. la «nouvelle alliance» de Jer 31,31, les «nouveaux cieux» et la «terre nouvelle» de Is 65,17; Apoc 21,1).

[7] D'autant plus, comme le note justement W. G. KÜMMEL, que Paul vient d'affirmer au chapitre précédent que le chrétien n'est plus «sous la loi» (Rom 6,14), et cela, ajouterais-je, dans le verset même qui annonce les développements du ch. 7.

[8] Assurément Phil 3,6 ne signifie pas: «je suis sans péché» (cf. P. GAECHTER, dans ZKT 80 [1958] 349); mais il ne s'ensuit pas que la description psychologique de Rom 7,14 ss. puisse correspondre à l'état d'âme que suppose une telle affirmation; et cela suffit pour rendre invraisemblable l'interprétation en question.

[9] Cf. W. G. KÜMMEL, op. cit., p. 111-118. F. J. LEENHARDT n'est pas moins catégorique: une telle exégèse «se heurte à des difficultés considérables. Ce tableau de la lutte de l'homme soumis à la loi ne correspond ni à ce que nous savons des sentiments de l'Israéli-

D'autres cependant, beaucoup plus nombreux, ont estimé que, du moins dans les premiers versets, quand l'Apôtre déclare qu'il «n'a connu le péché que par la loi», qu'il «aurait ignoré la convoitise si la loi n'avait dit: Tu ne convoiteras pas!» (v. 7) et s'écrie: «Ah! je vivais sans la loi naguère; mais quand le précepte est survenu, le péché a pris vie tandis que moi je suis mort...» (v. 9-10), saint Paul mettait en scène un jeune Israélite, qui, après des années d'innocence, atteint l'âge de raison et se trouve en présence du commandement formel de la loi qui, lui révélant le mal moral, excite sa concupiscence jusque là endormie, le conduit au péché formel et à la mort. Ce fut le cas de Paul lui-même, mais c'est surtout le cas de tous les jeunes Juifs élevés comme lui.

L'explication, connue de quelques anciens[10], a surtout été défendue par des modernes[11] et vulgarisée chez les catholiques par le P. Cornely et le P. Prat. Elle offre assurément une part de vérité et l'exégèse que nous proposerons l'assume entièrement, mais dans une interprétation plus générale qui n'envisage pas seulement ni directement le conflit tel qu'il peut exister dans l'âme d'un enfant parvenant à l'âge de raison. Au reste, s'il est possible d'admettre que le jeune Israélite «vivait» d'une vie relative par rapport à son état adulte où il est supposé transgresseur de la loi et donc pécheur, — ou même d'une vie plénière, si l'on admet avec S. Au-

---

te en général, ni à l'opinion de Paul en particulier sur sa vie religieuse avant sa conversion. La piété des pharisiens s'exprime avec plus d'exactitude dans la parabole où l'on voit l'un d'eux rendant grâces de ce qu'il n'est pas un pécheur et faisant à son avantage le compte de ses bonnes œuvres» (p. 104). On sait que beaucoup ont même cherché dans cette soi-disant confidence de Paul sur son passé l'explication psychologique de sa «conversion»; mais «le traumatisme provenant du douloureux échec de Paul dans l'observation de la loi, qu'on a voulu découvrir dans Rom 7, est à présent relégué dans le musée des contre-sens exégétiques» (P. Démann, cité par F. J. Leenhardt, p. 104 n. 2).

[10] Parmi les anciens, on peut citer Origène qui interprète le «sine lege» de la loi naturelle inscrite dans le cœur de chaque homme: «sine hac lege et Paulum et omnes homines certum est aliquando vixisse, hoc est in aetate puerili» (*PG* 14,1082; cf. A. Ramsbotham, *The Commentary of Origen on the Epistle to the Romans* dans *JTS* 14 [1912-1913] 13 s.). De même S. Augustin, dont on notera cependant les expressions plutôt réservées: «Haec omnia p o t e s t v i d e r i Apostolus de sua vita commemorasse praeterita, ut illud quod ait: 'ego autem vivebam aliquando sine lege', aetatem suam primam ab infantia ante rationales annos voluerit intelligi; quod autem adiunxit: 'adveniente autem mandato peccatum revixit, ego autem mortuus sum', iam se praecepti capacem sed non efficacem et ideo praevaricatorem legis ostenderit». Et cela malgré Phil 3,6: «Potuit enim esse intus in affectionibus pravis, praevaricator legis, et tamen conspicua legis implere vel timore hominum vel ipsius Dei, sed poenae formidine non dilectione et delectatione iustitiae (*C. duas epist. pel.* 8 [14]; *CSEL*, 60, 436; même opinion dans le *C. Iul.* 6,23,37). Mais pour Augustin, ce temps est un temps de péché et non d'innocence, où «il s'imaginait vivre» alors qu'il était mort: «vivere mihi videbar» (*C. duas epist. pel.* 9 [26]; *CSEL* 60, 438).

K. H. Schelkle, *Paulus der Väter* (1958), cite p. 237, outre Origène et S. Augustin, Apollinaire (apud K. Staab, p. 65), S. Basile (*in Ps. 1,5*; *PG* 29,221), S. Ambroise (*De paradiso*, 6,31), Pélage, Gaudentius.

[11] W. G. Kümmel, *op. cit.*, p. 77 n. 3 en cite toute une série.

gustin et S. Thomas que la circoncision remettait le péché originel, comme le rappellent les Pères Cornely et Prat [12], — il est bien plus malaisé de
comprendre que saint Paul ait pu se le représenter «sans la loi»,
c'est-à-dire, dans le cas envisagé par l'explication dont je parle, «non sujet
à la loi mosaïque», puisqu'il était précisément soumis au moins à l'obligation la plus typique de cette loi, à savoir la circoncision, que nous avons
entendu saint Paul se vanter d'avoir reçue dès le huitième jour après sa
naissance, d'autant plus que, dans l'hypothèse, c'eût été précisément l'observance de cette loi qui lui aurait donné, en lui remettant le péché originel [13], cette vie plénière dont nous venons de parler.

* * *

Les deux explications exposées jusqu'ici offrent ceci de commun: elles font abstraction de l'histoire. Même dans la seconde, saint Paul parti-
rait essentiellement de son expérience personnelle de jeune Israélite, qu'il
élèverait simplement au rang d'un type. Or, de plus en plus, l'exégèse moderne a noté que la pensée de Paul s'exprime de préférence sous la forme
d'une histoire du salut, et le P. Huby précise très justement: une histoire
du salut «telle que l'Écriture lui en faisait connaître les étapes successives» [14]. Cela est particulièrement vrai pour l'épître aux Romains: qu'on
songe aux chapitres 1-3 où l'histoire du monde est divisée en deux périodes, le temps avant J. C. où se révèle la colère de Dieu, et le temps qui
commence avec J. C. où se révèle la justice salvifique de Dieu, qu'annonce
précisément la «bonne nouvelle» de l'Évangile; ou bien le chapitre 5, à
partir du v. 12 qui décrit l'histoire de l'apparition et du développement du
péché dans le genre humain jusqu'à J. C.; enfin les chapitres 9-11 ne

---

[12] R. CORNELY, *Epistola ad Romanos*, p. 365 n. 1; F. PRAT, *Théologie de Saint Paul*, I,
p. 277 n. 1.

[13] Quant aux arguties talmudiques mises en avant pour expliquer comment le jeune
juif n'était pas sujet à la loi, voir les excellentes remarques de W. G. KÜMMEL, p. 80-83. De
ce que les docteurs prétendent qu'à partir de 13 ans le jeune juif est obligé d'observer
toute la loi, on en conclut parfois qu'auparavant il n'était soumis à aucune
obligation. Celle de la circoncision, en tout cas, l'une des principales, l'obligeait bel
et bien à partir de son 8ᵉ jour. On notera que le fameux «dit» des *Pirqé Abôt* 5,24 concernant l'enfant qui à 13 ans devient *bar-miṣwa*, semble être une addition tardive; ni
STRACK-BILLERBECK ni J. BONSIRVEN ne le citent. C'est pourtant le seul qu'on invoque en
l'occurrence. Même W. D. DAVIES, *St. Paul and Rabbinic Judaism*, p. 24 s., J. JEREMIAS,
Nuntius Sodalicii neotest. Upsal. 1 (1949) 8, L. LIGIER, *Péché d'Adam et péché du monde*, II,
p. 282 n. 114. Et l'on en conclut que la responsabilité morale du juif commence à 13 ans.
Mais les seuls passages où il soit question de cet âge sont ceux qui concernent certains
préceptes positifs comme le pèlerinage de Jérusalem (c'est à l'occasion de Lc
2,42 que STRACK-BILLERBECK les citent, II, p. 145) ou bien certains péchés sexuels;
jamais les docteurs ne laissent entendre que le jeune juif n'était pas astreint auparavant
aux préceptes moraux.

[14] *Épître aux Romains*, p. 240.

sont-ils pas eux aussi une longue histoire de l'infidélité d'Israël? infidélité d'ailleurs partielle et surtout provisoire, car «Dieu n'a pas rejeté son peuple» (11,1) et si «la racine est sainte, les branches le sont aussi» (11,16), jusqu'au mystère de la conversion du peuple juif dont Paul déclare qu'elle sera pour le monde «une résurrection d'entre les morts» (11,15), car si «Dieu a enfermé tous les hommes dans la désobéissance», c'est «pour faire à tous miséricorde» (11,32).

Mais une question se pose: quelles sont ces «étapes successives de l'histoire du salut», dont parlait le P. Huby, «telles que l'Écriture les fait connaître» à saint Paul? Se rangeant à une opinion que venait d'exposer très brillamment le P. Benoit dans la *Revue Biblique* [15] et qui semble partagée par un certain nombre d'exégètes modernes [16], le P. Huby les défi-

---

[15] *La loi et la croix d'après saint Paul: Rom VII,7-VIII,4*, dans *RB* 47 (1938) 481-509, ou *Exégèse et Théologie*, 1961, II, p. 9-40.

[16] Ainsi A. FEUILLET, *RB* 57 (1950) 368; cf. 369 s. De même, ce semble, autant que les explications assez embrouillées de l'auteur permettent d'en juger, P. BLÄSER, *Das Gesetz bei Paulus*, 1941, p. 114 ss.: Paul entend parler non de tel ou tel juif en particulier mais du «judaïsme considéré comme une unité qui jadis vécut sans relation à la loi (mosaïque) et reçut le commandement de Dieu» (p. 118). Il «vivait» d'une «vie relative», qu'il faut comprendre comme un «Freisein von persönlichen Sünden» (p. 119), tout en étant déjà sous la puissance du péché («schon unter der Macht der Sünde») mais «le péché étant encore mort» (p. 118). Cependant l'explication en question, telle qu'elle est proposée par le P. Benoit, par exemple, suppose qu'un changement radical de situation s'est produit entre la période où l'ἐγώ «vivait sans loi» (v. 8b) (avant le Sinaï) et celui où «il est mort» (v. 10) et «tombé sous l'empire du péché» (v. 14). Au contraire, chose étrange, pour P. BLÄSER (p. 118 et n. 86), le moi des vv. 14 ss. est «dans la même situation» que celui qui est dit «vivre sans loi», les vv. 14 ss. étant l'explication des vv. 7-13; et c'est même la raison pour laquelle Paul ne pouvait songer à Adam qui, au paradis, n'était pas «sous le péché», «vendu au péché», un être dans lequel le péché seulement «dormait» jusqu'à ce que vint le précepte (p. 119).

L'interprétation proposée par le P. Benoit se retrouve, en tout cas, dans plusieurs articles du *TWNT*, v. g. s. v. ἐγώ (E. STAUFFER, II, 1935, p. 355-357, cf. *Theologie des N. T.*, note 239); s. v. ἐντολή (G. SCHRENK, II, 1935, p. 546). Mais les plus récents commentateurs de Rom n'en font aucun usage pour l'explication de la péricope: ainsi ceux de O. MICHEL, 1955, et C. K. BARRETT, 1957, se contentent de la signaler au début avec les autres explications. F. J. LEENHARDT, 1957, ne lui accorde même pas une mention. Le dernier et le plus copieux, celui de O. KUSS (1959), y fait en passant deux brèves allusions (p. 449 et 467), sans même s'attacher à la réfuter.

Elle ne fut, d'ailleurs, pas ignorée des anciens, DIODORE DE TARSE (apud K. STAAB, p. 48), CHRYSOSTOME (*PG* 60,500 s.), CYRILLE D'ALEXANDRIE (*PG* 74,801-805), d'après K. H. SCHELKLE, *op. cit.*, p. 326 ss.; mais avec cette différence capitale que nul d'entre eux ne considère le temps qui a précédé Moïse, le temps de la «loi naturelle», comme un temps d'innocence où l'on ne pouvait pas «pécher», bien au contraire. Quoique l'ignorance constituât pour eux une certaine excuse, «ils savaient déjà qu'ils péchaient» (CHRYSOSTOME) et n'étaient aucunement «à l'abri des châtiments» (CYRILLE); bref, ils se trouvaient encore plus loin du salut avant qu'après (tous). De même quand l'AMBROSIASTER, parmi les Latins, estime que Paul songe à «l'humanité avant Moïse», et qu'alors «le péché était mort», c'est en ce sens que le diable était tellement certain de «tenir l'homme en sa possession», qu'il ne se préoccupait guère de l'entraîner au péché: «Putabatur enim non imputari peccatum, cum imputaretur» (*PL* 17,114 s.).

nit ainsi: «avant la loi (entendez 'mosaïque'), sous la loi, dans le Christ». Autrement dit, saint Paul se proposerait de décrire: *a*) l'état de l'humanité telle qu'elle existait avant la promulgation de la loi de Moïse; — *b*) la condition du peuple juif depuis cette proclamation, sous la tyrannie de la loi; — *c*) enfin la condition du chrétien délivré du joug de la loi par la mort et la résurrection du Christ. Plus précisément, à s'en tenir au seul ch. 7, il entendrait opposer à l'état de l'humanité avant le don de la loi au Sinaï celui du peuple juif sous la loi, le premier décrit comme un état où l'homme «vivait sans la loi» (v. 9) — du moment que «sans la loi le péché n'est qu'un mort, ἡ ἁμαρτία νεκρά», un «cadavre» sans force (v. 8) —; le second comme un état où, «le précepte étant survenu, le péché a pris vie, ἡ ἁμαρτία ἀνέζησεν, et moi je mourus, ἐγὼ δὲ ἀπέθανον» (v. 9 s.).

A première vue, l'explication est assurément séduisante et paraît s'adapter parfaitement aux expressions pauliniennes. En effet, dans sa controverse avec les Judaïsants sur la gratuité de la justification, ne s'agissait-il pas exclusivement de la fonction de la loi mosaïque, la seule par laquelle les Juifs prétendaient obtenir la justice? D'ailleurs, n'est-ce pas le sens habituel du terme νόμος chez Paul? Et le précepte ici mentionné n'est-il pas précisément emprunté directement au décalogue, c'est-à-dire au noyau même du code de l'alliance: *Tu ne convoiteras pas?*

Quant à l'argument qu'en tirerait saint Paul contre les prétentions juives et le rôle qu'elles attribuaient à la loi mosaïque, il est, en effet, avouons-le, écrasant: comme on l'a dit, «en supposant par hypothèse qu'avant la loi on ne pouvait pécher ni formellement ni mortellement — 'je vivais sans la loi naguère, car sans la loi le péché n'est qu'un mort', — l'Apôtre fait ressortir en un puissant relief ce que la loi apporte de nouveau au monde: la pleine responsabilité et la condamnation» [17].

---

[17] P. BENOIT, *art. cit.*, p. 490 n. 1 ou *Exégèse*, II, p. 19 n. 1 (reproduit dans J. HUBY, p. 242 note). A la même page on lit: «Dans la période qui suivit (Adam) où l'homme a vécu sans loi, il n'avait pas la connaissance nécessaire et ses péchés ne furent ni formels ni mortels, nous l'avons vu». Évidemment saint Paul n'oublie pas l'existence de «la loi naturelle gravée dans la conscience de chacun»; mais il pouvait en faire abstraction en raison du «schématisme» que lui impose «le tableau à grands traits» qu'il retrace de l'histoire du salut (*ibid.* n. 1).

Que le tableau suppose un certain «schématisme», rien de plus certain; mais ce dont Paul «prescinde», ce n'est pas, semble-t-il, de la loi de la conscience, qu'il ne paraît guère tenir pour une «source d'information toute subjective et variable selon les individus» (cf. Rom 1,32; 2,14-16); c'est de la grâce du Christ, qui n'a certes pas cessé de travailler l'humanité en dépit du péché d'Adam, mais dont il lui fallait bien «prescinder», s'il voulait mettre en tout son relief la causalité du Christ (Rom 7,25*a*), exactement d'ailleurs comme dans Rom 1,18 ss. et plus encore en Rom 5,12 ss.: il utilise simplement l'équivalence «dialectique»: avant le Christ = sans le Christ, qu'on retrouve si souvent dans la tradition, par exemple chez S. AUGUSTIN (voir *Enchiridion* 26-27; *PL* 40,245 à comparer avec *De pecc. mer. et rem.*, I, 11,13; *PL* 44,116. Cf. J. HUBY, éd. 1957, p. 538 n. 2).

Malheureusement, si saint Paul prétend se référer à l'Écriture, comme on le suppose, il faut reconnaître que celle-ci offre de cette période de l'histoire une image fort différente. Sans doute insiste-t-elle sur les péchés d'Israël après l'alliance, à commencer par l'adoration du veau d'or, au moment même où Dieu accordait à son peuple le don de la loi, premier péché du peuple que Dieu vient de délivrer d'Égypte et proclamer son fils premier-né, premier péché qui, hélas! sera suivi de tant d'autres... Mais la Bible ne suggère pas le moins du monde que le temps qui a précédé ait été, soit pour l'humanité en général soit même pour le peuple juif, un temps d'innocence même relative, *a fortiori* un temps où l'on ne péchait «ni formellement ni mortellement».

Il est vrai qu'on invoque le passage parallèle du chap. 5 où l'on suppose que saint Paul se représenterait cette même période de l'histoire du genre humain — à savoir entre Adam et Moïse — comme un temps où «en l'absence de loi, le péché n'est pas imputé» (Rom 5,13)[18]. Il est vrai également qu'une telle interprétation de ce verset est aujourd'hui à peu près générale chez les exégètes, dont plusieurs ne laissent pas d'ailleurs d'en être visiblement gênés et ne semblent la proposer que faute d'en discerner une meilleure[19]. Mais elle est relativement récente et l'on voit fort bien comment elle a pu s'introduire dans l'exégèse de ce passage. Pour les anciens, en effet, quand saint Paul déclare qu'entre Adam et Moïse les péchés des hommes n'étaient pas imputés, il s'agit d'une imputation au jugement des hommes, d'une imputation erronée, non pas d'une imputation au jugement de Dieu. Ainsi des trois explications que S. Thomas propose de ce verset, et qui représentent en fait l'exégèse qu'on en donnait au Moyen Age, aucune ne suppose que Dieu, sous prétexte que la loi de Moïse n'avait pas encore été promulguée, n'aurait pas imputé, — de quelque façon que ce soit —, le péché des hommes.

Comment d'ailleurs une telle supposition aurait-elle pu germer dans l'esprit de saint Paul qui venait de consacrer trois chapitres entiers à essayer de convaincre ses lecteurs que tous les hommes sans exception, ceux qui se trouvent sous la loi (les Juifs) comme ceux qui ne s'y trouvent pas (les païens), sont l'objet de la colère de Dieu et passibles de la condamnation divine (Rom 3,9 et 19). Au reste, il n'avait qu'à ouvrir sa Bible pour

---

[18] C'est pratiquement, ce semble, la raison principale qui empêche G. SCHRENK d'interpréter Rom 7 en fonction d'Adam au paradis (*TWNT*, II, p. 547). De même E. STAUFFER, *ibid.*, p. 356 et note 137.

[19] Ils avouent par exemple que l'argumentation qu'en fonction de cette exégèse du v. 13 ils prêtent à l'Apôtre, est quelque peu «rabbinique» et n'a peut-être pas la même valeur pour nous que pour saint Paul. Ainsi O. KUSS, p. 232: «Die Argumentation des Apostels wird verständlich, wenn man... seine Voraussetzungen annimmt; eine ganz andere Frage ist ës, ... ob wir seinen Weg im einzelnen als den unseren nachgehen können; seine z. T. rabbinischen Beweisführungen haben für uns häufig nicht den gleichen Grad an Schlüssigkeit».

constater que la période de l'histoire commençant avec le péché d'Adam, bien loin d'être décrite comme une période d'innocence même relative, est celle de l'invasion et de la prolifération du péché dans le genre humain, et d'un péché qui certes n'offre point les caractéristiques de n'être pas imputé au jugement de Dieu: fratricide de Caïn, vengeance de Lamech, perversité croissante attirant le châtiment du déluge, annonçant le jugement eschatologique [20], orgueil et impiété des constructeurs de Babel, et plus tard abominations des habitants de Sodome et de Gomorrhe qui «offensaient Yahvé à l'excès» (Gen 13,13) et sur lesquels «Yahvé fit pleuvoir du soufre et du feu» (Gen 18,24), châtiment devenu lui aussi, lui surtout, dès le temps des Prophètes [21], le type même des châtiments que Dieu réserve aux pécheurs, comme le rappellent la Seconde épître de Pierre et celle de Jude [22]. Quant à l'époque même qui a précédé immédiatement le don de la loi, le séjour en Égypte, la Bible ne se la représente pas davantage comme une période d'innocence pour Israël qui, faute de loi, n'aurait pu pécher «ni formellement ni mortellement» et pour cette raison n'aurait pas été digne de mort. Ce n'est pas en tout cas l'avis d'Ezéchiel.

Avant de devenir le peuple de Dieu par l'alliance, Israël est tout simplement assimilé aux nations: «Ainsi parle le Seigneur Yahvé à Jérusalem: par ton origine et par ta naissance, tu es du pays de Canaan. Ton père était amorite et ta mère hittite...» (Ez 16,3). Et voici comment, au ch. 20, le même prophète décrit la conduite du peuple en Égypte: «Ce jour-là, — le jour où Dieu apparut à Moïse et lui révéla son nom, première étape de l'élection du peuple —, j'ai levé la main sur eux — signe du serment — en jurant de les faire sortir du pays d'Égypte et de les amener au pays que je leur avais choisi, où coulent le lait et le miel, le plus beau de tous les pays. Et je leur ai dit: Rejetez chacun les horreurs qui attirent vos yeux, ne vous souillez pas avec les idoles de l'Égypte. Je suis Yahvé, votre Dieu. Mais ils se rebellèrent contre moi et ne voulurent pas m'écouter. *Aucun ne rejeta les horreurs qui attiraient ses yeux; ils n'abandonnèrent pas les idoles de l'Égypte.* J'eus la pensée de déverser ma fureur sur eux et d'assouvir sur eux ma colère, au pays d'Égypte. Mais j'eus égard à mon nom... Aussi je les fis sortir du pays d'Égypte et je les menai au désert. Je leur donnai mes lois et je leur fis connaître mes coutumes, que l'on doit observer pour en vivre... Mais *la maison d'Israël se rebella contre moi au désert.* Alors j'eus la pensée de déverser ma fureur sur eux au désert, pour les exterminer. Mais j'eus égard à mon nom... J'eus un regard de pitié pour eux...» (Ez 20,7-17).

---

[20] Cf. Mt 24,39. Très justement la *Bible de Jérusalem* (éd. en un volume) note à propos du déluge: «C'est un jugement de Dieu qui préfigure celui des derniers temps, Lc 17,26 s.; Mt 24,37 s., comme le salut accordé à Noé figure le salut par les eaux du baptême, 1 P 3,20 s.» (p. 14).

[21] Cf. Am 4,11; Os 11,8; Is 1,9; 3,9; 13,19; Jer 23,14; 49,18; 50,40; Ez 16,46-56; etc.

[22] Cf. 2 Petr 2,6: «à titre d'exemple pour les impies à venir»; Jude 7 parle même de la «peine d'un feu éternel, πυρὸς αἰωνίου δίκην».

Ézéchiel stigmatise le péché d'Israël en Égypte, avant le temps de la loi, dans les mêmes termes exactement dont il stigmatise le péché d'Israël au désert, après la promulgation de la loi. Israël n'a certes pas dû attendre celle-ci pour pouvoir commettre un péché qui excite la colère de Yahvé, un péché «formel», passible de châtiment, un péché «mortel», le péché même d'idolâtrie.

C'est d'ailleurs ce que dira Josué aux enfants d'Israël au moment de l'entrée en Canaan: «Et maintenant craignez Yahvé et servez-le dans la perfection en toute sincérité; éloignez *les dieux que servirent vos pères au-delà du fleuve* (c'est-à-dire en Mésopotamie, à l'époque des Patriarches) et *en Égypte...*» (Jos 24,14)[23].

Le séjour en Égypte passait si peu aux yeux des Juifs pour une période où le péché n'aurait pas été imputé que la libération de la servitude égyptienne fut de plus en plus considérée comme une libération de la servitude du péché[24], et le sacrifice de la Pâque comme le signe commémorant le passage du péché à la justice, si bien que Flavius Josèphe, par exemple, au temps de saint Paul, racontant la sortie d'Égypte, voyait dans le rite pascal un sacrifice au moyen duquel les Israélites «purifiaient, ἥγνιζον, leurs maisons»[25].

Dans ces conditions, comment saint Paul aurait-il pu se représenter le temps entre Adam et Moïse comme une période où ne se seraient commis que des «péchés irresponsables», où l'humanité eût été dans une situation de «pécheur innocent»[26]? Davantage, comment saint Paul au-rait-il pu évoquer cette période de l'histoire avec la nostal-

---

[23] Et c'est bien ce que suppose le dicton rabbinique selon lequel, depuis le péché d'Adam, l'humanité entière, y compris Israël, fut idolâtre, le peuple juif ayant cessé de l'être avec le don de la loi, remède de la concupiscence. Cf. ci-dessous p. 226, n. 83.

[24] Cf. Ez 20,5-9, cité plus haut. C'était, en effet, la terre où l'on ne pouvait adorer Yahvé (Ex 3,18; 5,1.3). Voir J. GUILLET, *Thèmes bibliques*, p. 106 ss.

[25] *Ant. Jud.* 2,14; § 312. Aussi n'est-il pas étonnant que saint Pierre, évoquant le passé de ses correspondants, sans doute judéo-chrétiens, puisse l'assimiler au temps où Israël abandonna «l'Égypte et ses convoitises» pour «se désaltérer à la pierre vivante qui est le Christ» (R. LECONTE, *Les épîtres catholiques,* Bible de Jérusalem, note à 1 Petr 2,4; cf. 1,14). Ce temps est caractérisé comme un temps d'ignorance: ἐν τῇ ἀγνοίᾳ (1 Petr 1,14), c'est-à-dire un temps où Israël ignorait Dieu; PHILON lui aussi parle de l'ἄγνοια... πάντων ἁμαρτημάτων αἰτία (*Ebr* 39,160; COHN-WENDLAND, 2,201).

[26] J'emprunte ces expressions à F. J. LEENHARDT à propos de Rom 5,13 (p. 85 et p. 107 n. 4). C'est ainsi qu'il explique également le «je vivais» de Rom 7,9 (p. 107), tout en admettant que Paul songe à la situation d'Adam au paradis! On trouvera des formules analogues pour décrire la condition de l'humanité décrite en Rom 5,13 chez J. FREUNDORFER, *Erbsünde und Erbtod,* v. g. p. 228: un temps où «il ne pouvait y avoir de culpabilité personnelle»; A. M. DUBARLE, *Le péché originel dans l'Écriture*, p. 137 s.: Paul «fait comme si jusqu'à la loi de Moïse le péché extérieur ne comportait pas de véritable responsabilité intérieure, faute de connaissance»; L. LIGIER, dans *NRT* 82 (1960) 345 s.: «La plupart des fautes ressortissaient alors, en l'absence de loi positive, de la catégorie des péchés d'ignorance exempte de peine d'extermination et rémissibles».

gie[27] que trahit si visiblement la formule adoptée: «Ah! je vivais sans la loi naguère; mais quand le précepte est survenu, le péché a pris vie et moi je suis mort, et il s'est trouvé que le précepte fait pour la vie me conduisit à la mort» (v. 9-10).

A moins de comprendre le verbe ἔζων, «je vivais», au sens de: «je me trouvais», — ce qui est une véritable gageure dans un contexte bâti sur l'opposition de la vie et de la mort[28] —; ou bien, avec saint Augustin et plus d'un à sa suite, y compris Luther: «Je croyais posséder la vie, mais j'étais mort sans m'en douter, vivere mihi videbar», traduction non seulement qui se heurte au contexte plus encore, s'il est possible, que la précédente, mais contre laquelle proteste la simple philologie![29].

Quant à convaincre Juifs et Judaïsants par un tel argument, Paul ne pouvait y songer. Son adversaire aurait eu beau jeu de l'inviter à respecter d'abord l'enseignement de cette Écriture qui, pour l'un comme pour l'autre, était la Parole même de Dieu, qu'il fallait d'abord consulter si l'on désirait savoir ce que Dieu pensait du rôle de la loi et de ses rapports avec le péché.

* * *

Or, si d'après l'Écriture on peut dire qu'il y eut une époque où l'homme «vivait» — de cette vie au sens plénier que Paul oppose précisément ici à la mort —, c'est l'époque du paradis, non pas avant la loi de Moïse, mais avant le premier péché, celui d'Adam[30]. Nous sommes ainsi amenés à une explication du chapitre 7 remise en valeur chez les catholiques par le P. Lagrange et à laquelle il demeura fidèle jusqu'à la fin en dé-

---

[27] On ne peut nier que le contexte suggère ce sens, que souligne la traduction.

[28] Cette position, vraiment désespérée, est admise comme possible par F. PRAT (I, p. 276 n. 2): «Je n'étais pas sous la dépendance de la loi»; de même parmi les anciens, DIODORE DE TARSE (K. STAAB, p. 88) et CHRYSOSTOME (PG 60,501) qui interprétaient l'ἐγώ de l'humanité avant Moïse, dont Paul affirmerait simplement qu'elle ne connaissait pas encore la loi du Sinaï. O. KUSS, p. 445 cite encore CORNELIUS A LAPIDE et REITHMAYR. Lui-même d'ailleurs estime que l'accent porte sur ἀπέθανον et non sur ἔζων, et que l'Apôtre «n'accorde visiblement pas la moindre attention à l'état qui a précédé»: «das, was vorher war, beschäftigt die Aufmerksamkeit des Apostels offenbar nicht im geringsten» (p. 448).

[29] S. AUGUSTINUS, Contra duas epist. pel., 1,9(16); de même LUTHER, S. THOMAS (la première des opinions proposées). En fait, toutes ces interprétations de ἔζων proviennent de ce que l'exégète s'efforce de faire cadrer l'affirmation de Paul au v. 9 avec la signification qu'il attribuait au passage, comme l'a bien remarqué W. G. KÜMMEL, p. 79 et passim.

[30] Cf. O. MICHEL, p. 148: «Es gab im Paradies eine Zeit unmittelbaren Lebens und Fruchtbringens». Car il est bien clair que pour saint Paul Adam ne vivait pas alors «une existence sans qualité, sans authenticité», et que sa «situation» n'était point celle d'un «pécheur innocent», comme le suppose F. J. LEENHARDT qui, pour cette raison, voit dans l'assertion de Paul «quelque chose d'ironique» (p. 107 et n. 4).

pit des critiques[31], mais qui passait alors, du moins chez les catholiques[32], pour assez singulière. Il n'est que de lire ce qu'en avait dit le P. Cornely[33] et plus encore le P. Prat. Voici comment celui-ci en son langage savoureux la présente.

Après avoir cité tout le passage (v. 7-25), qu'il nomme «une des pages les plus hardies» de l'Apôtre, le P. Prat commente:

«Quel est le héros de ce drame lugubre, et comment la loi destinée à donner la vie a-t-elle abouti à donner la mort? Telles sont les deux questions préjudicielles que suggère la lecture de ce morceau.

«L'opinion jadis soutenue par saint Méthode[34], dans une longue explication de notre texte, doit être écartée haut la main. Le moi de ce chapitre désignerait l'humanité enfermée dans le premier homme; la loi serait la défense de toucher au fruit défendu; le péché serait le diable. L'homme, au paradis terrestre, vécut d'abord sans loi; mais quand vint le précepte divin, le diable se mit en campagne, et l'homme mourut, c'est-à-dire fut frappé d'un arrêt de mort. S'étonnera-t-on qu'une si étrange exégèse n'ait rallié qu'un seul adepte, Cajetan?»[35]

---

[31] Voir la note ajoutée en 1930 pour le 4e mille, p. 399, citée dans J. Huby, p. 238. Ce qui est certain, c'est que Paul, comme le précise le P. Lagrange, «décrit ainsi une situation toujours renouvelée au cours des temps..., mais avec les traits du cas le plus grave qui ait été, celui qui s'est déroulé aux origines et qui répondait le mieux aux termes du problème, le passage de la vie à la mort par le fait du péché, à l'occasion de la loi». Les critiques n'ont d'ailleurs pas cessé, et P. Gaechter, à propos de la nouvelle édition de J. Huby (1957), écrit: «Ich kann nicht finden, dass Paulus speziell an Gen 3 gedacht hat» (ZKT 80 [1958] 349).

[32] Chez les non-catholiques, au contraire, elle était alors assez courante, bien plus en tout cas que la précédente. W. G. Kümmel cite, par exemple, P. Feine (1903), M. Dibelius (1909), H. J. Holtzmann (²1911), A. Jülicher, (¹1908), H. Lietzmann (¹1906), auxquels il faut ajouter au moins Lipsius (1892) et Kühl (1913) signalés par Lagrange.

[33] L'explication est rejetée par Cornely comme «arbitraria et erronea» (p. 367).

[34] S. Méthode, De resurrectione II, 1-8; ed. Bonwetsch du Corpus de Berlin, 1891, p. 189-204.

[35] Théologie de saint Paul, I, p. 272; la première édition est de 1908, bien antérieure par conséquent au commentaire du P. Lagrange (1916). Le patronage de Cajetan, signalé également par Cornely, était d'ailleurs compromettant; il explique peut-être la sévérité tant de Cornely que de Prat. En effet, sous la forme proposée par Cajetan, cette interprétation se heurtait à une vérité dogmatique (cf. Cornely, p. 368). Comme celui-ci entendait par péché, avec tous ses contemporains, non pas le péché personnifié plus ou moins identifié au serpent, en tout cas, encore extérieur à Adam, mais la «concupiscence», à savoir le «fomes internus», c.-à-d. «pars illa inferior animi quae causa peccati in nobis est et propterea peccatum appellatur», Cajetan semblait supposer que ce «péché» existait en Adam, avant même son péché personnel; d'autant plus qu'il ajoutait: «mortua erat quantum ad hoc quod exiret in actu peccati; erat enim velut sopita per donum iustitiae originalis in qua natus est homo». Pour Cajetan, Adam se trouvait donc exactement dans la condition de l'enfant baptisé! En réalité, c'est la même difficulté qu'opposent à notre explication un protestant comme F. Godet (p. 105): «Dans le paradis, d'après saint Paul, le péché n'était pas mort, il n'existait pas (5,12)», ou des catholiques comme P. Bläser (cf.

Le P. Prat était quelque peu gascon et le portrait tend à la caricature; somme toute, il est ressemblant. Mais c'est l'érudition du savant
exégète que l'on prend ici en défaut. N'en déplaise au P. Prat, Cajetan
n'est pas le seul à s'être rallié à une opinion qui n'a rien de propre à
saint Méthode.

Déjà, parmi les anciens Grecs, à côté de Méthode, le P. Lagrange
nommait Théodore de Mopsueste et Gennade; le P. Huby y ajouta, à la
suite de W. G. Kümmel, Théodoret[36], et tout récemment K. H. Schelkle,
étudiant l'exégèse patristique des onze premiers chapitres de l'épître aux
Romains, a constaté que c'était de beaucoup l'opinion la plus répandue
chez les Pères[37]. On la trouve, en effet, aussi bien chez un syrien comme
saint Éphrem[38] que chez des représentants de l'école d'Alexandrie comme Didyme l'Aveugle[39] ou de l'école d'Antioche comme Méthode, Théodore de Mopsueste et Gennade de Constantinople[40], auxquels il faut certainement ajouter Sévérien de Gabala[41] et d'autres encore comme nous
le verrons bientôt[42].

Quant aux exégètes modernes, ceux-là même qui ne l'admettent pas,
comme A. Feuillet, reconnaissent sans ambages dans la description de
Paul des «traits manifestement empruntés à la scène de la désobéissance
d'Adam et Ève au paradis terrestre»[43]; et F. J. Leenhardt ne craint pas
d'écrire: «La parenté des versets 7-12 avec Gen 3 montre que l'Apôtre a

---

ci-dessus p. 123, n. 3), ainsi que P. Benoit (*art. cit.* p. 483 ou *Exégèse*, II, p. 11); ou encore
A. Viard (p. 87); ces deux derniers invoquent d'ailleurs principalement le sens de
ἀνέζησεν: «Comment pouvait-on dans ce cas parler d'une reviviscence du péché?» Mais
on sait que le préverbe ἀνα- n'indique bien souvent aucune nuance de retour à un état
antérieur: cfr. O. Michel, O. Kuss, etc. Outre ἀναβλέπειν, souvent cité, voir ἀναβοᾶν,
ἀνακράζειν, ἀνακύπτειν, ἀναπαύεσθαι, ἀναπίπτειν, ἀνατρέφειν dans le seul N. T.

[36] Cf. W. G. Kümmel, *op. cit.* p. 85; J. Huby, p. 237 n. 3; Théodore de Mopsueste
(apud K. Staab, p. 126-130), Théodoret (*PG* 82,117). Jadis F. Godet (I, p. 87) parlait de
«quelques commentateurs grecs» (Théophylacte, Théodore de Mopsueste), tandis que «la
plupart des Pères» auraient vu dans le «ego» le «Juif légal», c'est-à-dire pratiquement auraient proposé l'interprétation que défend Godet lui-même.

[37] K. H. Schelkle, *Paulus Lehrer der Väter*, 1956, p. 238: «Der weitaus grössere Teil
der alten Auslegung».

[38] S. Ephraem *commentarii in epistolas divi Pauli ex armenio in latinum sermonem
translati*, Venise 1893, p. 19: «Neque concupiscentiam sciebam i n p a r a d i s o... Sine
l e g e enim A d a e d a t a peccatum mortuum erat i l l i. Ille tamen vivebat et gloria
indutus erat ante legem, etc.».

[39] Didyme (apud K. Staab, p. 3).

[40] Gennade (apud K. Staab, p. 370).

[41] A propos du précepte (ἐντολή), Sévérien déclare expressément qu'il s'agit du
«commandement donné à Adam au paradis», le distinguant d'ailleurs de la loi qui serait
la loi mosaïque (apud K. Staab, p. 219).

[42] Cf. ci-dessous, pp. 228, 229.

[43] A. Feuillet dans *RB* 57 (1950) 369; plus nettement dans *Lumière et Vie* 14 (1954)
222 (ou 78); de même P. Bläser, *Das Gesetz*, p. 115 n. 77.

pensé la scène qu'il construit à partir du personnage ... qu'était Adam»[44].
Parmi les catholiques, le P. Lagrange a été suivi tout récemment par le
P. K. Prümm, *Die Botschaft des Römerbriefs*, 1960 (voir p. 94-96), et c'est
également l'interprétation adoptée dans la *Bible de Jérusalem* (édition en
fascicules).

De fait, s'il est vrai que l'Apôtre ne nomme pas explicitement Adam,
comme il le fait au chapitre 5, les indices ne manquent pas qui prouvent
que c'est à lui qu'il songe et au récit de la Genèse où l'on décrit sa vie
dans la familiarité divine d'abord, puis son péché et la façon dont le serpent se servit du précepte pour exciter la convoitise de la femme, enfin la
mort que nos premiers parents encoururent en punition de leur désobéissance. Dans les deux cas, nous sommes en présence des mêmes personnages: un homme, type de l'humanité et en qui celle-ci est comme toute entière enfermée, bien propre à être désigné par un ἐγώ; un précepte particulier, ἡ ἐντολή, au singulier chez Paul comme dans la Genèse; le péché
personnifié, ἡ ἁμαρτία, qui joue un rôle analogue à celui du serpent de la
Genèse et du diable du passage de la Sagesse dont Paul s'est justement
inspiré au chapitre 5 en affirmant que la mort était entrée dans le monde
par le péché (v. 12), comme le Sage avait dit qu'elle était entrée dans le
monde par l'envie du diable (Sap 2,24); de même qu'en Rom 8,3, Paul af-
firmera que Dieu par la croix de son Fils «a condamné le péché dans la
chair», exactement comme saint Jean déclare qu'à la croix «le prince de ce
monde a été condamné» (Jo 16,11), ou bien encore, avec une autre image
qui reviendra au chapitre 12 de l'Apocalypse, «a été jeté bas»[45].

La ressemblance ne se limite pas aux personnages du drame. Dans
les deux cas le péché-serpent-diable suscite la «convoitise» en se servant
du précepte: saint Paul déclare que, «saisissant l'occasion, le péché, par le
moyen du précepte, produisit en moi toute espèce de convoitise» (Rom
7,8); de même que la Genèse montre comment le serpent fait prendre
conscience à la femme de l'existence du précepte et suscite ainsi en elle
une convoitise qu'elle ignorait jusque là; c'est alors, en effet, que le fruit
de l'arbre lui apparut «appétissant à manger, séduisant à voir et désirable
(litt. convoitable) pour acquérir l'intelligence» (Gen 3,6). Avec cette différence, bien entendu, que dans le récit de la Genèse le diable-serpent de-

---

[44] De même p. 106 à propos du v. 8: «La pensée de Paul se reporte à la condition décrite Gen 3»; p. 108, à propos des vv. 9 et 11: «L'allusion à la Genèse est encore évidente».
O. Michel est presque aussi affirmatif: «Es scheint so, als wenn Pls die Sündenfallge-
schichte immer wieder vor Augen hätte» (p. 147), et nous avons vu qu'il interprè-
tait le ἔζων de la vie possédée par Adam au paradis avant son péché (ci-dessus p. 213,
n. 30). Également C. K. Barrett admet l'explication au moins comme une possibilité
(p. 143) et note que le v. 11 «est presque une citation de Gen 3,13» (p. 144).
[45] Jean 12,31 selon la leçon de Θ, sys, vet. lat., adoptée par la *Bible de Jérusalem*; en
Apoc 12,9 l'image reçoit même un relief particulier, le verbe ἐβλήθη étant répété quatre
fois.

meure toujours extérieur à l'homme, tandis que pour saint Paul le péché, d'abord complètement étranger à Adam qui «vivait» — «je vivais naguère» —, devient en lui un principe interne d'activité[46] qui, l'opposant à Dieu, le sépare de Dieu, source de toute vie, et partant lui donne la mort; comme nos premiers parents d'ailleurs, acceptant la suggestion du serpent, désirent devenir comme Dieu, c'est-à-dire s'affranchir de toute dépendance par rapport à lui, violent son précepte et y trouvent la mort. Dans les deux cas il est dit, dans Gen 3,13, que le serpent «séduisit Ève» et, dans Rom 7,11, que «le péché me séduisit», avec le même verbe composé ἐξαπατᾶν employé dans les deux autres passages où saint Paul rappelle ce trait de la Genèse, en 2 Cor 11,3 et 1 Tim 2,14[47].

Dans les deux cas enfin, le précepte «ordonné à la vie», ἡ εἰς ζωήν, — car Dieu ne l'avait certes pas imposé à nos premiers parents pour les faire mourir — s'est trouvé en fait les conduire à la mort, à cette mort non seulement du corps mais de l'âme, qui, sauf intervention toute gratuite de la miséricorde divine, devait aboutir à la mort éternelle, exactement comme dans le passage de la Sagesse 2,24 mentionné à l'instant qui interprétait avec autorité le récit de la Genèse, et auquel précisément Paul s'était référé en parlant d'Adam au chapitre 5[48].

* * *

Mais, si les allusions à la scène du paradis terrestre sont obvies, comment expliquer la réaction d'un P. Prat et les réticences de plus d'un exégète de valeur[49]?

Ces réticences proviennent de ce qu'on est persuadé que Paul ne peut avoir en vue dans notre passage que la seule loi mosaïque entendue au sens strict[50], persuasion qui semble avoir pour cause déterminante la façon dont on comprend assez généralement aujourd'hui la polémique de

---

[46] C'est ce qu'avait omis de souligner CAJETAN (cf. ci-dessus p. 131, n. 3).

[47] Cette allusion est le plus fréquemment admise. Malgré la «majorité des commentateurs» («die Mehrzahl der Erklärer»), W. G. KÜMMEL pense que la coïncidence avec Gen 3,13 est fortuite (p. 54). C'est que pour lui ἐγώ ne peut absolument pas désigner Adam pour des raisons que nous verrons (cf. ci-dessous, n. 50).

[48] On remarquera la succession caractéristique: précepte – convoitise – péché – mort, dans Rom 7,7-9 comme dans Gen 3.

[49] Par exemple W. G. KÜMMEL, op. cit. p. 86 s. et passim; G. SCHRENK, dans TWNT, II, p. 546 («trotz der Anklänge an die Geschichte vom Sündenfall»); P. BENOIT, art. cit., p. 483 ou Exégèse, II, p. 11; A. VIARD, p. 87 (quoique «beaucoup aient songé à Adam» et que «bien des traits semblent empruntés à la chute du premier homme»); etc.

[50] Ainsi très clairement W. G. KÜMMEL, op. cit., p. 55 s. et passim: ἐντολή ne peut désigner autre chose que νόμος (en quoi il a raison) et νόμος ne peut désigner dans ce contexte que la loi mosaïque au sens strict dont Paul entend faire l'apologie, sans quoi «toute l'argumentation de l'Apôtre devient incompréhensible» (p. 56).

l'Apôtre contre la loi et finalement l'idée que nous nous faisons de la conception juive de la justification par les œuvres de la loi.

Pour les Juifs — du moins à s'en tenir à ce que saint Paul nous apprend, mais ceci correspond fort exactement à ce que nous enseignent les sources juives elles-mêmes contemporaines — la «loi» est beaucoup moins une série de préceptes particuliers, plus ou moins nombreux selon les docteurs, qu'une «économie» au sens patristique du terme [51], un système de salut que justement pour cette raison saint Paul peut opposer à l'économie de la grâce et de la foi [52]. Elle a comme caractéristique essentielle d'être donnée par Dieu et se distingue par là de toute loi purement humaine. C'est pourquoi saint Paul déclare que «la loi est sainte, et saint le précepte et juste et bon» (Rom 7,12), ou encore que «la loi est spirituelle» (v. 14). Mais à cette première caractéristique, d'être «donnée par Dieu», s'en ajoute une autre que Paul se refuse à lui accorder: pour les Juifs, aux yeux de Paul, Dieu a donné la loi, autrement dit, a précisé un certain nombre de préceptes déterminant un certain nombre d'œuvres à accomplir, pour permettre à son peuple d'obtenir par ce moyen la justification. Si bien que, pour être justifié devant Dieu, deux conditions apparaissent nécessaires et suffisantes: 1º que les œuvres à accomplir soient désignées par Dieu lui-même et 2º qu'elles soient en fait accomplies par l'homme. Quelle que soit l'œuvre en question, dès lors que le précepte qui s'impose offre ce caractère d'être un précepte donné par Dieu pour permettre à l'homme de devenir juste en l'accomplissant, le Juif parlera de «loi», de *Tôrah*.

Aussi la tradition juive utilise-t-elle bien souvent ce terme — et le plus normalement du monde — là où, à nous qui pensons toujours au code mosaïque comme tel, il semble aussi impropre que possible. Notamment, partout où l'A. T. mentionne un homme qui fut «juste devant Dieu», la tradition juive n'hésitera pas un instant à lui attribuer la pratique de la loi. Et d'abord bien entendu pour Abraham, qui devint même le type de ceux qui furent justifiés par les œuvres de la loi et dont le livre de l'Ecclésiastique déclare: «Abraham observa la loi du Très-Haut [53] et fit une alliance avec lui: dans sa chair il établit cette alliance et au jour de l'épreuve il fut trouvé fidèle. C'est pourquoi Dieu lui promit par serment de

---

[51] Loi et alliance sont tellement unis dans la pensée juive que le Siracide peut parler de «l'alliance de la loi» (Eccli 38,33: διαθήκην κρίματος; cfr. 45,17); et l'expression se retrouve à Qumrân (*Man. de disc.* 8,9: *beryt mšpṭ*). Cf. F. M. ABEL–J. STARCKY, *Les livres des Maccabées*, 3e éd. 1961 (Bible de Jérusalem), Introduction, p. 14.

[52] Cf. Rom 6,14 où précisément l'Apôtre annonce, selon son habitude, les développements du ch. 7: «Vous n'êtes pas sous la loi, mais sous la grâce», affirmation capitale pour comprendre comment Adam au paradis, avant son péché, peut être dit «vivre sans la loi» (cf. ci-dessous, p. 222, n. 67).

[53] Tout le monde traduit avec raison: «la loi du Très-Haut», bien que le grec n'ait pas l'article; l'affirmation est en effet générale.

bénir toutes les nations en sa descendance» (Eccli 44,19-21). Sans doute, le Siracide mentionne-t-il le précepte de la circoncision qui fera partie du code mosaïque; mais, dans sa pensée, si Abraham observa la loi du Très-Haut, et en obtint la justification, c'est surtout parce que «au jour de l'épreuve», c'est-à-dire le jour où il accepta de sacrifier son fils pour obéir à Dieu, «il fut trouvé fidèle»; et au premier livre des Maccabées, Matta-thias reproduisant cette tradition, ne retiendra plus que l'obéissance héro-ïque d'Abraham: «Abraham n'a-t-il pas été trouvé fidèle dans l'épreuve et cela ne lui a-t-il pas été compté comme justice?» (1 Macc 2,52) [54]. En fait, pour le Siracide comme pour tout Juif, «observer la loi du Très-Haut», si-gnifie essentiellement «obéir à Dieu», que le précepte se trouve explicite-ment mentionné dans le code de Moïse, comme la circoncision, ou qu'il ne s'y trouve pas, comme c'est évidemment le cas pour le sacrifice d'Isaac.

Mais il en était de même du «juste» Noé et surtout d'Adam, dont le même livre de l'Ecclésiastique célèbre «la gloire» [55]. Sans même recourir à la description que fait du séjour d'Adam au paradis le livre des Jubilés, — un des livres préférés, nous le savons maintenant [56], de la secte de Qum-rân qui représente par tant de traits significatifs le milieu juif dans lequel s'est développé le christianisme naissant —, il n'est que de se reporter au Targum des trois premiers chapitres de la Genèse, notamment dans la re-cension qu'en donne le codex *Neofiti* no 1 de la bibliothèque Vaticane qui, selon l'avis des spécialistes, représente la tradition la plus ancienne de cet-te version araméenne paraphrasée du Pentateuque [57]. Qu'y lisons-nous? Que Adam fut mis par Dieu dans le jardin du paradis non pas «pour le cultiver», mais «pour observer la loi»: «Et le Seigneur Dieu prit l'homme

---

[54] On notera comment, à la différence de saint Paul qui a soin d'expliquer l'assertion de Gen 15,6 sur «la foi d'Abraham comptée comme justice» en fonction de son contexte propre (Rom 4,9-10), elle est ici interprétée dans un contexte tout différent, celui du sacri-fice d'Isaac (Gen 22); tant il est vrai que Paul ne suit pas les méthodes exégétiques des rab-bins. Voir J. Huby, éd. 1957, p. 582-584 et Index s.v. «citations de l'A. T.». De son côté Jac 2,23 se conforme à la même tradition juive pour prouver l'insuffisance d'une foi qui serait «morte», c.-à-d. inactive, inerte comme un «cadavre», non opérante, ce que Paul ex-primera, mais en d'autres termes, en Gal 5,6 quand il parlera de la «foi qui opère par la charité».

[55] Eccli 49,16 selon l'hébreu: «Sem et Seth et Enos furent célébrés (*nifᵉqādû*; LXX: ἐδοξάσθησαν), mais sur tout être vivant (est) la gloire d'Adam (*tifᵉeret 'Ādām*; LXX: καὶ ὑπὲρ πᾶν ζῷον ἐν τῇ κτίσει 'Αδάμ).

[56] Selon J. T. Milik, *Dix ans de découvertes dans le désert de Juda*, 1957, p. 30: «Les grottes 2 et 4 ont livré des morceaux d'une dizaine de manuscrits. L'hébreu en est coulant et le texte répond à l'archétype supposé par la version éthiopienne».

[57] Voir A. Díez Macho, *The Recently Discovered Palestinian Targum, its Antiquity and Relationship with the other Targums*, dans *VTS* 7 (Congrès d'Oxford) Leiden, 1960, p. 222-245. On consultera aussi très utilement deux articles de P. Grelot, *Les Targums du Pentateuque. Étude comparative d'après Gen IV, 3-16*, dans *Semitica* 9 (1959) 59-88 et *Sa-gesse X, 11 et le Targum de l'Exode*, dans *Biblica* 42 (1961) 49-60.

et le fit habiter dans le jardin d'Eden pour observer la loi [58] et en garder les commandements» (Gen 2,15). Évidemment au cours de tout le récit les allusions au «commandement» se multiplient [59]. Mais surtout à la fin du chapitre 3 un paragraphe exalte l'arbre de vie, auquel le Targum avait donné symboliquement des dimensions gigantesques [60] et qu'il assimile maintenant formellement à la loi: «Car la loi est l'arbre de vie pour quiconque l'observe et en accomplit les préceptes; il vivra et demeurera comme l'arbre de vie dans le monde à venir. La loi est bonne à observer en ce monde comme le fruit de l'arbre de vie» (Gen 3,23) [61].

Quand saint Paul proclame en Rom 7,12 que «la loi est bonne», faut-il voir un écho de cette paraphrase qu'il devait connaître plus ou moins par cœur? La coïncidence est frappante. En tout cas, il est sûr qu'en

---

[58] L'interprétation est ancienne; elle se retrouve même chez les anciens auteurs chrétiens qui l'ont évidemment empruntée au judéo-christianisme. Ainsi THÉOPHYLE D'ANTIOCHE, *Ad Autolycum*, 2,24 (*PG* 6,1092; *Sources chrétiennes* n° 20, p. 159): «Les mots 'pour qu'il le travaillât' (en réalité le pronom αὐτόν manque, l'interprétation ayant déjà influé sur le texte grec lui-même) ne signifient pas d'autre travail que de garder le précepte du Seigneur et de ne pas se perdre par une désobéissance» (trad. G. SENDER). Même interprétation chez S. AMBROISE, *De paradiso*, 4, citée dans MIGNE. Sur THÉOPHYLE D'ANTIOCHE et le judéo-christianisme voir J. DANIÉLOU, *Théologie du judéo-christianisme* p. 124. Le même THÉOPHYLE D'ANTIOCHE, *Ad Autolycum* 2,27, offre un fort curieux passage, dont les patrologues ne sauvent pas l'orthodoxie sans peine, où la justification par le Christ, telle qu'elle est affirmée en Rom 5,18-19, se trouve exprimée à l'aide des catégories juives de la justification par la loi!

[59] Le terme est employé au singulier ou même au pluriel; mais le codex *Neofiti* offre généralement le singulier, et ce sont les traditions postérieures qui mettent le pluriel: l'assimilation aux préceptes de la loi mosaïque se poursuit.

[60] Gen 2,9: «L'arbre de vie au milieu du jardin, dont la hauteur était de cinq cents années de marche» (Targ. Ps. Jonathan); «dont la hauteur était égale à la longueur du jardin» (marge du *Neofiti*).

[61] Au reste, cette interprétation «mystique» de l'arbre de vie paraît supposée également en 4 Esdr 8,52, où il est dit aux Juifs en possession de la loi: «Vobis apertus est paradisus, plantata est arbor vitae». Elle n'est pas si éloignée non plus de celle que PHILON attribue aux «meilleurs interprètes» de son temps: tandis que beaucoup voient dans l'arbre de vie «une plante qui donnait l'immortalité tandis que les autres étaient vénéneuses», ou bien «la terre qui produit tout ce que mangent les hommes», ou encore «les sept cieux» ou «le soleil», les «meilleurs interprètes» estiment que «l'arbre de vie est la vertu la plus parfaite, la piété qui seule peut donner l'immortalité» (*Quaestiones in Genesim*, I, 108, cité par J. DANIÉLOU, *Philon d'Alexandrie*, p. 116; celui-ci renvoie également à *Leg. Alleg.* 1,59: «l'arbre de vie est la vertu générique qu'on appelle parfois bonté, ἡ γενικωτάτη ἀρετή, ἥν τινες ἀγαθότητα καλοῦσιν, d'où se constituent les vertus partielles». D'autres l'assimilent au «cœur, source de la vie» [éd. COHN-WENDLAND 1,75]). Par ailleurs, le P. Daniélou me signale deux textes qui voient dans l'arbre de la connaissance un type de la loi, l'un chrétien: HIPPOLYTE, *Commentaire sur Daniel*, I, 18 (éd. M. LEFÈVRE, *Sources Chrétiennes*, n. 14, p. 105, avec référence à Rom 3,20), l'autre gnostique: *Évangile de Philippe* (mss. de Nag Hammadi, éd. P. LABIB, p. 122 ligne 5; trad. anglaise par C.J. DE CATANZARO, dans *JTS* N.S. 13 [1962] 57).

face d'une telle conception de la justification d'Adam par l'observation de
la loi, l'Apôtre procède exactement comme il a procédé au chapitre 4 pour
Abraham. De même qu'il avait renvoyé Juifs et Judaïsants au texte même
de l'Écriture et leur avait fait remarquer que cette Écriture, qui seule exprime le jugement de Dieu, quoi que les hommes puissent penser[62], déclarait
Abraham «juste», non pas après l'alliance et la circoncision, encore moins
après le sacrifice d'Isaac, mais avant tout cela, dès Gen 15,6, alors que la
première allusion à l'alliance se trouve en Gen 15,18, la première allusion à
la circoncision en 17,10 et que le sacrifice n'est rapporté qu'au chapitre 22.
La justice d'Abraham est mise par Dieu lui-même en relation non pas avec
une œuvre qu'Abraham aurait dû accomplir pour obtenir cette justification,
mais avec un acte de foi: «Abraham crut en Dieu et cela lui fut compté
comme justice» (Rom 4,3 = Gen 15,6). Les Juifs peuvent concevoir comme ils voudront la façon dont Abraham, leur Père, a été justifié: voilà en
tout cas ce que Dieu en pense: «au regard de Dieu», πρὸς Θεόν (Rom 4,2),
Abraham ne tint pas sa justice de ses œuvres, mais de sa foi!

Ici, de même, les Juifs s'imaginent qu'à Adam, le premier de tous les
justes, dont la Bible nous raconte qu'il vivait dans la familiarité de Dieu,
conversait avec lui comme un ami avec son ami, Dieu avait donné un précepte comme un moyen qui lui permît en l'observant d'acquérir cette justice
et par là de «vivre». Combien ils se trompent! Qu'ils lisent attentivement l'É-
criture: ils constateront que, si le précepte a bien été donné par Dieu à nos
premiers parents «pour la vie» (ἡ ἐντολὴ ἡ εἰς ζωήν, Rom 7,10), non seulement il n'a pas été donné pour leur faire acquérir une vie qu'ils n'auraient
pas possédée auparavant (ἐγώ δὲ ἔζων χωρὶς νόμου ποτέ, Rom 7,9), mais il
a été pour eux en fait une occasion de mort: il a servi, en réalité, au serpent
d'instrument pour leur procurer la mort (ἡ ἁμαρτία ἀφορμὴν λαβοῦσα διὰ
τῆς ἐντολῆς ἐξηπάτησέν με καὶ δι' αὐτῆς ἀπέκτεινεν, Rom 7,11)!

Combien une évocation nostalgique de cette époque paradisiaque se
comprend aisément: «Ah! je vivais... naguère!»[63], quand l'humanité «ne
connaissait pas encore le péché» (v. 7), c'est-à-dire quand elle ne savait
pas encore par expérience çe qu'était cette force démoniaque qui arrache
l'homme à son Créateur et le conduit à se détruire lui-même pour ainsi dire de ses propres mains en refusant une dépendance en quoi consiste son
être même[64]. En tout cas, à nulle autre période de son histoire l'expression ne s'applique plus exactement.

---

[62] Tel est sans doute le sens des mots de Rom 4,2: ἀλλ' οὐ πρὸς τὸν Θεόν. Des Juifs
peuvent s'imaginer qu'Abraham a de quoi se glorifier parce qu'il a été justifié par ses
œuvres; ce n'est pas, en tout cas, l'avis de Dieu dont l'Écriture nous révèle la pensée.

[63] Cf. ci-dessus p. 213, n. 27.

[64] Tel est, ce semble, le sens de cette «connaissance du péché» dont parle Paul au v. 7
et qui fut si diversement comprise: par sa propre expérience douloureuse, Adam a découvert ce qu'était en réalité ce «péché» qui pouvait auparavant lui apparaître comme un ami,
voire un conseiller plus digne de confiance que Dieu même.

Il est vrai que l'Apôtre ajoute: «Ah! je vivais sans loi, naguère!» (ἔζων χωρὶς νόμου ποτέ). Pour justifier l'expression paulinienne, le P. Lagrange pensait que saint Paul avait supposé un certain intervalle entre la création d'Adam au paradis et le commandement imposé de ne pas manger du fruit de l'arbre de la science du bien et du mal, c'est-à-dire entre les vv. 15 et 16 de Gen 2: «Alors, pendant un temps, il est vrai indéterminé, il n'y avait aucune loi positive» [65]. La chose est possible, d'autant que le livre des Jubilés ne mentionne pas le précepte avant la suggestion du serpent et qu'Adam et Ève sont censés avoir déjà vécu au paradis durant plus de 7 années [66]. Mais il ne semble pas qu'une telle supposition soit nécessaire. Il suffit peut-être d'expliquer saint Paul en fonction des catégories pauliniennes. Si l'Apôtre estime que le chrétien «animé par l'Esprit» (Gal 5,18; Rom 8,14) «n'est plus sous la loi», dans la mesure même où en lui, comme l'interprétera très justement saint Thomas à la suite de saint Augustin, la loi est intériorisée, c'est-à-dire s'identifie au dynamisme même de sa nature (loi naturelle) ou de sa surnature (loi de charité) [67], *a fortiori* Adam et Ève au paradis avant leur péché pouvaient et devaient être dits «sans loi» [68]. Et, de fait, jusqu'à ce que le serpent pose sa question insidieuse: «Est-il vrai que Dieu a dit: vous ne mangerez pas de tous les arbres du jardin?», Ève avait observé le précepte sans même s'en douter, comme une chose qui allait de soi, un peu comme une mère observe le commandement du décalogue lui imposant de ne pas tuer son enfant [69]!

---

[65] *Épître aux Romains*, p. 169. De même A. JÜLICHER: entre Gen 2,7 et 2,16, et déjà THÉODORE DE MOPSUESTE (apud K. STAAB, 128 ou *PG* 66,812: περὶ τοῦ Ἀδὰμ λέγων, ὡς ἂν ὅτε εὐθὺς ἐγένετο ἔξω νόμου τυγχάνοντος, π ρ ὶ ν ἢ δ έ ξ α σ θ α ι παρὰ τοῦ Θεοῦ τῆς ἀποχῆς τοῦ φυτοῦ τὸ ἐπίταγμα). O. MICHEL, p. 148 suppose quelque chose d'analogue: «Es gab im Paradies eine Zeit unmittelbaren Lebens und Fruchtbringens (Gen 1,28 ss.), dann aber kam das Gebot, das den Gehorsam verlangte und die Strafe des Todes androhte (Gen 2,17)».

[66] Jub. 3,15-17.

[67] Ainsi, expliquant Gal 5,18, S. THOMAS écrit: «Cum Spiritus Sanctus non sit sub lege, sicut nec Filius, sequitur quod huiusmodi opera (i. e. de l'homme animé par l'Esprit-Saint), in quantum sunt Spiritus Sancti non sunt sub lege» (I-II, q. 93 a. 6, ad 1[um]). Voir d'autres textes dans l'opuscule *Liberté chrétienne et loi de l'Esprit*, paru d'abord comme article dans *Christus* 4 (1955) 6-27; traduction anglaise: *St. Paul, Liberty and Law* dans *The Bridge* 4 (1962) 229-251.

[68] On se rappelle que Rom 6,14 annonce précisément les développements de Rom 7 sur la libération du chrétien (cf. ci-dessus p. 135, n. 5). ORIGÈNE identifiait déjà οὐκ ὑπὸ νόμον et χωρὶς νόμου, qu'il appliquait à la période où l'enfant n'a pas encore atteint l'âge du discernement: οὐ γὰρ δύναται τὸ ἔτι ἄλογον ἔχον κατάστασιν παιδίον ζῆν ὑ π ὸ ν ό- μ ο ν· πᾶς γὰρ ἄνθρωπος ἔζη χ ω ρ ὶ ς ν ό μ ο υ ποτέ, ὅτε παιδίον ἦν (*JTS* 14 [1912-1913] 13).

[69] Cf. le beau commentaire de S. THOMAS à 2 Cor 3,17 («où est l'Esprit du Seigneur, là est la liberté»): «Ille qui vitat mala non quia mala, sed propter mandatum Domini, non est liber; sed qui vitat mala quia mala, est liber. Hoc autem facit Spiritus Sanctus qui mentem interius perficit per modum habitus, ut sic ex amore caveat, ac si praeciperet lex divina; et ideo dicitur liber» (*In 2 Cor 3*, lect. 3; ed. R. CAI, n° 112).

Et c'est peut-être pour cette raison que le livre des Jubilés ne mentionne le précepte qu'à ce moment-là. C'est en tout cas en ce moment précis que le précepte apparut à la conscience d'Ève comme une loi «s'imposant de l'extérieur»; or c'est en utilisant ce précepte, par son moyen, qu'en fait le serpent suggère, inspire au premier couple le désir «d'être comme Dieu», ce désir d'indépendance et d'autonomie qui constitue le premier péché [70] et qui conduit Adam et Ève à s'opposer à Dieu et à extérioriser leur opposition sous la forme de la transgression du précepte [71]. Tel est le rôle qu'en fait, selon l'Écriture, joue le premier précepte, la première «loi», prototype de toutes les autres, comme le péché d'Adam et d'Ève, — tout en ayant bien d'autres effets, nous allons le voir, — est visiblement aussi dans la pensée de l'hagiographe le prototype de tous les péchés.

* * *

Mais, dira-t-on, si Paul ne songeait pas à la seule loi mosaïque, comment a-t-il eu l'étrange idée de choisir pour exemple une expression de cette loi empruntée au décalogue: «Tu ne convoiteras pas»? [72].

---

[70] Telle est l'interprétation la plus commune de ce «désir» (R. DE VAUX, J. COPPENS, etc.). Récemment le P. A. M. DUBARLE en a proposé une autre. Le tentateur ferait plutôt «entrevoir une possibilité merveilleuse et désirable», — celle d'obtenir aussitôt ce que l'enfant acquiert peu à peu: c'est-à-dire «une connaissance détaillée qui lui permette de juger par lui-même si tel acte envisagé est bon ou mauvais». Ainsi le tentateur proposerait-il non pas «d'emblée un sacrilège monstrueux dont l'orgueil démesuré pouvait provoquer le dégoût», mais un but de soi acceptable et même normal pour un être créé à la ressemblance de Dieu et instruit par lui. Sa perfidie est de faire croire que cet objectif pourra être atteint par la désobéissance au précepte divin» (La tentation dans le Jardin d'Eden dans Lumière et Vie 53 [1961] 17-18). Mais, pour l'auteur de la Genèse, — certainement pour saint Paul si Phil 2,6 est une allusion à cette «prétention d'Adam», — c'est le «vouloir être comme Dieu» qui constitue le péché et non pas seulement la désobéissance; au reste, à ce moment de la tentation, le serpent ne semble plus tellement réservé! Il a déjà insinué que Dieu a menti en menaçant de mort nos premiers parents (Gen 3,4); qu'il est un Dieu jaloux qui tient à garder pour lui ses privilèges (v. 5); et si la prétention est un «sacrilège monstrueux» apte à «provoquer plutôt le dégoût», elle n'apparaît telle qu'à la conscience réflexe, nullement aux yeux du pécheur.

[71] C'est à ce moment que cesse le «temps de la liberté paradisiaque», et non pas au moment de la promulgation de la loi (Gen 2,17 s.), comme le suppose O. MICHEL (p. 148).

[72] C'est là en effet l'une des principales objections soulevées contre cette interprétation: v.g. W. G. KÜMMEL, op. cit., p. 86 s. Si Paul avait voulu désigner le précepte du paradis, il n'aurait pas écrit οὐκ ἐπιθυμήσεις, mais οὐ φάγεσθε ou mieux μὴ ἅφησθε (Gen 3,3). Déjà F. GODET écrivait en 1890 (je cite d'après la 2e édition, la 1ere étant de 1879): «La citation expresse du 10e commandement (v. 7) montre bien que Paul pense au code du Sinaï et non à la défense faite dans le paradis» (p. 106). De même CORNELY (p. 361), PRAT (I, p. 277), ou plus récemment G. SCHRENK, TWNT, II, p. 547: «Das Hauptstichwort: οὐκ ἐπιθυμήσεις steht ja nicht in Gen 3, sondern im Dekalog», ou P. BLÄSER, p. 115; ou encore A. VIARD: «Pourquoi la connaissance du péché apparaît-elle comme proposée par une prescription qui ne figure que dans l'Exode et qui appartient par conséquent à la loi mosaïque?» (p. 87). Nous avons proposé une réponse à cette objection dans un article des Mélanges O. Cullmann, pp. 157-165: «Tu ne convoiteras pas (Rom. VII,7)», auquel nous nous

Il l'a choisie d'abord, pensons-nous, en raison de sa généralité même, — d'autant plus qu'il évite de préciser l'objet de cette «convoitise»[73], — mais aussi probablement en raison de la signification qu'il attribuait, lui et ses contemporains, au terme de «convoitise» et enfin en raison du rôle que celle-ci joua précisément dans le récit du premier péché tel qu'il était rapporté dans la Genèse.

Car il ne faudrait pas assimiler ce précepte à ce qui est devenu notre «neuvième commandement de Dieu»[74], interdisant le désir sexuel hors du mariage[75]. Dans le décalogue lui-même, selon le texte de l'Exode, il s'agit de «convoiter la maison, la femme, le champ, le bœuf, l'âne ou quoi que ce soit qui appartienne à un autre Israélite»[76], d'autant plus que dans la Septante les termes grecs ἐπιθυμεῖν ou ἐπιθυμία n'évoquent pratiquement jamais le désir proprement sexuel[77].

Mais il y a plus. Dans l'histoire biblique, loin de constituer «un péché» entre beaucoup d'autres, la «convoitise» apparaît comme «le péché» par excellence, le péché type qui, au dire de saint Paul lui-même résume tous les péchés du peuple d'Israël dans le désert. On se rappelle comment dans la Première aux Corinthiens, il évoque les châtiments subis par «nos pères» que Dieu a punis «pour nous servir d'exemple», dit-il, afin que «nous n'ayons pas de convoitises mauvaises (εἰς τὸ μὴ εἶναι ἡμᾶς ἐπιθυμητὰς κακῶν), comme eux-mêmes en ont eues», littéralement, avec le

---

permettons de renvoyer le lecteur. Au reste, déjà Eccli 17 prouve que les Juifs opposaient moins que nous Sinaï et Eden: cf. J. HUBY, éd. 1957, p. 600 s.

[73] Voir à ce propos les justes remarques de O. MICHEL, F. J. LEENHARDT et C. K. BARRETT citées dans l'article signalé à la note précédente.

[74] Les non-catholiques parlent souvent à ce propos du 10ᵉ commandement (cf. la citation de F. GODET reproduite à la page 223, n. 72); la formule est plus exacte, car pour eux celui-ci comprend à la fois nos 9ᵉ et 10ᵉ commandements et interdit tout désir mauvais; les catholiques, on le sait, distinguent la prohibition du désir sexuel (9ᵉ commandement) et celle du désir du bien d'autrui (10ᵉ commandement).

[75] O. KUSS, semble admettre la possibilité d'une telle signification. Il écrit, p. 443: «Ob Paulus allgemein an sündhaftes Begehren im weiteren Sinne oder speziell an die sexuelle Begierde gedacht hat, muss offen bleiben». CORNELY refuse d'entendre ici la «convoitise» avec S. AUGUSTIN et S. THOMAS au sens très général où elle est «la cause et la racine de tout péché», il estime que «Paul ne songe qu'aux mauvais désirs, quibus caro ad illicita tendit» (p. 362), par quoi il semble vouloir signifier les désirs sexuels et les «motus primo primi» de la concupiscence: ce sont eux, en effet, qui manifestent l'existence du péché originel et seule la loi positive (mosaïque) en révèle le caractère peccamineux.

[76] Si la recension du Deutéronome signale en premier lieu la femme comme objet interdit de la «convoitise», c'est visiblement parce qu'elle constitue un objet plus «précieux», et non pas en raison de l'aspect «sexuel» de la convoitise elle-même.

[77] Les seuls exemples se trouvent dans l'histoire de Suzanne (LXX, Dan 13,8: ἐπιθυμεῖν; Dan 13,32.56: ἐπιθυμία; ou Théodotion, Dan 13,9.11.14.20.56: ἐπιθυμία) et en Dan 11,37: ἐπιθυμία.

même emploi absolu du verbe: «comme eux-mêmes ont convoité, καθὼς κἀ-κεῖνοι ἐπεθύμησαν» (1 Cor 10,6). Or il s'agit d'un péché qui n'a rien à voir non seulement avec la concupiscence sexuelle, mais non pas même avec le code mosaïque. Il n'en est pas moins grave pour autant. L'Apôtre évoque la rébellion d'Israël quand le peuple s'éprit du désir de manger des cailles et «fut châtié d'une très grande plaie», si bien qu'on donna à ce lieu le nom de «sépulcres de la convoitise, μνήμασι ἐπιθυμίας, car on y enterra ceux qui avaient convoité, τὸν λαὸν τὸν ἐπιθυμητήν» (Num 11,34; cf. 33,17).

Ce fait montre déjà l'importance que l'A. T. attachait à ce péché. Il n'est point le seul. L'énumération de Deut 9,22 le mentionne aussitôt après celui de l'adoration du veau d'or; les grands psaumes historiques le rappellent avec insistance: Ps 78(77),25b-31 (et déjà 18b-19,20c), Ps 106(105),14. Surtout il suffit de lire le récit du livre des Nombres (14,4-34) pour discerner ce que signifiait aux yeux des Juifs une telle «convoitise»: Israël, miraculeusement libéré de la servitude égyptienne, se prit de dé-goût pour la nourriture que Dieu lui prodiguait et «fut saisi de convoitise, ἐπεθύμησεν ἐπιθυμίαν», au point de regretter les nourritures de l'Égypte: «Qui nous donnera de la viande à manger? Ah! quel souvenir! le poisson que nous mangions pour rien en Égypte, les concombres, les melons, les laitues, les oignons, l'ail! Maintenant nous dépérissons, privés de tout. Nos yeux ne voient plus que la manne!» (Num 11,4-6)[78]. La «convoitise» d'Israël consista précisément, comme pour Adam et Ève, dans le refus de la nourriture choisie par Dieu, plus profondément dans le refus de se plier à ce qui dans la pensée de Dieu constituait l'expérience spirituelle du désert (Deut 8,3, que le Christ opposera à Satan lors de la tentation, Mt 4,4). Quoi d'étonnant que saint Paul fasse d'une telle «convoitise» la source même de tous les péchés, comme il le suppose en Rom 7,7 et sans doute aussi en 1 Cor 10,6?[79].

Mais là encore, qui veut comprendre ce que les Juifs et saint Paul entendaient par «convoitise» n'a sans doute qu'à se reporter au précepte du décalogue lui-même tel qu'il est traduit et paraphrasé par le Targum aux deux passages où la Bible le mentionne, c'est-à-dire dans Ex 20,17 et dans Deut 5,18(21). Voici la traduction du premier passage d'après le codex *Neofiti,* qui emploie partout l'unique racine *ḥamad,* comme d'ail-leurs la Septante ἐπιθυμεῖν[80].

---

[78] Cf. Num 11,18: «Qui nous donnera de la viande à manger? Nous étions heureux en Égypte!».

[79] Les commentateurs modernes de 1 Cor 10 notent que «la seconde partie du verset («comme eux-mêmes ont convoité») est comme un sommaire des fautes qui vont être dé-taillées vv. 7-10» (ALLO), à savoir: idolâtrie (v. 7), fornication (v. 8), tentation du Seigneur (v. 9), murmures (v. 10). De même R. CORNELY (*Commentaire de 1 Cor,* p. 278, qui se réfè-re à CHRYSOSTOME), F. GODET (p. 81), etc.

[80] L'hébreu utilise, à côté de *ḥmd,* également *'wh.* De même en Num 11, à l'hébreu *'wh* correspond dans le Targum le seul *ḥmd* et dans le grec ἐπιθυμεῖν, ἐπιθυμία.

«*Tu ne convoiteras pas*. O mon peuple, fils d'Israël, ne convoitez pas et ne vous associez pas à ceux qui convoitent. Qu'on ne convoite pas dans l'assemblée d'Israël avec ceux qui convoitent (évidemment les païens), afin que vos fils après vous ne se lèvent pas ni ne s'enseignent mutuellement à aller avec ceux qui convoitent. Que l'homme ne convoite pas la femme de son prochain, ni la servante de son prochain, ni son bœuf, ni son âne, ni ce qui appartient à son prochain; car c'est à cause du péché de convoitise que les gouvernements font la guerre aux fils des hommes».

Le Targum de Deut 5,21 (LXX et Vulg. 18) reproduit la même paraphrase du «tu ne convoiteras pas!», mais développe légèrement la finale: «Nul ne convoitera la femme de son prochain; il ne convoitera pas la maison de son prochain, ni son champ, ni son serviteur, ni sa servante, ni son bœuf ni son âne, ni rien de ce qui appartient à son prochain; car c'est par le péché de convoitise que les nuages s'élèvent (sans retomber en pluie), que la rosée ne descend pas, que la famine vient sur le monde et les royaumes font la guerre aux fils des hommes, convoitent leur mort et les tuent» [81].

Il n'est pas besoin d'attirer l'attention sur l'emploi absolu du verbe «convoiter», comme dans 1 Cor 10,6 et dans Rom 7,7; ni sur l'étrange expression «ceux qui convoitent», pour désigner manifestement les païens, c'est-à-dire les «pécheurs» par excellence, ceux que saint Paul, empruntant à dessein le vocabulaire des Juifs, appelle en Gal 2,15 «ces pécheurs de païens»!

Or si maintenant, nous relisons le récit du premier péché au chapitre 3 de la Genèse, non seulement nous serons frappés de l'importance accordée à la «convoitise» d'Ève, comme nous l'avons déjà noté [82], mais nous remarquerons que de tous les termes employés par le narrateur celui de «convoitise» est le seul qui appartienne dans ce récit à ce qu'on pourrait nommer le vocabulaire biblique du péché [83].

---

[81] Pour PHILON également l'ἐπιθυμία interdite par le «dernier commandement» (cf. *Dec.*, 142: τελευταῖον δ' ἐπιθυμεῖν ἀπαγορεύει, avec le même emploi absolu du verbe) est «la source des injustices, τὴν τῶν ἀδικημάτων πηγήν, d'où coulent les actions les plus contraires aux lois ...; comme le feu dans une forêt, elle se propage dévorant et consumant tout» (*Dec.*, 173).

[82] Si les LXX ont ici traduit ὡραῖος, le texte hébreu utilise les deux racines désignant habituellement la convoitise, *'wh* et *ḥmd*. La chose est même encore plus claire dans le Targum, qui réduit à deux les trois expressions du texte hébreu et, au lieu d'écrire que l'arbre était «bon (*tôb*) à manger, séduisant (racine *'wh*) à voir et convoitable (racine *ḥmd*) pour acquérir l'intelligence», traduit: «la femme vit que l'arbre était appétissant à manger et qu'il était convoitable (racine *ḥmd*) pour les yeux, afin de devenir sage par son moyen».

[83] Sans compter que la tradition juive, si nous en croyons certaines assertions non équivoques du Talmud, faisait précisément remonter l'existence de la «convoitise» dans le monde, et notamment chez les païens, à l'épisode du paradis. Il s'agit du «dit» rabbinique qu'on retrouve dans trois traités du Talmud: *Shabbath* 146a, *Yebamôth* 103b et *'Abodah Zarah* 22b. Ces deux derniers le rapportent à R. Yoḥannan mort en 279. Voici la traduction du passage dans le traité *Shabbath* 145b-146a: «Pourquoi les *goyim* convoitent-ils

Dans ces conditions le précepte choisi par l'Apôtre comme exemple type: «Tu ne convoiteras pas!», loin de rappeler le code mosaïque en tant que tel, se trouvait particulièrement apte à évoquer à ses propres yeux et aux yeux de ses lecteurs ou auditeurs juifs l'ensemble des préceptes imposés par Dieu au genre humain, à commencer par le premier de tous selon l'histoire biblique, celui du paradis. Telles sont les raisons qui rendent hautement vraisemblable que saint Paul, voulant en cette page montrer la relation entre la loi et le péché, se soit inspiré de ce que l'Écriture lui enseignait sur ce qui s'était passé aux origines mêmes de l'humanité, lors du premier péché, qu'il venait de mentionner explicitement deux chapitres auparavant [84].

* * *

De ces trop longues considérations dégageons du moins quelques conclusions.

S'il est vrai que saint Paul, en ce chapitre 7 de l'épître au Romains, ne se propose pas d'écrire une page d'autobiographie, ni ne s'attarde à une introspection psychologique, qui n'est point dans ses habitudes, s'il est vrai qu'ici comme ailleurs, et notamment dans l'épître aux Romains, il pense «heilsgeschichtlich» [85]; il n'est pas moins vrai que l'Apôtre n'y distribue pas «les étapes de l'histoire du salut» selon le schème qu'on lui prête d'ordinaire. Nous l'avons vu, en effet, la plupart font commencer cette histoire du salut au péché d'Adam si bien qu'ils distinguent dans le récit de Paul trois étapes: 1º du péché d'Adam à la loi mosaïque, époque où le péché étant mort, l'humanité vivait, au moins d'une vie relative — «je vivais sans la loi naguère» —; 2º de la loi mosaïque au Christ, époque de la tyrannie du péché formel et de la mort; — 3º après le Christ, le temps du salut et de la vie. En réalité, pour saint Paul comme pour la Bible, l'histoire ne commence pas avec le péché d'Adam, mais avec sa création par Dieu dans l'innocence; si bien que nous avons encore trois étapes, mais fort différentes: 1º le temps du paradis où Adam et Ève vivaient dans l'a-

---

(sexuellement, racine *zhm*)? Parce qu'ils ne se trouvaient pas au Sinaï. Car lorsque le serpent s'approcha d'Ève, il injecta en elle une convoitise. Mais la convoitise des Israélites, qui se trouvaient au Sinaï, cessa (c.-à-d. la loi leur fut donnée comme antidote, selon la doctrine bien connue de la loi, remède au «cor malignum»), tandis que la convoitise des *goyim*, qui ne s'y trouvaient pas, ne cessa pas». STRACK-BILLERBECK citent le passage à propos de Rom 1,27 à cause de l'union sexuelle supposée entre Ève et le serpent (au moins dans les traités *Yebamôth* 103b et *'Abodah Zarah* 22b).

[84] C'est en effet sur l'Écriture que Paul a coutume de baser ses argumentations surtout dans une polémique avec des Juifs ou des Judéo-chrétiens: cf. Rom 4, Rom 9-11, etc. Il n'en va sans doute pas autrement de Rom 5,13-14, bien que le plus souvent on suppose que Paul se réfère à la constatation toute profane que les hommes ne furent point dispensés de mourir entre Adam et Moïse (cf. J. HUBY, éd. 1957, p. 541 et 554).

[85] Cf. E. STAUFFER, *TWNT*, II (1935), p. 355 (s. v. ἐγώ); *Theologie des N. T.*, p. 254, n. 239.

mitié divine et dont il est encore plus vrai de dire ce que Paul dit du chrétien, à savoir qu'il n'est pas «sous la loi mais sous la grâce» [86]; — 2o depuis le premier péché jusqu'au Christ, où, une fois entrée dans le monde, cette puissance tyrannique exerce sa domination sur l'humanité qu'elle réduit à cette impuissance radicale d'opérer le bien décrite en termes si sombres à partir du v. 14; — enfin, 3e étape, la libération de cette loi du péché et de la mort par Jésus-Christ communiquant à l'homme la loi de l'Esprit de vie (7,25 et 8,2).

Et ainsi l'Apôtre présidait à la façon dont les Pères de l'Église aimeront à retracer à leur tour la même histoire du salut en y discernant trois périodes qu'ils rattachent volontiers à chacune des trois Personnes de la Sainte Trinité selon la division qui commande déjà la composition du symbole des Apôtres: l'époque du Père créateur, l'époque du Fils rédempteur, l'époque du Saint-Esprit sanctificateur, par exemple, pour ne citer qu'un auteur entre beaucoup d'autres, Rupert de Deutz, dans le prologue au grand commentaire de la Bible qu'il intitula: *De Trinitate et operibus eius libri XLII* [87].

Mais il s'ensuit également que le chapitre 7 de l'épître aux Romains raconte lui aussi, comme le chapitre 5, l'entrée du péché dans le monde et que les Pères, en décrivant le péché d'Adam et ses effets dans le genre humain, avaient raison de s'inspirer également de cette page: tel saint Cyrille d'Alexandrie expliquant que «du fait de la désobéissance d'un seul tous les hommes ont été constitués pécheurs, non pour avoir avec Adam transgressé quelque précepte, puisqu'ils n'existaient pas encore, mais en tant qu'ils appartiennent à la nature d'Adam, *elle-même tombée sous la loi du péché,* τῆς ὑπὸ νόμον πεσούσης τὸν τῆς ἁμαρτίας», où l'on reconnaît l'expression même de notre chapitre 7: «la loi du péché qui est dans nos

---

[86] O. Kuss (p. 448) estime peu vraisemblable que Paul ait songé à Adam, parce que «nulle part il ne réfléchit sur l'état qui a précédé la domination du péché, si bien qu'on ne saurait en préciser aucunement la nature» («Paulus reflektiert über das, was vor der Herrschaft der Sündenmacht war, nirgendwo so, dass auch nur einigermassen deutliche Konturen sichtbar würden»). Assurément saint Paul, à la différence par exemple d'un Philon ou d'un Origène, ne «spécule» jamais sur la situation d'Adam avant son péché, mais la «réflexion» de Paul sur cette «situation» ne dépasse pas ici ce qui est pratiquement supposé par Rom 5,12, surtout si on interprète ce dernier passage à la lumière de Sap 2,24, comme l'Apôtre lui-même y invite en lui empruntant la formule dont il se sert.

[87] Je dois cette référence à l'extraordinaire érudition du P. de Lubac non moins qu'à son amabilité. Voici le texte: «Est autem tripartitum Trinitatis opus, a conditione mundi usque ad finem eius. Primum est ab exortu primae lucis usque ad lapsum primi hominis. Secundum ab eodem lapsu primi hominis usque ad passionem secundi hominis, Iesu Christi Filii Dei. Tertium, a resurrectione eiusdem usque ad saeculi consummationem, id est generalem mortuorum resurrectionem. Et primum quidem Patris, secundum autem Filii, tertium vero Spiritus Sancti proprium opus est» (*PL* 167, 198 s.). Voir aussi L'*Hortus deliciarum* de Herrade de Landsberg, d'après H. de Lubac, *Exégèse médiévale*, vol. 3, p. 359, n. 4.

membres» (v. 23, reprise en 8,2)[88]; ou saint Jean Damascène, décrivant dans une homélie pour le Samedi saint comment Adam au paradis a lui-même péché et entraîné avec lui tous ses descendants dans la «corruption», la φθορὰ, et reprenant à la lettre les formules pauliniennes du chapitre 7, notamment des vv. 8 et 11, comme le fera un siècle plus tard Photius[89].

Il s'ensuit que saint Augustin et saint Thomas pouvaient à juste titre se réclamer de saint Paul en soulignant le rôle de la concupiscence dans le péché originel, entendue en un sens prégnant, et non pas évidemment au sens de la simple «inclination au mal», qui se trouve en chacun de nous, même après le baptême[90].

Il s'ensuit que rien n'est plus paulinien que de voir avec la tradition, comme l'ont opportunément souligné récemment les PP. Flick et Alszeghy, l'effet du péché d'Adam essentiellement dans «la radicale incapacité de l'homme, quand il arrive à l'âge du discernement moral, de pouvoir choisir Dieu comme son souverain bien»[91], selon la doctrine thomiste la plus classique, et de concevoir par conséquent le péché originel *originatum* «non tant comme un état que comme une orientation vers toujours de nouveaux péchés»[92].

Il s'ensuit enfin qu'il n'est aucunement besoin de vouloir justifier saint Paul de s'être laissé comme entraîner dans cette description de la ty-

---

[88] S. Cyrille d'Alexandrie, *Chaîne sur l'épître aux Romains*, (*PG* 74,789).

[89] S. Jean Damascène, *Hom. in Sabbato Sancto*, 10: «Par là, dépouillé de la grâce, il (Adam) revêt la corruption, retourne à la terre, est chassé du Paradis, condamné à la sueur, à la fatigue et à la mort. Non que le bois engendrât la mort..., mais ce fut en raison de la désobéissance qui entraîne avec elle la mort. Le péché tirant de l'arbre sa nourriture (ἐντεῦθεν λαβοῦσα νομήν) m'asservit, misérable, opère (κατεργάζεται) en moi toute espèce de malice et, par lui-même, me repaissant d'une agréable nourriture (δι' ἑαυτῆς ἁλίζουσα ἡδὺ σιτίον), me donne à la mort» (*PG* 96,612).
Photius, *In Rom* 5,12: «Il (Adam) a commencé, et nous, saisissant de là l'occasion (ἐκεῖθεν τὴν ἀφορμὴν λαβόντες), nous n'avons pas arrêté le mal, mais nous avons coopéré avec lui et travaillé à le faire croître» (apud K. Staab, p. 496).

[90] Quand le concile de Trente refuse d'assimiler le péché originel à la concupiscence, il a bien soin d'ajouter qu'il entend parler de la concupiscence telle qu'elle se trouve «in renatis» (Denz. n° 792; voir *Acta*, éd. Ehses, 5, p. 217-218); ce serait en effet supposer avec Luther que le baptisé a encore le péché originel! Mais S. Thomas conserve le vocabulaire augustinien et, par exemple, à la question: «Utrum peccatum originale sit concupiscentia», il répond par l'affirmative, en invoquant les paroles de S. Augustin: «concupiscentia est reatus peccati originalis» (I-II, q. 82, a. 3), mais en ajoutant une distinction, à savoir que «la concupiscence constitue le matériel du péché originel, le formel étant constitué par la volonté désorientée parce que privée de la soumission et de la facile élévation vers Dieu, fin surnaturelle de notre être» (Mgr. A. Gaudel, *Péché originel* dans le *Dict. Théol. Cath.*, XII, col. 480).

[91] M. Flick et Z. Alszeghy, *Lo stato di peccato originale* dans *Gregorianum* 38 (1957) 308 s.

[92] M. Flick et Z. Alszeghy, *L'opzione fondamentale della vita morale e la grazia* dans *Gregorianum* 41 (1960) 618.

rannie du péché à «une certaine exagération littéraire»[93]. En effet, du moment que l'Apôtre prescinde de toute influence du Christ[94], aussi bien ici qu'au chapitre 5, ses affirmations sont à prendre à la lettre. Elles ne font qu'exprimer la pure vérité: depuis le péché d'Adam et en raison de ce péché, tout homme naît dans une condition telle qu'il ne peut éviter, au moins à la longue, le péché mortel[95] — saint Thomas dira même: dès son premier acte libre[96] — et donc ne pas encourir la damnation éternelle[97]. L'exclamation de l'Apôtre prend alors toute sa signification: «Malheureux homme que je suis! Qui me délivrera de ce corps qui me voue à la mort?», non moins que son cri de reconnaissance: «Grâces soient à Dieu par Jésus-Christ notre Seigneur!» (Rom 7,25).

Tant il est vrai qu'en exégèse, surtout quand il s'agit d'un passage aussi lourd d'incidences théologiques, il n'est jamais sans profit d'étudier l'histoire même de l'exégèse. L'interprétation ici proposée se trouve être la plus communément adoptée par les Pères[98]. En ceci d'ailleurs, l'exégète ne fera que se montrer docile aux pressantes exhortations des derniers Papes à exploiter les richesses encore insoupçonnées que renferme la tradition[99].

---

[93] L'expression est du P. LAGRANGE (p. 175), reprise par le P. HUBY, p. 258, à propos des formules notamment de Rom 7,15 et 19 s.

[94] C'est ce que reconnaissent généralement les commentateurs. Ainsi CORNELY est très net: «Consideres enim velim eum (c'est-à-dire S. Paul) de statu hominis loqui, qui sine ullo gratiarum auxilio solis naturalibus suis viribus luctam perversa concupiscentia sibi inhabitante sustinere conatur» (p. 358; cf. p. 372 et p. 391). O. KUSS (p. 465) qui cite CORNELY; de même J. HUBY, éd. 1957, p. 608; A. VIARD, p. 91b.

[95] C'est la thèse classique du traité de la grâce: cf. S. THOMAS I-II, q. 109, a. 5; M. FLICK et Z. ALSZEGHY, il Dio creatore, 2e éd. p. 459 s.

[96] Ainsi Somme théologique, I-II, q. 89, a. 6 corp. et ad 3um; De veritate, q. 24, a. 12 ad 2um; De malo, q. 5, a. 2 ad 8um; q. 7, a. 10 ad 8um.

[97] C'est ce que signifie par exemple la «massa damnata» de S. AUGUSTIN, ou la méditation ignatienne de l'Incarnation faisant contempler au retraitant comment avant le Christ — c'est-à-dire sans le Christ — tous les hommes «allaient en enfer». Il ne songe certes pas aux Limbes ou à je ne sais quel «schéol indifférencié».

[98] Cf. ci-dessus p. 132 et ibid. n. 2.

[99] Ainsi LÉON XIII, Enc. Providentissimus (E. B. 110-113); BENOÎT XV, Enc. Spiritus Paraclitus (E. B. 470, 474); PIE XII, Enc. Divino afflante Spiritu (E. B. 554). A plus forte raison une telle étude s'impose-t-elle quand un concile, comme celui de Trente, fait une obligation de confronter l'interprétation que nous donnons d'un passage de l'Écriture, en l'occurrence Rom 5,12, avec celle que «l'Église catholique partout répandue en a toujours donnée».

13.

Rom 8,2-4 à la lumière de Jérémie 31 et d'Ézéchiel 35-39 *

Depuis longtemps les exégètes ont noté, du moins les anciens [1], qu'en parlant de «la loi de l'Esprit de la vie» et en l'opposant à «la loi du péché et de la mort» (Rom 8,2), saint Paul s'inspirait de l'oracle où Jérémie décrivait la «nouvelle alliance» comme le don d'une loi intérieure inscrite dans le cœur de l'homme et non plus sur des tables de pierre (Jer 31,31 ss.; Septante: 38,31 ss.).

Bien que les commentateurs modernes, tout en soulignant la hardiesse de l'expression ou même son étrangeté apparente [2], ne songent guère à une telle explication [3], celle-ci n'en paraît pas moins obvie. Si l'Apôtre, après avoir déclaré avec tant de force que nous avons été affranchis du νόμος, n'hésite pas à nommer également νόμος cela même qui nous en a libérés, c'est tout simplement parce qu'il désire utiliser les catégories mêmes de ses adversaires et se faire ainsi mieux comprendre d'eux. A des gens qui ne pouvaient concevoir une libération du péché sinon par le moyen d'une loi, Paul répond qu'en effet c'est bien une loi, quoique d'un genre fort différent, qui fut, d'une certaine façon, l'instrument de notre libération; et il pouvait d'autant plus aisément parler de loi que ce langage était celui-là même jadis employé par l'Ancien Testament pour annoncer cela précisément dont Paul aujourd'hui proclamait l'accomplissement.

De toutes les prophéties de l'Ancien Testament, en effet, l'oracle de Jérémie était sans doute l'une des plus connues: seul passage où se ren-

---

* Paru dans *Mélanges Eugène Tisserant* I, 1964, pp. 311-323.

[1] Ainsi explicitement saint Thomas, *In Rom* 8, lect. 1 (éd. R. Cai, n° 603): «Et haec quidem lex Spiritus dicitur lex nova, quae vel est ipse Spiritus sanctus, vel eam in cordibus nostris Spiritus sanctus facit. Ier 31,33: *Dabo legem meam*, etc. De lege autem veteri supra dixit (scl. Rom 7,14) solum quod erat spiritualis, id est a Spiritu sancto data».

[2] Ainsi F. Godet: «L'expression: *la loi de l'Esprit* a quelque chose d'étrange» (*Commentaire sur l'épître aux Romains*, II, 2e éd. 1890, p. 141), ou bien Lagrange: «Rien de plus hardi que de joindre la Loi, tout à l'heure vieille lettre opposée à l'esprit (7,6), et l'esprit lui-même» (*Saint Paul. Épître aux Romains*, p. 192).

[3] Aucune mention ne se rencontre, pour ne citer que quelques exemples, chez Godet, Cornely, Lagrange, Huby, O. Kuss, F. J. Leenhardt, non plus que dans les marges de Nestle ou Merk. On conçoit d'ailleurs qu'elle ne vienne pas à la pensée de ceux qui interprètent «loi» au sens très général de «religion», comme C. K. Barrett qui traduit: «The religion which is made possible in Christ Jesus, namely that of the life-giving Spirit, liberates from the old religion which is abused by sin and leads to death» (*A Commentary on the Epistle to the Romans*, London 1957, p. 192). Par contre, O. Michel rappelle Jer 31,31-34 ainsi que l'expression πνεῦμα ζωῆς en Gen 6,17 et 7,15.

contrait le terme de «nouvelle alliance» ou «nouveau testament» (διαθήκη καινή), de lui tenait son nom la secte de la «nouvelle alliance» dont les manuscrits de Qumrân ont fait connaître l'importance; Jésus lui-même s'y était formellement référé à la dernière Cène quand il avait parlé, selon la formule rapportée par Paul (1 Cor 11,25) et Luc (22,20), de «la coupe de la nouvelle alliance». L'épître aux Hébreux cite deux fois le passage, d'abord intégralement (8,8-12, qui présente la plus longue citation de l'A. T. dans le Nouveau), puis en partie (10,16-17). D'ailleurs, quand il dictait à Tertius Rom 8,1 ss., saint Paul venait de rappeler ce même oracle de Jérémie, justement dans le verset (Rom 7,6) qui annonçait les développements du chapitre 8[4]. L'opposition qu'il établit entre «la nouveauté de l'esprit» et «la vétusté de la lettre» ne permet aucun doute, et tous les commentateurs renvoient à 2 Cor 3,6 où Paul évoque en propres termes «la nouvelle alliance» et la décrit comme l'alliance de «l'esprit qui vivifie» et non de «la lettre qui tue».

Mais en 2 Cor 3, l'oracle de Jérémie n'est pas seul présent à la pensée de l'Apôtre. Manifestement il songe aussi à la prophétie du chapitre 36 d'Ézéchiel sur le don de l'Esprit. Quand, au v. 3, il oppose à la loi écrite ἐν πλαξὶν λιθίναις celle qui est écrite ἐν πλαξὶν καρδίαις σαρκίναις, il s'inspire clairement, tous le reconnaissent, de l'expression d'Ézéchiel opposant le «cœur de pierre» au «cœur de chair» (Ez 36,26; cf. 11,19).

Or il n'en va pas autrement, ce semble, de Rom 8,2. Le texte de Jérémie, qui parle de loi mais non d'esprit, ne suffit évidemment pas à rendre compte de la formule paulinienne: «la loi de l'Esprit». Comme il l'avait fait quelques années plus tôt en dictant 2 Cor 3, saint Paul combine ici les deux oracles; le second d'ailleurs, celui d'Ézéchiel, légèrement postérieur au premier, celui de Jérémie[5], entendait le compléter en le précisant. En parlant de «cœur nouveau», il reprend partiellement la formule de Jer 24,7: «Je leur donnerait un cœur pur pour connaître que je suis Yahvé (cf. 31,34). Ils seront mon peuple et moi je serai leur Dieu» (formule de l'alliance). Mais surtout la formule d'Ez 36,26 reproduit littéralement celle de Jer 31,33 en substituant le terme d'Esprit à celui de loi. La similitude, déjà visible dans le grec des Septante, est encore plus nette dans l'original hébreu. Selon Jérémie, Yahvé déclare: «Je donnerai ma loi (grec: mes lois) au milieu d'eux (grec: sur leur pensée, εἰς τὴν διάνοιαν αὐτῶν)» (Jer 31,33). Selon Ézéchiel: «Je vous donnerai un cœur de chair, et un esprit

---

[4] On notera le lien manifeste entre Rom 6,4: ἐν καινότητι ζωῆς περιπατήσωμεν; 7,6: ἐν καινότητι πνεύματος καὶ οὐ παλαιότητι γράμματος et 8,2-4: ὁ νόμος τοῦ πνεύματος τῆς ζωῆς ... τοῖς μὴ κατὰ σάρκα περιπατοῦσιν ἀλλὰ κατὰ πνεῦμα. Paul passe de «la nouveauté de la vie» à «la nouveauté de l'esprit», puis à «l'esprit de la vie».

[5] A. Gelin, par exemple date les oracles des chapitres 30-33 de Jérémie (notamment Jer 31,32-34) du règne de Sédécias (597-586), et celui d'Ézéchiel, d'après 586; cf. A. ROBERT et A. FEUILLET, *Introduction à la Bible*, I, p. 532 et 542.

nouveau je donnerai au milieu de vous (grec: en vous, ἐν ὑμῖν)... et mon esprit je donnerai au milieu de vous (grec: en vous, ἐν ὑμῖν)» (Ez 36,26-27).

Ainsi Ézéchiel révélait que le don de la loi annoncé par Jérémie était le don d'un «cœur nouveau», d'un «esprit nouveau», bien plus, du propre «Esprit de Yahvé»; et la vision des «ossements desséchés», au chapitre suivant, montrait à quel point cet Esprit était un «Esprit capable de donner la vie». C'est, à la lettre, ce que signifie la formule de saint Paul: «la loi de l'Esprit de la vie», ὁ νόμος τοῦ πνεύματος τῆς ζωῆς, où le génitif τοῦ πνεύματος est un «génitif d'apposition ou d'explication» (Cornely), au sens où l'on dit «la vertu de patience» ou «la ville de Rome». Combien se trompait donc un exégète comme Oltramare en croyant devoir reprocher à presque «tous les commentateurs anciens et modernes... de donner à πνεῦμα le sens de Saint Esprit», de le faire «sans aucune preuve et a priori», et de se trouver par là «dans l'impossibilité d'expliquer convenablement ὁ νόμος appliqué à πνεῦμα»[6]. Il suffit au contraire d'avoir présent à la pensée les deux oracles de Jérémie et d'Ézéchiel, — qui en fait constituaient un tout et que Paul était habitué à combiner, comme le prouve 2 Cor 3,1-6 —, pour que la formule de Rom 8,2 devienne aussi naturelle que riche de signification.

Le même oracle d'Ézéchiel pourrait également fournir la clé d'une autre expression de saint Paul dans ce même passage. En effet, le κατέκρινεν du v. 3 n'a pas moins embarrassé les exégètes, à preuve les explications les plus variées qu'on en a données et qu'on en donne encore aujourd'hui[7].

La plupart des anciens, en vertu du contexte, ont discerné dans ce verbe l'affirmation de la victoire de Dieu et de son Christ sur le péché. Origène, par exemple, glose par «fugavit et abstulit»[8], Chrysostome par ἐνίκησεν[9], Théodoret par κατέλυσεν[10], Cyrille d'Alexandrie par κατήργηκε. Ce dernier substitue même κατήργηκε au κατέκρινεν de la citation[11], quitte à conserver le terme de Paul dans le commentaire: il y déclare que la mission du Verbe de Dieu avait pour fin de «condamner le péché dans la chair, ἵνα καταργήσῃ», que «la puissance du péché a été

---

[6] H. OLTRAMARE, *Commentaire sur l'épître aux Romains*, II (1882), p. 105.

[7] Voir une liste assez impressionnante dans H. OLTRAMARE, *op. cit.*, p. 111-116. Le P. Benoit a résumé l'exégèse plus récente dans son article: *La Loi et la Croix*, paru en 1938 dans la *Revue biblique* et reproduit dans *Exégèse et Théologie*, II, p. 9-40 (voir p. 23-28). Le P. Prat qualifiait ce passage de «texte aussi fameux par sa difficulté intrinsèque que par les divagations des exégètes» (*La Théologie de saint Paul*, II, p. 193).

[8] *PG* 14, 1095 (d'après la traduction de Rufin).

[9] *PG* 60, 514.

[10] *PG* 82, 128.

[11] *PG* 74, 817: ὁ γὰρ Θεὸς... κατήργηκε τὴν ἁμαρτίαν ἐν τῇ σαρκί.

condamnée, κατακέκριται»; finalement il joint l'un à l'autre les deux verbes tenus pour équivalents, en disant que «le Christ tout à la fois a
condamné et détruit (κατακρίναντός τε καὶ κατηργηκότος) le péché dans
la chair» [12].

Au Moyen Age saint Thomas adopte en fait la même interprétation;
les deux explications qu'il propose du passage diffèrent profondément sur
la signification de l'expression «de peccato», mais attribuent l'une et l'autre
à «damnavit» le même sens: «damnavit, id est destruxit peccatum», ou
mieux: «damnavit peccatum in carne, id est debilitavit fomitem peccati in
carne nostra» [13]. Cornely cite également Tolet: «damnare peccatum est
abolere peccatum»; et Godet, de son côté, les protestants Bèze: «abolevit»,
Calvin: «abrogavit», Bengel: «virtute privavit» (c'est-à-dire le sens exact de
καταργεῖν). Ce fut l'interprétation à laquelle se rangea résolument le P.
Prat qui glose: «mâter et déloger» [14] et celle que défendent aujourd'hui plus
d'un exégète, tels W. G. Kümmel [15] et tout récemment O. Kuss [16].

Elle s'appuie avant tout sur le contexte immédiat qui parle non de
péché à réparer en soi, mais d'une puissance de péché à détruire ou à réduire à l'impuissance en nous (v. 4), et attribue cet effet à la «loi de l'Esprit de vie» (v. 2). Mais, selon la juste remarque de Godet, «Paul a un
mot consacré pour cette idée; c'est le terme καταργεῖν», celui-là même
que Cyrille n'a pas hésité à lui faire écrire, persuadé qu'il équivalait, en
fait, dans ce contexte, à κατακρίνειν. La difficulté est obvie, et c'est toujours pour y répondre, en s'efforçant de justifier l'emploi par Paul d'un
verbe emprunté à la terminologie du «jugement», que maints essais plus
ou moins heureux ont été tentés.

---

[12] *PG* 74, 820. Cyrille commente de même Rom 6,6 où Paul avait employé le verbe
καταργεῖν, par Rom 8,3: «Vois comment le corps de péché a été réduit à l'impuissance
(καταργεῖν): *l'aiguillon du péché a été condamné* (κατακρίνειν) *dans la chair* et le péché
dans le Christ a été fait cadavre» (*PG* 74,797). Interprétation identique du κατέκρινεν de
Rom 8,3 dans le *De fide ad Reginas*: «Elle a été résolue dans le Christ cette lutte entre la
loi de Dieu et la loi du péché; la loi du péché s'est relâchée (ἠτόνησε) et la loi de l'Esprit a
triomphé. Pour quelle raison? *Dieu a envoyé son propre Fils*, etc. (Rom 8,3). En ce cas,
comment l'incarnation du Verbe n'était-elle pas souverainement nécessaire? Car ainsi *le
péché a été condamné* (et le demeure: κατακέκριται, au parfait) également dans notre
chair. Mais si le Verbe ne s'était pas fait chair, nous serions demeurés sans possibilité de
redressement et servirions la chair par la loi du péché, puisque personne ne l'aurait en
nous réduit à l'impuissance (καταργηγήσαντος)» (*PG* 76, 1300).

[13] *Super epistolam ad Romanos*, cap. 8, lect. 1; éd. R. CAI, n. 609.

[14] *La Théologie de saint Paul*, II, p. 195 note.

[15] *Römer VII und die Bekehrung des Paulus*, 1929, p. 68-73, qui conclut p. 73: «Il ressort clairement de Rom 8,1-4, malgré toutes les difficultés de détail, que par l'envoi du
Christ et *la collation de l'Esprit aux chrétiens*, ceux-ci sont libérés de l'esclavage du péché
et marchent selon l'Esprit».

[16] «Die Sündenmacht wird verurteilt, verdammt, d.h. vernichtet auf dem Kampfplatz,
auf dem sie ihre Siege zu erfechten gewohnt war, 'im Fleische'» (*Der Römerbrief*, 1959,
p. 494). De même O. Michel, p. 161: «um die Sünde auf ihrem Gebiet ... zu überwinden».

On a pensé, par exemple, que «la présence du Fils de Dieu dans la chair sans le péché qui dominait partout ailleurs cette chair, était déjà la preuve que Dieu *avait condamné le péché*» (Lagrange), sans doute au sens où la Sagesse dit que «le juste qui meurt *condamne* les impies qui vivent» (Sap 4,16)[17]. D'autres voient dans cette condamnation «la sentence de mort portée contre l'homme transgresseur», sentence que «Dieu exécute sur la personne de son Fils»[18].

Ces explications s'accordent toutes en ce qu'elles cherchent à justifier l'emploi de κατέκρινεν en fonction de nos catégories à nous, de ce que nous appelons dans notre langage une «condamnation» ou un «jugement». Mais on peut aussi se demander, comme on l'a fait pour rendre compte de la formule: «la loi de l'Esprit de vie», si les catégories familières à saint Paul et à ses contemporains ne fourniraient pas une explication encore plus obvie.

En effet, une première constatation s'impose[19]. L'emploi de la terminologie du «jugement» à propos de la rédemption constitue ici un cas unique chez saint Paul[20]. Partout ailleurs, chez lui comme dans l'ensemble du N. T., cette terminologie est réservée (verbe κρίνειν et dérivés, κρίσις, κρίμα, κριτής), dans son usage religieux et technique[21], au jugement

---

[17] L'explication de Cornely, qui se rapproche de celle-ci, est significative. Paul ne songe pas seulement à l'incarnation, mais aussi à la mort du Christ en croix, le tout considéré comme une victoire du Christ sur le péché; mais il faut rendre compte du «damnavit». Voici comment il pense pouvoir y arriver: «In carne quam Christus puram assumpsit, puram per totam vitam servavit, puram in cruce Patri obtulit, *Deus peccatum damnavit*, atque illa ipsa in re, in qua et per quam peccatum regnum tenuerat virtutemque exseruerat, illud devicit prostravitque» (p. 403).

[18] *Bible de Jérusalem* p. 1556 note h (à propos de Col 2,14). C'est l'explication qu'a brillamment exposée le P. Benoit en 1938 (voir *Exégèse et Théologie*, II, p. 9-40, notamment p. 23-28). C'est également celle de F. J. Leenhardt, comme de beaucoup d'autres, en fonction d'une certaine théorie du sacrifice: «La mort de la victime manifeste *le jugement de condamnation* que Dieu porte contre le péché... Le sacrifice substitue au pécheur coupable une victime qui le représente et dont la mort exécute substitutivement la condamnation due au péché» (*L'épître de saint Paul aux Romains*, 1957, p. 117).

[19] Cf. *Justification, jugement, rédemption*, dans *Littérature et théologie pauliniennes* (Recherches bibliques, V), p. 166-184 (voir surtout p. 169-171 et 175-181); ci-dessus, pp. 232-233.

[20] C'est sans doute ce que voulait dire Th. Zahn, quand il écrivait «qu'en aucun des nombreux passages où Paul parle de la mort de Jésus, il ne l'envisage du point de vue d'un *jugement de condamnation* porté par Dieu» (*Römerbrief*, 1910, p. 383; 3e éd. revue par F. HAUCK, 1925, p. 384); cf. P. BENOIT, *Exégèse et Théologie*, II, p. 24 n. 2.

[21] Usage évidemment dérivé de l'A. T. qui utilise toujours les termes simples; les rares exemples des termes composés avec κατά offrent tous le sens profane: Esther 2,1; Sap 4,16; Dan 4,34; 13,41.48.53 (épisode de Suzanne); en Sir 43,10 il faut lire κατὰ κρίμα. Ici le composé κατέκρινεν est visiblement appelé par le κατάκριμα de 8,1, qui lui-même reprend le κατάκριμα de 5,16 (où il est amené par le jeu de mot avec le terme simple). A son tour, il entraînera le participe ὁ κατακρινῶν dans la citation d'Isaïe en 8,34 qui remplace le ὁ κρινόμενος de la Septante.

eschatologique de la fin des temps, lors de la seconde venue du Christ. Saint Jean est seul à faire exception: à côté de l'emploi normal (v. g. Jn 3,17; 5,24; notamment 12,47-48: «voilà qui le jugera au dernier jour»), au moins à deux reprises (Jn 12,31, et 16,11), les termes de «jugement» (κρίσις) et de «juger» (κρίνειν) désignent un jugement distinct de celui des derniers jours: il a lieu «dès maintenant» (νῦν), sans que l'on doive attendre davantage (κέκριται, au parfait), et coïncide avec le moment où le Christ «sera élevé de terre». Ici le texte n'offre aucune ambiguïté: on nous explique à la fois qui juge: le Christ, à qui «le Père a remis tout jugement» (Jn 5,22); qui est jugé: «ce monde» et Satan, «le prince de ce monde», dont la domination s'exerçait jusqu'alors sur toute l'humanité; surtout on nous dit clairement en quoi ce «jugement» consiste: «C'est maintenant le jugement de ce monde; maintenant le prince de ce monde va être jeté bas»[22], tandis que le Christ «élevé de terre», «glorifié», «attirera tout à lui» (Jn 12,31-32). La victoire de Dieu et de son Christ sur Satan est exprimée en termes de «jugement»: au calvaire s'accomplit le grand jugement eschatologique annoncé si souvent par les prophètes, où Israël obtiendrait le salut grâce à l'anéantissement de ses ennemis, représentation familière à la Bible et d'ailleurs toute naturelle pour qui conçoit la «rédemption» comme un «nouvel exode»[23].

C'est ainsi que l'Apocalypse représente le Christ, juge eschatologique, quand elle décrit «le Verbe de Dieu monté sur un cheval blanc» à la tête des «armées du ciel», et déclare qu'il *«juge avec justice et fait la guerre»* (19,11): la première expression reproduit la formule biblique classique (cf. Ps 9,9; 96,13; 98,9), celle qu'utilise saint Paul dans le discours de l'Aréopage pour définir le rôle du Christ à la Parousie: «Dieu a fixé un jour pour *juger avec justice* l'univers, par un homme qu'il y a destiné, offrant à tous une garantie en le ressuscitant des morts» (Act 17,31); la seconde expression: καὶ πολεμεῖ, précise que ce juge est en fait un guerrier et ce jugement un combat victorieux: «De sa bouche sort une épée acérée pour en frapper les païens» (v. 15), tel le mystérieux personnage entrevu jadis par le prophète, revenant d'Édom et de Boçra, empourpré du sang des ennemis d'Israël et opérant ainsi «la rédemption» de son peuple (Is 63,1-6).

---

[22] Ainsi lit la *Bible de Jérusalem* (D. Mollat) avec le codex Θ et plusieurs anciennes Versions. On rapprochera Apoc 12,9-10 où le voyant contemple comment «l'énorme Dragon, l'antique serpent, le Diable et le Satan, comme on l'appelle, le séducteur du monde entier, ... l'accusateur de nos frères, celui qui les accusait nuit et jour devant Dieu, a été 'jeté bas'» (ἐβλήθη répété 4 fois).

[23] Sur cette «représentation», voir B. RIGAUX, *L'Antéchrist et l'opposition au Royaume messianique dans l'Ancien et le Nouveau Testament*, 1932, notamment p. 108-134, et, pour le judaïsme récent, où la victoire est remportée sur Béliar, p. 195-202. L'emploi du verbe κρίνειν (traduisant l'héb. *dîn*) apparaît en Gen 15,14 à propos de l'Exode: «Ils seront esclaves; on les opprimera durant 400 ans. Mais *je jugerai* aussi le peuple auquel ils auront été asservis et ils sortiront ensuite avec de grands biens».

Or une telle représentation, moins la terminologie du «jugement», n'était pas moins familière à saint Paul: en 1 Cor 15,22-28, il s'en était déjà inspiré pour décrire l'ensemble de l'histoire du salut comme une victoire de Dieu par son Christ, inaugurée à la mort et à la résurrection du Christ et s'achevant à la Parousie avec notre résurrection, quand «il remettra le royaume à son Père», «après avoir réduit à l'impuissance (καταργήσῃ) toute Principauté, Domination et Puissance», «le dernier ennemi réduit à l'impuissance (καταργεῖται) étant la Mort» (v. 24 et 26). On notera l'emploi répété du verbe καταργεῖν que Cyrille substituait précisément au κατακρίνειν de Rom 8,3.

Ces rapprochements aident certainement à comprendre ce que saint Paul a voulu affirmer en parlant de la condamnation portée par Dieu contre le Péché: à son habitude, Paul souligne, plus que Jean, l'initiative du Père[24]; d'autre part, le Péché personnifié (ἡ Ἁμαρτία) remplace le «Prince de ce monde», exactement comme en Rom 5,12 et 7,11 Paul dit du Péché ce que l'A. T. affirmait du diable. Mais l'idée est foncièrement identique. Le sens de κατέκρινεν se trouve par là établi et son emploi, au moins partiellement, justifié. Il reste toutefois qu'on peut se demander pourquoi l'Apôtre, en cet unique passage de ses lettres, a recouru à une terminologie différente de celle dont il use habituellement et notamment dont il avait usé en 1 Cor 15,22-28, autrement dit, pourquoi, ici et ici seulement, il a employé le verbe κατακρίνειν et non plus καταργεῖν.

Là encore Ézéchiel pourrait fournir une réponse. On a vu que la formule du v. 2: «la loi de l'Esprit de la vie» s'inspirait de la prophétie du chapitre 36, commentée au chapitre 37 par la vision des «ossements desséchés», où d'ailleurs le rôle du messie, nouveau David, est explicitement mentionné (vv. 24-25). Or ces chapitres 36-37, annonçant le rétablissement d'Israël dans sa Terre, se trouvent précédés, au chapitre 35, «étroitement lié au suivant» (Dennefeld), par un oracle annonçant, pour la seconde fois dans le livre d'Ézéchiel, le châtiment d'Édom, l'ennemi héréditaire d'Israël. En outre, ils sont suivis, dans le contexte actuel, le seul connu de Paul et de ses contemporains, de deux autres chapitres (38-39) décrivant le grand combat eschatologique contre Gog, roi de Magog, avec la victoire finale de Yahvé, le tout préludant à la vision du nouveau royaume de Dieu sous la forme du nouveau Temple et de son culte (chapitres 40-48). Il n'est sans doute pas fortuit que le châtiment d'Édom et la défaite de Gog soient l'un et l'autre explicitement représentés comme un «jugement de Dieu».

D'abord au chapitre 35: «Eh bien! par ma vie, oracle du Seigneur Yahvé, j'agirai avec colère et fureur comme tu as agi dans ta haine contre eux. Et je me ferai connaître à leur sujet quand *je te jugerai* (ἥνικα ἂν

---

[24] Cf. A. ROBERT et A. FEUILLET, *Introduction à la Bible*, II, p. 859.

κρίνω σε). Et tu sauras que je suis Yahvé» (Ez 35,11-12)[25]. De nouveau au chapitre 38, contre Gog: «*Je le jugerai* (κρινῶ αὐτόν) par la peste (grec: par la mort) et le sang, et je ferai tomber une pluie torrentielle, des grêlons, du feu et du soufre (on reconnaît le châtiment même de Sodome et de Gomorrhe devenu le type des châtiments eschatologiques), sur lui et sur ses troupes et sur les peuples nombreux qui sont avec lui. Je manifesterai ma grandeur et ma sainteté et je me ferai connaître aux yeux de nations nombreuses et ils sauront que je suis Yahvé» (Ez 38,22-23). Enfin l'affirmation est reprise en guise de conclusion à tout l'oracle: «Ainsi je manifesterai ma gloire aux nations, et toutes les nations verront *mon jugement* (τὴν κρίσιν μου) que j'exécuterai, et ma main que je mettrai sur eux. Et la maison d'Israël saura que je suis Yahvé, leur Dieu, à partir de ce jour et désormais» (Ez 39,21-22)[26].

L'oracle du chapitre 36 sur le don de l'Esprit, que Paul avait présent à la pensée quand il dictait Rom 8,2-4, se trouve donc lié, au moins par le contexte, au «jugement de Dieu» sur les ennemis d'Israël, jugement par quoi Israël doit obtenir son salut. Il y a plus. Ce que suggère le contexte, le dernier verset du chapitre 39 l'exprime formellement: il rattache explicitement la victoire définitive d'Israël au don de l'Esprit de Yahvé: «Et je ne leur cacherai plus ma face parce que je répandrai[27] mon esprit sur la maison d'Israël, oracle du Seigneur Yahvé» (Ez 39,29)[28].

Rom 8,2-4 est le seul passage des épîtres où, pour décrire l'œuvre rédemptrice de Dieu par son Christ, saint Paul ait recouru à la terminologie du «jugement»; c'est aussi le seul où la rédemption soit représentée en relation immédiate avec l'effusion de l'Esprit prédite par Ézéchiel, effusion de l'Esprit immédiatement rattachée par Ézéchiel au grand jugement eschatologique contre les nations, d'où Israël attend précisément son salut! Un lecteur de la Bible, comme l'étaient tous les premiers chrétiens et en particulier comme on suppose que le sont les lecteurs de l'épître aux Romains, ne pouvait guère s'y tromper.

Les deux oracles de Jérémie et d'Ézéchiel semblent également projeter quelque lumière sur le verset suivant (Rom 8,4). On s'étonne parfois

---

[25] Ici le verbe grec κρίνειν correspond au verbe hébreu *šafaṭ*. La *Bible de Jérusalem* (P. Auvray) traduit *ad sensum*: «je te châtierai», ici et en 38, 22.

[26] On notera que ce sont les seuls exemples de la terminologie du «jugement» dans ces trois chapitres 35 et 38-39.

[27] Ainsi traduisent la *Bible de Jérusalem* (P. Auvray), *La Sainte Bible* de Pirot- Clamer (Dennefeld), etc. La Vulgate a employé le parfait: «eo quod effuderim», qui correspond tout aussi bien à l'original hébreu: *'ašer šāfaktî*; Joël 3,1 a le futur: *'ešpôk*.

[28] Tel est le sens du texte massorétique et du targum. La Septante traduit curieusement: «parce que j'ai répandu ma colère (ἀνθ' οὗ ἐξέχεα τὸν θυμόν μου)», seul cas où, chez Ézéchiel, le terme grec corresponde à un *ruaḥ* de l'hébreu (quelques exemples très sporadiques: Job 15,13; Prov 20,2; 29,11; deux fois seulement en parlant du «souffle de Dieu»: Zach 6,8 et Is 59,19).

que saint Paul y assigne comme fin à toute l'œuvre rédemptrice l'observation de la loi, selon le sens qu'il faut bien appeler obvie et auquel se ral-
lient la plupart des exégètes anciens et modernes [29]: «afin que la justice de
la loi — ce que la loi estime juste, conforme à la volonté de Dieu, ce
qu'elle réclamait de tous ses fidèles mais ne pouvait obtenir, vu que «la
chair la rendait impuissante» (v. 3) — s'accomplît en nous dont la conduite n'obéit pas à la chair mais à l'esprit» (Rom 8,4).

Tel était, en tout cas, exactement la fin que Jérémie assignait au
don de la loi intérieure: «Ils n'auront plus à s'instruire mutuellement,
se disant l'un à l'autre: Ayez la connaissance de Yahvé! Mais ils me
connaîtront tous des plus petits aux plus grands, oracle de Yahvé» (Jer
31,34) [30]. Et Ézéchiel déclare plus clairement encore: «Je mettrai mon
esprit en vous (litt. je donnerai mon esprit au milieu de vous) et je ferai
que vous marchiez selon mes lois et que vous observiez mes coutumes»
(Ez 36,27).

Sans doute plusieurs pensent-ils que «Paul ne saurait donner comme
but à la mission du Christ l'accomplissement des commandements de la
loi» [31]. Il s'agit pourtant là d'une préoccupation assez constante chez
saint Paul: plus même il souligne la liberté chrétienne par rapport à la loi,
plus il tient à montrer que sa doctrine, loin de «détruire» la loi, «l'affer-
mit» (Rom 3,31) [32]. Sans être «sous la loi», le chrétien accomplit en réalité la loi, dont tous les préceptes se ramènent en fait à la charité, si bien
que la charité est «la plénitude de la loi» (Rom 13,8-10; cf. Gal 5,14); lui
seul en est même capable, parce que son amour n'est autre que celui-là

---

[29] C'est ce que notait le P. Benoit en 1938 (cf. *Exégèse et Théologie*, II, p. 29), tout
en proposant une autre explication, celle que défend encore F. J. Leenhardt (*Épître aux
Romains*, p. 117): il voyait ici «le verdict de mort que portait la Loi et que le Christ accomplit en lui donnant une efficacité de salut que la Loi ne pouvait attendre de sa seule
force» (*ibid.*, p. 28). Mais, nous apprend le P. Boismard, «il a renoncé depuis longtemps
à cette exégèse qui n'était qu'une hypothèse» (*Quatre hymnes baptismales*, Paris 1961,
p. 125 n. 3).

[30] Cf. *Bible de Jérusalem*, p. 1213 note c (à propos de Osée 2,22): «L'homme
'connaît Dieu' par une attitude qui implique fidélité à son alliance ... Dans la littérature de sagesse la 'connaissance' est à peu près synonyme de 'sagesse'». D'ailleurs en Jer
31,34 le verbe hébreu *lamad*, traduit ici par «s'instruire», signifie proprement «s'accou-
tumer à quelque chose» (cf. Zorell), comme on apprend un métier en l'exerçant; le P.
Vaccari traduit «stimolarsi gli uni gli altri» et commente: «Mossi dall'interna grazia
non avranno tanto bisogno d'impulsi esterni all'osservanza del patto» (*La Sacra Bibbia*, VI, p. 280).

[31] F. J. LEENHARDT, p. 117; cf. P. BENOIT, *Exégèse et Théologie*, II, p. 29 et note 1.

[32] Littéralement: «la rend stable» (ἱστάνομεν). C'est le terme même dont se servait le
pieux Israélite pour demander à Dieu de «discerner et de comprendre, d'entendre, d'être
instruit (verbe *lamad*) et d'instruire, de garder, accomplir et *rendre stables* (piel du verbe
qûm) toutes les paroles de l'instruction *(talmud)* de la loi, dans l'amour» (bénédiction précédant immédiatement la récitation publique du *schema*).

même dont Dieu et le Christ nous aiment[33]. C'est pourquoi d'ailleurs Paul ne parle pas, au pluriel, des δικαιώματα τοῦ νόμου mais, au singulier, du δικαίωμα τοῦ νόμου; il ne parle pas non plus d'observer ce précepte, mais bien de l'accomplir, avec le verbe πληροῦν, comportant précisément une «plénitude» que ne suppose point la simple «observation» (cf. Gal 5,14 et Rom 13,10), comme l'événement «accomplit» la prophétie et l'antitype le type, en le dépassant toujours, au sens où le Christ déclare qu'il n'est pas «venu abolir mais accomplir» (Mt 5,17), c'est-à-dire «parfaire» comme le remarque justement la Bible de Jérusalem. Bien plus, Paul ne dit même pas, avec un verbe à l'actif, que nous accomplissons la justice de la loi; il déclare, à dessein, que cette justice est accomplie en nous (πληρωθῇ ἐν ἡμῖν), suggérant par là que l'activité du chrétien, «animé par l'Esprit» (Rom 8,14), est plus encore une activité du Christ ou de l'Esprit en lui[34].

Saint Paul ne se contente donc pas de répéter la lettre de Jérémie ou d'Ézéchiel. Éclairé par la révélation du Christ, il discerne le sens authentique des vieilles prophéties. Les plus pieux d'entre les Juifs pensaient qu'en vertu de l'oracle de Jérémie le temps messianique serait caractérisé par une observation exemplaire de tous les plus minimes préceptes de la loi, y compris ceux que le «Docteur de justice» pouvait y ajouter[35], et l'on sait jusqu'où pharisiens et sectateurs de la «nouvelle alliance» poussaient la minutie de leur casuistique[36]. On connaît d'autre part le rôle qu'attachaient au don de l'esprit, en vertu principalement de l'oracle d'Ézéchiel, soit le Targum soit les documents de Qumrân[37]. Nul n'avait cependant encore soupçonné que le Saint Esprit, troisième personne de la Trinité, amour du Père et du Fils, serait lui-même donné aux chrétiens «en guise de loi»[38], ou comme s'exprime saint Thomas, qu'il «serait lui-même le

---

[33] C'est le Christ qui vit en lui (Gal 2,20); l'amour dont le Christ nous aime le presse (συνέχει; 2 Cor 5,14), proprement «fait son unité», comme l'Esprit fait l'unité du monde (Sap 1,7). Tel est, selon saint Jean, l'objet même de la prière sacerdotale du Christ (Jn 17,26). Voir *Biblica* 44 (1963), p. 94-95.

[34] C'est ce qui fonde, on le sait, la doctrine catholique du «mérite», tout en sauvegardant la gratuité du salut: cf. *Gratuité de la justification et gratuité du salut*, dans *Studiorum paulinorum Congressus internationalis catholicus* 1961, Rome 1963, I, p. 95-110 (voir surtout p. 107-110); cf. ci-dessus, pp. 163-177.

[35] Cf. W. D. DAVIES, *Torah in the Messianic Age*, 1952.

[36] Voir par exemple *Doc. Sadocite* 6,18 (sur la distinction des mets et l'observation des jours de fêtes); 10,14-11,18 (sur l'observation du sabbat); etc. Cf. *Biblica* 37 (1956), p. 33-34.

[37] Cf. J. COPPENS, *Le don de l'Esprit d'après les textes de Qumrân et le IVe Évangile*, dans *L'Évangile de Jean* (Recherches bibliques III), p. 209-223; W. FOERSTER, *Der Heilige Geist im Spätjudentum*, dans *New Test. Studies* 8 (1962), p. 117-134.

[38] Le mot est du cardinal Seripando commentant Rom 8,2: «Haec lex Spiritus vitae. Sensus est: Dei Spiritus quem humana mens *legis vice* accipit» (*In D. Pauli epistolas ad Romanos et ad Galatas commentaria*, 1601, p. 122).

Nouveau Testament» ³⁹. Il fallait pour cela la révélation chrétienne et sans doute l'événement de la Pentecôte. Mais on voit en même temps que, si l'événement éclaire la prophétie et seul permet de la comprendre pleinement, la prophétie elle aussi ne laisse pas d'éclairer l'événement. Comment s'étonner qu'elle éclaire également les textes qui nous en parlent?

³⁹ *In epistolam ad Hebraeos*, cap. 8, lect. 2: «Et hoc modo (scl. interius operando) datum est Novum Testamentum, quia consistit in infusione Spiritus sancti, qui interius instruit...; item ad bene operandum inclinat affectum» (éd. R. Cᴀɪ, n. 404).

14

Rom 8,19-22
et la rédemption de l'univers*

I. État de la question [1]

Comme on peut s'en rendre compte par la bibliographie [2], l'interprétation de ce passage a été très discutée, et elle est en rapport étroit avec la problématique moderne. A prendre ses mots dans leur sens obvie, l'Apôtre, qui parle généralement de la seule rédemption de l'homme, paraît faire allusion ici à une certaine rédemption de la création matérielle elle-même, à une rédemption «cosmique», et corrélativement à un péché également «cosmique», par lequel l'Univers non humain aurait été altéré. Cela semble s'opposer aux données des sciences, qui ne savent certainement rien d'une telle mutation!

La difficulté n'a pas été remarquée aujourd'hui seulement. Les auteurs ont tenté et tentent de la résoudre de façons diverses.

Ainsi par exemple S. Augustin s'est efforcé de comprendre tout ce passage comme visant *l'homme seul;* alors tout problème disparaît, mais peut-être perd-on ainsi un précieux apport de vérité. De même aujourd'hui quelques auteurs catholiques, tel le P. Dulau. A. Viard incline vers cette interprétation, tout en concédant que l'Apôtre parle de l'homme considéré dans son être matériel, dans son corps.

---

* Paru en latin dans *Verbum Domini* 44, 1966, pp. 225-242

[1] Outre les commentaires, voir F. Prat, *Theologie de S. Paul*, I, p. 285 ss. — P. Dulau, dans *Divus Thomas* (Piacenza), 37 (1934); p. 286-292. — F. Trucco, ibid. 38 (1935), p. 320-326. — P. Dulau encore, ibid. p. 430-431. — M. Goguel, dans *Rev. Hist. Phil. Rel.* 15 (1935), p. 345-347. — F. Ogara; «Expectatio creaturae», dans *VD* 18 (1938), p. 193-201. — H. M. Biedermann, *Die Erlösung der Schöpfung beim Apostel Paulus*, Würzburg 1940. — R. Guardini, «*Das Harren der Schöpfung*», Würzburg 1940. — G. O. Griffith, dans *Expository Times* 56 (1945), p. 153-155. — R. Potter, dans *Scripture* 6 (1951), p. 256-262. — A. Viard, dans *RB* 59 (1952), p. 337-354. — A. M. Dubarle, dans *RSPT* 38 (1954), p. 445-466. — H. Hommel, *Schöpfer und Erhalter*, Berlin 1956, p. 7-23. — S. Lyonnet, «Rédemption de l'Univers» dans *Lumière et Vie*, n. 48 (1960), p. 43-62; *La vie selon l'Esprit* (en collaboration avec I. de la Potterie, Paris 1965), p. 254-262; *La storia della Salvezza nella lettera ai Romani* (Naples 1966), p. 221-240. — R. Völkl, *Christ und Welt nach dem N. T.*, Würzburg 1961.

[2] Voir F. Amiot, *Les enseignements de saint Paul*, II, Paris 1938, p. 215: «Y a-t-il autre chose que l'expression d'une union morale entre la création matérielle et les élus?... (La création) a-t-elle été vraiment transformée après la chute originelle, et le sera-t-elle de nouveau au dernier jour? L'allusion trop brève de saint Paul ne contient pas les éléments d'une réponse certaine». L'auteur raisonne comme si les deux choses devaient être affirmées ou niées ensemble.

D'autres, assez nombreux, s'efforcent d'atténuer les assertions pauliniennes, en restreignant l'affirmation à une corruption d'ordre moral, et par suite, également, à une transformation future du même ordre; ainsi, plus ou moins, sauf erreur, Cornely lui-même, A.-M. Dubarle, etc.

Le Concile Vatican II fait plusieurs allusions à une rédemption «cosmique». Déjà, dans la Constitution dogmatique *Lumen gentium* (n° 9), il déclare au sujet de la destinée du «peuple messianique», et en s'appuyant sur Rom 8,21: «La destinée, c'est le Royaume de Dieu inauguré sur la terre par Dieu même, qui doit se dilater encore plus loin jusqu'à ce que, à la fin des siècles, il reçoive de Lui son achèvement, lorsque le Christ notre vie sera apparu (Col 3,4), et que la création elle-même sera libérée de la servitude de la corruption pour connaître la liberté des enfants de Dieu (Rom 8,21)».

De nouveau, au chap. 7, commençant à traiter du caractère eschatologique de l'Église en marche et de son union avec l'Église du ciel, *Lumen Gentium* mentionne au n° 48 ce «*rétablissement de toutes choses*» qu'évoque S. Pierre dans Act 3,21, et distingue explicitement et formellement «l'univers» du «genre humain»: «L'Église, à laquelle nous sommes tous appelés dans le Christ et dans laquelle nous acquérons la sainteté par la grâce de Dieu, n'aura sa consommation que dans la gloire céleste, quand viendra le temps où toutes choses seront renouvelées (Act 3,21), et que, *avec le genre humain, tout l'univers lui-même*, intimement uni avec l'homme et atteignant par lui sa destinée, trouvera dans le Christ sa définitive perfection (cf. Eph 1,10; Col 1,20; 2 P 3,10-13)».

Cet enseignement est exposé surtout, quoique brièvement, dans la Constitution pastorale *Gaudium et Spes*, au n° 39, où le Concile lui consacre un paragraphe entier, en citant encore le passage de l'épître aux Romains: «Nous ignorons le temps de l'achèvement de la terre et de l'humanité, nous ne connaissons pas le mode de transformation du cosmos. Elle passe, certes, la figure de ce monde, déformée par le péché; mais, nous l'avons appris, Dieu nous prépare une nouvelle demeure et une nouvelle terre où régnera la justice, et dont la béatitude comblera et dépassera tous les désirs de paix qui montent du cœur de l'homme. Alors, la mort vaincue, les fils de Dieu ressusciteront dans le Christ, et ce qui fut semé dans la faiblesse et la corruption revêtira l'incorruptibilité. La charité et ses œuvres demeureront et *toute cette création* que Dieu a faite pour l'homme sera *délivrée de l'esclavage de la vanité* (Rom 8,19.21)».

Sur ce dernier texte conciliaire, il faut faire quelques remarques.

1. «Le temps de l'achèvement de la terre et de l'humanité»: telle est la traduction française de «de tempore consummandae terrae atque humanitatis». Mais la traduction italienne dit «il tempo in cui avranno fine la terra e l'umanità»; or, très certainement, le genre humain ne cessera pas

d'exister après la Parousie, sinon dans la condition où il se trouve actuellement, et donc, pareillement, la terre.

2. Seule «la figure du monde» est présentée comme «déformée par le péché», mais non le monde lui-même; là encore la traduction italienne peut être comprise autrement et le sera probablement plus d'une fois: «*l'aspetto di questo mondo deformato dal peccato*».

3. Dans la phrase citée de Rom 8,19-21, S. Paul a bien écrit «a servitute corruptionis», mais non «a servitute vanitatis»: ou bien le Concile, comme beaucoup de Pères, a tenu ces deux mots comme pratiquement identiques, ou bien il a eu l'intention délibérée de moins affirmer que Paul lui-même, selon qui, nous le verrons, la création, à cause du péché de l'homme, a été soumise à la vanité seulement: quant à la corruption (la caducité), elle en sera libérée.

Précisons: Paul affirme deux choses, l'une qui regarde l'avenir, l'autre le passé: est-ce de la même façon et avec une force égale? En outre, l'unité affirmée entre l'homme et l'univers est-elle ordre «physique» ou seulement d'ordre moral?

La solution ne peut être cherchée que par un examen attentif des mots principaux et de leur sens, ainsi que du contexte paulinien, soit le contexte immédiat, soit le contexte large, tel qu'il apparaît dans l'enseignement de l'A. T. et la doctrine juive communément admise à l'époque.

II. Sens de quelques mots

a) Le mot «*création*» (κτίσις, creatura) est employé certainement au sens passif, qui est le sens ordinaire dans le N. T., un seul texte excepté, Rom 1,20, où le sens actif et classique de «action de créer» convient mieux au contexte plutôt philosophique du passage.

Il est vrai qu'assez souvent ce mot désigne l'*homme lui-même*, par exemple dans l'expression «créature nouvelle» (2 Cor 5,17; Gal 6,15), expression qui du reste est rabbinique[3]. De même dans Rom 1,25; Col 1,23 (cf. Mc 16,15).

Cependant, même dans le N. T., c'est *le sens le plus général* qui semble se rencontrer, par ex. Col 1,15 «premier-né de toute créature», où il ne s'agit certainement pas de l'homme seul; de même, probablement, Rom 8,39.

A fortiori dans l'A. T.; par ex. Sag 5,17: «(Dieu) armera la création pour repousser ses ennemis»; cf. 20: «L'univers (ὁ κόσμος, orbis terra-

---

[3] Cf. STRACK-BILLERBECK, aux passages cités, ou C. SCHÖTTGEN, *Horae hebraicae*, Dresde, 1833, I, p. 531 ss.

rum) combat avec lui contre les insensés; traits bien dirigés, les éclairs jailliront, etc.». De même, Sag 16,24, où le mot désigne la manne et le feu; dans Sag 19,6 les éléments du monde matériel sont employés par Dieu pour sauver le peuple d'Israël au passage de la mer Rouge: «Car la création entière, en sa propre nature, était de nouveau façonnée, se soumettant à tes ordres, pour que tes enfants fussent gardés indemnes».

b) La *«vanité»*: le mot désigne le défaut d'une chose qui n'est d'aucune valeur; telles sont les idoles (Act 14,15), les raisonnements purement humains (2 Cor 3,20 = Ps 94[93],11), les hommes eux-mêmes quand ils se complaisent dans ces raisonnements (Rom 1,21).

Plus précisément, le mot qualifie un état qui résulte du péché de l'homme et désigne donc un défaut d'ordre moral et religieux:

Eph 4,17: les païens «se conduisent selon leur vain jugement».

Rom 1,21: les païens «sont devenus vains dans leurs raisonnements»; cf. v. 23, où Paul oppose le «Dieu incorruptible» aux êtres «corruptibles».

1 P 1,18: «Ce n'est par rien de corruptible, argent ou or, que vous avez été affranchis de la vaine conduite héritée de vos pères»; on voit encore dans ce verset une distinction entre «corruption» et «vanité».

Le mot «vanité» a cependant un sens encore plus général; par ex. dans 1 Cor 15,17: «Si le Christ n'est pas ressuscité, vaine est votre foi», c'est-à-dire qu'elle est sans objet et comme privée de réalité; et par suite «vous êtes encore dans vos péchés».

c) Le mot *«corruption»* (l'état d'un être périssable, sujet à la dissolution) s'emploie à propos d'une corruption d'ordre physique; par ex. à propos d'aliments «voués à périr» (Col 2,22); des animaux sans raison (2 P 2,12), en parallèle (v. 12a) avec la perte éternelle des pécheurs (φθορά); et surtout (v. 12b) à propos de la condition du corps voué à la mort, par opposition à l'incorruptibilité (1 Cor 15,42 et 50).

On peut conclure, semble-t-il, que l'Apôtre a eu l'intention d'enseigner non pas une cosmologie, mais très certainement une doctrine théologique concernant l'histoire du salut. Par conséquent, s'il enseigne une rédemption de l'univers, cela ne servira pas plus les sciences physiques que la doctrine de la résurrection des corps ne sert la science médicale. Et pourtant il n'est pas indifférent à un médecin de savoir que le corps qu'il veut guérir est destiné de fait par Dieu à la résurrection et non à la mort.

III. Contexte paulinien immédiat

D'après le contexte Paul traite certainement de la résurrection des corps (v. 11, 18 et surtout 23). Dès lors, si l'on entend sous le mot «création» (κτίσις) l'ensemble des créatures humaines, il faut les considérer dans leur élément corporel, ce que reconnaît A. Viard.

L'opposition marquée entre «création» et «fils de Dieu» au v. 21, et surtout entre «toute la création» et «nous-mêmes» aux v. 22 et 23, semble bien montrer que l'Apôtre traite de la création en tant que distincte du monde humain. Car on ne pourrait guère répondre qu'il parle d'une opposition entre l'homme pécheur aux v. 19-21, et le juste aux v. 23 ss., puisque c'est au juste seul qu'est donnée l'espérance de la glorification; on ne peut parler non plus d'une opposition entre «l'homme en général» et «le juste» (A. Viard), car cette seconde opposition se ramène en fait à la précédente.

En vérité, la seule raison pour laquelle ces auteurs sont d'avis que Paul parle uniquement de l'homme, paraît être la difficulté de concilier ses assertions avec les données des sciences physiques.

IV. Contexte large

Les assertions pauliniennes susciteront beaucoup moins d'étonnement si l'on a devant les yeux la façon dont les Juifs en général et Paul en particulier concevaient la relation existant entre l'homme et l'univers[4].

Pour l'A. T. en effet l'histoire du salut ne commence pas seulement avec le péché de l'homme ni avec sa création, mais avec la création de l'univers, comme le montre par exemple le Psaume 136(135). De plus, l'histoire de Noé fait voir que l'A. T. conçoit l'alliance avec Noé comme une «réconciliation» non seulement de l'homme mais de l'univers lui-même. Les paroles de Gen 8,21: «Je ne maudirai jamais plus la terre à cause de l'homme ... Plus jamais je ne frapperai tous les vivants comme je l'ai fait», répondent manifestement aux paroles semblables de Gen 3,17: «Maudit soit le sol dans ton travail». De même, la phrase de Gen 8,22: «Tant que durera la terre, semailles et moissons, froidure et chaleur, été et hiver, jour et nuit ne cesseront plus», indique une restauration de l'ordre primitif tel que le décrit Gen 1,3-5.

Le prophète Jérémie n'hésite pas à regarder ce pacte avec les éléments de l'univers comme un modèle pour la fidélité de Dieu au pacte conclu avec David.

Jer 33,20: «Si vous pouvez rompre mon alliance avec le jour et mon alliance avec la nuit, de sorte que le jour et la nuit n'arrivent plus au temps fixé, mon alliance sera aussi rompue avec David mon serviteur, de sorte qu'il n'ait plus de fils régnant sur son trône ...». De même, au v. 25: «Si je n'ai pas établi mon alliance avec le jour et la nuit, ni les lois du ciel et de la terre (pas de pacte en effet sans lois), alors je rejetterai la descendance de Jacob et de David mon serviteur ...».

---

[4] Voir «*Lumière et Vie*», art. cité, p. 46-50.

Ps 89(88),36-38: «Je ne violerai pas mon alliance ... Une fois j'ai juré par ma sainteté ..., non, je ne mentirai pas à David. Sa lignée demeurera pour toujours, et son trône sera devant moi comme le soleil, comme la lune est fondée à jamais, témoin fidèle dans le ciel».

Paul lui-même attribue certainement au Christ un rôle cosmologique dans la création de l'univers, comme le montre 1 Cor 8,6, d'après l'interprétation commune, a fortiori d'après l'interprétation de M. M. Sagnard: «Pour nous il n'y a qu'un seul Dieu, le Père, de qui (ἐξ οὗ) tout vient et vers qui nous allons; et un seul Seigneur Jésus-Christ, par qui (δι' οὗ) tout vient et par qui (δι' αὐτοῦ) nous allons (au Père)». Il est affirmé du Christ qu'il est le médiateur non seulement de tous les hommes, mais aussi de toutes choses (τὰ πάντα) [5].

De même, dans Col 1,16, l'Apôtre attribue non moins certainement au Christ un rôle dans la création de toutes choses, puisque c'est en lui qu'ont été créées toutes choses (τὰ πάντα avec le verbe ἐκτίσθη à l'aoriste, tandis qu'à la fin du verset on a le parfait ἐκτίσται, et même le verbe συνέστηκεν au v. 17); il faut avouer cependant que Paul pense surtout aux anges, sans les hommes.

Rien d'étonnant à cela, puisque pour Paul comme pour Jean et pour tout le N. T. le Christ assume essentiellement, d'une part, le rôle de la Loi, que les Juifs contemporains regardaient comme médiatrice de la justification, et que d'autre part cette Loi était regardée encore par eux comme médiatrice de la création de l'univers: «Heureux Israélites, à qui a été donné l'instrument avec lequel Dieu créa le monde!» (Pirqé Abôt 3,14). Il est bien connu qu'au temps du Christ l'exégèse juive attribuait à la Loi tout ce qui était dit de la Sagesse dans l'A. T.[6]. Or il est dit de la Sagesse, dans Prov 8,22-30: «Le Seigneur m'a créée (ἔκτισεν) au commencement de ses voies, avant ses œuvres les plus anciennes ... Quand il préparait les cieux, j'étais là ... quand il affermissait les fondements de la terre, j'étais près de lui, disposant tout ...».

Il ne faut pas oublier non plus que les Juifs contemporains unissaient étroitement l'homme et l'univers dans cette «réconciliation avec Dieu» qu'ils célébraient annuellement au cours de la fête de l'Année nouvelle (1er Tishri) comme prélude à la fête des «Kippurîm» (10 Tishri) [7].

---

[5] «A propos de 1 Cor 8,6», dans *ETL* 26 (1950), p. 54-58.

[6] Cette identité entre Sagesse et Loi est affirmée explicitement dans Baruch 4,1; Sir 24,23.

[7] Voir *RSR* 48 (1960), p. 94-100: «L'hymne christologique de l'épître aux Colossiens et la fête du Nouvel An» (surtout p. 95).

V. Enseignement de Paul

Tout ne peut être affirmé avec égale certitude. En particulier il faut distinguer, si je ne me trompe, les assertions qui concernent l'avenir, et celle qui concernent le passé. Les premières appartiennent directement à l'argumentation de Paul, mais non les autres, du moins à égal degré.

A. *Assertions concernant l'avenir*

a) Certainement, l'Apôtre considère d'abord et pour elle-même la *rédemption de l'homme*, non celle de l'Univers. Cela ressort nettement non seulement de son enseignement général, mais aussi de notre texte: la transformation de l'univers, si elle doit avoir lieu, sera une participation à la gloire des enfants de Dieu.

Cet enseignement diffère du tout au tout de celui des gnostiques, selon qui l'homme sera libéré parce qu'il sera placé dans un univers libéré. M. Goguel le montre bien, dans l'article que cite la bibliographie.

Or cet enseignement allait tout à l'opposé des tendances philosophiques et religieuses des Grecs, qui magnifiaient tant le ciel et les astres, comme de vrais dieux. De là, les sarcasmes des philosophes païens, tels que Celse, Plotin [8] ou Porphyre [9].

b) La rédemption de l'univers est affirmée par l'Apôtre comme un *corollaire de la rédemption du corps de l'homme*, et par conséquent se fonde sur la résurrection même du Christ. Pour les Grecs, la rédemption de l'homme est une libération de la matière, et par suite de ce «corps qui appesantit l'âme». Pour Paul, c'est le corps même qui sera libéré, qui sera glorifié; le corps n'est pas la prison de l'âme, il est un serviteur et un instrument, et un instrument de prix.

Or l'Apôtre ne considère pas notre corps comme séparé en quelque sorte des autres créatures matérielles. L'univers tout entier participera donc à sa glorification. Le P. Huby a cette belle formule: «L'univers n'est pas un piédestal, avec l'homme pour statue; on le comparera bien plutôt à un immense pédoncule dont l'humanité est la fleur» [10].

---

[8] Voir *Lumière et Vie*, art. cit. p. 51-53. — R. Arnou, *Dict. Théol. cath.*, «Platonisme des Pères», col. 2350; 2364.

[9] Sur la doctrine de Plotin, voici ce qu'écrit le P. Benoit: «Par delà sa polémique et l'inspirant, il y a l'opposition irréductible de l'esprit grec à l'idée d'une résurrection de la chair. Dans la philosophie platonicienne et néoplatonicienne, le corps est mauvais parce que matériel... La mort est la bienheureuse libération... C'est la même raison qui rend la doctrine de l'Incarnation inacceptable et inintelligible pour Porphyre...» (*Exégèse et Théologie*, Paris 1961, II, p. 443 ss.).

[10] J. Huby, p. 297. On peut voir aussi ce que le même auteur a écrit dans *Épîtres de la captivité*, p. 46. Du côté non catholique, E. Stauffer, dans *TWNT*, au mot ἐγώ, II, p. 359.

c) Il faut tenir cette doctrine comme tout à fait *traditionnelle*.

Ainsi S. Ambroise, *De excessu fratris Satyri*, II, *De fide resurrectionis*, 102 (PL 16, 1403): «Nous nous en rendons compte, qu'il est sacrilège de ne pas croire à la résurrection! Car si nous ne ressuscitons pas, alors le Christ est mort en vain, alors le Christ n'est pas ressuscité (1 Cor 15,13). S'il n'est pas ressuscité pour nous, en vérité il n'est pas ressuscité, car il n'avait pas à ressusciter pour lui-même. En lui, le monde est ressuscité, en lui le ciel est ressuscité, en lui la terre est ressuscitée. Car il y aura un ciel nouveau et une terre nouvelle ...».

De même, S. Thomas, *Contra Gent.*, 4, 97, «sur la condition du monde après le jugement»: «Comme tous les êtres matériels sont d'une certaine façon pour l'homme, il convient que la condition de toute la création matérielle soit changée, en conformité avec celle des hommes qui existeront alors. Et comme les hommes seront alors exempts de toute corruption possible, la création matérielle toute entière cessera d'être soumise au régime de la génération et de la corruption. C'est ce que dit l'Apôtre en Rom 8,21 ss. Comme la création matérielle recevra selon sa finalité une ordonnance s'harmonisant avec la condition de l'homme, et que les hommes, libérés de la corruption, seront revêtus de gloire, il faudra que la création matérielle soit touchée elle aussi par des rayons de cette gloire. C'est pourquoi il est dit dans Apoc 21,1: «J'ai vu un ciel nouveau ...», et dans Is 65,17: «Voici que je vais créer des cieux nouveaux et une terre nouvelle; on ne se souviendra plus du passé, il ne reviendra plus à l'esprit; mais vous serez dans la joie et l'allégresse pour toujours. — Amen». Et c'est sur ces mots que se termine la Somme contre les Gentils.

d) L'Apôtre tenait d'autant plus à trancher cette question que les docteurs juifs avaient sur ce point, semble-t-il, des opinions divergentes. Les uns se figuraient la fin du monde comme une «conflagration générale» (ἐκπύρωσις), ce qui était la conception commune des Stoïciens, tandis que les autres la tenaient pour une «rénovation» de l'univers même matériel.

Philon par exemple fait plusieurs allusions à la conception stoïcienne. Ainsi dans le *De specialibus legibus*, I, 208; dans le *Quis rerum divinarum heres*, 228 [11].

Les Oracles sibyllins, 3, 81 ss.[12]: «Alors Dieu, dont la demeure est dans les cieux, roulera les cieux comme on roule un livre. Et le firmament tout entier tombera sur la terre divine et dans la mer, et alors coulera sans fin un violent torrent de feu, et il embrasera la terre et la mer, et le firmament et ses étoiles et toute la création seront changés en une seule masse liquide et seront complètement dissous».

---

[11] Éd. COLSON, VII, p. 219 et IV, p. 396. Voir les notes de Colson dans l'*Appendice*, VII, p. 621, et IV, p. 472.

[12] Dans une partie peut-être chrétienne ou judéo-chrétienne.

Les Oracles Sibyllins encore, 4, 172 ss. (dans une partie certainement juive) enseignent que le monde sera consumé par le feu, ce à quoi fait écho notre hymne «Dies irae, dies illa... solvet saeclum in favilla, teste David cum Sibylla» [13].

Comment faut-il comprendre cette «conflagration»? Comme une destruction, ou un renouvellement? Pour Paul, aucun doute: Dieu destine l'univers à la vie, non à la mort. L'univers ne sera pas anéanti, mais glorifié; il recevra un mode d'existence s'accordant à l'état du corps glorieux.

e) Si donc la condition du corps glorieux consiste essentiellement, selon Paul (1 Cor 15) dans la *parfaite maîtrise de l'esprit sur la matière*, en sorte que le corps devient un corps «spirituel» (πνευματικόν), il faudra concevoir de façon analogue la condition de l'univers glorifié, condition que l'on peut seulement affirmer, mais non se représenter, pas plus d'ailleurs que celle du corps glorieux.

f) Or la résurrection du corps, qui au sens plein est future, peut être considérée en un certain sens comme *déjà commencée*, anticipée, en tant qu'elle comporte cette parfaite maîtrise de l'esprit sur le corps, telle qu'elle se manifeste plus ou moins chez les Saints (charismes extraordinaires, pouvoir des miracles, etc.), et au plus haut degré dans la B[se] Vierge Marie. De la même façon la glorification de l'univers entier, assurément future, est déjà commencée, dans la mesure précisément où cet univers est de jour en jour plus soumis à l'homme.

g) On ne peut concevoir cependant cette glorification comme un processus continu et homogène, sans aucune rupture, pas plus que celle du corps: pas de destruction, d'anéantissement, non, mais cependant une *transformation*. Entre le corps terrestre et le corps glorieux il y a à la fois continuité et hétérogénéité; de même, entre l'univers matériel actuel et l'univers glorifié.

Par suite le *travail de l'homme*, moyen pour lui d'acquérir peu à peu la maîtrise de l'univers, n'est pas d'ordre purement temporel, profane, contingent; c'est quelque chose de définitif, dans la mesure où il prépare un univers qui doit demeurer toujours. Cependant, pour des yeux qui ne sont pas illuminés par la foi, il ne peut qu'être «vanité», parce que l'univers tel qu'il est ne demeurera pas. L'activité de l'homme est donc à la fois décevante, parce qu'elle s'exerce sur un univers destiné à une mutation radicale, et d'une très haute valeur, parce qu'elle prépare cette mutation et d'une certaine façon la commence [14].

---

[13] Comme l'hymne mentionne David, à côté de la Sibylle, peut-être fait-elle allusion au Ps 50(49),3, ou 96(97),3, bien que dans l'un et l'autre passages le sens soit tout différent.

[14] Voir d'excellentes réflexions sur la condition paradoxale de l'homme en face des tâches d'ordre temporel dans l'article de G. DIDIER, «Eschatologie et engagement chrétien», dans *NRT* 75 (1953), p. 3-14.

B. *Trois conséquences* [15]

1. Du fait que la conception paulinienne et chrétienne du salut comporte en son terme la rédemption du corps et de l'univers, elle présente nécessairement un *aspect collectif*. Non que Paul n'espère pas «être avec le Christ» dès l'heure de sa mort. Mais cette espérance, parce qu'elle inclut la résurrection corporelle, oriente l'âme vers un événement d'une bien plus grande ampleur, à savoir le *retour du Christ à la Parousie*, quand se produira enfin la résurrection du corps pour tous les élus en même temps, sauf pour le Christ lui-même, déjà ressuscité comme prémices, et la Bse Vierge Marie, intimement unie au Christ dans l'accomplissement de l'œuvre salvifique. Le cœur de Paul, comme celui de tout chrétien, est «sans repos» jusqu'à ce que tous trouvent leur repos en Dieu, quand «le Corps du Christ aura atteint sa taille parfaite» (Eph 4,13), quand le Christ aura conquis son Royaume tout entier et l'aura livré à son Père, afin que Dieu soit tout en tous (1 Cor 15,28).

2. Du fait que la résurrection du corps implique aussi celle de l'univers, il faut conclure *à la valeur et au sens du travail* de l'homme, qui soumet l'univers à son service pour que cet univers atteigne la fin voulue de Dieu.

Adam a été placé dans le paradis «pour le cultiver»: le travail lui-même n'est pas une conséquence du péché. Qu'après son péché Adam ait dû cultiver la terre «à la sueur de son front», c'est là une peine du péché et en même temps le moyen donné miséricordieusement par Dieu pour qu'il expie son péché grâce au Christ rédempteur, c'est-à-dire se purifie de ce péché.

3. Enfin, puisque la rédemption de l'univers, comme celle du corps, dépend intrinsèquement de celle de l'homme lui-même, il faut affirmer qu'est entièrement vain tout effort humain pour la préparer et d'une certaine façon la commencer, s'il n'est pas ordonné à la rédemption de l'homme. Il est aussi vain que l'est tout effort humain pour soumettre le corps à l'esprit sans la rédemption de l'homme lui-même.

Les gnostiques pensaient que la matière est mauvaise par elle-même et que par conséquent en être délivré est nécessairement un bien. Selon Paul, le mal n'est que dans l'homme, plus précisément dans l'esprit de l'homme, quand il ne s'ordonne pas à Dieu, mais à l'inverse ordonne à lui les autres et Dieu lui-même. Toute maîtrise acquise par l'homme sur l'univers est donc vaine, si elle n'est pas ordonnée à établir dans l'homme et entre les hommes le règne de la charité.

---

[15] Voir *Lumière et Vie*, art. cit., p. 58-61.

C. *Assertions concernant le passé* [16]

Aux assertions examinées jusqu'ici l'Apôtre ajoute au v. 20 une assertion concernant un fait passé, celui qui est raconté dans Gen 3. Dans ce verset 20, toutefois, le poids de l'affirmation porte sur le mot final «en espérance»: même quand il évoque le passé, Paul regarde l'avenir.

L'Apôtre s'exprime ici très sobrement, et ne semble pas vouloir dire plus que ce que l'on peut tirer du récit de la Genèse: l'affirmation d'un lien entre le péché de l'homme et l'état actuel de l'univers, quelle que soit la façon d'expliquer la nature de ce lien.

Il faut remarquer en effet qu'il affirme simplement ceci: le monde créé infra-humain est soumis à la «*vanité*», un mot dont la signification est avant tout *religieuse et morale*; et il ne faut pas nécessairement identifier la «vanité» avec la «corruption», à laquelle est de fait soumis maintenant l'univers et dont il sera libéré.

Il est vrai que les Pères ont assez souvent affirmé cette identité.

Ainsi Chrysostome, sur Rom 8,19: «Que veut dire ce mot: la création "a été soumise à la vanité"? Elle est devenue corruptible (φθαρτὴ γέγονε). A cause de toi, l'homme. Depuis que tu as reçu un corps mortel et passible, la terre aussi a été l'objet de la malédiction et elle a fait pousser épines et ronces. Et parce que le ciel, qui vieillit avec la terre, doit être enfin rétabli en une condition meilleure, écoute ce que dit le prophète...». Ici, Chrysostome cite le Ps 102(101),26 ss., et Is 51,6. La création «sera libérée, dit Paul, de la servitude de la corruption, elle ne sera plus sujette à la corruption, mais participera à la beauté de ton corps. Quand tu es devenu corruptible, elle l'est devenue aussi; de même, quand tu seras incorruptible, elle le sera avec toi» (PG 60, 530).

D'autres Pères n'ont pas hésité à supposer que cette corruptibilité avait été imposée par Dieu à l'univers en prévision du péché de l'homme.

Ainsi par exemple Grégoire de Nysse: «Comme Dieu vit dans l'ouvrage que nous étions notre inclination vers le mal (τὴν πρὸς τὸ χεῖρον ῥοπήν) et comme il vit que, par notre déchéance spontanée de la dignité que nous partagions avec les anges, nous chercherions à nous unir avec ce qui était au-dessous de nous, pour ce motif il mêla à sa propre image quelque chose de l'être sans raison. Car ce n'est pas à la nature divine et bienheureuse (c'est-à-dire angélique) que peut appartenir la division en mâle et femelle». Selon Grégoire la différenciation même des sexes a donc son origine dans la prévision du péché [17].

---

[16] Voir *Lumière et Vie*, art. cité, p. 54.

[17] *De hominis opificio*, PG 44, 205A; édition des *Sources chrétiennes* n. 6 (*La création de l'homme*, trad. J. LAPLACE, notes de J. DANIÉLOU, Paris 1943) p. 185; voir l'introduction, p. 48-52, et surtout p. 54-56.

Même un écrivain de l'école d'Antioche, plus attaché au sens littéral, Théodoret, disciple de Chrysostome, a pu dire, à propos de Rom 8,20: «Paul appelle la corruption vanité. Car il enseigne un peu après que la création sera libérée elle aussi de la servitude de la corruption. Or il enseigne que la création visible a reçu en partage une nature mortelle (θνητὴν ἔλαχε φύσιν), parce que le Créateur de toutes choses prévoyait la transgression d'Adam (προεώρα τοῦ 'Αδαμ τὴν παράβασιν) et la sentence de mort à porter contre lui. Car il n'était pas convenable ni juste que les êtres faits pour lui reçoivent l'incorruptibilité, tandis que lui, en vue de qui ils ont été faits, serait mortel et passible. Mais quand il recevra l'immortalité par la résurrection, eux aussi participeront semblablement à l'immortalité. Paul dit par conséquent que la création visible attend cette mutation» (PG 82, 136).

Il faut remarquer néanmoins que S. Thomas, à partir de Gen 3,17 ss.: «Maudit soit le sol dans ton travail... il germera pour toi épines et chardons, et tu mangeras l'herbe des champs...», ne conclut pas du tout que sans le péché de l'homme la création n'aurait pas été sujette à la corruption.

«La terre aurait produit épines et chardons, si l'homme n'avait pas péché, pour la nourriture des animaux, mais non pour le châtiment de l'homme... comme Augustin le dit (*De Gen. ad litt.*, l. 3, 18, 28; PL 34, 290-291). Il est vrai qu'Alcuin dit qu'avant le péché la terre n'aurait pas germé du tout épines et chardons. Mais la première opinion est préférable» (II[a] II[ae] q. 164, a. 2 ad 1[um]).

Dans la I[a], q. 96, a. 1, il se demande «si Adam dans l'état d'innocence dominait sur les animaux», et dans l'ad 2[um] il fait cette réponse: «Certains disent que les animaux qui sont aujourd'hui féroces et tuent d'autres animaux auraient été doux dans cet état-là, non seulement à l'égard de l'homme mais à l'égard des autres animaux. Mais cette opinion est tout à fait déraisonnable. Car la nature des animaux n'a pas été modifiée par le péché de l'homme; sinon il faudrait dire que ceux qui sont aujourd'hui carnivores auraient alors vécu d'herbe, tels les lions et les faucons. La *Glose* de Bède sur Gen 1,30 ne dit pas que les arbres à fruit et les herbes ont été donnés à tous les animaux, mais à certains».

Quoi qu'il en soit de la Glose (ordinaire), Bède le Vénérable, en fait, enseigne clairement l'opinion que rejette le docteur Angélique comme tout à fait déraisonnable:

Bède, sur l'*Hexaméron*, I, 30 (PL 91, 32): «Et Dieu dit: Voici que je vous ai donné toute espèce d'herbes (Gen 1,30). Il est évident ici, qu'avant la faute de l'homme la terre n'a rien produit de nuisible, aucune herbe vénéneuse, aucun arbre stérile; comme il est dit manifestement que toute herbe, tout arbre ont été donnés en nourriture aux hommes et aux oiseaux, et à tous les animaux de la terre, il est clair que les oiseaux ne vivaient pas du rapt d'êtres ailés plus faibles, ni que le loup rôdait autour des bergeries, ni que le serpent avait la poussière en guise de pain, mais que les animaux, dans la concorde, se nourrissaient d'herbes verdoyantes et des fruits des arbres».

L'opinion de S. Thomas se trouve par ailleurs plus ou moins affirmée par ses contemporains, tels Alexandre de Halès, Pierre Lombard, S. Bonaventure.

Il est donc clair que les assertions de Paul sur la future participation de l'univers à la gloire des enfants de Dieu ne dépendent nullement de leur condition passée, avant le péché d'Adam.

15.

Dieu «n'a pas épargné son propre Fils, mais l'a livré» (Rom 8,32) *

Le texte de Rom 8,32 est, avec le texte parallèle de Rom 5,5-8, l'un de ceux qui révèlent le mieux chez Paul la source de toute l'œuvre sotériologique: la charité du Père, et une charité qui s'est faite «humaine» dans le Christ incarné (v. 39).

La charité du Père est de nouveau explicitement mentionnée dans Eph 1,4, selon l'interprétation la meilleure, à cause du parallélisme avec le v. 6: «dans le Bien-Aimé», et dans Eph 2,4; mais elle est sous-entendue partout où il s'agit de l'œuvre du Christ en tant qu'elle exprime sa charité envers nous (Gal 2,20; Eph 5,2.25), puisque la charité du Christ n'est que la charité du Père dans le Christ, comme il est dit clairement en Rom 8,39.

1. Cette charité du Christ et du Père est présentée en liaison avec une phrase tirée du quatrième chant du Serviteur de Yahvé. En effet, la phrase: «Le Christ a aimé» est en liaison avec la phrase: «Le Christ s'est livré lui-même», comme le montre le tableau suivant:

Formule complète (avec «il a aimé»):

Gal 2,20: «Il m'a aimé et s'est livré lui-même (παρέδωκεν) pour moi».
Eph 5,2: «Il nous aimés et s'est livré lui-même pour nous».
Eph 5,25: «Il a aimé l'Église et s'est livré lui-même pour elle».

Formule incomplète (sans «il a aimé»):

Gal 1,4: «Il s'est donné (διδόναι) lui-même pour nos péchés».
1 Tim 2,6: «Il s'est donné lui-même en rançon (ἀντίλυτρον) pour tous».
Tit 2,14: «Il s'est donné lui-même pour nous».

Cette dernière formule (sans «il a aimé») paraît empruntée à la catéchèse des Synoptiques, à savoir au logion sur «le Fils de l'homme venu pour servir et donner sa vie («son âme», c'est-à-dire lui-même) en rançon pour une multitude, λύτρον ἀντὶ πολλῶν» (Mc 10,45; Mt 20,28), où l'accent est mis sur δοῦναι plus que sur λύτρον. Ce qui est plus net dans 1 Tim 2,6 [1].

---

* Paru en latin dans *Exegesis epistulae ad Romanos V-VIII*, pp. 275-281.

[1] Voir K. ROMANIUK, *L'amour du Père et du Fils dans la sotériologie de S. Paul*, Rome, 1961, surtout p. 216 et suiv. — R. LE DÉAUT, «La présentation targumique du sacrifice d'Isaac et la sotériologie paulinienne», dans «*Studiorum paulinorum Congressus intern.*

Or il est dit du Serviteur de Yahvé dans Is 53,12: «Il a répandu sa vie (s'est dépouillé lui-même) jusqu'à la mort» (T. M.); «Il s'est livré (*m^esar*) lui-même jusqu'à la mort» (Targum); «Il a été livré (παρεδόθη) jusqu'à la mort» (LXX, 2 fois; Rom 4,25).

Mieux, le mot «pour servir» (Mc 10,45; Mt 20,28) semble se référer à la notion même de «Serviteur de Yahvé», que les LXX développent de la même façon dans Is 53,11: «Le Seigneur veut... lui montrer la lumière et le former par l'intelligence et le proclamer juste (δικαιῶσαι δίκαιον) parce qu'il sert bien la multitude (εὖ δουλεύοντα πολλοῖς), et lui (le Serviteur) enlèvera leurs péchés» (c'est-à-dire qu'il sert bien en tant qu'il enlèvera leurs péchés).

2. Dans le même chant, du moins selon la LXX, il est dit aussi que «le Seigneur a livré son Serviteur»:

Is 53,6: «Tous, comme des moutons, nous avons erré... et le Seigneur l'a livré pour nos péchés» (ὁ Κύριος παρέδωκεν αὐτὸν ταῖς ἁμαρτίαις ἡμῶν). A rapprocher de l'emploi de la voix passive (παρεδόθη), et cela deux fois, dans le verset d'Is 53,12 cité plus haut, où il faut probablement comprendre «a été livré *par le Seigneur*», texte que reprend précisément Paul dans Rom 4,25.

Tout cela met en lumière le caractère spécifique de l'œuvre sotériologique: le Christ nous a rachetés *moyennant un acte de liberté*, car il a subi volontairement la mort, et quelle mort! Tout le récit de la Passion entend souligner ce caractère, soit dans les Synoptiques, où le repas eucharistique est présenté comme oblation volontaire du Christ allant à la mort, soit surtout dans Jean, ainsi que le montre nettement par exemple l'introduction de son récit en 13,1: «Il les aima jusqu'au bout» (εἰς τέλος; cf. 19,30 τετέλεσται), ou 18,1 ss., passage auquel Merk donne pour titre: «Le Christ se livre de son plein gré».

Mais tout comme Jean, bien qu'indépendamment de lui, car les expressions sont différentes[2], Paul a voulu rappeler explicitement, dans la formule traditionnelle, que cet acte de liberté a été par excellence un acte de *charité*.

En deux passages (outre Heb 5,8), il décrit cet acte comme un acte *d'obéissance*, chaque fois par opposition à la désobéissance d'Adam: Rom

---

cath.», II, Rome 1961, p. 563-574; *La nuit pascale*, Rome 1963, chap. 3, «Abraham et le sacrifice d'Isaac».

[2] Jean emploie l'expression τιθέναι τὴν ψυχήν: 10,11.15.17 (le bon Pasteur); 13,37-38; 15,13; 1 Jn 3,16. La locution est toujours liée à ὑπέρ, et avec une mention de la charité très nette dans le dernier exemple: «A ceci nous avons connu l'Amour: celui-ci a donné sa vie pour nous, et nous aussi nous devons donner notre vie pour nos frères». De même sur l'amour du Père, Jn 3,16, où est employé le verbe δοῦναι: «Dieu a tant aimé le monde qu'il a donné son Fils unique».

5,19 et Phil 2,8. Mais S. Thomas fait remarquer avec justesse que cette obéissance a pour cause l'amour [3].

3. En outre la forme littéraire, dans Rom 8,32, rappelle certainement Gen 22,16, où Dieu a loué Abraham pour le sacrifice de son fils: «... parce que tu n'as pas épargné ton fils bien-aimé» (ou «unique»). Nous sommes donc à coup sûr très loin du contexte juridique de l'expiation pénale, puisque dans l'A. T. il n'est jamais fait la moindre allusion à une peine qu'aurait subi Isaac ni à une volonté de son père d'immoler son fils par irritation contre lui!

Or les Juifs contemporains de Paul ont attaché grande valeur au sacrifice d'Isaac, comme le montre par exemple le fait qu'il était censé avoir eu lieu sur le mont Moriah, où était édifié le Temple [4], bien plus, au jour même de la Pâque, soit le 15e jour de Nisan, selon le *Livre des Jubilés*, 13,3: Abraham reçoit l'ordre de sacrifier Isaac «le 12e jour du premier mois», c'est-à-dire de Nisan (Jub. 17,15), il part «le matin du 13e jour (cf. Gen 22,3: «... se levant tôt»); le «3e jour» (Jub. 18,3 = Gen 22,4), il arrive au lieu du sacrifice, c'est-à-dire le 15e jour de Nisan [5].

De plus, Isaac s'offre lui-même à la mort selon Josèphe; et selon le Targum palestinien les sacrifices accomplis dans le Temple étaient censés tirer leur valeur des «liens d'Isaac» («Aqedah»), comme le montre la prière d'Abraham insérée dans la version de Gen 22,14.

> *Targ. Neofiti*, in Gen 22,14: «Puis Abraham rendit un culte et pria au nom de la Parole de Yahvé, en disant: 'Je t'en prie, par l'amour de devant toi, Yahvé! Toutes choses sont manifestés et connues devant toi. Il n'y a pas eu de partage en mon cœur dès le premier moment où tu m'as dit de sacrifier mon fils Isaac, de le réduire en poussière et cendre devant toi. Mais aussitôt je me suis levé de grand matin et prestement j'ai mis à exécution tes paroles, avec joie, et accompli ta décision. Et maintenant, lorsque ses fils se trouveront dans un temps de détresse, souviens-toi de l'aqédah de leur père Isaac et entends la voix de leur supplication. Exauce-les et délivre-les de toute tribulation. Car les générations à venir diront: Sur la montagne du sanctuaire de Yahvé où Abraham offrit son fils Isaac, sur cette montagne lui est apparue la gloire de la Shékinah de Yahvé» [6].

---

[3] Outre les passages qui vont être cités, remarquons le très beau commentaire de Jn 14,31: «Il faut savoir qu'il est une cause de mort comportant la douleur, lorsqu'un homme est mis à mort pour une faute, et une cause comportant consolation, quand on meurt pour l'avantage de la vertu (cf. 1 P 4,15). A ce sujet le Seigneur montre: 1º que le péché n'a pas été la cause de sa mort; 2º que cette cause fut la vertu d'obéissance et de charité ... Le Christ a deux motifs de supporter la mort, l'amour de Dieu et du prochain ..., l'obéissance causée par cet amour» (éd. Marietti, nº 1974-1976).

[4] Josèphe, *Ant. Jud.* 1,13,2 (cf. 2 Chron., 3,1).

[5] De même, le Targum palestinien sur Ex 12,42.

[6] Voir R. Le Déaut, *La nuit pascale*, Rome 1963, p. 153 et suiv., où il montre que la personne d'Isaac est louée aussi dans le Targum, ainsi que son acceptation du sacrifice.

4. Toute la tradition patristique chante non seulement la charité du Christ dans son œuvre salvifique, mais aussi celle du Père, et même semble insister plus souvent sur cette charité du Père, en invoquant d'ordinaire Rom 8,32.

S. Ambroise: «Considère l'amour du Père... Il a comme encouru le risque de voir mourir son Fils, comme enduré la douleur de le perdre, pour que tu ne sois pas privé du fruit de la rédemption. Si grand a été le souci du Seigneur pour ton salut, qu'il a pour ainsi dire risqué son bien [7], pourvu qu'il te gagne» (*De Jacob et vita beata*, 1,6,25; PL 14, 638).

Chrysostome, à son tour: «Dieu a jugé qu'une âme est digne d'un tel soin (οὕτω περισπούδαστον ψυχὴ Θεῷ) qu'il n'a pas épargné son Fils lui-même» (in Mt, hom. 60; PG 58, 580).

S. Augustin n'hésite pas à parler du prix donné par le Père lui-même: «Surabondante est la miséricorde de Dieu, et large sa bonté, puisqu'il nous a rachetés par le sang de son Fils. Il lui a plu, dans sa miséricorde, de nous racheter à un tel prix: il a donné pour nous le sang de son Unique... Celui qui nous a rachetés à si grand prix ne veut pas voir se perdre ceux qu'il a achetés», (*Serm.* 22,9; PL 38, 153).

Il faut noter surtout le commentaire de S. Thomas, soit dans son cours sur les Romains, 8,32, soit dans la *Somme Théologique*, III, q. 47, a. 3, où il pose la question: «Dieu le Père a-t-il livré le Christ à la Passion?» Il répond que le Père n'a pas livré le Christ à la mort «contre sa volonté», ce qui «aurait été inique et cruel», mais «en lui inspirant la volonté de souffrir pour nous», ce qu'il n'a pas fait de l'extérieur mais «en répandant en lui la charité». De même, en expliquant Rom 8,32 (Leçon 6; éd. Cai, n. 713): «Dieu le Père l'a livré, en décidant qu'il s'incarne et souffre et en inspirant à sa volonté humaine l'affection de la charité (et donc en rendant plus parfaite cette volonté humaine du Christ), charité grâce à laquelle il subirait spontanément la passion. Aussi est-il dit qu'il s'est livré lui-même, dans Eph 5,2».

On voit bien en quel sens il faut comprendre cette «sévérité de Dieu» que S. Thomas dit «se montrer» dans la phrase paulinienne: «Il n'a pas épargné son propre Fils». C'est, dit-il, que Dieu «n'a pas voulu pardonner le péché sans une peine» (III, q. 47, a. 3 ad 1um), de même qu'il «n'a pas voulu pardonner les péchés de l'homme sans une satisfaction», à cause «d'une miséricorde plus abondante» (en donnant son Fils pour cela; III, q. 46, a. 1, ad 1um; cf. a. 2, ad 3um).

De plus, il est noté que le «sacrifice de substitution» du bélier n'est pris en considération que par les rabbins récents (p. 207 et suiv.). Le vrai sacrifice ne fut pas l'immolation du bélier, mais l'offrande intérieure d'Abraham et d'Isaac par amour et par obéissance.

[7] Dans le texte: «de suo». Dans la table des œuvres de S. Ambroise (PL 15, 2350), comme l'a fait remarquer J. Rivière, on a écrit «de sua», faute qui affaiblit beaucoup le sens du texte: c'est le Christ qui mettrait en péril son salut (de sua salute), c-à-d. sa vie, pour nous gagner. Dans le texte authentique c'est le Père qui risque *son bien*, c'est-à-dire son Fils.

Or un tel acte de charité est en tous points le plus parfait, puisqu'il n'est pas d'acte de charité plus parfait que de donner sa vie «pour l'amour de quelqu'un»; et ainsi s'explique l'*obéissance* du Christ. «Le Fils de Dieu incarné a subi la mort en obéissant au commandement du Père, selon Phil 2,8. Le commandement du Père aux hommes concerne les actes de vertu, et plus un homme accomplit parfaitement un acte de vertu, plus il obéit à Dieu. Mais de toutes les vertus, la principale est la *charité*, à laquelle elles se rapportent toutes. En accomplissant très parfaitement son acte de charité, le Christ a donc été très obéissant au Père. Car il n'est pas d'acte de charité plus parfait que d'endurer la mort pour l'amour de quelqu'un, comme le dit le Seigneur lui-même: «Personne n'a un plus grand amour...» (Jn 15,13). Il apparaît donc que le Christ, en endurant la mort pour le salut des hommes et la gloire de Dieu le Père, a été très obéissant à Dieu, par l'accomplissement d'un acte parfait de charité» (C. Gent. IV, 55, ad 13um).

«Il n'a pas été impie et cruel de la part de Dieu le Père de vouloir que meure le Christ ... Car il ne l'y a pas forcé malgré lui; mais il s'est complu dans la volonté du Christ d'accepter la mort par charité, et il a opéré cette charité dans son âme». Ce n'était point fortuit, parce qu'il fallait précisément que l'homme soit rétabli «dans l'ordre de l'amour» (ibid ad 16um).

16.
L'amour efficace du Christ *
Rom 8,35.37-39

Ce passage de l'épître aux Romains forme la conclusion d'un long développement, tout entier consacré à démontrer que «l'espérance ne déçoit point», fondée qu'elle est sur l'amour de Dieu (Rom 5,5), celui-là même dont Dieu nous aime dans le Christ. De cet amour nous possédons une preuve objective dans le fait que le Christ est mort pour nous (5,8; 8,32) et un témoignage intérieur dans ce terme de «Abba, Père» que le Saint-Esprit met sur nos lèvres quand nous nous adressons à Dieu, car il n'est autre que celui dont usait le Fils unique s'adressant à son Père (5,5; 8,15-16).

Le chrétien est fils en un sens propre; il est par grâce cela même que le Fils unique est par nature; il constitue avec lui un unique être vivant (Ga 3,28). Sa destinée, dans le plan de Dieu, ne peut donc qu'être identique à celle du Fils (8,17), et ses tribulations ne peuvent qu'avoir la même signification: l'enfantement d'un monde nouveau (8,22). Le plan de Dieu en effet est cohérent: il ne nous a appelés à partager la vie du Christ que pour nous faire partager sa gloire (8,30).

La perspective du jugement ne saurait davantage effrayer le chrétien. Que pourrait bien en effet «l'adversaire», celui que l'Apocalypse appelle l'accusateur (Ap 12,9-10; cf. Za 3,1), du moment que Dieu et le Christ sont pour nous? Dieu qui nous a donné ce qu'il avait de plus cher, son propre Fils; et le Christ mort pour nous, ressuscité pour nous, intercédant sans cesse pour nous (8,31-34). Ce que le P. Faber traduisait en déclarant: «Au jour du jugement, j'aime mieux être jugé par Dieu que par ma mère».

C'est précisément cet amour du Christ, reflet de celui de Dieu même, et sa toute-puissante efficacité que saint Paul va célébrer dans les vv. 35-39 qui terminent le chap. 8 et que nous avons à expliquer.

L'amour du Christ dans les épreuves (vv. 35-36)

Conservant le cadre, familier à la Bible, du tribunal divin, où tous les obstacles sont représentés comme autant d'accusateurs, l'Apôtre évoque tout ce qui pourrait ébranler notre confiance, nous donner à croire que

---

* Paru dans *Assemblées du Seigneur 49*, 18e Dimanche ordinaire, pp. 12-16.

Dieu nous a abandonnés, bref, nous inspirer quelque doute sur cet amour du Christ ou du moins sur son efficacité. Propos délibéré ou hasard, l'énumération atteint le chiffre sept: «*Tribulation, angoisse, persécution, faim, nudité, périls, glaive*» (v. 35). Autant de termes que Paul a maintes fois employés au cours de ses lettres, soit en parlant de tous les chrétiens, car la tribulation est le lot de la condition chrétienne: «Vous savez bien que c'est là notre partage» (1 Th 3,3), et d'ailleurs faisait déjà partie des caractéristiques des temps messianiques (Dn 12,1), soit plus souvent encore en parlant de ses propres expériences apostoliques (1 Th 3,7; 1 Co 4,9-13), notamment au cours de la seconde épître aux Corinthiens (4,8-11; 6,4-5; 11,23-28; 12,7-10).

Le seul terme nouveau est «*le glaive*»: l'épée du bourreau qui devait, quelques années plus tard, en cette Église de Rome à laquelle il écrit, le consacrer martyr du Christ et le réunir pour toujours à son Maître, suprême témoignage de l'amour de Dieu et du Christ envers son Apôtre!

A titre d'exemple, Paul cite (v. 36, omis dans la péricope liturgique) les paroles du Psalmiste (44,23) rappelant les persécutions jadis endurées par le peuple d'Israël et que l'exégèse juive contemporaine appliquait volontiers au martyre des frères Maccabées sous Antiochus Epiphane: «*A cause de toi* (ce qui est particulièrement vrai des tribulations de Paul), *l'on nous met à mort tout le jour* — il n'est guère de moments de la journée où la persécution ne sévisse en quelque lieu; *nous avons passé pour des brebis d'abattoir*». On ne pouvait brosser tableau plus sombre.

La super-victoire (v. 37)

Mais, bien loin d'engendrer en nous des doutes sur l'amour du Christ à notre égard, de telles tribulations en sont autant de preuves irrécusables, en raison de la force même communiquée précisément «par celui qui nous a aimés», force qui nous obtient non seulement la victoire mais une «super-victoire»: «*Car en tout ceci nous sommes survainqueurs par celui qui nous a aimés*» (v. 37). C'est quand la situation s'avère désespérée que l'intervention divine apparaît avec le plus d'éclat.

Saint Paul l'avait déjà expliqué en toute clarté aux Corinthiens: «La puissance se déploie dans la faiblesse» (2 Co 12,9); la puissance de Dieu qui agit dans et à travers son Apôtre, atteint sa «consommation» (*teleitai*), la plénitude de son activité, dans la faiblesse de l'instrument apostolique; elle a pour ainsi dire besoin de cette faiblesse pour exercer toutes ses virtualités, pour aller jusqu'au bout d'elle-même, de même que c'est dans sa Passion et sa mort en croix, suprême degré de la faiblesse, que le Christ «ayant aimé les siens, les aima jusqu'à la consommation» (*eis telos*: Jn 13,1) et «alla jusqu'au bout de son amour»[1]. Aussi Paul

---

[1] C. SPICQ, *Agapè*, Paris, 1959, t. III, p. 148.

ajoute: «C'est donc de grand cœur que je mettrai toute ma suffisance dans mes faiblesses — outrages, détresses, persécutions, angoisses, explique-t-il au v. 10 — afin que repose sur moi (comme jadis la gloire du Seigneur sur l'Arche) la puissance du Christ» (v. 9).

On notera que, pour l'Apôtre, les chrétiens ne sont pas seulement «victorieux dans les épreuves», mais d'une certaine façon «survictorieux par elles»[2]. Elles constituent la médiation de cet amour que le Christ nous communique d'après les situations dans lesquelles nous sommes et qu'il a permises. Voilà pourquoi l'épreuve, au sens biblique du terme, n'est jamais envoyée qu'aux amis de Dieu, tel Abraham (cf. Gn 22,1).

L'absolue certitude (vv. 38-39a)

Afin de proclamer plus solennellement encore la certitude du chrétien, Paul, élargissant les perspectives, «se met en face des puissances les plus redoutables et les plus mystérieuses du monde créé» (Huby). Le sens précis de chaque terme n'est pas aisé à déterminer; l'Apôtre semble vouloir rester dans le vague afin de mieux évoquer tous les obstacles que l'imagination superstitieuse des hommes peut inventer, et dont le «mauvais œil» est l'un des succédanés modernes les plus courants.

Rien ne suggère évidemment que Paul ait partagé de telles croyances; mais elles constituaient une tentation permanente pour les convertis issus du paganisme, d'autant qu'elles n'avaient pas laissé de pénétrer chez les Juifs, comme en témoignent certains documents trouvés à Qumrân. J. T. Milik a signalé «un ouvrage de la grotte 4 qui décrit la morphologie des individus nés sous un signe donné du Zodiaque et la proportion mathématique de leur participation au monde des esprits de Lumière et à celui des esprits de ténèbres»[3].

En tout cas, «*mort et vie*» est le binôme familier à la littérature grecque contemporaine que Paul avait déjà rappelé en 1 Co 3,22, joint d'ailleurs à «*présent et avenir*»; le P. Huby commente: «La mort avec ses angoisses, la vie avec ses dangers et ses tentations..., le présent avec son instabilité et l'avenir avec ses incertitudes».

Les «*anges et principautés*» sont vraisemblablement ces «éléments» que Juifs et Grecs estimaient être préposés au monde matériel, et dont Paul nous dit que le Christ a triomphé (1 Co 15,24; Col 2,15); et sans doute en est-il de même des «puissances» mentionnées par Paul en 1 Co 15,24, conjointement aux «anges et principautés».

Quant aux deux derniers termes, «*hauteur et profondeur*», qui ont embarrassé maints exégètes, ils semblent justement empruntés au langage

---

[2] C. Spicq, *Agapè*, Paris, 1958, t. I, p. 255.
[3] J. T. Milik, *Dix ans de découvertes dans le désert de Juda*, Paris, 1957, pp. 87-88.

de l'astrologie où «ils désignaient, le premier la situation d'une étoile près du pôle, le second, l'espace sous l'horizon d'où paraissent surgir les étoiles» (Huby), en tant évidemment que ces différentes positions des astres dans le ciel sont censées commander la destinée des hommes et les événements de leur existence.

Enfin, pour être certain de ne rien omettre, un peu comme en Rom 13,9, Paul déclare que *«nulle créature»*, si puissante qu'on la suppose, ne pourra empêcher le Christ de nous aimer efficacement. Le seul obstacle serait de notre part le refus de vouloir être aimé, car Dieu nous respecte assez pour ne jamais nous imposer son amour. Mais ici, comme dans les versets précédents à propos de la prédestination (vv. 28-30), Paul se place toujours du point de vue exclusif de Dieu, le seul en question dans sa problématique. Aux chrétiens convertis du paganisme et habitués jusqu'ici à se considérer comme exclus des promesses divines réservées au seul Israël, Paul déclare que ces promesses les concernent, eux aussi (vv. 28-30), et que l'amour du Christ est assez efficace pour triompher de quiconque voudrait s'opposer à leur réalisation.

L'amour de Dieu dans le Christ (v. 39b)

Cet amour du Christ n'est d'ailleurs que l'amour même de Dieu, amour devenu humain et visible dans le Christ, ou plus exactement *«dans le Christ Jésus notre Seigneur»*. Car, au terme de ce chap. 8, l'Apôtre reprend la formule, pour lui nullement banale, qui, à partir du chap. 5, lui avait servi à marquer chacune des étapes de son argumentation (5,1.11; 5,21; 6,23; 7,25), et ne réapparaîtra plus dans la partie dogmatique.

Il l'avait employée pour la première fois dans l'adresse particulièrement solennelle, la plus longue de toutes et la plus riche dogmatiquement, qui commence l'épître et dont elle constitue le centre. Elle y définit l'objet même de son Évangile: un personnage qui porte un nom, comme tous les personnages de l'histoire: «Jésus»; dont la fonction est d'être le Messie envoyé par le Père: «Christ»; et qui, par sa résurrection, a été constitué *«notre Seigneur»* (cf. Ph 2,11).

17.

Le rôle d'Israël dans l'histoire du salut selon Rom 9-11 *

Il est de première importance, pour comprendre le sens de ces chapitres (Rom 9-11), de déterminer exactement la place qu'ils occupent dans l'ensemble de la Lettre, et par conséquent le rôle qu'ils jouent dans l'argumentation de Paul. Je pense que Paul entend, non seulement répondre à des difficultés que lui faisaient les Juifs ou les Judéo-chrétiens, mais également résoudre un problème qu'il se posait à lui-même, celui de l'unité de l'histoire du salut. Le principe du salut par le seul Jésus-Christ, ou encore de la justification par la seule foi au Christ (en sous-entendant implicitement: et non par la pratique de la Loi), n'introduit-il pas une rupture dans le plan de Dieu tel que le révélait l'Ancien Testament? Si les choses se passent comme Paul l'enseigne au nom de la révélation du Christ, de ce qu'il appelle «son Évangile», la «Parole de Dieu», telle qu'elle nous est parvenue par l'A. T., n'a-t-elle pas «failli» (Rom 9,6)? Si c'était vrai, l'argumentation des chapitres précédents, jusqu'à 8 inclusivement, perdrait toute valeur, non seulement aux yeux des adversaires de Paul, mais à ses propres yeux. En ce sens, les chap. 9-11 ne sont aucunement un simple appendice, encore moins une digression comme on l'a parfois supposé; bien que «le développement dogmatique semble épuisé et que l'on n'attende plus que la conclusion morale» (Prat), ces chap. constituent un élément essentiel de l'argumentation, en ce sens qu'ils fournissent à une difficulté fondamentale une solution sans laquelle tout l'édifice s'écroulerait. C'est dire l'importance qu'a pour Paul le rôle d'Israël tel qu'il est décrit dans ces chapitres, et l'importance qu'a le sens de ce terme d'Israël mentionné soit en 9,6 soit en 11,25-26.

Or une comparaison de Rom 9-11 avec Rom 4 me semble apporter quelque lumière. J'ai l'impression que Rom 9-11 joue dans la deuxième partie de l'épître exactement le même rôle que Rom 4 jouait dans la première et que la comparaison entre les deux aide beaucoup à mieux saisir ce rôle.

Que fait Paul en Rom 4? Dans les trois premiers chapitres il a prétendu montrer que la foi en Jésus-Christ, et non pas l'observance de la Loi, est seule source de justification. Mais une telle affirmation semble contredire ce que l'A. T. enseignait, en particulier à propos de celui qui est le

---

* Paru pour la première fois dans *Die Israelfrage nach Röm 9-11* (Série monographique de «Benedictina» — Section Biblico-Oecuménique n° 3), pp. 42-47, 161-167, 174, Rome 1977.

juste par excellence, Abraham, dont le Siracide déclare qu'il «a observé la loi du Très-Haut» (Sir 44,20) et, selon les termes mêmes de la Bible, «ne lui a pas refusé son fils, son unique» (Gn 22,16). C'est même en récompense de cet acte héroïque que Dieu lui promet «par serment» que «par sa postérité se combleront de bénédictions toutes les nations de la terre, en retour de son obéissance» (Gn 22,18). Aussi avait-on tendance à rattacher la justification d'Abraham à cette obéissance héroïque. Pour ne citer qu'un exemple, Mattathias exhortant les Juifs à demeurer fidèles à la Loi et à «l'alliance de nos pères», leur rappelle qu'Abraham «a été trouvé fidèle dans l'épreuve» et que «cela lui a été compté comme justice» (1 Mac 2,52). On le voit, l'affirmation de Gn 15,6 était ainsi détachée de son contexte et rattachée à celui de Gn 22. La même tendance apparaît encore plus clairement peut-être dans le Targum palestinien, comme l'a bien montré le Père Le Déaut. Le sacrifice d'Abraham, «l'épreuve» à laquelle Dieu le soumet, a pour seul but de permettre à Isaac d'acquérir une justice plus grande que celle d'Ismaël, et partant, le droit à l'héritage que lui disputait celui-ci en arguant du fait qu'il avait librement accepté d'être circoncis à treize ans, tandis qu'Isaac le fut à huit jours sans aucun mérite de sa part: «A peine ces paroles furent-elles entendues du Maître du monde, explique le Targum du Pseudo-Jonathan, que le Memra du Seigneur mit à l'épreuve Abraham» (Gn 22,1). Une telle tradition aide certainement à comprendre l'argumentation de Paul en Gal 4, en particulier comment Ismaël «persécutait» Isaac (Gal 4,29), mais aussi, je pense, celle de Rom 4. En tout cas, Paul invite son lecteur à se reporter à sa Bible. Il s'apercevra que la «justice» d'Abraham s'y trouve mentionnée pour la première fois en Gn 15, et qu'elle y est rattachée à un acte de foi d'Abraham — c'est même le premier exemple de la Bible du substantif «justice» et du verbe «croire» — et non pas au ch. 17 qui raconte la circoncision d'Abraham, encore moins au ch. 22 qui raconte son obéissance héroïque. Ainsi l'économie du N.T., rattachant la justification à la foi (et non à l'observance d'un commandement), se trouvait confirmée par l'A.T., bien loin d'introduire une rupture dans le plan divin.

Or, au terme de l'argumentation de Rom 5-8, une difficulté semblable se présentait à l'esprit de Paul. La Parole de Dieu qui ne peut «faillir» (Rom 9,6) semblait avoir «failli». La difficulté avait déjà été évoquée en Rom 3,1-8: que devient la supériorité du Juif et les promesses de Dieu envers son peuple? Mais la réponse alors donnée (Rom 3,6-8) ne pouvait suffire. Car il ne suffit pas de montrer qu'Israël a mérité par son refus le sort qui est aujourd'hui le sien. Paul évoquera le péché d'Israël seulement au ch. 10, mais ce n'est pas par un tel argument qu'il commence au ch. 9 ni qu'il finit au ch. 11. En effet, les promesses de Dieu faites au peuple (non aux individus) étaient inconditionnées: Paul songe à l'alliance avec Abraham, «éternelle» (Gn 17,7, etc.), fondement de toutes les autres, donnée, explique-t-il en Gal 3,15-18, à la façon d'un testament. En ce sens, la fidélité de Dieu ne peut être annulée par l'infidélité des hommes (cf. Rom 3,3).

La vraie réponse sera que le refus d'Israël, si déconcertant soit-il, non seulement a effectivement servi le dessein salvifique de Dieu sur le monde entier (Rom 9), mais n'est que partiel et provisoire (Rom 11); l'élection d'Israël est sans repentance (Rom 11,28); elle exige qu'Israël finalement discerne ce dessein de Dieu et reconnaisse le Christ (11,25-27).

Mais Paul commence, en Rom 9,6, par une considération qui a pour but d'atténuer le scandale de cette apparente infidélité de Dieu aux promesses faites à Abraham: à l'intérieur même de la descendance charnelle d'Abraham qui, par définition, aux yeux des Juifs, constitue le peuple d'Israël, des choix successifs se sont opérés. Deux cas étaient classiques, celui d'Ismaël et celui d'Esaü: bien que descendants d'Abraham, les fils d'Ismaël ne faisaient pas partie du peuple d'Israël, et, bien moins encore, les fils d'Esaü, les Édomites, devenus le type même des ennemis d'Israël (cf. Am 1,11; Abd 1-21; Ps 137,7, etc.). Assurément la tradition juive cherchait à expliquer la chose par les «démérites» des ancêtres, par exemple le refus de la Loi qui aurait été proposée aux uns et aux autres (Mekhilta, sur Ex 20,1), ou encore la «persécution» d'Ismaël à l'égard d'Isaac. Raison de plus pour S. Paul de rappeler l'enseignement de la Bible elle-même, comme il l'avait fait en Rom 4; d'où les citations des vv. 7, 9, 12 et 13.

Mais on voit qu'il ne s'agit aucunement de la prédestination ou de la réprobation des personnes. Nulle part l'A. T. n'adresse une promesse inconditionnée de salut à chaque descendant d'Abraham ou à chaque membre du peuple juif, non plus que le Christ d'ailleurs à chaque chrétien. Il s'agit des peuples, comme le disent explicitement les textes de la Genèse 25,23 et de Malachie 1,2 s. (invoqués en Rom 9,12-13).

Ce n'est qu'au ch. 10 que Paul mentionne le «démérite» d'Israël. En 9,14, il affirme d'abord et uniquement que le choix totalement gratuit de Dieu n'est pas contraire à la «justice de Dieu», au sens proprement biblique du terme, à savoir, selon une interprétation qui me semble de plus en plus certaine, l'activité salvifique de Dieu conformément à ses promesses: l'infidélité d'Israël elle-même, en dépit des apparences, est tout entière ordonnée au dessein salvifique de Dieu sur le monde, comme la résistance de Pharaon fut ordonnée à la manifestation de la puissance salvifique de Dieu en faveur de son peuple (Rom 9,17). Tel est, je crois, l'enseignement central de ces chapitres dans la pensée de Paul, enseignement qu'il résumera dans les extraordinaires versets 30-32 du ch. 11, et qui lui arrachera le cri d'admiration du v. 33: Dieu est capable de faire servir jusqu'aux péchés des hommes à leur propre bien; c'est même là que Paul discerne ce qu'il nomme la «sagesse de Dieu» (Rom 11,33; même sens, je pense, en 1

Co 1,21). Dieu ne veut pas le péché; mais il est capable de le faire entrer dans son plan de salut.

Une nouvelle question se pose: comment Paul a-t-il conçu ce rapport entre l'infidélité d'Israël et le salut du monde?

Tous les commentateurs signalent le fait, incontestable, que, selon Paul lui-même, dans le plan de Dieu, le peuple juif était premier: «l'Évangile est une force de salut pour tout croyant, pour le Juif d'abord, et (ensuite seulement) pour le Grec» (Rom 1,16; cf. 2,9-10; 3,1). Et l'interprétation est confirmée par les Actes: si Paul s'adresse aux païens, c'est parce que, en fait, les Juifs refusent l'Évangile (Ac 13,46; 18,6; 19,9; 28,28). En ce sens, il pouvait dire que l'incrédulité d'Israël avait exercé une certaine causalité (datif instrumental) sur la miséricorde accordée aux païens (Rom 11,30b).

Mais à ce premier motif, qui d'ailleurs ne pouvait que retarder l'évangélisation des païens (non l'empêcher), je serais très incliné, personnellement, à en ajouter un second: l'infidélité d'Israël qui était, pour Paul, le scandale par excellence, pouvait aisément lui apparaître, après coup, «providentielle», comme dirait volontiers un catholique. Et cela pour deux raisons, ce me semble: d'abord, si la masse des Juifs s'était convertie, la religion du Christ risquait d'apparaître aux yeux des païens comme une simple secte juive, ce qui ne pouvait guère faciliter leur conversion, étant donné leurs préjugés à l'égard du judaïsme; mais surtout, je pense, Paul avait constaté à ses dépens quels obstacles le petit nombre de Juifs convertis avait mis à sa prédication de l'Évangile authentique, où le Christ remplace la Loi comme l'unique médiateur de salut. Je songe à Ga 2, à 2 Co, mais aussi à Ph 1,15-17, et à ce que racontent les Actes (par ex. 15,1-5; 21,17-24).

En tout cas, en Rom 9-11, évoquant l'infidélité d'Israël, Paul veut éviter chez ses lecteurs convertis du paganisme, la réaction très humaine qui était précisément celle du «juste pharisien», porté à mépriser ces «pécheurs de païens», selon le mot de Ga 2,15. Il rappelle donc à ses lecteurs, eux païens convertis, qu'ils sont en partie redevables de cette conversion à Israël lui-même et à son infidélité: «Vous avez obtenu miséricorde grâce à leur désobéissance» (11,30). Bien plus, l'interprétation est discutée, mais je pense que c'est le sens du v. 31, ils sont également, d'une certaine façon, en partie responsables de cette infidélité: «eux, de même, ont désobéi, grâce à la miséricorde exercée envers vous». Une des raisons qui a provoqué le refus d'Israël, ce fut en effet de voir le salut proposé aux païens et accepté par eux. Paul y fait allusion en Rom 10,19; également, plus d'une fois, les Actes (p. ex. 13,45, à Antioche de Pisidie; 17,5, à Thessalonique; cf. 1 Th 2,15 s.): réaction spontanée de celui qui, se croyant seul élu de préférence aux autres (cf. Ex 19,5), se voit privé de son «privilège».

Résumons la pensée de Paul: pour pouvoir accueillir le salut comme un don gratuit de Dieu, il faut commencer par reconnaître que nous n'y avons aucun droit. Tant qu'Israël s'imagine que les promesses de Dieu lui confèrent un droit sur ce salut, tant qu'il s'imagine que l'appel à la miséricorde est réservé aux païens, lui-même pouvant s'appuyer sur la justice de Dieu (au sens moderne du terme), il ne peut être sauvé; il lui faut, à lui aussi, comme aux païens, passer par la conscience de son «infidélité», et reconnaître humblement qu'il a besoin, au même titre que le païen, de recourir à la seule miséricorde: «Dieu a enfermé tous les hommes sous la désobéissance pour faire miséricorde à tous» (Rom 11,32).

Interventions dans la discussion

1. La nouvelle alliance

Le P. Dreyfus a noté que, parmi les privilèges d'Israël, Paul mentionne «les alliances» et qu'il faut maintenir le pluriel malgré la leçon de bons manuscrits portant le singulier. Or, parmi ces «alliances» Rom 11,27 mentionne explicitement l'alliance eschatologique annoncée par les prophètes, où Paul voit précisément une preuve scripturaire de la future conversion d'Israël. Il me semble certain que, dans la pensée de Paul, cette alliance eschatologique occupe une place exceptionnelle. Jérémie l'avait appelée «alliance nouvelle», seul passage où se rencontre l'expression dans l'A. T., et qui a donné son nom au «Nouveau Testament». On sait qu'elle devait consister, selon Jérémie, non pas en ce que Yahvé donnerait à son peuple une «nouvelle Loi», mais en ce qu'il graverait sa Loi dans le cœur de chacun des membres de son peuple, et non plus simplement sur les tables de pierre. Lors de notre colloque de 1969, j'ai essayé de montrer comment ce que Jérémie dit de cette alliance nouvelle est éclairé par ce qu'en dit Ézéchiel quelques années plus tard, reprenant presque à la lettre la formule même de Jérémie. Là où celui-ci avait dit: «Je mettrai ma loi au fond de leur être» (Jr 31,33), Ézéchiel dit littéralement: «Je mettrai mon esprit au fond de votre être» (Ez 36,27). Ce qui est annoncé est donc une transformation intérieure qui, par conséquent, concerne, comme le P. Dreyfus l'a souligné en parlant de l'élection, non plus le peuple en tant que tel mais chaque personne. Et, de fait, Jérémie ajoute: «Ils n'auront plus à s'instruire mutuellement, chacun se disant l'un à l'autre: Connaissez Yahvé» (Jr 31,34). Et, à son tour, Ézéchiel: «Je mettrai mon esprit au fond de votre être et je ferai que vous marchiez selon mes lois» (Ez 36,27). Dieu entend bien que sa Loi soit observée: sa Loi, c'est-à-dire ce qu'il veut de l'homme — et Paul nous dit que ceci se résume dans «l'amour de l'autre» (Rom 13,8; Ga 5,14).

Mais nos chapitres de Rom 9-11 mentionnent une autre allusion à cette même alliance eschatologique consistant dans la transformation du cœur de l'homme, que Jérémie et Ézéchiel considéraient comme une condition de l'observation de la Loi. Cette mention se trouve au ch. 10; n'ayant pas été là ce matin, je ne sais si le Prof. Barrett en a parlé. Il s'agit d'un passage qui a beaucoup embarrassé les exégètes, car Paul y fait annoncer par Moïse lui-même, non seulement «la justice de la Loi» mais «la justice de la foi», celle-là précisément que Paul oppose à la précédente. L'argumentation de Paul, qui nous paraît étrange à première vue — et m'a paru telle pendant longtemps —, me semble très significative. Elle s'appuie sur le Deutéronome dont l'esprit est si proche de Jérémie. Paul invoque Dt 30, où les exégètes modernes discernent précisément une annonce de la réalité même que Jr appelle l'«alliance nouvelle». Non seulement il s'agit de la «circoncision du cœur» et non de la chair, formule propre au Dt et à Jr et que Paul avait reprise en Rom 2,28, mais, cas unique dans tout l'A. T., il est précisé que cette circoncision du cœur sera opérée par Dieu lui-même. Non plus, comme en Dt 10,16: «circoncisez votre cœur», mais: «Yahvé ton Dieu circoncira ton cœur et le cœur de ta postérité, en sorte d'aimer Yahvé de tout ton cœur» (Dt 30,6). La Loi reste la même: il s'agit toujours d'aimer Yahvé en imitant son amour désintéressé (Dt 10,18-19); mais elle n'est plus gravée seulement sur la pierre; elle est devenue au cœur même de l'homme le principe de son agir. C'est ce que veulent dire, ce me semble, Dt 30,11-14 sur quoi s'appuiera Paul: «Cette loi n'est pas hors de ton atteinte» (v. 11); «la Parole est tout près de toi, dans ta bouche et dans ton cœur» (v. 14). Le contexte de ce passage en Dt parle en termes assez clairs du «retour des exilés» (Dt 30,3); il «suppose la captivité de Babylone» (BJ); c'est donc très exactement le contexte des prophéties de Jérémie et d'Ézéchiel. On comprend, me semble-t-il, que Paul puisse identifier cette «Parole» avec «la parole de la foi que nous proclamons» (Rom 10,8), d'autant plus qu'il s'agit évidemment de la foi au sens paulinien, c'est-à-dire «la foi qui opère par l'amour» (Ga 5,6), ce que Paul avait pu nommer en Rom 3,27 «la loi de la foi», et en Rom 8,2 «la loi de l'Esprit».

Il existait, d'ailleurs, une interprétation juive de ce même texte du Deutéronome qui a pu faciliter la surprenante application qu'en fait Paul au Christ: «Ne dis pas: Qui montera au ciel? C'est-à-dire: pour en faire descendre le Christ; ne dis pas: Qui descendra dans l'abîme, c'est-à-dire: pour faire remonter le Christ de chez les morts» (Rom 10,6-7). L'application m'a semblé moins surprenante quand je suis tombé sur le texte du targum fragmentaire (on ne connaissait pas encore le «Neofiti») qui expliquait: «Tu n'as pas à monter au ciel comme Moïse le prophète ... ni à descendre dans l'abîme comme Jonas le prophète» (on notera que Paul dit également «descendre dans l'abîme» comme le Targum, et non «aller au-delà des mers» comme le Deutéronome hébreu ou grec). Moïse et Jonas: les deux figures du Christ dans la première tradition chrétienne! Du reste, on retrouve appliqué semblablement au Christ donnant l'Esprit ce que le Targum appliquait à Moïse donnant la Loi, — avec une même référence à la leçon du Targum contre celle de l'hébreu et du grec —, en Eph 4,8 citant Ps 68(67),19. Dans le texte original il s'agit de Yahvé qui «a reçu les hommes en tribut». Dans le Targum, au contraire, il s'agit de «Moïse, le prophète», qui a «enseigné les paroles de la Loi, distribué des dons aux hommes», et chez Paul, du Christ qui «a donné des dons aux hommes». Bien plus, exactement comme Rom 10,7, Eph 4,9 ajoute à l'allusion à la montée du Christ, une allusion à «une descente du Christ dans les régions inférieures de la terre», qui, en ce cas, me semble évoquer, comme en Rom, non l'Incarnation du Christ, mais sa mort.

Paul est donc moins révolutionnaire qu'on ne le pense, comme l'a si justement rappelé le P. Dreyfus. En utilisant les prophéties de Jr et d'Ez sur l'alliance eschatologique, il pouvait se référer à certaines traditions authentiquement juives. Un de mes élèves m'a fait tout récemment connaître deux textes rabbiniques qui m'ont paru très éclairants. Ils se trouvent dans le midrash du Cantique, dont ils commentent le début: «Qu'il me baise des baisers de sa bouche» (Ct 1,2). Il sont attribués à deux Rabbis contemporains (c. 150), R. Jehuda et R. Nehemia. Billerbeck cite le premier à propos de la prophétie de Jérémie sur la Nouvelle alliance citée en He 8,8-12, le second dans l'excursus sur l'«instinct mauvais» (Str.-Bill. III 704; IV 482).

Ces deux textes rapportent manifestement la même tradition et la rattachent, le premier à Jérémie, le second à Ézéchiel. La tradition en question se fonde sur le fait que souligne le Deutéronome et que rappellent avec insistance Philon, Flavius Josèphe, etc., à savoir qu'au Sinaï-Horeb, Dieu promulgua directement la Loi, les «Dix paroles». C'est le peuple lui-même qui, craignant de mourir, s'il continuait à «entendre la voix du Dieu vivant parlant du milieu du feu» (Dt 5,26), demande alors à Moïse de servir d'intermédiaire.

R. Jehuda explique qu'à partir de ce moment l'enseignement de la Torah cessa d'être «inséré dans leur cœur»; «ils apprirent de nouveau (de la bouche de Moïse et non plus de celle de Dieu), mais cette fois ils oublièrent. Ils vinrent alors trouver Moïse et lui dire: Moïse, notre Maître, si le Seigneur pouvait se révéler à nous une seconde fois, s'il pouvait nous donner un baiser de sa bouche, si l'enseignement de la Loi pouvait être inséré dans notre cœur comme la première fois (au Sinaï)! Moïse alors répondit: Ceci ne peut arriver maintenant, mais arrivera dans le monde à venir, comme il est dit: Je mettrai ma loi au fond de leur être (Jr 31,33)».

Pareillement, R. Nehemia explique qu'au Sinaï, lorsque les Israélites entendirent la voix de Dieu promulguant les Dix paroles, «l'instinct mauvais a été arraché de leur cœur», mais qu'il «retourna à sa place» quand ils demandèrent à Moïse d'être «l'intermédiaire entre Dieu et eux». Même prière des Israélites à Moïse et même réponse de Moïse, avec cette différence qu'à la place de Jérémie c'est Ézéchiel qui est invoqué: «Ce n'est pas possible maintenant, mais arrivera dans le monde à venir, comme il est dit: J'ôterai votre cœur de pierre» (l'identification entre le cœur de pierre et l'instinct mauvais est fréquente, et Billerbeck signale de nombreux textes rabbiniques).

On le voit, dans la tradition rabbinique elle-même, la prophétie d'Ézéchiel sur le don de l'Esprit est parallèle à celle de Jérémie sur le don de la Loi gravée sur le cœur. Les deux prophéties se complètent et s'expliquent mutuellement. C'est à la lumière des deux que Paul se représente et exprime la réalité du N. T. Le P. Dreyfus a parlé des «promesses» mentionnées par Paul parmi les privilèges d'Israël (Rom 9,4) et il a dit très justement que, pour Paul, c'est le Christ qui en est le véritable et seul bénéficiaire selon Ga 3,16. Mais il faut ajouter que, pour Paul, selon Ga 3,14, il s'agit très précisément de la promesse de l'Esprit: *epangelia tou pneumatos*, l'Esprit que justement donne le Christ, le jour de la Pentecôte. Tout est ordonné à ce don de l'Esprit, depuis la conception du Christ jusqu'à sa mort et à sa résurrection, où Paul déclare qu'il a été fait «Esprit vivifiant» (1 Co 15,45). C'est ce que Paul me paraît rappeler quand, en Rom 8,2 il attribue la «libération» de l'homme à «la loi de l'Esprit de la vie», et quand il explique au v. 4 que ce don de l'Esprit communiqué aux hommes par la mort sacrificielle du Christ avait pour but de faire que «le précepte de la loi fût accompli en nous»: «le précepte de la loi», c'est-à-dire ce qu'elle déclarait juste, *to dikaiôma tou nomou*, selon l'expression classique utilisée généralement au pluriel mais ici, intentionnellement, au singulier, parce que tous ces *dikaiômata* se résument en un seul, selon Rom 13,8.10; «fût accompli», au passif, parce qu'il s'agit encore plus de l'activité de Dieu en nous, selon ce que Paul explique en Ga 2,20: «Ce n'est plus moi, mais le Christ qui vit en moi»; «en nous, ajoute cependant Paul, qui marchons selon l'Esprit et non selon la chair», car la liberté de l'homme doit accueillir cette activité divine; il faut que, par un acte de sa liberté, il se laisse agir.

2. Situation présente et rôle futur d'Israël

L'affirmation du début de Rom 11, concernant les Juifs convertis que Paul assimile au «Reste d'Israël» est centrale dans l'argumentation. Le P. Dreyfus m'a dit qu'il préparait un article sur la notion biblique de «Reste» pour le Supplément du DB. Il l'expliquera avec plus de compétence que moi et dira si mon interprétation est vraie. Car je pense qu'il s'agit d'une notion proprement prophétique. Dieu fait qu'un «Reste» d'Israël est sauvé pour montrer que les autres ne seront pas abandonnés à leur sort, si mérité soit-il, mais qu'il a l'intention de sauver tout le peuple.

Désigner comme un «Reste» le petit nombre de Juifs convertis est donc, pour Paul, affirmer déjà la future conversion du peuple comme tel.

Quant à la difficulté soulevée par le P. Dreyfus à propos de l'idée que Paul aurait pu voir, après coup, dans l'infidélité d'Israël une circonstance «providentielle» en ce que cette infidélité avait préservé «la liberté chrétienne», je pense qu'elle n'est pas sans quelque fondement dans les textes. Ainsi Ga 2 montre à quel point, pour Paul, cette liberté était menacée par certains judéo-chrétiens qui, dit-il, «épient notre liberté, celle qui nous vient de Jésus-Christ, afin de nous réduire en servitude» (Ga 2,4), et la façon dont Paul en parle suggère pour le moins qu'il n'a pas triomphé sans peine. De leur côté les Actes, qui tendent cependant à atténuer plutôt qu'à exagérer ces oppositions, racontent, de façon non moins significative, l'accueil fort réservé que Paul reçoit de la communauté judéo-chrétienne de Jérusalem, alors qu'il vient lui apporter les aumônes des Églises de la Gentilité, et cela «en raison des milliers de fidèles, tous ardents partisans de la Loi» (Ac 21,20). Paul doit même donner certains gages pour preuve que lui aussi «se conduit en observateur de la Loi» (v. 24).

Je ne songe pas du tout aux «persécutions» que les Juifs ont suscitées et auxquelles Paul fait allusion, par exemple en 1 Th 2,15-16, en des termes fort durs. Il s'agit, dans ma pensée, de l'opposition qu'il a rencontrée, du début jusqu'à la fin de son ministère, de la part des chrétiens, voire de certains prédicateurs, convertis du judaïsme (p. ex. Ph 1,15.17), pour qui, pratiquement, la Loi demeurait médiatrice de salut, ce qui, en fait, même s'ils ne s'en rendaient pas compte, «réduisait à néant la croix du Christ» (1 Co 1,17), la «rendait inutile» (Ga 2,21).

Je suis entièrement d'accord avec le P. Dreyfus pour l'emploi que Paul fait en Rom 11 de la notion de «Reste». Mais je voudrais revenir sur ce qu'on a dit ce matin du rôle de l'Israël sociologique dans l'histoire du salut: a-t-il terminé son rôle en donnant le Christ, ou conserve-t-il encore un rôle que n'ont pas les autres peuples?

Je pense qu'il en conserve encore un, même après avoir donné le Christ, et que Paul en fait mention notamment en Rom 11,15. Ici, en effet, Paul affirme deux choses, ce me semble: d'abord que la «mise à l'écart» d'Israël a été en fait la «réconciliation», la *katallaghê* des païens; or, le contexte me paraît supposer que Paul ne discerne pas là une simple coïncidence fortuite de deux événements; pour lui, cette «mise à l'écart» d'Israël a été, comme on le disait ce matin, «providentielle»; elle a servi, facilité (de quelque façon qu'on l'entende) cette réconciliation du monde. En second lieu, non seulement Paul suppose ce qu'il appelle la «réintégration» d'Israël, son *analempsis*, c'est-à-dire le fait que l'Israël sociologique reconnaîtra un jour le Christ, ce que nous appelons sa conversion future; mais Paul discerne en cet événement qui appartient à l'avenir la source d'un bien si grand qu'il parle «d'une vie qui sort de la mort». Comme explique la TOB, «ce sera une vie telle que, par rapport à elle, l'état antérieur semblera une mort».

Paul me semble se référer au grand principe rabbinique qu'il avait largement utilisé en Rom 5, en opposant à l'universelle causalité d'Adam pour le mal celle de Jésus-Christ pour le bien, car «la mesure la plus abondante est celle du bien» (cf. J. Bonsirven, *Textes rabbiniques* n. 171). Si ce mal par excellence que fut l'infidélité d'Israël a pu servir dans le dessein de Dieu à procurer le bien que fut «la réconciliation du monde», quel bien ne procurera pas à ce même monde la conversion d'Israël! En ce sens, Paul estime qu'Israël a encore un rôle à jouer dans l'avenir. Mais, comme je le disais l'autre jour, c'est un rôle qu'il est extrêmement difficile de rappeler dans le dialogue avec les Juifs. Du moment que, pour Paul comme pour les chrétiens, ce rôle est conditionné par une «conversion» que les Juifs considèrent, à tort, comme une trahison, et qui, en fait, suppose de leur part un «retournement» analogue à celui que Paul lui-même a expérimenté et qu'il évoque en Ph 3,7-11.

18.

Prédestination et réprobation selon Rom 9 *

Le chapitre IX de l'épître aux Romains a été et est encore souvent cité pour appuyer la doctrine de la prédestination, et surtout celle de la réprobation, cela d'autant plus que, depuis S. Augustin [1], bien des commentateurs ont estimé que l'Apôtre a de fait traité ex professo dans les chap. 9-11 de la prédestination individuelle à la grâce et à la gloire et, par suite, de la réprobation individuelle, comme on peut le voir, par exemple, dans le commentaire de S. Thomas. Son explication du chap. 9 débute ainsi: «L'Apôtre a montré plus haut la nécessité et la puissance de la grâce, et il commence ici à traiter de l'origine de la grâce: est-elle conférée en vertu de la seule élection divine, ou bien en vertu des mérites d'œuvres précédentes? L'occasion lui en est donnée par le fait que les Juifs, qui semblaient tout consacrés au service de Dieu, étaient déchus de la grâce, tandis que les païens, d'abord éloignés de Dieu, y avaient été admis». Rien d'étonnant dès lors que dans le commentaire du v. 13 de ce chapitre: «J'ai aimé Jacob, et j'ai haï Ésaü», le Docteur Angélique ait, avec tout le Moyen-Age, compris ce mot comme signifiant «la prédestination des saints à la gloire» et «la réprobation des pécheurs» (*lect.* 2ª, sub finem). De même dans la *lectio* 3ª, où l'explication des v. 14-18 a pour titre: «De la justice de la prédestination et de la réprobation: la justice de l'une et l'autre est également mise en lumière». Commentant dans la *lectio* 4ª les v. 19-23, S. Thomas déclare: «Solution est donnée au problème de la cause du bien et du mal, puisque tout est soumis à la volonté divine, et pareillement il est expliqué pourquoi Dieu prédestine certains et en réprouve d'autres, pourquoi il sauve celui-ci, et abandonne celui-là à la damnation».

Or il y a dans ce chapitre 9 trois passages principaux qu'invoquent les auteurs: 1) les citations de l'A. T. aux v. 12-13; 2) le texte concernant l'endurcissement du Pharaon, v. 17-18; et surtout 3) la comparaison du potier au v. 21 et son commentaire aux v. 22-23.

---

* Paru en latin dans *Verbum Domini* 34, 1956, pp. 193-201, 257-271.
[1] Voir surtout: *De diversis quaestionibus ad Simplicianum* (PL 40, 110-127). Sur l'évolution de l'exégèse augustinienne en ce domaine, voir F. PRAT, *Théologie de S. Paul* I, p. 527 ss. (note H); PH. PLATZ, *Der Römerbrief in der Gnadenlehre Augustins*, Würzburg 1937, p. 213 ss. Sur l'histoire de l'exégèse de Rom 9, W. SANDAY, A. C. HEADLAM, *The Epistle to the Romans*, p. 269-275; plus abondant dans V. WEBER, *Kritische Geschichte der Exegese des 9 Kap., resp. der Verse 14-23 des Römerbriefes, bis auf Chrysostomus und Augustinus einschliesslich*, Würzburg 1889.

I. Prédestination et réprobation selon les citations de la Genèse et de Malachie (Rom 9,12-13) [2]

Pour montrer à quel point le dessein salvifique de Dieu est gratuit (ἡ κατ᾽ ἐκλογὴν πρόθεσις), l'Apôtre cite deux passages de l'A. T., l'un tiré de la Genèse (25,23), l'autre de la prophétie de Malachie (1,2 ss.). Ces citations ont donné prise à de nombreuses discussions, surtout la seconde, puisque le choix de Dieu est affirmé comme procédant non seulement d'un amour tout gratuit, mais aussi d'une haine: «J'ai aimé Jacob, et j'ai haï Esaü».

Diverses solutions ont été proposées.

a) Un assez grand nombre d'exégètes se contentent de remarquer que le verbe grec μισεῖν est un sémitisme qui signifie simplement «aimer moins». Ils peuvent à bon droit se référer à Gen 29,30 s.: «Jacob alla vers Rachel; il *l'aima plus* que Léa... Dieu vit que Léa *était haïe* (ἐμισεῖ-το)...». Ou encore, dans le N. T., Lc 14,26: «Qui ne *hait* son père...», comparé avec le passage parallèle de Mt 10,37: «Celui qui *aime* son père plus que moi...». Ainsi par ex. Cornely.

Cette réponse, toutefois, ne suffit pas. Il est vrai que μισεῖν peut signifier simplement «aimer moins». Mais le contexte de Malachie s'accorde mal avec cette interprétation, comme chacun peut s'en rendre compte:

Mal 1,1-2: «Je vous ai aimés, dit le Seigneur. Et vous dites: En quoi nous as-tu aimés? — Ésaü n'était-il pas le frère de Jacob? oracle du Seigneur; or j'ai aimé Jacob, mais j'ai haï Esaü. J'ai fait de ses montagnes une solitude, et livré son héritage aux chacals du désert...».

Dieu n'a donc pas seulement montré un moindre amour pour Ésaü; il l'a positivement puni avec rigueur.

b) Une autre solution a été proposée par beaucoup: le prophète parle ici de l'amour ou de la haine de Dieu non pas avant la naissance de Jacob et d'Ésaü, mais après que les deux frères eurent mérité ou démérité.

Ainsi par exemple, explicitement, le P. Prat; il exclut la solution de Cornely: «Il est inutile d'adoucir le "Jacob dilexi, Esau autem odio habui", ainsi que certains théologiens se croient obligés de le faire, comme si la haine devait s'entendre d'un moindre amour». Mais il arguë du fait que «les paroles de Malachie auxquelles Paul se réfère ne furent pas écrites avant, mais *après les mérites et les démérites* des deux frères» (I, p. 303, n. 2).

---

[2] Voir *VD* 34 (1956), p. 194-196. LEENHARDT, *Rom*, p. 142 ss. qui rejette vigoureusement la doctrine de la prédestination et de la réprobation (après E. GAUGLER, *Rom*, II, p. 36; plus fortement, p. 40). «On doit perdre l'habitude d'exploiter ces textes en faveur d'une doctrine font Gaugler dit qu'elle n'est pas seulement d'une affreuse dureté, mais qu'elle est exégétiquement intenable».

Or l'Apôtre ne cite-t-il pas ces passages de l'A. T. précisément pour mettre en plus vive lumière le fait que le choix de Dieu ne dépend pas des œuvres, mais de lui, qui appelle (οὐκ ἐξ ἔργων, ἀλλὰ ἐκ τοῦ καλοῦντος, Rom 9,12)?

c) La solution véritable doit être tirée du texte même de Malachie, examiné avec plus d'attention, dans son contexte.

Or dans le contexte, il ne s'agit pas, comme l'a remarqué Cornely avec justesse, de la grâce intérieure et de la sanctification, et a fortiori du salut ou de la damnation éternelle de Jacob et d'Ésaü en tant qu'individus. Le prophète parle seulement des *peuples*.

Ce qui est évident pour Malachie n'est pas moins vrai de Gen 25,23: «Il y a deux nations (ἔθνη) en ton sein, et deux peuples (λαοί), issus de toi, se sépareront; un peuple dominera un peuple, et l'aîné servira le cadet...».

D'ailleurs, que la prophétie ne concerne pas les personnes mêmes de Jacob ou d'Ésaü, cela ressort des récits faits à leur sujet au cours du livre de la Genèse, où Jacob montre la plus grande soumission envers son frère; tels, Gen 32,4-21 et surtout 33,3-15.

Aussi le P. Prat a-t-il été fâcheusement inspiré en jugeant qu'une des causes au moins de la «difficulté proverbiale» de ces chapitres était la multiplication des citations bibliques, qui suggèrent au lecteur des idées partiellement étrangères au sujet [3].

Ces citations, il est vrai, supposent chez le lecteur la connaissance de l'histoire de l'A. T.; mais avec cette connaissance elles me paraissent aider beaucoup à trouver l'interprétation juste des assertions pauliniennes. Bien loin d'égarer l'esprit du lecteur, elles le forcent à suivre la droite ligne, pourvu qu'elles soient toujours comprises dans le contexte authentique de l'A. T.

> *Une remarque*: Certains exégètes recourent à une explication typologique de ces textes: Paul appliquerait par typologie à la prédestination et à la réprobation des individus ce qui dans l'A. T. était affirmé des peuples. Mais cette argumentation suppose évidemment que Paul traite dans ces chapitres le problème de la prédestination ou de la réprobation individuelles, ce qui est une affirmation gratuite [4].

---

[3] «La multiplicité inouïe des citations bibliques, qui rompent à tout moment le fil de l'argumentation, jette dans l'esprit du lecteur des idées partiellement étrangères à la thèse et forme un conglomérat hétérogène dont il est indispensable d'analyser le sens littéral avant d'en fixer l'application particulière» (I, p. 300).

[4] Sur les citations de *Gen* et *Mal*, très bonnes observations de A. FEUILLET, «Le plan salvifique de Dieu d'après l'épître aux Romains», dans *RB* 57 (1950) p. 492 ss.

II. Infidélité d'Israël et justice de Dieu (v. 14-18) [5]

Nous abordons un passage d'autant plus difficile que là on ne peut répondre qu'il s'agit seulement des peuples et non des individus, puisque sont explicitement nommées les personnes de Moïse et du Pharaon. Il faut donc examiner avec soin l'argumentation de l'Apôtre et ce qu'il entend prouver.

Aux v. 6-13, il a été montré que la fidélité de Dieu était sauve. Mais sa façon d'agir paraît injuste.

Déjà en 3,5b, Paul avait touché cette difficulté, et il avait répondu simplement par l'absurde: Si Dieu ne pouvait pas frapper de sa colère, il cesserait d'être juge, et cela des Juifs ne pouvaient l'admettre.

C'était une réplique plus qu'une solution. Maintenant l'Apôtre tente de résoudre le problème, mais d'une façon assez étonnante pour nous. Nous aurions attendu une autre solution, celle qu'il ne donne qu'au chap. 10: Israël a été abandonné de Dieu à juste titre, parce qu'il a mérité cet abandon par ses infidélités. Ici, aucune allusion aux mérites de Moïse ni aux démérites du Pharaon. Au contraire, Paul base son argumentation sur la gratuité de l'action de Dieu: cette action n'est pas injuste, car elle est tout à fait gratuite, sans être arbitraire, ordonnée comme elle l'est à la fin qu'il se propose, laquelle ne peut être que *le salut du genre humain*, en d'autres termes *l'accomplissement de ses promesses*.

Cet aspect du problème, que taisent le plus souvent les exégètes, me paraît absolument essentiel, et répond tout à fait à la notion biblique de la justice de Dieu [6]. Pour que l'élection ou le rejet d'un homme ne s'oppose pas à la justice de Dieu, il ne suffit pas d'affirmer que Dieu ne doit rien à personne, ni qu'un homme a mérité son rejet par ses péchés; il faut montrer encore comment *élection et rejet sont ordonnés au salut du genre humain* [7]. Ce qui est prouvé à l'aide de deux exemples parallèles, chacun étant introduit par γάρ (v. 15 et 17).

«Que dirons-nous donc?» (v. 14): formule usuelle, comme par ex. dans 4,1; 6,1; 7,7, etc.; cf. 6,15. Ici elle introduit une véritable objection.

«Est-ce que par hasard il y aurait en Dieu de l'injustice?»: μή, particule interrogative faisant prévoir une réponse négative.

A. – *Élection de Moïse (v. 15-16)*

Au v. 15 l'Apôtre invoque Ex 33,19, récit qui suit immédiatement celui du grand péché des Israélites, l'adoration du veau d'or; Moïse, après

---

[5] Voir *VD* 34 (1956), p. 196-198.
[6] Voir *VD* 25 (1947), p. 28 ss. ROBERT-FEUILLET, II, p. 852-858.
[7] C'est pourquoi Paul se tait sur la solution qui nous venait la première à l'esprit, et ne parlera des démérites d'Israël qu'au chap. 10.

avoir obtenu le pardon du peuple repentant, demande au Seigneur qu'en signe de l'alliance renouvelée lui soit manifestée sa Gloire.

Il faut lire Ex 33,13-14 et 16-19, surtout 19: «Je ferai passer devant toi toute ma beauté et je prononcerai devant toi le nom de Yahvé; et je fais grâce à qui je fais grâce et j'ai pitié de qui j'ai pitié».

Moïse était tenu personnellement pour juste devant Dieu; bien plus, il était le seul juste, le seul qui n'avait pas péché en adorant le veau d'or; et il pouvait invoquer de nombreux titres aux faveurs divines. Le texte néanmoins déclare explicitement qu'il a été exaucé non pas pour ses mérites ou sa justice, mais uniquement par bon plaisir divin, par une grâce de Dieu, par une miséricorde de Dieu.

Par conséquent tous ceux qui appartiennent au peuple de Dieu, sous l'A.T. et à plus forte raison sous le N.T., ont obtenu cette grâce par une pure faveur du Seigneur. V.16: «Donc...» (ἄρα, évidence de la conclusion). La vocation dont il s'agit ne dépend pas de l'homme qui veut ou qui court plus ou moins vite, mais uniquement de Celui qui montre gratuitement sa miséricorde, c'est-à-dire de Dieu.

Paul n'a certainement pas le moindre souci de concilier la grâce avec le libre arbitre. Il ne dit pas: «Il ne suffit pas de vouloir et de courir, il faut aussi que Dieu fasse miséricorde»; il ne dit pas non plus: «Vouloir et courir ne servent de rien, tout dépend de la miséricorde de Dieu» (Prat, I, p. 306).

B. – Endurcissement du Pharaon (v. 17-18)

A propos du cas opposé, celui du Pharaon, on aurait attendu peut-être que Paul raisonne de la même façon: si les Gentils seuls, et non Israël, ont été appelés à la foi, il n'y a aucune injustice en Dieu, parce que rien n'était dû à Israël, dont l'élection avait été complètement gratuite.

En fait, Paul ne raisonne pas ainsi, parce que les réalités ne se présentaient pas ainsi. Il n'y a pas eu pour Israël refus d'appel, mais suppression d'appel, car il a perdu l'avantage de son appel. A première vue, la seule solution devrait être cherchée dans les péchés d'Israël; or aucune mention n'en est faite. Aussi le P. Prat est-il d'avis que l'Apôtre résoudra la difficulté au chap. 10 seulement, et qu'ici il défend la justice de Dieu «sans entrer dans le vif du problème» (I, p. 301). Non, si je ne me trompe, on touche ici au nœud du problème, plus qu'au chap. 10. On trouve évidemment dans le péché d'Israël une certaine explication; mais l'Apôtre pousse plus avant, en se demandant comment Dieu a pu permettre le péché même d'Israël, comment il a pu, dans sa providence et dans sa justice, disposer de telle sorte les événements que soit retirée à Israël la vocation qui paraissait lui appartenir.

Or, dans la pensée de Paul, l'infidélité d'Israël, d'ailleurs temporaire, a servi grandement le dessein salvifique de Dieu, bien loin de lui faire obstacle. Car il juge, comme il le suggère plus d'une fois, que la conversion des Gentils, c'est-à-dire de la partie du genre humain de beaucoup la plus nombreuse, a été notablement favorisée par l'infidélité d'Israël (voir 9,23 et surtout 11,12). Et voilà pourquoi Dieu ne peut être accusé d'injustice.

Ce n'est là du reste, selon Paul, qu'une application d'une loi plus générale de la providence divine; voir 3,8; 5,20; etc.

L'infidélité d'Israël a par conséquent son rôle dans le dessein salvifique de Dieu: non seulement aucune injustice n'est faite aux hommes, à qui rien n'est dû; mais cette infidélité convient à Dieu lui-même en tant que *juste*, c'est-à-dire en tant que, *fidèle à ses promesses, il opère le salut du genre humain.*

D'où l'exemple du Pharaon. Dans l'histoire du salut du genre humain le Pharaon a été *l'instrument de Dieu* non moins que Moïse, même quand il a résisté à Dieu, car en lui s'est montrée la puissance de Dieu (ὅπως ἐνδείξωμαι ἐν σοὶ τὴν δύναμίν μου) en faveur d'Israël, si souvent rappelée dans l'Écriture: «Et ils sauront, les Égyptiens, que je suis le Seigneur, quand j'étendrai ma main contre l'Égypte et par ma puissance (σὺν δυνάμει μου) ferai sortir mon peuple, les enfants d'Israël, du milieu d'eux» (Ex 7,5; voir 7,17; 8,6; 9,4; etc.).

III. Endurcissement du Pharaon et doctrine de la réprobation

La difficulté est plus grande dans le cas du Pharaon que dans celui de Moïse, à cause de l'interprétation même qu'en donne Paul au v. 18, et du mot qu'il emploie, σκληρύνει, mot qui a pris une valeur presque technique, en désignant la notion théologique de «réprobation».

Bien loin de vouloir atténuer la causalité divine, il apparait que l'Apôtre insiste sur elle, surtout si l'on compare son texte (Rom 9,17) à celui de la Septante (Ex 9,16). Il ne se contente pas de dire, comme la Septante, «à cause de cela» (ἕνεκεν τούτου), mais «en vue précisément de cela» (εἰς αὐτὸ τοῦτο); il ne dit pas, en employant le passif, que le Pharaon a été conservé en vie (διετηρήθης), mais, à la voix active que Dieu l'a suscité ἐξήγειρά σε. Ce n'est pas seulement qu'il ait voulu serrer de plus près le texte massorétique: «C'est pourquoi je t'ai fait te dresser...». Comme l'a noté avec raison Cornely, «il a sans doute modifié à dessein la version de la LXX, qu'il suit fidèlement pour le reste, afin de l'adapter plus étroitement à son raisonnement» (p. 503). Il y a plus: au v. 18, où il conclut, à partir de l'exemple du Pharaon, il n'hésite pas à employer le mot «endurcir» (σκληρύνειν), que de fait l'Écriture emploie souvent à propos de ce personnage.

De ce texte, Calvin a tiré sa doctrine de la «réprobation antécédente», et à première vue non sans raison. «Paul veut mettre notre âme en une disposition telle qu'elle se contente de penser, en présence de la division entre élus et réprouvés, que Dieu a trouvé bon d'illuminer les uns pour le salut, d'aveugler les autres pour la mort ... Elle est donc déjouée, la futile échappatoire que les Scolastiques trouvent dans la prescience. Car Paul n'enseigne pas que la ruine des impies est prévue par le Seigneur, mais ordonnée par son dessein et sa volonté, comme le déclare Salomon (Prov 16,4), à savoir que non seulement la mort des impies a été connue d'avance, mais qu'ils ont été créés avec la destinée de périr» [8].

A cela, que dire?

a) Il ne suffit pas d'invoquer des principes théologiques, par ailleurs incontestables, par exemple celui que Dieu ne peut vouloir le mal moral, mais le permettre seulement. Ainsi S. Thomas tente-t-il de résoudre la difficulté; simplement à la fin, il note avec pénétration que Pharaon a été en fait poussé par un bon motif, celui de défendre les droits de son royaume, de punir des rebelles, etc.

Il ne suffit pas non plus, je pense, de remarquer avec Cornely et beaucoup d'autres auteurs que dans la sainte Écriture il est dit du Pharaon, en des formules dont le contexte montre l'équivalence, tantôt que «Dieu a endurci son cœur», tantôt que «son cœur était endurci»; par exemple: Ex 7,3: «Mais moi j'endurcirai son cœur» (hiph. QŠH); Ex 7,13: «Et le cœur de Pharaon s'endurcit ... (qal ḤZQ). De même 9,12: «Le Seigneur endurcit le cœur du Pharaon ...» (hiph. ḤZQ); 9,7: «Le cœur du Pharaon s'appesantit» (qal KBD).

Certains ont tenté de distinguer les deux formules, comme si, pour les cinq premières plaies d'Égypte, il était dit simplement que le cœur du Pharaon était dur (7,13.22; 8,15, etc.), puis que Dieu l'avait endurci (9,12; 10,1.20, etc.), ainsi Franzelin, cité par Cornely (p. 506 s.). Mais on doit concéder que déjà en 4,21 et 7,3 il a été dit que «Dieu avait endurci le cœur du Pharaon»!

Selon d'autres, la distinction provient de la diversité des sources: l'endurcissement n'est pas attribué directement à Dieu par le Yahviste (Ex 7,14; 8,11.28; 9,7.35), mais seulement par l'Élohiste (par ex. 10,20.27) et dans le Code Sacerdotal (7,3; 9,12; 11,10; 14,4.8-17; une formule mitigée se rencontre en 7,13.22; 8,15). On invoque des gloses rédactionnelles pour expliquer les exceptions: Ex 4,21 et 10,1 [9].

Il est indubitable que l'hébreu ne distingue pas nettement entre causes proprement dites et causes simplement «permissives», et que les verbes au hiphil comportent l'une et l'autre signification, en sorte que Zorell ex-

---

[8] Sur la signification religieuse d'une telle doctrine, voir L. Bouyer, *Du Protestantisme à l'Église*, Paris 1954, surtout chap. 3 et 4.

[9] Voir Franz Hesse, *Das Verstockungsproblem im AT*, Berlin 1955, p. 18 ss.; *VD* 33 (1955), p. 178 ss.

plique à bon droit Ex 7,3: «... soit faire soit permettre que s'endurcisse le cœur ou l'esprit du Pharaon».

Mais il semble qu'ici S. Paul insiste à dessein sur la causalité divine, car il rend la version des LXX plus explicite en ce sens.

c) C'est pourquoi une solution meilleure peut être trouvée dans le texte de l'Exode, examiné avec plus d'attention dans son contexte.

Il est exact que ἐξήγειρα a plus de force que le verbe de la LXX, διετηρήθης. Il ne signifie pas cependant «je t'ai fait exister», comme le suppose Calvin («créés pour leur perte»); il traduit un verbe hébreu qui signifie «je t'ai fait te dresser», «je t'ai établi comme roi», autrement dit, «je t'ai donné un rôle à remplir dans l'histoire sainte».

On peut rapprocher de Hab 1,6: «Voici que je suscite les Chaldéens...»; de Zach 11,16: «Voici que je vais susciter un pasteur dans le pays...»; de Jer 50(LXX 27),41: «Des rois nombreux se lèveront...»; etc.

De même ἐγείρω dans le N.T.: Mt 24,11: «Des faux prophètes surgiront nombreux...»; Jn 7,52: «Ce n'est pas de la Galilée que surgit le prophète...»; Mt 11,11: «Parmi les enfants des hommes, il n'en a pas surgi de plus grand...».

Il n'est donc pas question de la damnation ou du salut du Pharaon; il ne s'agit pas non plus de lui accorder ou de lui refuser la grâce de la conversion. Moïse a été un instrument de Dieu, un instrument docile; *bien qu'indocile, le Pharaon n'en est pas moins devenu un instrument de Dieu*.

Tolet fait un heureux rapprochement avec les paroles du Christ au sujet de l'aveugle-né: «Cet homme est né aveugle pour que soient manifestées en lui les œuvres de Dieu (Jn 9,3). Dieu a voulu que cet aveugle naisse à Jérusalem au temps même du Christ, pour que le Seigneur ait l'occasion de manifester sa divinité à tout Israël par un grand miracle; pareillement, il est arrivé par une disposition de Dieu qu'au temps où les enfants d'Israël devaient sortir d'Égypte, selon les promesses faites aux patriarches, un homme dur et obstiné y régnait, en qui la puissance divine se manifesterait à toutes les nations» (Cornely, p. 505, note).

d) Il s'agit même directement de la façon dont Dieu s'est servi du Pharaon comme instrument pour opérer le *salut du genre humain*: «... pour qu'on célèbre le nom de Dieu par toute la terre» (v. 17).

L'A.T. tout entier inculque cette leçon, que la gloire de Dieu se manifeste proprement dans l'action de sauver son peuple:

> Is 55,1-13: «Vous tous qui avez soif, venez vers les eaux ... Que le méchant abandonne sa voie ... et revienne au Seigneur, qui aura pitié de lui ... Car mes pensées ne sont pas vos pensées, et mes voies ne sont pas vos voies ... Et de même que la pluie et la neige descendent des cieux ... ainsi est la parole qui sort de ma bouche ... Vous partirez dans la joie, et vous serez ramenés dans la paix ... Au lieu d'épines croîtra le cyprès, et au lieu de l'ortie croîtra le myrte; et ce sera pour le Seigneur un renom (ἔσται Κύριος εἰς ὄνομα) et un signe éternel qui ne périra pas».

Daniel, 3,43-45 (prière d'Azarias): «Délivre-nous selon tes œuvres merveilleuses, et fais qu'à ton nom, Seigneur, gloire soit rendue. Qu'ils soient confondus, tous ceux qui font du mal à tes serviteurs, qu'ils soient couverts de honte, privés de toute leur puissance, et que leur force soit brisée; et qu'ils sachent que tu es seul Dieu et Seigneur, en gloire sur toute la terre».

Dans l'A. T. le salut d'Israël est procuré par la défaite de ses ennemis; dans le N. T. le salut est ouvertement proclamé universel, car tout le genre humain devient le «peuple de Dieu».

Jn 17,1-4: «Père, glorifie ton Fils, afin que ton Fils te glorifie... et qu'il donne à tous la vie éternelle... Je t'ai glorifié sur la terre, j'ai achevé l'œuvre que tu m'as donné de faire» (le salut du genre humain).

Bien entendu, on peut se demander comment la liberté de l'homme est sauve et peut se concilier avec l'efficacité de la volonté divine; c'est un problème très important, mais ce n'est certainement pas le problème, ici du moins, dont l'Apôtre cherche la solution.

On peut appliquer l'assertion paulinienne à la doctrine de la prédestination à la grâce ou à la gloire; mais Paul lui-même n'entreprend pas de faire une telle application. Par contre, S. Thomas, qui à la suite de S. Augustin a compris tout le chapitre en fonction de la prédestination à la grâce, a introduit là des distinctions diverses et a dû le faire, alors que Paul les ignore et n'en a pas besoin.

IV. **Application à Israël (v. 19-23)**

Avec le v. 19 commence une nouvelle péricope, en continuité avec la précédente, comme le montrent les v. 22-23, où sont rappelés les exemples du Pharaon et de Moïse.

«O homme!» s'oppose dans le contexte directement à «Dieu»; presque «pauvre petit homme!».

«Qui es-tu pour répondre», ou plus exactement (ἀνταποκρινόμενος), «pour contredire, pour tenir tête», comme le note avec justesse Chrysostome. «L'œuvre va-t-elle dire à celui qui l'a modelée: pourquoi m'as-tu faite ainsi?» La comparaison est fréquente chez les Juifs dans l'A. T. pour signifier l'absolue liberté de Dieu à l'égard de son peuple. Ainsi Jer 18,6: «Ne suis-je pas capable d'agir envers vous comme ce potier, maison d'Israël? Oui, comme l'argile dans la main du potier, ainsi êtes-vous dans ma main, maison d'Israël».

Toutefois, il faut remarquer avec soin que la comparaison désigne souvent la liberté que Dieu exerce *en faveur de son peuple*:

Is 29,16-19: «Quelle perversité! Comme si l'argile pouvait penser contre le potier, l'œuvre dire à celui qui l'a faite: Tu ne m'as pas faite; et un pot à son potier: Tu ne sais pas faire! N'est-il pas vrai que dans peu de temps le Liban redeviendra un verger, et le verger fera penser à une forêt? En ce jour-là les sourds entendront la parole du livre et, délivrés de l'ombre et des ténèbres, les yeux des aveugles verront. Les malheureux trouveront toujours plus de joie dans le Seigneur, et les plus pauvres des hommes exulteront à cause du Saint d'Israël» (ce sont là les signes de l'âge messianique, selon le Christ, dans Mt 11,5).

De même, Is 45,9, avec tout le contexte: «Cieux, épanchez-vous là-haut, et que les nuages déversent la justice (héb.); que la terre s'ouvre et produise le salut!... Malheur à qui discute avec celui qui l'a modelé... L'argile dit-elle à son potier: Que fais-tu?... Ainsi parle le Seigneur le Saint d'Israël, son créateur... C'est moi qui ai fait la terre et créé l'homme qui l'habite... C'est moi qui l'ai suscité (Cyrus, le libérateur du peuple) dans la justice... C'est lui qui reconstruira ma ville et qui rapatriera mes déportés».

Is 64,7: «Et pourtant, Seigneur, tu es notre père; nous sommes l'argile, tu es notre potier, nous sommes tous l'ouvrage de tes mains...». Cf. Ps 95(94), etc.

Dieu créateur est évoqué de la même façon à la fin de l'hymne qui conclut la *Règle de la communauté*, 11,22 [10]: «Qui peut en effet tenir devant ta gloire, et qu'est vraiment un fils des hommes parmi tes œuvres merveilleuses? Un être né de la femme, comment demeurera-t-il devant ta face? Poussière, la masse dont il est fait; aliment des vers, tout son être corporel. Ce n'est qu'un pot fait d'une poignée d'argile; et vers la poussière mène son instinct. Que répondra l'argile qu'une main a façonnée? Quel dessein comprendra-t-il?»

v. 21, *la parabole*: «Le potier n'est-il pas maître de son argile pour fabriquer de la même pâte un vase de luxe (ou à usage plus noble) ou un vase ordinaire?».

Le verset rappelle certainement Sag 15,7: «Voici donc un potier qui laborieusement pétrit une terre noble, et modèle (πλάσσει) chaque objet pour notre usage. De la même argile il a modelé (ἀνεπλάσατο) les vases destinés à de nobles emplois et ceux qui auront un sort contraire, tous pareillement. Quel sera l'usage de chacun de ces vases (ἡ χρῆσις), le potier en est juge».

Un passage de Sir 33,10-13 est encore plus proche de Rom 9,21: «Tous les hommes viennent du limon, et c'est de la terre qu'Adam a été formé. Dans sa grande sagesse le Seigneur les a distingués, et il a diversifié leurs conditions. Il en a béni quelques-uns, il en a consacrés et les a mis près de lui. Il en a maudits et humiliés et les a rejetés de leur place. Comme l'argile dans la main du potier, qui la façonne selon son bon plai-

---

[10] Voir *Les Textes de Qumran*, traduits et annotés par J. CARMIGNAC et P. GUILBERT, Paris 1961, t. I, p. 79.

sir, ainsi les hommes dans la main de leur créateur, qui les rétribue selon sa justice (Hébr.: pour déterminer leur condition en sa présence)».

Comme cette parabole, avec les versets suivants, 22-23, a donné prise à la doctrine de la prédestination, et même pour certains à celle de la réprobation, il faut en faire un examen plus attentif.

V. Prédestination et réprobation d'après la parabole du potier (v. 21-23) [11]

A. – État de la question

1. Tout le monde connaît l'opinion de *Calvin*, lequel concède d'ailleurs volontiers le caractère odieux de sa doctrine, mais dit ne pouvoir être un exégète «plus éclairé ("prudentior") que l'Esprit-Saint» [12].

> «Avant d'aller plus avant, dit-il en commentant le v. 14, remarquons que cette objection atteste clairement ceci: que Dieu choisisse les uns, réprouve les autres, il ne faut pas en chercher la cause ailleurs que dans son dessein. Car si la considération des œuvres était à la base de la discrimination, Paul n'aurait eu aucun motif de poser la question de l'injustice de Dieu, qu'on ne saurait soupçonner d'être injuste quand il traite chacun selon son mérite. Il vaut la peine de noter que si Paul voyait bien que ce point de doctrine ne pouvait être abordé sans que s'élèvent tout de suite des voix tapageuses et même d'horribles blasphèmes, il l'a tout de même énoncé librement et franchement. Au contraire, il ne cache pas qu'une belle occasion nous est offerte de murmurer et de tempêter, quand nous entendons dire qu'avant sa naissance, le sort de chaque homme est fixé par une secrète décision de Dieu. Il persiste cependant, et déclare sans ambages ce qu'il a appris de l'Esprit-Saint. Il s'ensuit qu'ils sont intolérables, les raffinements de ces hommes qui affectent de paraître plus éclairés que l'Esprit-Saint quand il s'agit de se racheter ou de satisfaire après les offenses. Pour que Dieu ne soit pas accusé, ils ont scrupule de reconnaître que le salut ou la perte d'un homme dépend de la libre élection divine. S'ils réprimaient la curiosité désordonnée de leur esprit, freinaient l'excessive liberté de leur langue, on ne pourrait qu'approuver leur réserve et leur retenue; mais baillonner l'Esprit-Saint et Paul, quelle audace! Que cette grandeur d'âme reste vivante dans l'Église de Dieu, que les docteurs pieux n'aient pas honte, par la profession de la vraie doctrine, *toute odieuse qu'elle soit*, de réfuter toutes les tromperies des impies» [13].

---

[11] Voir *VD* 34 (1956), p. 257-271.

[12] Sur la relation de Calvin avec S. Augustin quant à la doctrine de la prédestination, voir J. CADIER, «Saint Augustin et la Réforme», dans *Recherches Augustiniennes* I (1958), p. 365-367.

[13] CALVIN, *Opera omnia*, Brunswick 1863-1897, vol. 49, col. 180-181. Ce passage est tiré des additions de l'édition de 1556, comme l'éditeur l'a fait remarquer, p. IX.

On pourra comparer à cela ce qu'écrit E. Dinkler [14], refusant toute spéculation théologique sur l'action de Dieu, et toute tentative du théologien «to explain or to illumine, for apologetic purposes, predestination as a plausible doctrine».

Calvin ne déduit donc pas la doctrine de la réprobation antécédente de principes philosophiques, mais seulement d'une interprétation de Paul qu'il juge être la bonne. Il ne faut pas oublier de plus qu'il a élaboré tout son système théologique en préparant l'explication de l'épître aux Romains.

Or voici son explication des v. 21 ss.:

> «L'Apôtre raisonne ainsi: des vases sont préparés pour leur perte, c'est-à-dire voués et destinés à leur perte; il est de même des vases de colère, c'est-à-dire façonnés et modelés pour être autant d'exemples de la vengeance et de la fureur de Dieu.
>
> Le Seigneur peut bien les supporter avec patience pour un temps, sans les faire disparaître tout de suite, mais en différant la condamnation qui leur est préparée, et cela pour manifester la rigueur de ses jugements, afin que les autres hommes soient terrifiés par de si redoutables exemples; pour faire paraître aussi au grand jour sa puissance, que ces exemples mettent en valeur de bien des façons; pour faire connaître enfin davantage et mettre en plus vive lumière l'ampleur de sa miséricorde envers les élus. Dans cette économie, qu'y a-t-il de répréhensible?
>
> Par ailleurs, que Paul taise la raison pour laquelle des vases sont préparés pour la perdition, rien à cela d'étonnant. Il suppose en effet, d'après ce qui précède, que cette raison est cachée dans *l'éternel et inexplicable dessein* de Dieu, dont il convient d'adorer la justice plus que de la scruter» (col. 187).

Calvin, certes, remarque que Paul ne parle pas tout à fait de la même façon de la «préparation» des impies à la perdition et de celle des élus à la gloire. Il est d'avis cependant que ces nuances de langage n'apportent aucun adoucissement à la doctrine; et quand il explique le mot κατηρτισμένα (v. 22), qu'il traduit par «préparés» (apparata), il déclare:

> «Paul, il est vrai, affirme plus explicitement dans le second membre (v. 23) que c'est Dieu qui "prépare" ses élus à la gloire, alors que dans le premier (v. 22) il avait dit simplement des réprouvés qu'ils "étaient préparés" pour la perdition. Il n'est pas douteux néanmoins que l'une et l'autre "préparation" dépend du secret dessein de Dieu. Autrement Paul aurait dit que les réprouvés se vouent ou se précipitent à leur perte; en réalité, il fait entendre qu'avant même de naître, ils sont déjà affectés à leur sort» (col. 188).

---

[14] E. DINKLER, *Journal of Religion* 36 (1956), p. 119.

2. Parmi les *catholiques*, personne, c'est trop clair, n'a jamais enseigné une réprobation antécédente de cette sorte. Mais pratiquement l'interprétation augustinienne du v. 21, pour qui la pâte représente la nature humaine infectée par le péché originel et sous le coup de la damnation, a d'une certaine façon, ouvert la voie à cette doctrine. Ce n'est pas, certes, que Dieu destinerait comme a priori «les uns à la gloire, les autres à la perdition». Mais comme en fait tous les hommes ont mérité en Adam leur condamnation, il suffit que Dieu *laisse certains dans leur misère*.

> *Remarque.* — Il n'est pas affirmé seulement que tous les hommes ont mérité la damnation, et que par conséquent Dieu peut les damner sans injustice; cela tout le monde le concède, pourvu qu'on ajoute que personne n'est châtié par les peines de l'enfer sans avoir commis un péché personnel grave[15]. Mais on déduit encore des assertions de Paul dans Rom 9 que Dieu ordonne de fait les hommes les uns à la damnation, les autres à la gloire.

Comme toute cette doctrine est basée sur l'interprétation de ce v. 21, il est bon d'ajouter quelques observations.

Dès ses premières œuvres *S. Augustin* a compris ainsi la glaise dont parle S. Paul (v. 21), et il fait ensuite des centaines de fois allusion à cette interprétation: «Depuis que notre nature a péché dans le Paradis... nous sommes tous devenus une masse de boue (massa luti), c'est-à-dire une masse de péché»[16].

Et Alex. Noël, au début du 18e siècle, reprend les interprétations de son maître:

> «De même que le potier a le droit et le pouvoir de faire de la même boue un vase pour un noble usage, un autre pour un usage commun et bas, de même, dans la même masse du genre humain corrompue par le péché et soumise à la damnation, Dieu, usant de son libre droit, choisit les uns pour la gloire, par pure miséricorde, rejette, réprouve et damne les autres, par un jugement caché, mais juste» (cité par Cornely, p. 512).

3. *S. Thomas* lui-même, dans l'explication des v. 21 ss., propose la même interprétation, en insérant toutefois certains éclaircissements qui ne sont pas sans importance.

> Sur le v. 21: «Si un artisan tire d'une matière commune un beau vase, adapté à de nobles usages, tout est attribué à la valeur de cet artisan; s'il fait par exemple avec de l'argile de la vaisselle convenant à une noble table. Si par contre d'une matière commune, telle l'argile, il fait un vase adapté à des usages communs, ceux de la cuisine par exemple, ou tous usages de ce

---

[15] Cf. *Biblica*, 36 (1955), p. 449; *RSR* 44 (1956), p. 74, n. 36; J. HUBY, *Rom*, p. 539, n. 1.
[16] *De 83 quaest.*, q. 63, 3; PL 40, 71.

genre, le vase, à supposer qu'il ait la raison, ne saurait se plaindre. Il aurait sujet de se plaindre si d'une matière précieuse offerte à son travail, or ou pierreries, l'artisan faisait un vase destiné à de vils usages. Or la nature humaine, par sa matière, est de vile qualité, car «Dieu a fait l'homme du limon de la terre» (Gen 2,7); mais elle est de qualité plus vile encore par la corruption du péché, qui par un seul homme est entré dans le monde ... Supposons que Dieu ne relève pas l'homme, mais, le laissant à sa faiblesse, le destine à un vil usage, il ne lui fait aucun tort dont il puisse justement se plaindre ... Et semblablement Dieu a le libre pouvoir de faire de la même masse corrompue, celle du genre humain, comme de la même boue, des hommes préparés pour la gloire, et d'autres laissés à leur misère» (n. 790 s.).

Cependant, dans l'explication du v. 22, S. Thomas avance un principe général qui, si je ne me trompe, éclaire tout ce qui va suivre: «la fin de toutes les œuvres divines est *la manifestation de la divine bonté*» (et non pas simplement de n'importe quel attribut divin!).

«Si grande est l'excellence de la divine bonté, qu'elle ne peut se manifester suffisamment d'une seule façon ni en une seule créature. Et c'est pourquoi elle a suscité des créatures diverses, dans lesquelles elle se manifeste de diverses façons. Dans les créatures raisonnables surtout, où sa justice se manifeste en ceux qu'elle punit selon leurs mérites, et sa miséricorde en ceux qu'elle libère par sa grâce ...».

«La fin de la réprobation ou de l'endurcissement des méchants, c'est la manifestation de la justice et de la puissance divines ... Contre les méchants, Dieu n'emploie pas seulement la colère, c'est-à-dire la vindicte, en punissant ces êtres qui dépendent de lui, mais il leur fait sentir leur dépendance par sa puissance ... Et c'est pourquoi ils sont appelés «vases de colère», c'est-à-dire instruments de la justice, dont Dieu se sert pour montrer sa colère, autrement dit sa justice vengeresse. L'action de Dieu à leur égard n'est pas de les disposer au mal; *la disposition au mal, ils l'ont d'eux-mêmes, par suite de la corruption du premier péché.* Aussi sont-ils dits «vases prêts pour la perdition», c'est-à-dire ayant en eux convenance à l'éternelle damnation ... Dieu se contente de les laisser faire ce qu'ils convoitent. Aussi Paul dit-il, d'un mot expressif: «Il les a supportés» (n. 793).

«Pour montrer les richesses de sa gloire»: car la condamnation, la réprobation même des méchants, en vertu de la justice de Dieu, manifeste et fait valoir la gloire des saints, libérés d'un tel malheur ... Dieu non seulement les supporte, comme aptes d'eux-mêmes au bien, mais il les *prépare et les dispose à la gloire*, par son appel» (n. 794).

Pour comprendre correctement ces assertions, il faut avoir devant les yeux la doctrine du Docteur Angélique, telle qu'elle est mise en lumière par la *Somme théologique*, Iᵃ q. 21, surtout aux art. 1, 3 et 4, sur la justice et la miséricorde en Dieu; l'une et l'autre sont tenues pour une expression de la bonté de Dieu, et l'une et l'autre doivent nécessairement être cherchées dans toutes les œuvres de Dieu (art. 4).

Quand on oppose miséricorde et justice, on veut simplement signifier, selon l'Aquinate, «qu'en certaines œuvres apparaît en plus vive lumière la justice, en d'autres la miséricorde (a. 4, ad 1um). Et S. Thomas n'hésite pas à l'affirmer: même dans la damnation des réprouvés, la miséricorde apparaît non pas en déliant totalement, mais en allégeant quelque peu, parce qu'elle punit en deçà de ce que l'on mérite» (ibid.).

A plus forte raison est-ce vrai pour la peine que Dieu inflige en ce monde aux justes, «en tant qu'ils sont purifiés de désordres légers par des épreuves de ce genre, et détachés de l'affection aux choses terrestres pour s'élever davantage vers Dieu» (ad 3um). Il faut rapprocher cela du mot d'Aristote, très souvent cité: «Les peines sont des remèdes» (*Eth. Nic.* II, 3).

Bien plus, S. Thomas définit la miséricorde «une certaine plénitude de la justice» (q. 21, a. 3 ad 2um).

B. – *Que faut-il dire?*

1. Très certainement, l'interprétation du mot «boue, glaise», à l'origine de laquelle est S. Augustin, est tout à fait arbitraire. Dans tout le chapitre 9, aucune allusion, même lointaine, n'est faite au péché originel qui a corrompu la masse du genre humain et a ainsi livré pour ainsi dire à la merci de Dieu tous les hommes, en sorte qu'il puisse choisir les uns pour la gloire, les autres pour la damnation.

2. Il faut retenir avec soin une remarque de Chrysostome contre des interprétations faites de son temps par analogie, comme si l'Apôtre avait voulu comparer les hommes aux êtres inanimés pour les montrer privés du libre arbitre et assujettis au destin:

> «Paul ne dit pas cela avec la pensée de nier le libre arbitre, mais pour faire voir jusqu'où nous devons obéir à Dieu ... Il a employé cette comparaison non pas pour exposer ce qu'est le gouvernement divin, mais seulement pour recommander l'humble soumission et le silence. Il faut toujours veiller à ne pas s'attacher à tous les détails d'une comparaison, mais uniquement à ce qui concerne le sujet et doit être mis en lumière, en laissant de côté tout le reste» (cité par Cornely, p. 511).

3. Paul a recouru ailleurs à la même comparaison, dans 2 Tim 2,20-21: «Dans une grande maison, il n'y a pas seulement des vases d'or et d'argent; il en est aussi de bois et d'argile. Les uns sont réservés aux usages nobles, les autres aux usages vulgaires». Or il s'agit certainement, bien que l'application de la parabole soit assez libre, d'une part des saints, purifiés (vases aux usages nobles), d'autre part des faux docteurs (vases aux usages vils), parmi lesquels sont nommés Hyménée et Philète (v. 17).

Mais bien loin que ces personnages soient supposés damnés, il est déclaré en 1 Tim 1,19 s. qu'Hyménée a été livré à Satan pour apprendre à ne plus blasphémer, autrement dit pour *se corriger*, tout comme le Corinthien fornicateur a été livré à Satan «pour la perte de sa chair, afin que l'esprit soit sauvé au Jour du Seigneur» (1 Cor 5,5). Il est prescrit d'ailleurs à Timothée, expressément, «de reprendre avec douceur ceux qui s'opposent à la vérité, en songeant que Dieu peut-être leur donnera de se convertir, de connaître la vérité et de revenir à la raison, une fois dégagés des filets du diable qui les retient captifs» (2 Tim 2,25).

4. Surtout, il faut faire une exégèse attentive des v. 22-23, et examiner le lien qui les unit entre eux et aux versets précédents.

Traduction. — (22) «Si Dieu, voulant manifester sa colère (*endeixasthai*, comp. *endeixin* en 3,25, «manifestation de sa justice») et faire connaître sa puissance (ou plutôt: son action souveraine), a supporté avec une longue patience (comme il est dit à propos des Juifs en 2,4, où le mot se trouve en parallèle avec «bonté» et «patience») des vases de colère (c'est-à-dire, objets de la colère de Dieu, à qui Dieu doit infliger le châtiment) tout prêts pour la perdition (la perte éternelle, selon le sens ordinaire du mot dans le N. T.; rapprocher de l'expression «fils de perdition», Jn 17,12; 2 Thess 2,3); (23), et (la particule καί est omise par plusieurs témoins anciens et de valeur) pour manifester les richesses de sa gloire (celle qu'il doit communiquer aux élus) envers des vases de miséricorde (ou: objets de la miséricorde divine) qu'il a d'avance préparés (à la voix active, mettant en lumière l'action divine) pour la gloire (dont ils doivent jouir, par opposition à la perdition; c'est-à-dire pour la vie éternelle)...». La phrase est interrompue par une anacoluthe; il faut suppléer soit «que devons-nous dire?», soit «il n'y a évidemment rien à dire».

C. – *Explication du v. 22*

a) *Contexte, lien avec les versets précédents*. Cornely remarque avec raison que le v. 22 se relie directement aux v. 17-18, dont il reprend certains termes («pour montrer en toi ma puissance»), et non à la parabole qui le précède immédiatement (v. 21). Aussi «vases de colère», «vases de miséricorde» sont-ils employés sans article; il ne s'agit donc pas des vases mentionnés au v. 21.

Le lien avec le v. 17 convient d'autant plus au contexte qu'il a été déjà montré que l'endurcissement du Pharaon, au v. 17, est ordonné au salut du peuple élu, pour manifester la gloire de Dieu, qui consiste précisément dans le salut d'Israël et indirectement dans celui de tout le genre humain: «... pour qu'on célèbre mon nom par toute la terre».

b) Cornely note encore très justement qu'au v. 22 il s'agit directement, quelle que soit la signification du participe θέλων, de la longue patience de Dieu et par conséquent de la manifestation de sa *bonté*. Cette longue patience peut de fait augmenter la culpabilité humaine; mais au fond elle est ordonnée, non pas à la perdition, mais *à la conversion* (cf. Rom 2,4). Aussi ne faut-il pas comprendre: «Dieu a supporté afin de plus sévèrement punir», ni à plus forte raison avec Augustin: «Dieu a amené, conduit à la perdition», ou avec Estius: «Dieu a exercé sa colère sur les vases de colère, en raison de sa longue patience» (voir Cornely, p. 521).

c) Le verbe καταρτίζω se dit d'une chose ou d'une personne que l'on rend telle qu'elle doit être; par exemple des filets que remettent en état les pêcheurs, ou d'une personne qu'il faut amender (Gal 6,1); il ne peut donc s'agir ici de vases «créés pour leur perte», appelés à l'existence afin qu'ils se perdent éternellement! De plus, le participe κατηρτισμένα, bien que passif, ne doit pas nécessairement se comprendre au sens de «disposés par Dieu», comme le suppose Calvin. Étant donnée l'opposition certainement intentionnelle avec la forme active du v. 23 («que Dieu a préparés», προη-τοίμασεν), il est suggéré par ce passif que les hommes se sont eux-mêmes rendus tels, comme le remarquent avec raison la plupart des commentateurs (rapprocher de 1 Cor 1,10, où le même participe passif a une signification identique)[17].

d) Une double interprétation du participe «voulant», θέλων, a été proposée:

1) avec le sens causal: «Parce que Dieu a voulu manifester sa colère, il s'est montré patient»; autrement dit: «... pour condamner ceux qu'il avait supportés si longtemps» (Jérôme). De même S. Thomas: «Il n'endurcit pas ceux qu'il veut de façon à les pousser à pécher, mais il les supporte pour qu'en suivant leur fausse route ils aillent au malheur». Mais une telle interprétation s'accorde mal, semble-t-il, avec l'expression «avec beaucoup de longanimité» (Prat, Cornely). Aussi en propose-t-on une autre.

2) avec le sens concessif (Cornely, Sanday, Godet, Prat, etc.): «Bien que Dieu ait voulu manifester sa colère, il s'est plutôt montré longanime, afin que le pécheur puisse se convertir»[18].

3) J'ajoute une troisième interprétation. Il paraît en effet difficile d'exclure toute manifestation de la colère et à plus forte raison de la puissance de Dieu, dont il était explicitement question au v. 17, verset qu'explique le v. 22, de l'avis de Cornely lui-même. Selon une interprétation obvie, Paul, aux v. 22 ss., applique au cas particulier d'Israël et des Gen-

---

[17] Voir les excellentes remarques de Leenhardt, *Rom*, p. 147, n. 1.
[18] F. Prat, II, p. 258, n. 2: «Ils sont présentement des vases de colère, puisque Dieu a besoin de toute sa patience pour les supporter, malgré son désir de manifester tout de suite la colère dont il est animé contre eux» (de même, I, p. 308).

tils ce qu'il avait dit du Pharaon et de Moïse; ainsi, en contre-partie, il explicite la double manifestation de la colère et de la puissance, d'une part, de la miséricorde, d'autre part. Mais comment cette manifestation de la colère et de la puissance de Dieu peut-elle s'accorder avec sa longue patience?

Si l'unique explication possible était l'interprétation indiquée plus haut sous 1), et seule examinée en fait par Cornely, parce que seule donnée par les anciens Latins, nous aurions là, à mon sens, une contradiction manifeste; et c'est pour cela qu'avec Cornely et d'autres commentateurs il faudrait recourir au sens concessif du participe θέλων, indiqué en 2).

Mais une autre explication me paraît possible, et que le contexte biblique et paulinien rend assez obvie.

L'interprétation de Cornely se fonde en effet sur l'opposition bien connue, et familière aux théologiens, entre miséricorde et justice.

«En raison de sa miséricorde Dieu supporte et tolère le pécheur avec grande longanimité, bien qu'en raison de sa justice il veuille le punir»; l'Apôtre, nettement, «manifeste l'opposition qu'il y a entre la justice vindicative que Dieu veut exercer, et la longanimité dont en fait il fait preuve» (p. 250).

Or suivant une doctrine éminemment paulinienne la manifestation de la colère de Dieu [19] à l'égard des hommes peut être ordonnée à leur salut, d'une façon véritable (bien qu'indirecte, étant donné que par elle-même la «colère de Dieu» n'est pas «médicinale»). Cela résulte clairement de Rom 1-3: la manifestation de la colère de Dieu prépare, dans la pensée de l'Apôtre, la manifestation de la justice salvifique, non seulement parce que la condition misérable des hommes sous le coup de la colère met en vive lumière la miséricorde de Dieu qui les en tire, mais aussi parce que les individus humains sont *préparés par cette expérience du péché* (ils sont «éduqués») à recevoir de Dieu leur salut surnaturel de la seule façon possible, comme un *don gratuit*. S. Augustin a souvent exposé, et de très belle façon, cette dialectique paulinienne du péché!

En outre, c'est une doctrine tout à fait biblique que la manifestation historique de la colère de Dieu, dont il s'agit directement ici, c'est-à-dire du châtiment infligé par Dieu en punition des péchés humains, bien loin de faire obstacle à son dessein salvifique, y concoure au plus haut point. Comme S. Thomas le dit d'après Aristote, «Les châtiments sont des remèdes» (texte cité plus haut).

De fait, les Juifs contemporains de Paul comprenaient ainsi les peines par lesquelles Dieu visait à «corriger» son peuple (παιδεύειν).

---

[19] Sur la notion de «colère de Dieu», on peut consulter ROBERT-FEUILLET, p. 846-850 et 857 ss.

Ainsi dans un *Psaume de Salomon* (13,6-8) où sont opposés les châtiments des «pécheurs», à savoir les Gentils, et ceux des «justes», à savoir les Juifs:

«Bien différentes sont la correction (παιδεία) des justes dans l'ignorance (ἐν ἀγνοίᾳ) et la ruine du pécheur (τοῦ ἁμαρτωλοῦ):

le juste est corrigé (παιδεύεται) avec ménagement, de peur que le pécheur ne se réjouisse au sujet du juste;

car Il reprendra le juste comme un Fils bien-aimé, et sa correction sera celle d'un premier-né».

Plus clairement encore Ps. Salm. 8,30-35:

«Voici, Dieu, tu nous a manifesté ton jugement dans ta justice; nos yeux ont vu tes jugements, Dieu.

Nous avons déclaré juste ton nom, admirable pour les siècles, car tu es le Dieu de la justice, jugeant Israël pour l'éduquer.

Tourne vers nous, Dieu, ta miséricorde, aie pitié de nous; réunis les fils dispersés d'Israël, avec miséricorde et bonté;

car ta fidélité (πίστις) est avec nous; nous avons raidi notre cou, mais tu es, toi, notre éducateur (παιδευτής)».

Or dans le Livre de la Sagesse la même pensée est exprimée au sujet des Gentils eux-mêmes, et qui plus est au sujet des Égyptiens frappés par les plaies, c'est-à-dire de la colère de Dieu contre le Pharaon (11,15 ss.):

20 «...d'un seul souffle ils pouvaient tomber, poursuivis par la justice (ὑπὸ τῆς δίκης), balayés par le souffle de ta puissance.

Mais tu as tout réglé avec mesure, nombre et poids».

24 «...Tu as pitié de tous, parce que tu peux tout, tu fermes les yeux (παρορᾷς) sur les péchés des hommes, pour qu'ils se repentent.

Tu aimes en effet tout ce qui existe, et tu n'as de dégoût pour rien de ce que tu as fait;

si tu avais haï quelque chose, tu ne l'aurais pas formé...

...Mais tu épargnes tout, parce que tout est est à toi, Maître, ami de la vie (φιλόψυχε). Car ton esprit incorruptible est en toutes choses»...

Et voici la conclusion de toute la péricope traitant des Égyptiens (12,2):

«Aussi est-ce peu à peu que tu reprends (ἐλέγχεις) ceux qui tombent, tu les avertis, leur rappelant en quoi ils pêchent, pour que, débarrassés du mal, ils croient en toi, Seigneur».

Même pensée au sujet des Chananéens, 12,3 ss. (surtout 10-21): «Mais exerçant tes jugements peu à peu (κατὰ βραχύ), tu leur laissais place pour le repentir (μετανοίας)... Ce n'est·pas par crainte de personne que tu accordais l'impunité à leurs fautes. Qui te dira, en effet: Qu'as-tu fait? Ou qui s'opposera à ta sentence? Et qui te citera en justice pour avoir fait périr (ἀπολωλότων) des nations que tu as créées? Car il n'y a pas, en dehors de toi, de Dieu qui ait soin de tous, pour que tu doives lui montrer que tes jugements n'ont pas été justes. Il n'est pas non plus de roi ou de souverain qui puisse te regarder en face au sujet de ceux que tu as châtiés...

Mais étant juste, tu régis l'univers avec justice... Car ta force est le principe de ta justice, et de dominer sur tout te fait ménager tout.

Mais toi, dominant ta force, tu juges avec modération, et tu nous gouvernes avec grands ménagements. Car tu n'as qu'à vouloir, et ta puissance est là.

En agissant ainsi, tu as appris à ton peuple que le juste doit être ami des hommes (φιλάνθρωπον), et tu as donné le bel espoir à tes fils, qu'après les péchés tu donnes le repentir.

Car si ceux qui étaient ennemis de tes enfants et promis à la mort (καὶ ὀφειλομένους θανάτῳ), tu les a punis avec tant d'attention et d'indulgence, leur donnant temps et lieu pour se défaire de leur malice, avec quelle précaution n'as-tu pas jugé tes fils, toi qui, par serments et alliances, a fait à leurs pères de si belles promesses!

A. Charue a très justement attiré l'attention sur les ressemblances de ces passages (surtout Sag 12,10.20) avec Rom 9,22: si tout est ordonné à la conversion des ennemis eux-mêmes, bien que «promis à la mort», ceci vaut à plus forte raison pour le peuple élu (Sag 12,19-21)[20].

Or dans Rom 9,22 Paul applique précisément au peuple d'Israël ce qui avait été dit du Pharaon au v. 17. On voit donc pourquoi il peut parler en même temps de la volonté de Dieu d'exercer sa colère sur son peuple en le punissant, et de sa patience et de sa longanimité, en vue de le convertir.

Cette conduite de Dieu, quand il exerce sa colère, c'est-à-dire punit les hommes qui par leurs péchés auraient mérité la perte éternelle, est en fait à la fois:

a) *Manifestation de la colère*, c'est-à-dire de la répugnance absolue qu'il y a entre Dieu et le péché;

b) *Manifestation de la puissance* de Dieu, selon le livre de la Sagesse, puisque Dieu procède ainsi pour redresser les hommes, précisément parce qu'il a la puissance (Sag 11,23; 12,16).

Osée enseignait d'ailleurs la même chose, 11,8-9:

«Mon cœur en moi est bouleversé, toutes mes entrailles frémissent. Je ne donnerai pas cours à l'ardeur de ma colère, je ne détruirai pas à nouveau Éphraïm, car je suis Dieu et non pas homme[21]».

La Liturgie, semblablement, invoque Dieu non seulement comme le Dieu dont «le propre est d'avoir toujours pitié et de pardonner» (oraison

---

[20] A. CHARUE, *L'incrédulité des Juifs*, Gembloux 1929, p. 290 ss.

[21] Voir le très beau commentaire de S. CYRILLE D'ALEXANDRIE sur ce passage (PG 71, 272-273).

pour les défunts), mais aussi «celui qui manifeste sa toute-puissance surtout en pardonnant et en ayant pitié» (Collecte du 10e dim. après la Pentecôte, aujourd'hui 26e dim. ordinaire).

c) *Manifestation de la patience* (ἤνεγκεν, «il a supporté», Rom 9,22)
et de la longanimité de Dieu *pour obtenir la conversion* de ceux qui sont en
état de se perdre à cause de leurs péchés; ainsi déjà dans Rom 2,4, pour
les Juifs, et 3,25; et cela en pleine conformité avec Sag 12,20-21, décrivant
la peine infligée aux ennemis d'Israël, bien qu'ils encourent la mort, et à
plus forte raison au peuple élu.

L'interprétation de Cornely et autres auteurs s'appuie sur quelque
chose de vrai, parce que ce châtiment de Dieu, mitigé et ordonné à la
conversion, ne relève pas dans l'A. T. de la colère de Dieu; et les passages
cités, de fait, ne le présentent pas comme tel. La colère de Dieu, en effet,
exprime la «justice purement vindicative» [22]. Ainsi dans Sag 11,9 sont op-
posées la correction miséricordieuse donnée au peuple d'Israël, et la colère exercés sur les impies, ses ennemis; dans le Ps Salom. 8,30 ss., le châtiment est attribué directement à la justice de Dieu, justice salvifique, en
tant que Dieu montre sa fidélité à ses promesses.

Cependant, comme la «colère de Dieu» désigne d'une façon générale
l'action de Dieu punissant les péchés des hommes [23], l'Apôtre garde l'expression, à dessein me semble-t-il, car il décrit cette colère telle qu'elle
s'est en fait manifestée, une colère qui fait ressortir encore davantage la
longue patience. Ainsi apparaît en plus vive lumière combien cette
conduite de Dieu est loin de s'opposer à sa justice.

D. – *Explication du v. 23*

Le v. 23 apporte une nouvelle raison de ne pouvoir accuser Dieu
d'injustice.

a) La particule καί manque dans certains manuscrits de grande valeur: P⁴⁶, B, 1739 (corr.), l'Origène grec; de même, dans la Vulgate.

En ce cas, la manifestation de la colère de Dieu envers Israël est ordonnée directement à celle de sa miséricorde envers les Gentils. Par
contre, pour ceux qui interprètent tout le passage en fonction de la prédestination et de la réprobation, la réprobation des damnés se justifie en
tant qu'ordonnée à la gloire des élus, ce qui paraît dur et peu conforme à
l'esprit de l'évangile.

---

[22] Voir ROBERT-FEUILLLET, II, p. 857, n. 1.
[23] Et, si je ne me trompe, surtout quand il s'agit comme ici de cette «colère de Dieu»
par laquelle l'homme s'éloigne davantage de Dieu par ses péchés, et non d'une peine quelconque d'ordre temporel: Israël est devenu *infidèle*.

Pour éviter plus sûrement cette interprétation, quelques exégètes ne veulent pas seulement conserver avec soin la particule καί, tel Cornely, qui déclare p. 496: «Il faut lire καί, malgré la leçon de la Vulgate»; ils séparent de plus le v. 23 du v. 22 et le rattachent au v. 24, comme on le verra plus loin.

b) Sur le sens du v. 22 et son lien avec le v. 23, il y a trois opinions principales:

1) Selon le plus grand nombre, Paul, au v. 22, applique à l'infidélité d'Israël ce qu'il avait dit du Pharaon aux v. 17 s., et au v. 23 ce qu'il avait dit de Moïse aux v. 15 s.: de même que la colère et la puissance de Dieu se sont manifestées dans l'endurcissement du Pharaon, elles se manifestent dans la patience avec laquelle il a supporté Israël, pour le condamner plus justement et plus sévèrement (la colère de Dieu se manifeste en effet dans la condamnation, selon Rom 1,18 ss.).

Mais cette manifestation de la colère ne saurait être dite injuste, puisque Dieu peut employer ses créatures aux usages qu'il veut (v. 20 s.); du moins, ajoutent les catholiques, étant donné la corruption du péché originel. De plus, si on lit καί, elle n'est pas injuste, car elle est ordonnée dans l'intention de Dieu à manifester sa miséricorde envers les élus (v. 23).

C'est ainsi que tout récemment encore a compris G. Stählin[24]: «Wenn aber Gott die Gefässe des Zorns, die zum Verderben geschaffen waren, in grosser Langmut trug, weil er an ihnen seinen Zorn offenbaren und seine Macht kundtun wollte, (so tat er es) doch auch dazu, dass er den Reichtum seiner Herrlichkeit kundtue an den Gefässen des Erbarmens, die er längst zur Herrlichkeit bereitet hatte».

Avec la leçon sans καί, cette intention de Dieu est l'unique raison donnée par Paul de la conduite de Dieu; mais la première raison doit être sous-entendue.

Ainsi on a un parallélisme parfait entre les v. 22-23 et les v. 15-18.

2. Cornely estime encore que Paul au v. 22 applique à Israël ce qu'il a dit plus haut du Pharaon, mais en niant que Dieu manifeste sa colère contre Israël.

Dieu ne peut être accusé d'injustice: bien qu'il ait voulu (θέλων) manifester sa colère contre le peuple infidèle, en fait, il ne manifeste pas la colère, mais une pure miséricorde, en se montrant patient et longanime, en vue de sa conversion. Le verset 22 «consiste tout entier en une description de la miséricorde, par laquelle Dieu, nonobstant sa justice (entendons par là une justice vindicative, c'est-à-dire la colère!), supporte les pécheurs avec grande longanimité» (p. 523).

---

[24] *TWNT*, 5, 426, 18 ss.

Comme le v. 22 traite de la manifestation de la miséricorde, le v. 23 ne peut guère indiquer la fin qui la justifie, car elle n'a besoin d'aucune justification! Aussi ce v. 23 constitue-t-il un nouveau membre parallèle, la particule καί étant nécessairement maintenue; et cela de la façon suivante.

Dieu ne peut être accusé d'injustice. Ni envers Israël, d'une part, si au lieu de la colère qu'il avait pu et voulu montrer, il montre en fait la miséricorde. Ni envers nous, les élus, d'autre part, si pour faire connaître les richesses de sa gloire envers des «vases de miséricorde», il nous a choisis non seulement parmi les Juifs, mais aussi parmi les Gentils. Ici la phrase est interrompue par une anacoluthe.

On a ainsi, non pas une manifestation de colère et une manifestation de miséricorde, en même temps, mais une *double manifestation de miséricorde*; le parallélisme avec les v. 15-18 disparaît.

3. *Opinion moyenne*, s'efforçant de concilier les précédentes: on garde le parallélisme avec les v. 15-18; il y a à la fois *manifestation de colère* contre Israël et *manifestation de miséricorde* à l'égard des élus.

La manifestation de la colère de Dieu contre Israël infidèle est bien une authentique manifestation de colère en tant qu'Israël «s'est endurci», c'est-à-dire est devenu infidèle, Dieu le permettant; et cette infidélité relève tout à fait du plan de Dieu, comme partie essentielle de son dessein. Cependant, comme cette infidélité même, dans l'intention de Dieu est *ordonnée au salut futur d'Israël* et que Dieu se garde donc de détruire son peuple de façon définitive, il est dit que la colère divine se manifeste dans la patience et une grande longanimité[25]; ainsi apparaît plus clairement à quel point la justice de Dieu est sauve.

De plus, cette manifestation de la colère, en tant que telle, en tant qu'elle connote et d'une certaine façon provoque l'infidélité d'Israël, est ordonnée à la manifestation de la *miséricorde envers les Gentils* appelés à la foi et par suite destinés à avoir part aux richesses de la gloire de Dieu (Rom 8,30). Ainsi apparaît l'unité de l'admirable dessein salvifique de Dieu, que l'Apôtre exposera plus explicitement en conclusion, 11,28-32.

Alors, que la particule καί soit maintenue ou omise, le sens n'est pas essentiellement changé ... Dans les deux cas il est affirmé à la fois:

—que le péché d'Israël est ordonné à sa propre conversion, dans l'intention de Dieu (il s'agit donc de longanimité);

—que le péché d'Israël est ordonné à la conversion des Gentils.

Si l'on conserve καί, la première affirmation est explicite; si l'on omet καί, seule est explicite la seconde, mais la première est au moins in-

---

[25] Voir déjà Rom 3,26, où le temps «de la colère de Dieu» est devenu le «temps de la patience».

sinuée («en supportant avec beaucoup de longanimité», comparé à Rom 2,4, et aux passages cités du livre de la Sagesse).

Remarque. — N'affirme-t-on pas ici explicitement et formellement, sinon la prédestination à la damnation éternelle, du moins la prédestination à la gloire éternelle?

Je concède que le problème théologique est ici touché d'une certaine façon; mais, autant que je puis voir, il n'est pas résolu, du moins tel que les théologiens le posent. Il ne s'agit pas d'une telle vocation des élus à la gloire qu'ils atteignent nécessairement cette gloire [26]. Ils sont dans la voie qui conduit au salut, et ils obtiendront le salut à condition de continuer à marcher sur la voie. Ainsi en est-il clairement des Juifs qui inversement ne sont pas appelés, et que cependant Paul s'efforce de sauver et de convertir à la foi (Rom 11,14).

Quant au problème proprement théologique, ou philosophique, de la conciliation de la liberté humaine avec la volonté salvifique de Dieu, l'Apôtre ne semble pas s'en être jamais préoccupé [27].

---

[26] Il ne s'agit donc pas ici de cette «prédestination certaine et infaillible» de la part de Dieu qui «par conséquent ne peut être sans effet», telle qu'y fait allusion P. F. CEUPPENS en commentant Rom 8,28-30: *Quaestiones selectae ex epistulis S. Pauli*, Turin 1951, p. 69-71.

[27] L'opinion contraire a été récemment soutenue par E. DINKLER, dans le *Journal of Religion*, 36 (1956), p. 109-125. L'auteur invoque à bon droit Rom 8,28-30 et 11,1-2: comme les Juifs ses contemporains, Paul affirme que tout dépend du dessein salvifique de Dieu et en même temps il suppose clairement que l'homme jouit d'une pleine liberté et d'une responsabilité entière. Mais l'Apôtre ne semble pas avoir découvert là la moindre antinomie à résoudre ou à expliquer, tout comme ses contemporains juifs, de l'aveu même de l'auteur (art. cité, p. 121), n'ont pas aperçu ce «paradoxon». Voir, sur la secte de Qumran, J. MUNCK, *Christus und Israel*, Copenhague 1956 (et Philadelphia 1967), p. 60, n. 102 (contre K. G. KUHN).

19.

Saint Paul et l'exégèse juive de son temps

A propos de Rom 10,6-8 *

L'usage que saint Paul fait de l'Ancien Testament en Rom 10,6-8 a visiblement gêné les exégètes: «A première vue, emploi de l'Écriture d'un arbitraire déconcertant», note le P. Prat[1], et selon E. Reuss, «l'étrange exégèse de l'Apôtre rend tout le morceau passablement obscur»[2]. N'était-ce pas, en effet, une gageure que de décrire la justice de la foi à l'aide d'un texte qui parle de la justice légale, bien mieux de sembler la faire prédire par Moïse en personne? Selon les principes dogmatiques qui les inspirent, les uns n'hésitent pas à accuser Paul de faire violence au texte inspiré, tandis que les autres s'efforcent de justifier l'Apôtre, quitte à édulcorer sa pensée. Les premiers affirment que Paul «extorque» au passage «le sens désiré au moyen d'explications intercalées par lui-même et qui contredisent la pensée de l'original» (Reuss); ou bien ils parlent seulement de «parodiam suavissime alludentem» (Bengel), de «eine tiefsinnige Parodie», «ein heiliges und liebliches Spielen des Geistes Gottes im Worte des Herrn» (Philippi). Les seconds par contre, préfèrent ne voir là qu'un usage accomodatice de l'Écriture. Ainsi Cornely, que suit le P. Prat: l'argumentation n'est qu'apparente; en fait si Paul ne donne pas aux paroles de Moïse un sens qui contredirait l'original, c'est qu'il n'entend aucunement lui faire proclamer la justice de la foi; à partir du v. 6, il se contente d'opposer à la justice de la loi, seule attribuée à Moïse, à l'aide d'un texte du Lévitique (v. 5), une autre justice proclamée par l'Evangile, sans suggérer le moins du monde que Moïse ait pu être son prophète; s'il recourt à quelques termes vaguement empruntés au Deutéronome, c'est uniquement comme vêtement de sa propre pensée, selon un usage parfaitement légitime, mais qui n'implique aucune affirmation sur le sens scripturaire des mots utilisés. En ce cas, le sujet traité par saint Paul ne serait pas, comme le supposent, par exemple, C. H. Dodd et P. Althaus: «la justice

---

* Paru d'abord dans *Mélanges bibliques rédigés en l'honneur de André Robert* (Travaux de l'Institut Catholique de Paris 4), Paris, 1957, p. 494-506, ce texte a été modifié par le P. Lyonnet.

[1] Ferdinand PRAT, *Théologie de saint Paul*, t. I, 8ᵉ éd., Paris, 1920, VII-608 p. (voir p. 45).

[2] Edouard REUSS, *Les épîtres pauliniennes*, t. II, Paris, 388 p. (voir p. 96).

de la foi annoncée par Moïse» [3], mais seulement: «il faut choisir entre les deux justices» [4].

Au reste, les indices ne manquent pas pour justifier une telle interprétation. Nulle trace d'argumentation proprement dite. Aucune formule n'introduit la citation. Est-ce même une citation? De l'original Paul n'a conservé que quelques bribes, modifiant profondément les autres termes pour les adapter à l'application qu'il envisage [5]. D'ailleurs le texte du Deutéronome était passé en proverbe pour exprimer une chose impossible [6]. Enfin au lieu de mettre ces mots sur les lèvres de Moïse, comme ceux du Lévitique au v. 5, Paul fait parler la justice de la foi en personne, et c'est par erreur qu'au début du v. 8 la Vulgate a inséré un malencontreux «Scriptura» qui a égaré bien des interprètes [7].

Explication «certainement très séduisante», juge le P. Lagrange, en lui reconnaissant une «sérieuse probabilité» [8]. Elle se heurte cependant à plus d'une difficulté. Non seulement, comme le remarque loyalement A. Feuillet, il s'ensuit que «nous avons affaire à une antithèse mal équilibrée, car tandis que le premier membre ne comprend que le v. 5, le second membre inclut tout le reste du passage» [9]; mais il y a plus grave. Une telle interprétation donnerait à entendre que Moïse était purement et simplement l'organe de la justice des œuvres, ce qui contredirait l'une des idées

---

[3] C. H. Dodd, *The Epistle to the Romans (The Moffatt New Testament Commentary)*, London, p. 165: «Well, Paul replies, the righteousness of God is attested by the Law and the Prophets (3,21). For example, in Dt 30,12-14 we read that the righteousness of God is close to you...» — Paul Althaus, *Der Brief an die Römer* (Das Neue Testament Deutsch, 6), Göttingen, 6ᵉ éd. 1949, p. 92: «Glaubensgerechtigkeit ist in der Schrift verkündigt als der wahre Weg zum Heil 10,4-15».

[4] Ainsi A. Feuillet, Le plan salvifique de Dieu d'après l'épître aux Romains, dans *RB*, 57 (1950), p. 498: «Entre la justice de la loi et la justice de la foi le choix s'impose: 10,5-13». Cette explication du chapitre est en fait commandée directement par l'interprétation donnée à l'usage de l'Écriture aux vv. 6-8; c'était déjà celle du P. Prat résumant l'argument du chapitre dans sa *Théologie de saint Paul*, I, p. 316-317.

[5] Cf. W. Sanday-C. Headlam, *Critical and Exegetical Commentary on the Epistle to the Romans* (The International Critical Commentary), Edinburgh, 5ᵉ éd., 1902, p. 289: «The quotation is singularly inexact. An ordinary reader fairly well acquainted with the O. T. would feel that the language had a familiar ring, but could not count it as a quotation».

[6] Voir divers exemples cités par les commentateurs, v. g. Sanday-Headlam, et les nombreux parallèles rabbiniques dans H. S. Strack und P. Billerbeck, *Kommentar zum Neuen Testament aus Talmud und Midrasch*, Band III, *Die Briefe des Neuen Testaments und die Offenbarung Johannis*, München 1926, pp. 278-281. Ainsi déjà l'Ancien Testament Is 7,11; Bar 3,29; chez Philon, *Quod omnis probus liber sit*, 10; de même 4 Esd 4,8 (tout le passage semble une paraphrase de ce proverbe).

[7] R. Cornely (*Epistola ad Romanos*, 2ᵉ éd. Paris, 1927) d'ordinaire si indulgent pour les leçons de la Vulgate, se montre ici fort sévère: «omnino nomen videtur omittendum» (p. 541); «hanc lectionem erroneam esse scioloque deberi librario... satis constat» (p. 550).

[8] M. J. Lagrange, *Saint Paul. Epître aux Romains*, Paris, Gabalda, 1950, p. 257.

[9] André Feuillet, *art. cit.*, p. 498.

SAINT PAUL ET L'EXÉGÈSE JUIVE DE SON TEMPS

les plus chères de saint Paul, si souvent affirmée par lui et notamment dans l'épître aux Romains (1,2; 3,21; tout le chapitre 4). Il est vrai qu'en ce dernier passage l'Apôtre met en scène Abraham et non Moïse; mais pour lui Moïse n'en demeure pas moins le prophète, auteur du Pentateuque; et l'économie de la foi, si indépendante fût-elle de la Loi, n'en est pas moins «annoncée par la Loi et les prophètes» (3,21)[10].

Aussi le P. Lagrange pense-t-il qu'il s'agit dans ce passage de l'épître aux Romains, sinon «d'une argumentation en forme», du moins «d'une suggestion résultant du caractère typique de l'Écriture». Il reste néanmoins embarrassé par l'apparence d'argumentation donnée par Paul à ses affirmations, et il s'applique à la voiler le plus possible, expliquant, par exemple, les trois τοῦτ'ἔστιν des vv. 6 et 7 par l'emploi grec de l'expression[11] et concluant: «La formule n'indique donc pas l'exégèse d'une parole scripturaire».

Cependant, se demande fort pertinemment le P. Bonsirven, si Paul «dans une prosopopée de style met les mots caractéristiques dans la bouche de la justice de la foi, est-ce pour ne pas se référer à l'Écriture? Les rencontres avec la lettre sacrée sont trop nombreuses pour ne pas trahir une référence voulue. D'autre part le *hoc est* qui définit le sens des trois propositions alléguées rappelle trop les procédés de l'exégèse distributive des rabbins»[12]. En effet, ni l'absence de formule d'introduction, ni l'extrême liberté prise avec le texte de l'Écriture ne suffisent à exclure une pareille intention de la part de Paul. Et nous pensons qu'on peut admettre une telle intention sans accuser l'Apôtre d'imposer à la Parole de Dieu enseignée dans l'Ancien Testament un sens qui la contredirait.

* * *

Il est vrai que de Dt 30,11-14, à part le dernier verset, saint Paul ne retient que fort peu de chose: il omet, probablement à dessein, toute allusion à des œuvres à accomplir: «Qui montera *pour nous* au ciel *nous la chercher, que nous l'entendions pour la mettre en pratique*?» (v. 12); «qui ira *pour nous* au delà des mers *nous la chercher, que nous l'entendions pour la mettre en pratique*?» (v. 13); «la Parole est dans ta bouche et dans ton cœur *pour que tu la mettes en pratique*» (v. 14). A plus forte raison les mots qu'ont ajoutés les Septante au v. 14: «... dans ta bouche et dans ton cœur

---

[10] Ainsi Lagrange; de même Sanday-Headlam, etc.

[11] Par exemple Epictète, *Entretiens*, II, 1, 25: «Les philosophes disent que nous n'accordons la liberté qu'aux hommes instruits, *c'est-à-dire* que Dieu ne l'accorde qu'à ceux-là». Otto Michel, au contraire, rejette explicitement cette explication et rappelle les formules juives équivalentes, v. g. *Manuel de discipline* 8, 15; *Doc. de Damas*, 4, 1, etc. Il s'agit pour lui d'une preuve scripturaire au sens le plus strict (*Der Brief an die Römer*, Göttingen, 1955, p. 226 n. 1.

[12] J. BONSIRVEN, *Exégèse rabbinique et exégèse paulinienne*, Paris, 1939, p. 307.

et dans tes mains». Il change aussi la formule du v. 13, où il ne s'agit plus «d'aller au delà des mers», mais «de descendre dans l'abîme», usant d'un mot «ἄβυσσος», qui dans le Nouveau Testament désigne l'enfer, séjour des démons et des damnés (Ap 9,1 s. 11,7; 17,8; 20,1.3; cf. Lc 8,31), mais dans l'Ancien Testament désigne, outre l'océan (Gn 1,2; Dt 33,33; Ps 148,7 etc.), les «profondeurs de la terre», séjour des morts (v. g. Ps 70[71],20).

Avouons aussi que l'application des vv. 13 et 14 à l'incarnation, à la mort et à la résurrection du Christ semble particulièrement forcée. Mais il faut remarquer qu'elle n'est point du tout, comme on le suppose parfois, la base de l'argumentation; celle-ci repose entièrement sur le v. 14, cité, de fait, à peu près littéralement [13].

Or saint Paul, croyons-nous, pouvait, sans aucun arbitraire, invoquer ce verset pour montrer aux Juifs que, bien loin de contredire la révélation mosaïque, la nouvelle économie fondée sur la justice de la foi se trouvait déjà annoncée et comme prophétisée par Moïse en personne. Non certes qu'il prétende déduire le Nouveau Testament de l'Ancien: ce n'est jamais ainsi que Paul conçoit la preuve scripturaire [14]. Mais de cette révélation reçue du Christ il reconnaît les amorces, le germe, mieux la préfiguration dans l'Ancien Testament dont il révèle ainsi la portée authentique, ou, si l'on veut, le sens «plénier».

A cet égard sa méthode nous paraît aux antipodes de celle attribuée d'ordinaire aux rabbins. En effet, loin d'isoler les mots de leur contexte pour leur donner les valeurs les plus inattendues, c'est au contexte lui-même compris au sens le plus large que Paul demande la lumière: de même qu'en Rom 4,3 il avait reconnu dans l'affirmation de Gn 15,6 la préfiguration d'une justice rattachée à la foi d'Abraham et non à des œuvres accomplies en vertu d'un contrat, parce qu'il avait eu soin de replacer la citation dans le contexte du chapitre 15 de la Genèse au lieu de l'expliquer comme d'autres en fonction du chapitre 22 [15]; de même ici c'est

---

[13] Ainsi de même dans Gal 4,22-30, l'argumentation ne porte point du tout sur la prétendue équivalence entre Agar et la «Jérusalem d'à présent», comme le suppose A. Loisy à la suite de Gressmann, de Lipsius et d'autres (voir par exemple M. J. Lagrange, Saint Paul, *Epître aux Galates*, Paris, 1918, p. 126 s.), mais sur le fait qu'Isaac est fils d'Abraham «en vertu de la promesse» (v. 23), «selon l'Esprit» et non «selon la chair» comme Ismaël (v. 29) et que sa filiation préfigure ainsi celle des chrétiens, non celle des juifs; les autres correspondances signalées illustrent assurément cette correspondance fondamentale: v. g. Ismaël est fils d'Agar, l'esclave; Isaac, fils de Sara, la femme libre (v. 22); Agar, mère des Arabes ou Agaréniens, évoque le Sinaï (vv. 24-27); Ismaël enfant jalousait son frère cadet (vv. 29-30); mais ce n'est point sur elles que repose l'argumentation.

[14] J. Levie, Les limites de la preuve d'Ecriture Sainte en Théologie, dans *NRT*, 71 (1949), p. 1009-1029.

[15] Ainsi I Mac 2,52: «Abraham n'a-t-il pas été fidèle dans l'épreuve (Sir 44,21; allusion au sacrifice d'Isaac raconté en Gn 22), et cela ne lui a-t-il pas été compté comme justice (Gn 15,6)». De même Jac 2,21 (sacrifice d'Isaac) et 23 (Gn 15,6). Sur l'argumentation scripturaire de Rom 4,3 nous nous permettons de renvoyer à nos *Quaestiones in epistolam ad Romanos*, Prima series, Rome, 2e éd., 1962, 120-134.

en se fondant, au moins implicitement, sur le contexte médiat et immédiat du Deutéronome qu'il découvre dans l'affirmation du v. 14 une annonce prophétique de la justice évangélique.

Déjà sans doute il n'est pas fortuit qu'après avoir montré la justice légale proclamée par un texte du Lévitique, saint Paul ait choisi pour décrire la justice de la foi un passage du Deutéronome, «livre essentiellement religieux», qui se présente d'abord beaucoup moins comme un code de lois que comme «un appel vibrant à vivre avec Yahweh le vrai Dieu»[16]. Notamment, en ce qui concerne l'emploi et le sens du mot «loi», A. Robert, à la mémoire de qui ces pages sont dédiées, a jadis souligné, à la suite de O. Grether, qu'il y désigne «la loi mosaïque conçue non pas comme la somme de préceptes particuliers, mais comme l'incarnation de toute la Révélation divine qui, tantôt ordonnant, tantôt promettant ou menaçant, vient se présenter aux hommes. L'unité de la Révélation est affirmée si fortement que la différence entre Révélation légaliste et Révélation prophétique... s'efface dans cette unité»[17]. Et A. Robert ajoutait: «L'estime qu'on doit faire de la Parole ainsi entendue est nettement exprimée dans le beau texte de Dt 30,11 s.».

N'était-ce pas authentiquer pour ainsi dire le choix de saint Paul?

Deux autres remarques d'un des plus récents commentateurs du Deutéronome, qui prétend bien expliquer le sens littéral du passage, nous orientent dans la même direction.

A propos des vv. 11-13, H. Cazelles rappelle «la thèse fréquente dans la littérature sapientielle» de «l'inaccessibilité de la Sagesse, source du bonheur». Mais «ce qui est inaccessible à l'homme, Dieu peut le lui donner par révélation»[18]. Si telle est «l'idée de ce passage», on doit reconnaître qu'il exprime à tout le moins l'une des notes les plus caractéristiques de la justice de la foi selon l'Apôtre: son absolue gratuité. Et à propos du v. 14 le même auteur note «cette personnification de la Parole», comme A. Robert l'avait relevée dans le psaume 119 où, «à l'encontre du plus grand nombre des exégètes contemporains», il discernait «une attitude aussi éloignée que possible du littéralisme de la dernière époque» et «marquant en revanche une étape vers la pleine liberté de l'Evangile»[19]. Si, de surcroît, Dt 30,14 est «probablement, comme le pense H. Cazelles, une des sources de la théologie du Verbe telle qu'elle s'exprime dans le Prologue du quatrième évangile, après avoir été mûrie dans les livres de

---

[16] H. Cazelles, *Le Deutéronome* (Bible de Jérusalem), Paris, 1950, p. 11).

[17] A. Robert, *Le sens du mot loi dans le Ps CXIX* (Vulg. CXVIII), dans *RB*, 46 (1939) p. 191, citant O. Grether, *Name und Wort Gottes im Alten Testament* (Beihefte zur Zeitschrift für die alttestamentliche Wissenschaft 64), Giessen, 1934, p. 126.

[18] H. Cazelles, *Le Deutéronome*, p. 117, n. a. Au texte signalé de Job 28, on pourrait ajouter le passage de Bar 3,29-32, littérairement très proche de Dt 30,12-13.

[19] A. Robert, *art. cit.*, p. 206.

Sagesse»[20], il s'ensuit que l'interprétation paulinienne prolonge peut-être le sens littéral du passage, mais qu'il ne le fausse pas; bien plutôt, il l'approfondit.

L'étude du contexte immédiat semble confirmer entièrement cette conclusion[21].

La loi *(miṣwāh)* mentionnée au v. 11, identifiée au v. 14 avec la Parole *(dābār)* désigne, concrètement, l'ensemble des prescriptions *(miṣwôt weḥuqqôt)* inscrites dans le livre de la loi (v. 10); mais elle le désigne précisément en tant qu'il a été synthétisé et comme résumé au v. 6 en un seul précepte, celui «d'aimer Dieu de tout son cœur et de toute son âme», précepte solennellement promulgué dès le début du livre (6,4-7) et répété par trois fois au chapitre 30 (vv. 6, 16 et 20).

Ajoutons que ce précepte, s'il était devenu familier aux Juifs, constituait à l'époque du Deutéronome une révélation inouïe. Les prophètes de l'époque royale proclament l'amour de Dieu pour son peuple, mais ils semblent beaucoup plus réticents à envisager la réponse de l'homme comme un véritable amour. Jérémie 2,2 ose prononcer le nom sans l'appliquer encore à la situation présente du peuple. Avec le Deutéronome l'amour pour Dieu devient un précepte et le premier des préceptes[22]. Faut-il s'étonner que saint Paul ait vu dans ces versets l'anticipation de l'économie proclamée par le Christ?

En même temps le v. 6 de ce même chapitre mentionne une notion également propre au Deutéronome (cf. 10,16) comme à Jérémie (4,4; cf. 6,10): la circoncision du cœur, c'est-à-dire précisément ce dont saint Paul en Rom 2,29 a fait la caractéristique de l'économie nouvelle fondée sur la foi et opposée à la justification par les œuvres de la loi[23].

Bien plus, les autres passages où se retrouve l'expression présentent la circoncision du cœur tout au plus comme un précepte imposé à l'homme, voire dont l'accomplissement semblerait presque en son pouvoir: «Circoncisez votre cœur» (Dt 10,16); «circoncisez-vous pour Yahweh et

---

[20] H. Cazelles, *Le Deutéronome*, p. 117, n. b.

[21] Bien entendu il s'agit du contexte actuel du passage, tel que nous le lisons et que Paul le lisait avec tous ses contemporains. Nous n'avons pas à nous demander ici si les versets 11 sqq. n'ont pas appartenu primitivement à un autre contexte.

[22] Voir C. Wiéner, *Recherches sur l'amour pour Dieu dans l'Ancien Testament. Étude d'une racine*, Paris 1957, *passim*, en particulier p. 38-46. Avant le Deutéronome, il est bien question dans Ex 20,6 et Jg 5,31 de «ceux qui aiment Dieu»; mais, outre que ces versets sont difficiles à dater, ils emploient le verbe hébreu au participe *qal*; or «cette forme a souvent la valeur d'un substantif signifiant 'ami', sans allusion claire à un véritable acte d'aimer» (ibid., p. 22-23).

[23] En Dt 10,16, exactement comme en Rom 2,29, le thème se rattache immédiatement à celui de Dieu «qui ne fait pas acception des personnes» (Dt 10,17; Rom 2,11). Sur la «circoncision du cœur» en Rom 2,29, voir ci-dessus p. 303.

enlevez les prépuces de votre cœur» (Jér 4,4)[24]. Ici, cas absolument unique, elle n'est plus l'œuvre de l'homme, mais de Dieu: «Yahweh ton Dieu circoncira ton cœur et le cœur de ta postérité en sorte d'aimer Dieu de tout ton cœur et de toute ton âme, afin que tu vives» (Dt 30,6). L'Alliance, ne fait pas naître seulement le devoir d'aimer Dieu, elle crée en l'homme la possibilité de réaliser cet amour. Notation capitale, qui nous rapproche singulièrement de la «justice de la foi» paulinienne et en même temps d'un autre texte de Jérémie, non moins cher à saint Paul (cf. 2 Cor 3,3 et sans doute Rom 8,2, sans compter Héb 8,8 s.), annonçant la «nouvelle alliance» comme une loi toute intérieure, non plus inscrite sur la pierre, mais dans le cœur même des hommes (Jér 31,33), c'est-à-dire d'un des passages de l'Ancien Testament les plus clairement prophétiques de l'économie du Nouveau, le seul qui offre l'expression de «nouvelle alliance»[25].

Au reste un tel rapprochement ne saurait être attribué à quelque tendance christianisante de l'exégèse. Saint Paul le trouvait déjà dans les écrits authentiquement juifs de son temps, par exemple, dans le livre des Jubilés, dont on sait les liens avec les manuscrits découverts à Qumrân[26].

Voici en effet en quels termes, dans le prologue du livre, où Moïse en prière sur le Sinaï reçoit de Dieu la révélation de toute l'histoire du peuple d'Israël, Yahweh prédit à son prophète l'avenir messianique[27]:

> «[22] Je connais leur esprit de révolte, leurs pensées et leur opiniâtreté (cf. Dt 31,27), ils n'obéiront pas jusqu'à ce qu'ils aient confessé leur propre péché et le péché de leurs pères[28]. [23] Et après cela ils se tourneront vers moi en toute droiture et de tout leur cœur et de toute leur âme (cf. Dt 30,10) et je circoncirai le prépuce de leur cœur et le prépuce du cœur de leur postérité (Dt 30,6), et je créerai en eux un esprit saint et je les purifierai (cf. Jér 33,8), de sorte qu'ils ne se détournent plus de moi de ce jour à

---

[24] Ailleurs il s'agit seulement du «cœur incirconcis» (Lv 26,41), de la «maison d'Israël incirconcise de cœur» (Jér 9,25) ou de «fils d'étrangers incirconcis de cœur» (Ez 44,7-9).

[25] Plusieurs commentateurs modernes ne manquent pas de faire le rapprochement, v. g. G. A. SMITH, *The Book of Deuteronomy*, Cambridge, 1918, p. 328; et S. R. DRIVER, *Deuteronomy* (International Critical Commentary) Edinburgh, 3e éd., 1902, p. 330, à la suite de Dillmann, note que la notion de «circoncision du cœur» ainsi comprise est un thème messianique et il renvoie à Jér 31,33; 32,39 s.; Ez 11,19 s.; 36,26 s.

[26] Il appartenait à la bibliothèque de la secte (cf. *RB*, 56 [1945], p. 602 s.) et son calendrier est celui de Qumrân (cf. A. JAUBERT, *Le calendrier des Jubilés et la secte de Qumrân, ses origines bibliques* dans *VT* 3 (1953), p. 250-264.

[27] R. H. CHARLES, *The Book of Jubilees or the Little Genesis, translated from the Editor's Ethiopic Text*, London, 1902, p. 6-7.

[28] Cf. la confession des péchés de Neh 9, Esd 9, Dn 9, qui fait partie du rituel du Manuel de Discipline (1,26 s.; cf. *Document de Damas*, 20, 29 s.) et s'est conservée dans la liturgie du Grand jour de l'Expiation. Si l'on hésitait sur le sens du mot «juste» attribué à Dieu en ces confessions (cf. *Biblica*, 1955, p. 209), il suffirait sans doute de se reporter à Jub 5-6.

l'éternité. [24] Et leurs âmes s'attacheront à moi et à tous mes commandements et je serai leur Père et ils seront mes fils [29]. [25] Et ils seront tous appelés les enfants du Dieu vivant (Os 1,10 cité en Rom 9,26)».

Le rappel explicite de Dt 30,6 et 10 est significatif, et si l'auteur ne reproduit pas littéralement les mots de Jér 31,33, c'est bien à la lumière de
cette révélation qu'il interprète les versets cités du Deutéronome [30].

Ainsi Paul, en appliquant Dt 30,14 à la «parole de la foi», dépassait
vraisemblablement le sens consciemment attribué au verset par l'auteur
inspiré du Deutéronome, mais loin de dénaturer sa pensée, il ne faisait
que le prolonger dans une direction suggérée par le contexte général du livre et celui du passage en particulier; d'ailleurs sur cette voie l'exégèse juive contemporaine, telle qu'elle apparaît dans le livre des Jubilés, lui fournissait pour le moins un jalon.

* * *

Du moment que l'argumentation de l'Apôtre se base essentiellement
sur ce verset 14, ce que nous venons de dire suffit, pensons-nous, à la justifier pleinement, et l'on pourrait concéder sans peine que les exégèses des
vv. 12 et 13, avec leur étrange application des expressions du Deutéronome aux gestes rédempteurs du Christ, «ne découlent pas du texte» et que
seul peut les proposer «un croyant célestement inspiré dans ses intuitions
divinatoires et créatrices» [31].

Mais, là encore, si invraisemblable que la chose dût paraître à première vue, l'exégèse juive contemporaine semble bien avoir frayé la voie à
saint Paul.

Sans doute interroge-t-on en vain les auteurs des *Horae Hebraicae*
tant anciens que modernes. Aucun ne signale, à notre connaissance, un
parallèle tant soit peu instructif [32]: tout au plus renvoient-ils, en dehors
des emplois du proverbe en question dans la Bible ou la littérature rabbinique (cf. ci-dessus, n. 6), l'opposition ἀναβαίνειν–καταβαίνειν en rela-

[29] La formule, dite d'abord de Salomon (2 Sm 7,14), est appliquée à Israël ici comme
dans Dt 32,6; Jér 31,9.20, et par saint Paul aux chrétiens (2 Cor 6,18).

[30] Au reste on sait l'étroite affinité entre l'esprit du Deutéronome et celui de Jérémie.
Cf. H. CAZELLES, Jérémie et le Deutéronome, dans *RSR*, 38, 1951, p. 5-36 (voir notamment p. 12-17).

[31] J. BONSIRVEN, *Exégèse rabbinique*, p. 307. Dans la *Bible de Jérusalem* nous avions
de même concédé qu'ici Paul devait «rabbiniser» (*Les épîtres de saint Paul aux Galates,
aux Romains*, Paris, Éditions du Cerf, 1953, 133 p. (voir p. 106 n. c.).

[32] Par exemple C. SCHÖTTGEN, *Horae hebraicae et talmudicae in universum N. T.*,
Dresden et Leipzig 1733, p. 550 s. F. KAUTZSCH, *De Veteris Testamenti locis a Paulo
Apostolo allegatis*, Lipsiae, 1869, p. 79-81; H. VOLLMAR, *Die Alttestamentlichen Citate
bei Paulus*, Freiburg i. B. et Leipzig, 1895, p. 36; E. HUHN, *Die alttestamentlichen Citate und Reminiscenzen im Neuen Testament*, Tübingen, Freiburg i. B. et Leipzig, 1900,
p. 156 s.

tion avec celle de οὐρανός–ἄβυσσος dans Ps 106(107),26 ou bien οὐρα-νός–ᾄδης dans Ps 138(139),8 [33]. Les trois pages et demie consacrées au passage par Billerbeck [34] ne concernent guère que la littérature rabbini-que proprement dite; il cite pourtant avec la version des Septante les Tar-gums d'Onkelos (ou Targum babylonien) et de Jérusalem I (c'est-à-dire le Targum palestinien selon la recension jadis attribuée à Jonathan); mal-heureusement ces trois témoins illustrent quelque peu l'exégèse juive du v. 14 qu'ils paraphrasent plus ou moins [35], mais pour les vv. 12 et 13, se contentent de reproduire assez fidèlement le texte massorétique.

Par contre nous possédons une troisième recension du Targum du Pentateuque, conservée au moins à l'état de fragment (d'où son nom de Targum fragmentaire, ou Jérusalem II). D'ordinaire la plus paraphrasti-que, elle a passé pendant longtemps pour la plus récente des trois et par-tant la moins intéressante pour la connaissance de l'ancienne exégèse jui-ve. Mais les recherches de P. Kahle, à partir des manuscrits araméens dé-couverts dans la guéniza du Vieux-Caire, ont prouvé qu'elle était proba-blement la plus ancienne et avait fourni au moins en partie la base des deux autres [36]. Plus récemment les études d'Albert Ten Eyck Olm-stead [37], de Paul Winter [38] et plus encore de la regrettée Renée Bloch [39] ont confirmé les unes et les autres l'antiquité du Targum palestinien dans

---

[33] J. J. WETSTENIUS, *Novum Testamentum Graecum* t. 11, Amsterdam, 1752, p. 71 son-ge plutôt à un passage d'Euripide, *Phéniciennes* 506, et à Flavius Josèphe, Antiquités Ju-daïques, VI, 14, 2, § 332 (la Pythonisse d'Endor évoque l'âme de Samuel de l'Hadès!).

[34] STRACK-BILLERBECK, III, p. 278-281. Cf. ci-dessus, n. 6.

[35] O. MICHEL, *Der Brief an die Römer*, p. 225 n. 4 pense que Paul combat directement l'interprétation donnée à ce passage dans ce dernier targum: «La parole est près de vous dans vos écoles; ouvrez vos bouches à leur méditation et purifiez vos cœurs, pour les observer».

[36] P. E. KAHLE, *Das Palästinische Pentateuchtargum* (*Masoreten des Westens*, II) dans *Texte und Untersuchungen zur vormassoretischen Grammatik des Hebräischen*, IV, Stuttgart, 1930, p. 9*. — Le P. A. Vaccari, dans les premières éditions des *Institutiones Bi-blicae,* avait reproduit l'opinion alors la plus commune; mais à partir de la 5e édition (1937), il a modifié complètement son texte, adoptant la position de P. Kahle: c'est de la rédaction la plus libre, conservée fragmentairement, que découlent «per varias expolitio-nes» les deux autres, d'abord la version dite abusivement de Jonathan, puis celle d'Onke-los. Au reste, on sait que l'histoire des diverses versions anciennes de la Bible présente d'ordinaire un schéma tout à fait semblable.

[37] A. OLMSTEAD, *Could an Aramaic Gospel be written?*, dans *Journal of Near East Stu-dies*, I, Chicago, Univ. Press, 1942, p. 41-75.

[38] P. WINTER, Lc 2,49 and Targum Yerushalmi, dans *Zeits. f. Neut. Wiss.* 45 (1954), p. 145 + 179; voir surtout p. 159-167.

[39] R. BLOCH, Note méthodologique pour l'étude de la Littérature rabbinique, dans *RSR*, 43 (1955), p. 194-227 (en particulier pp. 211 sa.); Écriture et tradition dans le ju-daïsme, Aperçus sur l'origine du Midrash, dans *Cahiers Sioniens* 8 (1954), p. 9-34; Quel-ques aspects de la figure de Moïse dans la tradition rabbinique, ibid., p. 211-285 (notam-ment p. 214 s.). [ou *Moïse, l'homme de l'alliance*, Paris 1955, p. 93-164 (1955)].

ses diverses recensions, et notamment peut-être dans celle que représente le Targum fragmentaire [40]. Enfin la découverte d'un texte complet de cette même recension dans le *codex Neofiti* n° 1 de la Bibliothèque Vaticane par A. Diez Macho lui a donné un intérêt tout particulier [41].

Voici en tout cas comment cette recension paraphrase Dt 30,12-13 aussi bien dans le fragment ici conservé que dans le *codex Neofiti*:

> «La loi n'est pas dans les cieux, qu'il te faille dire: Puissions-nous avoir quelqu'un comme Moïse le prophète, qui monte aux cieux et nous l'apporte et nous fasse entendre ses préceptes pour que nous les accomplissions! la loi n'est pas non plus au delà de la grande mer, qu'il te faille dire: Puissions-nous avoir quelqu'un comme Jonas le prophète, qui descende dans les profondeurs de la mer et nous le fasse remonter et nous en fasse entendre les préceptes, pour que nous les accomplissions».

Deux constatations évidentes: comme saint Paul, le Targum interprète la traversée de la mer de Dt 30,12 d'une descente dans l'abîme [42]; mais surtout, constatation bien plus significative, il évoque explicitement deux figures de l'Ancien Testament: Moïse remontant pour ainsi dire au Sinaï afin de renouveler l'alliance avec Yahveh et d'en rapporter une nouvelle loi [43], et Jonas arraché miraculeusement aux profondeurs de l'abîme, deux prophètes où précisément la tradition la plus primitive a discerné deux types du Christ, représenté à la fois comme le nouveau Moïse, médiateur de la nouvelle alliance, législateur de l'économie nouvelle [44], et nouveau Jonas, mort et ressuscité après trois jours et trois nuits comme Jonas fut trois jours et trois nuits dans le ventre du monstre marin [45].

---

[40] On le trouvera, inséré dans le targum de Jérusalem I (du Pseudo-Jonathan) dans la Polyglotte de Walton (Londres), vol. IV, p. 376; le texte est également reproduit dans les Bibles rabbiniques, v. g. celle de Wilna, vol. VI, 1902, p. 189. Une version anglaise en a été publiée par J. W. ETHERIDGE, *The Targums of Onkelos and Jonathan Ben Uzziel on the Pentateuch, with the Fragments of the Jerusalem Targum*, London, 2 vol., 1865 (voir vol. II, p. 654).

[41] A. DIEZ MACHO, Una copia de todo el Targum Jerosolomitano en la Vaticana, dans *Estudios Biblicos* 16 (1956), p. 446-447.

[42] C'est la seule chose que retient Henry St. John THACKERAY, *The Relation of St. Paul to Contemporary Jewish Thought*, London, 1900, p. 188, le seul auteur, à notre connaissance, qui à propos de Rom 10,7 ait eu l'idée de citer ce passage du targum fragmentaire. Mais il ne tire aucun parti de l'allusion à Jonas, peut-être parce que, uniquement préoccupé de rechercher une recension de Dt 30,13 qui contienne le mot ἄβυσσος, il n'a pas noté que le v. 12 était appliqué à Moïse; autrement le rapprochement Moïse-Jonas eût sûrement attiré son attention.

[43] Certains verraient là volontiers une allusion à la légende de l'ascension de Moïse au ciel: cf. L. KNOX, *St. Paul and the Church of the Gentiles*, Cambridge, à propos de Eph 4,9, p. 223; mais la légende pourrait bien reposer plutôt sur de telles exégèses.

[44] Ainsi tout l'évangile de saint Matthieu et, dans les Actes, les discours de saint Pierre (cf. 3,13-22; 5,31) et de saint Étienne (cf. 7,35-37).

[45] Dans le logion sur le «signe de Jonas» rapporté par Mt 12,38 s. et Lc 11,29 s.

Supposons que Paul ait connu cette paraphrase du Targum — et non seulement rien ne s'y oppose, mais bien des indices le suggèrent — l'application au Christ incarné, mort et ressuscité ne pouvait guère ne pas se présenter, voire s'imposer à son esprit. Elle ne fonde certes pas son argumentation, tout entière basée sur le v. 14, mais avouons qu'une fois remise dans le contexte de l'exégèse juive contemporaine, elle illustre à merveille cette argumentation.

Bien des indices suggèrent, disions-nous, que Paul a connu cette exégèse. En effet Rom 10,6-8 n'est point le seul passage des épîtres qui reflète plus ou moins clairement la tradition exégétique juive telle qu'elle se trouve consignée dans les targums. Nous pourrions mentionner l'allusion de 2 Tim 3,8 à «Jannès et Jambrès qui font opposition à Moïse» et que, de fait, le Targum palestinien (non celui d'Onkelos) identifie aux «magiciens d'Égypte qui rivalisaient avec Moïse par leurs incantations»[46], ou bien l'allusion de 1 Cor 10,4 au rocher «spirituel» qui suivait les Israélites dans le désert, comme le racontent les trois Targums du Pentateuque (Nm 21,18 s.), rocher que Philon identifie de son côté avec la Sagesse ou avec la Parole de Dieu[47]. Mais il suffit de rappeler la façon, pour le moins surprenante, dont, en Eph 4,8, à propos des charismes, don du Christ, Paul rapporte et commente les mots de Ps 67(68),19: «Montant dans les hauteurs, il a emmené des captifs, il a distribué des dons aux hommes». Ni le texte ni le sens ne s'accordent avec le grec des Septante qui reproduit fidèlement l'hébreu et où il s'agit de Yahweh gravissant en triomphateur le mont Sion, conduisant ses ennemis prisonniers et recevant les hommes en présent, non point du Christ distribuant aux hommes les dons de l'Esprit![48].

Or le Targum offre la paraphrase suivante: «Tu es monté au firmament (Moïse le prophète), tu as emmené des captifs, tu as enseigné les paroles de la Loi, tu as distribué des dons aux hommes». Ainsi donc, là encore un passage que le Targum appliquait déjà à Moïse transmettant à Israël la Loi, Paul l'applique au Christ donnant au nouveau peuple de Dieu

---

[46] Cf. dernièrement R. Bloch, *Quelques aspects de la figure de Moïse*, p. 223 et n. 21 [ou *Moïse, l'homme de l'Alliance*, p. 105]. Sur Jannès et Jambrès dans le Targum, voir M. Mc Namara, *The New Testament and the Palestinian Targum to the Pentateuch* (Analecta Biblica n° 27), Rome 1966, p. 82-96; sur Eph 4,8 et le Targum du Psaume 67 (68), *ibidem*, p. 78-81. On sait que le *Document de Damas* parle, lui aussi, de «Yannès et de son frère» (5,17-19).

[47] Cf. R. Bloch, *Note méthodologique*, p. 208 s. Voir *Leg. Alleg.* II, 21, § 86; *Quod deterius*, 31, § 115-118; *De somniis* II, § 270 s.; *De ebrietate* 29, § 112 s.

[48] On peut d'ailleurs se demander si Paul entend citer ici l'Écriture proprement dite. Le P. Prat, *Théologie de saint Paul*, p. 490 se posait déjà la question en raison de la «forme insolite» (un simple λέγει) qui l'introduit et qui se retrouve précisément au chap. suivant (5,14) pour introduire non un texte scripturaire, mais un fragment d'hymne chrétien; les autres passages où Paul emploie λέγει ne sont pas exactement comparables: Gal 3,16; 2 Cor 6,2; Rom 15,10.

l'Esprit et ses dons «en guise de loi»[49]. Bien plus, notre passage du Deutéronome où un ἀναβαίνειν évoque un καταβαίνειν expliquerait peut-être le commentaire assez surprenant que l'Apôtre ajoute à ce texte: «il est monté (ἀνέβη), qu'est-ce à dire[50], sinon qu'il est aussi descendu (κατέβη) dans les régions inférieures de la terre?» D'autant plus que cette dernière expression ne désigne pas, comme on l'interprète souvent, une descente du Christ sur la terre, ni une descente du Christ dans les enfers pour y prêcher, mais, comme l'a bien vu Fr. Büchsel, une descente du Christ dans la mort[51], et que par conséquent κατέβη εἰς τὰ κατώτερα μέρη τῆς γῆς correspond très exactement pour le sens au καταβήσεται εἰς τὴν ἄβυσσον de Rom 10,7[52].

* * *

Jadis, abordant l'explication du chapitre 4 de l'épître aux Romains, le P. Lagrange ne craignait pas d'affirmer: «Il faut toujours répéter que le génie de saint Paul, les lumières qu'il reçut de Dieu ne parurent jamais mieux que dans l'accord qu'il perçut entre les deux Testaments[53]». L'exégèse de Dt 30,11-14 en Rom 10,6-8 semble en être une nouvelle preuve. Seulement nous avons constaté que ce n'est pas en isolant les textes de leur véritable contexte que l'Apôtre parvient à établir cet accord. Au contraire, à l'exemple des auteurs eux-mêmes de l'Ancien Testament, qui s'appliquaient sans cesse à «relire» leurs prédécesseurs en les prolongeant, comme l'a si lumineusement montré A. Robert[54], saint Paul «relit» à son tour ces textes approfondis par une tradition vivante et dont l'événement du Christ a révélé la pleine signification. Plus d'une fois, pensons-nous, Paul a même su heureusement s'inspirer de l'exégèse juive contemporaine, notamment telle qu'elle s'est exprimée dans les targums les plus anciens, sinon pour fonder une argumentation strictement scripturaire, du moins pour en illustrer certains détails, et l'on voit par là combien la connaissance de cette exégèse serait utile pour une compréhension plus exacte du Nouveau Testament.

---

[49] L'expression est du cardinal Seripando commentant Rom 8,2. Sur la loi nouvelle identifiée à l'Esprit et à ses dons, cf. *Liberté chrétienne et loi de l'Esprit selon saint Paul* dans *La vie selon l'Esprit*, p. 169-195. L'influence du targum sur Paul en ce passage est explicitement exclue par le P. BONSIRVEN, *Exégèse rabbinique*, p. 308, sans doute parce qu'il estime le targum postérieur à Paul. Le P. Huby, tout en le disant «plus récent que les écrits pauliniens», ajoute cependant qu'il peut rapporter une interprétation ancienne (*Saint Paul, Les épîtres de la captivité*, Paris, p. 209). La version syriaque, qui offre la même leçon, peut dépendre soit de Paul soit directement du targum: cf. A. VOGEL, Studien zum Pesitta-Psalter, dans *Bib* 32 (1951) p. 55.

[50] Le τί ἐστιν εἰ μή de Eph 4,9 rappelle de fort près le τοῦτ᾽ἔστιν de Rom 10,6-7.

[51] F. BÜCHSEL, dans *TWNT*, 3, p. 641 s. Cf. J. SCHNEIDER, *ibid.*, 4, p. 602 n. 21 qui revient sur l'interprétation contraire donnée ibid., 1, p. 520. Elle s'appuie principalement sur le sens usuel de l'expression dans la Bible, v. g. Ps 62(63),10; 138(139),15; cf. Act 2,27.

[52] Le P. HUBY (*Les épîtres de la captivité*, p. 210 n. 2) et le P. BENOIT dans la *Bible de Jérusalem*, h. l. rapprochent aussi Eph 4,9 de Rom 10,6-7.

[53] M.-J. LAGRANGE, *Épître aux Romains*, p. 81.

[54] Notamment dans l'article «Genres littéraires» du *Supplément au Dictionnaire de la Bible*, V, col. 405-421.

20.

La charité plénitude de la loi *

(Rom 13,8-10)

Bien que plus d'un commentateur réunisse en une seule péricope les vv. 8 à 14 de Rom 13 (ainsi la TOB), je suivrai la BJ qui fait des trois versets 8-10 une péricope distincte et je me limiterai à l'analyse de ces versets.

Apparemment ils ne semblent offrir aucune difficulté ni pour la traduction ni pour le sens. En fait, ils ont donné lieu à nombre de discussions motivées. L'exégèse précise de plusieurs expressions soulève bien des problèmes dont la solution touche de très près plusieurs notions fondamentales pour la pensée paulinienne. Ainsi le P. Spicq dans son gros ouvrage sur «Agapè», avoue modestement: «Cette péricope pose de multiples difficultés de langue et de doctrine. qu'on ne peut se flatter de résoudre avec certitude, malgré le parallèle de Ga 5,14» (I, p. 259). Je ne prétends pas davantage qualifier de certaines les interprétations que je proposerai, auxquelles d'ailleurs, pour plusieurs d'entre elles, je ne suis arrivé que peu à peu, voire assez récemment, comme j'aurai l'occasion de le dire dans la seconde partie de cet exposé, où je voudrais examiner quelques problèmes plus particuliers après avoir présenté dans la première partie l'exégèse du passage.

I.

Exégèse de Rom 13,8-10

Lien avec le contexte précédent et subséquent. — L'exégèse de ces trois versets dépend évidemment du lien que l'on suppose avec le contexte précédent et notamment le v. 7.

Or un indice littéraire souligné par W. Marxsen dans son article de 1955 (*Theol. Zeit.* 11, pp. 230-237) me paraît évident: le ὀφείλετε du v. 8a reprend manifestement le τὰς ὀφειλάς qui fait l'objet même du v. 7. Quel que soit le rapport doctrinal entre les deux péricopes, du point de vue littéraire, on ne peut guère parler avec O. Michel, ce me semble, d'un «excursus» au sens propre. Paul a dicté les vv. 8-10 en les rattachant immé-

---

* Paru d'abord dans *Dimensions de la vie chrétienne (Rom 12-13)* (Série monographique de «Benedictina» - Section Biblico-Œcuménique nº 4) pp. 151-163, Rome 1979.

diatement à ce qu'il venait de dire. Bien plus, le μηδενὶ μηδέν du v. 8a semble bien reprendre également le πᾶσιν du v. 7c (cf. Fr. J. Leenhardt).

Quant au lien avec les vv. 11-14, il est si manifeste que nombre de traducteurs et de commentateurs unissent les deux péricopes sous un même titre — ainsi la récente TOB —, tout en distinguant deux paragraphes: «Amour mutuel et vigilance chrétienne».

Verset 8a. – La première difficulté sérieuse dont la solution divise les exégètes vient de la particule εἰ μή qui, en grec comme chez Paul, offre deux sens très différents. Elle peut introduire une exception, comme en 1 Co 1,14: «Je n'ai baptisé aucun d'entre vous, *si ce n'est* Crispus et Caïus», et je pense que c'est son sens habituel. Mais Paul présente des cas où incontestablement la particule (soit εἰ μή soit ἐὰν μή) introduit une pure opposition. L'exemple le plus clair est celui de Ga 2,16, car le sens ne fait aucun doute: Paul oppose la justification par la foi à la justification par les œuvres de la loi, exactement comme il le fera en Rom 3,28: «Sachant que l'homme n'est pas justifié par les œuvres de la loi, mais (ἐὰν μή) par la foi». On pourrait même traduire, comme l'ont fait ici plus d'une version antérieure à Luther: «mais *seulement* par la foi», telle une version allemande imprimée à Nuremberg en 1483; de même plusieurs versions italiennes signalées par H. Oltramare, par exemple, celle imprimée à Gènes en 1476: «ma *solo* per la fede»; et l'on sait que l'interprétation est fort ancienne, puisqu'elle est mentionnée par la «glossa marginalis» de Rom 3,28: «sed *sola fide* sine operibus praecedentibus homo fit iustus», et adoptée par S. Thomas lui-même, sans le mot «sola» quand il commente Rom 3,28, mais avec le mot, quand il commente Rom 4,5, ou encore 1 Tim 1,8 en invoquant Rom 3,28: «Non est ergo in eis (les préceptes du Décalogue) spes iustificationis, sed in *sola fide*». Personnellement je pense que ἐὰν μή indique pareillement une opposition et non une exception en Ga 1,19, où Paul me semble opposer Jacques aux autres apôtres et non pas le ranger parmi eux (interprétation préférée aussi par la TOB).

Mais ici le contexte me paraît conseiller de conserver à εἰ μή le sens habituel de «si ce n'est» ou «sinon», comme à ὀφείλειν la signification de «être débiteur», qui est également le sens habituel du substantif ὀφειλή utilisé par Paul au v. 7 et auquel le ὀφείλετε du v. 8a renvoie manifestement. Le sens est donc: «Vous ne devez avoir de dettes envers personne, sinon celle de l'amour mutuel». Le Prof. C. K. Barrett, lui aussi, parle de «la dette de l'amour» que Paul demande aux Romains de se rappeler; la seule différence est qu'en adoptant pour εἰ μή le sens de «sinon» et non celui de «mais», on ajoute une nuance qui me semble tout à fait conforme à la pensée paulinienne: à savoir que cette dette sera toujours inextinguible. Car jamais le chrétien ne pourra aimer ses frères comme ils ont droit à être aimés, puisqu'il doit les aimer comme le Christ les a aimés (Jn 13,34), être miséricordieux comme le Père est miséricordieux (Lc 6,36; cf.

Ep 4,32 à 5,2, etc.). En fait le précepte de l'amour ne s'exprime pas en catégories juridiques et les chrétiens auront toujours à se pardonner mutuellement. Ceci me paraît aussi paulinien que conforme à la tradition de la Réforme.

Si Paul envisage directement avec le terme ἀλλήλους l'amour «mutuel» des membres de la communauté chrétienne, il n'exclut aucunement l'amour universel envers tous, qu'il va mentionner en 8b, selon une doctrine constante: par exemple, 1 Thess 3,12: «l'amour que vous avez les uns envers les autres et envers tous» (même formule en 5,15), ou encore Ga 6,10: «à l'égard de tous et surtout de nos frères dans la foi».

Verset 8b. — Là se trouve la difficulté principale du v. 8. Faut-il considérer τὸν ἕτερον, selon l'interprétation courante, comme le complément de ὁ ἀγαπῶν et traduire: «Celui qui *aime autrui* a accompli la loi», ou bien le rattacher à νόμον, avec, entre autres, Th. Zahn, W. Gutbrod (*Theol. Wört.* IV, 1069), W. Marxsen, Fr. J. Leenhardt, et traduire en conséquence: «Celui qui aime a accompli *l'autre loi*», quitte à ne pas voir dans cette «autre loi» avec W. Gutbrod la «loi du Christ», mais avec l'ensemble des exégètes la «loi mosaïque» explicitement citée au v. suivant, que Paul appellerait «autre» par rapport à la «loi civile» mentionnée dans la péricope précédente (Marxsen, Leenhardt)?

En effet, qu'ici νόμον signifie, avec ou sans τὸν ἕτερον, la loi mosaïque, celle que Dieu a promulguée au Sinaï en proclamant les Dix Paroles (comme on le rappellera dans la seconde partie), me paraît certain: ce sont quelques-unes de ces «Dix Paroles» que Paul va précisément invoquer au v. 9 pour prouver l'assertion du v. 8b.

W. Marxsen a également raison de dire que la présence de l'article devant νόμον (que suppose l'interprétation proposée: τὸν ἕτερον νόμον, mais qu'exclut l'interprétation courante: νόμον πεπλήρωκεν) n'est pas nécessaire; car sans article νόμος chez Paul peut très bien désigner la loi mosaïque, comme ici même au v. 10. En tout cas, Rom 3,21 (χωρὶς νόμου) offre un exemple indiscutable; de même Ga 4,21 (ὑπὸ νόμον). Sans doute, la «Koinè» omet volontiers l'article après une préposition; mais Rom 3,31 emploie νόμος sans article ni préposition: *νόμον ἱστάνομεν,* et le contexte montre que Paul entend certainement parler de la loi mosaïque, la «loi des œuvres». Je n'oserais cependant pas dire, avec W. Marxsen et d'autres, que l'article devant νόμος chez Paul n'a pas de signification. J'ai en effet remarqué que lorsque le terme de «loi» désigne l'A. T. lui-même ou une de ses parties (le Pentateuque) et non pas la législation (la loi en tant qu'elle commande ou interdit), Paul emploie toujours l'article. Ainsi Rom 3,21: «*la* loi et les prophètes», à côté de «sans (la) loi»; ou Ga 4,21: «vous qui voulez être sous (la) loi», à côté de «n'entendez-vous pas *la* loi?», c'est-à-dire ce que la Genèse raconte d'Abraham, d'Agar et de Sara. Aussi en Rom 3,31 l'assertion νόμον ἱστάνομεν ne doit-elle pas se référer à l'histoire d'Abraham et de sa justification exposée en Rom 4, mais, selon un procédé cher à Paul, annoncer ce qu'il développera plus loin en Rom 7 et 8 (notamment 8,4): «par la foi nous ne privons pas (la) loi de sa valeur (la loi en tant qu'elle commande ou interdit); bien au contraire, nous la faisons se tenir debout», et cela non pas au sens que la doctrine de la justification par la foi «confirme» ce qu'enseignait déjà l'histoire d'Abraham et de sa «justification», ainsi qu'on le comprend souvent (Lagrange, etc.), mais au sens précis où chaque jour les Juifs récitant le «Schema» demandaient de «faire se tenir la loi» (piel du verbe «qûm»), c'est-à-dire d'en observer les préceptes et notamment le Décalogue qu'ils venaient de réciter (cf. ci-dessous la seconde partie de l'exposé).

Il est vrai que Paul ici, au lieu de la formule habituelle: ἀγαπᾶν τὸν πλησίον, recourt à une expression inhabituelle avec τὸν ἕτερον. Mais on oublie de noter, d'une part, que la formule avec τὸν πλησίον ne se rencontre dans tout le N. T. que dans la citation du Lévitique ou en dépendance immédiate de cette citation (v. g. Lc 10,29 et 34 après la citation du v. 27, comme ici même au v. 10 après la citation du v. 9); d'autre part, en choisissant ici un autre terme Paul semble avoir voulu éviter l'ambiguïté du terme τὸν πλησίον qui était souvent interprété du «compatriote» (comme d'ailleurs en Lv 19,18 où la Vulgate traduit «amicum», mais non au v. 34); surtout après le ἀλλήλους du v. 8a, il pouvait être utile de rappeler à l'aide d'une formule sans équivoque que l'amour chrétien du «prochain» est l'amour de «l'autre», quel qu'il soit, fût-il «étranger résident» (Lv 19,34 ou Dt 10,19), «Samaritain» (Lc 10,29-37) ou «ennemi» (Mt 5,43 ss.; Lc 6,27 ss.; cf. Rom 5,6-10, l'amour de Dieu et du Christ pour nous, alors que nous étions pécheurs, ennemis, étant pour Paul le modèle par excellence de notre amour du prochain).

Quant au verbe πληροῦν employé ici, à la place de ποιεῖν employé en Rom 2,13 ou πράττειν en Rom 2,25, comme passif πληροῦσθαι en Rom 8,4 et Ga 5,14, il semble bien conserver le sens qu'offre le même verbe quand il désigne l'accomplissement d'une prophétie: l'événement «accomplit» toujours la prophétie en la «dépassant», si bien qu'une attention portée exclusivement sur ce dépassement peut empêcher de percevoir l'accomplissement, comme il est arrivé aux Juifs.

Verset 9. — Il est significatif que pour montrer que la loi mosaïque est accomplie dans sa plénitude par «celui qui aime l'autre», Paul se contente d'invoquer le seul Décalogue, dont il cite quatre «préceptes». Le N. T. offre d'autres cas analogues. Par exemple, en Mt 19,17-19 les commandements que doit observer le jeune homme riche sont également empruntes au seul Décalogue, auquel on ajoute le précepte de l'amour du prochain qui, selon Paul, le résume. On notera pareillement l'interdiction de la «convoitise», où le verbe n'a pas de complément, exactement comme en Rom 7,7. On sait que la formule se retrouve à la lettre dans le Targum d'Ex 20,17 et Dt 5,21 (Neofiti et Ps. Jonathan): «Mon peuple, enfants d'Israël, ne soyez pas des convoiteurs ni compagnons ni complices des convoiteurs et que l'on ne voie pas dans les assemblées d'Israël de gens qui convoitent», le péché de «convoitise» (désir de s'emparer de ce qui appartient à l'autre) étant présenté comme la source de tous les maux, comme chez Paul en Rom 7,8 et comme chez Philon (v. g. *De decalogo*, 173).

Aux quatre préceptes explicitement cités, Paul ajoute cependant la formule: «et tous les autres préceptes», καὶ εἴ τις ἑτέρα ἐντολή, que l'on peut comprendre assurément des autres préceptes du Décalogue, mais qui paraît bien offrir un sens beaucoup plus général, comme on le verra dans la seconde partie.

Inconnu de la langue des papyrus ou des inscriptions, le verbe ἀνακεφαλαιοῦν était assez fréquemment employé par les orateurs, notamment à la fin d'un discours pour introduire le «résumé» de son contenu; tel est d'ailleurs le sens de κεφάλαιον dont le verbe dérive. Sans doute, en Ep 1,10, seul autre exemple dans le N. T., le contexte particulier suggère de le rattacher directement à κεφαλή et de lui donner le sens de «réunir sous un seul chef»; c'est pour conserver cette nuance que le P. Spicq explique que «la Loi *culmine* dans l'amour» (*Agapè, Analyse des textes* I, p. 264). Personnellement j'hésiterais à le faire. Le contexte de ces trois versets et celui des passages parallèles comme Ga 5,14 enseignent que, pour Paul, l'amour n'est pas seulement le «sommet» de la loi, le premier des commandements, leur «tête», mais qu'il les contient tous.

Verset 10. — Après les affirmations des vv. 8 et 9, la conclusion qu'en tire saint Paul peut sembler singulièrement «faible et négative» selon le mot du P. Spicq, qui ajoute: «Aimer son prochain se limite-t-il à s'abstenir de lui nuire?» (*Agapè*, I, p. 264). Pour l'expliquer, il souligne, après d'autres, «le caractère négatif de la loi et la présentation négative du Décalogue» (v. g. W. Gutbrod, *Theol. Wört.*, IV, 1065), comme d'ailleurs ici même au v. 8 avec les deux μηδέν et au v. 9 avec les quatre οὐ, et il rappelle que «dans le discours sur la montagne comme dans l'hymne à la charité de 1 Co 13, la plupart des formules sont négatives bien que proposant un idéal très élevé d'amour».

Je me demande si Paul ne s'inspire pas plus simplement de la façon même dont le judaïsme d'alors commentait le précepte du Lévitique. En effet, aux deux versets qui le mentionnent (Lv 19,18 et 34), le Targum (Ps. Jonathan) omet «comme toi-même» et le remplace par: «de sorte que ce que tu détestes pour toi-même tu ne le lui fasses pas», c'est-à-dire la formule de la «règle d'or» telle qu'on la trouve, par exemple, en Tob 4,15, et qui, selon Hillel l'Ancien, grand père de Gamaliel, le maître de Paul, offrait le résumé de toute la loi. J'ai noté, en tout cas, quelque chose de tout à fait analogue dans le «logion» synoptique sur le jeune homme riche: Mc

10,19 insère dans la liste des commandements du Décalogue un μὴ ἀποσ-τερήσῃς (BJ: «ne fais pas de tort»), où la TOB voit «une surcharge au Décalogue absente chez Mt et Lc» (sur Mc 10,19). Or cette «surcharge» correspond manifestement au «tu aimeras ton prochain comme toi-même», que le passage parallèle de Mt 19,19 ajoute au seul commandement de forme positive: «honore ton père et ta mère», si bien que l'addition n'est pas en fait «propre à Mt dans ce récit», comme le dit également la TOB (sur Mt 19,19). On sait que la même règle d'or se trouve pareillement au moins évoquée dans le Décalogue lui-même par le *Liber Ant. Bibl.* du Pseudo-Philon 11,12-13: «Tu ne seras pas faux témoin contre ton voisin, déclarant un faux témoignage, de peur que tes gardiens ne déclarent un faux témoignage contre toi. Tu ne convoiteras pas la maison de ton voisin ni ses biens, de peur que d'autres ne convoitent ton pays» (Trad. J. Cazeaux. Ed. Sources chrétiennes n° 229, p. 123). D'ailleurs l'hymne paulinien à la charité insère également un οὐ λογίζεται τὸ κακόν (1 Co 13,5) qui semble bien être une formule empruntée à Za 8,17: «Ne préméditez pas de faire du mal l'un à l'autre» (Nestle, Aland, Merk qui imprime en caractères italiques; les LXX traduisent: τὴν κακίαν τοῦ πλησίου αὐτοῦ μὴ λογίζεσθε).

Enfin le dernier stique de notre péricope (v. 10b) en livre la conclusion, reprenant le πεπλήρωκεν du v. 8 et le ἀνακεφαλαιοῦται du v. 9. Le terme πλήρωμα a certainement ici le sens «passif» de «plénitude», qu'il a, je crois, partout dans l'A. T. comme dans le N. T., et non le sens «actif» de «complément», même en Ep 1,23, qui me semble parallèle non à Col 1,24 (selon une interprétation assez courante), mais à Col 2,9, où il est dit que «la plénitude de la θεότης habite corporellement dans le Christ» et que «les chrétiens y sont associés», comme en Ep 1,23 il est dit de l'Église qu'elle est «la plénitude (c'est-à-dire qu'elle est remplie) de Celui qui est lui-même rempli (de la Divinité)», selon une interprétation défendable et qui était déjà proposée par plus d'un Père grec.

Avec le Prof. C. K. Barrett on peut se demander pourquoi Paul, en citant le précepte du Lévitique, ne mentionne pas le Christ qui l'avait pourtant fait sien (Mt 22,39), alors que Paul fait ailleurs allusion à un «précepte du Seigneur» (1 Co 7,10) ou à une «parole du Seigneur» (1 Thess 4,15). Serait-ce, comme il le suggère, parce que Paul aurait voulu par là éviter d'attribuer au Christ un nouveau «légalisme» (*Romans*, à propos de 12,14)? Mais en Ga 6,2 Paul n'a pas hésité à parler de la «loi du Christ». La vraie raison ne serait-elle pas plutôt celle pour laquelle, en Rom 15,3 par exemple, au lieu de rappeler tant de faits de la vie du Christ qu'il aurait pu invoquer pour montrer que «le Christ n'a pas recherché ce qui lui plaisait», Paul cite un verset du Psaume 69(68): «l'insulte de tes insulteurs tombe sur moi»? C'est, en effet, dans l'A. T. lui-même que Paul préfère contempler la vie du Christ, afin de bien montrer que la venue du

Christ n'introduit aucune rupture dans le plan salvifique de Dieu, mais qu'il l'accomplit. C'était prévenir la première hérésie du Christianisme, celle de Marcion.

Et ceci nous conduit à essayer de répondre à quelques questions, deux en particulier, qui commandent en réalité l'exégèse non seulement de ce passage, mais de toute l'épître, comme l'a bien vu W. Marxsen.

II.

Deux questions concernant la loi et son accomplissement

Je voudrais examiner, au moins brièvement: — 1º pourquoi Paul, en parlant de la loi, qui est, nous l'avons supposé, celle de l'alliance sinaïtique, ne mentionne que les préceptes du Décalogue, tout en ajoutant «et tous les autres»; — 2º quelle est, dans la pensée de Paul, la nature de ce «précepte» dont la formule est empruntée au Lévitique et qui est déclaré résumer toute la loi.

1. — Fr. J. Leenhardt montre bien la difficulté que présente de prime abord l'assertion de Paul: «Celui qui aime accomplit les commandements de Moïse». Aussi estime-t-il devoir ajouter: «Tout au moins ceux que cite Paul, car sa pensée n'englobe pas toutes les prescriptions rituelles, qui rentreraient difficilement dans cette argumentation»; et il note que «la remarque: 'et tout autre commandement' (v. 9) doit viser tout ce qui est commandement de même caractère que la deuxième table du Décalogue, ou peut-être le texte complet de ces commandements, qui ne sont cités ici que résumés» (*Romains*, p. 190 et note 4).

Cependant, en Rom 2,25-29, Paul envisage directement un commandement rituel s'il en est, celui de la circoncision, et il déclare sans hésitation que la seule vraie circoncision n'est pas celle qui se pratique dans la chair, mais celle du cœur, si bien que l'incirconcision du païen devient une circoncision authentique (εἰς περιτομὴν λογισθήσεται), comme il dira en Rom 4,3 que la foi d'Abraham est une justice (ἐλογίσθη εἰς δικαιοσύνην, ce que Philon traduit δίκαιος ἐνομίσθη, *Leg. Alleg.* 3,228).

Or le Deutéronome, auquel Paul emprunte cette notion de «circoncision du cœur» (propre également à Jérémie), explique fort clairement en quoi elle consiste, la première fois où l'expression est employée. Il s'agit de Dt 10,12 ss. Le passage me paraît fournir une clé pour l'intelligence de notre péricope, car il y est précisement question de l'amour du prochain (plus exactement de l'étranger) présenté comme le résumé de tous les commandements.

L'auteur commence par reprendre la formule typique du «Schema»: «Tu aimeras le Seigneur ton Dieu de tout ton cœur, de toute ton âme et de tout ton pouvoir» (Dt 6,4), à laquelle il ajoute une série de synonymes:

«craindre le Seigneur», «suivre toutes ses voies», «garder les commandements que je te prescris aujourd'hui pour ton bonheur» (Dt 10,12-13). En effet, explique-t-on, le Seigneur «s'est attaché par amour à tes pères et vous a choisis entre tous les peuples» (vv. 14-15). Suit le précepte de la circoncision du cœur: «Circoncisez votre cœur et ne raidissez plus votre nuque» (v. 16), puis l'explication de ce qu'il signifie concrètement pour Israël, à savoir: aimer l'étranger comme Dieu a aimé Israël, quand il était étranger en terre d'Égypte: «Car le Seigneur votre Dieu est le Dieu des dieux ..., qui ne fait pas acception de personnes et ne reçoit pas de présents (dont l'amour est désintéressé), qui fait droit à l'orphelin et à la veuve et qui aime l'étranger, auquel il donne pain et vêtement (TOB: «il est l'appui des éléments sans défense de la population, qui en conséquence ont droit à la sollicitude du Seigneur et de son peuple»). Aimez donc l'étranger, car au pays d'Égypte vous fûtes des étrangers» (vv. 17-19). Même si les exégètes modernes considèrent souvent le dernier verset comme une addition plus tardive, ce n'était évidemment pas le cas de Paul ni des Juifs ses contemporains qui lisaient le texte tel qu'il se trouve dans nos Bibles. Or l'affirmation de Rom 13,8-10, comme déjà celle de Ga 5,14, ne fait que reproduire assez exactement l'enseignement de ces versets du Deutéronome, «d'autant plus importants», notait H. Cazelles dans le fascicule de la BJ, que «le Deut. est peu favorable aux étrangers (15,6; 23,3 s.)». Et ceci peut expliquer des affirmations non moins étonnantes, celles, par exemple, de Mt 5,17-19 et 7,12 (avec la formule «la loi et les prophètes», dans ces deux seuls passages du sermon sur la montagne), ou encore celles bien connues de Hillel et de Aqiba.

En outre, la mention explicite des «prophètes» suggère pour le moins que l'on songe plus directement à la loi telle que l'ont comprise les prophètes. Et ceci pourrait expliquer pareillement pourquoi l'attention est quasi exclusivement portée sur le Décalogue.

C'est en effet au seul Décalogue que pratiquement pensent les prophètes: c'était le Décalogue qui constituait «la loi de l'alliance», la seule inscrite sur les «tables de l'alliance», la seule promulguée directement par Dieu à la théophanie du Sinaï, quand Dieu conclut l'alliance en communiquant à Israël les «Dix Paroles», tandis que le reste de la loi sera communiqué au seul Moïse, avec la charge de le transmettre au peuple 40 ans plus tard, à Moab, avant l'entrée en Canaan (cf. Dt 4,13-14 où la différence entre le Décalogue et le reste est soulignée, comme le note justement H. Cazelles dans le même fascicule: «les 'Paroles', c'est-à-dire les dix commandements écrits par Dieu même sur les Tables de la Loi, Ex 34,28, et les 'lois et coutumes' qui sont l'œuvre de Moïse inspiré de Dieu»). Aussi les prophètes ne mentionnent-ils jamais Moïse comme législateur ou médiateur de l'alliance (sauf dans quelques rares passages postexiliques), non plus d'ailleurs que les Psaumes, mais seulement comme «condottiere» (v. g. Ps 105[104],26-41).

On sait qu'encore au temps du Christ et de Paul la récitation matin et soir du «Schema», qui avait pour but d'observer le précepte commandant de «méditer la loi jour et nuit», était introduite par la récitation du Décalogue. Le papyrus Nash est témoin de cette pratique qui fut supprimée plus tard par les rabbins en raison de la conclusion qu'en tiraient les «Minim» (jadis identifiés aux chrétiens, mais qui, selon G. Vermès, désignent une secte juive; cf. «The Decalogue and the Minim», dans «In memoriam Paul Kahle», 1966, p. 232-240).

A ce propos, permettez-moi de vous signaler deux textes rabbiniques qu'un de mes élèves m'a fait connaître il y a deux ans, et qui furent pour moi une vraie révélation. Ils se trouvent dans le Midrasch du Cantique, où ils commentent le second verset; Strack-Billerbeck les citent en deux endroits différents, le premier en III, p. 704, le second en IV, p. 482. Mais les exégètes ne les signalent guère et moins encore ensemble, ce qui masque leur intérêt pour l'intelligence du N. T. et de Paul en particulier. Tous deux supposent l'interprétation juive de la théophanie du Sinaï, mise en relief dans la thèse du P. Potin («La fête juive de la Pentecôte»), selon laquelle le Sinaï est conçu comme l'anticipation des temps eschatologiques. En tout cas, ce qui importe pour le N. T., c'est que les temps eschatologiques sont caractérisés essentiellement par l'absence de tout intermédiaire entre Dieu et son peuple, et cela en accomplissement de la prophétie de Jérémie sur la «nouvelle alliance» (31,31-34) et de la prophétie, de fait manifestement parallèle, d'Ézéchiel sur le don de l'Esprit (36,26-27). On le verra, il s'agit de deux rédactions d'une même tradition, l'une invoquant Jérémie, l'autre invoquant Ezéchiel.

Bien que je les aie déjà cités, au moins quant à l'essentiel, dans notre précédent Colloque de 1973, (voir *Die Israelfrage nach Röm 9-11*, Rome 1977, pp. 164-165), je pense qu'il ne sera pas inutile d'en donner une traduction plus complète.

R. Jehuda a dit: «Quand les Israélites entendirent: 'Je suis le Seigneur ton Dieu' (le premier «commandement», Ex 20,2 ou Dt 5,6), l'enseignement de la Tora fut inséré («planté», comme on dit: «ensemencer la loi», v. g. IV Esd 9,30; ou mieux peut-être «a résonné», le verbe *taqaʿ* ayant également ce sens) dans leurs cœurs; ils l'apprirent et ne l'oublièrent pas. Ils vinrent trouver Moïse et lui dirent: Notre maître, sois toi-même l'interprète entre nous et Lui; parle, toi, avec nous, et nous obéirons (cf. Ex 20,19; Dt 5,23-31). Ils apprirent de nouveau, mais cette fois ils oublièrent. Alors ils pensèrent: Comme Moïse est chair et sang, ainsi son enseignement est caduc. Aussitôt ils vinrent trouver Moïse et lui dirent: Moïse, notre maître, si le Seigneur pouvait se révéler à nous une seconde fois, s'il pouvait nous donner un baiser de sa bouche (Ct 1,2 que le «dit» entend commenter), si l'enseignement de là loi pouvait être inséré (ou mieux peut-être «résonner») dans notre cœur comme la première fois! Il leur répondit: Ceci ne peut arriver maintenant, mais arrivera dans le monde à venir, comme il est dit: Je mettrai ma loi dans leur intime» (Jr 31,32).

R. Nehemia a dit: «Quand les Israélites entendirent les paroles: 'Tu n'auras pas d'autre Dieu que moi' (même précepte du Décalogue, Ex 20,3 ou Dt 5,7), l'instinct mauvais a été arraché de leur cœur. Ils allèrent trouver Moïse et lui dirent: Moïse, notre maître, sois toi-même l'intermédiaire entre nous. Aussitôt l'instinct mauvais retourna à sa place (cf. IV Esdr 3,20). Ils se rendirent auprès de Moïse et lui dirent: Moïse, notre maître, si Lui (le Seigneur) pouvait se révéler à nous une seconde fois!... Il répondit: Ceci n'est pas possible maintenant, mais arrivera dans le monde à venir, comme il est dit: J'ôterai votre cœur de pierre» (Ez 36,26: identification fréquente, cf. S. B. III, 91, 94, 240, 601, etc.).

Une telle «tradition» est trop favorable au christianisme pour avoir été inventée après lui par des Juifs. On comprend, en tout cas, que Paul et le N. T. en général aient conçu la «nouvelle alliance» à la lumière non seulement de Jérémie (il est seul à connaître le terme, dans ce seul passage), mais aussi d'Ézéchiel, les deux prophéties s'éclairant mutuellement, et l'on comprend pourquoi Paul se réfère à l'une après l'autre (v. g. 1 Thess 4,8 et 9) ou même combine l'une avec l'autre (v. g. 2 Co 3,3-6), comme le faisaient d'ailleurs les Juifs (v. g. Jubilés 1,23-25).

2. — Et ceci me semble pouvoir nous aider à répondre à la seconde question, dont j'ai déjà eu l'occasion de parler à plusieurs reprises au cours de ces colloques, notamment dans le 2e, en 1969 (cf. «The Law of the Spirit in Rom 7 and 8», 1976, p. 155-157).

Comme Jérémie, Paul emploie le même terme de νόμος pour désigner soit la loi de l'alliance du Sinaï, œuvre du «doigt de Dieu», expression de sa volonté sur Israël, gravée toutefois sur la pierre et donc extérieure à l'homme, soit cette même loi — chez Jérémie l'adjectif «nouveau» qualifie l'alliance, jamais la loi —, en tant que gravée par Dieu lui-même sur le cœur des hommes. En Jérémie, Dieu ne se contente pas de dire comme dans le «Schema»: «Que ces paroles soient sur ton cœur», c'est-à-dire qu'Israël les y mette et ne les oublie pas! Il dit: «Je mettrai ma loi dans leur intime et la graverai sur leur cœur», et c'est bien ainsi qu'a compris Ézéchiel, comme pareillement R. Jehuda et R. Nehemia.

La loi de la nouvelle alliance aura donc le même contenu que celle de l'alliance du Sinaï; mais elle ne sera plus seulement une norme extérieure sur laquelle nous ayons à régler notre conduite; elle sera un principe d'activité donné par Dieu même. C'est pourquoi, quand le Deutéronome, après avoir évoqué l'exil (29,21 ss.), annonce une alliance future (36,6 ss.), il ne dit plus comme en 10,16: «Circoncisez votre cœur», mais: «Le Seigneur ton Dieu circoncira ton cœur et le cœur de ta postérité, pour que tu aimes le Seigneur ton Dieu de tout ton cœur et de toute ton âme, afin que tu vives», si bien que Paul n'a pas tort de discerner en ce passage l'annonce de la «justice de la foi» (Rom 10,6-8). De même, en Ézéchiel, le Seigneur ne dit plus: «Faites-vous un cœur nouveau et un esprit nouveau»

(Ez 18,31), mais: «Je vous donnerai un cœur nouveau, je mettrai en vous un esprit nouveau…, je mettrai mon Esprit en vous et je ferai que vous marchiez selon mes lois…» (Ez 36,26-27). Le v. 25 ajoute même une précision: «J'ôterai de votre chair le cœur de pierre (interprété habituellement par la tradition juive de ce «cor malignum» dont IV Esdr 3,20 dit qu'au Sinaï Dieu «ne l'avait pas ôté», si bien que «la loi n'a pu produire son fruit», ce que dit aussi Paul en Rom 8,3a), et je vous donnerai un cœur de chair».

C'est très exactement, je pense, ce que veut dire Paul quand, en Ga 2,20, il résume son attitude à l'égard de la loi en déclarant: «Si je vis, ce n'est plus moi, mais le Christ qui vit en moi», et donc qui aime en moi. Le «précepte» reste pour le chrétien une «norme d'action» — la vraie norme étant d'ailleurs plus encore l'exemple même du Christ et en particulier de son amour —; mais ce qui me fait chrétien et me «sauve», ce n'est pas une observation qui serait purement humaine de cette norme; c'est l'amour même dont aime le Christ, et dont il me fait part si je l'accueille par la foi. Aussi Paul résume-t-il toute sa pensée sur la loi dans la formule de Ga 5,6, qui résume également l'enseignement de nos trois versets: «Dans le Christ Jésus ni circoncision ni incirconcision ne comptent, mais seulement la foi opérant par l'amour», ou, ce qui, pour Paul, est une autre façon de dire la même chose, «la nouvelle créature» (Ga 6,15), ou encore «l'observation des commandements de Dieu» (1 Co 7,19), trois formules qui s'éclairent mutuellement.

DISCUSSION

A) – *Demandes des professeurs Pesch et Legrand*

PESCH (rapporteur du groupe d'expression allemande)

Wir haben zwei Punkte diskutiert. Zunächst zu Vers 8, ob hier zu lesen sei ἀγαπῶν τὸν ἕτερον oder τὸν ἕτερον νόμον. Wir haben Gründe genannt, die für die zweitgenannte Lesart zu sprechen scheinen. Das wäre erstens der traditionsgeschichtliche Hinweis, der vorhin schon einmal berührt worden ist: Wenn hinter V. 7 Markus 12,17 steckt und hinter unserem Abschnitt die Frage nach dem höchsten Gebot (Mk 12,28-34), dann wäre zu fragen, ob mit τὸν ἕτερον νόμον die zweite Tafel des Sinaigesetzes gemeint ist im Unterschied zur ersten Tafel, die vom Gebot der Gottesliebe handelt. Ein weiterer Hinweis darauf wäre das Stichwort ἀνακεφαλαιοῦται, das in den Zusammenhang der Diskussion um das Wichtigste im Gesetz oder um eine Summe des Gesetzes verweist. Der zweite Punkt, den wir angesprochen haben, Herr Lyonnet, war Ihr Verständnis von πεπλήρωκεν bzw. πλήρωμα. Wenn wir Sie recht verstanden haben, hatten Sie zu Vers 8 ausgeführt, hier sei Erfüllung analog zum Schema Verheißung — Erfüllung zu verstehen. Wenn freilich mit τόν ἕτερον νόμον die zweite Tafel gemeint wäre, wäre natürlich ein anderer Erfüllungsgedanke anzusetzen, als Sie ihn vorgetragen haben. Was den Gedanken der Erfüllung des Gesetzes insgesamt angeht, so kamen wir zu der Meinung, daß nach Paulus die Christen in der Praxis der Liebe durchaus dem Gesetz entsprechen und das Gesetz in der Liebe zur Erfüllung bringen.

LEGRAND (rapporteur du groupe d'expression française)

Comme le P. Lyonnet se trouvait dans notre groupe, nous avons pu lui poser directement quelques questions auxquelles il a répondu et d'autres questions auxquelles il n'a pas eu le temps de répondre. Nous répétons ces questions pour que tout le monde puisse profiter des réponses du P. Lyonnet.

D'abord à propos du premier point proposé par notre président: l'emploi de Lev 19,18 dans le judaïsme et dans l'Ancien Testament. Nous avons trouvé que nous ne pouvions guère discuter ce point puisque nous n'avions ni le temps ni les matériaux nécessaires pour faire cette étude qui serait très technique. Un point de méthodologie a été soulevé à ce sujet par le P. Rigaux: il faut être prudent dans l'utilisation des targums. Dans une conférence récente, le P. Fitzmyer exprimait des doutes sur l'antiquité des targums connus actuellement. Peut-on les utiliser pour interpréter des textes du premier siècle? Le P. Lyonnet répondit qu'il faut distinguer textes et traditions et qu'on a le droit de reconstituer le pointillé quand on retrouve la même ligne à Qumran, dans Philon et dans l'Ancien Testament.

Pour ce qui est de la seconde question sur la «plénitude de la loi», la question a été posée dans notre groupe de la façon suivante.

Au verset 8, quelle est exactement la force du parfait πεπλήρωκεν: celui qui aime a accompli la loi? Le parfait décrit une action accomplie dont l'effet se maintient actuellement. Il y a donc dans le parfait un élément de «finitude» et un élément de continuation. En quel sens précisément l'accomplissement fini reste-t-il à accomplir? Sous une forme moins grammaticale et plus concrète, est-ce que la loi est abrogée ou est-ce qu'elle subsiste? Y a-t-il une différence entre l'idée de l'accomplissement de la Loi dans les évangiles, en Mt particulièrement, et chez Paul? On remarque que déjà les évangiles parlent parfois de πληροῦν plutôt que de τηρεῖν à propos de la Loi; ils prennent donc leurs distances à l'égard de l'expression hébraïque consacrée: šmr 't hmṣwh. Quelle est aussi la différence entre le thème de l'accomplissement à Qumran et chez Paul?

Pour la troisième question qui nous était proposée, qu'est-ce que Paul entend par ἀγάπη? Quand S. Paul parle de la Loi, pourquoi ne parle-t-il que des commandements concernant le prochain, de la deuxième table et pas de la première? Il semblerait que l'amour «accomplit» seulement les commandements à l'égard du prochain: il n'y a pas de référence à l'amour à l'égard de Dieu. Le P. Lyonnet n'a pas eu le temps de répondre à cette question durant notre discussion. Pourrait-il le faire maintenant?

Enfin, notre discussion a repris la phrase du v. 10: «la charité ne fait pas le mal». Dans son exposé, le P. Lyonnet a donné une explication d'ordre psychologique, inspirée de S. Augustin. Le Prof. Bouttier propose une explication littéraire en rapport avec 12,21 qui met en contraste «le bien» et «le mal», contraste qui est encore repris en 13,1-7; 13,10 reprend ce contraste en référence à la charité.

LYONNET

Je vais m'efforcer de répondre, autant que je le pourrai, aux principales questions telles que les ont résumées les Prof. Pesch et Legrand.

1. Je commencerai par celle que le Prof. Pesch a signalée en premier lieu: faut-il au v. 8a conserver l'interprétation classique: «celui qui aime autrui a accompli la loi», ou bien adopter celle qui a la faveur de nombreux modernes: «celui qui aime a accompli l'autre loi»? Du point de vue de la pure philologie, je pense que les deux sont possibles. Ce qui me por-

te à exclure la seconde, c'est surtout le sens habituel du terme de «loi» chez Paul dans les contextes semblables. C'est également le motif qui m'a fait exclure avec Marxsen l'interprétation qui voyait dans cette «autre loi» la loi «civile». Paul songe certainement à la «loi de l'alliance»: tout le contexte me paraît le supposer, ainsi que les contextes semblables (comme Ga 5,14: Rom 3,27-31, etc.). Jamais Paul n'aurait eu l'idée de parler de «deux lois» en songeant à la première et à la seconde «table»: les deux tables présentent une seule loi, celle de l'alliance. Bien plus, c'est la même loi de l'alliance dont Jr 31,33 déclare qu'elle sera gravée sur le cœur de l'Israélite et non plus seulement sur la pierre. Je crois qu'il s'agit d'une idée chère à Paul. J'y ai insisté dans les précédents colloques. Très intentionnellement il utilise le même terme de νόμος pour désigner la loi de la nouvelle alliance, parce que, pour lui comme pour Jérémie, c'est la même loi devenue «intérieure». Paul parle de préceptes, au pluriel (δικαιώματα, ἐντολαί ou, comme ici, de ἑτέρα ἐντολή), jamais de νόμοι (malgré le pluriel de la Septante en Jr 31,33). De même la péricope synoptique, que l'on invoque (Mc 12,23-34 et par. de Mt), parle de deux ἐντολαί mais non pas de deux νόμοι. Il est clair qu'en Rom 7,23, où se retrouve la formule ἕτερον νόμον, il ne s'agit plus du tout de la loi de l'alliance.

Quant à la difficulté que présenterait l'absence de l'article devant νόμον, j'en ai parlé dans mon exposé: même emploi de νόμος sans article pour désigner la loi de l'alliance en tant qu'elle prescrit ou interdit, comme ici, par exemple en Rom 3,21a; 3,31; Ga 4,21a, que j'ai signalés dans mon exposé. Quant à l'emploi de τὸν ἕτερον à la place de τὸν πλησίον j'ai noté que non seulement il ne constituait pas une difficulté, ce dernier terme étant lié à la citation du Lévitique, mais que Paul avait une raison spéciale d'éviter ici τὸν πλησίον à cause de son ambiguïté; avec τὸν ἕτερον, au contraire, il ne s'agit certainement plus du seul «compagnon de race», mais de «tout autre», y compris l'ennemi, comme dans la parabole du Bon Samaritain. D'ailleurs Lv 19,34 parlait déjà de «l'étranger», comme Dt 10,19.

2. Cela nous amène à répondre à la seconde question signalée par le Prof. Pesch au nom du groupe allemand et qui rejoint une de celles du groupe français: si Paul entend parler de toute la loi et non pas seulement des commandements de la seconde table qui déterminent notre relation avec les hommes, comment ne mentionne-t-il pas ceux de la première qui déterminent notre relation à Dieu?

Il me semble que le passage du Deutéronome auquel je viens de faire allusion et que j'ai longuement expliqué dans mon exposé offre une première réponse. En effet, si, d'une part, la «circoncision du cœur» consiste à «aimer l'étranger» comme Dieu l'aime (Dt 10,19), et si, d'autre part, elle est présentée comme résumant tous les devoirs de l'homme aussi bien envers Dieu qu'envers le prochain (Dt 10,12-16), il s'ensuit nécessairement que pour le Deutéronome l'amour du prochain résume les commandements des deux tables.

Il faut surtout ajouter que la mention du seul amour du prochain présenté en Rom 13,8-10 comme résumant toute la loi se retrouve ailleurs chez Paul lui-même, v. g. Ga 5,14, et dans tout le N. T.: ainsi chez Matthieu 7,12 où, citant la «règle d'or», le Christ déclare «Voilà la loi et les prophètes», sans compter la péricope selon laquelle le jugement eschatologique ne tient compte que du seul comportement des hommes à l'égard du prochain, sans que ni les uns ni les autres n'aient soupçonné que leur comportement à l'égard de leurs frères ait été en réalité un comportement à l'égard du Christ lui-même (Mt 25,31-46). C'est également le seul amour mutuel que le Christ johannique désigne comme l'unique signe distinctif de son disciple (Jn 13,34-35).

D'ailleurs, cette affirmation de Paul (comme de Mt 7,12) que l'amour du prochain comprend tous les commandements de la Loi, se retrouve plus ou moins équivalemment dans la tradition juive et, par exemple, Billerbeck, à propos de Mt 7,12, si préoccupé qu'il soit de sauvegarder l'originalité du christianisme sur ce point, signale un «dit» de R. Aqiba (cité dans Sifra Lev 19,18) selon lequel «le précepte de l'amour du prochain englobe tous les préceptes de la Loi, si bien que celui qui le pratique les accomplit tous» (S.-B. I, p. 357 s.).

En fait, la seule péricope évangélique qui mentionne en même temps les deux commandements de l'amour pour Dieu et de l'amour pour le prochain, correspondant aux deux tables de l'alliance, est le «logion» synoptique invoqué précisément par le Prof. Pesch: Mc 12,28-34 (avec les parallèles de Mt 22 et de Lc 10). Sur quoi il convient cependant de noter: — qu'il s'agit de deux «commandements» (ἐντολαί) et non de deux «lois» (νόμοι); — que c'est le scribe qui pose à Jésus une question sur «le premier de tous les commandements» (Mc) ou «le grand commandement» (Mt); — que Jésus répond en se contentant de réciter le «Schema» et qu'il ajoute quelque chose qu'on ne lui demandait pas et que ne contenait pas le «Schema», à savoir qu'il y a un «second commandement» (δευτέρα, Mc Mt), que ce second commandement est «semblable» au premier (Mt) ou qu'il «n'y en a pas d'autre plus grand» (Mc). Bien plus, dans la présentation de Luc, les deux n'en font plus qu'un (Lc 10,27) et la parabole du Bon Samaritain, manifeste commentaire du «logion», ne parle plus que du second (Lc 10,29-37).

L'explication n'est pas simple, et je ne puis ici qu'indiquer celle dont le N. T. me semble fournir les éléments.

Il est clair qu'aucun auteur du N. T. n'entend négliger, comme si elle ne faisait pas partie de la loi de l'alliance, la relation de l'homme à Dieu. Elle est même première, pour eux comme pour les Juifs. Davantage, l'amour pour le prochain, objet du second commandement, l'implique nécessairement. Mais en quel sens? Le plus souvent, si je ne me trompe, on discerne cette relation nécessaire à Dieu dans le fait que l'amour pour le prochain dont parle le N. T. est un amour en vertu duquel j'aime mon prochain «propter Deum», selon la formule classique, généralement comprise: «en tant que j'aime Dieu». En ce cas, le «second commandement» inclut le premier, en ce qu'il devient pour ainsi dire le moyen de le pratiquer.

Or, en lisant le commentaire de S. Augustin sur la première épître de S. Jean, tout entier consacré à l'étude de l'amour pour le prochain, j'ai constaté, non sans étonnement, que la formule «propter Deum» ne s'y rencontrait pas une seule fois. En tout cas, pour Augustin, comme pour S. Jean dans sa lettre, Dieu est d'abord la source de notre amour du prochain, celui qui aime en nous, avant d'être celui que nous aimons.

Rien d'ailleurs de plus compréhensible, si l'on songe qu'il s'agit précisément de cette «loi de la nouvelle alliance» dont Jérémie disait que Dieu la graverait sur le cœur des hommes et qu'Ézéchiel identifiait à «l'esprit de Jahvé», ce que pour cette raison Paul nomme «la loi de l'Esprit de la vie» (Rom 8,2), comme j'ai tenté de le montrer dans nos 2e et 3e colloques (cf. *The Law of the Spirit*, p. 155-157; *Battesimo e Giustizia*, p. 190). C'est très exactement, ce me semble, le sens que le 4e évangile donne au «commandement nouveau» du Christ: «Aimez-vous les uns les autres comme je vous ai aimés» (Jn 13,34), promulgué au moment même de l'institution eucharistique: «Cette coupe est la nouvelle alliance dans mon sang» (1 Co 11,25), commandement appelé justement «nouveau» parce qu'il constitue «la loi de la nouvelle alliance» (comme le rappelle S. Augustin, avec raison, je pense, et à sa suite S. Thomas). Rien, en tout cas, ne nous aide mieux à comprendre ce que peut être cette «loi intérieure» qui devait caractériser la nouvelle alliance. Le 4e évangile lui-même me semble l'expliquer très clairement dans le seul passage où il s'y réfère explicitement (à deux reprises) et qui en constitue manifestement un commentaire.

Il s'agit de Jn 15,9-17, où le commandement nouveau est cité au v. 12 et au v. 17. Les vv. 1-8 (parabole du cep de vigne et des rameaux) préparent les affirmations des vv. 9-17: le disciple ne peut rien sinon dans la mesure où «il demeure dans le Christ et le Christ demeure en lui», car c'est de lui qu'il reçoit la vie comme les rameaux du cep (v. 4), ou encore dans la mesure où «les paroles du Christ demeurent en lui» (v. 7), c'est-à-dire concrètement son commandement de nous aimer les uns les autres qu'il va citer aux vv. 12 et 17. C'est ce qu'expliquent les vv. 9-17 en révélant la source de cet amour que le disciple reçoit du Père, selon le parallélisme cher au Christ johannique et qu'il est bon d'avoir présent à l'esprit: «Comme je vis par mon Père, celui qui me mange vivra par moi» (6,57); «Je connais mes brebis et mes brebis me connaissent comme le Père me connaît et je connais le Père» (10,14); «Je suis en mon Père (et le Père est en moi, cf. 17,21) et vous en moi et moi en vous» (14,20); «Moi en eux et toi en moi» (17,22). L'argumentation du ch. 15 devient limpide. Quatre énoncés parallèles:

a) Comme mon Père m'a aimé, je vous ai aimés. — b) Comme je demeure dans cet amour dont je suis aimé, demeurez dans l'amour dont vous êtes aimés. — c) Cela consiste pour moi à faire ce que mon Père me dit de faire, à savoir de vous aimer jusqu'à mourir pour vous, en laissant agir en moi cet amour que je reçois de mon Père. — d) Pareillement cela consiste pour vous à faire ce que je vous dis de faire, à savoir de vous aimer les uns les autres, en laissant agir en vous cet amour que vous recevez de moi comme je le reçois de mon Père.

De son côté, Paul n'avait-il pas dit: «Je vis, non pas moi, mais le Christ vit en moi» (Ga 2,20)?

On sait que, pour Jean comme pour Paul, le chrétien accueille librement cette «vie du Christ» par la foi, si bien que la condition du chrétien se définit comme «la foi qui opère par l'amour» (Ga 5,6), ainsi que je le rappelais à la fin de mon exposé en rapprochant les formules parallèles de Ga 6,15 et 1 Co 7,19. «Foi et amour» constituent même un binôme qui, chez Paul (et d'ailleurs également en 1 Jn 3,23) comme chez Luther, exprime d'ordinaire le double rapport du chrétien avec Dieu (foi) et avec le prochain (amour): ainsi 1 Thess 1,3; Col 1,3; Ep 1,15 (cf. notre premier colloque *Foi et salut selon S. Paul*, pp. 213-215). Or, si l'amour du prochain résume le contenu de la seconde table, la foi résume celui de la première. Du moment que l'ἀγάπη dont parle le N.T. est toujours une ἀγάπη reçue (ou mieux sans doute «accueillie») de Dieu par l'acte de l'homme qui consiste à «croire» et qui est lui-même don de Dieu, on pouvait affirmer qu'elle résumait le contenu des deux tables de l'alliance et non seulement celui de la seconde table.

Une thèse récente d'un de mes élèves [1] a attiré mon attention sur un passage de l'épître de Jacques qui, je crois, peut éclairer singulièrement notre problème, si paradoxal soit-il d'expliquer Paul par Jacques (la TOB a cependant montré, avec raison, semble-t-il, que l'opposition était plus apparente que réelle; cf. TOB, p. 699 et p. 705, note *t*, sur Jc 2,14). Il s'agit de Jc 1,18-2,8 qui s'inspire vraisemblablement d'une catéchèse baptismale, comme le passage «parallèle» de 1 P 1,22-25. La «parole de vérité» par laquelle «Dieu nous a engendrés» (v. 18, au baptême, je pense, avec TOB) est, me semble-t-il, la loi de la nouvelle alliance, ce que Paul appelle «la foi opérant par l'amour», dont Jacques dit qu'elle a été «implantée» (TOB: «plantée»), en grec ἔμφυτον (v. 21), le terme même

---

[1] Publié depuis: R. FABRIS, *Legge della libertà in Giacomo*, Brescia, Paideia 1977.

qui servira dans la tradition primitive à qualifier le «don spirituel» reçu par les chrétiens au baptême (*Lettre de Barnabé* 1,2; 9,9; cf. le σύμφυτοι de Rom 6,5 et E. Schweizer dans le *TWNT*, IX, 652), la «parole gravée sur le cœur» qu'annonçait Jérémie, qui naturellement a dû «être accueillie avec docilité» par la liberté de l'homme et qui est «capable de sauver» (v. 21) précisément parce qu'elle est «intérieure», à la différence de la loi du Sinaï gravée seulement sur les tables. Le v. suivant (v. 22) rappelle que cette «parole de vérité» est une parole à «faire» et non seulement à «écouter» et le v. 25 utilisera, en effet, le terme de «loi» (νόμος) en précisant qu'elle est le fondement de notre liberté (τὸν τῆς ἐλευθερίας). En effet, comme elle est en moi principe intérieur de mon activité, j'agis parce que je veux agir, en homme libre, et non comme l'esclave qui agit parce qu'un autre, extérieur à lui, lui commande d'agir. Enfin Jc 2,8 révèle explicitement le contenu d'une telle loi: «tu aimeras ton prochain comme toi-même».

Ainsi compris, il est clair que l'amour du prochain n'implique pas moins la relation nécessaire à Dieu (1e table) que celle aux autres hommes (2e table), exactement comme pour Rom 13,8-10.

3. Ceci me permet de répondre à la difficulté soulevée à propos de ἀνακεφαλαιοῦται et de πεπλήρωκεν. Je pense que ce second terme employé au v. 8 et repris avec le substantif πλήρωμα au v. 10 (comme déjà en Ga 5,14: πεπλήρωται) n'indique pas «le plus important des commandements» dans une série — il ne me semble pas que le terme offre jamais ce sens —, mais bien la somme de tous les commandements, avec de surcroît cette nuance que «l'accomplissement» atteint une certaine «plénitude», puisque c'est le verbe habituellement utilisé pour dire qu'un événement «accomplit» une prophétie (ou que l'antitype accomplit le type, la réalité accomplit la figure), c'est-à-dire en la «dépassant»: ce que ne suggérerait pas l'emploi de τηρεῖν ou φυλάσσειν ou ποιεῖν, ou encore du ἱστάνομεν de Rom 3,31 qui me paraît correspondre très exactement au piel du verbe hébreu «*qum*» *(leqayyem)* employé dans la prière qui précède la récitation du «schema» (on «fait se tenir» la loi en la pratiquant).

Quant à l'emploi du parfait πεπλήρωκεν, il a vraisemblablement pour but, dans la pensée de Paul, de souligner que celui qui aime autrui est parfaitement quitte avec la loi, expression de la volonté de Dieu, à la condition naturellement qu'il ne cesse pas d'aimer, ce dont malheureusement l'homme est toujours capable tant qu'il demeure dans la «condition terrestre» (cf. Rom 6,12 ss., etc.).

Dans ce contexte précis, je pense que le ἀνακεφαλαιοῦται du v. 9 qui dérive directement non pas de κεφαλή, mais de κεφάλαιον, offre ici le même sens que Quintilien donnait au substantif quand il écrivait: «Rerum repetitio et congregatio, quae graece dicitur ἀνακεφαλαίωσις, a quibusdam latinorum enumeratio, et memoriam iudicis reficit et *totam simul cau-*

sam ponit ante oculos» (*Inst. Or.* VI, 1.1 cité par H. Schlier dans *TWNT III, p. 681*). *La problématique du «logion» sur «le grand commandement» n'est pas exactement la même et le verbe employé en Mt 22,40 est fort différent:* κρέμαται, correspondant du reste à la formule de Mc 12,31: «il n'y en a pas de plus grand que ces deux, μείζων τούτων».

4. Pour expliquer l'affirmation du v. 10, assurément étrange pour un lecteur moderne, comme si aimer son prochain se réduisait à «ne pas lui faire de mal», le Prof. Bouttier propose de la rapprocher du «contraste entre le bien et le mal» mentionné en 12,21 et de nouveau en 13,1-7.

Je n'y vois aucune difficulté. Mais si j'ai invoqué la formule du Targum (Ps. Jon.), c'est que précisément il introduisait en quelque sorte ce contraste dans l'explication même qu'il donne de la formule du Lévitique citée par Paul (et cela dans les deux passages où l'A. T. la mentionne: Lv 19,18 et 34): le «comme toi-même» est remplacé au v. 18 ou complété au v. 36 par l'énoncé de la «règle d'or» dans sa forme négative, comme en Tob 4,15. Je n'ai pas présenté cette explication comme une explication «psychologique» (même si j'ai rappelé les conséquences d'ordre psychologique qu'en tirait S. Augustin), mais comme une explication «littéraire», d'autant qu'on la retrouve dans un contexte très différent, où il n'est pas question de contraste entre le bien et le mal, à savoir en Mc 10,19 où «ne fais de tort à personne» est inséré dans le Décalogue et correspond en fait au «tu aimeras ton prochain comme toi-même» du passage parallèle de Mt 19,19. Pour la même raison je suis incliné à interpréter de la même façon le οὐ λογίζεται τὸ κακόν de 1 Co 13,5 dont la formule est empruntée à Za 8,17: «Ne préméditez pas de faire du mal l'un à l'autre» (TOB).

Certes le P. Rigaux a raison d'inviter à la prudence dans l'utilisation du Targum. En effet, il faut toujours examiner dans quelle mesure les traditions qu'il contient se retrouvent dans des témoins datés; c'est pourquoi au témoignage du Targum j'ai voulu ajouter les indices qui me paraissaient fournis par les évangiles et même par Paul, mais que sans le témoignage du Targum je n'aurais probablement pas su repérer. C'est pourquoi je pense que le Targum (comme les autres écrits juifs) est d'un grand intérêt pour l'exégèse du N. T. D'ailleurs, la découverte récente d'un Targum de Job, trouvé dans la 11e grotte de Qumrân et que les experts s'accordent à estimer fort ancien (le manuscrit lui-même serait contemporain du N. T.), atteste en tout cas l'antiquité de ce «genre littéraire» (voir l'édition par le P. van der Ploeg et A. S. van der Woude, Brill 1971). La conférence du P. Fitzmyer dont parle le P. Rigaux est peut-être celle qu'il a publiée dans le *NTS* 20 (1973-1974), pp. 382-407 qui mentionne ce Targum de Job auquel il incline à donner la même date que les éditeurs (p. 385): il renvoie même à un article alors à paraître dans le *CBQ* 36 (oct. 1974) et paru depuis (pp. 503-524): or il note explicitement (p. 510) que pour la date de composition de ce Targum, «rien ne s'oppose à une date préchrétienne».

21.
Un précurseur de l'œcuménisme:
le commentaire de l'épître aux Romains par Lefèvre d'Étaples *

La multiplication, ces dernières années, d'ouvrages et d'articles concernant Lefèvre d'Étaples [1] manifeste l'intérêt que suscite aujourd'hui la pensée de celui qui a souvent été considéré comme un «précurseur de la Réforme». En 1976 Guy Bedouelle publiait deux volumes: *Lefèvre d'Étaples et l'intelligence des Écritures* (Genève, Droz), puis, avec la collaboration de Franco Giacone, *Jacques Lefèvre d'Étaples et ses disciples. Épîtres et Évangiles pour les cinquante et deux dimenches de l'an*. Texte de l'édition de Pierre de Vingle. Édition critique avec introduction et notes (Leiden, Brill). Or, dans la liste des publications concernant directement Lefèvre et son œuvre, insérée dans le premier volume (p. 241-242), non moins de 17 titres sur 53 ont paru depuis 1969, auxquels il faut ajouter le dernier en date reproduisant par phototypie la première édition du commentaire de Lefèvre sur les épîtres de S. Paul, objet de cette note.

Cette édition sera particulièrement la bienvenue. Il suffit de penser à ce qu'écrivait de ce commentaire dans l'article «Faber Jacob Stapulensis» la *Real Encyklopädie für protestantische Theologie und Kirche* (3e éd. 1898, V, p. 715). Elle le qualifiait de «höchst merkwürdig, weil darin [2] Faber die Grundsätze der Reformation, fünf Jahre vor Luthers Wittenbergischen Thesen darlegte». Et l'on énumère quelques-unes de ces «Grundsätze», à savoir non seulement «l'affirmation de l'autorité de la sainte Écriture et de la gratuité de la rédemption», mais aussi «la condamnation du mérite des bonnes œuvres», celle de l'«opus operatum» (la notion catholique du sacrement), celle de l'eucharistie conçue comme «Messopfer» ainsi que du «célibat des prêtres».

---

* Paru dans *Biblica* 62, 1981, pp. 116-120.

[1] JACOBUS FABER STAPULENSIS, *S. Pauli epistolae XIV ex Vulgata, adiecta intelligentia ex graeco, cum commentariis*. Faksimile-Neudruck der Ausgabe Paris 1512. Stuttgart-Bad Cannstatt 1978. Frommann-Holzboog.

[2] Il s'agit certainement du commentaire lui-même et non de la seule «Préface» (Vorrede) comme pourrait le faire supposer la formule employée par l'auteur: «Die Vorrede zu diesem Kommentar ist höchst merkwürdig...». L'allusion au célibat des prêtres est empruntée au commentaire de 1 Tm 3,2 où Lefèvre note que le fait d'imposer le célibat à certaines catégories de personnes n'a pas été sans inconvénient et que «Apostolicum nuptiarum ritum retinuerunt Graeci neque mutare voluerunt» (Com. p. 205 recto n° 12). Sur les autres points signalés on trouvera quelques précisions dans l'article de E. Amann, *Dict. Théol. Cath.* IX,1 col. 139-142.

Précisément le commentaire publié permet de juger en quel sens et dans quelle mesure ces différentes affirmations ou négations correspondent à la pensée de Lefèvre; il invite même à se demander s'il ne conviendrait pas de saluer bien plutôt en Lefèvre, avec «les œcuménistes d'aujourd'hui», selon l'expression du P. Maurice Villain, «un précurseur» qui «parmi d'autres lumières bienfaisantes éclaire le difficile chemin des rapprochements»[3]. Avec raison Guy Bedouelle refuse les «formules trop faciles», comme: «Lefèvre a vécu en catholique et pensé en réformé», car, ajoute-t-il, «les catholiques pourraient sans doute dire: A la rigueur, cela pourrait être interprété en bonne part». Le commentaire paulinien permet de se rendre compte, ce me semble, que Lefèvre était moins «proche» que ne le pense G. Bedouelle des «intuitions théologiques des Réformateurs» et notamment de «leur interprétation de l'Écriture»[4].

A titre d'exemples, mais combien significatifs en ce qui concerne justement «l'interprétation de l'Écriture», je me contenterai de signaler deux passages du commentaire sur l'épître aux Romains: celui qui précise le rôle respectif de la foi et des œuvres dans la justification (3,28) et la célèbre description de l'homme au ch. 7, vv. 14 ss., une des pages peut-être les plus importantes de toute l'épître en vue du dialogue avec nos frères protestants.

1. On sait qu'en Rom 3,28, où Paul oppose la foi aux «opera legis», Luther avait traduit en ajoutant un «solum» que ne présente pas le texte grec: «allein durch Glauben». Guy Bedouelle retrouve cet «allein» chez Lefèvre[5]. Mais il s'agit de Ga 2,16 où le «sed solum per fidem Jesu Christi» semble bien traduire simplement le «nisi per fidem Jesu Christi» de la Vulgate correspondant au ἐὰν μὴ du grec, ici manifestement adversatif. De fait, Lefèvre ne songe pas à indiquer une divergence d'avec la Vulgate, comme il le fait d'ordinaire (Commentaire, p. 155 verso). D'ailleurs, bien avant Luther, la Bible allemande de Nuremberg (1483) traduisait ici: «nur durch den Gelauben» (sic). En tout cas, en Rom 3,28 Lefèvre n'ajoute aucun «solum»; il traduit: «Arbitramur enim iustificari hominem sine operibus legis», omettant même «per fidem» sans justifier cette omission. Il est vrai que dans l'explication il ne recule pas devant la formule «sola fide», dont avait usé bien avant lui un S. Bernard et jusqu'à S. Thomas lui-même[6].

---

[3] M. VILLAIN, «Le message biblique de Lefèvre d'Étaples», *RSR* 40 (1951-1952) 243-299 (voir p. 259). Cf. J. DAGENS dans le *Lexikon für Theologie und Kirche*, III, 1959, col. 1329: «Faber kann nicht als Vorreformator angesehen werden, vielmehr ist er ein Vorläufer der kath. Reform.»

[4] *Lefèvre d'Étaples et l'intelligence des Écritures*, 234 et 235.

[5] Op. cit., p. 82 note 10.

[6] Par exemple, S. BERNARD, *In Cant.* sermo 22,8; S. THOMAS, *In 1 Tm 1,8* (lect. 3; éd. R. Cai n° 21).

Tout dépend, en effet, du sens qu'on donne à la formule. Or, chez Lefèvre, ce sens ne laisse aucun doute, comme le montrent les exemples invoqués: celui de l'enfant qui mourrait aussitôt après son baptême sans avoir pu accomplir des «œuvres» ou encore celui du bon larron (Commentaire, p. 75, recto). Plus explicite encore est ce qui suit [7]. Lefèvre affirme la nécessité des œuvres succédant à la justification, grâce auxquelles «non solum iustificationem retinemus sed etiam augetur in nobis». Et Lefèvre poursuit: «Neque credas sufficere ut continuo iustificatus sis, si fidem habes. Nequaquam ita est. Nam non quisque sic ex fide iustificatur, ut fides ipsa iustificatio sit, ut neque opera». Loin de voir chez Paul une opposition quelconque avec Jacques, il invoque aussitôt celui-ci: «Etenim credunt daemones, ut inquit Jacobus apostolus (2,19); sed ex fide iustificamur quemadmodum ex operibus: ex his remotius, ex illa vicinius; haec minus, illa magis necessaria. Nam *ex operibus sine fide* (je souligne) nunquam quis iustificatur. At contra *ex fide sine operibus* iustificatur quis, ut iam ostensum est (le cas de l'enfant mourant après son baptême ou celui du bon larron)».

Davantage: Lefèvre n'hésite pas à attribuer un rôle aux œuvres dès *avant la justification*, en tant qu'elles «praeparant iustificationem» (Com. p. 75 recto). De nouveau, à propos de Rom 8,2: «Attende Christum et eius gratiam, non te ipsum, non tua opera; etsi pro virili tua *etiam operari debeas*. Tua tamen opera ab infirmitate carnis non te liberabunt, *etsi praeparabunt*, sed gratia Christi et lex Spiritus vitae gratiae eius. Lex enim Moysi praecipiebat; Spiritum autem et gratiam conferre non poterat... Lex autem Christi *et opera praecipit* et insuper Spiritum dat et gratiam longe ad sanandum operibus valentiorem. Nam *opera adminiculantia sunt*; gratia autem perficiens et consummans» (Com. p. 86 recto; voir également le commentaire de Rom 4,5, p. 76 verso: «ex conversione ad Deum per fidem Dei sola gratia est iustificatio»). Il était difficile de se rapprocher davantage de ce qu'avait écrit S. Thomas quatre siècles plus tôt, par ex. *Somme théologique* I-II q. 106, a. 2.

2. L'exégèse de Rom 7,14 et suiv. que défend Lefèvre avec insistance à propos de la fameuse description de l'homme s'oppose encore plus nettement à celle que Luther défendra contre Nicolas de Lyre avec non moins d'insistance dans son commentaire de l'épître aux Romains postérieur de trois ans (1515-1516) à celui de Lefèvre et qui fut celle de l'ensemble des Réformateurs. Selon Luther, Paul, à partir du v. 14, entend décrire la condition non pas de l'homme pécheur, non encore régénéré, mais de l'homme déjà justifié, voire la condition terrestre des saints eux-mêmes, celle de Paul au moment où il adresse sa lettre. Selon la formule célèbre, utilisée par Luther précisément pour la première fois dans le

---

[7] E. AMANN, art. cit., cite en partie ce passage, col. 140.

commentaire de Rom 7,16, un tel «homme» serait à la fois «juste et pécheur». On a même prétendu que toute exégèse de ce passage qui interprète la description paulinienne de l'homme non encore justifié «a toujours été un signe de semipélagianisme» [8]. D'ailleurs en ceci Luther et les
Réformateurs ne faisaient que suivre une exégèse que déjà, sous l'influence de S. Augustin, beaucoup de catholiques avaient adoptée, sans en déduire ce que Luther en déduira. Or il est très significatif que, sur ce point
précis, Lefèvre défend avec insistance l'exégèse opposée. Sa pensée, ici encore, ne laisse aucun doute. L'homme dont parle Paul est celui qui non
seulement est enclin au péché en vertu d'une concupiscence qui existe également dans le juste, mais qui cède au péché et le commet. Il s'agit de tous
les fils d'Adam «quos benedictio et gratia aut omnino non praevenit aut
non sanavit» (Com. p. 85 recto, n° 58). On sait qu'au v. 18, à la suite de
S. Augustin, Luther justifiait son exégèse en invoquant le fait que le latin
de la Vulgate traduisait ici le verbe grec κατεργάζεσθαι par «perficere» et
non «facere» et expliquait: «Perficere autem bonum non invenio *in hac
terra* sed erit in futuro» (*Luthers Vorlesungen über den Römerbrief 1515-
1516*. Éd. Joh. Ficker, I, p. 66); «singulariter hic notandum est quod facere et perficere Apostolus distinguit, ut b. Augustinus expresse docet» (II,
p. 171); «facit sed non perficit bonum, quia non complete exstinguit
concupiscentiam carnis» (II, p. 174). Or Lefèvre traduit ici «*operari* bonum» et il note explicitement l'erreur de la Vulgate, inconséquente avec
elle-même, puisque «verbum paulo post interpres vertit *operari*, ubi dicit:
non ego *operor* illud» (Com. p. 86 recto). Contre ceux qui arguaient de
l'emploi de «ego» par Paul, qui était déjà justifié au moment où il dicte sa
lettre, Lefèvre explique: «Paulus in se figurat carnalem hominem et infirmitatem carnis sentientem legemque membrorum captivantem mentem ad
desideria carnalis infirmitatis, id est peccati, adimplenda, cum minime ta-
lis esset, sed secundum Spiritum prorsus vivens. Sed infirmis se transfigu-
rat in infirmum, ut infirmos lucrifaciat. Verum et ipse *aliquando* infirmus
fuerat, et novit a quo sanatus fuerat et gratias agit Deo» (Com p. 85 recto
n° 60). Enfin, à propos du v. 25 qu'il interprète de l'homme une fois libéré
par le Christ (v. 24), Lefèvre exclut positivement la formule «iustus et peccator», que Luther répétera ici: «Qui servit mente et spiritu, servit legi
Dei; qui servit carne, servit legi peccati. Sed fierine potest, ut unus et idem
simul serviat mente et carne, legi Dei et legi peccati? Nequaquam. Nam
Deus et peccatum, esse et non esse, vita atque mors, contraria sunt et im-
possibile est duobus tam contrariis dominis simul servire» (Com. p. 85
recto et verso). Pour Lefèvre, Paul ne parle pas du même homme qui serait à la fois «juste et pécheur»; il parle au v. 25 de deux hommes: le pécheur qui sert la loi du péché et le juste qui sert la loi de Dieu. D'où l'ad-

---

[8] Cité par W. G. KÜMMEL, *Römer VII und die Bekehrung des Paulus* (Leipzig 1929) 94
(réimprimé dans *Römer VII und das Bild des Menschen im N. T.* [München 1974] 94).

dition de «spiritu» à «mente», qu'il répète au moment où il commente Rom 8,1: «Si *spiritu*, si *mente* vivimus, legi Dei servimus; si autem carne, servimus legi peccati» (Com. p. 86 recto n° 62). On ne pouvait s'opposer plus nettement à l'interprétation de tout le passage qui sera celle de Luther trois ans plus tard et celle de la Réforme.

3. Reste, il est vrai, ce que Lefèvre estimait peut-être l'innovation de ce commentaire capable de susciter le plus de critiques. Elle consistait à proposer une traduction latine différente de celle de la Vulgate. E. Amann reconnaît la hardiesse d'une telle «innovation»[9]. Lefèvre en a conscience: «Nonnulli etiam, écrit-il dans sa préface, forte mirabuntur non parum quod ad tralationem Hieronimi intelligentiam graecam adiicere ausi fuerimus, id nimis insolenter factum arbitrantes et me temeritatis et audaciae non tam accusabunt quam damnabunt» (Com. p. II recto). Aussi ajoute-t-il à la Préface une «Apologia» pour montrer que «vetus interpretatio epistolarum beatissimi Pauli quae passim legitur non sit tralatio Hieronimi» (Com. p. II verso IV recto). On sait qu'aujourd'hui encore la question a été fort discutée[10].

Or, du point de vue de la pensée de l'Église, notamment telle qu'elle s'exprimera officiellement au Concile de Trente trente ans plus tard (1546), l'innovation de Lefèvre était singulièrement prudente. Il imprime sur une colonne en gros caractères le texte de la Vulgate, signalé ainsi comme le texte officiel, et en caractères plus petits une autre traduction, une «intelligentia», à partir directement du grec. Naturellement, au cours du commentaire, il note expressément les modifications qu'il apporte à la Vulgate. Mais, sans parler d'Érasme, qui, dans son «Novum Testamentum», dont le Pape Léon X acceptera la dédicace en adressant à l'auteur un bref élogieux (1515), se permet de ne pas suivre la Vulgate en des passages de grande importance théologique, comme le «in quo omnes peccaverunt» de Rom 5,12 remplacé par «quatenus nos omnes peccavimus», le cas du Cardinal Seripando et de son commentaire sur les épîtres aux Romains et aux Galates est particulièrement instructif, bien que rarement signalé. Il montre à l'évidence combien l'attitude de Lefèvre sur ce point n'allait aucunement contre ce que décidera plus tard le décret «Insuper» du Concile de Trente.

En effet, Seripando, qui avait participé comme Général des Ermites de S. Augustin à l'élaboration de ces décrets, était mieux que personne au courant de leur authentique signification. Or, dans son commentaire latin

---

[9] E. AMANN, art. cit. col. 137. Voir dans H. DE LUBAC, *Exégèse médiévale. Les quatre sens de l'Écriture*. Seconde partie I, p. 273 et suiv. ce que beaucoup de catholiques influents, tant à Louvain qu'à la Sorbonne, pensaient de ceux qui prétendaient «retoucher la Vulgate».

[10] Cf. M.-J. LAGRANGE, *Introduction à l'étude du N. T. Deuxième partie: Critique textuelle* II (1935), 502 et suiv.

sur les épîtres aux Romains et aux Galates composé durant le Concile et publié en 1601 avec une dédicace au cardinal Bellarmin, il ne fait, autant que j'ai pu constater, aucune allusion à la traduction de la Vulgate; son exégèse est exclusivement fondée sur sa propre traduction à partir du grec [11]. L'innovation de Lefèvre n'allait donc pas contre la vraie pensée de l'Église. Le P. Villain n'avait pas tort de voir en lui «un précurseur des œcuménistes d'aujourd'hui».

Car, on le voit, il ne s'agit pas seulement de «formules» qui «pourraient être interprétées en bonne part». Les exégèses signalées sur des points particulièrement cruciaux reflètent certainement la pensée de Lefèvre et, en tout cas, «son interprétation de l'Écriture». C'est dire l'intérêt de ce commentaire des épîtres pauliniennes.

---

[11] SERIPANDUS HIERONYMUS, *In D. Pauli epistolas ad Romanos et ad Galatas commentaria* (Napoli 1601).

22.

L'«épître aux Romains»
et la traduction œcumenique de la Bible *

«Le respect de la plupart des chrétiens pour l'Écriture est sans bornes; mais ce respect se manifeste surtout par l'éloignement»[1]. La boutade de Claudel, qui ne se réfère pas à une époque si lointaine, nous aide sans doute à mieux comprendre pourquoi un observateur du Concile comme le pasteur Lukas Vischer, dans le Rapport officiel qu'il présentait au Comité Central du Conseil Oecuménique des Églises à Enugu en janvier 1965, non seulement pouvait déclarer que «les textes adoptés et promulgués par Vatican II dépassaient encore de beaucoup tout ce que les plus audacieuses prévisions avaient osé attendre du Concile», mais ajoutait, en parlant du schéma sur la Révélation, qu'il était «l'un des plus riches de promesses», notamment à cause du «dernier chapitre» qui «traite de l'usage de la Bible dans la vie de l'Église»[2]. Le chapitre a reçu par la suite un titre encore plus significatif: «La Sainte Écriture dans la vie de l'Église». Le pasteur Vischer estime qu'il est «peut-être la partie la plus importante du texte», et, de son côté, le pasteur Max Thurian y voit «une clé pour la compréhension de toute la Constitution»[3].

De fait, le Concile ne pouvait exprimer plus fortement la vénération dont l'Église entoure l'Écriture qu'en la rapprochant, dès la première phrase, selon une doctrine d'ailleurs tout à fait traditionnelle, du culte qu'elle rend au «Corps même du Seigneur» présent dans l'Eucharistie (n. 21)[4], et en reprenant la même comparaison au terme du chapitre (n. 26) en un épilogue qui sert de conclusion à toute la constitution: «De même que c'est de la fréquentation assidue du Mystère eucharistique que

---

* Paru dans la *Nouvelle Revue Théologique* 89 (1967) 516-526.

[1] Paul CLAUDEL, *L'Écriture Sainte*. Allocution aux étudiants des Sciences Politiques, dans *Vie Intellectuelle*, mai 1948, pp. 6-14 (voir p. 100).

[2] Cfr *La Doc. Cath.*, 62 (1966) 353-370 (voir p. 354 et 362).

[3] R. SCHUTZ et Fr. Max THURIAN, *La parole vivante au concile*. Texte et commentaire de la Constitution sur la Révélation, Taizé (1966) p. 165.

[4] Déjà la constitution sur la Liturgie parlait, mais en deux paragraphes distincts, de la «mensa Corporis Domini» (n. 48) et de la «mensa Verbi Dei» (n. 51). La constitution sur la Révélation ne parle que d'une table unique: «L'Eglise ne cesse pas, surtout dans la sainte Liturgie, de prendre sur l'unique table de la Parole de Dieu et du Corps du Christ le pain de vie pour l'offrir aux fidèles» (n. 21). Et le pasteur Thurian souligne «la portée œcuménique considérable» de «ce lien étroit entre la Parole et l'Eucharistie» (*op. cit.*, p. 167).

la vie de l'Église reçoit son développement, de même est-il permis d'espérer une nouvelle impulsion de la vie spirituelle à partir d'un respect accru pour la Parole de Dieu qui demeure à jamais (Is 40,8; cfr 1 P 1,23-25))».

Bien plus, on notera que cette vénération s'adresse aux «Écritures», lues assurément dans l'Église, voire proclamées dans sa liturgie, mais en tant qu'elles ont été «inspirées et consignées une fois pour toutes par écrit», c'est-à-dire sous l'aspect même sous lequel les vénèrent ceux qui se réclament de la Réforme [5]. C'est cette Parole de Dieu écrite, qui doit «nourrir et guider la prédication ecclésiastique tout entière, tout comme la religion chrétienne elle-même» (n. 21) et, en conséquence, «dont l'accès doit être largement ouvert aux chrétiens» (n. 22), non seulement aux théologiens (n. 24) mais jusqu'aux simples fidèles, voire jusqu'aux non-chrétiens (n. 25). Car le Concile fait sien le mot de saint Jérôme: «L'ignorance des Écritures, c'est l'ignorance du Christ» (n. 25). On doit donc fournir aux fidèles en des langues qu'ils comprennent «des traductions appropriées et exactes».

Non que l'Église ait attendu le Concile pour se préoccuper de la diffusion des Saintes Ecritures; plusieurs documents récents du Magistère offrent de pressantes exhortations dans ce sens [6]. Il faut bien avouer cependant qu'une telle insistance était jusqu'ici plutôt le fait de nos frères séparés [7]. Le Concile est même allé beaucoup plus loin. Jusqu'ici il n'était

---

[5] C'est pourquoi le Concile n'a pas accepté les «modi» qui demandaient d'introduire dans le titre du chapitre la mention explicite de la tradition; car l'objet formel, expliqua la commission, en est «la Sainte Écriture non seulement parce qu'elle est inspirée (à la différence de la Tradition qui ne l'est pas) mais aussi parce qu'elle se trouve contenue dans un seul volume plus accessible que les écrits des Pères». D'ailleurs un chapitre précédent (n. 8) traitait ex professo de la Tradition et dans le chapitre 6 lui-même elle est mentionnée au n. 20, quand il parle de l'Écriture «comme règle suprême de la foi».

[6] Voir notamment les dernières pages de l'encyclique «Spiritus Paraclitus» de Benoît XV et la «Divino afflante Spiritu» de Pie XII qui, l'une et l'autre, citent déjà la phrase de saint Jérôme (EB, n. 491 et 568); à plus forte raison les instructions de la Commission Biblique du 13 mai 1950 et du 15 nov. 1955. Dans le même sens vont les encouragements explicites donnés par Benoît XV dans la même encyclique à la Société saint Jérôme, à la fondation de laquelle il avait pris part et dont le but était de «distribuer à chaque famille chrétienne les évangiles et les Actes des Apôtres» (EB, n. 478).

[7] Les restrictions jadis imposées à la lecture de l'Écriture, Ancien Testament et même Évangiles, doivent s'interpréter en fonction des circonstances où elles furent édictées. Il reste cependant que la formulation de certaines propositions nous paraît aujourd'hui singulièrement étrange. La comparaison entre l'attitude de l'Église jadis et aujourd'hui montre, en tout cas, à quel point le climat est changé. Voir par ex. la 80e proposition de Pascal Quesnel condamnée par Clément XI en 1711: «La lecture de l'Écriture Sainte est pour tout le monde» (DB, 1430); ou la proposition 85e: «Interdire aux chrétiens la lecture de l'Écriture et particulièrement de l'Évangile, c'est interdire l'usage de la lumière aux enfants de la lumière et leur faire souffrir une espèce d'excommunication» (DB, 1435); ou encore la rétractation imposée par Pie VII à l'évêque Stanislas de Mohilev, le 3 septembre 1816: en effet, on ne lui demande pas seulement de «déclarer que son intention n'a pas été de recommander parmi les versions de la Bible en langue vulgaire, celles qui ne seraient pas

jamais question que de traductions exclusivement catholiques. Au XVIIe siècle Richard Simon, puis, à la fin du XIXe siècle, trois autres français, un pasteur protestant, un prêtre catholique et un rabbin, avaient bien tenté d'entreprendre une traduction «œcuménique» avant la lettre; mais il s'agissait d'initiatives entièrement privées et qui furent d'ailleurs sans lendemain. Pour la première fois un document officiel envisage avec sympathie et même suggère discrètement que «ces versions soient composées en collaboration avec des frères séparés» (n. 22).

Or sur ce point le vœu du Concile ne devait pas tarder à devenir réalité, plus vite même qu'on pouvait raisonnablement le prévoir; mais surtout, à en juger du moins par le premier fascicule de la Bible œcuménique en français, on peut sans exagération reprendre les mots du pasteur Lukas Vischer cité plus haut: «la réalisation dépasse de beaucoup ce que les plus audacieuses prévisions avaient osé attendre».

Une version de l'Écriture adoptée d'un commun accord par tous les chrétiens, en dépit de leurs différences confessionnelles, constitue déjà un gain œcuménique jugé imprévisible il y a peu d'années encore. Mais c'était une véritable gageure que d'envisager une traduction de ce genre accompagnée de notes, et de notes si abondantes qu'elles forment un vrai commentaire suivi. Assurément les traductions annotées ne sont pas le privilège des éditions catholiques. Si les Sociétés bibliques protestantes ne divulguent en principe que des éditions sans notes ni commentaires, et en particulier sans notes dogmatiques, la Bible publiée en France à l'occasion du Centenaire de la Société biblique protestante de Paris (1818) comportait des notes fort nombreuses, destinées, lit-on dans la préface, à «élucider les principaux problèmes que pose l'interprétation des textes, faire les rapprochements nécessaires, indiquer, chaque fois qu'il y aurait lieu de le faire, les interprétations divergentes qui ont été proposées, en un mot fournir tous les éclaircissements désirables» [8].

Seulement, ajouter un commentaire, c'était par le fait même s'interdire de pouvoir s'entendre sur une traduction déterminée, quitte à choisir une formule assez vague pour que chacun puisse mettre sous les mots le sens qui lui convient. Quand il s'agit d'un écrit d'une richesse théologique aussi exceptionnelle que l'épître aux Romains et qui aborde, de surcroît, les questions les plus discutées entre Protestants et Catholiques, on devait

---

conformes aux saints Canons et aux Constitutions de l'Église», mais on ajoute: «Vous ferez savoir et vous déclarerez qu'en recommandant et en inculquant la lecture des Livres saints, vous n'aviez point eu en vue tous les fidèles indistinctement, mais le clergé et ceux d'entre les laïcs qui ont reçu d'après le jugement de leurs pasteurs une instruction suffisante». Textes cités par J. P. MALOU (le futur évêque de Bruges), *La lecture de la Sainte Bible en langue vulgaire*, Louvain, 1946, t. II, pp. 521 et 531 (cfr pp. 520, 523, 526).

[8] Préface par M. GOGUEL à l'édition manuelle du Nouveau Testament (Bible du Centenaire) par M. GOGUEL et H. MONNIER, Paris, Payot, 1929.

s'attendre à une perpétuelle confrontation entre deux théologies, du moment que chacun était bien décidé à ne jamais édulcorer si peu que ce soit ce qu'il estime être la vérité. Il était même prévu, précisément pour cette raison, que lorsque les positions respectives s'avéreraient irréductibles, chacun exposerait successivement sa propre interprétation, sans aucunement cacher «les diverses options confessionnelles», comme il est précisé dans l'Introduction (p. 16). On voit aussitôt l'intérêt d'une telle traduction de l'épître aux Romains. Les longues notes, occupant parfois toute la page et souvent les trois-quarts, devaient ainsi offrir comme une synthèse des deux «théologies» sur la plupart des questions qui, dès les débuts de la Réforme, opposèrent Catholiques et «Réformés»: foi et œuvres, capacité ou incapacité de l'intelligence humaine à connaître Dieu et à discerner le bien du mal, justification extrinsèque ou intrinsèque, prédestination et réprobation antécédente, etc.

Mais le plus extraordinaire, c'est que, sur tous ces problèmes, le volume ne contienne aucune de ces notes «doubles» ou «triples». Les auteurs en furent les premiers étonnés: ils n'eurent jamais à recourir au procédé prévu.

Il arrive assurément, — exactement comme dans une traduction exclusivement catholique, telle la Bible de Jérusalem, — que sont proposées plusieurs traductions ou diverses interprétations. Il arrive également, quoique fort rarement, qu'une interprétation considérée comme protestante soit juxtaposée à une autre défendue de préférence par les catholiques. Le cas le plus typique est peut-être celui de Rom 1,20. La note explique que «le Premier Concile du Vatican cite ce texte à l'appui de l'affirmation que Dieu peut être connu avec certitude par la raison humaine», tandis que «des Réformateurs soulignent surtout ici l'universalité du phénomène religieux et l'impossibilité d'une connaissance authentique du vrai Dieu en dehors de la révélation du Christ». Mais précisément le lecteur s'aperçoit que les deux positions, tout en répondant à des tendances différentes, ne se contredisent pas l'une l'autre: le théologien catholique, disciple de saint Thomas, n'aura aucune peine à admettre, avec Calvin, auquel la note se réfère, que «le sentiment religieux naturel des hommes (c'est nous qui soulignons) ne les conduit qu'à la superstition ou à l'aveuglement spirituel» (p. 37). De même la note sur Rom 3,28, passera peut-être pour un exposé de la doctrine «protestante» sur la sola fides. Après avoir rappelé, en effet, que, au texte de saint Paul: «nous estimons que l'homme est justifié par la foi, indépendamment des œuvres de la loi», Luther «dans sa traduction de l'épître aux Romains ajouta un mot: l'homme est justifié par la foi seulement», la note poursuit: «Cette adjonction a donné lieu au temps de la Réforme à une vive polémique. Elle ne trahit cependant pas la pensée de Paul qui, dans ce passage, vise à retirer tout rôle aux œuvres dans la justification du pécheur. Pour Paul, la foi est le seul chemin vers la miséricorde de Dieu». Or je me suis laissé dire que cette note avait été proposée par la partie catholique! De fait, on sait que l'expression elle-même de *sola fides* se trouve déjà à la lettre chez saint Thomas, et à propos de ce même verset de l'épître aux Romains. Commentant le mot de saint Paul en 1 Tm 1,8: «nous savons que la loi est bonne, à condition d'en faire un usage légitime», le Docteur angélique écarte la solution facile, celle de la «glose», qui distinguait entre préceptes moraux et préceptes rituels, et précise que saint Paul entend parler ici des premiers, «tels qu'ils sont contenus dans le Décalogue». En faire un usage légitime, explique-t-il, consiste à «ne pas leur attribuer plus qu'ils ne contiennent». En effet, «la loi avait pour but de faire connaître le péché» (et non pas de justifier l'homme). Et saint Thomas conclut en invoquant précisément Rom 3,28: «Il n'y a donc en eux aucun espoir de justification, mais dans la foi seule, *non est ergo in eis spes iustificationis sed in sola fide*: nous estimons, en effet, que l'homme est justifié par la foi sans les œuvres de la loi (Rom 3,28)»[9].

La curiosité du lecteur se portera certainement sur quelques passages plus particulièrement litigieux.

Ainsi l'exégèse de Rom 2,14-16 et 25.29. Déjà la note sur le v. 12 révélait dans quel sens les traducteurs interprétaient le passage: Paul parle de «païens» qui «ne connaissent pas la volonté de Dieu par une loi divinement révélée, comme l'est la loi de Moïse»; et la note sur le v. 27 écarte explicitement une interprétation qui fut jadis celle de beaucoup de catholiques, puisqu'elle provient de saint Augustin, mais n'était plus guère défendue, à de rares exceptions près, que par des exégètes ou théologiens protestants; on précise, en effet, sans équivoque possible: «Non pas le chrétien d'origine païenne, comme le proposent de nombreux commentateurs, mais, d'après le contexte, le païen qui accomplit naturellement les œuvres prescrites par la loi (cfr 2,14)». On ajoute d'ailleurs que «la même idée» se retrouve «dans les Evangiles: Mt 12,41; Lc 11,32»[10].Les traducteurs ne reculent même pas devant le terme «scandaleux» de «loi naturelle» (note sur le v. 12). Plutôt que d'éviter ce terme, parce qu'on en a fait le plus souvent un usage abusif, il valait beaucoup mieux, en effet, l'employer en lui donnant son vrai sens, le seul, d'ailleurs, qu'a connu la plus ancienne tradition patristique[11].

---

[9] S. Thomas, *In 1 Tim.*, lect. 3; éd. R. Cai (Marietti) n. 21.

[10] C'était là également l'exégèse récemment défendue par Fr. J. Leenhardt contre «Luther, K. Barth», mais avec Calvin qu'il cite et qui est, de fait, très explicite: «Il n'y eut jamais nation si barbare ni eslongée de toute humanité, qui ne se soit rangée sous quelque forme de loi. Comme ainsi donc que toutes nations d'elles-mêmes, et sans être adverties d'ailleurs s'addonnent à s'establir des loix, on voit clairement par là qu'il y a certaines premières conceptions de justice et droiture imprimées naturellement es esprits des hommes» (*L'épître de saint Paul aux Romains*, Neuchâtel-Paris, 1957, p. 49, n. 3).

[11] D'ailleurs la «Bible du Centenaire» notait déjà à propos de Rom 2,15: «La loi mo-

Bien plus, au v. 29, l'emploi d'une majuscule dans la formule évoquant «la circoncision qui relève de l'Esprit et non de la lettre» et plus encore l'indication marginale des «passages parallèles» de Rm 7,6 et 2 Co 3,6, ne laissent pas d'être assez significatifs, surtout si on se reporte à la note sur Rom 7,6, où il est dit que la «distinction lettre-Esprit» désigne «l'opposition entre la loi écrite de Moïse et la loi de l'Esprit (Rom 8,2) et nullement la distinction entre la lettre d'une loi et son esprit» (p. 63). C'était ce que suggérait déjà Fr. J. Leenhardt qui traduisait: «la véritable circoncision, c'est celle du cœur, celle qu'opère l'Esprit» (également avec une majuscule) et remarquait en note que «l'opposition ἐν πνεύματι οὐ γράμματι se rapporte généralement au contraste entre l'obéissance servile du Juif à l'égard de la lettre de l'Ecriture, et l'action intérieure de l'Esprit Saint qui libère le croyant et l'engage... dans une existence neuve (7,6; 2 Co 3,6)». Car, non sans hésitation, l'auteur semble bien admettre ce même sens en Rom 2,29, en raison des «textes parallèles». En tout cas, l'interprétation rejoint celle de la Bible de Jérusalem qui écrit, il est vrai, «esprit» avec une minuscule, mais précise dans la note: «Cette rénovation intérieure non seulement est de l'ordre de l'esprit, mais a pour principe le Saint-Esprit (cfr Rom 8,2)». Le «païen» dont parle saint Paul, qui ignore la loi tout en la pratiquant, est, en fait, un chrétien sans le savoir, en qui l'Esprit Saint accomplit cette loi qui se résume dans l'unique précepte de l'amour (Rom 13,8-10).

Le chapitre 7 de l'épître fournit un cas semblable où une interprétation d'Augustin, destinée à combattre plus facilement l'erreur pélagienne, et devenue commune au Moyen Age, avait été reprise avec une particulière insistance par la Réforme, si bien que, au dire de Prétorius, par exemple, toute exégèse qui admettait que Paul en Rom 7,14 ss. décrit l'homme

---

rale naturelle est, dans l'âme des païens, un reflet de la Loi de Moïse». Quant à la tradition patristique, elle a toujours vu l'expression de cette «loi naturelle» dans le précepte de l'amour du prochain connu sous le nom de «règle d'or»: c'est ce précepte que rappelle saint Augustin, — sous sa forme négative, comme en *Tobie* 4,15 et comme chez beaucoup de Pères —, chaque fois qu'il fait allusion à l'existence d'une «loi naturelle»: ainsi *Enarratio in* Ps 51,1 (*PL* 36, 673); *Enarratio in* Ps 118, v. 119, 25, n. 4 (*PL* 37, 1574); Epist. 157, n. 15 (*PL* 33, 68). Gratien ne la définira pas autrement, dès les premières lignes de sa *Concordantia discordantium canonum*, d'abord sous la forme positive, celle de l'Évangile: «Le genre humain est régi par deux lois, le droit naturel et les coutumes. Or le droit naturel est celui qui est contenu dans la Loi et l'Évangile, à savoir en vertu duquel il est ordonné de faire aux autres ce qu'on veut qui vous soit fait et interdit de leur faire ce qu'on ne veut pas pour soi-même». Et suit le texte de l'Évangile. Ou saint Albert le Grand dans son *De bono* ou *De virtutibus*: «Plus les règles du droit humain sont universelles, plus elles appartiennent substantiellement au droit naturel, telles ces deux règles: *Omnia quaecumque vultis ut faciant vobis homines, et vos eadem facite illis*, et cette autre: *Quod tibi non vis fieri, alii ne feceris*». Ou encore S. Thomas, *Somme théologique*, I-II, q. 94, a. 4 ad 2.

On sait moins peut-être que c'est également en «cet adage fameux» que l'athée militant qu'était Proudhon exprimait son propre idéal moral, la «loi suprême» qui «renfermait

non régénéré, était un «signe de semi-pélagianisme»[12]. Ici, il est vrai, à peu près tous les exégètes, protestants comme catholiques, sinon tous les théologiens, étaient d'accord sur la pensée de saint Paul[13]. La note de la traduction œcuménique sur Rom 7,15, aura cependant l'immense avantage de vulgariser cette opinion; il vaut la peine de la citer: «Pour la plupart des exégètes anciens et pour quelques modernes, il s'agirait, ici et dans les versets suivants, du chrétien[14]. Mais il est bien plutôt question de l'homme pécheur non encore justifié par la foi». Très justement on compare la description de Rom 7,14 ss. avec celle de Ga 5,17, mais on signale soigneusement la différence, tandis qu'Augustin avait toujours assimilé les deux, interprétant l'une et l'autre d'abord de l'homme pécheur puis de l'homme régénéré: «Certes, la situation décrite ici se retrouve, transposée, dans la vie du croyant (Ga 5,17) mais de façon bien différente». Signalons enfin l'heureux effort pour «transcrire» la pensée de Paul en catégories modernes: «La pensée de Paul se transcrirait assez exactement en termes d'aliénation (au sens profond de ce mot, conforme à son étymologie: appartenir à un autre). Le péché aliène l'homme, en ce sens qu'il l'engage dans une destinée qui contredit ses aspirations profondes et la vocation à laquelle Dieu l'appelle. C'est cette contradiction que Paul met en évidence, montrant que l'homme désire le bien et souhaite[15], mais sans succès, éviter le mal».

Mais les problèmes de la justification et de la prédestination retiendront peut-être encore davantage l'attention du théologien catholique désirant dialoguer avec le théologien réformé. Les formules adoptées d'un

---

tout ce que la sagesse humaine a enseigné de raisonnable concernant la justice», dont il découvrait, en effet, la trace «chez les sages de la Chine plus de deux mille ans avant Jésus-Christ» et qu'il se plaisait à retrouver dans la tradition révolutionnaire, la voyant inscrite en toutes lettres dans la «Déclaration de l'An III»: «Tous les devoirs de l'homme et du citoyen dérivent de ces deux principes, gravés par la Nature dans tous les cœurs: Ne faites pas à autrui ce que vous ne voudriez pas qu'on vous fit. Faites constamment aux autres le bien que vous voudriez en recevoir». (*De la Justice*, t. III, p. 355). Je dois ces dernières références à l'obligeance de Mgr P. Hauptmann.

[12] Cité par W. G. KÜMMEL, *Römer 7 und die Bekehrung des Paulus*, 1929, p. 94.

[13] Là encore, Fr. J. Leenhardt est catégorique: «Les exégètes sont rares parmi les défenseurs de cette opinion qui réunit les suffrages de dogmaticiens assez divers, tels Thomas d'Aquin, Luther, Karl Barth, avec beaucoup d'autres» (p. 104).

[14] De «la plupart des exégètes anciens», il faut cependant exclure la plupart des grecs et même les latins, y compris Augustin avant la controverse pélagienne; de même, nombre d'exégètes catholiques dès le XVIe siècle, tels les jésuites Tolet ou Giustiniani. Quant à ces «quelques modernes», il s'agit exclusivement d'exégètes protestants.

[15] Les verbes «désirer» et «souhaiter» traduisent fort exactement le sens particulier du verbe grec θέλειν employé par saint Paul, qui désigne une tendance de la volonté plus qu'une décision de la liberté; cette double affirmation sert à déterminer le degré de corruption de la nature humaine en raison du péché: absolument incapable d'accomplir le bien, elle est cependant encore capable non seulement de le discerner du mal mais de le «désirer» et «souhaiter».

commun accord me semblent extrêmement significatives, en voici l'une ou l'autre.

Au sujet de la justification, on lira la longue note sur Rom 3,24: «La justice de Dieu, — «justice salvifique», comme il est précisé, en vertu de laquelle Dieu «demeure fidèle à lui-même et à son dessein de salut pour les hommes», — «s'exerce à l'égard de l'homme pécheur voué par son péché à la colère de Dieu. Elle culmine dans un verdict de grâce qui ne requiert de l'homme qu'une humble acceptation, l'obéissance de la foi. Toute justice propre ou autojustification est donc exclue». Suit une série de références. Mais on ajoute aussitôt: «Cependant, l'acte gratuit de Dieu qui justifie l'homme crée en lui la vie nouvelle; en communiquant à l'homme la justification gratuite, le Christ inaugure en lui la vie de l'Esprit (Rom 8,2), la sanctification (1 Co 1,30). Le justifié se met au service de la justice, c'est-à-dire d'une vie approuvée par Dieu (Rom 6,13.20) et porte donc des fruits à la gloire de Dieu (Rom 7,4; Ph 1,11)». Ou encore à propos de Rom 4,5, où saint Paul définit le «croyant» comme «celui qui n'accomplit pas d'œuvres», la note précise: «Cela ne signifie pas que, dans la foi, l'homme demeure passif. La foi mobilise l'homme tout entier et l'engage dans l'activité de l'amour (Ga 5,6) mais elle n'a rien d'une œuvre légale». Et surtout à propos de Rom 4,7 où l'on a traduit le mot du Ps 32,1 cité par Paul: «Heureux ceux dont les offenses ont été pardonnées et les péchés remis» et où la note précise: «Littéralement: *couverts*. Selon la terminologie de l'A. T., ce mot signifie que ces péchés sont non seulement recouverts, de sorte que Dieu, ou l'homme, ne les voient plus, mais qu'ils sont anéantis, qu'ils n'existent plus (suit une série de références), comme le montre ici le rapprochement avec l'idée de pardon».

Il est vrai qu'à propos de Rom 6,23, où saint Paul distingue très clairement, comme il est dit, d'une part «le processus qui conduit à la mort» et qui «relève de la juste rétribution (*salaire*)», et, d'autre part, «le processus qui conduit à la vie éternelle» et qui «est œuvre de la miséricorde gratuite de Dieu (*don gratuit*)», la note tient à signaler cependant que «sur le rôle des œuvres de l'homme dans ce processus, les doctrines catholique et protestante restent divergentes». Mais elle ne dit pas où se trouve la divergence et peut-être est-il légitime de se demander si celle-ci ne serait pas dans l'explication théologique plus encore que dans l'affirmation doctrinale, du moment qu'on s'accorde à admettre que la justification «crée dans le justifié la vie nouvelle», que «le Christ inaugure en lui la vie de l'Esprit» et surtout que «le justifié ... porte des fruits à la gloire de Dieu».

Le problème de la prédestination se pose principalement à l'occasion du chapitre 9. Là encore, par exemple au v. 13, l'expression employée par Malachie: «J'ai aimé Jacob et j'ai haï Ésaü», dont on a souvent abusé, est expliquée comme un «sémitisme» pour: «J'ai préféré Jacob à Ésaü», et on rappelle «Lc 14,26, éclairé par Mt 10,37». Mais surtout la note ajoute: «Il ne s'agit pas ici d'un jugement de valeur porté sur les deux fils d'Isaac, mais de la place et du rôle de la *descendance* (c'est nous qui soulignons) de chacun d'eux dans l'histoire du salut». Nouvelle affirmation à propos du v. 15: «Dans ce chapitre il ne s'agit pas d'abord du salut éternel des individus, mais de leur place dans le plan de Dieu pour Israël et, par ce peuple, pour l'humanité». A propos de l'affirmation du v. 16 on rappelle que, «ici comme au v. 18, il s'agit de l'élection et non de la sanctification ou du salut final». En termes scolastiques on dirait: de la prédestination à la grâce et non à la gloire. La note explique: «Paul veut affirmer que les efforts humains sont impuissants à faire accéder à la justification. Il sait bien dire ailleurs que l'homme, justifié par la grâce de Dieu, ne saurait se dispenser de la lutte et de l'effort» (suit une série de références). Et à propos du v. 18 dont on sait que Calvin déduisait que Dieu avait créé Pharaon pour la damnation [16], il est déclaré aussi affirmativement que possible: «Paul n'envisage ni la culpabilité personnelle du Pharaon, ni sa réprobation éternelle. Il affirme que l'attitude du persécuteur faisait partie d'un plan supérieur de Dieu: sans le savoir, le Pharaon, par son obstination, concourait à la réalisation de la Promesse».

Qui ne voit l'importance pour le dialogue œcuménique de notes de ce genre dont on pourrait aisément multiplier les exemples? Si vraiment un tel commentaire de l'épître aux Romains établi en commun avec nos Frères séparés a été possible, ne faut-il pas en conclure que nous sommes moins éloignés les uns des autres que nous ne pensions?

Dans ces conditions on comprend mieux à quel point une édition de cette même épître, traduite et commentée en commun par des catholiques et des protestants, peut constituer un véritable «événement œcuménique», et pourquoi le cardinal Bea, en accueillant à Rome, en janvier dernier, les représentants des Sociétés bibliques venus examiner les possibilités d'une collaboration avec des catholiques pour l'établissement de traductions de la Bible et leur diffusion, pouvait déclarer qu'il s'agissait d'une «œuvre fondamentale et vitale pour l'avenir du christianisme». Il n'hésitait même pas à ajouter: «Il ne semble pas exagéré d'affirmer qu'une telle coopération constitue l'un des faits les plus importants de l'histoire du christianisme contemporain» [17].

---

[16] Dans son commentaire à Rom 9,17, Calvin écrivait, en effet: «Le Seigneur n'a pas seulement prévu la perte des impies mais ils furent à dessein créés pour qu'ils périssent, *sed impios fuisse destinato creatos ut perirent*». De même dans l'*Institution de la religion chrétienne* (édition de 1539), Calvin écrira: «Ils ont été suscités par un juste mais impénétrable jugement de Dieu afin de glorifier Dieu par leur damnation, *iusto et inscrutabili Dei iudicio suscitati sunt, ad gloriam eius sua damnatione illustrandam*» (*Opera omnia*, I, p. 887).

[17] Cité par W. N. ABBOTT, *Alla ricerca di una Bibbia comune*, dans *La Civiltà Cattolica*, 1967, I, p. 331-338 (voir p. 338).

Index des citations

Livres Bibliques

AT

Pseudépigraphes

Index des noms d'auteur

Index des mots hébreux

Index des mots grecs

αβυσσος 301, 309
αγαθος 166, 175
αγαθοτης 220
αγαπαν 312, 313, 321
αγαπη 174, 322, 326
αγιασμος 55
αγνοια 212, 292
αγορευειν 122
αδικημα 226
αδικια 48, 93
αδικον 137, 155
ἀζημιος 98
αθεωρητος 50
αϊδιος 51, 55
αινειν 55
αιτια 55
αιων 53
ακακια 152
ακολαστος 98
ακουειν 186
αληθεια 92, 93, 150, 151, 152, 169
αλλαττειν 60
αλληλοι 313
αμαρτανειν 186, 188, 193, 194, 201
αμαρτημα 89, 99, 101, 188, 212
αμαρτια 94, 99, 100, 101, 103, 159, 195,
    209, 216, 221, 228, 237, 256
αμαρτωλος 194, 292
αμελεια 98
αναβαινειν 305
αναβλεπειν 215
αναβοαν 215
αναβολη 97, 105
αναγκη 197
αναζην 209, 215
ανακεφαλαιουν 116, 315, 321, 327
ανακεφαλαιωσις 327
ανακραζειν 215
ανακυπτειν 215
αναλαμβανειν 34
αναλημψις 34
αναλωμα 199

αναπαυεσθαι 215
αναπιπτειν 215
αναπλαττειν 283
αναπολογητος 51, 52, 55
ανατρεφειν 215
αναφερειν 34
ανθρωπινος 188
ανθρωπος 198, 205, 222
ανισταναι 30
ανομηθειν 154
ανομος 154
ανοχη 104
ανταποκρινεσθαι 282
αντιλυτρος 255
αξιουν 97
αορατος 50, 55
απαγορευειν 226
απαρχη 32
απεκδεχεσθαι 147
απιστια 93
αποδιδοναι 148, 154, 191
αποθνησκειν 209, 213
αποκαλυψεσθαι 47, 146
αποκτεινειν 221
απολλυναι 292
απολυτρωσις 92, 94, 102, 103, 169
αποστερειν 315
αποστολος 40
αποτινειν 192
απτειν 223
αρετη 220
αρταβη 192
αρχη 55
αρχηγος 28
ασεβεια 48
ασεβης 136, 154, 155
αφεσις 89, 90, 91, 94, 97, 100, 101, 102,
    103, 105, 106, 138
αφθαρσια 186, 195
αφιεναι 94, 99, 100, 101, 138
αφορμη 221, 229
βαλλειν 158, 216, 236

βλαβος 197
βουλεσθαι 155

γενεσταρχης 52
γενικωτατης 220
γιγνεσθαι 175, 194, 197
γιγνωσκειν 54, 55, 68
γνοντες 49, 55
γνωστος 49, 55
γογγυσμος 58
γραφειν 198

δεσποτης 52, 53
δεχεσθαι 222
διαβολος 196
διαβουλιον 55
διαθηκη 126, 218, 232
διαλογισμος 57, 58
διανοια 232
διανοεισθαι 55
διατηρειν 279
διδοναι 105, 149, 158, 166, 192, 255, 256
δικαζειν 152, 194
δικαιοκρισια 148, 173
δικαιος 132, 137, 148, 154, 155, 156, 256, 316
δικαιοσυνη 92, 93, 145, 146, 150, 151, 152, 156, 158, 170, 316
δικαιουμενος 92
δικαιουν 113, 136, 146, 150, 152, 153, 154, 155, 156, 164, 169, 256
δικαιωμα 159, 175, 240, 323
δικη 150, 152, 211, 292
διοτι 185, 186, 187, 188
δοξα 171
δοξαζειν 28, 57, 219
δουλευειν 155, 256
δουλος 37
δυναστεια 51
δυναμις 51, 52, 103, 279
δωρον 175

εαν μη 120, 311
εγειρειν 30, 281
εγω 208, 213, 216, 217, 221, 248
εγκαλειν 154
εθνη 146, 276
εικων 61

ει μη 120, 311
ειναι 190
ειπερ 113
εις 172
είς 194
είς – παντες 184
εισερχεσθαι 55, 170, 186, 196
εκαστος 148
εκλογη 275
εκφοριον 192
ελεγχειν 292
ελεημοσυνη 124
ελεος 152
ελπις 169
εμφυτος 326
εν 172, 233
ενδεικνυναι 279
ενδειξις 92, 103, 105
ενεργουμενος 120, 174
ενεχυρον 192
εντολη 100, 165, 208, 215, 216, 217, 221, 314, 323, 324
εντυγχανειν 154
εν ω 201
εξαπαταν 159, 217, 221
εξεγειρειν 279, 281
εξουσια 158
εξ ου 247
επι 172, 186, 189, 190, 192
επιγιγνωσκειν 52
επιζητειν 192
επιθημα 103
επιθυμειν 223, 224, 225, 226
επιθυμια 224, 225, 226
επινοειν 55
επισκοπος 40
επιστημη 55, 56
επιταγμα 222
επιφερειν 149
εργαζειν 191
εργαζεσθαι 166, 188
εργον 120, 148, 150, 175, 276
ερχεσθαι 156, 190
εσχατος 157
ετερος 312, 313, 314, 321, 323
ευρεσις 54
ευρισκειν 97, 122
ευχαριστειν 57

Bibliographie

ABBOTT, W. N., «Alla ricerca di una Bibbia comune», dans *La Civiltà Cattolica*, Roma 1967, I, 331-338.

ABEL, F. M., *Grammaire du Grec biblique*, Paris 1927.

ABEL, F. M. - STARCKY, J., *Les livres des Maccabées*, 1961 (Bible de Jérusalem), p. 14.

ALBERT LE GRAND, *De bono* ou *De virtutibus*, dans Florilegium Patristicum XXXVI (éd. Kühle), Bonn 1933.

ALLO, E. B., *Deuxième épître aux Corinthiens*, Paris 1937.

ALTANER, B., *Précis de Patrologie*, Mulhouse 1961.

AMBROISE, *De fide resurrectionis*, PL 16, 1403.

————, *De paradiso*, PL 14, 291.

ALTHAUS, P., *Der Brief an die Römer* (NTD), Göttingen, 1949.

AMIOT, F., *Les enseignements de saint Paul*, II, Paris 1938.

ARNOU, R., «Platonisme des Pères», dans *Dict. Théol. cath.*, col. 2350; 2364.

AUBERT, R., «Le concile du Vatican et la connaissance naturelle de Dieu», dans *Lumière et Vie* 14, mars 1954, 21-52.

AUGUSTIN, *Cité de Dieu*, 10,6; 13,12.

————, *Contra duas epist. pel.*, 1,9 (16).

————, *C. Jul. IV*, 4,25; PL 44, 750 s.

————, *Enarratio in Ps 51,1*, PL 36, 673.

————, *Enarratio in Ps 118*, v. 119, 25, n. 4; PL 37, 1574.

————, *Enchiridion*, PL 40, 245.

————, *Epist.*, 157, n. 15; PL 33, 68.

————, *De diversis quaestionibus ad Simplicianum*, PL 40, 110-127.

————, *De pecc. mer. et rem.*, PL 44, 116.

————, *De Spir. et litt.*, PL 44, 217.

BALDUCELLI, R., *Il concetto di carità attraverso le maggiori interpretazioni patristiche e medievali di 1 Cor 13*, Roma 1951.

BARRETT, C. K., *A Commentary on the Epistle to the Romans*, London 1957.

BAUER, W., *Wörterbuch zum N. T.*, Berlin 1963.

BECK, J. T., *Römerbrief*, 1884.

BEDOUELLE, G., *Lefèvre d'Étaples et l'intelligence des Écritures*, Genève 1976.

BELLARMIN, R., *De Justif.*, l. 19, éd. de Naples, IV, p. 492 b.

BENOIT, P., «La loi et la croix d'après saint Paul: Rom VII,7-VIII,4», dans *RB* 47, 1938, 481-509.

BENOÎT XV, *Spiritus Paraclitus* (E. B. 470, 474).

BERNARD, *In Cant.*, sermo 22,8.

BIEDERMANN, H. M., *Die Erlösung der Schöpfung beim Apostel Paulus*, Würzburg 1940.

BLÄSER, P., *Das Gesetz bei Paulus*, Münster 1941.

BLIGH, J., *Ordination of the Priesthood*, New York 1956.

BLOCH, R., «Aperçus sur l'origine du Midrash», dans *Cahiers Sioniens* 8, Paris 1954, 9-34.

――――, «Quelques aspects de la figure de Moïse dans la tradition rabbinique», dans *Cahiers Sioniens* 8, Paris 1954, 211-285.

――――, «Note méthodologique pour l'étude de la Littérature rabbinique», dans *RSR* 43, Paris 1955, 194-277.

BOISMARD, M. E., «La connaissance dans l'alliance Nouvelle d'après la première lettre de saint Jean», dans *RB* 56, Bruges 1949, 365-391.

BONNARD, P., «Où en est l'interprétation de l'épître aux Romains», dans *Revue de théologie et de philosophie*, 1951, 46-64.

BONSIRVEN, J., *Exégèse rabbinique et exégèse paulinienne*, Paris 1939.

――――, *L'Évangile de Paul*, Paris 1948.

――――, *Le Judaïsme palestinien*, Paris 1950.

――――, *Théologie du N. T.*, Paris 1951.

――――, *Textes rabbiniques*, Rome 1955.

BORNKAMM, G., «Die Offenbarung des Zornes Gottes», dans *ZNW* 34, Berlin 1935, 239-262.

BOURASSA, F., «Le vrai sacrifice», dans *Sciences ecclésiastiques* 3, Montreal 1950, 146 ss.

BOUYER, L., *Du protestantisme à l'Église*, Paris 1954.

BOYER, C., *De Deo creante et elevante*, ed. 5ª, Roma 1957.

BÜCHSEL, F., «καταλλαγή», TWNT, I, p. 258.

BULTMANN, R., *Kerygma und Mythos*, I, Hamburg-Volksdorf 1951, p. 234.

――――, *Theologie des N. T.*, Tübingen 1984.

CADIER, J., «Saint Augustin et la Réforme», dans *Recherches Augustiniennes* I, Paris 1958, 365-367.

CAIETANUS, *Epistolae Pauli et aliorum apostolorum iuxta sensum litteralem enarratae*, Parisiis 1542.

CALVIN, J., *Opera quae supersunt omnia*, vol. 49, Brunsvigae 1863-1897.

CAPMANY CASAMITJANA, J., *La resurrección del Señor. Ensayo de sintesis teológica*, Barcelona 1956.

CAZELLES, H., *Le Deutéronome* (Bible de Jérusalem), Paris 1950, p. 11.

――――, «Jérémie et le Deutéronome», dans *RSR* 38, 1951, 5-36.

CERFAUX, L., *Une lecture de l'épître aux Romains*, Tournai 1947.

――――, *Le Christ dans la théologie de saint Paul*, Paris 1951.

CEUPPENS, F., *Quaestiones selectae ex epistolis S. Pauli*, Turin 1951.

――――, *Theologia biblica*, Rome 1938-1939, I, 11-18.

CHARUE, A., *L'incrédulité des Juifs*, Gembloux 1929.

CHRYSIPPE, *De Stoic. rep.*, 44, 6, Lipsiae 1921-1924.

CLAUDEL, P., *L'Écriture Sainte*, Allocution aux étudiants des Sciences Politiques, dans *Vie Intellectuelle*, Paris mai 1948, 6-14.

COLON, J. B., «Paul», dans *Dict. de Théol. Cath.*, vol. 11, col. 2436.

COLSON, J., *Ministre de Jésus-Christ ou le sacerdoce de l'Évangile*, Paris 1966.

COMÉLIAU, J., «A propos de la prière de Pélage», dans *Rev. Hist. ecclés.* 31, Louvain 1935, 77-89.

COPPENS, J., «La Nouvelle Alliance en Jér 31,31-34», dans *CBQ* 25, Washington D.C. 1963, 16-18.

————, «Le don de l'Esprit d'après les textes de Qumrân et le IV Évangile», dans *L'Évangile de Jean, Recherches bibliques* III, Bruges, 1958, 209-223.

CORNELY, R., *Epistola ad Romanos*, Parisiis 1896.

————, *Commentaire de 1 Cor*, Paris 1909.

CREED, J. M., «πάρεσις in Dionysius of Halicarnassus and in St. Paul», dans *The Journal of Theological Studies* 41, Oxford 1940, 28-30.

DANIÉLOU, J., *Théologie du judéo-christianisme*, Tournai 1958.

————, *Philon d'Alexandrie*, Paris 1958.

————, «Foi et mentalité contemporaine», dans *Études*, t. 283, Paris 1954, p. 297.

DAVIES, W. D., *Paul and Rabbinic Judaisme. Torah in the Messianic Age*, London 1948.

DEISSMANN, A., *Neue Bibel Studien,* Marburg 1897.

————, *Paulus*, Tübingen 1925.

DELLING, G., «ἐπιλαμβάνω», TWNT IV, p. 9.

DELUZ, G., *La justice de Dieu*. Explication de l'épître aux Romains, Neuchâtel 1945.

DENIS, A. M., «La fonction apostolique et la liturgie nouvelle en esprit», *RSPT* 42, Paris 1958, 401-436, 617-656.

DENYS D'HALICARNASSE, *Ant. Rom.* 7, 37,2.

DESCAMPS, A., *Les justes et la justice dans les évangiles et le christianisme primitif*, Louvain 1950.

DIBELIUS, M., «Vier Worte des Römerbriefs», dans *Symbolae Biblicae Upsalienses* 3, 1946, 7-8.

DIDIER, G., «Eschatologie et engagement chrétien», dans *NRT* 75, Tournai 1953, 3-14.

DIEZ MACHO, A., «Una copia de todo el Targum Jerosolomitano en la Vaticana», dans *Estudios Biblicos* 16, Madrid 1956, 446-447.

————, «The Recently Discovered Palestinian Targum, its Antiquity and Relationship with the other Targums», dans *VTS* 7, Leiden 1960, 222-245.

DINKLER, E., «The Historical and the Eschatological Israel in Romans», *Journal of Religion* 36, Chicago 1956, p. 119.

DRIVER, S. R., *Deuteronomy* (Intern. Crit. Comm.), Cambridge 1918.

DUBARLE, A. M., *Le péché originel dans l'Écriture*, Paris 1958.

DUPLACY, J., «Le salut par la foi et le baptême», dans *Lumière et Vie* 27, 1956, 3-52.

DUPONT, J., *Gnosis*, Bruges-Paris 1949.

————, *La réconciliation dans la théologie de saint Paul*, Louvain 1953.

DÜRR, L., *Wollen und Wirken der alttestamentlichen Propheten*, Düsseldorf 1926.

DURRWELL, F. X., *La résurrection de Jésus, mystère de salut*, Le Puy 1950.

EICHRODT, W., «Glauben im AT», *Festschrift G. Beer*, Stuttgart 1935.

EPHRAEM, *Commentarii in epistolas divi Pauli ex armenio in latinum sermonem translati*, Venise 1893.

ETHERIDGE, J. W., *The Targums of Onkelos and Jonathan Ben Uzziel on the Pentateuch, with the Fragments of the Jerusalem Targum*, London 1865.

FABRIS, R., *Legge della libertà in Giacomo*, Brescia Paideia 1977.

FAHY, T., «Exegesis of Romans 3:25 f», dans *The Irish Theological Quarterly* 23, Maynooth 1956, 69-73.

FERNANDEZ, A., «Credidit Abraham...», dans *VD* 11, Rome, 326-330.

FESTUGIÈRE, A. J., *La Révélation d'Hermès Trismégiste*, Paris 1944-1954.

———, *Philon d'Alexandrie*, Paris 1958.

FEUILLET, A., «Le plan salvifique de Dieu d'après l'épître aux Romains», dans *RB* 57, Paris 1950, 492 ss.

———, «La connaissance naturelle de Dieu par les hommes d'après Romains 1,18-23», dans *Lumière et Vie* 14, mars 1954, 63-80.

———, «La citation d'Habacuc II,4 et les huit premiers chapitres aux Romains», dans *NTS* 6, Cambridge 1959, 52-54.

FLAVIUS, J., *Ant. Jud.*

———, *Contre Apion.*

FLICK, M. et ALSZEGHY, Z., «Lo stato di peccato originale», dans *Gregorianum* 38, Roma 1957, 308 s.

———, «L'opzione fondamentale della vita morale e la grazia», dans *Gregorianum* 41, Roma 1960, 618.

FOERSTER, W., «Der Heilige Geist im Spätjudentum», dans *New Testament Studies* 8, Cambridge 1962, 117-134.

FRAEYMAN, M., «La spiritualisation de l'idée de Temple dans les épîtres pauliniennes», *ETL* 23, Leuven 1947, 378-412.

FRANZELIN, J. B., *De Deo uno*, Roma 1883.

FREUNDORFER, J., *Erbsünde und Erbtod beim Apostel Paulus*, Münster 1927.

FRIEDRICH, G., «Das Gesetz des Glaubens», dans *Theologische Zeitschrift* 10, Basel 1954, 401-417.

GALLUS, T., «De sensu verborum Lc 2,35...», dans *Biblica* 29, Roma 1948, 220-229.

GALTIER, P., *De Incarnatione et Redemptione, Paris 1947.*

GÄRTNER, B., *The Areopagus Speech and Natural Revelation*, Lund 1955.

GELIN, A., «La foi dans l'A. T.», dans *Lumière et Vie* 22, 1955, 432-442.

GODET, F., *L'épître de Paul aux Romains*, Paris 1883, 296 ss.

GOGUEL, M., *Introduction au N. T.* IV, Paris 1923-1926, p. 220.

GOOSSENS, W., «De valore soteriologico resurrectionis et ascensionis Christi», dans *Collationes Gandavenses* 24, Gent 1937, 9-17.

GRAIL, A., «Le baptême dans l'épître aux Galates», dans *RB* 58, Paris 1951, 503 ss.

GRATIEN, *Concordantia discordantium canonum.*

GRÉGOIRE DE NYSSE, *De hominis opificio*, PG 44, 205 A.

GRELOT, P., «Les Targums du Pentateuque», dans *Semitica* 9, Paris 1959, 59-88.

———, «Sagesse X,11 et le Targum de l'Exode», dans *Biblica* 42, Roma 1961, 49-60.

GRETHER, O., *Name und Wort Gottes im Alten Testament*, (Beihefte zur Zeitschrift für die alttestamentliche Wissenschaft 64), Giessen 1934.

GUARDINI, R., *Das Harren der Schöpfung*, Würzburg 1940.

GUILLET, J., *Thèmes bibliques*, Paris 1951.

HAMER, J., «Le baptême et la foi», dans *Irénikon* 23, Chevetogne 1950, 387-405.

HARDY, L., *La doctrine de la rédemption chez S. Thomas*, Paris 1936.

HEIDLAND, H. W., *Die Anrechnung des Glaubens zur Gerechtigkeit*, Stuttgart 1936.

HERRADE DE LANDSBERG, *Hortus deliciarum*, d'après H. de Lubac, Exégèse médiévale, vol. 3, p. 359, n. 4.

HESSE, F., *Das Verstockungsproblem im A. T.*, Berlin 1955.

HIPPOLYTE, *Commentaire sur Daniel* I, 18 (éd. M. Lefèvre, Sources Chrétiennes, n. 14, p. 105).

HOLTZ, F., «La valeur sotériologique de la Résurrection du Christ d'après saint Thomas d'Aquin», dans *Ephemerides Theologicae Lovanienses* 29, 1953, 609-647.

HOMMEL, H., *Schöpfer und Erhalter*, Berlin 1956, 7-23.

HUBY, J., *Épître aux Romains*, Paris 1957, 564-565.

HUHN, E., *Die Alttestamentlichen Citate und Reminiscenzen im Neuen Testament*, Tübingen, Freiburg i.B. et Leipzig 1900.

HULSBOSCH, A., «Resurrectio Christi in doctrina soteriologica S. Pauli», dans *Divus Thomas*, Piacenza 1944-1946, 47-49; 193-205.

JACOB, B., *Das erste Buch der Tora*, Berlin 1934.

JAUBERT, A., «Le calendrier des Jubilés et la secte de Qumrân, ses origines bibliques», dans *VT* 3, Leiden 1953, 250-264.

JEAN DAMASCÈNE, *Hom. in Sabbatum Sanctum*, PG 96, 602.

JEREMIAS, J., «Zu Röm 1,22-32», dans *ZNW* 45, Berlin 1954, 119-121.

JOEST, W., «Paulus und das lutherische 'simul iustus et peccator'», dans *Kerygma und Dogma* I, Göttingen 1955, 269-320.

JOÜON, P., *L'évangile de notre Seigneur Jésus Christ*, Paris 1930.

JUNGMANN, J. A., *Missarum Sollemnia*, Paris 1951-1953.

JUSTIN, *Apolog.* I, 44, 1, trad. L. Pautigny, Paris 1904.

KÄSEMANN, E., «Zum Verständnis von Röm 3,24-26», dans *ZNW* 43, Berlin 1950-1951, 150-154.

KAHLE, P. E., «Das Palästinische Pentateuchtargum», dans *Texte und Untersuchungen zur vormassoretischen Grammatik des Hebräischen*, IV, Stuttgart 1930.

KAUTZSCH, F., *De Veteris Testamenti locis a Paulo Apostolo allegatis*, Lipsiae 1869.

KIRCHGÄSSNER, A., *Erlösung und Sünde im N. T.*, Freiburg i.B. 1950.

KNOX, W. L., *St. Paul and the Church of the Gentiles*, Cambridge 1939.

KRUMBACHER, K., *Geschichte der Byzantinischen Literatur*, München 1897, 548-550; 577.

KUHLMANN, G., *Theologia naturalis bei Philo und bei Paulus*, Gütersloh 1930.

KÜMMEL, W. G., *Römer 7 und die Bekehrung des Paulus*, Leipzig 1929.

———, *Das Bild des Menschen im N. T.*, Zürich 1948, p. 37, n. 72.

———, «ἔνδειξις und πάρεσις», dans *Zeit. f. Theologie und Kirche* 49, Freiburg i.B. 1952, 154-167.

KUSS, O., *Der Römerbrief*, Regensburg 1957.

LACAN, M. F., «Nous sommes sauvés par l'espérance», dans *Mémorial Albert Gelin*, Le Puy 1961, 332-339.

LACKMANN, M., *Vom Geheimnis der Schöpfung*, Stuttgart 1952.

LAGRANGE, M. J., *Introduction à l'étude du N. T. Deuxième partie: Critique textuelle* II, Paris 1935, 502 s.

———, *Épître aux Galates*, Paris 1918.

———, *Saint Paul, Épître aux Romains*, Paris 1950, p. 57.

LARCHER, C., «La connaissance naturelle de Dieu d'après le livre de la Sagesse», dans *Lumière et Vie* 14, mars 1954, 53-62.

LÉCUYER, J., «Note sur une définition thomiste de la satisfaction», dans *Doctor Communis*, Vaticano 1955, 21-30.

LE DÉAUT, R., *La nuit pascale*, Rome 1963.

———, «Traditions targumiques dans le Corpus paulinien?», dans *Biblica* 42, Roma 1961, 28-48.

———, «La présentation targumique du sacrifice d'Isaac et la sotériologie paulinienne», dans *Studiorum paulinorum Congressus intern. cath.*, II, Rome 1961, 563-574.

LEENHARDT, F. J., *L'épître de saint Paul aux Romains*, Neuchâtel-Paris 1957.

LEIPOLDT, J., *Der Tod bei Griechen und Juden*, Leipzig 1942.

LENNERTZ, H., *De Deo uno*, Roma 1940, n. 18 ss.

LÉON XIII, *Providentissimus* (E. B. 110-113).

LEVIE, J., «Les limites de la preuve d'Écriture Sainte en Théologie», dans *NRT* 71, Tournai 1949, 1009-1029.

LIGHTFOOT, J. B., *Notes on Epistles of St. Paul from Unpublished Commentaries*, London 1895.

LIGIER, L., *Péché d'Adam et péché du monde* II, Paris 1961.

LUBAC (de), H., *Sur les chemins de Dieu*, Paris 1956.

LYONNET, S., *Quaestiones in epistolam ad Romanos*, Prima series, Rome 1962, 120-134.

———, «Hellénisme et Christianisme», dans *Biblica* 26, Rome 1945, 122-125.

———, «Bulletin d'exégèse paulinienne», dans *Biblica* 32, Rome 1951, 284 s., 572.

———, «De Rom 3,30 et 4,3-5 in Concilio Tridentino et apud S. Robertum Bellarminum», dans *VD* 29, Rome 1951, 88-95.

———, «L'étude du milieu littéraire et l'exégèse du N. T.», dans *Biblica* 35, 1954, p. 488.

———, «Le sens de ἐφ' ᾧ et l'exégèse des Pères Grecs», dans *Biblica* 36, Rome 1955, 436-456.

———, «L'étude du milieu littéraire et l'exégèse du N. T.», dans *Biblica* 37, Rome 1956, p. 33.

———, «Notes sur l'exégèse de l'épître aux Romains», dans *Biblica* 38, Rome 1957, 35-40; 47.

———, «La valeur sotériologique de la résurrection du Christ selon saint Paul», dans *Gregorianum* 39, Rome 1958, 295-318.

———, «La lettera ai Romani nell'attuale controversia con i protestanti», dans *La Civiltà Cattolica*, Roma 1958/4, 141-152.

———, «Le péché originel en Rom 5,12», dans *Biblica* 41, Rome 1960, 325-355.

———, «Rédemption de l'Univers», dans *Lumière et Vie*, n. 48, 1960, 43-62.

———, «Justification, jugement, rédemption, principalement dans l'épître aux Romains», dans *Littérature et théol. pauliniennes* (Recherches bibliques V), Paris 1960, 166-184.

———, «La storia della Salvezza nella lettera ai Romani», Naples 1966, 221-240.

MALOU, J. P., *La lecture de la Sainte Bible en langue vulgaire*, Louvain 1946.

McNamara, M., *The New Testament and the Palestinian Targum to the Pentateuch*, Rome 1966, 168-188.

Maunoury, A. F., *Commentaire sur l'épître de saint Paul aux Romains*, Paris 1878.

Merk, A., «Justus ex fide vivit», dans *VD* 3, Rome 1923, 193-198; 231-237; 257-264.

Méthode, *De resurrectione* II, 1-8; éd. Bonwetsch du Corpus de Berlin 1891, 189-204.

Meyer, P. M., *Griechische Texte aus Ägypten*, Berlin 1926.

Michalon, P., «La foi rencontre de Dieu et engagement envers Dieu dans l'A. T.», dans *Nouv. Rev. Théol.* 75, Louvain 1953, 587-600.

Michel, O., *Paulus und seine Bibel*, Gütersloh 1929.

———, *Der Brief an die Römer*, Göttingen 1966.

Milik, J. T., *Dix ans de découvertes dans le désert de Juda*, Paris 1957.

Mollat, D., «Théologie paulinienne», dans *Rech. Sc. Rel.*, Paris 1957, 240 s.

Moraldi, L., «Sensus vocis ἱλαστήριον in Rom 3,25», dans *VD* 26, Rome 1948, 257-276.

Morison, J., *A Critical Exposition of the Third Chapter of St. Paul's Epistle to the Romans*, London 1866.

Moulton, J. H. - Milligan G., *The Vocabulary of the Greek Testament*, London 1929.

Munck, J., *Christus und Israel*, Copenhague 1956.

Mundle, W., *Der Glaubensbegriff des Paulus*, Leipzig 1932.

Newman, J. H., *Lectures on Justification*, IX, §2, Londres 1892, cité par le P. Prat, Théologie de saint Paul II, Paris 1923, 253-254.

Norden, E., *Agnostos Theos*, Darmstadt 1971.

Nygren, A., *Der Römerbrief*, Göttingen 1965.

Oepke, A., *Der Brief des Paulus an die Galater*, Berlin 1960.

Ogara, F., «Expectatio creaturae», dans *VD* 18, Rome 1938, 193-201.

Olmstead, A., «Could an Aramaic Gospel be Written?», dans *Journal of Near East Studies* I, Chicago 1942, 41-75.

Oltramare, H., *Commentaire sur l'épître aux Romains* II, Genève 1882.

Patrizi, F. S., *Delle parole di San Paolo 'in quo omnes peccaverunt'*, Roma 1878.

Pélage, *De Vita Christiana*, ch. 11, PL 40, 1042.

Percy, E., *Die Probleme der Kolosser- und Epheserbriefe*, Lund 1946.

Philippe de la Trinité, «Dieu de colère et Dieu d'amour», dans *Amour et Violence* (Études Carmélitaines), Paris 1946, 83-162.

Philon, *De Decalogo* 58-31. *De ebrietate* 29, 112 s.; 39,160.

———, *De fuga et inventione* 100. *De Opif. mundi* 7.

———, *De praemiis et poenis* 38 ss. *De somniis* II, 270 s.

———, *De Spec. Leg.* I, 13,31; 1,30 ss.; 45 ss.

———, *De vita Mosis* 2,96. *In Flaccum* 84 (éd. Cohn 6,135).

———, *Leg. alleg.* 3,97. *Quaest. in Gen.* 1,108.

———, *Quod deterius* 31, 115-118. *Quod omnis probus liber sit* 10.

Photius, *Question 84ᵉ à Amphyloque*, PG 101, 553. *In Rom 5,12*, PG 101, 1234.

Pie XII, *Divino afflante Spiritu* (E. B. 554).

Plagnieux, J., «Le chrétien en face de la Loi d'après le 'De Spiritu et littera' de S. Augustin», dans *Theologie in Geschichte und Gegenwart*, 1957, 725-744.

PLATZ, P., *Der Römerbrief in der Gnadenlehre Augustins*, Würzburg 1937.

PLUTARQUE, *Vies*, tome XIV *Comp. Dionis. cum Bruto*, c. 2, Paris 1978.

PRAT, F., *Saint Paul*, Paris 1922.

——, *Théologie de saint Paul* II, Paris 1961.

PREISIGKE, F., *Wörterbuch der griechischen Papyrusurkunden*, Berlin 1925.

PREISS, T., «La justification dans la pensée johannique», dans *La vie en Christ*, Neuchâtel 1951, 46-64.

PRÜMM, K., «I cosiddetti 'dei morti e risorti' nell'Ellenismo», dans *Gregorianum* 39, Roma 1952, 411 ss.

QUIRMBACH, J., *Die Lehre des hl. Paulus von der natürlichen Gotteserkenntnis und dem natürlichen Sittengesetz*, Freiburg i.B. 1906.

RAD (von), G., «Die Anrechnung des Glaubens zur Gerechtigkeit», dans *Theol. Lit. Zeit.* 76, Berlin 1951, col. 128-132.

RAMSBOTHAM, A., «The Commentary of Origen on the Epistle to the Romans», dans *JTS* 14, Oxford 1912-1913, 13 s.

REUSS, E., *Les épîtres pauliniennes*, t. II, Paris 1874-1881.

RIGAUX, B., *L'Antéchrist et l'opposition au Royaume messianique dans l'Ancien et le Nouveau Testament*, Paris 1932.

RIVIÈRE, J., *Le dogme de la Rédemption dans la théologie contemporaine*, Albi 1948.

ROBERT, A., «Le sens du mot loi dans le Ps CXIX (Vulg. CXVIII)», dans *RB* 46, Paris 1939, p. 191.

ROMANIUK, K., *L'amour du Père et du Fils dans la sotériologie de S. Paul*, Rome 1961.

RONDET, H., *Saint Augustin parmi nous*, Paris 1954.

ROTHE, R., *Neuer Versuch einer Auslegung der paulinischen Stelle Röm 5,12-21*, Wittenberg 1836.

RÜCKERT, J., *Commentar über den Brief Pauli an die Römer*, 2e éd., Leipzig 1839.

SANDAY, W. - HEADLAM, A. C., *Critical and Exegetical Commentary on the Epistle to the Romans*, Edinburgh 1902.

SCHELKLE, K. H., *Paulus Lehrer der Väter*, Düsseldorf 1956.

——, *Jüngerschaft und Apostelamt*, Freiburg i.B. 1957.

SCHLIER, H., *Die Zeit der Kirche*, Freiburg i.B. 1956, trad. française Tournai 1961.

——, *Vom Menschenbild des N. T.* Der alte und der neue Mensch (Beitr. z. Evang. Theologie 8), München 1942, p. 26, n. 5.

SCHMIDT, H., «Paschalibus initiati mysteriis», dans *Gregorianum* 39, Roma 1952, 463 ss.

SCHÖTTGEN, C., *Horae hebraicae*, Dresde 1833.

SCHUTZ, R. - THURIAN, M., *La parole vivante au concile*, Taizé 1966.

SCOTT, A. C. A., *Christianity according to St. Paul*, Cambridge 1927.

SEIDENSTICKER, P., *Lebendiges Opfer*, Münster 1954.

SÉNÈQUE, *Lettres à Lucilius*, 92,30; 95,52.

SERIPANDO, G., *In D. Pauli Epist. ad Rom. et ad Gal. commentaria*, Neapoli 1601, p. 76.

SHAW, J. M., «The Centrality of the Resurrection of Jesus to the Christian Faith», dans *Religion in Life* 14, Nashville Tenn. 1945, 246-257.

SMITH, G. A., *The Book of Deuteronomy*, Cambridge 1918.

Spicq, C., *Les épîtres pastorales*, Paris 1947.
———, *Agapè dans le N. T. Analyse des textes* I, Paris 1958-1959.
———, «La justification du charitable», dans *Studia biblica et orientalia* II, Rome 1959, 347-359.
Stählin, G. «ὀργή», TWNT 5, 432, 438, n. 386.
Stanley, D. M., «Ad historiam exegeseos Rom 4,25», dans *VD* 29, Roma 1951, 257-274.
Stauffer, E., *Die Theologie des N. T.*, Genf 1945.
Strack, H. L. - Billerbeck, P., *Kommentar zum Neuen Testament*, München 1978.
Taille (de la), M., *Mysterium Fidei*, Parisiis 1921.
Taylor, V., «Great Texts Reconsidered: Rom 3,25», dans *The Expository Times* 50, Edinburgh 1938-1939, 295-300.
Thackeray, H. St. John, *The Relation of St. Paul to Contemporary Jewish Thought*, London 1900.
———, *A Lexicon to Josephus*, Paris 1930-1955.
Théophile d'Antioche, *Ad Autolycum* 2,24; PG 6, 1092.
Thérèse de l'enfant Jésus, *Derniers entretiens,* Paris 1971.
Thils, G., *Pour mieux comprendre S. Paul*, Paris 1942.
Thomas d'Aquin, *Summa theologica* I, II, III.
———, *Contra Gent. De Veritate. De Mal.*
———, *In epist. ad Romanos. In 2 Cor.*
———, *In Gal. In Phil. In 1 Tim. In Heb.*
Toletus, F., *In Summam theologiae S. Thomae enarratio*, Romae 1870, vol. 3, p. 373.
Trench, R. C., *Synonymes du N. T.*, 2e éd., Bruxelles 1869.
Tschipke, T., *Die Menschheit Christi als Heilsorgan der Gottheit*, Freiburg i.B. 1940.
Vacant, A., *Études théologiques sur les Constitutions du Concile du Vatican*, I, 288-317; I, 654 ss., 656-7, II, 434-436, Paris 1895.
Vaccari, A., *Theol. biblica V. T.*, II, 1, Roma 1935.
Van Roo, W. A., «The Resurrection of Christ: Instrumental Cause of Grace», dans *Gregorianum* 39, Rome 1958, 271-284.
Vawter, B., «Resurrection and Redemption», dans *Catholic Biblical Qart.* 15, Washington D.C. 1953, 17-23.
Villain, M., «Le message biblique de Lefèvre d'Étaples», *RSR* 40, Paris 1951-1952, 243-299.
Vitti, A., «La Resurrezione di Gesù e la soteriologia di S. Paolo», dans *Civ. Catt.*, Roma 1930, vol. 2, 97-109; 298-314.
Virgulin, S., «La fede nel Profeta Isaia», dans *Biblica* 31, Roma 1950, 346 ss., 483 ss.
Volken, L., *Der Glaube bei Emil Brunner*, Freiburg i.B. 1947.
Vollmar, H., *Die Alttestamentlichen Citate bei Paulus*, Freiburg i.B. et Leipzig 1895.
Vosté, J. M., *Studia Paulina*, 2e éd., Rome 1941.
Weber, V., *Kritische Geschichte der Exegese des 9. Kap., resp. der Verse 14-23 des Römerbriefes, bis auf Chrysostomus und Augustinus einschliesslich*, Würzburg 1889.
Wendland, H. D., *Die Mitte der paulinischen Botschaft*, Göttingen 1935.

WENSCHKEWITZ, H., «Die Spiritualisierung der Kultusbegriffe Tempel, Priester und Opfer im NT», dans *Angelos* 4, Leipzig 1932, 71-230.

WETSTENIUS, J. J., *Novum Testamentum Graecum*, t. 11, Amsterdam 1752.

WIÉNER, C., *Recherches sur l'amour pour Dieu dans l'Ancien Testament. Étude d'une racine*, Paris 1957.

WINER, G. B., *Grammatik des ntl. Sprachidioms*, 6e éd., Leipzig 1855.

WINTER, P., «Lc 2,49 and Targum Yerushalmi», dans *ZNW* 45, Berlin 1954, 145; 179; 159-167.

ZAHN, T., *Der Brief an die Römer*, Leipzig 1925.

ZERWICK, M., *Graecitas biblica*, 4e éd., Roma 1960, p. 112, n. 246 (351).

TIPOGRAFIA POLIGLOTTA DELLA PONTIFICIA UNIVERSITÀ GREGORIANA
PIAZZA DELLA PILOTTA, 4 - ROMA